U0580202

中华学人丛书

士与大变动时代

◎沈渭滨 著

北京师范大学出版集团
BEIJING NORMAL UNIVERSITY PUBLISHING GROUP
北京师范大学出版社

前　言

1840年的中国，是一个与世隔绝的封闭性社会，就像马克思描述的那样，犹如一具小心地保存在密封棺材中的木乃伊。

封闭性原是封建社会固有的特点，不独中国为然。与西方国家相比，中国由于特殊的地理条件和漫长的人文历史积淀，直到19世纪中叶，仍对世界处于闭目塞听的浑沌状态。即使王朝已日趋沉沦，内囊也兜底翻了上来，谁也无法阻止它衰败的趋势。那么，作为社会精英，号称“四民之首”的士大夫，在这个过程中有何表现？

中国的士大夫自小接受的是儒家那种以天下风教是非为己任的教导，“士志于道”成了他们根深蒂固的价值观。所谓“士不可以不弘毅，任重而道远。仁以为己任，不亦重乎？死而后已，不亦远乎？”他们把澄清天下，作为自己的职志。按理，面对国家衰败，他们应该有积极的作为，做社会的中流砥柱。然而，验之于嘉道年间的事实，可知情况并非完全如此。

颓风世运，可以使良知未泯者为之奋起，更可使苟且庸劣者醉死梦生。康乾盛世的余绪，养成了人心风俗的侈靡腐化。嘉道年间，京师士大夫们依然褒衣博带、雅歌投壶，唱诗结社之风，不减当年之盛。京师中几家著名饭庄，常有一批批文人、京卿，设宴豪饮，艳诗丽词咏唱不绝。稍稍风雅者，则邀三五同好，携仆役小厮，悠游于陶然亭、西山等僻静处，小酌清谈，海阔天空，国是政事，全不在心上。卑下者，四处钻营，或投帖拜入某相门下，或备礼巴结上司，捞取功名利禄，得半世快活。不肖之徒，则勾结官府，包揽词讼，武断乡曲，草菅人命；“道德废，功业薄，气节伤，文章衰，礼义廉耻何物乎？不得而知”，成为社会的一群蛀虫。

士习贱恶，人欲横流，刺激了一批研求理学的士大夫们标格清高，追求道德的自我完善。他们常常以讲学的形式，相互砥砺，力图用诚意修身来达到齐家治国平天下的目的。其中，以湖南善化(今长沙市)人、时任太常寺卿的唐鉴和翰林院侍读学士、蒙古正红旗人倭仁，最孚人望。

唐鉴，字镜海，1777年(乾隆四十二年)生，1809年(嘉庆十四年)进士，历任翰林院检讨、浙江道监察御史、广西平乐知府，累官至江宁布政使。其人为官清正，为学宗洛闽诸贤，尤其推崇清初理学家陆陇其，以为传道之首，著有《学案小识》，是嘉道年间著名的理学家。1840年(道光二十年)，内召为太常寺卿，甫到京师，因其学问人望，立即为研求理学的京卿士大夫所推崇。蒙古倭仁、六安吴廷栋、罗平(今属师宗)窦垿、师宗何桂珍，皆从其考问学业。后来，湘乡曾国藩也参与问学。唐鉴主张学问应精研一经，然后才能旁及其他；读书首应先读《朱子全书》，因为义理之道全在其中；为人应讲求气节，而修养之法全在时时内省，所以必须每天按时静坐，闭门思过，狠抓私欲的一闪念，痛自刻责；平时应将各种违反道德规范的过失记出，以便警鉴。这一套源自思孟学派的“慎独”功夫，在唐鉴手里发展为“研几”和做札记的方法，作为日课，以达到修身养性、克己复礼的目的。当时，最受唐鉴器重的，便是倭仁。

倭仁，字艮峰，乌齐格里氏，蒙古正红旗人，1804年(嘉庆九年)生于河南，1829年(道光九年)中进士后，一直在翰林院任职。他最笃信唐鉴的教学方法，“每日自朝至寝，一言一动，坐作饮食，皆有札记，或心有私欲不克，外有不及检，皆记之”，用作自我反省的戒鉴，导向道德的至高境界。他认为“研几功夫最紧要”，若失此不察，“则心放而难收矣”。正因为他力图把修身养性和读书结合起来，经年不辍，后来成了咸同时期著名的理学家和同治帝师。

唐鉴、倭仁等人，面对国运日蹙、文人无行，力图通过诚意修身达到道德的自我完善，把学术、心术、治术联为一体，企图实现“内圣外王”之道。这较之那些苟且偷生和士林中的卑劣者，无疑有着较高的德行和操守。但他们太刻意注重自我修养，拘泥于闭门思过，空谈性理，不免流于疏阔迂腐，结果，“言经不适于用，言史又无裨于身”，“询以家国天下治安之策，则茫然无所得”，完全是脱离实际的一套。当同治年间，在创设京师同文馆天文算学馆之争中，倭仁极力反对学习西方，提出“立国之道，尚礼仪不尚权谋；根本之图，在人心不在技艺”，认为“师事夷人”的结果，中国将成为夷人的天下。传统文化价值观所导致的“天朝之大”，显得迂腐而可悲。

对于每况愈下的国势和厌厌无生气的政局，最敏感而力图有所作为的，是一批以经世致用自励的文人士大夫。他们大都是出生于乾隆末期至道光二十年、五十岁上下的知识分子。虽然身份、地位不同，却有着大体一致的抱负，主张通经致用，以“明道救世”为己任。

“明道救世”的主张，原是清初著名学者顾炎武揭橥的。他认为通经硕儒必须注意“国家治乱之源，生民根本之计”，为学的目的即在于探索解决现实社会中的国计民生问题，“拯斯人于涂炭，为万世开太平，此吾辈之任也”。所以极力主张“君子之为学，以明道也，以救世也”，把“明道救世”解释为儒学经典中原有之义，作为通经致用的目的和手段，以实践儒者“救民于水火之心”。

嘉道年间的经世论者，对此无不大加弘扬，并以此自励。例如，龚自珍提出“一代之治即一代之学”的说法，指出“是道也，是学也，是治也，则一而已矣”，把道、学、治三者统一了起来。包世臣认为“士者，事也，士无专事，凡民事皆士事也”，因而自少即“慨然深究天下利病”。汤鹏鉴于社会日趋贫乏，主张“医贫”“尚变”，所著《浮邱子》一书四十万言，“大抵言军国利病，吏治要最，人事情伪，开张形势”，集中表达了他的经济、政治主张。魏源则善于以史为鉴，对军屯、漕运、盐政、水利尤为注意。1825年(道光五年)，曾协助时任江苏布政使的贺长龄编辑《皇朝经世文编》，成为清代著名经世论者。徐松致力于西域水道及新疆建置、钱粮、兵籍的研究。他的学生沈垚则精于山川地学，所撰《西游记金山以东释》一书，时人誉为“遐荒万里，如在目前”。梁廷枏对粤海关沿革的研究，成了当时知时务的主要代表者。此外，如黄爵滋、姚莹、张际亮、张穆、何秋涛、张维屏、管同等，莫不在各自的著作中阐述经世致用的思想和主张。因此，嘉道年间的经世论者，大多是力图挽救清王朝困境、倡言变法图治的改革家。

但是，这群忧国忧民的改革家，在当时的历史条件制约下，大多只能从传统文化中去寻求救国救民的方案。诚如龚自珍所自嘲的那样："何敢自矜医国手，药方只贩古时丹。"传统的知识结构和社会的封闭性，限制了他们的视野和洞察力，他们对中国以外的世界缺乏了解，往往囿于所见，"皆以侈谈异域为戒"。所以，他们的诗文中有对衰世的抨击，有对"三代之治"的向往，有对民众疾苦的同情，有对王朝弊政的革新主张，甚至有以血缘为纽带，用"农宗"改组社会结构的乌托邦方案，唯独没有对世界的理解和认知。他们的经世视野在内而不在外。

始于1840年的鸦片战争，在中国的编年史上，无疑是一个重大转折点。它划分了中国的古代与近代，标志着中国半殖民地半封建社会的开端，造成了中国社会千年未有的大变动。这场侵略战争，本意是要把中国变成西方的商品市场和原料供应地，迫使东方最后一个封建大堡垒沦为西方资本主义政治经济的附庸。然而，侵略者始料不及的是，他们轰开中国大门之时，也轰醒了中国人。中国人为了反侵略而向西方学习，又在向西方学习的失败中，认识到西方文明的真面目，意识到中国传统文化的价值和掌握国家命运的历史责任，终于在中国共产党的领导下完成了反帝反封建的革命大业，走上了社会主义的道路。正如毛泽东在《论人民民主专政》一文中所说："西方资产阶级的文明，资产阶级的民主主义，资产阶级共和国的方案，在中国人民的心目中，一齐破了产。"这虽是长达整整百年的民族觉醒过程，但它毫无疑问是中国人宝贵的精神财富。

在这漫长的政治觉醒中，中国士大夫乃至清政府，面对中西交冲，有何表现？传统经世之学，在外敌入侵和西学东渐的逼拶中，怎样由内而外地延伸，成为谋求自强和变法维新的理念价值？近代知识分子在危亡刺激下如何形成一股新的社会力量，并在反帝反封建斗争中起了先锋和桥梁作用，他们的政治意识和文化价值观对社会产生了什么影响？以儒学为核心的中华文化，为适应社会大变动的需要，怎样走出原生态而演变为新型的社会政治理论，并因之新陈代谢，生生不息？在这种世路和心路的历程中，有哪些人和事可以关注和讨论？这些都是近代史上值得思考和咀嚼的问题。本书就某些侧面和若干史事人物提出了自己的看法，抛砖引玉，以期与读者诸君讨论。尽管既不系统，也不全面，但若能对大家有些许启发或引起兴趣，我已聊可自慰了。

沈渭滨

2013 年 6 月

目　录

论近代中国的时代中心(1840—1919)

中国的近代是一个由独立、完整的封建社会，逐步向半殖民地半封建社会沉沦的时代，也是中国人民反抗帝国主义及其走狗的压迫，外争独立、内争民主的伟大斗争的时代。从鸦片战争到五四运动的近八十年，中国的经济结构、上层建筑和阶级关系，都发生了亘古未有的激烈变动，社会思潮的新陈代谢十分迅速，各个阶级和各派政治力量在阶级斗争和民族斗争中，都有过充分的表演。近代八十年的历史进程中，究竟哪一个阶级充当了时代中心的角色，决定着时代的主要内容、时代发展的主要方向和时代历史背景的主要特点？学术界对此有不同看法。① 弄清这个问题，不仅对于正确理解八十年历史的基本线索，而且对于正确评议中国社会各阶级的历史地位及其作用，都具有极为重要的意义。为了繁荣近代史研究，我们试就若干问题谈些粗浅的意见。

一

关于时代中心的问题，列宁在 1915 年 2 月以后所写的《打着别人的旗帜》一文中写道：

> 无可争辩，我们是生活在两个时代的交界点，而且只有首先

---

① 参见《历史研究》1983 年第 4 期《国内史学界关于近代中国资产阶级的研究》及同年第 6 期《“近代中国资产阶级研究”讨论会综述》。

> 分析了从一个时代转变到另一个时代的客观条件，才能够了解我们面前发生的极其重大的历史事件。这里谈的是历史上的大时代，无论过去或将来，每个时代都有个别的、局部的、时而前进时而后退的运动，都有脱离一般运动和运动的一般速度的各种倾向。我们无法知道，这个时代的某些历史运动的发展会有多么快，有多么顺利。但是我们能够知道，而且确实知道，哪一个阶级是这个时代或那个时代的中心，决定着时代的主要内容、时代发展的主要方向、时代的历史背景的主要特点等等。只有在这种基础上，即首先估计到区别不同“时代”的基本特征(而不是个别国家历史上的个别情节)，我们才能够正确地制定自己的策略；只有认清了这个时代的基本特征，我们才能够以此为根据来估计这国或那国的更详细的特点。①

列宁这篇文章，是针对俄国社会沙文主义者亚·波特列索夫《在两个时代的交界点》一文中混淆不同时代的不同要求，偷运机会主义私货而写的。上述这段话即是全文的论旨所在。这段话阐明，要认清历史上曾经发生过的极其重大的事件，首先必须认清产生这些事件的历史时代的基本特征；要认清时代特征，则应抓住哪一个阶级是时代的中心。细读列宁这篇文章，我们体会关于时代中心的命题，本质上是要人们在分析任何一个社会问题时，必须采取马克思主义历史主义的态度，把问题提到一定的历史范围之内，运用阶级分析的方法，对具体情况进行具体分析。正如列宁在同一篇文章中所指出的那样：“马克思的方法首先是考虑具体时间、具体环境里的历史过程的客观内容，以便首先了解，在这个具体环境里，哪一个阶级的运动是可能推动社会进步的主要动力。”②

近代中国是一个半殖民地半封建社会。在人类历史发展的五个阶

---

① 列宁：《打着别人的旗帜》，见《列宁全集》第 21 卷，123～124 页，北京，人民出版社，1959。

② 列宁：《打着别人的旗帜》，见《列宁全集》第 21 卷，121 页。

段中，半殖民地半封建社会可以说是一种特殊的社会形态，按其性质，通常被列入资本主义范畴。在1917年俄国十月社会主义革命以前，这类国家历史上的任何一次反帝反封建斗争，都是属于世界资产阶级革命的一部分。这是我们认识近代中国时代特征和历史要求的一个基本点。

近代中国的社会性质，决定了它有着与古代中国相区别的一系列特点。毛泽东同志在《中国革命和中国共产党》一文中把它概括为六个方面。我们理解这六个方面，尤其以政治上丧失独立自主的地位和经济上发生了资本主义两个方面最为重要。它们构成了近代中国区别于古代中国的基本特征。“帝国主义侵略中国，反对中国独立，反对中国发展资本主义的历史，就是中国的近代史。”①毛泽东同志在论及近代史时，也正是强调了这两个方面的内容。

在近代中国，帝国主义勾结中国封建主义对中国实行双重压迫，使得中国在政治上外缺独立而成为许多帝国主义国家的附庸，内缺民主而深受封建主义的专制统治。“中国缺少的东西固然很多，但主要的就是少了两件东西：一件是独立，一件是民主。这两件东西少了一件，中国的事情就办不好。一面少了两件，另一面却多了两件。多了两件什么东西呢？一件是帝国主义的压迫，一件是封建主义的压迫。由于多了这两件东西，所以中国就变成了殖民地、半殖民地半封建的国家。”②因此，反对帝国主义侵略以争取民族独立，反抗封建主义的专制统治以争取人民民主，也就成了近代中国的历史要求。

自从鸦片战争起，中国人民就以大无畏的反帝爱国斗争回应着历史的要求。但是，如何认识帝国主义，如何有效地反抗侵略，中国人民对此却几经摸索，付出了巨大代价。太平天国领袖洪秀全，出于宗教原因，把西方侵略者称为“洋兄弟”，主张“各国各自保管其自有之产

---

① 毛泽东：《新民主主义论》，见《毛泽东选集》(合订本)，640页，北京，人民出版社，1964。

② 毛泽东：《新民主主义的宪政》，见《毛泽东选集》(合订本)，689页。

业而不侵害别人所有”，“彼此有交谊，互通真理及知识，而各以礼相接”，只是在外国侵略者刀兵相加之下，才被迫拿起武器进行反击。①宗教思想中引不出对外国资本主义的正确认识。义和团自始至终以反帝爱国为己任，敢于藐视帝国主义，宣传“兵法易，助学拳，要摈鬼子不为难。挑铁道，把线砍，旋再毁坏大轮船。大法国，心胆寒，英吉、俄罗势萧然”②，表现了中国人民敢于和侵略者血战到底的伟大气概。但是义和团不加区别地反对一切洋人和沾了洋字边的一切东西，甚至以“扶清”去“灭洋”，同样反映出他们对帝国主义本质认识的模糊。单纯的落后的排外不能战胜帝国主义。资产阶级提出了“文明排外”的主张。从陈天华对这个主张的详细解释中可以看到，其基本点是区别对待。即区别平时与战时，侵略者与一般外国人，持枪战斗者与俘虏、投降者，以避免重蹈盲目、单纯的排外行动。③ 从太平天国到义和团到辛亥革命，反对帝国主义的斗争紧密相连，构成了近代中国反帝斗争的基本脉络，从“洋兄弟”到笼统排外到“文明排外”，显示了中国人民对帝国主义认识逐步提高的过程。虽然这个过程还处于感性认识阶段，但却为尔后现代史上无产阶级对帝国主义的认识进入理性认识阶段，积累了必要的感性材料，奠定了必要的基础。

反对帝国主义，除了必须动员全民族的力量作殊死斗争外，还有一个学习敌人长处，“以其人之道还治其人之身”的任务。自从地主阶级改革家提出“师夷长技以制夷”的主张以来，向西方学习一直成为救亡图存的重要内容。作为一个思想命题，它的基本点不在“师夷长技”上，而在“制夷”上。方法服从于目的。学习西方是为了反对侵略。因此，并非所有“师夷长技”的政治力量都可以列入爱国反侵略的行列。

---

① ［瑞典］韩山文：《太平天国起义记》，简又文译，见中国史学会主编：《中国近代史资料丛刊・太平天国》第 6 册，854 页，上海，上海人民出版社，1957。

② 《义和团揭帖》，见复旦大学历史系中国近代史教研组编：《中国近代对外关系史资料选辑(1840—1949)》上卷第 2 分册，130 页，上海，上海人民出版社，1977。

③ 陈天华：《警世钟》，见中国史学会主编：《中国近代史资料丛刊・辛亥革命》第 2 册，112～143 页，上海，上海人民出版社，1957。

只有师夷为了制夷，才是当时历史的迫切要求，也只有在这个意义上，魏源提出的这一命题才闪烁出光辉而成为影响至巨的主张。

时代的变化，使得近代反封建斗争有着不同于古代中国的要求。

一个问题是：用什么样的思想武器去批判封建主义？如果说农民的平均主义曾是古代反封建斗争中最革命的思想，那么，在世界范围已经进入资本主义的时代，在中国已经开始变成半殖民地半封建社会的历史条件下，平均主义虽然仍然有着一定的作用，但却日益显得陈旧了，它不可能给中国指明出路。农民的民主主义不得不让位给资产阶级民主主义。这是时代的要求，也是历史之必然。诚然，中国资产阶级民主主义也敌不过帝国主义和封建主义的文化同盟，它也要败下阵来，让位给比它更先进的马克思主义。但是在近代八十年的相当长一段时间里，它却是被先进的中国人作为解剖刀和投枪使用来反对封建主义的。

另一个问题是：用什么样的方法去反对封建的清王朝？近代八十年中出现过一大批立志改革、不怕流血牺牲的志士仁人。他们对封建弊政的揭露批判，曾经在“万马齐喑”的沉闷空气中起过振聋发聩的作用；他们愿为变法而流血，“我自横刀向天笑，去留肝胆两昆仑”①的无惧无畏精神，深深地激励着后来者，他们提出的“教育救国”“实业救国”主张，对封建的上层建筑和经济基础也有冲击作用。在国将不国、神州陆沉的情势下，揭露封建弊政和立志维新改革，都是爱国进步的行动。因为救亡图存的本义，原是立于改变半殖民地半封建地位的基础之上的。但是，清王朝外而勾结帝国主义，实行投降卖国政策，内而专制独裁，实行阶级压迫和种族统治，早已自绝于人民。指望这样的政府改革自救，历史证明此路不通。于是维新不得不让位于革命。到20世纪初年，中国人终于喊出了“巍巍哉，革命也，皇皇哉，革命也”的时代最强音。

以上两个问题最后都归结为：中国向何处去？对于这个问题，近代各个阶级和各派政治势力都做过回答。地主阶级改革派向往着中国

① 梁启超：《戊戌政变记》，109页，北京，中华书局，1954。

回到三代之治的“盛世”，认为“仿古法以行之，正以救今日束缚之病”①；地主阶级洋务派以练兵制器为自强之道，希望中国回到“康乾盛世”，让清王朝得以“中兴”；农民革命领袖洪秀全，希望建立以25家为单位，“通天下皆一式”的“地上天国”，达到“有田同耕，有饭同食，有衣同穿，有钱同使，无处不均匀，无人不饱暖”的理想境界；维新派首领康有为拟出过空想社会主义的“大同”世界方案；革命派旗手孙中山提出了“创建民国”的政治纲领，设计了建立资产阶级共和国方案的各项步骤。所有这一切，只有“创建民国”的主张在八十年斗争史中得到了实现，武昌起义的炮火迎来了“中华民国”的诞生。虽然，在尔后，民国成了一块空招牌，人民照旧没有丝毫的民主权利，帝国主义也不允许中国资产阶级建立民主共和国。但是，经过辛亥革命洗礼，中国人民要民主不要封建专制，要共和不要君主独裁，毕竟成了不可逆转的历史潮流，顺之者昌，逆之者亡。

处于半殖民地半封建社会的中国，在经济结构上与封建中国相比，除了自给自足的自然经济之外，多了一个资本主义经济。中国的资本主义在整个国民经济中所占的比重十分有限，却在社会经济生活中具有很大的能量，并且日益显示出进步作用与重大影响。自从19世纪六七十年代机器工业在东方这片古老的土地上呱呱出世之后，中国社会再也不是封建经济一统天下的局面，发展资本主义的新经济成了时代的要求。19世纪八九十年代，特别是甲午战争之后，中国人从大梦中苏醒。改革封建弊政以振兴工商实业，成了中华大地上日趋奔腾的潮流。集资办厂不再被斥为取利忘义的小人行为而被誉为从事实业救国的义举。甚至像张謇这样的一科状元，也毅然弃宦途而营工商。根植于小生产基础上的传统价值观念，受到极大冲击，而投身于发展中国资本主义的事业，成了当时的爱国行动。如果说，封建时代的中国，曾经以“重农抑商”和防止土地兼并、鼓励农政作为发展封建经济的杠杆，那么，近代中国则是以自然经济瓦解的深度和广度以及资本主义

① 龚自珍：《明良论》四，见《龚自珍全集》，35页，上海，上海古籍出版社，1975。

发展的速度和规模作为衡量社会前进的尺度了。时代发展的方向显然发生了不同于古代的根本性逆转。

当然，中国资本主义是在外国资本主义入侵的刺激下，由一部分官僚、地主、商人直接投资于近代新式工业而产生的。它既不同于欧美国家，也不同于受殖民统治的国家的资本主义，带上了半殖民地国家具有的“过渡性”和“中间形式”的特点。列宁曾经指出：

> 至于“半殖民地”国家，他们是自然界和社会各方面常见的过渡形式的例子……对于金融资本最“方便”最有利的当然是使从属的国家和民族丧失政治上的独立这样的支配。半殖民地国家是这方面典型的“中间”形式。①

政治是经济的集中反映。政治上为了避免沦为殖民地而要做殊死的斗争，正是经济上对外国资本的干涉、控制、吞并进行抗争的反映。这样，民族资本对侵略资本既有着依赖、联系的一面，也存在着反干涉和干涉、反控制和控制、反吞并和吞并的一面。这种斗争成了近代中国经济生活中令人瞩目的内容，甚至把古代中国长期来视为最大社会问题的土地兼并与反兼并的斗争挤到了次要地位。我们若把贺长龄、魏源编辑的《皇朝经世文编》与近代资产阶级思想家们的著作稍加比较，就会发现其中关于国计民生的议论有着重要不同。《皇朝经世文编》的不少文章，主要针对土地兼并、民生日艰、漕运、盐务、河工、币制等方面的弊政加以揭露、批评和提出兴革的建议，基本上是封建经济时代的产物，表示出旧时代经世学者的注意所在。资产阶级思想家除了少数人注意于土地问题和由此产生的民生问题外，大多数人的注意力从土地兼并移到发展民族经济，把它作为救国的方法、富强的始基。梁启超就曾大声疾呼：“今日乃经济上国际竞争你死我活之一大关头，我若无大资本家起，则他国之资本家相率蚕食我市场，而使我

---

① 列宁：《帝国主义是资本主义的最高阶段》，见《列宁选集》第 2 卷，801～802 页，北京，人民出版社，1972。

无以自存。”①类似梁启超的这种议论，可以说比比皆是，不独维新派为然。忽视土地问题，是资产阶级思想家们的一大缺陷，但若联系到经济领域中展现的时代特征和历史要求，那么这种忽视至少客观上反映了中国要求发展资本主义新经济的历史趋向。

综上可知，自从1840年外国资本主义侵略者用大炮轰开了古老中国的大门后，中国一步一步地沦为半殖民地半封建社会，中国的历史进入一个新时代。反对帝国主义侵略和封建主义压迫，推翻腐朽卖国的清王朝，建立民主共和国，发展资本主义的经济和文化，是这个时代的历史要求。哪一个阶级能回应这些历史要求，担当这一历史责任，哪一个阶级就有资格充当时代中心。

二

近代八十年中，中国社会各阶级和各派政治力量的历史活动表明，除了民族资产阶级外，没有任何一个阶级和派别能够成为时代中心。

封建地主阶级是帝国主义统治中国的支柱。虽然这个阶级中的某些派别，如地主阶级改革派，因主张社会改良、批判封建弊政而对中国思想界产生过深远影响，地主阶级洋务派因引进了若干西方生产技术而在客观上对中国资本主义的发生起过一定作用，但作为一个阶级来说，它是落后的、腐朽的、反动的。

与地主阶级相对立的农民阶级，是近代中国反帝反封建的主力军，在近代史上曾经掀起过太平天国、义和团这样规模巨大的斗争，在阶级斗争和民族斗争中演出了悲壮激越的场面，沉重打击了帝国主义势力和国内的封建统治，推动了社会历史的前进。但是，他们都未能回答近代中国的历史要求。且不说没有形成统一组织、没有提出斗争纲领的义和团，就是作为旧式农民战争最高峰的太平天国，对近代中国根本问题的答案也只是一个无法实现的乌托邦式的小生产者理想。历

① 梁启超：《社会革命果为今日中国所必要乎?》，载《新民丛报》，第18期，1906。

史表明，只有在比他们更先进的阶级领导下，农民蕴藏着的巨大革命能量才真正有效地放射出来。

比农民更先进的阶级是无产阶级和资产阶级。在近代八十年的旧民主主义革命时期，中国无产阶级的力量还很弱小，政治上尚未成熟。它们是作为资产阶级民主革命的追随者在历史舞台上留下足印的。这样，担当时代中心的责任，只能是代表新的生产方式，在政治上日趋成熟的民族资产阶级。

民族资产阶级在经济上有上层和中下层的区别，在政治态度上相应地也有代表不同阶层利益的两翼之别。从历史时序上说，民族资产阶级的两翼虽然都在甲午战争后差不多同时登上政治舞台，但代表上层利益的维新思潮较之代表中下层利益的民主革命思潮，更早地显示出它对历史发展的推动作用。由于民族资产阶级上层与帝国主义、封建主义有更多的联系，维新派希望通过自上而下的变革手段改造中国。结果，一百零三天的“新政”在封建顽固派的镇压下遭到了惨败。唐才常的自立军起义作为维新派与顽固派生死斗争的第二个回合，也在封建主义勾结帝国主义的剿杀下以失败告终。当维新派准备再次奋斗时，比它更先进的民主革命派已经站到了他们的前头。革命取代改良而成为时代潮流，开始了近代中国更完整意义上的资产阶级民主革命的新阶段。

从资产阶级两翼沤浪相逐地领导时代潮流、进行变革中国现状的斗争历史看，在以下四个方面明确地显示了民族资产阶级作为时代中心的才智和力量。

第一，资产阶级两翼在反帝反封建、改造中国的斗争中，对帝国主义侵略和由此产生的民族危亡之痛，做了尖锐的揭露和呼吁，并从西方资产阶级民主主义的武器库中搬来了天赋人权论、自由平等学说和进化论，向封建思想发动了空前猛烈的批判，促成了近代中国的思想解放潮流。

还在资产阶级形成过程中，它的政治代表就以反对帝国主义侵略的姿态出现在政治舞台上。1888 年，康有为上书光绪帝指出，中国已经处于“强邻四逼”“羽翼尽翦，将及腹心”的“累卵之危”。[①] 1894 年孙中山认为“方今强邻环列、虎视鹰瞵，久垂涎于中华五金之富、物产之饶，蚕食鲸吞，已效尤于接踵，瓜分豆剖，实堪虑于目前”[②]，从而喊出了“振兴中华”的时代之声。《马关条约》订立后，康有为力主迁都抗日，认为“割地之事小，亡国之事大”[③]，中国已经到了生死存亡的关头。这两个政治派别的旗手，都敏锐地看出了帝国主义必采取瓜分中国的政策，怀着忧国忧民的爱国热忱，开始了改造中国的艰苦斗争。自此以后，无论是维新派的《中外纪闻》《经世报》《清议报》《新民丛报》，还是东京留学生办的各种爱国革命刊物，或是革命派的《中国日报》《民报》《大江报》《民立报》等报刊，无一例外地把抨击帝国主义侵略，号召救亡图存、不做亡国之民，作为头等重要的宣传内容。在唤醒中国人民的民族觉醒中，资产阶级起了重大作用。随着民族资本主义的发展和形势的变化，资产阶级、小资产阶级及其知识分子，对帝国主义的斗争逐步发展到直接的行动。1903 年的拒俄运动，1905 年的反美爱国运动，以及持续到辛亥武昌起义前夕的收回利权运动，都是在他们领导之下波及全国的反帝爱国斗争。

如果说，民族资产阶级两翼的反帝斗争从总体上说还较多地处于直感阶段，那么他们的反封建斗争相比之下就较多地处于理性阶段了。这表现在他们以西方资产阶级民主主义思想为批判武器，对封建意识形态进行了有效的攻击。

君权神授、封建等级观念和纲常伦理，是封建制度三根主要的理论支柱。民族资产阶级的两个政治派别，都以民权论攻击君权神授论，用平等学说反对封建等级观念，用进化论批判“天不变道亦不变”的纲常伦理，在社会各阶层中产生了广泛、深刻的影响。

---

① 康有为：《上清帝第一书》，见中国史学会主编：《中国近代史资料丛刊·戊戌变法》第 2 册，127 页，上海，上海人民出版社，1957。

② 孙中山：《檀香山兴中会成立宣言》，见中国史学会主编：《中国近代史资料丛刊·辛亥革命》第 1 册，85 页，上海，上海人民出版社，1957。

③ 康有为：《上清帝第二书》，见中国史学会主编：《戊戌变法》第 2 册，132 页。

用民权来反对君权，是资产阶级两翼着力进行的理论攻势之一。他们援引古圣贤“民贵君轻”的论说，结合西方的天赋人权论，向君主权威展开了有力的批判。维新派理论家严复、梁启超等人，都把封建君主斥为窃国大盗，认为“斯民也，固斯天下之真主也”，“民之自由，天之所畀也”①；指出“君权日益尊，民权日益衰，为中国致弱之根源”②；君、臣、兵、刑，“皆缘卫民之事而后有也”，不是君权神授，而是民权天赋。这就抹去了“真命天子”头上的光轮。革命派更进一步宣扬必须打倒君权，大昌民权。他们说，“自格致学日明，而天予神授为皇帝邪说可灭，自世界文明日开，而专制政体一人奄有天下之制可倒”③，认为国可以一日无君，但不可以一日无民，“一国无民，则一国为丘圩，天下无民，则天下为丘圩”④，中国根本上不需要君主。专制意味着野蛮，民主共和却是文明进步的表现。

用资产阶级平等学说攻击封建等级观念是资产阶级反对封建束缚、主张个性解放的表现。他们援引《民约论》《法意》等西方民主主义著作，宣传“人类之初者，固众人平等者也，无尊卑上下之分”⑤，自由、平等、博爱，皆出于人类的“天性”，是人人“自有天然之权利”⑥；封建君主享有的种种特权，既违背平等精神，又不符合“人民公仆”的原旨，理应废除。

资产阶级政治代表们还用社会进化论来观察历史、解释现实。康有为还把传统的公羊学与进化论结合，比附君主制、君主立宪制和民主共和制是三个不同的历史进化阶段，以此渐进，不能“躐等”；严复则以“物竞天择、适者自存”来证明只有改革封建政体才能立于世界之

---

① 严复：《辟韩》，见中国史学会主编：《中国近代史资料丛刊·戊戌变法》第3册，78～81页。

② 梁启超：《饮冰室合集》文集之一，128页，上海，中华书局，1941。

③ 邹容：《革命军》，见中国史学会主编：《中国近代史资料丛刊·辛亥革命》第1册，360页。

④ 《说国民》，载《国民报》，第2期，1901。

⑤ 申叔(刘师培)：《无政府主义之平等观》，载《天义》，第4、5、7期，1907。

⑥ 《权利篇》，载《直说》，第2期，1903。

林。邹容更大声疾呼“革命者，天演之公例也”，“由野蛮而进文明者也”，主张用暴力革命来促进社会发展。《孔子改制考》《天演论》和《革命军》这三本书的著译出版，代表了中国资产阶级政治家们对社会进化论认识的三个阶段。在反对“天不变道亦不变”的历史循环论和封建纲常的斗争中起了很大的作用。

天赋人权、自由平等博爱和进化论的介绍及其对封建意识形态的批判，使许多知识分子因此懂得了天外有天的道理。“旧藩顿决，泉涌涛奔”，“智慧骤开，如万流潏沸，不可遏制”。近代中国第一个思想解放潮流，正是在资产阶级反封建的启蒙运动中逐渐形成、发展起来的。

资产阶级宣传的民主主义思想，在理论的科学性和内容的进步性方面，不仅比地主阶级改革派的“经世致用”思想先进得多，而且也比农民的宗教迷信和平均主义高明得多。

地主阶级改革派继承了明末清初进步学者所提倡的“经世致用”思想，作为同儒学正统思想进行斗争的形式。他们在清王朝封建衰世的现实刺激下，以今文经学家阐述儒家经典“微言大义”的方法，议论时政，揭露封建制度的腐败黑暗面，主张“变法”“更易”；并对束缚知识分子的空谈身心的理学和繁琐考据的汉学提出批评，主张个性发展，主张学以致用。“经世致用”作为一种学术方法和政治思想，曾对清末学术界和思想界都产生过积极影响，对于资产阶级维新思想的形成起了先驱作用。梁启超说他“初读定庵文集若受电然”；又说“光绪间所谓新学家者，大率人人皆经过崇拜龚氏之一时期”①，说出了两者之间的继承关系。但是，“经世致用”思想摆脱不了今文学派穿凿附会的主观唯心主义影响，所据者仍是传统的儒学经典，所致用的还是维护封建制度的点滴改革，这就使主张经世致用的学者和思想家仍然跳不出封建意识形态的束缚和阶级利益的限制。他们中的一些激烈者虽然也提出过平均土地的方案，但不敢触动封建土地所有制；主张发展私富，却仍强调农本；大声疾呼改革，又害怕人民起来斗争，认为“开辟以来，民之骄悍，不畏君上，未有甚于今日中国者也”，主张“与其赠来

① 梁启超：《清代学术概论》，见《饮冰室合集》专集之三十四，54页，北京，中华书局，1941。

者以劲改革，孰若自改革”①，把希望寄托在清王朝身上；他们痛砭官僚制度的严重弊病，但仍要加强官僚的权力，认为“权力不重则民不畏，不畏则狎，狎则变”②。要而言之，正如龚自珍自己所说：“未敢自诩医国手，药方只贩古时丹。”在社会发生激烈变化的时代，企图从传统旧文化中去寻求改革方案，用一种传统思想去反对另一种传统思想，是无法适应时代要求的。近代八十年中，不少主张“经世致用”的思想家在接触西方民主主义文化之后，思想方法、治学方法都发生了变化。康有为自述他在1882年从京师返粤，途经上海时，“大购西书以归讲求焉……自是大讲西学，尽释故见”③。梁启超回忆他从师康有为前后思想境界、治学方法的大变化④，同样从正面反映出今文学家的“经世致用”思想已经无法适应和解决近代中国面临的复杂课题。

近代史上的洪秀全、洪仁玕，虽然都是向西方寻找真理的一派人物，但由于具体条件的限制，他们只是找到了西方的宗教，经过改制，用以发动、组织农民。人世间的问题，向虚幻的神天寻求答案，只能说明农民不能自己代表自己。农民的平等思想，虽然在反抗大土地所有制的斗争中是农民可能达到的最高水平，但用平均主义所描绘的“地上天国”却无法把农民从现实苦难中解救出来。在新的时代里，农民的平均主义与资产阶级民主主义相比，显得黯淡无光。资产阶级民主主义思想对封建主义的斗争，决定了近代政治思想史发展的主要内容。

第二，资产阶级两翼都以西方资本主义政治制度为借鉴，提出了改造中国的方案，力图把半殖民地半封建的中国变成资本主义的中国。

救亡图存是近代历史的主题。1888年，康有为在民族危亡刺激下，向清政府吁请“变成法，通下情，慎左右”，第一次提出了资产阶

---

① 龚自珍：《乙丙之际著议第七》，见《龚自珍全集》，6页，上海，上海古籍出版社，1975。

② 龚自珍：《明良论》四，见《龚自珍全集》，35页。

③ 康有为：《康南海自编年谱》，见中国史学会主编：《中国近代史资料丛刊·戊戌变法》第4册，116页。

④ 梁启超：《三十自述》，见《饮冰室文集类编》上，2～3页，东京，帝国印刷株式会社，1904。

级性质的变法要求。此后，康有为接连上书，逐步形成了一套政治主张，概括地说：一是反对帝国主义侵略，主张练兵、选将，加强国防力量；二是变君主专制政体为君民共主政体，主张设议院，学俄、日，希望光绪帝“以俄国大彼得之心为心法，以日本明治之政为政法”①，奋发有为；三是广开言路、选拔人才；四是设立农、工、商等局，扶持民族资本工商业。在近代史上，维新派第一次明确提出了中国在政治上、经济上向资本主义发展的方向问题。不久，革命派又把维新派改革内政的方案推进到一个新高度，第一次提出了比较完整的民主革命的纲领，创立三民主义学说，搬来了西方资产阶级民主共和国方案。直到这时，中国才找到了一个可供历史选择的向何处去的答案。

考察资产阶级两派对于政体与国体的认识过程，可以看出他们是怎样力图面向世界，为改造中国而不断学习探索的。

最早提出中国应向西方学习开设议院的，是郑观应在1875年自序的《易言》三十六篇本。郑在其中称赞了泰西列国开设上、下院的好处，希望中国“上效三代之遗风，下仿泰西之良法，体察民情，博采众议”②。这个主张不仅为同时代的早期维新派所共调，而且也是后来维新派进一步探索的张本。从郑观应到康有为，对于议会制度的认识总的说还很笼统，限于“通上下之情”，而对议会的职能还不能做出学理上的说明。第一个明确指出立法、司法、行政三权分立的则是梁启超。1902年他写的《论立法权》一文中指出：“立法、行法、司法，诸权分立，在欧美日本，既成陈言，妇孺尽解矣。然吾中国立国数千年，于此等政学原理，尚未有发明之者”③，因此，他援引了孟德斯鸠的分权学说和边沁的国家主义，认为立法、行政“两者分权，实为制治最要之原也”④。他进一步指出了立法权的归属，说：“立法者国家之意志

① 康有为：《上清帝第五书》，见中国史学会主编：《中国近代史资料丛刊·戊戌变法》第2册，188～190页。

② 郑观应：《论议政》，见夏东元编：《郑观应集》上册，103页，上海，上海人民出版社，1982。

③ 梁启超：《论立法权》，载《新民丛报》，第2期，1902。

④ 梁启超：《论立法权》。

也……然则今日而求国家意志之所在，舍国民奚属哉！况以立法权畀国民，其实于君主之尊严，非有所损也。”①在另一篇文章中，他说议会具有制定和监督行政立法司法之权，“其重要之职权，在于立法”②。这样，梁启超不但在学理上说明了三权分立的必要，而且引出了权力赋予民选议员的根据，为实现君宪派们主张的君民共主政体作了理论上的阐述。

按照君宪派们的设计，中国的最高权力机构实行上、下两院制。上院畀亲贵，下院由民选；中国的行政机构实行内阁制，成立责任政府；内阁接受国会的监督。省以下的地方，实行地方自治，成立省、府、州、县、乡、村各级议会。维持皇位，但皇帝只是元首，权力在于国会；皇帝只是国民中的一分子。③ 很明显，君宪派们希望中国在摆脱君主专制政体后，走一条西方式的资产阶级性质的君主立宪道路。

革命派中最早提到国体政体问题的，是孙中山在1894年檀香山兴中会的入会誓词。但“创建合众政府”一句的含义还很含糊，似不能据此断定就是美国式的联邦制。1897年，孙中山在与宫崎寅藏、平山周的一次谈话中，第一次使用了“共和政体”一词，并明确其所指是联邦共和制。他说：“今欲求避祸之道，惟有行此迅雷不及掩耳之革命一法；而与革命同行者，又必在英雄各充其野心。充其野心之方法，唯作联邦共和之名之下，其夙著声望者使为一部之长，以尽其材，然后建中央政府以驾驭之，而作联邦之枢纽。”④但这种联邦共和制政体的内部结构究竟如何？孙中山并没有进一步说明。在革命派中第一次把民主共和国方案说得最具体的，当推邹容的《革命军》。书中第六章对于建立一个独立自由的中华共和国做了充分的设计：共和国应先设立中央政府，由各省议员公举大总统，并将参照美国宪法制定中华共和

---

① 梁启超：《论立法权》。

② 梁启超：《中国国会制度私议》，见《饮冰室合集》文集之二十四，4页。

③ 汤志钧编：《康有为政论集》下册，663页，北京，中华书局，1981。

④ 《孙中山全集》第1卷，173页，北京，中华书局，1981。

国的宪法，实行地方自治。① 1905 年同盟会成立时，孙中山根据他自己提出的十六字纲领，规定了未来共和政体建设的三个依次衔接的阶段，即军法之治、约法之治、宪法之治。② 那时，孙中山已经放弃了早年主张的联邦共和制，而主张按照五权宪法原则建立总统制式的共和政体。当然，革命派中也有人不同意总统制而主张责任内阁制的，宋教仁即是著名的一个，但建立民主共和国却是革命派一致拥护的主张。

无论是维新派、立宪派所主张的君主立宪制，还是革命派所主张的民主共和制，作为中国资产阶级改造中国、发展资本主义的方案，不仅与地主阶级洋务派的“中体西用”主张有根本性质的不同，而且比农民阶级在反对清王朝的同时，又不能不重新把自己束缚在封建经济和封建政治制度的桎梏内，也要先进整整一个历史阶段。毫无疑问，近代八十年中国社会发展的方向，只有在资产阶级的政治纲领中才得到了正确的表述。

第三，资产阶级两翼在反帝反封建斗争中，都建立了类似政党或政党组织，从而把中国人民的斗争水平提高到一个崭新的阶段。

近代史上农民发动的反帝反封建斗争此起彼伏，波澜壮阔，但基本上仍处于自发状态。他们虽也有一定的指导思想、一定的组织形式，然而不是以宗教迷信为号召，便是以传统的“反清复明”为口号；不是组织松懈、山堂林立，便是以宗教信仰为分野亲疏的准则，既没有一个反映时代要求的斗争纲领，又缺乏联合各种反抗力量可行而必要的组织。只有中国资产阶级登上政治舞台后，才使中国人民的反帝反封建斗争第一次找到了适应历史需要的组织形式。

维新派组织的强学会是近代第一批以学会形式寄寓政治目的的组织之一。1898 年康有为在北京发起成立的保国会，比强学会进了一步。它有会章，有宗旨；组织原则取民主集中制，内部设总理、值理、

---

① 邹容：《革命军》，见中国史学会主编：《中国近代史资料丛刊·辛亥革命》第 1 册，361～363 页。

② 孙中山：《军政府宣言》，见《孙中山全集》第 1 卷，296～298 页。

议员、董事，各以多数推举产生，一切大事均由议员讨论，多数通过后由副总理执行。[①] 保国会已初具政党性质。它虽然存在时间很短，但“自是风气益大开，士心亦加振励，不可抑遏也”[②]，促进了戊戌变法高潮的到来。

资产阶级革命派更注意建立政治团体。从1894年檀香山创立革命小团体起，到1905年中国同盟会成立，革命派纷纷建立组织，领导和发动了多次反清起义。中国同盟会，则是中国近代史上第一个正规的资产阶级政党。它有十六字纲领，有完备的组织章程，有入会誓词，有统一的组织形式，有上下统属的组织系统，特别是它模仿西方资产阶级三权分立的民主思想作为自己的组织原则，建立起内部的组织结构，凡是近代政党所具有的要素和条件，它都具备了。

资产阶级政党的出现，对于利用民间秘密结社作为农民斗争的组织形式，是一种扬弃；对于借鉴西方宗教的某些材料改制成一个新宗教以团聚、组织和发动农民，是历史的进步。资产阶级革命派正是以本阶级的政党为核心，吸引各部分反清力量，领导了中国旧民主主义革命。他们明确宣布自己是中等社会革命力量的代表，对下等社会“导高潮而起伏之者也”[③]；宣称今日革命是“以下等社会为根据地，而以中等社会为运动场。是故下等社会者，革命事业之中间也，中等社会者，革命事业之前列也”[④]，对自己的历史责任是看得真切的。当时的革命动力确实集中到了资产阶级革命派的手里。

第四，上述三方面，归根结底都与资产阶级的经济地位分不开。资产阶级是近代中国社会先进生产方式的代表。他们与大机器生产方式相联系，比之以一家一户为单位、附着于土地的农民，具有更大的经济、政治活力与更广泛的社会联系。因此，他们的反帝反封建斗争带有较多的自觉性。无论是维新派还是革命派，都积极希望获取政治

---

① 梁启超：《戊戌政变记》，74页。

② 梁启超：《戊戌政变记》，81页。

③ 《民族主义之教育》，载《游学译编》，第10期，1903。

④ 《民族主义之教育》。

地位、发展资本主义。从早期改良派主张商战到康梁维新派提倡劝工惠商，到革命派在南京临时政府期间颁布一系列奖励工商实业的法令，前后一贯地反映了时代前进的方向。

综上四个方面可知，近代中国在无产阶级登上政治舞台担任中国革命的领导责任以前，没有任何一个阶级或政治派别能够像民族资产阶级那样具有反映时代要求的思想、理论和明确的奋斗目标，统一、进步的组织形式，率领其他爱国进步力量向帝国主义及清王朝进行斗争，力图把中国改造成为资产阶级性质的国家，发展资本主义。资产阶级作为时代中心的历史地位是客观存在的。

他们领导的各种形式的斗争，包括政治的与军事的、经济的与思想文化的、流血的与不流血的斗争，构成了近代中国历史背景的主要特点，决定着时代的主要内容；他们在斗争中的顺利与挫折、进攻与退却、成功与失败，犹如时代脉搏，与民族的命运、国家的前途息息相关。正是在这个意义上，我们认为资产阶级成了时代中心的历史事实同样也是客观存在的。否则何以解释近代八十年历史称之为旧式的资产阶级民主革命时期？何以理解“辛亥革命，则是在比较更完全的意义上开始了这个革命”①？

近代八十年历史证明了中国民族资产阶级理应成为时代中心，它同样也证明了中国民族资产阶级确实充当了时代中心。

三

当我们指出中国民族资产阶级是近代八十年的时代中心时，有两个问题必须进一步做出分析。一个是如何看待中国民族资产阶级出世以前近代中国的时代中心问题；另一个是如何估量农民和无产阶级在八十年中的地位以及民族资产阶级同它们之间的关系问题。

关于中国资本主义的发生和资产阶级的形成，学术界正在深入讨论，按照传统说法，中国在19世纪六七十年代才有资本主义近代工

① 毛泽东：《新民主主义论》，见《毛泽东选集》(合订本)，660页。

业，直到19世纪90年代中期民族资产阶级才逐渐形成。那么从19世纪40年代到90年代初的半个世纪里，如何理解时代中心的问题呢?

我们认为考察中国民族资产阶级形成前的时代中心问题，如同分析整个80年的时代中心问题一样，始终不能稍离半殖民地半封建中国这一个过渡性社会的特点。尤其是近代最初的二三十年间，在外来的欧风美雨吹打下，原先封闭的、完全的封建社会，突然被迅速地卷入世界资本主义潮流。守旧顽固的封建统治阶级徒劳地挣扎着，企图拖住历史的车轮；而新的注定要肩负时代使命的资产阶级却仍在母腹之中。于是，在这个过渡性的历史时期里，一些过渡性的历史人物和政治派别也就应运而生。他们的脑后尽管仍然拖着旧时代的发辫，摆脱不了旧传统的束缚，但是，在激烈的阶级斗争和民族斗争中，却敏锐地触及了时代的脉搏，发出了响应时代要求的微弱呼声。

19世纪40年代的龚自珍，在他那著名的改革方案《农宗》篇中，尽管主张以宗法血缘关系作为划分社会等级和分配土地的原则，但他并不主张“限田”，而是强调“广田”，认为“后世之末富，以财货相什伯千万，世宗莫得而限之，三代乌能限田?三代之季，化家为国之主，由广田以起也”。① 这种说法，如果联系到他在《论私》篇中所说的内容，那么人们不难发现，这个地主阶级改革家的思想深处却有着发展类似资本主义私富的要求。同时代的魏源也有相同的主张。他在强调发展“本富”的同时，指出了作为“末富”的商业，同是增殖社会财富的途径。他主张，“语金生粟死之训，重本抑末之谊，则食先于货；语今日缓本急标之法，则货又先于食”②，把发展商业资本放在急务的地位。他甚至认为应该由官方在广东创办造船厂和火器局，聘请法国、美国的技术人员帮助中国自制船械，并逐步加以推广；造船厂和火器局除制造战舰、枪炮外，诸如量天尺、千里镜、龙尾车、火轮舟、自来火、千斤秤等“凡有益于民间者，皆可于此造之”；“沿海商民有自愿

① 龚自珍：《农宗答问第一》，见《龚自珍全集》，54页。

② 魏源：《海国图志·军储篇一》，见《魏源集》下册，471页，北京，中华书局，1976。

仿设厂局，以造船械或自用、或出售者，听之”。[①] 他们的这种经济主张，正是中国处在两个时代交界点上的一种“过渡性”的反映。

从19世纪50年代末起，由于自然经济瓦解的加速和资本主义产生的各种必要条件日趋成熟，先进的中国人已经觉察到了时代变化在经济生活中的征兆，发出了催生资本主义的呼喊。最早看出这个畸形儿必将出世的是洪仁玕和冯桂芬。前者在《资政新篇》中完全不顾《天朝田亩制度》关于平分土地和建立以25家为一个自然经济单元的方案，提出了奖励国人自造火车、火轮、汽船，自开自冶矿产的一系列发展资本主义经济的主张，认为这些都是“正正堂堂之技”，“永古可行者也”；后者在《校邠庐抗议》中强调造船炮是国家转弱为强之道，指出“世变代嬗，质趍文，拙趋巧，其势然也”[②]。这两个分属于不同营垒的思想家，几乎同时为资本主义出世昌言，可说是时代的变化在一对古老阶级中引起的共同反响。

其后，便是洋务派在“中体西用”框子下引进西技，开了中国机器生产的风气之先。洋务派这一招并非出于发展资本主义的要求，他们与顽固派的争论，也是地主阶级统治集团中关于采用何种方法以自救的争斗。但隆隆的机器声和突突冒烟的大烟囱，毕竟与老牛拉犁的自然经济大相异趣。在历史必然的面前，顽固派的斥骂无异是旧时代的挽歌，而洋务派却充当了历史不自觉的工具。后来的早期改良派，就是在对洋务派“徒袭皮毛”的批判中，把发展资本主义的要求推向了自觉的新阶段。郑观应指出：“中国以农立国，外洋以商立国。农之利，本也，商之利，末也，此尽人而能言之也……今也不然，各国并兼，各图利己，藉商以强国，藉兵以卫商，其订盟立约，聘问往来，皆为通商而设……可知欲制西人以自强，莫如振兴商务，安得谓商务为末务哉?”[③]据此，他认为“习兵战不如习商战”，提出了与外国侵略资本

① 魏源：《海国图志·筹海篇·议战》，见中国史学会主编：《中国近代史资料丛刊·鸦片战争》第5册，571～575页，上海，上海人民出版社，1957。

② 冯桂芬：《校邠庐抗议·制洋器议》，见中国史学会主编：《中国近代史资料丛刊·戊戌变法》第1册，32页。

③ 郑观应：《盛世危言·商务》，见中国史学会主编：《中国近代史资料丛刊·戊戌变法》第1册，80页。

进行“商战”的主张。马建忠认为真正的“富民”，“莫若使出口货多，进口货少”①，发展民族经济。时代变化的伟力把地主阶级冲开了一道缺口，将那些要求发展资本主义的士大夫们从洋务营垒离析了出来。

从19世纪80年代起，早期改良派开始从各个方面试图回答时代提出的历史任务了。他们在政治上介绍西方议会制度；经济上要求清王朝废除病商最甚的厘金，收回海关自主权，自行设厂制造，奖励培植民族经济；文化上主张开办新式学堂，师法西学，培育人才等。虽然他们的议论还借用着传统的道器关系，行动上还与洋务派有着关联，但却是代表了向着资产阶级转化的一批官僚、地主、买办和商人们的利益。自19世纪70到90年代中期，大规模的农民急风暴雨式的反抗斗争已经过去，统治阶级高唱着“中兴”颂歌之际，早期改良派对洋务派的批判，可以说是当时历史条件下阶级斗争的一种新形式。从早期改良派到维新派，到民主革命派，前后一贯地反映了中国资产阶级从产生到最终形成过程中对近代历史发展所起的导引作用。可知，资产阶级作为时代中心的历史地位，并不是在它最终形成时才开始的。

有的论者认为，在民族资产阶级产生之前，特别是在近代开端时期的20年时间里，时代中心应该是农民阶级。

农民阶级能不能成为时代中心呢？我们认为不能。

不错，农民在反封建斗争中表现了不屈不挠的斗争性。进入近代社会后，仍然是中国反帝反封建的主力军。忽视农民这支伟大的力量，中国任何阶级要领导革命到达胜利都是不可能的。特别是19世纪40—60年代，中国虽然已经开始了半殖民地半封建的痛苦历程，但一方面由于封建主义对外国侵略者的疑惧尚未消除，中外反动派还没有真正勾结起来；另一方面由于中国的大门刚刚被打开，外国商品对中国自然经济的分解作用才刚刚开始，后者还能凭借几千年来形成的小农业与家庭手工业紧密结合的强固性，对外国商品侵蚀起顽强的抵制作用。因此，无论在政治上、经济上，封建旧素质还在社会生活中占

---

① 马建忠：《适可斋纪言纪行·富民说》，见中国史学会主编：《中国近代史资料丛刊·戊戌变法》第1册，164页。

主要地位。这样，被民族矛盾和阶级矛盾推上近代历史舞台的农民阶级，仍然谱写了太平天国这样一场被誉为农民战争最高峰的悲壮篇章。

但是，农民毕竟不是新的生产关系的代表者。千百年来，一家一户为生产单位的小生产经营方式，造成了这个阶级群体的狭隘、保守、散漫和难以凝聚的性格。当他们被迫自发奋起抗争时，这种阶级性格总是驱使他们留恋“祖传”的古老斗争方式和目标。历史证明，农民阶级在政治上、经济上都提不出符合时代要求的纲领，提不出适应时代方向的口号、路线、方针、政策。试看农民起义烽火连天的19世纪40—60年代，无论是湖北崇阳钟人杰的起义，湖南、广西雷再浩、李源发（一说李沅发）起义，还是广东红巾军起义，都是哥老会、三点、三合会等旧式会党领导的反抗举动。他们袭用的是旧式农民战争的老谱，打出的是“反清复明”的旗号。洪秀全领导的太平天国，虽然不赞成“复明”，主张另开“新朝”①，但他仍然跳不出封建国家的基本模式。所向往的“地上天国”也不切合历史发展的需要。旧式农民战争无法解决中国的出路问题，近代、古代都是如此。所以毛泽东同志在分析中国农民战争时说过：“只是由于当时还没有新的生产力和新的生产关系，没有新的阶级力量，没有先进的政党，因而这种农民起义和农民战争得不到如同现在所有的无产阶级和共产党的正确领导，这样，就使当时的农民革命总是陷于失败，总是在革命中和革命后被地主和贵族利用了去，当作他们改朝换代的工具。”②

必须看到，由于小生产地位的不稳定性，经常处于不断分化之中，因此，农民作为一个阶级说，也具有不稳定的特点。这在封建社会中早有表现，进入近代，尤其明显。随着自然经济在外国商品输入冲击下逐步瓦解，农民阶级的分化也在加速。一部分人逐渐发家致富，更多的人则受到破产的威胁，有的被强行与土地分离，成为资本主义的劳动力后备军。这种情况使得农民作为一个阶级来说更有着多层次的

---

① ［瑞典］韩山文：《太平天国起义记》，简又文译，见中国史学会主编：《中国近代史资料丛刊·太平天国》第6册，835～878页。

② 毛泽东：《中国革命与中国共产党》，见《毛泽东选集》（合订本），619页。

特点，严格地说，近代农民正在向着日益丧失作为一个阶级存在的方向发展。

指出农民不是近代中国的时代中心，当然不是否认它们作为近代反帝反封建主力军的历史地位。由于近代中国社会性质既不是完全丧失独立的殖民地，也不是完全由资本主义占统治地位的国家，因而农民在反帝反封建斗争中仍然具有巨大的活力。近代史上连绵不断的反洋教斗争终于演衍出义和团反帝爱国运动，就是农民在民族矛盾激化下，承担起反侵略重任的表现；20世纪初资产阶级领导农民掀起的收回利权运动最终导致了四川保路风潮，成了辛亥革命爆发的导火线，则是农民反帝反封建斗争伟力的表现。可以这样说，在解决中国独立的首要问题上，资产阶级作为时代中心的角色，先是由被农民为主体的革命形势推着走，然后才是由他们的代言人提出方策，率领群众更好地前进。因此，不重视农民的历史作用是不应该的，但也不能把农民的作用提高到近代八十年时代中心的地位，用他们的斗争来贯穿近代历史的基本线索。正像义愤不能说明历史，偏爱也是历史研究需要防止的倾向。

不承认资产阶级是时代中心，常见的是用所谓“革命的坚决性与彻底性”作为尺度衡量农民和资产阶级，认为这两方面资产阶级都远不如农民。不错，中国资产阶级确有软弱、妥协的性格。但决定某个阶级在一定历史时代所处地位的，是它提出什么样的理论、思想、政纲来回答时代要求。历史表明，在改造中国的斗争中，同样有许许多多的资产阶级先进分子具有不怕牺牲、奋斗到底的斗争精神。谭嗣同、唐才常、陆皓东、史坚如、秋瑾、林觉民等一大批年轻的志士仁人，都为中国的进步而慷慨赴难，他们那种“但我可杀，而继我而起者不可尽杀”①，“以天下人为念”、替“天下人谋永福”②的必胜信念与高尚情操，同样代表着中华民族的伟大灵魂。列宁说得好：“如果对伟大的资

① 《陆皓东供词》。

② 《林觉民绝命书》。

产阶级革命者不抱至深的敬意，就不能成为马克思主义者。”①

歌颂群众的自发斗争，把人民群众与资产阶级对立起来，认为资产阶级的革命运动，远远比不上人民群众的反帝反封建斗争，这是另一种常见的说法。人民是一个历史范畴。在近代中国，自从民族资产阶级产生的时候起，它不仅是人民的一部分，而且是逐渐居于主导地位的一部分。尽管近代农民的抗租抗税斗争、抢米和反洋教斗争在全国范围内陆续蜂起，却始终是零星、分散、此起彼落、随生随灭的，基本上还是处于旧式农民斗争的范围。资产阶级革命派对其中的反洋教斗争认为“往往不免排外的性质”，“可谓自然的暴动”，应该“加以改良，使之进化”②，就很中肯地道出了这类群众斗争的弱点。在一定程度上，恰恰表现了资产阶级作为当时社会最有觉悟的阶级对群众自发斗争企图加以领导的历史责任感。群众自发斗争只能构成革命形势是否成熟的一个条件，如果没有一个比农民更有觉悟、更为先进的阶级去领导，那么自发性往往只能与盲目性联在一起。

但是，中国民族资产阶级是一个先天不足、后天失调的阶级。它们同帝国主义、封建主义有着千丝万缕的联系，使得它在民族斗争、阶级斗争中经常流露出软弱性和容易妥协的色彩；它从西方民主主义武器库中搬来的思想武器本身就具有明显的阶级局限和理论上的缺陷，表现出轻视人民群众的英雄史观和历史唯心主义、形而上学的特点，这就使它很难战胜帝国主义和封建主义结成的反动文化同盟；它那根源于地域经济所形成的派别、集团的利益，又使它很难真正形成一个有严密组织、严格纪律的战斗集体；加上对手的强大和富有反革命经验。这一切，都使得民族资产阶级不可能把中国革命引向胜利。辛亥革命的失败，证明了资产阶级历史地位的脆弱性。1919 年五四运动的发生和马克思主义的传播，无产阶级作为独立的政治力量登上了历史舞台。中国人民经过千辛万苦终于找到了救国救民的真理，西方民主

---

① 《列宁全集》第 21 卷，197 页。

② 转引自梁启超：《暴动与外国干涉》一文中所引革命派的言论，载《新民丛报》，第 82 期，1906。

主义在中国人民心目中逐渐破了产。这样，资产阶级作为时代中心的地位，也就让位给无产阶级。中国历史进入了习惯上称为现代史的新阶段了。

与杨立强合作，原载复旦大学历史系等编《近代中国资产阶级研究(续辑)》，复旦大学出版社，1986 年

中国近代知识分子群体的形成及其政治觉醒

在清末的社会变革中，知识分子曾起着先锋和桥梁作用。知识分子一词，在我国是从辛亥以后开始流行的。对于它的含义，历来有不同理解。① 下面所论的近代知识分子，是指经由国内新式教育和国外留学培养，或经由西方文化熏陶，与传统意义上的士大夫不相同的一部分文化人；所谓近代知识分子群体，是以他们依附中国资产阶级并形成一个社会阶层为指归的。这里侧重考察群体形成的历史因素及其在民族危亡刺激下，从爱国到革命的觉醒趋势与表现。

一

近代中国最早的一批新知识分子，是在洋务运动期间伴随着中国资本主义发生和西学的日益传播而产生的。我国台湾地区的一些史学家则把鸦片战争前后的林则徐、魏源、徐继畬等人算作最早的一批新

---

① 我国古代通称知识分子为“儒”，但“儒”的含义，在不同时期往往有不同理解。秦时，“儒”只是诸子中的一部分。秦始皇焚书坑儒时，凡种树、医、卜之书不烧，则这三种有知识、有技术之人当不列为儒生之内。秦后，“儒”既有孔孟之徒的意义，但也有把不属于孔孟之徒的知识之士称为“儒”的，如明代称利玛窦为“西儒”。近代，通常把有文化的人称为“士”，但所指往往只是受过传统教育的人。至于工商的书算技术、优伶乐工的传习技艺、僧徒中研究佛学者都没有列入士林[参见王尔敏：《清季知识分子的自觉》，载《“中央研究院”近代史研究所集刊》，1971(2)]。到了现代，知识分子一词的含义放宽，把具有一定文化科学知识的脑力劳动者称为知识分子了。

知识分子。如张玉法在所著《清季的革命团体》一书中称:“最早的一批新知识分子,当推林则徐、魏源、徐继畬等人,他们的新知识来自与外人的接触,外人在中国所办的报纸对他们也有帮助。他们崛起于鸦片战争前后,对西方的认识,集中在船坚炮利方面。”①张先生注意到了林、魏等人在知识结构方面的某些变化,却忽视了传统旧学毕竟在他们的知识体系中仍占主导地位的事实。他们对西方的了解还睡眼方开,西学知识尚极浅薄,正如王韬所说,“当默深先生时,与洋人交际未深,未能洞其肺腑”②;他们虽主张变革,“师夷长技”,但出发点并不是对资本主义制度的向往,立足点还是在封建统治者一边;从当时社会经济状况和思想界情状看,也还没有促使他们脱离旧营垒,转化为新知识分子的条件。所谓“儒者著书,惟知九州以内,至塞外诸藩,则若疑若昧,荒外诸服,则若有若无……徒知侈张中华,未睹之大”③,正是闭塞的自然经济下知识界眼界未开,迷懵混沌的写照。所以无论从他们的知识整体、政治态度,还是从社会经济、儒者状况言,要把林、魏等人算作中国最早的一批新知识分子,似乎标准过宽,为时过早。他们基本上仍是士大夫,属于地主阶级的一翼。

只是从19世纪六七十年代起,随着洋务派创办军事、民用工业的需要和洋务教育的兴起,最早一批新知识分子才得以产生。

洋务教育是洋务运动的一部分。自19世纪六七十年代起,洋务派开办学堂、派遣留学生、翻译西方科技书籍等活动,把传统的封建教育体制凿开了一个窟窿,给中国人从中土窥“西天”提供了狭小的窗口。通观洋务派所办的学堂,可分为两大类:一类是学习西方语言文字的外语学校,举其要者如京师同文馆、上海广方言馆、广州同文馆、湖北自强学堂等;另一类是培养军事人才的武备学堂和为洋务工业服务

---

① 张玉法:《清季的革命团体》,41页,台北,“中央研究院”近代史研究所,1982。

② 王韬:《漫游随录·扶桑游记》,陈尚凡、任光亮校点,202页,长沙,湖南人民出版社,1982。

③ 魏源:《圣武记》第12卷,498~499页,北京,中华书局,1984。

的专门技术学堂，如训练陆军人员的天津武备学堂，湖北、山西武备学堂，南京陆师学堂等；训练海军人才的马尾船政学堂，江南、天津、广东水师学堂等；培养专业技术人才的江南制造局附设机械学堂，天津、上海电报学堂，天津军医学堂，湖北铁路局附设化学堂、矿学堂、工艺学堂等。此外，由容闳带领留美的 120 名幼童，由李鸿章、张之洞、沈葆桢等派出赴英、法、德等国留学的军士弁目。据我极粗略的统计，1862—1894 年洋务派开办各类学堂至少有 34 所，在校学生有数字可计者约 800 人；同期内派出的各种留学生约 192 人。① 由于不少洋务学堂学生数阙如，上述统计与实际人数有不小差距，估计当在千人以上。如果把这一时期中，外国在华传教士所设的各种教会学校及在校学生数加上，则总数超过 3 万人。② 由此足见洋务运动期间已经有一批人在国内外各类各级学校中接受不同于传统私塾、书院的新教育，他们的知识结构与封建士大夫已有明显的不同。

但是，这批接受了相当新知识的洋务学生和教会学校学生，还不是严格意义上的近代知识分子。他们还没有形成一支反对封建专制制度的政治力量。

首先，他们的知识结构中除 120 名留美学生外，绝大多数是中西兼学；西学中又主要是西方语言文字、军事技术和科技知识，西方民主主义文化和社会政治学说基本上没有接触。以京师同文馆为例，初设时仅外语、汉文两科，以后增设化学(1866)、算学(1868)、万国公法(1869)、天文(1877)、物理(格物，1874)等课目。从该学堂 1880 年的课程表看，八年的课程设置中，第一、二年为外语的认、读、写和翻译初步；第三年为各国地理、史略和翻译选编；第四至第八年开设算学的若干分支(包括代数、平几、立几、三角、微积分)、天文、测算(包括航海测算)、格物、金石(矿物学)、讲求机器以及外语翻译。

---

① 据陈学恂主编的《中国近代教育大事记》(上海，上海教育出版社，1981)统计。

② 据顾长声《传教士与近代中国》(225～228 页，上海，上海人民出版社，1981)所列传教士办洋学堂及在校学生数概算。

其中第七年才设有万国公法一课，与其他自然科学并列。① “至汉文经学，原当始终不已，故于课程表并未另列。向来初学者每日专以半日用功于汉文，其稍进者亦皆随时练习作文”②。同文馆如此，仿照此例设立的其他外语学堂大率如此；军事、技术学堂更毋足置论。所以，洋务学生可以是专门人才，却不具有冲击封建专制制度的政治识见。教会学校，本来就是西方文化殖民的一部分。其办学宗旨可概括为为了传教和培养洋奴两项，其课程设置首重宗教课，次为中国儒学经典，再次才是自然科学的零星知识。即使是自然科学，也被纳入上帝创世说之中，科学成了宗教的附庸。③ 因此，教会学校培养的那些不同于中国旧式文人的新知识分子，除少数一部分人在尔后的近代社会变革中成为西方侵略者的异己分子外，大多数人并不是反侵略的政治力量。

其次，他们学成之后，多数是作为封建统治所需的人才，被录用于政府和洋务各集团而为封建统治阶级服务，如 120 名留美学生尚未学成即于 1881 年被撤回。其中除因故早已遣归及在国外病故的 26 名外，余下 93 名分三批回国。头批 21 名均送电报局学习传报；二、三批由船政局、制造局留用 23 名，其余 50 名则分拨天津水师、机器、鱼雷、电报、医馆等处当差。④

最后，当时社会上仍重科举而轻洋务，思想界中旧学占统治地位。中法战争前，“朝士皆耻言西学，有谈者诋为汉奸，不齿士类”；中法战争后洋务虽渐为社会见重，“然大臣未解，恶者尚多”。⑤ 鲁迅曾在

---

① 吴宣易：《京师同文馆略史》，见舒新城编：《中国近代教育史资料》上册，124～125 页，北京，人民教育出版社，1981。

② 《同文馆题名录》，见中国史学会主编：《中国近代史资料丛刊·洋务运动》第 2 册，86 页，上海，上海人民出版社，1961。

③ 在华外国传教士对此均直言不讳，如主持基督教在华各派组成的“教科书委员会”的狄考文说：“教科书委员会出版的相当大一部分根本不是什么学校教科书，而只不过是宗教传单”；传教士韦廉臣说：“科学与上帝分离，将是中国的灾难”。参见顾长声：《传教士与近代中国》，238～242 页。

④ 《直隶总督李鸿章奏折》，见中国史学会主编：《中国近代史资料丛刊·洋务运动》第 2 册，167 页。

⑤ 梁启超：《戊戌政变记》，21 页。

《呐喊》自序中说："那时读书应试是正路，所谓学洋务，社会上便以为是一种走投无路的人，只得将灵魂卖给鬼子，要加倍的奚落而且排斥的。"梁启超回忆自己从师康有为以前的情景时说："日治帖括，虽心不慊之，然不知天地间于帖括外更有所谓学也。"①知识界的自我觉醒尚未到来。

正是由于这些原因，联系到当时中国资本主义虽已产生但还很弱小的状况，使得自19世纪六七十年代到90年代中期已经出现的一批受过洋务教育、教会学堂教育和出洋留学的人们，还不可能形成一个反映资产阶级利益和要求的近代知识分子群体。他们基本上是作为依附于封建统治阶级并在地主阶级自救活动中发挥新知识作用的洋务人才而出现的。当然，个别人有所例外。②

需要进一步考察的是，这一时期内一些原属洋务派营垒，后来又从中分化出来的那批人物，如郑观应、王韬、薛福成、马建忠、郭嵩焘、宋育仁、陈虬、陈炽、汤震等。这批人既未进过洋务学堂受读，又非出洋留学的洋学生③，他们或者通过出洋考察，或者通过阅读西书西报而程度不等地受到西方民主主义熏陶，在民族危亡刺激下，转而批判洋务派只知船坚炮利、徒袭西方皮毛，要求外抗强敌、内革弊政，主张设立议院，提倡商战、发展民族工商业，成了通常所谓的早期改良派。

这批人，从他们所受的教育来说，更多的是传统的旧学；从他们的出身说，或为官僚，或为买办；从他们的社会联系来说，与封建官

---

① 梁启超：《三十自述》，见《饮冰室文集类编》上，2页。

② 如严复。他于1877年赴英学海军，1879年学成回国。留学期间，曾探究过"英国与诸欧之所以富强"的原因(严译名著丛刊《法意》第11卷，4页)；阅读过达尔文、赫胥黎、孟德斯鸠、卢梭、斯宾塞等人的著作；回国后一度与人合资创办河南修武县煤矿(王栻：《严复传》，13页，上海，上海人民出版社，1975)，思想正在发生变化。但本文讨论的是近代知识分子群体的形成，对于个别知识分子阶级立场的转变，政治思想的演化等，不在论析之列。

③ 其中郭嵩焘在出使英法时，曾在法国考院考过文字、格致两科而获得通过，但他毕竟与出洋留学的留学生不同。

府、士大夫、外国商人、传教士多有密切往还；在他们的思想、言论、著述中，仍然奉“中体西用”为圭臬，还不敢公然反叛封建制度。在这些方面，反映出他们保存着浓重的封建士大夫性质。但他们向往学习西方议会民主的政体、主张君民共主；对洋务派学习西方采取“遗其体而求其用”进行指责，恰恰反映了正在向民族资产阶级转化过程中一部分地主、官僚、买办、商人的利益与要求。从这一点说，他们又有着作为资产阶级知识分子的新素质。因此，他们是从封建士大夫向近代知识分子转化的过渡性人物。作为一个政治派别，早期改良派还很不成熟；作为近代知识分子，早期改良派还没有完全把立足点移向正在形成中的民族资产阶级而组成它的一个阶层。

综上所述，中国自 19 世纪六七十年代到 90 年代中期，虽然已经产生了不同于封建旧文人的一批新知识分子，但由于缺乏必要的社会经济、思想方面的条件，他们还未能形成依附于资产阶级的近代知识分子群体。其中大多数人还在洋务营垒中施展身手，为封建地主阶级和正在形成中的早期官僚买办资产阶级服务；一部分人则在逐渐脱离旧素质向着民族资产阶级知识分子转化。

二

如果说甲午中日战争后，中国资本主义的初步发展是近代知识分子群体形成的物质基础，那么维新运动的兴起，便是封建士大夫和新知识分子发生分化，向资产阶级知识分子转变的契机。

维新运动的开展，为近代知识分子群体的形成创造了必要的政治、思想条件。维新派大声疾呼民族危亡之痛，指出：“吾中国四万万人，无贵无贱，当今日在覆屋之下、漏舟之中、薪火之上，如笼中之鸟、釜底之鱼、牢中之囚，为奴隶、为牛马、为犬羊，听人驱使，听人宰割，此四千年中二十朝未有之奇变。加以圣教式微，种族沦亡，奇惨大痛，真有不能言者也。”①这种呼喊，加速了知识界中爱国救亡意识的高涨。他们积极介绍西方政治学说和社会学说，给知识界以新的精神食粮和反封建的思想武器。其中严复的译作，激发了人们寻求救国救民真理的渴望；梁启超的论著，煽起了知识界要求变法图强的热忱；谭嗣同在《仁学》中痛斥“二千年来之政，秦政也，皆大盗也；二千年来之学，荀学也，皆乡愿也。惟大盗利用乡愿，惟乡愿工媚大盗，二者相交相资”，给知识界以“冲决网罗”的勇气。这些都对知识分子从封建纲常礼教的桎梏下解放出来具有启蒙意义。维新派倾其全力呼吁变法，主张设立议院，效法日本明治维新和俄国大彼得的变政，使“天下人士咸知变法，风气大开”②，促进了知识界的政治觉醒。西学和中学、新学与旧学之争，更使不少士大夫视野开阔，思想清醒，加速了向近代知识分子的转化。可以说，由魏源、林则徐创导的向西方学习的主张，到这时才真正被全社会所公认；一批接受了洋务思想的新知识分子和一部分封建士大夫，在维新派积极宣传学习西政、变法图强的维新热流感召下，洗换脑筋、改变立场，走上了关心国家、民族的爱国救亡之路。

维新变法时期学堂、学会的创立，又为近代知识分子群体的形成提供了物质方面的条件。维新运动的时间虽短，维新派创设的学堂也大都随着戊戌政变而解散、变质，但由于维新学堂在办学宗旨、入学对象、课程设置、教学方法等方面不同于洋务教育，而在国人自办学校的历史上划出了一个新阶段。

维新派的办学宗旨以开民智、储人才为首义。梁启超指出：“言自强于今日，以开民智为第一义，智恶乎开，开于学；学恶乎立，立于教。”③《筹议京师大学堂章程》称：“且前者④设立学堂之意，亦与今异，当同文馆、广方言馆初时，风气尚未大开，不过欲培植译人以为

---

① 康有为：《三月廿七日保国会上演讲会辞》，见中国史学会主编：《中国近代史资料丛刊·戊戌变法》第4册，407页。

② 梁启超：《戊戌政变记》，21页。

③ 梁启超：《学校总论》，见中国史学会主编：《中国近代史资料丛刊·戊戌变法》第4册，479页。

④ 指洋务学堂。——引者注

总署及各使馆之用，故仅教语言文字，而于各种学问，皆从简略。此次设立学堂之意，乃欲培非常之才，以备他日特达之用。”①很明显，维新派是把办学校作为变法图强的头等大事来抓的。他们培育学生的目的，比洋务派仅为洋务与用来跟外国侵略者沟通要高大得多。爱国主义精神是很显然的。

在入学对象上，洋务派所办学堂主要是八旗子弟、在职军人，间或有少量的绅商子弟；维新学堂则主要招收绅商子弟，不论门第出身，有志于学的绅商士人均可入学②，这就使正在转化为资产阶级的工商业者及其子弟都获得受读机会，为培养资产阶级知识分子创造了条件。

维新学堂的课程设置仍以中西兼学为原则，但西学课程不仅在比重上较洋务学堂大得多，而且内容上从西技进入西政。以京师大学堂为例，其课程分普通、专门两大类。普通学为必修，设有经学、理学、中外掌故学、诸子学、初级算学、初级格致学、初级政治学、初级地理学等十门；专门学为选修，每人可选一门外语及一至二门专门课。课程共有英、法、俄、德、日本各国语言文字，高等算学、高等格致学、高等政治学(包括法律学)、商学、兵学、农学、矿学、工程学、卫生学(包括医学)、高等地理学等15门。③ 这表明维新派设计的学生知识结构，基本上已经具备了西方近代社会科学与自然科学的内容，比洋务学堂的科目完整得多了。这是维新派总结了30多年来洋务教育的弊端而做出的改进。梁启超说：“今之同文馆、广方言馆、水师学堂、武备学堂、自强学堂、实学馆之类，其不能得异才何也？言艺之

---

① 康有为、梁启超：《筹议京师大学堂章程》，见中国史学会主编：《中国近代史资料丛刊·戊戌变法》第4册，489页。

② 如湖北农务、工艺学堂分别规定“招集绅商士人有志讲求农学者入学堂学习”“招集绅商士人有志讲求商学者入堂学习”(舒新城编：《中国近代教育史资料》上册，158页)；广州时敏学堂规定：“与斯会者，勿狃故常，勿安浅近，勿分门户，勿事审华”均可入学。(中国史学会主编：《中国近代史资料丛刊·戊戌变法》第4册，515页)。

③ 梁启超：《学校总论》，见中国史学会主编：《中国近代史资料丛刊·戊戌变法》第4册，484页。

事多，官政与教之事少。其所谓艺者，又不过语言文字之浅、兵学之末，不务其大，不揣其本，即尽其道，所成已无几矣。又其受病之根有三：一曰科举之制不改，就学乏才也；二曰师范学堂不立，教习非人也；三曰专门之业不分，致精无自也。"①目的决定手段。维新派正是以言政与言教及加强农、工、商、矿、医、兵等专门学作为培养近代知识分子的手段，以实现维新救亡目的。

在维新派主持的学校中，教学方法继承了万木草堂时所采用的启发式传统，着眼于培养学生对国内外政治形势的观察分析能力。梁启超更在湖南时务学堂中开设时事政治课，"所言皆当时一派之民乐〔权〕论"②。讲学之余令学生学作札记，逐日批答，对学生政治识见的提高有很大促进。

上述这一切，都在不同程度上改变了学生的思想面貌，扩大并巩固了知识结构中的新学内容，激发了爱国救亡、变法图强的热忱，为造就一批具有政治识见的资产阶级知识分子起到了重要作用。辛亥革命时期的一批重要人物如黄兴、陈天华、秦力山、林锡圭、蔡锷、唐才质、田桐、马叙伦、汤櫆、杜士珍、焦达峰、邓铿、曹亚伯、宋教仁等，都是在维新学堂受到思想启蒙而走上政治斗争道路的。

维新派所办学会是团聚士群的重要组织形式。梁启超说："今欲振中国，在广人才；欲广人才，在兴学会。"③如果说，维新学堂的兴办，为造就一批不同于封建士大夫的资产阶级化的知识分子提供了物质和思想条件，那么，学会的创办，主要是对一批企图资产阶级化的地主阶级知识分子提供了加速转化的条件。自北京强学会成立以还，各地学会纷起，参加者上自地方大吏，下至地主文人和不少从事工商医农之业的实业界人士。他们利用学会，吹倡变法维新，痛陈国危民艰，

---

① 康有为、梁启超：《筹议京师大学堂章程》，见中国史学会主编：《中国近代史资料丛刊·戊戌变法》第 4 册，489～496 页。

② 梁启超：《清代学术概论》，见《饮冰室合集》专集之三十四，62 页。

③ 梁启超：《论学会》，见中国史学会主编：《中国近代史资料丛刊·戊戌变法》第 4 册，375 页。

"相互讲求实学"①，乃至批评时政。维新救国，一时成为风气。

维新派本身是一批代表已经转化和正在转化的资产阶级利益的知识分子，他们以学堂、学会、报刊等多种教育、宣传手段，鼓吹自由、平等、民权、议院这一套从西方资产阶级学来的理论，激起了资产阶级化和企图资产阶级化的地主阶级知识分子救亡爱国之思，加速了后者向前者的转化。梁启超在评述湖南情况时曾激情满怀地说："自时务学堂、南学会等既开后，湖南民智骤开，士气大昌，各县州府私立学校纷纷并起，小学尤盛。人人皆能言政治之公理，以爱国相砥砺，以救亡为己任，其英俊沉毅之才，遍地皆是。其人皆在二三十岁之间，无科第、无官阶、声名未显著者，而其数不可算计。自此以往，虽守旧者日事遏抑，然而野火烧不尽，春风吹又生。"②湖南如此，其他如上海、两广、福建、江、浙等地虽未有湖南之盛，但总的趋势则是一致的。③

不过，对维新运动在促使近代知识分子群体形成问题上的作用，也要做具体估计。维新运动从"公车上书"算起直到政变发生，前后只有三年，若把自立军起义算上，也仅仅五年，这对于形成一代新型知识分子，时间似乎太短了。考虑到维新派的言论和实践关系上宣传多于改革实际，在改革中除旧不够、布新软弱的情况，很难说维新教育

---

① 《学会彬彬》，载《知新报》，第 20 期，1897。中国史学会主编：《中国近代史资料丛刊·戊戌变法》第 4 册，381 页。

② 梁启超：《戊戌政变记》，22 页。

③ 梁启超记有强学会封禁后，各地学会、学堂、报馆设立情况。兹按省分列于下。上海：大同译书局、不缠足会、农学会、算学报、译书公会、蒙学会、女学堂、格致新报、东文学社。江苏：苏学会(苏州)、测量会(南京)。浙江：中西学堂。北京：通艺学堂、知耻会，八旗奉直小学堂。陕西：味经学会。广东：逊业小学堂、群学会、不缠足会、显学会、粤学会、时敏学堂、公理学会、东文学社。广西：圣学会、广仁学堂。湖南：南学会、算艺学堂、南学分会、不缠足会、地学公会、明达学堂、时务学堂、任学会、群萌学会、校经学堂、湘学报、公理学会、致用学堂、湘报。福建：不缠足会。此外尚有澳门的大同学堂、原生学舍、知新报；新加坡的实力学堂、天南新报、不缠足会；横滨的大同学校。(见中国史学会主编：《中国近代史资料丛刊·戊戌变法》第 4 册，395～396 页)梁启超的这个统计是不完备的。各地主要学会的设置情况，可参见汤志钧：《乙未戊戌间全国各地主要学会负责人题名》，见《戊戌变法人物传稿》下册附录二，北京，中华书局，1982。

和思想启蒙已经使近代知识分子形成一个资产阶级知识分子的群体，此其一。维新派虽然批判过封建旧教育在禁锢思想、扼杀人才和培养统治阶级后备力量等方面的弊端，创办了一批新学堂，但当时科举未废，知识分子仍有着入仕做官的进身之阶；即使在维新学堂中，维新派的新教育也常受到守旧势力的阻挠而困难重重，社会上封建伦理道德观念和传统习惯势力仍占绝对统治。在这种情况下要使维新学堂的学生形成资产阶级世界观也有不少困难，此其二。当时中国资本主义虽有所发展，但进展甚微，中国资产阶级还正处在形成过程中，还没有作为一个独立的阶级出现，要使一批新知识分子依附于它，无论在经济上、政治上还缺乏足够的力量，此其三。正是由于这些原因，还不可能出现一个资产阶级知识分子的群体，只能说维新运动促使了封建士大夫和新知识分子的分化，加速其中一部分人向资产阶级知识分子的转变。当然，维新派在近代知识分子产生到形成的全过程中所起的促进作用是不能低估的；维新运动作为近代知识分子群体形成过程中的一个重要的、必需的中间环节，其意义是不容置疑的。

三

近代知识分子群体的真正形成是在维新变法失败以后，留学生运动兴起和清政府实行教育改革的时候。

留学生出洋，早在19世纪70年代初即已开始，甲午战争失败后有所发展，大盛却在20世纪初年。据张玉法在《清季的革命团体》一书中列名统计，1873—1911年，各省所派的官费留学生总数为3320人。计留美约345人，留欧约375人，留日约2574人，留越约20人，不详16人。张玉法承认，这个数字与实际人数尚有距离；私费留学生的数目更远过于此，两项合计约有数万人①，其中以留日学生为最多。据张氏统计，留日学生总数约55505人次，其分年统计如表1②：

① 张玉法：《清季的革命团体》，52页。

② 张玉法：《清季的革命团体》，52～53页。按照张著表格分年人数统计，合计人数为56661人，与55505相差近千人。

表 1 1896—1911 年留日学生历年人数

年份	人数	年份	人数
1896	13	1905 冬	8620
1898	68	1906 秋	15000
1899	100	1906 冬	8000
1900	300	1908	7000
1902	600	1909	5000
1903	1300	1910	2000
1904	3000	1911	3268
1905	2406	——	——

张玉法此表，参照日本人实藤惠秀所著《中国人留学日本史》所列数字，在若干年份的人数估计上多有不合，如 1899 年实藤统计数为 109 人，1903 年约千人，1904 年为 1300 余人，1906 年为 8000 余人①，但基本上没有太大差别。可见留日高潮是在 20 世纪初年之后出现的，在 1903 年之后，尤为明显。这种情况，与清王朝当时的学制改革有密切关系，更与中国面临日益深重的民族危机分不开。

19 世纪末年至 20 世纪初年，是近代中国社会发生激烈变化的时期。一方面由于帝国主义侵略的加深激起了中华民族的反抗，义和团反帝爱国斗争席卷北中国。这场规模巨大、来势迅猛的反帝运动虽然在中外反动派联合镇压下失败，但它激发了人民群众包括知识界在内的救亡图存意识。另一方面清王朝的腐败和对外妥协投降激起了人民大众反封建斗争的高涨。改良派发动的自立军起义和革命派领导的惠州起义，在不同程度上催发着民主思想的兴起。一个反对帝国主义的民主革命运动正在逐步形成，维新改良的社会思潮正在被民主革命所取代。

清政府为抵制革命，实行了所谓“新政”，教育制度的去弊立新是其中的重要内容。

---

① ［日］实藤惠秀：《中国人留学日本史》第二章第四、五节，谭汝谦、林启彦译，27～39 页，北京，生活·读书·新知三联书店，1983。

从去弊方面说，1901 年 8 月清政府下诏废八股，1905 年 9 月正式停止科举。1300 多年来封建文人视为进身之阶的科举仕途就此堵死，他们不得不寻求新的安身立命之所。

从立新方面言，清政府在停试八股的同时，改书院、私塾为学堂。1901 年 9 月颁发上谕称："近日士子，或空疏无用，或浮薄不实，如欲革除此弊，自非敬教劝学，无由感发兴起。除京师已设大学堂应行切实整顿外，著各省所有书院，于省城均改设大学堂，各府及直隶州均改设中学堂，各州县均改设小学堂，并多设蒙养学堂。"①从 1902 年起又颁布新学制，从体制上进一步改造旧式教育，这就是清末出现的壬寅学制和癸卯学制。

壬寅学制，1902 年由管学大臣张百熙拟定，称《钦定学堂章程》。这个学制由于各种原因未得施行，却为下一个学制的制定提供了一个参酌的蓝本。

1904 年，由张之洞、张百熙等重拟了新学制《奏定学堂章程》，即癸卯学制。《章程》包括小学、中学、高等学堂、大学堂(附通儒院)、各级师范学堂、各级农工商实业学堂以及译学馆、进士馆等各种章程，并对学校统系、课程设置、学堂管理、考试、奖励等方面做了系统规定。这个学制不仅是中国历史上第一个比较完备的近代教育制度，而且也为以后的学制奠定了基础。

癸卯学制的施行，推动了各地的办学活动，地方大员和当地士绅趋之若鹜。如湖南巡抚俞廉三，自 1902 年起即在省城试办新学堂，癸卯学制颁发后，更着力督促州府开办中、小、蒙学堂，以致使湖南在 1903—1904 年形成"学堂之多，学生之众，为各省冠"②的局面。据《东方杂志》载，1904 年长沙城内共有学堂 34 所，其中官办 15 所，民

① 朱寿朋编：《光绪朝东华录》第 4 册，张静庐校点，4719 页，北京，中华书局，1958。

② 周震鳞：《谭延闿统治湖南始末》，见中国人民政治协商会议全国委员会文史资料研究委员会主编：《辛亥革命回忆录》第 2 册，151 页，北京，文史资料出版社，1962。

立19所①，大大超过维新时期的学校数量。湖南如此，各省亦然。全国普遍出现"上有各府州县官立学校之设，下有爱国志士、热心教友蒙学、女学各种私立学校之设立"②。据学部三次奏报，1907—1909年三年中，每年学堂和学生数的统计如下：

> 1907年全国各省学校数为37,888所，学生1,024,988人。
> 1908年全国各省学校数为47,995所，学生1,300,739人。
> 1909年全国各省学校数缺，学生1,626,720人。③

从1903年全国新式学堂学生数仅数万人到1909年的160余万人，这是一个很大的跃进。这表明，自20世纪初年起，至迟在1907年，国内接受过不同于传统教育的新知识分子在数量上有了很大的增长，说那时已经形成了近代知识分子群体是有数量根据的。

在这期间，清政府对出洋留学也较前重视。1901年，清政府规定官费、自费学生"一体考验奖励，均候旨分别赏给进士、举人各项出身，以备任用而资鼓励"④，从政策上肯定了自费留学的合法有效；1903年，张之洞所拟奏的《奖励游学毕业生章程》规定了授予留学生相当于科举各级功名的内容；1906年学部正式拟定《留学生考试奖励章程》，规定凡在东西各国正式高等以上学堂毕业，回国后必须经过政府考试，最优等的给予进士出身、优等及中等的给予举人出身。这些措施与政策，在一定程度上对八股考试、科举取士绝了路而仍渴望功名的士子是一种诱惑；对怀有爱国热忱、寻求救国救民真理的先进者是一种可以利用的机会；对社会上关于新学与旧学、西学与中学价值观念的转变是一种触媒。于是，自20世纪初年起，中国出现了"父遣其

---

① 《东方杂志》，第1年，第2号。

② 《时报》，1904-08-14。

③ 丁致聘：《中国近七十年来教育记事》，29、31、34页，南京，国立编译馆，1935。

④ 朱寿朋编：《光绪朝东华录》第4册，张静庐等校点，4720页。

子，兄勉其弟，航东负笈，络绎不绝”①的留日热，最高时留日学生达到了16000人左右。

这些数以千计的留学生，在国外学习时间一般都不长，不少自费生仅读一年速成班，所学以师范、军事、政法为最多。重要的不仅在于他们的知识结构发生了变化，还在于他们接触到了各种各样的西方社会政治理论，并急切地企图把它们应用于改造中国的实践。这样，他们的世界观也就在学习西方的过程中得到了熏染、变化和改造，自觉或不自觉地为中国资本主义的利益呼喊，成了中国资产阶级的代言人。其中一大批人，为了把中国从帝国主义侵略和封建主义束缚下解救出来而倡言革命，组织团体，成为民主革命的斗士。他们作为资产阶级知识分子中杰出的一群，构成了近代知识分子群的主体。

清政府的教育改革本意在于培养封建统治的人才，具有欺骗性。但在中国已经开始走向世界的潮流下，这些兴革存废的结果却走向了它愿望的反面。当然，如果没有义和团的反帝爱国斗争，没有改良派“勤王讨贼”的自立军起义和革命派发动的惠州起义等所造成的巨大社会压力，清政府绝不会重新拣起被它自己所拔掉的变法兴学的旗帜；同样，如果没有帝国主义侵略所造成的民族灾难，没有维新派掀起的思想启蒙运动，即使是清政府在“新政”名义下提倡教育改革，仍然无法在国人的心理上、感情上乃至于政治上造成一个广泛兴学和出洋留学的热潮。

在20世纪初年形成的兴学热潮中，资产阶级革命派所创办的若干学校对知识分子迅速资产阶级化，起了不可忽视的作用。这类学校注重于学生独立自主精神的培养、革命思想的灌输；学校管理上采取学生自治的民主作风，有的则直接为了培训革命武装而开设兵式操练等课程。② 其中上海的爱国学社和爱国女校、中国公学，浙江绍兴的大

① 《劝同乡父老遣子弟航洋游学书》，载《游学译编》，第6期，1903。

② 如大通学堂。该校开设国文、英文、日文、舆地、历史、教育、伦理、算术、理化、博物、兵式体操、器械体操、琴歌、图画14门课程。在兵式体操课上，训练严格，一如军人。参见朱赞卿：《大通师范学堂》，见中国人民政治协商会议全国委员会文史资料研究委员会编：《辛亥革命回忆录》第4册，144～145页，北京，文史资料出版社，1963。

通学堂，湖南长沙的明德学堂等，都在培养资产阶级化的知识分子和革命者方面做出了重要贡献。

由上可知，近代知识分子群体之所以在19世纪末20世纪初才得以形成，除了民族资本近代工业的初步发展和中国资产阶级渐次形成所提供的物质基础、阶级基础外，还与爱国救亡运动的高涨、西方民主主义思想日益传播、清政府改变统治手法实行教育改革、革命派自办学校等诸多因素有直接关系。所以，它既是阶级关系的产物，也是历史条件的产物。

四

从历史时序看，近代知识分子的政治觉醒经历着从爱国到革命的过程。这个过程大体呈现出依次递进的两个阶段。首先是由于外敌入侵所造成的民族危机逐步深重，激起了知识分子爱国救亡意识的高涨，进而达到维新改良的政治觉醒；其次是由于清王朝对外妥协卖国，对内专制压迫，激起了民权呼声的高涨，进而达到民主共和的政治觉醒，君宪救国被革命救国思潮取代。这两个阶段虽有时序的先后，却并非截然分开，而是相互交叉渗透，统一在爱国救亡的近代历史主题之中；虽然后者取代了前者使知识界政治觉醒跃进到新的高度，但不是简单地否定，而是包含着汲取和扬弃，呈现出新陈代谢的复杂性。

最早提到中国必将出现一个政治觉醒时代的，是曾纪泽所写的《中国先睡后醒论》①，但曾纪泽仅是预言。那时中国的知识界还囿于传统的封建伦常，少数人虽已知道西方的船坚炮利，但在整体上还没有认识"西政"；更少数人如郑观应、王韬、薛福成等早期改良派，虽已初

---

① 这篇文章于1886年用英文写成，发表于伦敦出版的《亚洲季刊》(*The Asiatic Quarterly Review*)上，后经颜咏经、袁竹一回译成中文，收入《新政真诠初编》(参见王尔敏：《清季知识分子的自觉》)。

步了解西政在于“设议院以固民心”[①]，但却依旧打着“中体西用”的旗号。所以在19世纪80年代前虽已出现了冯桂芬的《校邠庐抗议》、郑观应的《盛世危言》等书，用以自觉觉人、警世听闻，但知识界的政治觉醒阶段仍然没有到来。以致康有为在1888年首次上书痛言“外夷交迫”，陈请清廷“变成法，通下情，慎左右”[②]时，“当时举京师之人，咸以康为病狂”。[③] 正像洋务派在19世纪六七十年代办洋务时被人“目为汉奸，不齿士类”的遭遇一样，中法战败后，人们接受了洋务派富国强兵的主张，却又把一桶粪水浇到了改良派身上。

促使国人觉醒的是甲午中日战争的失败。梁启超说：“吾国四千余年大梦之唤醒，实自甲午战败割台湾偿二百兆以后始也。”[④]甲午之后，整个知识界确是从睡梦中醒过来了。吴玉章回忆那时的情景说：“甲午之前，在我头脑中占主导地位的还是传统的忠孝节义的思想。……那时四川还很闭塞，新书还未流行，因此我还没有接触到什么‘新学’。不过，我对当时国家危亡的大势是了解的，我正在为祖国的前途而忧心如焚。甲午战争的失败，更激发了我的救国热忱，我需要寻找一条救亡图存的道路。”[⑤]吴玉章的这些感受，正是当时知识界政治觉醒的生动写照。

救亡图存的觉醒是知识界觉醒的重要表现，也是近代中国爱国主义的本质和核心。它生成于外敌步步入侵的民族危亡之时，又因西方进化论熏染而糅合物竞天择、适者自存的进步感，所以明显表现出时代潮流的趋势，体现着中国人民要求摆脱半殖民地半封建地位的强烈呼声。翻开甲午以后国人自办的报刊，当时人对列强瓜分的揭露、愤

---

① 郑观应：《盛世危言·议院上》，见夏东元编：《郑观应集》上册，314页，上海，上海人民出版社，1982。

② 康有为：《上清帝第一书》，见中国史学会主编：《中国近代资料丛刊·戊戌变法》第2册，127页。

③ 梁启超：《戊戌政变记》，143页。

④ 梁启超：《戊戌政变记》，1页。

⑤ 吴玉章(永珊)：《甲午战争前后到辛亥革命前后的回忆》(一)，载《文汇报》，1961-09-15。

慨和斥责随处可见，作文者不分种族、信仰，文章不论形式、体裁，全都流露出亡国灭种的痛感，字里行间反映出强烈的爱国精神。毕永年在《存华篇》中“喘泣告我黄民曰：瓜分之图，字林西报倡言无忌，法外部并行文各国，示以天与不取之意。果尔，则太平洋为血战场，支那人为几上肉，欲求眉睫安，将不可得”①。满族爱国者寿富所写的《与八旗诸君子陈说时局大势启》称：“中国戎祸，始道光。一败于英，再败于英法，三败于法，四败于日本，失缅甸、越南、琉球、高丽属国凡四，割香港、台湾、澎湖、北徼属地凡四。无役不败，无败不失地，愿我兄弟知中国为至弱之国，兵力不足恃也。自和约以来，入口洋税，岁有增加，无穷漏卮，届六十年，赔兵费者凡四，货财之输于外者，何可胜计，愿我兄弟知中国为至贫之国，生机将日促也。同治时，德宰相毕士麻克，尝建分中国之议，诸国因中国地大民众，莫敢先发。自我败于日本，此说复起，近日诸国议论，半是此事，愿我兄弟知外人日日谋我，我中国将有瓜分之机也。”②语语沉痛，句句皆是救亡的呼喊。

帝国主义的侵华政策每推进一步，知识界即随之做出强烈反应。1900年帝国主义在对中国打了一阵之后，发出了保全中国的虚伪声明。东京留学生即撰文指出“保全主义”的实质是“巧为变计，尽寄权于其政府官吏。擒之、纵之、威之、胁之，惟所欲为，可以不劳兵而有人国”③。1903年沙俄拒不在东三省撤兵，东京留学界即组织拒俄义勇队，“准备赴敌，然后再致电南北洋，俾使天下晓然于我学生界中无畏死者”④。陈天华更慷慨宣称：“各国若想瓜分我国，二十岁以上的人不死尽，断不任瓜分。万一被他瓜分了，以后的人，满了二十岁，当即起来驱逐各国。一代不能，接及十代，十代不能，接及百代，百代不能，接及千代。汉人若不建设国家，把中国全国恢复转来，这排

① 《湘报类纂》甲集卷上，转引自王尔敏：《清季知识分子的自觉》。

② 《时务报》，第40册。

③ 《二十世纪之中国》，见《国民报汇编》，32页，民族丛书社甲寅年版(1904)。

④ 《学生军缘起》，载《湖北学生界》，第4期，1903。

外的事永没有了期。”①凡此，都是国人在大苦大醒之下，对侵略者妄图瓜分中国的抗议。

爱国—救亡—维新，这是知识界政治觉醒的轨迹。康有为自述他上皇帝书的原委时说：“窃自马江败后，法人据越南，职于此时隐忧时事，妄有条陈，发日俄之谋，指朝鲜之患，以为若不及时图治，数年之后，四邻交逼，不能立国。已而东师大辱，遂有割台赔款之事，于是外国蔑视，海内离心。职忧忿迫切，谬陈大计，及时变法，图保疆圉。”②这说明他的上书一在中法战败之后，一在马关订约之后，都是在现实刺激下隐忧时事的结果，梁启超在《戊戌政变记》中言变法的四个阶级，更明确将四次对外战争失败后，救亡导致变法的因果关系勾勒了出来。

维新运动期间是知识界政治思想大进的时期。概而言之，主要在以下三点上较前有明显的觉醒：一是由于西方进化论的引进和传播，使知识界从循环史观的束缚下解脱出来，进化史观提供了士子们解释历史、观察社会的新方法，这就大大激发了爱国救亡之思；二是维新变法的鼓吹，打破了“天不变道亦不变”的教条，使知识界从西技的学习跃向西政，这就大大促进了爱国与改革封建弊政的结合，提高了关心现实政治的自觉性；三是西方资产阶级民权论的宣传，冲击了君权神授的陈腐观念，唤醒了知识界天赋人权的民权意识，从而使反对封建专制和人格觉醒沟通了起来。梁启超描述那时的情景是：“旧藩顿决，泉涌涛奔”；“智慧骤开，如万流潏沸，不可遏抑”。语虽夸张，但绝非向壁虚构。

问题是半殖民地半封建的中国，要救亡是否只要维新改良就够了？这个问题当时的知识界并没有解决。百日维新的夭折、自立军起义被镇压、清政府成为“洋人的朝廷”，这些发生在两个世纪交叉点上的大

---

① 陈天华：《警世钟》，见中国史学会主编：《中国近代史资料丛刊·辛亥革命》第2册，135页。

② 康有为：《上清帝第五书》，见中国史学会主编：《中国近代史资料丛刊·戊戌变法》第2册，188页。

事，是提供给时人思索、判断的材料。梁启超敏感地觉察到了，他把20世纪称之为“过渡时代”，指出：“语其大者，则人民愤独夫民贼愚民专制之政而未能组织新政体以代之，是政治上之过渡时代也；士子既鄙考据词章、庸恶陋劣之学而未能开辟新学界以代之，是学问上之过渡时代也；社会既厌三纲压抑、虚文缛节之俗而未能研究新道德以代之，是思想风俗上之过渡时代也。”①他看到了中国即将发生重大变化的征兆，这是他的过人之处，但他看不到应该驾着“扁舟”航向何处，这又是他的不足。相比之下，革命派的旗手孙中山对时代转折的感受就深切得多。他说自己在惠州起义失败后“回顾中国之人心，已觉与前有别矣……前后相较，差若天渊。吾人睹此情形，心中快慰，不可言状，知国人之迷梦，已有渐醒之兆……有志之士，多起救国之思，而革命风潮，自此萌芽矣”②。孙中山看到了社会思潮将为民主革命所取代，确实按住了时代潮流的脉搏。不过，从维新改良到民主革命，中间还有一个过渡，这就是民权觉醒的环节。

五

民权的觉醒，是近代知识分子政治觉醒的另一个重要内容，也是社会思潮由改良到革命的中间环节。

“民权”一词，有人认为中国古之所无，它与“民主”一词都源自西方的“Democracy”，一入中国，两者的界说大相径庭。③ 这个说法颇具见地，但若撇开语义学，那么，古代民贵君轻学说或许就是近代知识分子民权说的国粹蓝本；而西方的天赋人权论，则是中国知识分子萌发民权论说的直接源头。只是中国文人好古思想颇重，外来的新学说

① 梁启超：《过渡时代论》，见张枬、王忍之编：《辛亥革命前十年间时论选集》第1卷上册，5页，北京，生活·读书·新知三联书店，1960。

② 孙中山：《革命原起》，见中国史学会主编：《中国近代史资料丛刊·辛亥革命》第1册，9页。

③ 熊月之：《论辛亥革命准备时期的资产阶级民主思想》，载《近代史研究》，1982(1)。

都往往要从古文化中寻其端绪，而且必要糅合调和，所以近代中国的民权论已与西哲的天赋人权说有所不同，就像进化论一入中国即被取舍，所取者又加进了中国化内容一样。

民权的倡言，早在维新变法时即已开始并发生作用。其激烈者如严复、谭嗣同等，皆斥责秦以来之君为窃国大盗，一般维新人士则申人权天赋说，从养成独立人格的国民立论进而说出与国家兴亡的关系。梁启超则主张以民权限止君权。但在戊戌前，改良派作为当时知识界最先进的一群，所倡民权之说，也仅仅“征引其绪，未敢昌言”①，政变后则公然揭出民权救国论，痛斥封建专制的罪孽。梁启超作为民权论的健将，其新学巨子的地位恰恰是在政变之后，特别是在20世纪初年奠定的。他所写的《新民说》代表了当时改良派关于民权论的最高水平。在这篇文章中，他进一步发挥了民为国之邦本的思想，说“国也者，积民而成。国之有民，犹身之有四肢、五脏、筋脉、血轮也……欲其国之安富尊荣，则新民之道不可不讲”，认为“苟有新民，何患无新制度，无新政府，无新国家！”②他那笔端常带感情的文字，伴随着大声疾呼的民权论，在知识界掀起了一阵阵狂飙。可以说，清末民权运动的高涨，梁启超的鼓吹起了极为重要的作用。

但是，不论是梁启超还是严复，他们可以斥君主为民贼、为大盗，倡民权为治国之大经，可是一旦涉及要不要推翻清王朝、改变封建君主政体时，他们却没有能从民权的鼓吹发展到民主共和；没能从解民倒悬的角度上努力，而是把民权与君权放在同等位置上，鼓吹“君权与民权合”的君宪救国论。这就是改良派民权的两大特点。尤其是梁启超，他讴歌民权，提倡新民道路，甚至一度有从改良转变为革命的迹象，昌言破坏主义，自称“名为保皇，实则革命”，但当进步临到他头上时，他退却了。从1903年，他从鼓吹民权退到了鼓吹开明专制；从鼓吹西方民主主义国家学说退到了歌颂强权政治；把批判封建专制的锋芒转向批判资产阶级三权分立、国民公意；从一度有意脱离康有为

① 梁启超：《清代学术概论》，见《饮冰室合集》专集之三十四，62页。

② 梁启超：《新民说》，见《饮冰室合集》专集之四，1、2页。

羁绊、与革命派联合，重新回到康有为那里，屈从于师道尊严的压力，直到1907年左右他才返回立宪派立场，抛弃开明专制论。改良派民权论的上述两个特点，梁启超作为清末民权论的健将所表现的倒退，对知识界同样产生了严重影响，使其中一部分知识分子的政治觉悟停留在民权思想的阶段而没能随时而进；使他们在政治上成了拥护君主立宪反对民主共和的力量。当然，这与他们自身的阶级地位是有直接关系的。

只有革命派才真正提出君主是人民的公仆，民主是世界之公理，把民权的鼓吹引向民主共和的新高度。这样，爱国—救亡—维新—民权—民主共和，就成了近代知识分子政治觉悟的比较完整的过程。虽然并不是所有人都经历了这个全过程，但却是知识界政治觉醒趋势的主流。

从民权论出发提出"创建民国"的革命宗旨，是孙中山的功劳。它的意义在于使知识界认清了民权运动的归宿，对知识界政治觉悟的进一步提高起了纲领性作用。但是，将民主共和国方案阐述得最完整的，要数1903年出版的邹容《革命军》一书。邹容对西方的天赋人权论和自由平等学说表示了无比倾慕，宣称革命就是要"杀尽专制我之君主，以复我天赋之人权"；他详细描绘了革命后所要建立的共和国的蓝图，在当时，它代表了知识界从民权走向民主共和觉醒的峰巅。①

知识界从改良跃进到革命，1903年是一个值得注意的年代。国外以东京为中心、国内以上海为中心，知识分子的革命觉醒都在这一年有明显的表现。其中留日学生是整个知识界中最先觉悟的部分，领了风气之先。

对比一下留学生所办刊物的内容，我们可以发现拒俄运动后有了新的变化。

一个明显的变化是反满的宣传充斥了各个刊物。1903年5月以

---

① 孙中山尽管在1903年东京青山革命军事学校的入校誓词中完整地提出了"驱除鞑虏、恢复中华、创建民国、平均地权"的十六字纲领，但在此前后他对民国一词的理解和解释并不具体。邹容《革命军》第六章却把民主共和国方案描述得相当具体。从现存辛亥革命文献看，没有任何人有这样的认识。

前，只有《国民报》刊出过鼓吹反满的文章，在此以后，几乎无刊不反满，无期不颂汉。他们斥责"满洲者，大盗也，盗之魁也；军机者，盗之军师也；督抚者，盗之分头目；州县，其小盗也；胥吏差役，盗之喽罗也"①。揭露满族统治者在军事征服过程中的虐杀，在定鼎后的种族统治和政治腐败，以期激发人们对清王朝的痛恨；同时又大力歌颂汉族的光荣历史，渲染明末抗清将领的斗争，申说"中国者汉人之中国"②，用以鼓吹大汉族主义。

另一个明显的变化是摆脱了以往对改良与革命的动摇状态而倾心革命。《浙江潮》第八、第九期连载的《近时两大学说之评论》，批判了改良派的"新民说"和"立宪论"，说前者"有倒果为因之弊"，后者"则直所谓隔靴搔痒者也"，指出中国"其民既争民权，尤须争革命"；有的刊物公然揭出："不挟猛烈之势，行破坏之手段，以演出一段掀天撼地之活剧，则国民难得而苏。此变革腐败之政体，唤醒国民之民气，所以重破坏主义也。破坏专制政体，建设共和政体，惟其除暴，斯为大仁。"③

在反满、革命两大前提下，留学生们讨论了"民族主义"的定义；讨论了"民族主义之教育"；讨论了建设共和政体问题；甚至还讨论了家庭革命、剪辫易服、主张改用黄帝纪年以废除君主纪年等问题。值得注意的是连笔名都被按上了政治色彩，如"辕孙""汉驹""巩黄""思黄"等，无不流露出反满革命的色彩。

满汉矛盾是当时社会的客观存在。当时知识界在政治觉醒过程中流露出浓重的种族情绪，并非人们凭空煽起，而是对清政府实行种族压迫政策的反抗。其中一大部分的反满宣传确实服从于反封建的民主革命的需要，但还有不少内容却流露了狭隘的大汉族主义情绪，不利于民主革命的深入发展。这说明中国近代知识分子觉醒过程中，并非都受到民主主义精华的影响，而封建糟粕同样也在一部分人的思想中有着市场。④

---

① 《镇江制造奴隶学校之现象》，载《江苏》，第5期，1903。

② 原云：《四客政论》，载《浙江潮(东京)》，第7期，1903。

③ 辕孙：《露西亚虚无党》，载《江苏》，第4期，1903。

④ 关于满汉矛盾问题，笔者将有《论辛亥革命时期的满汉矛盾》另作探讨，此处从略。

国内知识分子的革命化趋向有不同于留日学界的特点：一是国内知识界从维新思潮过渡到革命思潮的起点较晚，往往是在留日学生的推动之下发生民权观念，进而发展到共和革命。以上海为例，直到1902年时维新思想还有较深厚的影响。虽然那时维新派在国内的政治力量并没有发展，但它在国内的宣传活动仍在进行，只是更多地从学术、文化上介绍西方民主主义文化而已。所以冯自由说："辛丑、壬寅两年为上海新学书报最风行时代，盖其时留东学界翻译之风大盛。上海作新社、广智书局、商务印书馆、新民丛报支店、镜今书局、国学社、东大陆图书局等，各竞出新书籍，如雨后之春笋。"①他所列出的这些出版机构，多多少少、直接间接，都在维新改良人物的控制、影响之下。

二是由于国内在清王朝严密控制之下，言论自由受到压制，因而知识界的革命化主要不是公开倡言而是秘密组织革命团体，暗中进行革命宣传。宣传品多为留学界写作的通俗革命读物。

三是国内知识界联系社会的面较留学生广泛得多，在这个意义上他们是社会各阶层革命力量的组织者、宣传者和领导者。

经历了民主革命觉醒的知识分子，在20世纪初年已经意识到代表"中等社会"，领导"下等社会"的历史责任。他们正是在自觉觉人的过程中肩起了领导比较完整意义上的资产阶级民主革命——辛亥革命——的准备和发动的。但必须指出，在民主革命觉醒中，中国知识分子曾经受到过西方各种政治学说的影响，其中包括法国的启蒙思想、英国的古典唯物论、德国的国家主义以及俄国、法国的无政府主义，这就使中国的革命知识分子没有一套足以战胜敌人的思想武器，免不了经常发生思想上、认识上乃至政治上的分歧和混乱，影响了统一步伐和统一策略，这就是辛亥革命之所以胜利以后又归失败，在思想认识上的一个原因。不过这已不是本文所要着重论述的问题了。

综上各节，本文的主要结论如下：

第一，中国近代知识分子从产生到群体形成，经历着半个世纪的

---

① 冯自由：《革命逸史·初集》，170页，北京，中华书局，1981。

漫长过程。这与中国政治经济的不平衡，与中国资本主义弱小及发展不充分有密切关系。中国没有如同西欧国家那样一个强大的市民等级，因此，在进入近代社会时不可能出现一批依附于市民等级的资产阶级化的知识分子，中国近代知识分子群体的形成只能是在资本主义发展到一定程度，资产阶级形成一个独立的阶级力量时，才有可能作为它的一翼而构成一个阶层。这种前提条件约在 19 世纪末 20 世纪初才得以具备。因此，我认为中国近代知识分子群体的形成是与中国资产阶级的形成同步的。

第二，近代知识分子群体的形成，不仅是物质和阶级关系的产物，也是一定历史条件和现实政治斗争的结果。这就是近代社会两大基本矛盾激化下，人民群众反帝反封建斗争所造成的爱国救亡的形势；统治阶级被迫在教育政策上向资产阶级化变动；社会关于传统知识价值观念的变化；各种新式教育在知识结构上向西方资产阶级文化靠拢和在学生数量方面的积累；等等。这些都是促使知识分子加速依附于资产阶级必不可少的条件。忽视这些必要条件的成熟程度，是值得商榷的。

第三，近代知识分子群体的构成，一是接受新式教育而又为中国资产阶级政治、经济利益服务奋斗的学生；二是在现实政治斗争中资产阶级化了的旧式文人。前者多数来自社会的中下层，后者则有一个从下层士子到上层士大夫的逐步扩张过程。无论从量的方面，或是质的方面说，都是前者构成了近代知识分子群的主体。但是，即使这一部分人，他们的知识结构中，西方民主主义社会政治学说和近代科学知识多数是肤浅而不完整的；封建的旧学在知识总体中仍占相当比重。因此，近代知识分子就其知识结构而言，有一个需要不断提高完善的过程。

第四，近代知识分子群体在依附资产阶级过程中，随着爱国救亡运动的发展在不断提高自身的政治觉悟。爱国是他们的基本立场，但觉悟的程度则各异；救亡是他们的共同出发点，但所取的方法、道路则各不同。一部分已经资产阶级化和正在资产阶级化的知识分子从爱国救亡进到维新改良就停顿不前，他们是君宪救国论者；另一部分资产阶级化的知识分子则跨过改良提高到民主共和的觉醒水平，他们中的大多数成为革命救国论者。在近代中国反帝反封建和发展资本主义的历史要求中，两种处于不同觉悟水平的知识分子，在自觉、觉人的过程中都起过先锋和桥梁作用，但在历史进入比较正规意义的资产阶级民主革命时，君宪救国论者明显处于无法正确回应历史要求的困境，革命救国论者的民主共和思想也就相形显得更能适应时代的趋势了。但是，无论哪一部分知识分子，全都带上了他们所依附的那个阶级具有的软弱妥协的特点，因此，都不可能指导中国革命到达胜利。

载《近代中国史论丛》(上海师范学院校庆30周年纪念《上海师范学院学报》专辑)，1984年内部出版

略论近代中国改良与革命的关系

改良与革命是阶级社会中两种常见的政治斗争手段。在近代中国，这两者之间呈现出复杂的关系。

下面不准备具体地论述改良与革命的历史作用，仅就两者的关系作简略的分析。讨论的范围，限定在学术界传统习惯的分期内，即从鸦片战争到五四运动前夕的八十年时间，也就是通常所说的旧民主主义革命时期。

一

把改良称为"在不触动事物根本性质基础上实行的局部的枝节性的改革"，并不完全适用中国近代史的实际情况。

中国近代史上有过三种改良主张和实践。

第一种是地主阶级内部代表中小地主利益的进步思想家和政治家们的改良主张。因为他们没有掌权，或虽掌握部分权力但不处决策地位，所以他们的主张和方案并未能成为政治实践。他们主张改良，目的是为了维护地主阶级统治的长远利益；为中小地主阶级及其知识分子参与国家权力做出努力。为此，他们对旧制度的弊病和缺陷并不回避，而是加以揭露与批判，从历史上寻求变法改革的方案，并提出了若干向西方学习的主张与建议。他们要求"广贤路""整戎政"①，改良

---

① 黄爵滋：《敬陈大事疏》，《黄少司寇奏疏》卷五，见中国史学会主编：《中国近代史资料丛刊·鸦片战争》第1册，456～462页。

清王朝的政治、军事机能；主张“限田”以抑制豪强兼并；改革币制、铸造银币以统一金融事业；讨论农政、河工、漕运、盐政等国计民生的问题；提出“师夷之长技以制夷”的思想等。持这种改良主张的，以龚自珍、林则徐、魏源、包世臣等人为代表，通常被称为地主阶级改革派。

第二种是地主阶级内部代表着大地主大官僚利益的当权派所进行的改良活动。他们着眼于地主阶级当前的统治利益，在阶级斗争形势逼迫下，在不触动旧制度基础的前提下，对若干统治环节不得已地做些枝节性修补。这虽也是“趋于改善”的一种表现，但却带着强烈的预防人民反抗、抵制革命爆发的虚伪性和欺骗性。

这种改良活动又可分为两个基本目的一致、方法与手段稍异的系列。一个系列是在“变器不变道”的原则下，通过学习外国利器进行练兵、制器以“求强”；通过引进西方设备、技术，创办近代新式工业以“求富”的洋务派。他们虽然承认今日情势不同，“岂可狃于祖宗之成法”①，而主张“外须和戎，内须变法”②；但仍认为“中国文武制度，事事远出西人之上”③，“盖政教相维者，古今之常经，中西之通义”④，坚持“中学为体，西学为用”的改良路线，不触动封建政治制度和思想支柱。这个系列，可以曾国藩、李鸿章、张之洞(代表了洋务活动三个前后衔接的发展阶段)为政治代表，各自代表着统治阶级内部以汉族为主体的各个大地主大官僚集团的利益。另一个系列是在“世有万古不易之常经，无一成不变之治法……盖不易者三纲五常，昭然如日星之照世，而可变者，令甲令乙，不妨如琴瑟之改弦”⑤的思想指导下，通过所谓“新政”和预备立宪，以达到“皇位永固”“外患渐轻”“内乱

---

① 李鸿章：《复陈筱舫侍郎》，见《李文忠公全集·朋僚函稿》五，民国辛酉春合肥李氏交上海商务印书馆景印金陵原刊本。

② 李鸿章：《复王壬秋山长》，见《李文忠公全集·朋僚函稿》一九。

③ 《筹办夷务始末》(同治朝)卷二五，9页，北平，故宫博物院影印本，1929。

④ 张之洞：《劝学篇·同心第一》，3页，光绪戊戌三月两湖书院刊本，1898。

⑤ 《上谕》(光绪二十六年十二月初十日)，见国家档案局明清档案馆编：《义和团档案史料》，914～916页，北京，中华书局，1959。

可弥”的目的。[①] 这个系列，可以西太后那拉氏和载沣为前后两个阶段的代表，主要代表着统治阶级中腐朽的满洲贵族的利益。他们通常被称为地主阶级顽固派。

第三种是资产阶级中一部分与封建势力有较多联系的人们所主张和进行的改良活动。他们的根本目的不是为了保存封建专制制度，而是为了变革这个制度，实现资产阶级君主立宪政体，发展资本主义。就方法说，他们反对使用革命的暴力手段推翻清王朝的统治，主张通过宣传、请愿的非暴力手段，利用支持变法维新的光绪帝的权威和清王朝宣布预备立宪的机会，实行自上而下的变革。持这种主张的代表人物，前驱者有郑观应、王韬、薛福成等人，中期有康有为、梁启超、谭嗣同、严复等人，后期除梁启超外，还有杨度、张謇、汤化龙、孙洪伊、蒲殿俊等人。通常称他们为资产阶级改良派和立宪派。

由此可见，改良是相对革命而言的一种非暴力的政治斗争手段。它的特征，“通常是缓慢地、审慎地、逐渐地前进，而不是倒退”[②]。它对旧事物的态度，因其代表的阶级利益不同而有所区别。地主阶级内部各种改良主张和实践，虽然对历史前进起的作用有大小程度的不同，但都是在不触动封建制度根本性质基础上对旧事物的改造；资产阶级改良派与立宪派的改良主张和活动，则是为了根本上改造封建专制制度，发展资本主义。因此，在近代中国，不同阶级有不同性质的改良；即使在同一阶级中，不同的政治派别也有不同的改良主张。如果把近代史上的改良活动通称为在不触动事物根本性质基础上实行的局部的枝节性的改革，那么就会混淆改良的阶级属性，漠视资产阶级改良派和立宪派的历史作用，不利于正确分析改良与革命间的相互关系。

---

① 载泽：《奏请宣布立宪密折》，见中国史学会主编：《中国近代史资料丛刊·辛亥革命》第 4 册，28 页。

② 列宁：《论黄金在目前和在社会主义完全胜利后的作用》，见《列宁选集》第 4 卷，576 页。

二

近代史上不同阶级、不同派别、不同性质的三种改良，就它们与革命的关系来说，地主阶级改革派的改良主张是农民革命的先兆；地主阶级洋务派和顽固派的改良措施往往是预防革命、抵制革命的手段，在一定意义上都是阶级斗争的副产品；资产阶级改良派和立宪派的改良主张与活动，客观上为资产阶级革命准备了重要条件，两者既对立排斥，又相辅相成。

地主阶级改革派的出现及其变法主张，是当时农民阶级与地主阶级矛盾日趋尖锐，但大规模阶级对抗尚未到来之时的反映。一部分具有远见卓识的地主阶级知识分子和官员，预感到统治危机即将到来，从维护本阶级长远利益出发，要求对统治策略及现存制度中的腐朽落后环节进行某些改革，以缓和阶级矛盾。地主阶级改革派主要代表人物龚自珍的言论典型地反映了这种心理和要求。他告诫清王朝："一祖之法无不敝，千夫之议无不靡，与其赠来者以劲改革，孰若自改革？"①希望清王朝自行改革以挽救可能覆亡的命运。他针对豪强兼并土地的严重情况，写了《农宗》和《农宗问答》，计划以宗法血缘关系把社会各阶级的人们划分为大宗、小宗、群宗、闲民四等，各宗授一定数量土地和配相应的闲民，企图达到"宗能收族，族能敬宗"的目的。很明显龚自珍的改革思想和方案，是阶级矛盾在统治阶级内部的反映。

揭露与批判是地主阶级改革派的重要特点。他们揭露封建政治的腐败是"贪以浚民之脂膏，酷以干天之愤怒……虽痛哭流涕言之，不能尽其情状"②；批判腐朽的官僚制度是"退葸而尸玩，仕久而恋其藉，年高而顾其子孙，累然终日，不肯自请去"③，从而喊出了"我劝天公重抖擞，不拘一格降人材"的呼声。他们抨击武备废弛的严重局面，担

---

① 龚自珍：《乙丙之际著议第七》，见《龚自珍全集》，6页。

② 张际亮：《答黄树斋鸿胪书》，见《张亨甫全集》卷三，同治六年刻本。

③ 龚自珍：《明良论三》，见《龚自珍全集》，33页。

忧“稍有缓急，其何可恃”①？他们斥责权贵豪强兼并土地，造成“无田者半天下”②的惊人情状，对农民的悲惨生活寄予相当的同情。这些揭露批判之词，振聋发聩、惊世骇俗，无一不是反映了阶级搏斗前夜地主阶级的矛盾惶遽心情，显示出清王朝末世来临的征兆。

地主阶级改革派的政治主张，引起了统治阶级内部的争斗与波动，加深了统治阶级的内部危机，客观上造成了农民革命乘时而起的有利条件。太平天国起义前夕，朝廷内外大多是昏聩无能的官僚，一些具有改革思想的人物，都郁郁不得其志。这与清王朝内部改革派与守旧顽固派斗争的消长变化及改革派遭受被排挤的厄运不无关系。

综上可知，当大规模农民起义之前，必然会出现阶级搏斗前夜的各种征兆，反映在统治阶级内部，就会有一部分人力求改革弊政，主张改良。他们对旧制度的揭露与批判以及规划设计的社会改革方案，既是阶级斗争形势下的产物，又显示了革命行将到来的先兆。

地主阶级洋务派和顽固派的改良措施是预防和抵制革命的手段。

关于洋务运动的目的，学术界尚有分歧意见，但它具有镇压太平天国革命战争的初始目的，对于这一点大家的看法是一致的。即使在太平天国、捻军和西南、西北少数民族起义被镇压后，洋务派继续练兵制器，举办军事工业，仍然包含着加强国家暴力机器，以预防革命发生的目的。他们创办近代民用企业，“以富养强”，本质上也是服从于这一目的。忽视洋务派维护清王朝封建专制统治这个根本出发点，把他们所从事的经济改革活动，在客观上对中国社会经济结构产生的微弱作用，强调到不适当的高度，甚至涂上一层反侵略的爱国色彩，我以为不利于揭示这个系列的改良活动所体现的阶级目的。

清政府的“新政”和预备立宪，并不是放弃封建统治，搞资本主义。这一点，革命派是看得很清楚的。孙中山说：“自义和团战争以来，许

---

① 黄爵滋：《综核名实疏》，见齐思和整理：《黄爵滋奏疏许乃济奏议合刊》，36页，北京，中华书局，1959。

② 吴铤：《因时论十·田制》，见董康辑：《皇朝经世文续编》卷三五“户政七赋役二”，清光绪二十三年武进盛氏思补楼刻本。

多人为满清政府偶而发布的改革诏旨所迷惑，便相信那个政府已开始看到时代的征兆，其本身已开始改革以便使国家进步；他们不知道，那些诏旨只不过是专门用以缓和民众骚动情绪的具文而已。”①清政府自己也招认：“立宪可以固国本”，“安皇室”，主张钦定宪法，“臣民权利不必尽如日本，而操纵之法，则必使出于上之赐与，万不可待臣民之要求”。② 这证明点滴的社会改良，出自愚弄和欺骗人民的目的。正是由于目的一致，才使清朝统治阶级中的洋务派和顽固派两个系列，时时合流，交相纽结。

但是，也应该承认，清政府的各项改良措施并不是采取赤裸裸的攻击性态势，而是以对被统治阶级实行某种“让步”的政策手段，曲折地体现出上述目的的。设商部、奖实业、废科举、办学校、派留学生、置谘议局、行地方自治、设资政院等，确实稍稍放松了对资本主义发展的束缚和限制，部分地向资产阶级开放了权力。这是在阶级斗争形势高涨和中间势力大量存在的历史条件下，统治阶级为了与革命争夺中间力量而实行的一种统治策略。正是在这点上，它具有阶级斗争副产品的意义。但是它不是古代“让步政策”的简单翻版。首先，它的出现不一定都在革命失败以后。洋务运动产生于镇压太平天国起义的后期；“新政”虽在义和团战争被镇压之后，但预备立宪则在辛亥革命爆发之前。其次，它的主要内容已不再是轻徭薄赋、与民休养生息，而是奖励民间资本投资近代企业和改革某些上层建筑的结构形式。这表明，在半殖民地半封建社会中，统治阶级的对手已不再像古代那样只有农民一个阶级，而是增加了更为广泛的社会成分。资产阶级的反封建斗争已成为时代的主要内容之一。

资产阶级改良和立宪活动与资产阶级革命的对立及斗争，是近代

---

① 孙中山：《中国问题的真解决——向美国人民的呼吁》，见《孙中山选集》上卷，59 页，北京，人民出版社，1956。

② 以上引文均见《考察宪政大臣达寿奏考察日本宪政情形折》，见故宫博物院明清档案部编：《清末筹备立宪档案史料》上册，31、33、36 页，北京，中华书局，1979。

中国资产阶级活动史上最基本的内容之一。这两种不同的政治主张，一度形同仇寇，两派间的关系犹如敌国。但如果剖析一下两派的成长过程及其对中国政局的实际影响，就会看到改良为革命在客观上准备了重要条件。两者实质上是殊途同归、相辅相成的。

第一，资产阶级维新变法的理论宣传，对资产阶级革命派的成长，提供了最初的精神食粮和理论武器。

中国资产阶级在如何改造中国问题上，最初是从维新变法的理论鼓吹登上政治舞台的。改良派全力介绍西方资产阶级的社会政治学说，在中国知识界起了巨大的思想启蒙作用，"旧藩顿决，泉涌涛奔"；"智慧骤开，如万流潏沸，不可遏抑"。不少爱国之士在变法维新思潮影响下，向国外寻求救国救民的真理，最后走上了革命道路。孙中山、黄兴、宋教仁、章太炎、陈天华、邹容、吴玉章等都曾走过这样的道路。在他们的早期思想、言论和活动中都明显地受到改良思潮的影响；他们中不少人最早是从改良派的宣传刊物中接受天赋人权、自由、平等、博爱和进化论观点的。

孙中山早期受到改良派郑观应、何启、王韬等人的政治观点的影响。黄兴就读于两湖书院时，对谭嗣同和唐才常十分钦佩。① 邹容一度将谭嗣同作为救世英雄。章太炎的早期政治活动更与改良派密不可分。吴玉章回忆自己革命经历时说：甲午战争后，"我正在为祖国前途忧心如焚"，"正当我在政治上十分苦闷的时候，传来了康梁变法维新的思想，我于是热烈地接受了它"。② 可以说，大多数资产阶级革命者都曾从维新变法的宣传中汲取过养料。

第二，戊戌变法的失败，维新志士以自己的鲜血证明了清朝封建专制制度的残暴，激励着先进的中国人非去掉这个反动制度不足以言救国的决心，客观上有利于革命思潮的勃兴。孙中山就曾深切地感受到在19世纪最后几年内，人们对自己的反清活动，态度已有天渊之别。他说："睹此情形，心中快慰，不可言状，知国人之迷梦已有渐醒

---

① 刘揆一：《黄兴传记》，北平，京津印书局，1929。

② 吴玉章(永珊)：《从甲午战争前后到辛亥革命前后的回忆》(一)。

之兆。”①其间，虽有义和团运动遭到中外反动势力镇压所产生的影响，但戊戌政变及自立军起义的失败，给予人们的刺激和教育作用也是一个重要因素。20世纪最初几年中，民主革命思潮在资产阶级知识分子中广泛传播，与改良维新的失败有着重要的内在联系。

第三，立宪派的理论宣传和政治活动起着动员群众、开发民智的作用，为资产阶级革命高潮的到来，准备了必要的思想条件和群众基础。立宪派着力介绍日本、英国和德国式的资产阶级君主立宪道路；揭露清政府的封建专制统治和预备立宪的欺骗性，力争实现地方自治；抨击帝国主义对中国的侵略，使“自由民权之学说，膨胀于国民之脑中，莫不愤慨于国权之衰弱，而切齿于政府之腐败者”②。他们组织了社会上具有广泛影响的资产阶级上层与地方士绅，向清王朝争政治、经济权利，形成了一股与清政府展开合法斗争的政治离心力量，对孤立清王朝起了积极作用；他们还发动和领导了社会中下层展开轰轰烈烈的收回利权运动与保路运动，对武昌起义的爆发起了直接推动的作用。

19世纪90年代到20世纪最初10年的中国政治斗争史表明：没有资产阶级改良派和立宪派的改良思想的宣传和活动，中国资产阶级革命要取得迅速胜利是极为困难的。他们固然对革命有过排斥与斗争，但实际上资产阶级改良与革命是同一方向，而不是反方向的两种政治斗争手段。我们不应只看到两者相互抵触和排斥的一面，还应如实地看到两者相互联系和组结的一面。

三

当我们肯定近代史上的各种改良，不论其主观目的代表着何种阶级利益，都曾对历史发展的进程起过程度不等的客观作用，承认它们都是“趋于改善”的一种手段时，并不等于把改良抬到决定历史发展的

① 孙中山：《革命原起》，见中国史学会主编：《中国近代史资料丛刊·辛亥革命》第1册，9页。

② 与之：《论中国现在之党派及将来之政党》，载《新民丛报》，第92期，1907。

地位。近代历史发展的方向，主要是经由革命决定的。

革命历来有着不同的含义。我们所说的革命，是指政治斗争的最高形式——一个阶级推翻另一个阶级的暴力行动。并不是所有暴力斗争都可称为革命，只有那些负有阶级使命和目的、有组织有纲领的暴力斗争才是革命行动。与改良相比，革命不能不是历史发展的主导力量。

第一，就“政权从一个阶级转移到另一个阶级”[①]的意义上说，近代史上的任何改良都不能实现，只有革命才最终实现了这一“转移”。地主阶级不同派别的改良，都不存在“转移”政权的问题，但太平天国革命却建立了农民政权。当时清王朝部分地区的政权从地主专政变成了农民革命专政。虽然太平天国政权具有浓重的封建性，并且不断地向封建政权转化，但它毕竟是与清王朝相对立的政权，从政权的阶级性上考察，不能说它是地主阶级政权。

资产阶级改良派和立宪派虽然发动过百日维新，组织过规模一次比一次大的请愿[②]，但都未能从根本上动摇封建专制统治，也达不到“转移”的目的。历史证明，企图依靠资产阶级改良活动来达到变革封建制度的目的，在半殖民地半封建的历史条件下，是行不通的。当时中国的不少先进分子，已经从政治斗争的实践中，逐步地体察了这一历史脉搏。戊戌变法失败后，不少受改良思想影响的知识分子逐渐抛弃了康梁的变法主张，走上了从事推翻清王朝的革命道路，经过孙中山为代表的资产阶级革命派的艰苦奋斗，终于一举推翻了清王朝，实现了政权转移的目的。近代中国八十年的历史，证明了变革旧制度，实现政权转移的目的，最终是通过暴力革命的手段完成的。

第二，就事物的发展变化过程来说，改良往往只是事物变化的量

---

① 《斯大林选集》下卷，366 页，北京，人民出版社，1979。

② 资产阶级立宪派曾发动过三次大规模的请愿活动。参加签名请愿的人数，第一次有 20 万人(《清史纪事本末》卷七七)；第二次达到 30 万人(长兴：《国会与人民》，载《国风报》，第 16 号)；第三次预计发动 2500 万签名(《北华捷报》，1910-06-25)。据张朋园考证，认为第三次实际上不足预定人数，但规模大大超过第二次(参见张明园：《立宪派与辛亥革命》，71 页，台北，“中央研究院”近代史研究所，1969)。

变和局部质变，革命才能真正地破坏旧质，产生全局性质变。虽然，在特定的历史条件下，改良也可以由量变进到部分质变，最后缓慢地进到全局质变。例如，日本近代史上就曾经历过这一漫长过程。它从明治维新起经过二十多年时间才基本上确立资本主义制度。但突变和飞跃，总是快于缓慢的量变。中国近代史上资产阶级革命和改良，就它们的准备时期算起，明显地表现出这种快慢的趋势。从资产阶级改良说，早在19世纪六七十年代，就有一部分人从洋务派中分离出来，宣传议会道路，到辛亥革命前夕，改良活动经历着由前驱到高涨，形成社会思潮，进行政治实践，发动戊戌维新，鼓吹君主立宪等若干阶段，足足有四十多年的历史，但仍然没有达到君主立宪的目的，没有发生改造旧事物的全局性质变。资产阶级革命从1895年孙中山发动广州起义到1911年辛亥革命，前后只有十六七年历史，即达到了推翻清朝统治的目的。在革命形势的成熟过程中，虽然也有改良派和立宪派历年积累的一部分功劳。但突破旧事物性质的毕竟不是改良而是革命。

第三，就改良与革命对变革旧事物的程度来说，革命比改良彻底。地主阶级内部各种不同派别的改良主张和实践，是在保持旧制度基础上的点滴改造，新生的嫩芽往往被强大的封建经济和政治制度窒息，或者成为它的附属物。前者，可以洋务运动中出现的若干具有资本主义性质的生产方式被封建体制严重压抑为例；后者可以清政府“新政”和预备立宪中，若干具有资本主义性质的经济政策和文化教育改革最终成为清政府封建体制的装饰品为例。尽管洋务运动中出现的近代工业和清政府1901—1910年颁布的废八股、设学堂、派留学生、奖励实业、设谘议局、办地方自治等，客观上对中国资本主义的发展有程度不同的刺激作用，但旧的经济基础和上层建筑并没有发生大的变动。资产阶级改良派和立宪派虽然不愿保留封建专制制度，但由于他们大多数是从官僚、地主、商人演变而来，与封建势力有较多联系；又由于缺乏强大的物质力量，与外国资本主义也有着千丝万缕的联系。因此，他们虽然要求实现资产阶级掌权的政治抱负和发展资本主义的主张，但他们对旧制度的不少方面，往往采取保留的态度；他们的政治纲领中带有较多旧的属性。前者如戊戌变法中，维新派首领康有为向光绪帝建议“勿去旧衙门而惟置新衙门；勿黜革旧大臣而惟渐擢小臣”①；梁启超主张“欲兴民权，宜先兴绅权”②，“开官智又为万事之起点”③。后者如《政闻社宣言》中称：“政闻社所执之方法，常以秩序的行动，为正当之要求，其对于皇室，绝无干犯尊严之心；其对于国家，绝无扰紊治安之举”④，都是其妥协的表征。可以断言，一旦他们实现了君主立宪的政体，将会保留较多的旧事物，带有浓重的封建性。他们向往的日本式道路，正是带有浓重封建性的资本主义类型。

资产阶级革命派虽然也有妥协性的一面，但他们大胆否定封建君主政体，主张建立资产阶级共和国，宣传自由、平等、博爱和天赋人权思想。对封建制度变革的要求，比立宪派显然彻底得多。辛亥革命后，中国社会生活中出现的种种新风气，如剪发辫、不缠足、不准蓄婢、改称谓、废跪拜、建政党、谈政治、倡法治、倡西学、写白话文、唱文明戏等，不能不说是资产阶级革命带来的硕果。当然，资产阶级革命不可能在短时期内彻底消除封建残余，这是要从历史和经济原因上予以说明的。

第四，从解放生产力的角度考察，革命也远较改良有力。中国民族资本近代企业的发展史表明，在八十年的旧民主主义革命历史中，民族资本发展速度最快的阶段是在辛亥革命以后。这虽包含着洋务派乃至清政府奖励实业所造成的物质基础，但辛亥革命后民族资本出现了一个新的高涨是十分明显的。那时，上海、武汉、无锡等地纷纷组织名目繁多的公司和企业，形成了投资新式工商企业的潮流，体现了革命解放生产力的这一规律。

---

① 梁启超：《戊戌政变记》，16 页。

② 梁启超：《论湖南应办之事》，见《戊戌政变记》附录二：“湖南广东情形”，133 页。

③ 梁启超：《论湖南应办之事》，见《戊戌政变记》附录二：“湖南广东情形”，135 页。

④ 《政闻社宣言书》，见中国史学会主编：《中国近代史资料丛刊·辛亥革命》第 4 册，115 页。

四

近代史上的改良派与革命派之间的关系，在地主阶级和农民阶级之间比较单纯。由于两个阶级根本利益不同，地主阶级改革派、洋务派等都与农民革命派处于尖锐对立的地位。手段从属于目的。地主阶级改良派尽管对封建制度某些腐朽、落后的环节做过揭露与批判，但没有一个人对农民起义抱欢迎、拥护的态度。当农民起义一旦爆发，他们就会与顽固派一起，积极加入镇压革命的行列。魏源、林则徐等人即是典型。

在资产阶级内部，革命派与改良派之间的关系就复杂得多。

20 世纪初年之前，资产阶级革命派与改良派之间的政治主张还没有明显的区别。尽管孙中山为首的兴中会已经举行过广州起义和惠州起义，但仍和改良派首领及中坚人物保持着接触，举行过讨论联合的会议。这表明革命派还没有成熟，改良派也未反动，双方在救亡图存的爱国主义这一点上具有共同语言。这不但是关心中国政情的日本人如宫崎、平山等人的结论①，而且也是革命派孙中山、陈少白等人的认识②。

从 20 世纪初年到辛亥革命前夕，资产阶级革命派与改良派之间的关系逐渐破裂，进而两派尖锐对立，在一系列重大问题上进行了大规模论战。但这种对立和斗争，并不是两个敌对阶级在根本利益冲突的基础上的矛盾，而是同一阶级不同政治派别之间的矛盾。

---

① 1898 年戊戌政变失败后，宫崎、平山等人将康梁二人秘密护送到日本。此事，陈少白评论说："当时日本朋友的意思，以为孙先生与康梁同是要救中国的人，如果居间调停，或者可以联合，中国事当更好办到了。"《兴中会革命史要》，见中国史学会主编：《中国近代史资料丛刊·辛亥革命》第 1 册，57 页。

② 陈少白认为 1898 年孙中山、康有为谋求合作的谈判中，梁启超与康有为不同。梁启超的宗旨是救国，陈少白甚至说："救国并非保皇，保皇二字，系失败后方才无中生有的生出来的。"《兴中会革命史要》，见中国史学会主编：《中国近代史资料丛刊·辛亥革命》第 1 册，64 页。

资产阶级改良派这时演变为立宪派。他们主张君主立宪，不仅不是为了维护封建专制统治，而是为了实行资产阶级性质的政体。就中国向何处去这一根本目的而言，他们与资产阶级革命派的总目标是一致的，不同的只是在方法上有所区别。立宪派采取自上而下的方法，通过请愿和议会斗争的合法手段，迫使清政府对资产阶级开放权力；革命派则采取自下而上的方法，通过暴力斗争的革命手段，以推翻清王朝的统治。相比之下，前者温和，后者激烈；前者保存的封建性较多，后者较少；前者对清朝皇帝寄有严重幻想，后者不愿意保留帝制。两者间有急进与缓进的区别，有优劣之分。但不能把手段与方法之争，无限地夸大到超越两派基本利益相一致的程度，而把立宪派称为维护清王朝统治的反动派。

这样说并非不重视方法问题。方法在一定条件下往往可以影响目的的实现。当事实证明改良不能解决实现君主立宪、发展资本主义道路时，如果仍死抱改良不放，坚持反对革命暴力，这时的方法之争就会超越本身的意义而变成具有根本性质的重大问题。但是质之中国近代史，并没有发生这种情况。立宪派在革命高潮到来之前已经在事实上走向了非暴力的反面。保路风潮中和平转化为暴力，立宪派被卷进了和清政府直接对抗的旋涡。

武昌起义后形势逼人，立宪派纷纷倒向革命。这反映了资产阶级两派之间并没有一条不可逾越的鸿沟。由于存在着共同的阶级利益，立宪派在一定条件下可以放弃自己的改良主张，向革命派靠拢；革命派也没有把立宪派看作不共戴天的仇敌，从1910年起，就已开始对立宪派进行争取和联合的工作。事实证明立宪派没有站在清王朝一边反对辛亥革命。清王朝是在两派的联合斗争中垮台的。把立宪派倒向革命一概称为“投机”，是一种简单化的做法。

应该承认，以往在改良和革命的关系问题上，我们的研究存在着某些简单化倾向。例如，当强调暴力革命在变革清王朝的封建专制制度时，往往贬低改良在历史上的作用；当分析资产阶级革命派与立宪派的区别、争论时，往往忽视两者间的联系与纽结；当考察近代史上革命与改良的相互关系时，住往套用欧洲工人运动中无产阶级革命与资产阶级改良主义的对立和斗争，把马克思主义经典作家批判和分析资产阶级改良主义的理论，断章取义地作为论述的根据和出发点。其结果，影响了我们对中国社会各派政治力量之间的关系进行客观的科学考察，尤其影响了我们对中国资产阶级的深入研究。这种状况应该迅速改变。

原载《江苏师院学报》1981年第3期

论中国近代军事史的研究对象与分期

中国近代军事史是中国近代史的一个重要分支，但作为一门分支学科，至今尚未真正建立。这里拟对自鸦片战争至五四运动的八十年间，中国近代军事史研究中的若干基本问题谈些粗疏之见，作为引玉之砖。期望通过讨论，对这门学科的建设有所裨益。

一

任何一门学科的建立，必须首先确定它的研究对象。关于中国近代军事史应该研究什么，至今没有确定的概括，有关著述也各有不同。有的是以军制、军史、战史为对象而侧重于战史的研究，如文公直《最近三十年中国军事史》①；有的以军队的近代化建设为对象而侧重于各派政治力量的斗争，如美国拉尔夫·鲍威尔《中国军事力量的兴起(1895—1912)》②；有的是“以军队和战争的发展史为大骨干、线索和领域”而侧重于战争的，如张玉田、陈崇桥等编著的《中国近代军事史》③。看来，中国近代军事史的研究对象确有进一步讨论的必要。

我认为，中国近代军事史就是半殖民地半封建社会中，中国不同

---

① 文公直：《最近三十年中国军事史》，上海，上海太平洋书店，1929。

② [美]拉尔夫·鲍威尔：《中国军事力量的兴起(1895—1912)》，陈泽宪、陈霞飞译，北京，中国社会科学出版社，1979。

③ 张玉田、陈崇桥、王献中等编：《中国近代军事史》编者前言，沈阳，辽宁人民出版社，1983。

阶级的政治集团为着既定的政治目的，根据一定的军事思想，组建军队，进行军事斗争的历史。它的研究对象有如下四个基本方面。

1. 近代中国不同阶级的政治集团进行军事斗争的动机和目的

考察军事斗争与政治的关系，不仅能使我们正确判断各次军事行动的性质，而且也能正确估计不同性质的军事斗争在近代历史进程中的作用与意义。但是一般地论述军事与政治的关系，对于军事史研究者说是远远不够的。努力探求每次重大军事斗争前敌对双方最高领导集团的动机、意向和决策过程，才是近代军事史特殊于近代通史的重要表现。

战争是军事斗争的最主要形式，而和平转化为战争是有条件的。近代军事史在处理战争与政治关系中最应致力的方面，就是揭示战争出现的具体历史条件。这主要指各个政治集团在政治斗争中和平均势因何而破裂？战争与哪一派别中的哪一部分人所企求的目的、利益相联系？战争发动者如何设计迫使对手服从自己意志的军事行动计划？战争形势和具体条件是怎样制造成熟的？其中既包括战争的物质准备与精神准备，又包括国与国、集团与集团之间的关系；既包括一部分人的战争意向转化为决策层的意向，又包括决策层的意向与社会意向的关系，军事斗争或战争在怎样的条件下转化为和平等。只有当我们具体地、深入地探索军事与政治关系时，近代军事史的结论才会比近代通史深刻和丰富，这一研究对象才显得更有意义。

2. 近代中国不同阶级的军事人物及军事思想

军事史研究军事人物是题中应有之义，但军事思想并未被已经出版的军事史著作列为研究对象却绝非偶见。文公直的《最近三十年中国军事史》中完全没有近代军事思想的内容；鲍威尔上列著作中仅偶有涉及。这表明军事思想作为近代军事史的研究对象之一，无论在深度和广度上还很不够，与中国古代军事思想的研究相比，差距甚远。

近代中国军事思想不仅只是军事家、军事思想家才有，而且还在一些政治家、思想家和一般士大夫的著述、言论中有所表现。例如，鸦片战争中的臧纡青、林福祥，太平天国革命时期的王鑫、罗泽南、江忠源、胡林翼等人，第二次鸦片战争中的苏廷魁，洋务运动中的丁日昌、郭嵩焘、李凤苞乃至奕䜣等人都有军事方面的言论或著作。至于近代已刊未刊的兵书、军事教科书和军事学术著作的译本，也可从一个侧面反映当时中国军事人物在总结古代军事理论和学习西方军事技术方面的趋向，这些都应该是军事史的研究对象。

军事思想的构成，学术界还有歧见。我认为建军思想、战略战术思想和战争观三方面应是它的主要内涵。研究不同阶级的军事家、政治家、思想家在这三个方面的不同思想、主张和理论，探求它们与中国古代军事思想的继承与扬弃的关系，比较它们与同时代西方军事思想的特点，考察它们在实践中的运用与发展，从而理析出近代军事思想发展的脉络及其内在联系，是近代军事史研究者的重要课题。

3. 近代中国的军队建设

“军队是国家为了进攻或防御而维持的有组织的武装集团。”①军队建设就是组织和强化这个武装集团的一系列制度和措施。它包括军制、装备、给养、教育、训练、奖惩、要塞、基地、军事工业、指挥系统十大类。每类又可细别为若干方面，如军制类可分为士兵征募、将领选拔、军队编制、军兵种构成、军衔服饰、服役退役与预备役制度等。每一类都需要考察源流、探索演变规律，分析其特点和作用。所以，它是近代军事史研究中内容丰富、问题复杂的门类，成为最基本的研究对象之一。

军队建设既是在军事思想指导下进行的，反过来又促进和推动军事思想的发展。军制体现着建军思想；装备、训练关联着战略战术；教育、奖惩反映了统治集团的意志；要塞、基地的选址和构筑服从于保卫国家、维护统治秩序的需要。随着中国军队向近代化的推进，军队建设的实践又使原属于封建性的传统军事思想发生性质和内容方面的变化，进入半殖民地半封建的新阶段。研究军队建设与军事思想之间的物化关系，是军事史学者的重要工作之一。

军队建设离不开社会经济的发展水平，同时又推动着社会生产力

① 《军队》，见《马克思恩格斯全集》第14卷，5页，北京，人民出版社，1964。

的发展。这一点，在近代八十年的军队发展史中表现得尤为明显。为什么中国军队的近代化进程开始于19世纪六七十年代？为什么洋务派办军用工业推及于民用工业？为什么清王朝编练新军开始于中国民族资本主义近代工业初步发展的20世纪初年？这些都与社会经济发展状况有内在联系。正如马克思在致恩格斯的信中所说："军队在经济的发展中起着重要的作用。"①

清王朝军队的近代化进程，也是清朝统治集团被迫面向世界、学习西方的过程。但无论是新式海军还是新式陆军都没有全盘西化，仍然保存了大量的封建因素。因此，中国军队的近代化建设史，不完全是一篇以新代旧的历史，而是一个新中有旧、旧中有新的复杂过程。研究这篇新陈代谢史，可以理析出中国军队的发展特点。

近代中国除国家军队外，还有反政府的人民革命武装。从农民革命武装到资产阶级反清起义武装之间，不具有军队建设的连续性，它们各有自己的源头与特点，尤其是太平军的军队建设具有独特的方法与途径。

一般来说，外国侵华军队不是近代中国军事史的研究对象。但由于半殖民地半封建中国的军队建设深受西方国家军队建设的影响，为了深化本国军事史研究，有必要加强对外国军队，特别是侵华军队的研究，因为侵华军队是中国人认识西方军队的起点和窗口。

4. 近代中国的战争

按照德国军事学家克劳塞维茨的说法，"战争是迫使敌人服从我们意志的一种暴力行为"②。战争本身是一门包罗万象的学问。军事史研究者，不是把战争当作战争学来研究，而是把它放在军事史的发展过程中考察它对军队建设、军事思想的发展变化所起的作用，分析它对社会历史的影响。虽然要完成后者的任务应懂得前者的知识，但军事

---

① 《马克思致恩格斯》(1857年9月25日)，见《马克思恩格斯全集》第29卷，183页，北京，人民出版社，1972。

② ［德］克劳塞维茨：《战争论》第1卷，中国人民解放军军事科学院译，23页，北京，商务印书馆，1978。

史这门学科不是为了培养战争学学者。

战争是军事斗争的最主要形式，也是政治斗争的最高表现。它既是敌对双方经济力和物力的竞赛，又是敌对双方主观能动作用的较量，更是阶级、国家、民族和政治集团间的生死搏斗。它把军队建设和军事思想的一切方面都调动起来，为使敌手无力抵抗而服从自己的意志。所以它是军事史的重要研究对象。

近代中国的八十年中，发生过多次侵略与反侵略的民族战争，又爆发过不少压迫与反压迫的阶级战争。努力探求这两类不同性质战争的相互关系及其内在规律，虽比叙述各次战争的过程艰难得多，但对近代军事史研究更有意义。

以上四个方面，不是近代军事史研究的全部内容。作为中国近代史的一个组成部分，它还与近代社会的政治制度、阶级关系、经济结构、科学技术、中西文化交流、思潮流派变迁等各方面密切关联。但这四个方面是中国近代军事史最基本的研究对象，组成了这门分支学科的特定研究内容。

二

中国近代军事史当前最迫切需要解决的问题之一，是建立学科体系。学科体系是指学科的研究对象与各个对象的层次之间，按照怎样的秩序组成一个系统的知识网络结构。其中，网络的纲目关系和网络的层次组合是构成学科体系的主要关键。所谓纲目关系，是指学科的研究对象中以何者为纲，纲举才能目张；所谓层次组合，是指学科的基本内容排列为何种等级次序，以便形成学科的知识系统。

中国近代军事史就其进行军事斗争的实体方面说，由封建统治集团、外国侵略者和人民革命武装力量所构成。这三种力量中，究竟哪一种为纲来带动其他两种？当然，不可能以外国侵略者的军队和战争为纲，但在统治阶级军队和人民革命力量何者为纲的问题上，学术界的看法并不一致。有的学者认为：中国近代军事史可以是一部中国军民反对外国军事侵略和推翻国内封建统治的军事斗争史。这种意见我以为有三点可以商榷。第一，人民革命武装力量无论在军队组织、军事思想还是军事斗争上，都缺乏历史连续性，因而很难形成真正的历史联系；第二，它不是中国占统治地位的武装组织，既不能涵盖军事史的基本内容，又不充分具备反映国家暴力工具的职能，很难作为近代军事史的主要框架；第三，这样处理事实上势必混淆近代军事史与近代人民革命斗争史的区别，无法体现近代军事史学科的自身特点。因此，我认为中国近代军事史就其进行军事斗争的三种力量说，还是以中国统治阶级的武装力量为主体带动其他两种为好。

就中国近代军事史上述四个方面的研究对象说，究竟以哪一个研究对象为纲？由于军事斗争与政治的关系主要是横向联系，无法纲举目张，不可能以此构成它的网络系统；由于军事思想属于意识形态领域，它的形成、发展受着客观存在的物质因素和斗争实践的影响、制约，很难作为网络的纲领；存下的就只有军队建设和军事斗争两个方面可供考虑。

有些研究者认为，军队建设的最终目的是为了战争，只有战争才能实现阶级、民族、国家、集团所持的政治目的，才能推动军队自身和军事思想的发展，所以中国近代军事史应以战争史为纲。已经出版的我国1949年后第一部中国近代军事史专著，确实是以战争史作为主要框架来带动其他的。

战争是在强烈的运动中进行的，各种军事制度和军事思想相对战争而言则具有稳定性。前者为动，后者为静，所以这种结构以动为主，以静为辅，以动带静，可以称之为动态型体系。作者们为探索中国近代军事史的体系结构所付出的辛勤劳动以及取得的重要成绩，是令人钦佩的。但我以为从更好地研究这门学科的体系来说，动态型结构似还可以商榷。因为它在最基本点上，即作为学科纵向联系的战争问题上，不具有“史”的连续性，很难作为纲来带动一切。众所周知，近代中国八十年的战争，不仅具有民族战争与国内战争的性质区别，而且每次战争都有着长时间的停顿和间隔，前一次与后一次之间缺乏战争本身的连续性，以此为纲，很难形成知识网络的历史联系。事实上也不大可能真正总结近代军事史发展的内在规律，并且容易与近代通史体系大同小异。

我认为可以考虑以统治阶级的军队建设为纲，辅以近代史上的重大战争，说明军队使用的目的、方法、过程以及通过使用推动军事思想的发展，据此构成中国近代军事史的网络系统。由于军队建设的十大类内容都具有相对稳定性，所以这是一种以静为主、以动辅静、以静带动的结构，可以称之为静态型体系。

以静态型体系作为中国近代军事史的学科体系，是基于下列理由：第一，由于统治阶级的军队建设具有前后间的内在联系，形成了历史连续性，能够作为学科体系的纵向框架，便于结成知识网络；第二，把统治阶级的军队建设与军队使用作为因果关系考察，有利于探讨近代军事史的发展规律，涵盖面广；第三，以各种军队的制度史为研究重点，有利于培养这门学科的各种学者和专家，也可以使学科本身的科学性更为突出；第四，可以使近代军事史既不同于中国近代通史的现有结构，又能通过自身的深入研究而丰富近代通史的内容；第五，静态型体系不仅具有较多军事知识的军队学者可以做研究，而且地方上的历史工作者也可以搞，有利于军地两方面学者携手合作，推进这门学科的发展。

军队建设包含多方面的内容，其中以何者为主？我认为可以军制和军队装备的发展过程为基本线索。任何一支武装力量都按一定的编制原则和方法组成；任何一种作战方法的重大改进都与装备的改进相关。抓住了前者，就可把给养、教育、训练、奖惩、指挥系统等门类扭结起来；抓住了后者，则不仅能带动要塞、基地、军事工业等门类，而且可以正确地阐述战略战术变化的原因、作战方式的改进，有利于考察军事思想的发展变化。

这种静态型体系，也便于把近代军事史研究内容按一定的等级秩序分层次地组成一个网络。它的最高一级层次是这门学科的宏观部分，即军队建设与政治的关系、军队建设与社会经济发展的关系、军队建设与军队使用及军事思想发展变化的关系、战争对社会的影响与作用等。在它之下是探索军队建设的各个门类、军事思想的主要构成及其与战争的关系，形成中级层次的宏观研究。随着研究深入，这一层次将逐步形成近代军事史自身的各个分支，如中国近代军制史、近代兵器发展史、近代军事工业发展史、近代军事教育史、近代军事后勤史、近代海军史、近代军事思想史以及近代各次重大战争史等。描述上述各个门类和战争过程的具体内容为微观级层次，如军制类中的士兵征募制度与方法、将领选拔原则与方法、军队编制、军兵种构成、军衔制度、军队现役预备役制度；装备类中的冷兵器与热兵器的制式及配备、水师(包括海军)的船舰制式与火器、马匹配备、军队服饰与旗帜等；给养类中的军队俸饷制度、俸饷的筹措、马匹草料的征集与贮存、后勤系统的组织结构等；教育类中的各级各类军事学校、教材教法、教官的聘任和作用、军队思想教育的内容与形式等；训练类中的操典和条令、训练种类及内容、训练经费、训练方法等；奖惩类中的军官考核与升贬制度、奖励的内容与形式、军纪结构等；要塞与军事基地两类中的选址、建造、兵力和火力配置、防御体系的构成等；军事工业类中的兵工厂建设及其生产、产品系列、产品调拨使用的原则与方法、运输系统等；军事指挥系统类中的上下隶属关系、各级指挥机构的设置、通讯联络等；军事思想中的战略战术方针、建军思想、战争观、军事学术著作等；战争方面则各次重大战役与战斗的过程、结局、军事人物的活动等。由这样多层次组成的网络，既可反映学科的基础知识，又包含了中级和高级层次的宏观研究，有利于组织成一个较好的学科体系。

三

根据上述理解和构想，我认为近代八十年的中国军事史，可按军队建设的发展变化过程分为四个时期、七个阶段。

自 1840 年鸦片战争到 1864 年太平天国革命失败为第一个时期。这是清王朝军队基本上处于军队建设的近代化开始萌发的时期。

本期在军队建制方面的基本特点是军队国家化向军队私家化过渡，其中关键就是湘、淮军的崛起；清军一统天下的局面被打破，表现为反政府的太平军与捻军的出现。装备方面，无论清军还是农民起义武装，都以传统的冷热兵器配备，与西方军备相比，明显落后，但自1861年起，出现了若干以机器生产为主要方式的小型军事工业，武器的近代化开始迈出最初的一小步。在军事思想方面，基本上处于继承和发展传统的军事思想阶段，但在鸦片战争中开始形成反侵略的军事思想。在战争和作战方面，有反侵略的民族战争和反压迫的国内战争，两种战争中都使用旧式的布阵和战法，只有淮军因其接受西式操练和一部分近代火器，在作战中出现了散兵线战法。

这一时期可以分为两个相互衔接的阶段。自1840年鸦片战争到1851年金田起义前夕为第一阶段，即清王朝经制兵八旗、绿营阶段；自1851年金田起义至1864年太平天国起义失败为第二阶段，即太平军与湘、淮军斗争的阶段。

第一阶段中值得注意的是统治阶级中一部分有识之士通过鸦片战争，对绿营的式微发出了微弱的改革呼声，主张加强船炮水军建设，"师夷之长技以制夷"。人们总是首先重视比自己先进的物质文明，军队改革的呼声从改进装备入手，正是这一认识规律的反映。

通过对反侵略战争的总结，林则徐提出了"剿夷八字要言"，即"器良技熟、胆壮心齐"①；魏源提出了守内海内河、练土兵水勇，以及"守远不若守近，守多不若守约，守正不若守奇，守阔不若守狭，守深不若守浅"②等主张与"师夷之长技以制夷"的思想；臧纡青的"伏勇散战法"，林福祥关于战守和的先后论、胜败形势论、土客关系论、守险埋伏论、防卫后路论等论说③，都是反侵略军事思想的表现。但这些思想并未波及统治集团的高层，也未形成系统的军事理论，带有明显的经验色彩。

① 魏源：《海国图志·筹海篇·议守上》，见中国史学会主编：《中国近代史资料丛刊·鸦片战争》第2册，547页。

② 魏源：《海国图志·筹海篇·议守上》，见中国史学会主编：《中国近代史资料丛刊·鸦片战争》第5册，545～548页。

③ 林福祥：《平海心筹》，见中国史学会主编：《中国近代史资料丛刊·鸦片战争》第4册，588～605页。

第二阶段中，太平军和捻军在军队建设上有着与清军完全不同的特点。太平军军制有浓重的复古色彩，军队教育与纪律规范有明显的宗教色彩，供给制度有强烈的平均主义色彩。捻军编制以旗为单位，旗有十色(五色和镶边五色)，又有大旗小旗之别。因其源自北方民间剽掠性团伙，故即使在1855年各旗结盟后，仍散漫而各有行动自由。

湘军在湘乡团练基础上发展而成，但不是传统的团练；它是清朝与太平军作战的主要军队，但不是经制兵，而是勇营的一种。湘军的招募、选将、营制、裁撤、军律、教育、饷章等制度均迥异于绿营，在晚清影响深远。它的崛起，标志着清代军制的一大变化，开了兵为将有的先河。淮军原是湘军的派生物，由于成军不久即在上海与外国侵略军合作并接受洋式训练，所以买办性大于湘军。1864年太平天国革命失败后不久，湘军陆续解散，淮军代之以兴。

洋枪队是近代中国出现的第一支外籍雇佣军。它与浙东的“常捷军”，可说是清政府广义上“借师助剿”的开端。但直到1862年，中外反革命合作镇压太平军才真正开始。

清军装备的近代化在本阶段以曾国藩所办安庆内军械所为起点，目的不是为了反侵略，而是为了加强湘、淮军装备，服从于镇压农民起义的目的，“师夷长技”与“制夷”被割裂。

曾国藩、胡林翼、左宗棠、李鸿章等人，继承和发展了传统的军事思想。他们在战略上以稳慎为主，注意战争全局的轻重主次；在战术上强调以主待客、以逸待劳，主张得地为次、歼敌为上，用兵力求平中寓险、以静制动。其中，曾国藩的军事思想在晚清最有影响。他是清末统治集团中最杰出的战略家。

这一阶段中，民族战争与阶级战争相互交叉。清王朝以农民革命为腹心大患，重内而轻外；太平天国在1862年才真正被迫肩起反侵略重任。无论在民族战争还是阶级战争中，清军与太平军的作战都不是近代战争。这表明，作战的近代化阶段尚未到来。

自1864年湘军开始解散至1895年中日甲午战争结束为第二个时期。这是清代军队结构多元化和清军装备向近代化过渡的时期。

这一时期中，清王朝既有八旗、绿营经制兵，又有由勇营演变而成的防军，还有从绿营额兵中挑选出来进行洋式编练的练军，形成了清军的多元化结构。在军种上，旧式水军而外，组建了近代海军，形成了多军种建制。防军的出现，“旧日绿营，遂同虚设”；练军因屯聚于通都重镇，“其用亦与防军同，故练军亦防军也”。① 所以，这一时期也可说是防军、练军时期。绿营被淘汰的命运，由此确定。无论防军、练军，其饷章、营制悉仿湘军。

清军装备近代化因近代军用工业次第举办而有所加快。军用工业的重点在制造船、炮、枪支和弹药，但无统一规格，产品不成系列，对清军的装备造成了很多不利因素；大量进口西方过时的枪支弹药，成为清军近代化装备的主要来源。中国实际上成了西方的军火市场。近代海军的船舰主要购自外国，连同教官和训练方法也主要由外国引进。所以清军近代化的过程，也是军队依赖外国的过程。

培养近代海军专业人才的军事学校的出现，标志着近代军事教育的开始。旅顺和威海卫两个海军基地的建造，使清王朝的国防建设进入新阶段。但这两个基地的选址和防御体系都存在着缺陷。

这一时期的战争十分频繁。有清军的“剿捻”战争，镇压西北、西南少数民族反清起义，平定阿古柏武装入侵与收复新疆的战争，抗法战争和抗击日军侵略的中日甲午战争。除马江之战、丰岛海战和黄海大海战具有近代战争特点外，其余仍基本上是旧式的战法，散兵作战虽已有出现，但并未成为主要作战形式。

这一时期中，洋务派中不少人物都有军事方面的言论，但没有出现具有代表性的军事思想家。西方的训练方法、武器使用知识、海军作战阵法等有关近代战术的内容被广泛介绍进来，只是还停留在吸收而未消化的阶段。其中，江南制造局翻译馆刊刻了大量西方军事学术著作。

这一时期可以分为两个略有交叉的阶段。从 1864 年太平天国天京失陷、湘军开始解散到 1873 年少数民族起义被镇压为第一阶段。这是

① 赵尔巽等撰：《清史稿》卷一三二，第 14 册，3930 页，北京，中华书局，1976。

湘军解散、淮军代兴到防军、练军正式形成的阶段，也是国内战争继续的阶段。从1874年清政府接受丁日昌建议着手创办近代海军，到1895年中日甲午战争结束、北洋舰队覆灭为第二阶段。这是清军近代化初步开展的阶段，也是反侵略民族战争为主的阶段。由于本阶段军队近代化更多表现为海军建设，所以也可称之为北洋海军建设阶段。

之所以说略有交叉，是因为清军近代化装备的两大骨干企业江南制造局和福州船政局分别在1865年与1866年创建；练军定名于1864年，之后就逐步推广。洋式装备与洋式操练早在第一阶段就已开始了。

自1895年袁世凯小站练兵到1911年辛亥革命为第三个时期。这是清末军制进行重大改革、装备近代化加速推进的时期，也可称之为新式陆军编练时期。

这一时期的清军改制是在军队建设的广泛领域中进行的。在营制上，改变了沿袭三十多年的湘军营制而采用大体与西方军队相同的编制；在饷章上否定了沿用湘军饷章而另立新章；在军官选拔上最终废除了武举考试制度，采用兴办新式军事学堂、派遣留学生学习军事专业等方法；在士兵征募制度上较多地注意士兵的来源和素质，制定了新的章程；同时，设立练兵处专司编练；设立陆军部为中央指挥机构；重建新式海军和设置要塞；发展多兵种合成；大量翻译和出版军事学术著作和军事教科书等。

这一时期中，清政府加速裁撤绿营，并把裁余部队和防军改编为巡防营，作为地方部队，建立了野战军与地方部队相结合的体制；规定建立常备军、续备军和后备军三级制以建立陆军的现役和预备役制度。由于清政府财政支绌，加上地方官员的苟且因循，原定全国编练三十六镇(师)新军的计划未能完成，清王朝就被辛亥革命的炮火所推翻。

这一时期除反对八国联军侵略的民族战争外，主要是资产阶级革命派的反清武装起义。孙中山是公认的革命旗手，黄兴则享有革命军事家的声望。但是革命派自始至终只是利用会党、策反新军，没有建立革命军队。他们在起义地点的选择上有不同主张，但任何一个派别发动的武装起义都具有单纯军事冒险的性质，并且都属于短兵突击的消耗战。

这一时期也可分为两个阶段。从 1895 年袁世凯小站练兵到 1903 年清政府编练新军以前为第一阶段，是为袁世凯北洋系新军基本形成阶段。从 1903 年到 1911 年辛亥革命全国响应为第二阶段，是为清末新军编练阶段。第一阶段中值得注意的是北洋军阀的形成和抗击八国联军战争；第二阶段中既应重视新军成为近代中国第一支与西方军队基本相同、配有全套近代武器、多兵种合成的军队，又要注意新军军官与士兵的革命化趋向。

从 1912 年南京临时政府成立到 1919 年“五四运动”前夕为第四个时期，即北洋军阀统治下中国军队建设混乱倒退的时期。

这个时期的基本特点是北洋军阀武装的分裂和各地军阀武装纷起。任何一支军阀部队的基本构成都是清末各省新军。此外是乘辛亥革命时扩编招募的部队，他们流品驳杂、缺乏训练、军纪败坏、作战素质极差。除北洋的直系、皖系装备精良外，其余军阀部队多数装备低劣。但无论任何派系，都由一个或数个资本主义帝国给予军火上的支持。“有军就有权”的军阀逻辑在本阶段成了军阀建军的基本准则。

在这一时期中，既有革命与反革命之间的战争，又有独裁与反独裁、复辟与反复辟战争，也有军阀之间的战争。其中护国战争和护法战争具有了近代战争的特点。装备近代化对于作战方法的改进，在本期才真正充分体现了出来。与之相应，传统的军事理论在具体战术上已显现出不适应近代作战的发展，但新的军事理论一时又无法产生，军事思想的发展跟不上军事斗争实践。蔡锷是这一时期著名的军事家，他在治兵和作战中善于运用传统军事思想，并结合近代战争的特点，提出了若干有价值的主张。

这个时期由于控制中央政府的北洋军阀武装基本上是清末北洋军系统，虽在某些具体方面如军衔制、军队编制序列等有所变化，但基本军制没有改易，军队建设的阶段性不明显，因此，可以不分阶段，也可以说是一个时期就是一个阶段。当然，如把北洋军阀的覆灭算进去，那么阶段性就很明显。但那已不属于本文所讨论的近代八十年中国军事史研究的范围了。附带说一句，中国近代军事史的下限究竟应定于1919年还是1928年，或是1927年“八一”南昌起义，这是值得研究的问题。

原载《学术月刊》1986年第10期

中国近代军事思想概论

中国军事思想的近代化过程，是中国人走向世界的一个侧面。在近代中国各种新出现的观念形态中，它是萌发最早而发育极不充分的一个领域。近代中国没有出现一个如同近代西方那样完备的军事思想体系，没有产生能涵盖它自身各个系统的军事学术著作，甚至没有足以代表这一领域的军事思想家。这一切，使它面目模糊、脉络不清，以致令人怀疑在中国军事思想发展史中是否有它的一席位置。其实，它是无可争辩的客观存在。我们旨在勾勒近代八十年中国军事思想的发展概况，侧重于分析近代战争实践及中西军事思想交汇融合对其萌发、形成和发展所起的作用，并就若干特点及历史地位试作简论。限于篇幅，只能提纲挈领。

一

19 世纪的中国和西方，军事思想有着截然不同的面貌。西方各主要资本主义国家自 18 世纪中叶起，先后形成了各自的资产阶级军事思想体系，并出现了著名的代表人物。① 到 19 世纪初，拿破仑军事体制和军事思想笼罩、影响着整个欧洲，极大地刺激了西方资产阶级军事科学的发展。

---

① 参见[苏联]M. A. 米尔施泰因、[苏联]A. K. 斯洛博坚科：《论资产阶级军事科学》第一章，黄良羽、程钟培、任泰等译，1～90 页，北京，军事科学出版社，1985。本书虽题名论军事科学，其实内容多为论军事思想。

拿破仑在进行一系列成功的战役过程中，不断总结自己的战争经验，并结合西方古代优秀统帅的军事实践，写下了具有相当理论深度的大量军事格言。其中尤以战略进攻战的论述，改变了西方世界的战争理论。他把战争发展为一门艺术，并断言进攻是“了解战争艺术秘密的唯一方法”①。他强调在战争中，统一指挥的极端重要性；强调将军和士兵的指挥才能及军事才能是不可或缺的素质；并指出在每次战役前应以极为精确的审慎态度，制订战役计划的必要。西方军事史家把这三者称为“拿破仑战争的要素”。② 他创立了一套服从于进攻战的原则，如进攻中的快速机动原则、实行有效的战略袭击原则、临战集中优势兵力并使用于决定性攻击点上的原则、为实行战略防御必须建立周密保护体系的原则等。这些军事原则所构成的拿破仑军事思想，如美国著名军事学者杜普伊所指出：它“直接支配了十九世纪头十五年中所发生的战争，而它的巨大影响则延续得更久远”③。

阐述拿破仑军事思想最有影响的是法国将军亨利·约米尼和德国将军卡尔·冯·克劳塞维茨。后者被公认为资产阶级军事科学的最大权威，他所著的《战争论》，把拿破仑开创的资产阶级军事科学推进到一个新高度，成为整套军事理论。书中广泛阐述了战争的性质、战争理论、战略、战斗、军队、进攻、防御和战争计划等一系列理论原则，其中，尤以战争的本质、战争与政治的关系，阐述得十分深刻，并由此提出了大战略的概念。他不仅详尽发挥了进攻的理论，而且把防御作为“较强的作战形式”，提到了重要地位。于是，进攻与防御及其相互关系的理论，构成了 19 世纪西方军事思想中两块重要基石。

孤悬于大西洋中的英国，在 19 世纪初通过车法加尔海战，打败了法国舰队，使“一百年来的英法海上争霸从此告以结束，它使英国获得

---

① 《拿破仑书信集》第 31 卷，418 页，转引自[英]J. F. C. 富勒：《战争指导》，绽旭译，38 页，北京，解放军出版社，1985。

② [英]J. F. C. 富勒：《战争指导》，绽旭译，34 页。

③ [美]T. N. 杜普伊：《武器和战争的演变》，李志兴、严端池、王建华等译，196 页，北京，军事科学出版社，1985。

了一个海洋帝国”①。英国海军上将霍雷肖·纳尔逊，打破了海军传统战术的老框框，创造了海战中战舰混战与列阵战有机结合的新战术，从而使木质帆舰的作战技术，推进了一大步。在蒸汽动力战舰普遍取代帆舰之前，纳尔逊的战略思想，“犹如拿破仑对陆战的影响”②那样，深刻地影响着海军界。

从整体上考察，西方的军事思想在 19 世纪 40 年代时，早已形成一个理论体系。它力图揭示战争的基本规律，把战争与政治、军事与经济的关系视为建立大战略的前提；并力图考虑诸如军制、装备、地理、士气、纪律、军人素质等因素对战争胜负的影响，建立了一整套军事原则；创造了散兵线与纵队相结合的新的战术队形，并制定了战略进攻与战略防御制约下的新战术体系。

漫长的中国封建社会，曾经产生过辉煌的军事思想。以《孙子》《吴子》《司马法》《六韬》《尉缭子》《三略》《李卫公问对》为内容的《武经七书》，自宋代起一直成为武学的基本教材，对后世的军事学术和战争实践有着重要影响。中国古代这些优秀兵书，确实总结了封建时代战争的许多基本规律，但它透露的军事思想，毕竟都是小农经济下大国争霸和王朝战争的产物。两千多年来陈陈相因，没有新的跃进。

鸦片战争前的清王朝，外而闭关锁国，不明世界大势；内而因循清初定制，不思更张。平时，没有关于军队建设和国家防务方面的经国大计；战时，又缺乏切实可行的战争指导。号称“掌军国大政，以赞机务”③的军机处，一切用兵大事，皆秉承不谙军务的皇帝旨意；中央兵部名义上是全国最高军事机构，实则“不过稽核额籍、考察弁员而已”④。与西方主张国家首脑必须具备军事统帅素质的思想不同，清王

① [英]J. F. C. 富勒：《西洋世界军事史》第 2 卷，钮先钟译，379 页，北京，军事科学出版社，1981。

② [美]T. N. 杜普伊：《武器和战争的演变》，李志兴、严瑞池、王建华等译，228 页。

③ 赵尔巽等撰：《清史稿》卷一一四，第 12 册，3270 页。

④ 永瑢等敕修纂：《历代职官表》卷一二，320 页，上海，商务印书馆，1936。

朝根本不存在必须建立一个具有军事素养的最高统帅部的思想。

清代的经制兵八旗、绿营的营制，不是按战术需要的原则编制，完全是按便于管理组建。军队的布防也不是按国防战略需要设计，而是按维护王朝统治分布。20 万左右的八旗兵，取“居中驭外”的方针，重京师而轻地方；60 余万的绿营兵，分散防卫全国各地，兵备而力分。这表明，清军主要用于防内，其对外职能不受重视。

与西方强调赋予军队统帅以充分指挥权的思想相反，清王朝采取“大小相制”及“集权与分割”的统驭方针，竭力削弱绿营将领的权力，达到相互牵制、维护中央集权统治的目的；西方主张融洽官兵关系以增强战斗力，清王朝则实行“世兵制”，并以传统的征调、归伍等方法，造成兵不习将，将不习兵，兵将平时分离、战时临时凑合的局面，以防止绿营将领拥兵自重，尾大不掉。

八旗、绿营的装备，仍以传统的刀矛弓箭等冷兵器为主，配以少量的抬枪、鸟枪等旧式热兵器。这种装备，决定了清军的战术中完全忽视士兵个人因素发挥的可能性；战法中不可能出现单兵作战而只能沿用传统的布阵方法，搞人海战术。与此相适应，清军军官的选拔，采用传统的武科考试制度，外场试马射、步射、技勇三项；内场以《武经七书》为内容，康熙时，又增《论语》《孟子》。① 但自乾隆末年起，内场逐渐虚应故事，清军军官的素质极差。至于号称知兵的将领，仍以儒学为治军之道，以研习古代兵书、熟练布阵战术为职志。

由此可见，鸦片战争前的中国，军事思想受传统的束缚，比西方资产阶级军事思想，整整相差了一个历史时代。当西方军事思想随着外国入侵涌进中国后，古代军事思想必然会受到强烈的冲击。但是，由于它源远流长、影响深广；由于中国社会在外国资本主义侵略下，历史发展的行程受到严重扭曲，中国近代军事思想的形成与发展，也就不可避免地会刻下传统与时代的印记。

---

① 参见赵尔巽等撰：《清史稿》卷一〇八，第 12 册，3171～3172 页。

二

由禁烟斗争演变为中英武装冲突的鸦片战争，打破了中国军事思想几千年闭锁停滞的局面。以林则徐、魏源为代表的先进中国人，在战争中通过对西方的了解和对清军腐败落后的反思，提出了整顿改革中国军队，学习西方，“师夷长技以制夷”的反侵略军事主张。

反侵略是近代中国的历史主题。近代军事思想从反侵略思想中萌发，正是时代要求的反映。作为反侵略军事思想的指导方针，“师夷长技以制夷”的思想主张，冲破了中国士大夫“夷夏之防”的传统心态，把学习敌国长技，用作加强清军战斗力与改革军队建设的手段，以达到战胜敌国的目的。这不仅包含了近代国防思想的基本要素，而且标志着中西军事思想交汇的开始。

西方军事思想对传统军事观念的冲击和交融，可以从林则徐军事思想的发展变化中寻出最初的轨迹。林则徐在禁烟期间，看出了英国“于贸易之处，辄起并吞之心”①的企图，即在广东加强海防，提出了“以守为战，以逸待劳”的设防方针，主张陆上防守，不与敌海上交锋；强调战略防御下的战术进攻，采取军民结合、协力筹防的战备措施。这种海防思想，无论指导方针、战略、战术，均未脱离传统军事思想的规范。但他已注意到英军“船坚炮利”的先进，在设防中购备了西洋火炮，并萌发了仿制西式战舰的想法。西方军队的先进装备冲击了以骑射为根本的传统认识，他在思想上已产生了“师敌长技以制敌”的意向。

鸦片战争的实践，使林则徐思想有了新的发展。他总结了沿海各省失守的原因，毅然改变了原先“不与水战而专于陆守”的战略，主张筹建一支装备先进船炮的强大水军，“与敌海上交锋”，并提出了“器良、技熟、胆壮、心齐”的建军方针。在新疆期间，还提出了北拒沙俄，实行军屯以期兵农合一的主张。从装备到建军，从战略防御到战

---

① 中山大学历史系中国近代现代史教研组、研究室编：《林则徐集·奏稿》中册，667页，北京，中华书局，1965。

略进攻，这一认识发展的路线，正是西方军事思想历史逻辑的反映：装备的近代化必然促使建军思想和战略战术的近代化。就此而论，林则徐确是中西军事思想交汇的最早倡导者，尽管他的军事思想中，旧素质仍是主要成分。

魏源继承和发展了林则徐学习西方的思想。他在《海国图志》一书中，通过对世界各国国情、民情、军情的考察，论证了西方各国与中国传统上称之为"蛮夷"诸国的区别，既认为它们是"域外之良友"，又指出了西方侵略东方的事实，呼吁清王朝改变"治内详、安外略"的自大观念，从而第一次把西方各国放在与中国对等位置上以确立国防方略；他指出"欲筹夷事必知夷情，知夷情必知夷形"①，才能真正做到"师夷"与"制夷"，进一步阐明了两者的关系。他认为西方的长技有三："一战舰，二火器，三养兵练兵之法。"把学习西方的军事制度引进"师夷"的内容，拓展了解西方的视野。在这一认识的前提下，他主张聘请外国技师制造船炮，挑选精兵巧匠跟随学习，逐步做到自行生产，指出西方军队"饷兵之厚，练兵之严，驭兵之纪律，为绿营水师对症之药"②，主张改革武科考试制度，废除世兵制，建立募兵制，改革清军的征调制度，加强本省军队的战守能力等。在战略上，他主张励精图治、整军经武，而以兵、食为首要；在战术上，以守为攻、以逸待劳，进行积极防御下的民族自卫战争。他甚至主张"外联属国之师"，并利用侵略者之间的矛盾，结成反侵略联合战线。可以说，反侵略军事思想经魏源的总结、演绎，才形成一个比较完整的体系。作为近代军事思想的先驱者，他起了承前启后的重要作用；《海国图志》当之无愧地成了近代第一部会通中西的兵书。

无论林则徐或魏源，他们并未认识到传统军事思想中落后部分，也未能从本质上认识西方军事思想的先进性，甚至当他们在阐述一种与古代不同的军事主张时，还在使用传统的军事术语和概念。但是，

---

① 魏源：《海国图志·筹海篇·议战》，见中国史学会主编：《中国近代史资料丛刊·鸦片战争》第 5 册，565 页。

② 魏源：《大西洋》，见《海国图志》卷三七，2 页，咸丰三年古微堂重刻本。

中国近代军事思想正是在这种矛盾的陈述中，开始了它的萌发阶段。

问题是，尽管新时代已经露出曙光，但与之相适应的新经济和新政治尚未出现。反侵略军事思想并未被统治集团采纳；清军的整顿与改革无从发生。《南京条约》签订后，“都门仍复恬嬉，大有雨过忘雷之意。海疆之事，转喉触讳，绝口不提”①，统治者仍昏然未醒。这就使刚刚开始的中西军事思想的交汇停顿下来，以致在第二次鸦片战争中，军事指导方针和作战方式，一切仍以旧传统为准的。二十年中，军事思想走了一条回头路。

传统军事思想在地主和农民两大阶级生死搏斗的国内战争中，获得了发展的土壤。以曾国藩、胡林翼、左宗棠、李鸿章为代表的地主阶级军事家，通过镇压太平军、捻军、少数民族起义军，在军队建设与军事斗争两大方面，丰富和发展了传统军事思想。其中，尤以曾国藩的军事思想更具代表性，他成了晚清最大的军事思想家和战略家。

曾国藩针对绿营兵制的弊端，“改弦更张”，创建了一支地主阶级的新军——湘军。他奉行“以礼治军”的传统原则。以“勤王忠君”、捍卫名教为建军宗旨，以儒生领山农。在军队编制、将弁选拔、兵勇招募等方面，仿效戚继光束伍成法而有所发展，开了清代兵为将有的先河，促使晚清军制发生了第一次大转折。他以同乡、戚谊、师生等关系维系湘军内部团结，以较绿营为优厚的饷制为募兵的钓饵，以营建水师为陆师的配合，以增加抬枪火炮等热兵器加强战斗力。上述治军原则与建军思想，在晚清影响深远。李鸿章的淮军和左系湘军都以此为张本，近代军阀武装也奉此为圭臬。

曾国藩等人善于总结实践经验并在吸取古代军事韬略的基础上，形成了一整套较为完备的战略战术思想。② 他们主张用兵以稳慎为主、谋定而动，以全军为上，得地次之，注重战略全局，歼敌有生力量；战术上采取因地制宜方针，强调以主待客、以逸待劳，以静制动、奇

① 林则徐：《软尘私议》，见中国史学会主编：《中国近代史资料丛刊·鸦片战争》第5册，529页。

② 参见王闿运：《湘军志·湖北篇第三》，光绪十一年刊行。

正相间。

必须看到，曾国藩等人如果仅仅照搬古代军事思想和历代名将用兵方略，那就不一定能充当挽救清王朝的回天人物而领一代风骚。作为地主阶级改革家，他们在维护传统的同时又要改革传统。只是他们不像林、魏二人那样面向世界而是更多地从传统文化中寻求奥援，从而使他们的军事改革跳不出传统的局限，他们的军事思想只能是古代军事思想的继承和发展。但他们毕竟是活跃在新时代历史舞台上的军事统帅，不可避免会受到西方军事思想的影响。尽管他们自诩为封建文化的正统传人，仍不能无视西方技术上先进的客观事实而对之做出反应。因此，他们的军事思想中依稀可见容纳西方长技的内容。湘、淮军和左系湘军重视采用西方枪炮；李鸿章延聘外国军官按西法训练淮军，都是显见的例证。这就不难理解为什么自 19 世纪 60 年代洋务活动开展后，他们不仅都成了洋务派的首领，而且在"师夷长技"的旗帜下，把中断了的中西军事思想的交汇重新推进，做了中国军事思想近代化的促进者。

农民战争同样从古代军事思想中吸取营养而有所创造。太平军军制完全仿自《周礼》，战略思想一如历代农民战争，战术上仍以阵式战法为主但有新创作。捻军的流动作战与历史上的流寇主义有割不断的联系，后期捻军则创造了以走制敌、盘旋打圈的骑兵新战术。不同的是，太平军因宗教信仰关系，形成了以"拜上帝教"为治军原则，在军队管理、军事教育、后勤制度等方面大放异彩。这些虽非中西军事思想的交汇，却是中西文化在军事领域中的奇异结合，从一个侧面反映了摆脱封闭状态、面向世界，是不可逆转的历史趋向。

综上可知，自鸦片战争到洋务运动前夕，中国军事思想的近代化处于萌发阶段。反侵略军事思想的出现，是近代军事思想发展的契机；学习西方船坚炮利和养兵练兵之法，是中西军事思想最初交汇的热点。传统军事思想仍占统治地位，并在国内战争中有了新的发展。只是它的趋势已经不可能重回古代，而是在西方军事思想的冲击下，由地主阶级的军事家们以兼容并蓄的方式，适应着时代的需要。因此，中国传统军事思想在近代化的进程中，不是被抛弃，而是被改造；中国近代军事思想不是全盘西化，而是中西杂陈。因时因势而变，是它的唯一出路。

三

19 世纪 60 年代初至 19 世纪 90 年代中叶，中国边疆危机日益严重，八旗、绿营不堪战守为人所共知，统治集团由此发生分化，洋务派渐次形成。以奕䜣、曾国藩、李鸿章等洋务派首领为代表，鼓吹借西法以自强。他们本着“中体西用”的指导思想，在军制改革、装备训练、建设海军等方面，继承“师夷长技”的思想主张，借以促进军队建设和国防的近代化。清朝统治集团的军事思想因此逐步走出传统的框子，但同时又带上了浓重的半殖民地半封建色彩，中国近代军事思想大体上形成。

洋务派军事思想的基本出发点是：强化中国军队的对内对外职能，作为消弭清王期内忧外患、实现“自强”的保障。从他们的军事活动看出，19 世纪 70 年代中期以前，着力于加强清军的作战素质，并着手整顿八旗、绿营，改革军制，以适应镇压农民起义、安定统治秩序的需要，强化对内职能；19 世纪 70 年代中期后，则以国防近代化建设为主，防御可能出现的外敌入侵，强化对外职能。这表明，19 世纪 60—90 年代中期，中西军事思想的交汇，已由最初阶段在不当权的士大夫层面上进行，变为在统治集团的深层展开，清王朝长期忽视军队对外职能、缺乏国防战略的传统，发生了变化。

为实现上述“自强”目标，洋务派提出了“自强以练兵为要，练兵又以制器为先”，“练兵制器互为表里”的军事指导方针。练兵是为了加强清军的作战素质，必须改变现有的军队建制，以适应洋式训练的需要；制器是为了改善清军的武器装备，必须效法西方自行设厂制造，以加强清军的战斗力。在这一方针指导下，自 19 世纪 60 年代初开始，洋务派大量购买西方枪炮，并延聘外国技师设厂仿造，中国的近代军火工业由此发生。同时，清王朝实行军队改革，从京营八旗中抽调精壮，组建洋枪队，实行洋式操练；挑选绿营精壮，按湘、淮军营制编练，称为“练军”；裁撤湘、淮军，并将裁余部分改为“防军”，作为经制兵驻防边、海。防军和练军都配新式武器，实行洋式操练。清王朝的军制进入了多元化时期。清军的上述改制，虽与西方军队的建制相差甚远，但它毕竟意味着清王朝在最敏感的国家暴力机器上的祖宗成法被打破，传统已经维持不了它的权威。

19 世纪 70 年代中期起，面对外侮日亟、边疆危机咄咄逼人的势头，在清王朝统治阶级内部爆发了一场关于海防和塞防的大争论。这场争论，直接推动了清朝国防建设的近代化。

表面看来，争论的是有关新疆是否需要收复的问题，实际上研讨的是中国的国防战略重点应该在哪一方向、应该以何种手段加强国防建设。从更深层的意义上说，争论涉及中国如何面向世界的问题。争论的双方都出于维护清王朝的统治，都是在封建忠君观念的支配下设计各自的方案，同时又各带集团利益的色彩，不存在爱国与卖国的区别，只存在对方案孰主孰次的选择。从清政府先选择左宗棠的方案，以收复新疆、平定阿古柏入侵；嗣后，又采纳李鸿章主张，大力加强海防。可以看出历史已经做出了自己的判断。

左宗棠的塞防思想建立在保卫京师的前提下，即“保新疆所以保蒙古，保蒙古所以卫京师”。这是清中叶开始的、以研究西北边务为经世内容的思想，在边疆危机刺激下的运用和发展。新疆设省，成了中央政府对这一地区国防建设的重大战略步骤。但这一思想本质上并未超出传统军事思想的范畴。

李鸿章的海防思想建立在防卫日本侵略的基础上，认为“日本狡焉思逞，更甚于西洋诸国。今之所以谋创水师不遗余力者，大半为制驭日本起见”①。为此，他和其他洋务派官员主张以购备和自造舰船，建设近代化的三洋海军，以改变传统经制水师无力御敌的现状。这一主张是从观念上对徒守陆上，处处设防，不与敌海上交锋的传统海防思想做出的重大突破，包含了近代制海权思想的萌芽。

---

① 《李鸿章议复梅启照条陈折》，见张侠、杨志本、罗澍伟等合编：《清末海军史料》，24 页，北京，海洋出版社，1982。

围绕近代海军建设，军事思想近代化进程大为加速，近代军事思想的许多重要内容渐次形成。计其大要有：

第一，海军编制原则：三洋舰队实行区域联防，各自既具备独立作战能力，又必须“联为一气”，具有联合作战能力。

第二，海军作战战略：“以一路为正兵，两路为奇兵，飞驶应援，如常山蛇首尾交至”①，与敌决胜于海上。

第三，海军官兵的教育训练：主张筹建近代水师学堂，以西方军事思想和军事学术培养具有指挥能力的海军军官；挑选优秀将弁保送出洋学习军事知识；聘请西方军事顾问主持日常训练以提高舰船驾驶和舰炮射击能力。

第四，海军基地的构筑：提出以建立旅顺、威海卫两大基地为中心，包括大沽、北塘、山海关、营口、烟台、登州等在内的防御体系，“以扼渤海门户”。②

此外，洋务派还采取修建铁路、架设电报等措施，以利军事运输和指挥通讯。

显而易见，上述内容极大地丰富了中国军事思想。三洋舰队的建设，尤其是北洋海军成军，不仅彻底改观了清军外海水师“仅为防守海口、缉捕海盗之用”③的传统功能，而且使清军形成了海陆协同的多军种建制。其中关于海军编制、战略、基地等思想主张，具有超越时代的意义，对后世国防建设产生了深刻的影响。

洋务派大量翻译介绍西方军事著作，是加速近代军事思想形成的重要条件。以江南机器制造局附设翻译馆为中心，不少洋务机构都致力于译述西方工艺制造和军事科学著作，对国人了解西方军队的战术、战法、训练、装备等，提供了有益的借鉴。受此影响，许多参与洋务

---

① 《湖广总督李鸿章附呈藩司丁日昌创建轮船水师条款》，见张侠、杨志本、罗澍伟等合编：《清末海军史料》，2 页。

② 《李鸿章遵呈海防图说折》，见张侠、杨志本、罗澍伟等合编：《清末海军史料》，230 页。

③ 赵尔巽等撰：《清史稿》卷一三五，第 14 册，3981 页。

活动的士大夫，掀起了研究兵学、会通中西军事思想的热流。一时探讨西学、主张军队改革、加强国防建设和总结战史经验，蔚然成风。书生谈兵，成了“新学”的时尚，这表明人们已经不满足于向古代军事思想求鉴，而是面向世界，增进新知。洋务派的海防思想和国防建设的不少主张，都是由此受到影响而萌生的。①

作为地主阶级在新的历史条件下形成的一个亦新亦旧的特殊群体，洋务派敢于破除旧传统，但又不敢触动旧根基。这就使他们只能在“中体西用”的思想指导下，进行军事近代化。他们的军事思想具有浓厚的封建性。由于不同的洋务集团受不同帝国主义国家支持，因此，在装备、训练等方面又处处依赖各自依傍的西方国家，具有明显的买办性。中国统治阶级军队的半封建半殖民地性质，正是在这个阶段奠定的。

洋务派军事思想中缺乏近代战术方面的内容。从中法战争、中日甲午战争看，随着清军洋式操练和装备近代化的进程，清军在战争中曾多次出现过步炮协同、步骑协同、水陆协同作战，海军则采用列阵战、登陆及抗登陆战；战斗队形也有向散兵线发展的趋向。但传统的密集冲击、甚至阵式战术仍是主要战法。进攻中的人海战术，防御中的古代拦击战术，仍被普遍采用。作战的近代化落后于装备的近代化。这固然与官兵的军事素养、战争经验、传统战术的影响等因素有关②，但军队建制仍囿于湘淮军营制，阻碍了新战术的推进，也是重要原因。

如果与同时代的西方军事思想比较，可以发现中国近代军事思想在形成时期除了战术理论欠缺外，军制方面，不仅保留了八旗、绿营的落后营制和世兵制，保留了湘淮军的陈旧募兵制和方法，而且没有建立常备军与预备役的兵役制理论；军队指挥方面，仍以皇帝旨意为转移，没有建立独立的作战司令部和有关指挥机构的理论；缺乏军事后勤理论以及与之相应的军队后勤保障系统，作战中仍沿用粮台制度，军火则不计规格统一调拨；海军建设实际上取优先发展北洋的方针，未能真正建成三洋海军，使原有的海军发展规划与海军战略遭到搁置，

---

① 参见毛振发、刘庆：《中国近代兵书概论》，载《历史研究》，1987(2)。

② 参见牛俊法：《论近代清军的装备与战术》，载《史学月刊》，1985(6)。

海军的巡洋作战能力深受影响。在实际施行时，又因缺乏制海权思想而形成战略防御方针，先进中夹杂落后，变革与保守共存，这就使近代军事思想具有复杂性和不完整性。

四

从 19 世纪 90 年代中期到清王朝覆灭，清朝统治集团在军制、装备、训练、战术和军事教育等方面，全面地按西方军队的模式进行改革，从而使近代军事思想获得了初步发展。这个发展势头延续到民国初期，以蔡锷、蒋百里为代表的一代新型军事家的国防理论为标志，达到了高潮。前后二十多年时间，近代军事思想终于接近了西方的面貌。

清军在中日甲午战争中的惨败，暴露了先进装备与落后军制间的尖锐矛盾，显现了训练、教育、战术和官兵军事素质方面的严重弱点。不少有识之士，包括洋务活动家等在内，对此纷纷主张摈弃旧军制，建立新军制，仿效日本精学西法的经验，增强国力、兵力。还在甲午战争过程中，李鸿章的洋务干将盛宣怀，一再向朝廷条陈创练新军之策，认为清军仍袭湘淮军旧制，“非改头换面，无以自强”，“否则虽有精械，转恐资敌”；主张“一切改从德国章程”①，编练新军。两江总督张之洞奏称，“臣前因海氛粗定，愤兵事之不振由锢习之太深，非认真仿照西法急练劲旅不足以为御敌之资”②，请求朝廷仿照德国军制，聘德国教习，在江南督练新军万人。清廷也认为日本“专用西法取胜”，先后决定由胡燏芬在天津附近小站编练“定武军”，由张之洞在江宁编练“自强军”，作为改革军制的先声。这两支军队在营制、装备、训练方法等方面均仿效西方军队，成为前所未有的新式陆军部队。1895 年年底，袁世凯接练定武军，编成“新建陆军”。它以德国军制为蓝本，初步形成了一套包括近代陆军的组织编制、军官任用和培养制度、训

① 陈旭麓、顾廷龙、汪熙主编：《中日甲午战争》下册，370 页，上海，上海人民出版社，1982。

② 朱寿朋编：《光绪朝东华录》第 4 册，张静庐等校点，117 页。

练和教育制度、招募制度、粮饷制度等内容的军队建设的思想。这一建军思想，基本摒弃了八旗、绿营和湘淮军的旧制，强调武器装备的近代化和标准化，严格实施西法训练，对晚清军制的第二次大转折影响极大。

八国联军战争后，清王朝决意裁汰旧军队，模仿西方军事制度，着手在全国范围内编练“新军”。规定各省建立“常备、续备、巡警等军”；中央成立练兵处，统一全国军队的编制、番号、领导、指挥、装备，全国定编 36 镇，按各省实际分配数额。后来又从军事需要出发，先后取消兵部、练兵处、太仆寺等军事机构，设立陆军部为全国最高军事领导机关。这一系列措施，推动了近代军事思想的发展。从中可见，自甲午至辛亥，中国建军思想的近代化，成了本期军事思想发展的主流。

适应着新式陆军的编练，反映中西军事思想进一步交汇的军事学术著作，也相继出版。一种是介绍西方和日本军事理论的书籍，如 1899 年袁世凯编撰的《训练操法详细图说》，把他编练新建陆军时的全部训练操典、条令和规章加以汇纂，用以说明根据西法进行近似实战的对抗性演习的训练内容；贺忠良编著的《战法学教科书》，则较为全面地介绍了有关兵学分类、战争定义及宗旨、原则，战略战术相互关系等外国军事理论。另一种是力图结合本国实际，融会西方军事学说的著作，如 1898 年徐建寅编著的《兵学新书》。它是中国人第一次编写的有关军队建制、营规、操练方法和诸兵种协同作战的军事学术著作，也是国人试图建立近代军事理论体系的发端。① 1911 年蔡锷编著的《曾胡治兵语录》，把曾国藩、胡林翼的军事思想按将材、用人、尚志、诚实、勇毅、严明、公明、仁爱、勤劳、和辑、兵机、战守十二个方面做了系统简要的介绍，并结合西方军事思想进行批评和引申，肯定了曾、胡军事思想中合理成分，扬弃了不合近代战争的内容。特别着重对战略战术必须因时而变，做了精辟的分析，认为不能机械地照搬

① 毛振发、刘庆：《中国近代兵书概论》。

西方“极端的主张攻击”[①]的战略战术，必须结合中国国情建立符合实际的作战理论。上述著作虽仍着重探讨军事技术、操练和战术战法，但却反映出中国近代军事思想整体性的发展，已经引起了国人的注意。

甲午战争刺激了中国近代国防思想的发展。郑观应、胡燏芬等人对战争做了沉痛的反思，不仅主张仿效西法创练新军，重整海军以复海防；而且把学习日本、运用西法，提高到综合国力、加强国防潜力的地位。郑观应指出，“从来讲备边者，必先利器，而既有利器，则必有用此利器之人。器者，末也；人者，本也”[②]，批评了以往海防建设中的唯武器论，把人的因素放到首位。胡燏芬在《条陈变法自强疏》中说：“目前之急，首在筹饷，次在练兵，而筹饷、练兵之本源尤在敦劝工商、广兴学校”[③]，把学习西方、增强国家经济实力，作为巩固边、海防的基础。康有为等维新派，也把养民之法和兴育人才，作为洗雪国耻、富国强兵之道，反复上书，广为宣传。1907 年，冯国璋在呈清廷的《军国大计说帖》中，更明确指出：今日中国已面临危局，“而挽时局之危”，必须做到：(1)练兵有宗旨，即因地练兵，择点设防，因时扩军备战；(2)以军谘府为海陆军“各机关总汇”，即统一指挥、协同作战；(3)根据国力督练精兵；(4)加强全民教育、兴办各种学校，提高全民国防意识和兵员素质；(5)加强铁路等交通建设，提高军队作战机动能力；(6)政治斗争和军事斗争的关系，二者“亦不能偏废”；(7)开发边疆、发展实业，增加国家财力。[④] 显而易见，这一时期的国防思想，大大突破了洋务运动时期以“塞防”和“海防”为基本内容的国防观念，对民国初期中国国防理论的建立做了必要的准备。

如果说清末近代军事思想的初步发展，主要集中于军队建设包括建军原则、装备、训练等方面，并在一定程度上涉及国防建设的指导

---

① 曾业英编：《蔡松坡集》，1351 页，上海，上海人民出版社，1984。

② 郑观应：《盛世危言・海防下》，见夏东元编：《郑观应集》上册，763 页。

③ 甘韩辑：《皇朝经世文新增时务、洋务续编》，511 页，台北，文海出版社，1979。

④ 未刊件，原件藏中国第一历史档案馆。

思想，那么民国初期中西军事思想的交汇，已经转移到战略战术和构作国防理论方面。

战略战术的近代化，是在实战基础上推进的。辛亥革命以后，随着空军的出现，中国的军种和兵种日趋完善。前阶段存在的战略战术跟不上装备近代化的矛盾，通过辛亥革命战争、二次革命战争、护国战争和护法战争等近代化战争的作战实践，逐步得到解决。近代战略战术思想成为中国军队的作战指导思想。其中，护国战争中蔡锷以消灭敌人有生力量为主的进攻战略和多兵种协同、因势利导、随机应变、以劣胜优、政治策反与军事斗争紧密结合的战术思想，都是融会中西的产物。护法战争虽然失败，但战争中司令部的作用、预备队的使用、防御工事的构筑、散兵线展开以及士兵的作战素质等，均为战争双方的指挥员所重视。中国军队终于脱离了传统的作战样式，进入近代化指挥和近代化战争的新阶段。

辛亥革命后，中西军事思想交汇最突出的方面是，西方近代军事思想的主体内容——国防思想，经蔡锷、蒋百里的努力，初步形成了具有中国特色的国防理论体系，从而使甲午战争后近代军事思想的发展达到了高峰。

1913 年蔡锷编写《军事计划》，把前人关于近代国防问题的看法，结合西方有关理论和近代中国的战争实践，加以理论化、系统化，为我国国防建设在理论上做了新贡献。主要表现在以下几个方面①。

首先，蔡锷全面吸取西方伯卢麦、毛奇、克劳塞维茨等人的最新战争理论，树立新型的战争观，提出了中国建立近代化国防的理论依据。他指出，“近代兵学家下战争之定义，曰战争者，政治之威力作用，欲屈敌之志以从我者也”，认为西方各国为各自利益，政治冲突激烈，成为战争频起的根源，各国军队均为实现国家政治目的服务的工具。因此，必须根据国家政略的需要以确定正确的国防战略，有目的地督练精兵，建立巩固的国防。

---

① 以下有关蔡锷国防思想的论述与引文，均见《军事计划》一文，见曾业英编：《蔡松坡集》，1272～1320 页，不再另行注明。

其次，蔡锷发扬中国传统军事思想的精华，建立适合中国国情的国防新理论。从整体上说，中国古代军事思想中没有国防思想，但蔡锷却善于汲取其中有能用之于国防建设的思想加以弘扬。早在《曾胡治兵语录》中，他就专择有关军人素质的内容，加按语以阐发，强调将德、兵纪、军志、团结等精神要素对军队建设的作用。在《军事计划》一文中，他又从立志、武德、教养等方面，阐明治兵"以必战之志，而策必胜之道"的原理。因此，他的国防思想中有关军队建设、军人教育和官兵培养选拔方面的论述，充分体现了既汲取西方建军思想，又融会传统治军之道的精神，形成了不同于西方的民族特色。

最后，蔡锷提出了"国力与武力与兵力"三位一体的国防理论。他认为国力的要素，以国民之体力、智力、道德力为主，而以国家经济能力为基础，以地理、交通为条件。武力是国力用于战争的表现，"变国力为武力，则有视于国家政治之机能"，只有建立民主平等的国家制度，才能最大限度地变为武力。兵力是武力的主体，即国防军的实际作战能力。他认为"兵力之大小，不在于数量，而在于其品质"。国家编练精兵，必须建立义务兵役制，以此为基础，普及军事教育、树立国民的国防意识；主张确立野战军、守备军、补充军、国民军、特种部队的国防军体制，"于是有战于外者，有守于内者，有维护于后方者，有应变于临时者"，形成巩固的全民皆兵的国防体系。

除上述而外，他还对国防军的组织编制、武器装备、后勤保障等方面，做了精辟的论述。

由此可见，蔡锷的国防思想，反映出辛亥革命后，随着中国政治制度的变革和"中体西用"观念受到冲击，西方资产阶级军事思想和中国传统军事思想进一步交汇，中国近代军事思想的发展，达到了一个前所未有的新高度。

蔡锷的《军事计划》完稿后，即由其好友蒋百里润色。蒋、蔡二人观点完全一致，"建立国防是他们的第一义"①。蒋百里对此不仅加以肯定，而且在自己的军事论著中加以发扬。1917 年蒋编撰《军事常

---

① 陶菊隐：《蒋百里先生传》，39 页，上海，中华书局，1948。

识》，1930年编著《国防论》，均吸收了蔡锷的思想，并不断发展完善，实现了向现代国防理论的过渡。

这一时期，以孙中山为代表的资产阶级民主革命派，也在努力吸取西方军事知识，运用于反清武装起义，并在民主思想的宣传中，传播了西方若干军事理论。1905年写成的《军政府宣言》，规定了革命武装国民军的宗旨、军队编制、官制、饷制、赏恤制度、招军章程、后勤保障等制度，为未来的资产阶级国家武装力量勾画了最初的方案。在反清武装起义中，革命派以西方资产阶级城市武装起义为模式；以利用会党、策反新军、夺取一省或数省，然后挥师北伐、推翻清王朝作为起义总方针；以实行短兵突击式的进攻战为基本作战方法。在宣传中，主张实行义务兵役制，进行军国民教育等。但上述思想未能形成系统的军事理论，反清起义往往具有军事冒险色彩。

辛亥革命中，各地革命派大多曾招募民众，成立革命武装，一切制度都仿自清末新军，未能形成新型的建军思想，没有从根本上认识到建立革命军队的重要性，以致在尔后反对袁世凯专制独裁和护法运动中，处处依靠与北洋军阀有矛盾的地方军阀进行斗争，备受排挤，历尽艰辛。直到1924年孙中山在共产党人帮助下，决心创造国民革命武装，才标志着中国资产阶级建军思想的形成。

至此，中国近代军事思想走完了自己的全部路程，完成了作为中国军事思想发展史中承上启下的过渡性环节的历史使命。

五

通观中国近代军事思想的演变过程，可以理析出以下几个基本特点。

第一，发展迅速，道路独特。中国军事思想的近代化，从鸦片战争开始到20世纪20年代，仅仅用了八十余年时间就到达了大体近似西方的面貌，并取代了中国传统军事思想的地位，成为中国军事活动的指导思想。与西方花二百余年时间才逐步形成近代军事思想的理论体系相比，其发生发展是极为迅速的。造成这种状况的原因，虽与近代战争实践有关，但西方军事思想的楷模作用无疑是一个直接的动因。从林则徐、魏源开始，包括统治阶级杰出人物在内，无不努力学习西方军事思想，并不断与中国古代传统军事思想的精华融合会通，代代相继，最终实现了中国军事思想的近代化。榜样和楷模的作用，避免了军事思想近代化过程的曲折性。与近代中国学习西方的政治体制相比，学习西方军事思想阻力较少，收效较显著。究其原因，则与近代中国社会两大基本矛盾的制约影响有关，更与军队作为国家暴力工具的职能密不可分。

一般来说，军事思想的产生、发展，与社会经济发展水平紧密相连。中国近代军事思想就其本质而言，是属于资产阶级性质的，它理应在中国资本主义生产方式发生之时才能应运而生。但由于中国进入近代史时期，资本主义已在世界占统治地位，西方资产阶级军事理论随着西方军队入侵而对中国传统军事思想作了强烈的冲击，因此，以学习西方长技为标志的近代军事思想的萌发，也就早于中国资本主义的发生。中国学习西方，首先是从军事领域起步的，中西文化的交汇，也是从军事思想开始的。军事思想的发展往往受军队武器装备水平的制约，但由于上述同样的原因，近代军事思想的发展却大体上保持着超前于本国军队武器装备水平，而且往往推动着中国军队装备的近代化进程。

这种一般中寄寓着特殊的先行和超前性，构成了中国近代军事思想既不同于西方，又不同于中国古代军事思想发生发展的独特道路。

第二，中国近代军事思想主要是统治阶级的军事思想。近代中国产生过起义农民的军事思想，也有着正在逐步形成的新兴资产阶级的军事思想。虽然两者都是反政府的军事斗争指导思想，但不仅没有前后之间的继承关系，而且在中国军事思想的近代化过程中，不占主导地位。历史表明，近代军事思想的发生发展，主要是围绕着清王朝军队的建设和战争实践展开的。它一方面反映了封建统治者迫切需要强化武装力量以维护王朝的统治；另一方面又显示着军事思想的近代化必然受到封建伦理观点的影响。军事思想的资本主义化不等于清王朝的资产阶级化。这种体用关系的矛盾所形成的悖论，导致了中国无法最终形成一个如同西方那样完整的近代军事思想的理论体系。

第三，缺乏系统的理论著作。古今中外，兵书历来是军事思想的主要载体，也是军事思想史研究的主要资料。中国近代八十年间，著述刊印的兵书约千余种，是历代兵书数量最多的时期。但这些数量众多的兵书，有些是军事思想近代化过程中各个不同发展阶段上的理性认识，既不系统，也不完整；更多的只是辑录古代兵书或介绍西方若干军事理论。中国近代没有出现过类似古代《孙子兵法》《吴子兵法》那样具有代表性的兵学著作，也没有类似近代西方《战争论》《战争艺术概论》《海军对历史的影响》那样具有时代权威的系统军事理论作品。尤为显著的是，反映近代军事思想发展过程的重要思想资料如奏折、朱批、文牍、信函、日记、笔记及军队的操典、条令、各种章程等，均未分门别类地辑录、汇纂，更未系统地予以研究。这就使习惯地以兵书作为衡量军事思想发展水平的研究者发生困惑，也对研究工作带来了困难。

这一特点，与近代军事思想经历时间短、发展迅速有极大关系。短短的八十余年中，尽管不少军事家、思想家对军事近代化有不少理性认识，但因着近代社会思潮的迅速推进，随着近代战争的不断发生，来不及进行系统的总结、研究而撰成体系严密的军事理论著作。这就使中国近代军事思想无法最终育成一个完整的理论体系，显得面目模糊、脉络不清。

与奚纪荣合作，原载《史林》1988年第3期

海派文化散论

一

随着当代中国“文化热”的兴起，海派和海派文化越来越引起人们的重视。海派一词，也从被人们作为讥贬揶揄的窘境中解脱出来，以堂堂正正的姿态出现在文化界、经济界和理论界的各种讨论会与学术讲席中。有的文化人自认是海派风格的追求者，有的文艺样式赫然标榜自己是海派作品，有的企业家宣称要努力发扬海派经营管理方式。海派电影、海派小说、海派戏剧、海派建筑、海派服装乃至海派风度、海派气质等名词术语，腾播于报章杂志、荧屏银幕之上，融汇于社会生活之中。

我认为这是一个好现象。第一，它表明当人们在一般意义上讨论什么是文化，什么是中国文化和中国文化的历史走向如何时，发觉必须把宏观审视的目光移向具体的区域性的文化现象，做比较分析和深入探究，才能在更高层次上把握文化发展战略的整体结构，这不仅有利于文化研究的深层发展，也有利于促进社会主义文化事业的繁荣昌盛。第二，作为观念形态的文化，本质上是社会经济的映照。它表明随着改革开放的深入，人们的价值观念已经日益与现实生活中的竞争机制相贴近，并且正在寻求一种能充分反映自己的风格、个性和特质的文化品位，以便一逞雄长。

正是在这两个基本点上，我觉得对海派和海派文化的讨论才不至于落入“自卖自夸”的笑谈中，而是一项关于社会主义全面发展的很有意义的事。事实上不仅海派文化应该讨论研究，其他的区域文化若能也做一番理性的探讨，那么“文化热”的意义就更能显示出它的重要性和必要性了。

二

海派和海派文化至今没有科学的界定，恐怕一时也不大可能会有确切的界定。因为，文化现象既包含有形而下的物质层次，又深蕴着形而上的精神性。前者，人们可以通过直观经验感觉它，认知它；后者，特别是深层意识那一部分却很难用简单的定义概括。但文化作为神形兼备的现象，它的源流、变异和特性仍然可以通过比较鉴别求得一个大体的轮廓。因为作为物质范畴的文化，自有它的表现形式，有它的形成、发展的轨迹留存于历史之间；作为精神范畴的文化，又有它的作用、影响存在于世。

海派一词源出何时何处，时人说法不一。有人或谓源自同光年间的京剧有京派、海派之别，所以海派是与京派对立之词。其实，从时间上看，海派一词发端于道咸年间的中国画。据绘画史家研究，由于鸦片战争后中国社会处于日新月异的大变动中，画家们在心灵上程度不等地感受到时代风气的转移，或隐或现地在绘画上有所反映；另一方面，与绘画相连的姊妹艺术——金石学和书法，在日益增多的汉魏碑文、玺印封泥出土的推动下也有所发展，对绘画产生着直接间接的影响。时代的变动和艺术领域的日新，使不少画家逸出“四王”遗风，追尚创新变革，仰慕陈洪绶、八大山人、石涛、“扬州八怪”诸家风骨，自道咸至同光年间，出现了赵之谦、任熊、任颐、虚谷、蒲华、吴昌硕等前后相继的新画派。这些人多流寓上海，在画款中常自署“作于海上”，逐渐形成为“海上画派”，被人们通称为“海派画家”。由此可见，海派名称的由来，原是居住在上海的画家中标格创新求变者的共谓，是自称在先，它称在后；由于首创者赵之谦早在道咸年间已成一家，所以海派名称的出现必早于同光年间海派京剧一词，当海派京剧出现时，海派绘画已经蔚然成风、名家辈出了。

海派一词既源自上海画坛，则具有明显的区域性固不待言。后来，海派的名称从绘画扩展到带有相同倾向的京剧、戏曲、电影、小说、美术教育乃至整个文化领域，形成一个区域性文化总称。地域也不专限于上海，而是以上海为中心向相邻区域辐射。先是人文发达、经济繁盛的苏浙地区受海派文化的熏风，然后是长江中下游地区也渐慕其风而受到影响。抗战期间，山城重庆由于容纳了不少流亡内迁的海派文化人，使这个巴蜀文化的代表性城市也染上了追求时尚、进取创新的风气，至今人们还可以感到余风犹存，似曾相识的姿韵；香港也因同样原因，一度受到海派文化的熏染。所以，从海派到海派文化，从上海到其他地区，在文化领域和地区上都有所拓展。不过，就文化认同的主要地域看，还是以上海为中心向苏浙地区的辐射为基本，成为一个人文最发达地区的整体文化现象。它与“京派”构成为中国两大最有影响力的文化流派。

三

从形而上的精神领域分析，海派文化是一种近代都市文化，是中国城市近代化的精神表征。

海派出现在上海绝非偶然，海派文化以上海为中心向经济发达的区域扩展，是历史之必然。上海是近代中国城市发育最充分的大都市，人文荟萃，各地不少著名的文人雅士都在上海工作、生活过；中西杂处，中外文化交汇主要在上海进行；政坛的风云变幻，上海首先感受搏动并以巨大的反响波及全国；思潮的新陈代谢，上海往往开了全国风气之先。作为城市近代化的标本之区，在精神领域里势必产生新型的文化现象并在中国社会走向近代化的历史潮流中显示它的勃勃生机。所以海派文化自有不同于别的区域文化的种种特点。

第一，海派文化因其与先进的生产方式相联系，具有开放性和锐意进取性，不同于以自然经济为基础的区域文化的封闭性和保守性。

作为近代中国第一批被迫开放的口岸城市，上海在走向近代化的过程中和世界有着广泛的联系。它不仅善于汲取，也善于消化改造西方世界的先进技术和管理经验，使之更适合中国的国情；既能容纳全国各地的人才，又不断向国内其他地区输送自己的技术力量。这就使上海人养成了善于吐故纳新、敢于革新、勇于进取、乐于走出家门面向全国的性格。这种性格育成了海派文化所特具的开拓进取精神。

海派文化人生活在资本主义朝夕发展、信息传递日益重要的近代都市，心态上也随之处于不进则退的竞争状态中，于是积极进取的快节奏生活创造了符合时代要求的都市文化氛围，而这种氛围，反过来又加强着文化人力图适应时代变化的革新精神。这与以自然经济为基础的农业文化那种田园情趣和保守心态，确实是两种不同的文化现象。不同的生活情趣和生活方式势必会形成不同的价值取向。所以，京派与海派自有其不相同的文化性格。

海派文化的开放性还同上海是个典型的近代移民化城市有关。由于太平天国农民战争的影响，大量人口涌进上海，使只有25万左右的上海人口猛增到50余万。此后，又由于政治动荡、天灾人祸等原因，更多的外地人流入并定居于此，上海在不断地人口增长中成了近代中国最大的移民城市，真正的上海本地人所占比例甚少。从整体上说，上海人(包括世代定居上海的外地人)没有排他固守的文化性格。所以，海派文化是包容着许多区域文化素质在内的一种复杂的新型文化，当它向外辐射时，那些素质依旧或隐或现地会被其他地域所认同、理解和吸收。

第二，海派文化因其生成于华洋杂处的近代化都市，所以带着中西文化交汇中所特具的痕迹，即具有更多的洋味、怪味和个性，形成了市民文化的特色。

更多的洋味是与更多的土味相对立的。海派文化人因身历目睹十里洋场的西方文化，在艺术创造和学术研究中受其影响和熏染也多；京派文化人因长期生活在传统文化气息极重的古都，保存着浓重的农业文明特有的乡土气。有人打趣说，旧时的北京人即使西装革履，也还是透出士大夫的气息，而上海人即使穿了长袍马褂，也往往给人印象是油头粉面洋书生。这当然不能一概而论，不过这话倒也道出了京派重传统，海派善于糅合中西的文化行为上的差异。

怪味是与纯正相对立的。海派在糅合中西文化时，既保存了传统文化的精髓，又吸取了西方文化的合理成分，形成了不中不西、亦中亦西的文化品位。相对于较多地注重传统文化的京派来说，它既不纯正，又多少给人以怪诞的感觉。

有一点需要辨证，海派文化并没有丢弃传统。事实上无论是海派绘画、海派京剧、海派话剧、海派电影，从代表性人物和他们的代表性作品看，无一不具有深厚的传统功底，洋溢着浓重的中国风和中国气派。只是他们在艺术创作中不拘泥于笔笔有来历、句句重唱功，而是善于吸收借鉴，敢于超越创新，这就使他们所代表的艺术流派对于传统者说，在心态和感情上觉得“与众不同”了。其实，撇开文化心态上的价值判断，那么海派的洋味和怪味正好是它“与众不同”的风格气质所在，说明海派文化的选择是一种多元性的选择，比之单向、一元型文化，其内涵宽泛得多。

个性是思想解放、人性解放的产物。虽然在旧中国谈不上什么解放，但海派文化人因其生活于开放型的环境氛围中，见多识广，在文化个性方面的自由程度比之环境阻隔、氛围保守的其他文化区域，显得较为活跃，具有更多的时代意识和感染力，更加适应处于近代化进程中的广大市民阶层的需要。

四

从文化史的范畴说，海派文化是近代中国新文化的主要构成之一，它在反对中外反动文化同盟中发挥过积极的作用。

与传统文化不同的近代中国新文化，是在反对文化专制主义和帝国主义奴化文化的斗争中形成和成长的。从近代早期的改良派、洋务派到维新派，都在上海这块土地上生活过、活动过。他们都为形成海派文化做出过贡献，也为海派文化所熏染影响。第一个阐发类似中体西用思想的冯桂芬，1861 年在上海写成了《校邠庐抗议》，以糅合中西的内容，发出了近代民主议会制度和言论自由的微弱呼声。洋务派在上海创办了江南机器制造局翻译馆，形成了上海介绍西方科学技术的文化中心；近代史上革新派的巨人康有为，于 1882 年途经上海时，不仅大肆购求新学西书，而且大为上海的十里洋场所折服，回去后“自是大讲西学，始尽释故见”，开始了向西方寻求救国救民真理的艰苦历程。开创一代新文风的梁启超，虽长期生活在海外，但他的文章影响最伟之区，则以上海为圭臬。20世纪初年，当民主革命思潮勃兴之时，上海又是新学书报林立之区，“各竞出新书，如雨后之春笋”。著名小说《官场现形记》的作者李伯元，曾在上海生活过，他办的《指南报》《游戏报》《繁华报》都在上海，而这部脍炙人口的长篇小说也是在上海发表的。其后，中国左翼作家联盟成立于上海，鲁迅在上海成为新文化运动的旗手。他们虽不全是海派文人，但却在不同程度上为形成海派文化的特色做出了贡献。一个时代有一个时代的文化。在近代中国，正是海派文化崛起并影响文化潮流的时期。否认这个事实，讥讽揶揄海派和海派文化，实在是既不客观也无必要的。

但是，毋庸讳言，海派文化在自身的发展中也要不断完善和注意防止不良文化行为的滋生。因为它虽然勇于开拓、锐意创新，若忽视了传统功力的根基往往会走向根底浅薄、浅尝辄止的险途；尽管它具有生动活泼的时代意识，若游离了正确方向，就会变成油滑和见风使舵而令人生厌；它生成于近代都市，若太注意于小市民习气，就会带有市侩气息；它在中西文化交流中形成不同于传统文化的品位，若一味追求西化，也会导致失根而流于拾人牙慧。总之，它应该继承前辈的优良传统，继续扎根于民族文化的土壤之中，不断地吸取其他区域文化的优点和长处，使自己更趋完善。由此可见，作为观念形态的文化，各个不同的区域文化之间没有优劣之分，只有各自不同的特点，需要取长补短；作为一种区域文化，各个不同区域文化之间也没有谁领导谁的问题，需要在各自完善自身的过程中发挥自己的能量、扩散自己的影响，这样才能为创建社会主义文化做出各自应有的贡献。

原载《文汇报》，1990年7月25日，“学林”

睡眼方开与昏昏睡去

——鸦片战争与中国大夫散论

在中国的编年史上，鸦片战争是划开中国古代和近代的标志，中国从此由一个独立的封建社会一步步地沦为半殖民地半封建社会。从民族和国家的命运说，这是一个痛苦和沉沦的过程，从历史机遇看，这恰恰又是中国由封闭走向世界的契机。处于这样一个历史重大转折关口的中国士大夫们有何表现？他们对之做出的反应在多大程度上影响了中国的思想界？何以他们提出的向西方学习的思想主张在战后不能形成社会潮流？他们对世界的认识与需求反映的传统价值判断，在与西方文化的最初交汇中表现出怎样的特点？这些问题似乎很难通过研究个别思想家加以解决，所以我想换一个角度，把鸦片战争时期的士大夫作为一个群体进行考察，看看能否说出一点道理。

士大夫一词，在中国的典籍里是个双义词。它既可以泛指一般的士子，也可以专指担任政府公职的官僚阶层。由于科举制度实行后，官僚一般都由科举入仕的士子担任，官员退休回籍后又以乡绅的身份出现，所以士大夫一词至少包括入仕前为士，入仕后为官，退休后为绅这三种情况的人在内。这里即是在这一内涵上使用士大夫一词，并将这三种读书人作为一个群体进行考察的。

必须说明，以上一系列问题既关乎政治史、思想史，又关乎社会史、中西文化交流史，绝非一人一文可以克奏其功的。

一

鸦片战争是英国发动的一场蓄谋已久的侵略战争，作为全社会智识程度最高，而且标格以天下为己任的士大夫们，对这场战争的思想准备是很不足的。从现存的史料中，我们看不到有谁曾经发出过英国将会对中国采取战争行动的警告，只有包世臣是个例外。他在1828年致友人的一封信中曾对英国侵占新加坡的后果产生过忧虑，指出："英夷去国五六万里，与中华争，势难相及。而新埔(新加坡)则近在肘腋，易为进退"，他警告说："十数年后，虽求如目前之苟安而不能。"①但那只是从周边国家受害中做出的一种趋势性判断，它在可能性中寄寓的必然性根本未能引起社会的注意。即使是身处禁烟第一线的钦差大臣林则徐，在已经开始了解夷情的工作后，对英国的侵略野心和实际打击能力的估计也是不足的。1839年9月，他向皇帝报告自己的观察结论时说："臣等细察夷情，略窥底蕴，知彼万不敢以侵凌他国之术，窥伺中华"；认为即使义律私约夷埠兵船在粤洋游弋，也只是虚张声势，对付之法，只需"严防海口，总不与之接仗，一面断其薪水，使之坐困，至偏僻港口，该夷大艘断不能行，而舢板小船应先防其阑入"。② 1840年2月，林则徐接得12艘英船将开抵广东洋面的禀报时，不仅斥之为"谎言"，而且认为"即使果有其事，而夷兵远来，粮饷军火安能持久？我天朝水陆劲旅，以逸待劳，岂能不制其死命"③？自大之词，所反映的主要不是无知，而是鄙视对手的心态，这种心态恰恰是久受"以夏变夷"传统思想熏陶的士大夫们的普遍心理。

以往我们总是强调战前中国人对西方的闭塞与无知，往往忽略了

① 包世臣：《致广东按察姚中丞书》，《安吴四种》卷三五，见中国史学会主编：《中国近代史资料丛刊·鸦片战争》第4册，463～464页。

② 林则徐：《英人非不可制应严谕将英船新到烟土查明全缴片》，见中山大学历史系中国近代现代史教研组、研究室编：《林则徐集·奏稿》中册，677、678页。

③ 林则徐：《传喻委黎多严拒英国兵船》，见中山大学历史系中国近代现代史教研组、研究室编：《林则徐集·公牍》，188页，北京，中华书局，1963。

对造成闭塞无知的文化心态的考察。英国在战前对中国虽有了解，但知之不多，正因为如此，为了实现蓄谋已久的侵华目标，它才迫不及待地利用在华鸦片贩子收集中国的情报，并定期与对华贸易有密切关系的国内大商人接触，以获得对中国国情和民情的了解。中国则相反，在“天朝”自大的盲目优越感支配下，不仅产生不出迫切了解对手的求知欲，而且实行自我封闭的闭关锁国政策，做着自圆自足的田园梦。明乎此，我们才可以理解中英之间的交往少说也有一个半世纪之久（从康熙二十四年开关贸易算起），为什么中国士大夫会不愿去了解这个已经成为“海上霸王”并正在不断侵占亚洲古老国家和地区的“红毛夷”，更会对林则徐、魏源、徐继畬、梁廷枏等人在反侵略斗争中冲破传统文化心态和价值判断的压力，主张了解和学习西方，在文化史上是何等有意义了。

传统的中国文化优越感在士大夫中以政府官员的言论为最多，也最具代表性。这是因为一方面他们是这一群体中最有资格向朝廷上奏进言的阶层。他们的奏章为查考他们的思想言论留下了直接的记录；另一方面他们作为“有王事者也”的一群，负有执行政务、提出建议和应诏答问的责任，其影响朝廷决策和对言路所起的导引推动作用远甚于民间士大夫的私议。正是由于这批身居高位、关系国运的官僚们深受“内夏外夷”传统观念的熏染，使得他们在对待外部事务上常常表现出居高临下、自以为是、轻侮对手的狂大态度，制造“外夷诚服”“圣恩远泽”的虚幻假象，丝毫没有防备突发事件的忧患意识；以“水陆劲旅”“天朝兵威”等不着边际的自大之词威慑对方，自欺欺人，从未认真考虑过一旦顿开边衅将何以战守，更未曾探求过西方的军事实力和侵略意向，完全没有加强战备的紧迫感；他们始终恪守儒家礼乐教化的一套教条，维护“夷夏之防”的传统体制，鄙视对方的一切，甚至讽嘲洋人的起居饮食、衣着服饰。华夏文明的传统优越感已经渗透到了他们的血肉中，以致在书写对方国名、姓名时也忘不了要加上一个“口”字，以示“夷人犬羊成性”，“不可理喻”，所以，“米利坚”被写作“咪唎嘡”，“英吉利”写成了“暎咭唎”，仿佛不这样不足以显示对外夷的轻蔑和自己的高贵。

“天朝”自大观念是一种根植于封闭式小农经济基础上的封闭型心理。它既有无知狂大的一面，也与怯懦自卑相通，两者没有本质上的差别，只是在不同条件下可以相互转化。从鸦片战争的全过程看，官僚士大夫在和战问题上由自大转化为自卑的大体分界是在 1842 年 3 月奕经收复浙江三城战役的失败。在此以前，群臣言战、皇帝也基本倾向于征讨。在此以后，主战言论顿消，“识事务者，不复言兵”①；妥协论调腾播，失败主义和军事上的自卑感迷漫朝廷内外。朝内有穆彰阿“战不如和”的投降论，所谓“兵兴三载，糜饷劳师，曾无尺寸之效。剿之与抚，功费正等而劳逸已殊，靖难息民，于计为便”②。朝外有浙江巡抚刘韵珂的“洋兵火器之精，无可抵御”③的唯武器论。由主战到主和、从自大到自卑的转化条件是军事上的失败和对敌人船坚炮利的恐惧。即使是主战的官僚，由于不是在知己知彼情况下言战，所以是盲目的主战，条件一变，也就从主战转化为主和。这可以从两江总督伊里布、闽浙总督颜伯焘、扬威将军奕经乃至耆英、牛鉴等人的言论和态度转向中明显看出其变化轨迹。主和者也并非一开始就想屈服于对手，而是本着苟且因循的心态冀求维持现存秩序。正如魏源所指出：“自用兵以来，中外朋议，不出二端，非苟且，即虚骄。”④苟且与虚骄是自卑与自大的同义语。它们貌若相反，神则暗合，相反相成地统一在官僚士大夫的身上。所以，他们彼时主战，此时主和；稍胜即骄，一败立馁，在自大与自卑相通这一点上，充分反映了官僚阶层的共同文化心理。

鸦片战争中不少官员虽然也有自大自卑之词，但仍表现了崇高的气节和伟大的情操，这是因为他们在和侵略者的斗争中已经升华到了

① 《徐继畲致林树梅书》，见中国史学会主编：《中国近代史资料丛刊·鸦片战争》第 5 册，535 页。

② 夏燮：《江上议款》，见《中西纪事》卷八，117 页，长沙，岳麓书社，1988。

③ 齐思和整理：《筹办夷务始末(道光朝)》卷四四，第 4 册，32 页，北京，中华书局，1964。

④ 魏源：《海国图志·筹海篇·议守上》，见中国史学会主编：《中国近代史资料丛刊·鸦片战争》第 5 册，555 页。

爱国主义的精神境界。正因为如此，我们才会对林则徐“苟利国家生死以，岂因祸福避趋之”的思想，对关天培、陈化成、定海三总兵和陈连陞父子等甘洒热血、以身殉国的壮举，对王鼎力主抗英、廷责穆彰阿、甚至不惜尸谏吁请起用林则徐的高尚气节，产生深深的崇敬，把他们看作是我们民族的精神象征。

中国传统的文化优越感，在鸦片战争中受到了一次不大的冲击。堂堂天朝竟败在了“撮尔岛夷”手下，着实使君臣们为之一惊。但这场战争毕竟只使君臣们慑于对手的船坚炮利，中西之间还只是在器物层次上发生文化冲突。所以一时的忧患意识和战败的屈辱感很快随着和约的订立而烟消云散。拍岸的惊涛，峰回路转，化作阵阵水沫，依然是死水一泓，“都门仍复恬嬉，大有雨过忘雷之意”①，君臣们仍然在自圆自足的文化心理支配下昏昏睡去。

二

鸦片战争中表现得最积极的是士大夫群体中那些尚未入仕的读书人和虽已入仕但未受官场积习影响的中小官僚。以他们的身份、地位论，他们是这一群体的中下层人物，无权无势，但有着积极参与的热情和以天下风教是非为己任的士大夫本色。儒家学说中的“内圣外王”思想锻造了士子们的节操和入世精神，从整体上说，儒生们追求修齐治平的理想和抱负，更多地反映在这层人的身上。当事情涉及国运民生时，这批人往往会奋不顾身、不计个人得失安危地投入其中。他们这种可贵的参与精神，早在战前的禁烟问题上已作为民间私议表现了出来，及至战争爆发，更以自己的反侵略行动表现了他们的爱国情操。

在对待鸦片泛滥、白银外流的问题上，民间士子和中小官僚们的私议有着两种截然不同的态度和主张。一种是以鸦片走私最严重地区的广东士绅为代表的弛禁论。这批人以广州学海堂教习吴兰修、熊景

---

① 《软尘私议》，见中国史学会主编：《中国近代史资料丛刊·鸦片战争》第5册，529页。

星、仪克中等人为基干，两广总督、广东巡抚和曾任广东按察使的许乃济皆受影响。这批民间士子亲见禁令成为一纸具文，鸦片愈禁愈多的事实，主张与其禁烟不能收到实效，不如准其入口纳税，以裕国库。1834年吴兰修写成《弭害》一文，系统地阐述了弛禁主张，成为这派意见的第一个代表性作品。后来，许乃济据此写成了《鸦片烟例禁愈严流弊愈大应亟变通办理折》，成为政府官员中公开倡弛解禁的标本。另一种是以京师士大夫为代表的倡禁论。这派人物据《水窗春呓》所记，有"陈石士、程春海、姚伯昂三侍郎，谏垣中则徐廉峰、黄树斋、朱伯韩、苏赓堂、陈颂南，翰林则何子贞、吴子序，中书则梅伯言、宗涤楼，公车则孔宥涵、潘四龙、臧牧庵、江龙门、张亨甫"，都是当代名士，而以黄爵滋为核心。他们常在陶然亭聚会，针对鸦片走私猖獗、国计民生受害的危象，发议论、赋诗词、写文章，痛加揭露和批判，倡导禁烟，"一时文章议论，掉鞅京洛，宰执亦畏其锋"，形成了一股禁烟热，支配着京师的舆论。朱嶟、许球受此影响和推动，首先对许乃济的弛禁主张发难；后来，据说黄爵滋所上的《严塞漏卮以培国本折》，即是他与臧纡青等"夜谈剪烛"的产物。可见，鸦片问题上禁与弛禁的争议，首先发端于士大夫的中下层，然后才从民间私议变成统治集团中的论战，而且朝廷中两派官员的带头人都受到民间私议的影响和推动。

平心而论，不管历史做了怎样的选择，应该承认这两种不同意见的士大夫都表现了他们关心国运民生的善良愿望，表现了参与意识和入世精神。但是，弛禁论者面对禁烟不获成效的客观实事却推导出错误的对策方针，理所当然地被历史选择所否决。他们不但没有成为社会的中流砥柱和社会良知的化身，而且得到了他们所谴责的对象——外国鸦片贩子——的喝彩，良好的愿望走向了反面。历史证明了只有禁烟主张才真正符合国家和民族的根本利益。那些为倡导禁烟而奔走呼号的士子，为实行禁烟而在第一线身体力行的地方大员，才是真正敢于直面侵略者的斗士，做了国家的脊梁。弛禁论虽然错误，但他们中不少人同样怀有忧国忧民之心，表现了士大夫的本色。

从鸦片战争前关于禁与弛禁的民间私议中可以看出，士大夫中不少读书人和士绅，已经在爱国感情支配下，关心着国家前途和民族命运了。正是这批人，当战争爆发、英军入侵时，纷纷以自己的地位和才智，利用各种形式，积极投入爱国反侵略斗争，成了民族自卫战争的中坚力量。

一种形式是领导乡民进行保家卫国的抗英战斗，著名的有何玉成、林福祥等士绅发动和领导的三元里抗英斗争，江苏宿迁举人臧纡青在家乡组织团练自发反抗侵略，鸦片战争后广东社学领导的反入城斗争。这些斗争显示了中国人民不屈不挠的反侵略精神，程度不等地配合了爱国官兵在正面战场中的战斗。

另一种形式是参与军幕，以自己的才智为反侵略战争出谋划策，著名的代表人物便是参与扬威将军奕经幕府的臧纡青。他在收复浙江三城的战役中，向奕经提出"伏勇散战法"以对付装备精良的英军。这一建议虽然最后未被采纳，但在中国近代军事史上有重要意义。范文澜称它是"朴素的人民游击战思想"，"是弱国战胜外国侵略者的有效方法"。① 奕经不识货，结果浙江战役大败，臧纡青为此气瞎了一只眼睛。事后奕经拟上奏朝廷授臧官职，他坚辞不受，拂袖而去，表现了一个士子的气节和良心。

与此相近的一种情况是，更多的士子虽未参与军幕，但仍上书言兵，以自己的兵学知识和战略思想向有关将领、官员或提建议，或备顾问，表现了爱国反侵略的拳拳之心；属于这种情况的士子，人数最多。著名的有包世臣上果勇侯杨芳书，建议乘机将大角、沙角、虎门等炮台修复，以防英军再次进攻；上两江总督裕谦书，讨论加强圌山设防，以备不虞，认为"圌山无备，镇江扬州必无以自全，而白门②亦非乐土矣"③。有林福祥上广东巡抚祁𡎴书，建议乘英军离粤北上江浙之机，以清兵配合团练一举收复香港，指出"香港不可不复，炮台不可不修，若祇求旦夕之安，不计存亡之理，今日尚持首鼠之端，他日必

① 范文澜：《中国近代史(上编第一分册)》，49 页，北京，人民出版社，1953。

② 指南京。——引者注

③ 以上均见《安吴四种》卷三五。

贻反噬之悔”①，词严义正，表现了收复失土的决心。有江苏士子卜起元上奕经书，针对此公一路花天酒地，指出“今日之势，不患无进剿之策，尚患无进剿之人，不患无必胜之机，特患无决胜之气”②，可谓入木三分。书后又附了有关“进剿事宜十二条”以备采择。

还有一种人，他们也参与军幕，但主要是以兵工专家的身份为反侵略战争贡献自己的特长，对改善军需武器装备、加强战斗力起了一定作用。著名的如嘉兴县丞龚振麟在宁波军营吸收西方火炮之长制成“枢机新式炮架”，并不断改进铸炮技术；浙江炮局委员、余姚知县汪仲祥与龚振麟一起，利用林则徐提供的《车轮船图》，制造出安南战船和车轮战船等。

第三种也是最普遍的一种形式是以诗歌、散文歌颂爱国官兵的抗英斗争，表彰为国捐躯的忠勇将士，抨击贪生怕死、临阵脱逃的昏庸无能官僚，充分表达了中华民族与敌人血战到底的决心，为近代爱国反侵略文学开辟了道路。其中著名的诗歌作品有张维屏的《三元里》和《三将军歌》、贝青乔的《咄咄吟》、谢兰生的《咏梅轩稿》、金和的《秋蟪吟馆诗抄》、佚名的《镇城竹枝词》、何仁山的《草草草堂诗草》、林昌彝《射鹰楼诗话》等，散文有夏燮《中西纪事》、谢兰生《思忠录》、范锴《花笑庼杂笔》等。

值得一提的是当时出于一批小知识分子之手的反侵略揭帖、檄文、告示、公启，以通俗的语言表达了群众的心声，成了反侵略文学的重要组成部分。其中著名而具代表性的有《尽忠报国全粤义民申谕英夷告示》《全粤义士义民公檄》《粤东义民布告》《三元里等乡痛骂鬼子词》《宁波义民公启》等，受到后世文学史家的重视和研究。

通观中下层士大夫在鸦片战争时期进行的各种形式的反侵略斗争，可以看到他们的爱国思想具有以下三个相互联系的内涵：

第一，爱国和乡土观念相结合。许多士绅之所以举办团练、发动乡民起来抗击英军入侵，完全是在保卫家国的思想指导下进行的。这

① 中国史学会主编：《中国近代史资料丛刊·鸦片战争》第5册，602页。

② 中国史学会主编：《中国近代史资料丛刊·鸦片战争》第5册，585页。

不难理解，一方面，英军抢掠烧杀的暴行，使东南四省人民蒙受家破人亡之苦，保家成为题中应有之义；另一方面，中国社会结构的特点决定了家庭和家乡联在一起，士绅多数又是乡村中有地位的人物，保卫家园既是乡民的要求，也是他们的首着。所以告示檄文中一再指出："今且不用官兵，专用乡民，非我们不仁，尔害我乡村，伤我男妇，不得不与畜类同斗"①，"方报我各乡惨毒之害也"②，"惜身家亦惜土地，深怀父母之邦；保土地即保身家，欲作干城之寄"③，反映的即是爱国情怀与乡土观念相结合的思想内涵。

第二，爱国与忠君观念相结合。儒学纲常名教中的首纲就是"君为臣纲"，传统文化的伦理政治就是君主和国家融为一体。忠君爱国成了士大夫的共识和一切行动的出发点。黄爵滋主张严禁鸦片，他的著名奏折的第一句话就是："臣惟皇上宵衣旰食，所以为天下万世计者，至勤且切"，表示他是在为皇帝着想；包世臣指陈英国十数年后必将为中国的大患，最后一段话是"必至以忧患贻君父，岂君子之所忍出哉?"④说明国家的忧患就是君主的忧患，君与国联在一起；张维屏歌颂陈连陞、陈化成、葛云飞三将军是"捐躯报国皆忠臣"⑤；甚至群众贴出的反英告示中也表明自己是为皇帝分忧，指斥英军侵略是"无君无父"的"猪狗"。

第三，爱国与御侮图强的愿望相结合。鸦片战争是一场"千年奇变"，中国战败使不少士大夫受到了深深的刺激，促使他们反思，激发他们改革弊政以求国富兵强的爱国愿望，战后出现了许多寻求御侮图强之路的著述，如魏源为总结鸦片战争的失败教训而写的《道光洋艘征抚记》《海国图志·筹海篇》，为研究清朝鼎盛时期的武功以及汲取改善清军战斗力的历史经验，写了《圣武记》。在这些著作中，他不仅系统

---

① 中国史学会主编：《中国近代史资料丛刊·鸦片战争》第5册，13页。

② 中国史学会主编：《中国近代史资料丛刊·鸦片战争》第5册，14页。

③ 中国史学会主编：《中国近代史资料丛刊·鸦片战争》第5册，16页。

④ 包世臣：《致广东按察姚中丞书》，《安吴四种》卷三五，见中国史学会主编：《中国近代史资料丛刊·鸦片战争》第4册，464页。

⑤ 张维屏：《松心十录·三将军歌》，《花地集》卷三，见中国史学会主编：《中国近代史资料丛刊·鸦片战争》第4册，716～717页。

论证了反侵略自卫战争中战、守、和三者的辩证关系，而且提出了改革清军的调遣成法、加强海防、注意兵食、严肃军纪、师敌长技、发展民间工商业等一系列主张。姚莹为防范英俄对我国西北边疆的侵略，加强边防而对边疆地理进行了研究，写了《康輶纪行》一书。他在致友人信中说自己“喋血饮恨而为此书，冀雪中国之耻，重边海之防，免胥沦于鬼域”①，流露了御侮图强的强烈愿望。林福祥为探讨反侵略的战略战术写了《平海心筹》，对军事和政治、军事与外交、军事与民心以及埋伏守险、防守后路、修筑炮台、小船攻大船等发表了自己的见解，认为今日之事，“以和议为权宜，以战守为实务，若既和之后，仍任其武备废弛，则祸患又安有极哉”②，批判了朝廷苟且偷安的现状。

以上三个方面，构成了中下层士绅爱国思想的主要内容和主要特点，在一定程度上也可视为中国士大夫群体在近代开端时期爱国主义的基本构成和基本水平。如果这个判断可以成立，那么由此可见近代开端时期的爱国主义既继承了古代中国爱国主义的历史传统，又具有以往所没有的时代特点。因为御侮图强所表现的内容是反抗外国资本主义的侵略，它所寻求的强盛之路已经不再是向古代回归，而是面向新的世界。尽管当时的爱国者中大多数人还不具有这种历史眼光，但少数的先进者已经睁开了睡眼。这可贵的少数，这少数人可贵的一瞥，正是孕育着民族觉醒的可贵的起点。

三

以鸦片战争为开端的中国近代史，爱国反侵略是历史的主旋律，而学习西方则是伴和主旋律的重要乐章。从它提出之日起，就和近代中国的历史大潮联在一起，代表了中国历史前进的方向。

---

① 姚莹：《复光律原书》，《东溟文后集》卷八，见中国史学会主编：《中国近代史资料丛刊·鸦片战争》第 4 册，530～531 页。

② 中国史学会主编：《中国近代史资料丛刊·鸦片战争》，第 5 册，599 页。

学习西方的首创者，是被后世史家誉为当时“开眼看世界的第一人”①、近代开端时期的伟大爱国主义者林则徐。他年轻时受过今文经学的训练，入仕后又主张经世致用，是嘉道年间地主阶级经世派的领袖人物。1839年年初，他以钦差大臣的身份到广东主持禁烟时，像其他闭目塞听的士大夫一样，对世界一无所知，充满着天朝自大的优越感。只是在宣布禁烟决心、限令外商缴烟受到英国商务监督义律阻挠后，他才逐步克服自大心态，开始了解西方的工作。他把经世派传统的“通时务”扩展到“通夷务”，终于使他从蒙昧无知进到了追求新知的境界，从严禁鸦片到奖励通商，从盲目的天朝自大到以外夷为师法对象，并在近代史上第一次提出了“师敌长技以制敌”的主张，成了近代开端时期的伟大爱国者和新时代新思想的启迪者。但是他在广东时的种种实践，就主要方面看还只是了解西方。只有经过魏源的概括和阐发，才形成一个具有深刻内涵的思想命题，并在尔后的思想界产生巨大影响。作为一个思想命题，它包含着“师夷”和“制夷”两个密不可分的内容。“善师四夷者能制四夷，不善师外夷者外夷制之”②，道出了两者的辩证关系。因此，并不是任何师夷长技的行为都可纳入爱国反侵略行列的。

学习西方的基本前提是承认当时的中国比西方落后。但是，并非所有承认落后于西方的人都会赞同或主张向西方学习。鸦片战争中不论是统治集团层面的人物，还是身历战争第一线的士大夫，全都看到了外国侵略者的坚船利炮，意识到了清军八旗绿营装备简陋，但他们的价值取向和由此做出的判断却大相径庭。一种是被敌人的坚船利炮所吓倒，以己不如人为理由力主妥协投降。1842年8月20日，清政府负责和议的全权代表、钦差大臣耆英、伊里布，应邀参观停泊在南京下关江面的英舰“康华丽”号，事后，耆英在给道光帝的奏折中称：“该夷船坚炮猛，初尚得之传闻，今既亲上其舰，目睹其炮，益知非兵力所能制伏”③，完全屈服于敌人的武器威力。所以当8月26日最后

---

① 范文澜：《中国近代史(上编第一分册)》，21页。

② 魏源：《大西洋》，见《海国图志》卷三七，2页，咸丰二年古微堂重刻本。

③ 齐思和整理：《筹办夷务始末(道光朝)》卷五七，第5册，2305页。

审定条约文本时，耆英早已不敢异议，对条约“并不细加审查，一览即了”①，立即表示完全同意。一种是囿于传统的“夷夏之防”和腐朽的天朝自大观念，不愿也不敢学习西方。1840 年 11 月，替代林则徐的新任钦差大臣琦善甫到广东，就申言：“我不似林总督，以天朝大吏终日刺探外洋情事。”②结果，误国害民。也有另一种人，他们看到了对手的强大，也有了解对手的举动，但骨子里总有点害怕对手的恐惧症。结果仍免不了走上妥协退让的道路，刘韵珂、徐继畬即是两例。浙江巡抚刘韵珂在浙东战役失败后上了个“十可虑”折，罗列了己不如人、民心可虑等十大点，观察不能说不正确，分析也可称颇有见地，但结论却是旁敲侧击地劝说朝廷“随机应变，妥协办理”③；徐继畬在战后写了一部介绍西方政治地理的系统著作《瀛寰志略》，作为近代开端时期中国人了解世界的第一批成果之一，它是杰出的；但作为睡眼方开的地方大员，徐继畬在对外交涉中奉行“息事而不致生事”④的妥协方针，则是不足取的。所以，看到了对手的强大，不必然会引出学习对手，“以其人之道还治其人之身”的结论。只有那些既具有赤诚的爱国之心和无所畏惧的反侵略精神，并且敢于和因循守旧的传统观念相抗争的人，才能提出学习西方以制服侵略的光辉思想。从这个意义上说，林则徐、魏源等思想界的前驱者是永远值得后人尊敬和怀念的。

中国人学习西方，从内容上说经历了由地及史、由长技到西政的漫长过程。鸦片战争后一二十年间，主张学习西方的人数虽不多，著作也有限，但涉及的方面却颇为广泛。举凡政治、法律、军事、技术、地理、历史、财政、金融、文化、教育等各个方面，无不涉猎，反映了睡眼方开、从封闭氛围中刚刚面对世界的知识分子所特具的新鲜感。那时的中国先进者，什么都想了解，什么都爱搜求，即使是一鳞半爪，

---

① ［英］利洛：《缔约日记》，齐思和译，见中国史学会主编：《中国近代史资料丛刊·鸦片战争》第 5 册，514 页。

② 齐思和整理：《筹办夷务始末（道光朝）》卷四四，第 4 册，1678～1682 页。

③ 齐思和整理：《筹办夷务始末（道光朝）》卷四四，第 4 册，29～33 页。

④ 徐继畬：《松龛先生全集·奏稿·文集》，61 页，见沈云龙主编：《近代中国史料丛刊续编》第 42 辑，台北，文海出版社，1977。

只要中国所无而又自以为对除弊救世有益的，都想搬过来。但是，由于鸦片战争的失败，人们迫切需要的，主要还是认知西方国家的地理位置和西方的军事技术、军事生产的知识。所以，战后出现的为数不多的介绍西方、学习西方的著作，丛集在世界地理学和造船制炮的军事技术两方画。据统计，从林则徐在 1841 年编译《四国洲志》起，到 1861 年，中国人写了 22 部有关世界地理的著作。① 著名的有魏源的《海国图志》、徐继畬的《瀛寰志略》、萧令裕的《英吉利记》、汪文泰的《红毛蕃英吉利考略》、叶钟进的《英吉利国夷情记略》、梁廷枏的《兰仑偶说》《合省国说》等。这些著作或由地理旁及人文历史，或由政情风俗涉及地理形胜，无不映照出中国先进分子迫切希望认知对手乃至世界的心态。传统的"天下观"开始被突破，人们可以站在更宽广的空间上认识中国和世界了。尽管他们面前的世界还很不清晰，他们的观察也还浮浅，但却标志着中国人自此冲出了塞听闭目的混沌状态，开始面向一个全新而又陌生的世界。

鸦片战争中给中国人印象最深、压迫感最强烈的是西方的船坚炮利，因此，强调学习西方最主要的呼声是对手的"长技"。据有人统计，在 1821—1861 年，至少有 66 人赞成中国必须学习和仿制西方的兵船火炮，其中包括皇帝、大臣和民间学者、公行商人及熟悉火器的兵工专家。② 从 1840—1860 年，中国出版了有关西方枪炮、地雷、炸弹、黑色火药等内容的 22 种著作和大约 10 余种介绍西方军舰制造方面的书籍。③

这说明，当时先进的中国人，对西方的认识还只是看到"士马之强壮，船炮之坚利，器用之新奇"，还没有超越器物层次及于政治制度。他们学习西方的出发点并不是为了反对封建专制制度而寻求西方的真

---

① [美]费正清、[美]刘广京编：《剑桥中国晚清史：1800—1911 年》下卷，中国社会科学院历史研究所编译室译，172 页，北京，中国社会科学出版社，1985。

② [美]费正清、[美]刘广京编：《剑桥中国晚清史：1800—1911 年》下卷，中国社会科学院历史研究所编译室译，173 页。

③ [美]费正清、[美]刘广京编：《剑桥中国晚清史：1800—1911 年》下卷，中国社会科学院历史研究所编译室译，174 页。

理，而是为了补封建制度的窟窿才把眼睛移向西方。所以就当时学习西方的内容与目的来说，还跳不出“御侮图强”“救世除弊”的需要；他们的立足点还是在地主阶级改革家的方面。把他们说成具有资产阶级民主主义的思想前驱，显然是脱离了当时的社会存在，也脱离了他们的思想实际，当然，由于他们所处的时代与前辈改革家已经不同，所以也就不可避免地带上了与前贤们不同的时代特点：他们已经不再从封建古文化中寻求救世的药方，而是睁眼看世界，从西方资本主义物质文明中寻找补天之石。不管他们主观上是否意识到一点，当他们把视野转向西方时，他们在客观上也就成了旧制度的拆庙者。补天与拆庙，在新的历史条件下通过了解西方、学习西方扭结在一起，这就使他们的思想处在复杂而又矛盾的境地。从他们的言论和著作中既可找到大量旧时代的东西，又可以发现符合新时代的思想资料，这就是近代开端时期中西文化最初交汇时先进思想家所共有的特点。

必须指出，学习西方在鸦片战争后一二十年间并没有成为全社会思潮。这是为什么？原因种种，若就思潮本身而言，则涉及社会思潮形成的层面效应问题。大凡一种思潮的形成，它的前驱者的思想主张必须通过士绅们的感应与拨动，才能传递到社会底层，形成全社会的共识。考察战后十余年间的思想变化轨迹，恰恰是在至关重要的中间环节上没有形成波及全国的传递层面，致使向西方学习的先进思想未能发育为社会思潮。结果，统治者昏昏睡去，前驱者们自己也在孤寂中不复再有振聋发聩之声。中国丧失了将近二十年的宝贵时间。

总之，中国士大夫在历史的大变动时刻，虽然各个层面乃至每个个体表现不尽相同，但从整体上看，他们无愧为当时社会最先进的一群，对历史发展做出了应有的贡献。他们以崇高的爱国之情、不屈的反侵略斗争，迎来了中国历史的一个新时代，同时，他们也将在这个新时代中发生层层蜕变，否定自己，在痛苦而漫长的自我改造中成为新阶级的一翼。

原载《江海学刊》1990 年第 5 期

太平军水营述论

水营是太平军一支专业军种，在作战、运输、戍守等方面都发挥过重要作用。弄清水营情况，对太平天国史和中国近代军事史研究都是有意义的。鉴于有关论著几付阙如①，下面撮合所见资料，就水营的组建、职能、作战得失略做述论。

一、水营的建立与编制

太平军水营的建立有一个逐步演化过程。它与太平天国前期战略方针的确立、战争环境的变化有直接关系。

自金田揭竿而起到1852年6月攻克道州，太平军的战略目标尚未确定，战斗意图主要表现为摆脱敌之围剿堵截。军锋闪烁，迂回曲折。虽自永安突围后，全军有北进湘省的计划，但仍游移于桂、湘交界地区，迟滞不决。部分人甚至有“怀土重迁，欲由灌阳而归”②，返回广西的意念。而且，这一阶段中，太平军主要转战于山岭原野，与敌在陆地对仗，很少利用水道作战，领导集团没有考虑过建立水陆军种协同作战的体制，无所谓水营之设。

---

① 由于水营资料零散，有关论著极少见。除罗尔纲先生稍有述论外，专文仅见徐力先生所作一篇，刊《史学月刊》1957年1月号。限于篇幅，徐先生此文未能展开。

② 张德坚：《贼情汇纂》(以下称《汇纂》)卷一一《贼数》，“老贼”条。见中国史学会主编：《中国近代史资料丛刊·太平天国》(以下简称《太平天国》丛刊)，第3册，290页。

经道州整顿，洪秀全采纳杨秀清进军江南的建议。全军基本确立“舍粤不顾，直前冲击，循江而东，略城堡，舍要害，专意金陵”①的战略方针。长沙之战后，由洞庭湖经长江水道、直指南京的进军路线底定，把单纯陆战转换为水陆协同作战的实际需要提到议事日程。洪秀全、杨秀清等人在攻占洞庭湖要隘益阳、临资口后已注意搜集船只，以应付新的战争环境之需。至 1852 年 12 月初占领岳州时，所得船只累计已达 8000 余艘②，大量船户、水手均征集待命，进军南京的运载工具基本解决。杨秀清将民船船户加以编组，任命唐正财为典水匠、职同将军，统辖船队。③ 这是太平军水营组建的准备阶段。

1852 年 12 月中旬，太平军自岳州分水陆两路沿长江东下。“黄旗大小列艨艟，顺水扬帆意态雄”④。强大船队顺流挺进湖北，23 日占领汉阳并立即进攻武昌。典水匠唐正财发挥独特才能，在宽阔的汉水江面搭造浮桥以渡大军。1853 年 1 月 12 日太平军攻克武昌。武汉战役开创了太平军攻城战速战速胜的先例，关键即在太平军利用庞大船队顺流而下，抢在清军向荣部之前⑤，隔断其与湖北巡抚常大淳、提督双福的联系，迫使三镇孤城困守，掌握了战略主动权。兵贵乎神速。太平军数千艘船只在武汉战役中充分显示出重要作用。对此，敌人已流露出严重不安。常大淳奏：“寇水陆攻武昌，船炮充斥。”⑥向荣奏称：“该匪船只极多，往来自如。大营兵勇既有长江重湖之阻，又无船

---

① 《太平天国》丛刊，第 3 册，290～291 页。

② 汪堃《盾鼻随闻录》卷二《楚寇纪略》记太平军在临资口“虏船三千余只”，在岳州“旬日间劫船五千余只”。见《太平天国》丛刊，第 4 册，365 页。

③ 《汇纂》卷一《剧贼姓名》中之唐正财小传，见《太平天国》丛刊，第 3 册，69 页。

④ 江夏无锥子：《鄂城纪事诗》，见中国科学院历史研究所第三所近代史资料编辑组编辑：《太平天国资料》，32 页，北京，科学出版社，1959。

⑤ 太平军顺长江而下攻占汉阳后两天，向荣所部才刚赶到离武昌十余里之白木岭。参阅《向荣奏稿》卷一《覆奏武昌失守筹备堵剿情形折》，见《太平天国》丛刊，第 7 册，16 页。

⑥ 王闿运：《湘军志·水师篇第六》，1 页。

只可渡……此刻剿除之法，必得先将贼船、贼桥焚毁，断其往来之路。”①实践证明，太平军要实现“专意金陵”的战略目标，控制长江水道，建立水军是必要保证。武汉占领后，杨秀清决定将编组的船队升格为水军，宣布建立水营，升唐正财为指挥。② 水营的建立，使太平军改变了单一军种体制，实现了多军种建制，这在太平天国革命战争史上是有意义的。杨秀清在新的军事形势下，把单纯的运输船队转变为专业军种，既符合实践出真知的认识规律，又反映了他善于把握时机、因势利导的组织才能。

太平军虽在武汉宣布成立水营，但从资料记载看，当时并未按太平军军制加以改编。其原因可能是为了尽速向南京挺进，没有空余时间进行这项工作。迨至定都南京后，水营船只已多至万艘，局面也相对安定，遂正式对水营进行编组。其情况，张德坚《贼情汇纂》有明确记载：

> 逮至江南，掳船愈多，几于浮江万艘，乃升唐正财为殿前丞相，即以被掳船户水手为水兵，分为前、后、左、右、中五军，旋增至九军，每军以军帅领之。其下所属师帅至两司马，亦如旱营之制。惟师帅多至六百人，虚标分数，其实仅得十之三四。……别立水营总制将军监军统之，此九军均归唐正财调遣。③

可知水营编制与陆营基本相同，以军为作战单位，下设师、旅、卒、两、伍，各以师帅、旅帅、卒长、两司马、伍长统之。所不同者，师帅多于陆营，故自将军以下各级军官、属官、典官每军为 1715 人，

---

① 《向荣奏稿》卷一《覆奏武昌失守筹备堵剿情形折》，见《太平天国》丛刊，第 7 册，18 页。

② 关于水营的成立时间与地点，历来研究太平天国史者都主 1852 年 12 月初“岳州成立”说。笔者根据《汇纂》有关水营资料，参以太平天国制度，认为“岳州成立”说很可怀疑，主张“武汉成立”说，有关此事的辨正，笔者另有一短文《太平军水营“岳州成立”说质疑》加以阐明。此处从略。

③ 《汇纂》卷五《伪军制》下，“水营”条，见《太平天国》丛刊，第 3 册，141 页。

九军共15435人；作战人员，九军共有伍卒112500人①；官兵合计，九军总数为127935人。军帅以上亦如陆营，设有总制、监军、将军，惟加水营二字以示区别。

按编制，太平军水营无所谓中央、地方的区别，“九军均归唐正财调遣”。实际上，因天京是太平天国中枢所在，一切船只结集于此，遇有情况，由东王杨秀清直接下令调派各地；而地方除接受中央水营船只外，主将有权征用当地民船，编队凑用②，不必与正规建制统一。所以，客观上仍有天京水营与地方水营的区别。尤其到太平天国后期，总理朝政的洪仁玕大权旁落，不少制度逐渐改易，水营建制渐趋混乱。如官制方面，出现了“浙江省水师主将”“江南省水师主将”“京都江面水师大佐将”等称号③；军制方面，李秀成在江浙地区收编“枪船”，未按军、师、旅帅至两司马的建制改组，一仍“枪船”原有组织之旧。

水营的最高首长是湖南人唐正财。唐正财素往来湘鄂间水道，贩运木材兼贩米粮，熟悉水情，阅历丰富。他对水营建设有特殊贡献，是一个很懂船务的行家。敌人称太平军初得船只，“不知顾惜，不事修舱计，不久皆为朽板；自得正财后，搜括钉、铁、油、麻、竹、木、锚、缆，督工修补，焕然一新”④。在进攻武汉时，由他设计搭造了两座不同型式的桥，一座“用艨艟大舰排齐江心”，上覆木条片板⑤，属

① 《汇纂》卷一一《贼数》，“伪官额数”条，见《太平天国》丛刊，第3册，284、286页。

② 地方水营船只来源之一，为征用当地民船一说，可从西征各战场太平军拥有船只数量中看出。敌人估计从1854—1855年年初，太平军被焚船只近万艘。这一数字大大超过西征开始时太平军所率的千余艘，并与1853年水营编制时船数相等。由此可以推定西征军损失的战船，大部分为新征用的民船，而非水营总部派出的船只。

③ 以上水营官衔，分别见《莫仕葵致梁凤超照会》《幼主诏旨》(10月22日)，见金毓黼、田余庆、刘钧仁等编辑：《太平天国史料》，174、114页，北京，中华书局，1955。

④ 《太平天国》丛刊，第3册，141页。

⑤ 李汝昭：《镜山野史》，见《太平天国》丛刊，第3册，5页。

船桥型；另一座“以巨缆横缚大木，上复板障”①，属索桥型，说明他是一个懂得造桥技术的人才。他与水兵关系较好，很为属下拥护，战士也“乐就水营”。1854 年张子朋激变水营，水营几乎瓦解，经杨秀清力挽危局，“唐正财调停群下，始无叛心”②，说明他是一个能和揖将士的统帅。可惜他对作战知识所知甚少，不能亲统水军进行水面战斗，所以实际上仅是个挂名的水军头领。天京水营的船只调遣分拨，由东王杨秀清直接掌管，唐正财无法参与决策；地方水营由驻地守将指挥作战，唐正财无权过问。他在定都天京后的主要任务，是在安徽芜湖常川居住，办理运粮和筹划兴修天京诸王府所需的建筑材料。由于忠心勤勉，被封为“航王”。1863 年他在无锡与李鸿章部战斗中牺牲。③

水营总部设在下关大王庙查盐卡内。大王庙位于下关江口，口门内即水府祠，为水营船只湾泊及出入口总汇。总部设防严密，沿下关江口筑有土城，城墙开有枪眼；城内扎有望楼，紧对口门设大炮十余尊，以保卫口门内湾泊的船只。④

从水营的编制中看出：太平军领导集团的意图是将水营、陆营统一体制，以利协同作战，这符合水军配合陆军，陆军将领集中指挥的需要，原则上是正确的。缺点是没有注意水军的专业编队，没有炮船、战船、辎重船等专业分工。“凡有船皆战船，凡接仗皆出队”⑤，建制很不健全。加以水营首长不熟悉军事，领导集团又很少注意培养水军将领，结果使水营相对独立的作战能力受到影响，无法发挥其应有的作战潜力。这反映了太平天国领导集团对水上作战部队重要性的认识，还处在必然王国的阶段。

---

① 陈徽言：《武昌纪事》，见《太平天国》丛刊，第 4 册，594 页。

② 《汇纂》卷一《剧贼姓名》上，“首逆事实”条所载杨秀清小传，见《太平天国》丛刊，第 3 册，46 页。

③ 李鸿章：《苏州无锡连获大胜折(同治二年十月初四日)》，见《李文忠公全集·奏稿》卷五。

④ 滌浮道人：《金陵杂记》，见《太平天国》丛刊，第 4 册，635 页。

⑤ 《太平天国》丛刊，第 3 册，141 页。

二、水营的装备与行军编队

水营船只来源多系征用民船或缴获清军船舰；船户、水手即为水兵。装备简陋，船只漫无统一制式；战士缺乏作战技能，是这支新建水军素质的特征。

水营拥有万艘以上的船只，“行则帆如叠雪，住则樯若丛芦，炮声遥震，沿江州邑，无兵无船，莫不望风披靡”①。但其船只大小不一，并无统一制式。在岳州所得五千余艘，有“小船改造大船”之说②，所谓“大船”，究竟尺寸、式样如何，均未见记载，仅有“小拨”一种，见于《向荣奏稿》，尚可略知制式：

> 逆匪所虏船只，半多湖南炭船，名曰小拨。其舟身长而窄，棚矮而坚，首尾木板斜耸，高与棚齐，冲风破浪，驶迅如矢。③

从岳州至武汉，大约以此种炭船为基干。另有一种作战用木排，其制式与南方习见的木排基本相同而有所改进；其功能则迥异，是一种攻、防两用的作战工具，在太平军水战史上曾发挥过重要作用。敌方记载屡次提及：

木排“上堆泥垛，枪炮遮列四面，战船不能及前，火攻不能透内，又有连环小簰(排)，遇敌可以围裹；又用木排铺板，上覆厚土，接连两岸，可以遏遮上游之师，若坦途然”④。“以大木簰数架，外树木城，中搭板屋，起了望楼为营垒。木城上开炮眼，密架枪炮，以向外击。”⑤

---

① 《汇纂》卷五《伪军制》下，见《太平天国》丛刊，第 3 册，142 页。

② 汪堃：《盾鼻随闻录》卷二《楚寇纪略》，见《太平天国》丛刊，第 4 册，365 页。

③ 《向荣奏稿》卷一《武昌贼匪被击下窜率军追击折》附《照录摘抄原呈》，见《太平天国》丛刊，第 7 册，35 页。

④ 《向荣奏稿》卷一《分遣官兵赶赴襄阳片》所引谕旨，见《太平天国》丛刊，第 7 册，53 页。

⑤ 《汇纂》卷四《伪军制》上，“营垒”条，见《太平天国》丛刊，第 3 册，137 页。

这种作战木排，太平军方面称为“木排水城”[①]，清方记载也有称之为“龟船”的。周长森《六合纪事》曾提到1854年太平军在镇江时，“联巨筏为四牌，上施楼橹，建了望台，中载粮糗，四围障以牛皮，巨桨数十，名曰龟船”[②]。《六合纪事》所说“四围障以牛皮”一点，并非无根据之谈。曾国藩亦曾“以生牛皮悬于船旁”作为抵御炮火的防御物。他说：“国藩初办水师时，尝博求御炮子之法。以鱼网数层，悬空张挂，炮子一过即穿，不能御也；以絮被渍湿张挂，炮子一过即穿，不能御也；以生牛皮悬于船旁，以藤牌陈于船梢，不能御也；又作数层厚牌，以竹鳞排于外为一层，牛皮为一层，水絮为一层，头发为一层，合而成牌，亦不能御也……”[③]足见当时为寻求抵御炮弹的办法而动足脑筋。太平军的大木排水城四周防御物，除“泥垛”外，“牛皮”也是一种。

据笔者所知，这种攻、防两用的作战工具，在现有农民战争史资料中从未见过，可说是一种创造。太平军对之极为重视，在天京、湖口、田家镇、汉口等江面防区上广为使用。

定都天京后，太平军在下关大王庙设厂造船，以唐正财的副手、木一正将军许斌升负责，所造名为“八桨快船”，船体较小，不能远航。船长“约二三丈，上有布篷，船旁画龙，每船能容二三十人，船系敞口，上无顶席，大约乘以巡江者，未能远行也”。[④]除用以巡江外，更多是用作传递文书、军报的驿船。太平军设有相当于军邮局的专业机构，称为“疏附衙”。传递方法分陆路、水路两种。陆路骑马，水路即用“八桨快船”。船上配备少量武装，每船乘员四五人，上水顺风日行百余里，下水顺风时可日行240里[⑤]，称其快船，至为得当。在太平天国革命战争中，水路传递文书军报，对及时通达天京与战区的上下

① 《汇纂》卷七《伪文告》，见《太平天国》丛刊，第3册，194页。

② 周长森：《六合纪事》卷一《防剿始末》，见《太平天国》丛刊，第5册，155页。

③ 《曾文正公全集·日记》第3册，“军谋”，43页，上海，世界书局，1936。

④ 滁浮道人：《金陵杂记》，见《太平天国》丛刊，第4册，635页。

⑤ 滁浮道人：《金陵杂记》，见《太平天国》丛刊，第4册，633页。

情况，起过重要作用。

水营船只的火炮装备极为简陋。主要原因是船体大小不一，原系民船，没有火炮设施装备之处。故水营战船并未配备强大火炮，作战时很不得力。《金陵杂记》曾提到下关税房旁设有铁匠总制衙，制造名为“九龙索子炮”的一种火器。制造者姓名不见记载，仅知为江西人，系唐正财带来参军的匠人，约在1853年打造半年，“秋冬间云已打成，亦未见其试放，不知炮之大小也”。① 但据潜伏的反革命文人张继庚在同年九月间向江南大营送出的情报中称：“贼所铸九子炮已成，闻现置朝阳门外，其法连环叠放，无片刻歇，每管炮子约下百余粒，如龙眼核大，每开放时则四面横飞，亦利器也。但炮子非铅系锡，火药有硝无磺，且不能及远，不足为患。”可知这一火炮虽已制成，但不很实用。

综上可见，太平军水营的装备具有因陋就简的特色。这虽符合军务倥偬、不可能抽出较长空隙、投入大量财力、物力经营水军的特定情况；但也反映出太平天国领导人对水军建设的漠视态度。征用民船并无不可，长期不改变这种得船方法，未免因循守旧、贪图便捷；船户转为水兵，本是权宜之计，不应放弃编练水军的工作，尤其不应对原有水手长期不加训练，致使水兵几乎不懂水战之法，作战能力长期得不到提高。敌人评价是“其实不能接仗”，“专以人众船多胜我”②，撇开其反动立场，大体上是符合实际的。尤为奇怪的是，太平军在作战中俘获湘军“战船洋炮，并不作水战之用。以洋炮搬于岸上扎营；而战船或凿沉江心，或自焚以逃，亦未收战船之用”③。后来虽有改变，但太平天国领导集团在建立水营后，没有对它的装备训练引起重视，这不能不是缺乏远见的错误。

水营的行军编队有严格规定。据1855年太平天国颁行的《行军总

---

① 滁浮道人：《金陵杂记》，见《太平天国》丛刊，第4册，635页。

② 《汇纂》卷五《伪军制》下，“水营”，见《太平天国》丛刊，第3册，141页。

③ 《致诸弟(述贼不能水战)》(咸丰四年闰七月十四日)，见《曾文正公全集·家书》第4册，122页。

要》一书所记①，行军时，水营船只均载陆营圣兵、随军家属和辎重。太平军总部派“佐将”统一指挥。“佐将”可由丞相、检点、指挥、将军担任。②

所有船只分前、中、后三队。“佐将”船居中指挥，以大旗为指挥信物。前队船只一律悬三角红旗为编队标志；中队悬三角黄旗，后队悬三角黑旗。夜间则分别以锣声、鼓声相区别。每种信号工具，视“佐将”级别定敲击次效。如丞相为“佐将”，夜间鸣锣四点，彻夜不息，检点鸣锣五点，指挥六点，将军七点，先锋击鼓二点。

行军时，前后中三队“不可单独行船”，“行则同行止则同止”。③整个船队由小船前行导航；佐将并带有“熟悉江路水营士兵多名”以便咨询，避免驶入岔河小港。可以想象，如在白天，太平军数千艘船只旌旗蔽空，浩浩荡荡；夜间则锣声、鼓声交相呼应，声震霄汉。这种巨大的声势，无怪沿途有不少守城清军望风而溃了。

行军中如发现敌情，由“胜角”(号角)发警，佐将挥旗指挥作战。敌情在前，“胜角由前面吹来，大旗挥动在前，中队后队知是前队水面有妖，各各催赶水手，赶紧摇船前去护阵；或分兵由岸上两边攻剿”。敌情在后，发警指挥反是，前、中队停船，兵士“概行装身，速即登岸，跟定大旗，护阵诛妖”。④

水营这一行军编队，由于统一指挥，统一行动，发挥了“船多人众”之长，避免缺乏战术素养之短，自武昌东下，直捣南京，太平军得益于这支集中指挥的水军甚多。1853 年 3 月 8 日，水营前队驶抵南京城下，“自新洲戴胜关上游夹江泊起，至七里洲下游夹江泊止”⑤。

---

① 《行军总要》一书，太平天国乙荣五年新刻。视其序言，当系将定都天京前后有关行军、查察、防敌等项条令汇编付刻，所以有关水营行军铺排，在 1855 年以前必已产生和执行。

② 事见《行军总要》“水路号令”目，见《太平天国》丛刊，第 2 册，418～419 页。

③ 《太平天国》丛刊，第 2 册，419 页。

④ 《太平天国》丛刊，第 2 册，420 页。

⑤ 谢介鹤：《金陵癸甲纪事略》，见《太平天国》丛刊，第 4 册，650 页。

3 月12 日，中后队船只“蔽江而来，分泊上河下关”①，直至静海寺。距仪凤门不足半里，将南京城四面包围。水陆两支军种协同作战，终于 3 月 19 日攻破仪凤门，次日全城得手。技术上的劣势为数量上、纪律上的优势所取代。太平军水营在沿江大进军中，提供了战争中这一常见的矛盾转化的例证。

三、水营的多种职能

水营作为太平军的专业军种，其职能应该主要是作战。但因太平天国实行军政合一的制度，所以水营除作战外，还兼有运输、巡查、戍守等多种职能。本节以天京水营为例，一反三隅，以窥全豹。

巡查是天京水营的日常工作，也是地方水营必不能少的任务。

太平军总部规定：凡水营船只湾泊处，均归水营自行负责巡查。当时的天京水营湾泊点限于资料，现已不可详知，但至少有四处可以确定：一是下关江口，此为水营指挥机构所在，泊船最多，巡查极严；二为水西门；三是汉西门；四为上河。② 四处都设有水师巡查总制、巡查军帅，负责“巡查河道来往船只，严拿私藏奸宄”③。

天京所有民船、师船统由水营管辖，实行船只统制政策。船一到即归水营所管；需用船向水营调拨。④ 为及时了解船只动向及保证安全，水营采取两种措施：一是实行船只登记制度，每条船领有船牌，开列船上乘员姓名、职务，类似户口制；二是实行行船船票验核制度，船票写明行船所乘人数和携带武器数量、去向等内容，由“沿途巡察官照数验收，不得多少，方准放行。如数不符，情形可疑，即行拿

---

① 张汝南：《金陵省难记略》，见《太平天国》丛刊，第 4 册，690 页。

② 参见滁浮道人：《金陵杂记》，见《太平天国》丛刊，第 4 册，634 页。

③ 《汇纂》卷八《伪文告》下，所刊录秦日纲发出之船票，见《太平天国》丛刊，第 3 册，239 页。

④ 参见《太平天国》丛刊，第 4 册，634 页。

究”①。凡调拨船只，专由头关提船将军负责。②

运输一项，是水营重要职能，也是对太平天国革命事业最重大的贡献。

水营的运输功能，自建营之初即有充分表现。攻克南京前，太平军处于流动作战状态，非战斗员、随军家属、辎重等均随主力流移，队伍庞杂，尾大不掉，常因此遭清追军截杀劫夺。永安突围时后队伤亡被俘达2000余人即为一例。妥善安置后队，成为行军作战中一大问题。自得船入江后，后队可以船载，“寸丝斗粟，靡有孑遗”③；弃武昌东下，“辎重妇稚置舟中，帆樯蔽江，陆军夹两岸行”④，敌人毫无应对之法。

定都天京后，运输更形繁重紧要。战时，水营船队运送陆营圣兵、红粉、火炮，保证西征战场的作战和给养；平时，又运送粮食和其他生活资料，供应天京军民生活之需。唐正财被封为“航王”，实在是当之无愧。

天京食粮，主要靠上游皖、鄂、赣、湘各省太平军占领区供应。⑤运粮关碍天国存亡大局。可以说，长江是太平天国的生命线，船运粮食则是生命线中流动着的血液。太平天国领导人对船运粮食一事，极为重视。东王杨秀清就曾屡颁诰谕指示运粮工作：

> 着尔某某乘坐水营左三军船一千三百条，配带兵士前赴江西南昌、湖北武昌一带，收贡收粮，解归天京，不得违误。
>
> 尔某官某弟用船一千八百条，将黄州汉阳妖魔惊走，所办粮

---

① 《太平天国》丛刊，第3册，239页。

② 参见《汇纂》卷三《伪官制》，见《太平天国》丛刊，第3册，105页。

③ 《盾鼻随闻录》卷二《楚寇纪略》，见《太平天国》丛刊，第4册，365页。

④ 王定安：《规复湖北篇》，见《湘军记》卷三，3页，光绪己丑仲秋江南书局刊板。

⑤ 《汇纂》说到太平军粮食来源时，称“以安徽、湖北、江西为大供给所，且一刻不能忘情于湖南。其注意上游，若婴儿之仰乳哺”。参见《汇纂》卷十《贼粮》“虏劫”条，《太平天国》丛刊，第3册，272页。

米，速用船全数装解天京，切勿违误，务宜灵变，不可为妖魔所抢。

从这些诰谕中可见：运粮船动辄千条以上，规模巨大。张德坚称太平军粮船“帆樯如织”并非夸张。水营船队一次运粮多少，目前无众多资料可证。唯有一条记载，可以据此类推。此即为东王诰谕北殿右二承宣张子朋：

> 江北黄陂、孝感、德安各处广有粮米，尔等能骇走妖魔、解到粮米二万三千石，全行收到，足见灵变有干。回空船四十五条，仍命后十三军正典圣粮屠福新配带兵士前来帮同杀妖。①

张子朋一次运粮23000石，数字并不算大。当时天京人数，据《汇纂》估计约50万②，但据《金陵癸甲纪事略》一文计算20余万③，两者出入很大。《纪事略》作者谢介鹤为当时留在天京而坚持反动立场之人，斯篇多为其亲闻目睹之事。其记天京人数，分别当地及外来各省人数，条缕清晰，比张德坚得之传闻，混而笼统的数字，具有较大可靠性。如将两说折中，假设天京人数25万，按太平天国规定每25人每七日给米200斤计，25万人每七日需米200万斤。每石米按民间习惯以150斤计，张子朋所运23000石共计米340万斤，可供天京25万人约10天的口粮。

张子朋所率粮船仅45艘，平均每船装米500石，若与前引东王诰谕中“左三军船一千三百条”，“某官某弟用船一千八百条”相比，属小型船队。当然，这千条以上的船只大小不一，与张子朋船队也不相同。若以10∶1计，也该有130和180条，如有粮可运，仍以每船装米500

---

① 以上三条材料见《汇纂》卷十《贼粮》“船运”条，见《太平天国》丛刊，第3册，275～276页。

② 《汇纂》卷十《贼粮》“仓库”条，见《太平天国》丛刊，第3册，278页。

③ 谢介鹤在《金陵癸甲纪事略》一书中，对天京男女馆人数做过两次分类统计，一是1853年夏季人数共计约25万；二是该年底天京人数共计20余万。见《太平天国》丛刊，第4册，655、659页。

石计，当可运粮 6 万至 9 万石。换言之，水营船队一次运粮能力的幅度为 23000 石至 9 万余石。考虑到张子朋船队过于小型，23000 石可能不是通常运粮能力的体现，按东王诰谕所列大型船队推测，太平军水营一次运粮的幅度，为 6 万至 9 万余石。这项数字虽属估计，但并非没有可能。

水营运粮船到达天京后，泊于仪凤门外，有专事搬运的人员搬至粮仓，其中不少是妇女。运粮以外，尚有运盐任务。盐船泊于汉西门外码头。① 其他如木料、银钱、货物及生活必需品也大都靠船运。② 水营的运输功能是大大发挥了的。

为统一调度船只和防止化公为私，太平军在天京设立三道关卡，称天朝提头关、提中关、提下关，实行查验放行制度。每关设正副职各一员。中关职同指挥，头、下两关职同将军，并受提中关统辖。各关备有查货关票、查船铁印，查毕给票，在船尾用白粉写明某关查过字样。提头关设于上河夹江，"主收发掳获民船战舰"③；并对上游回天京船只，根据上游太平军发出的货单查货。凡来船货单与船货不符，不足者不准进口，多余者作夹私充公。查毕发给查票，并给小黄旗一面上书提头关，盖印，插于船头，放至提中关。提中关设于仪凤门外鲜鱼港口河面，主查验成趸油盐米谷及一般衣物、零星银两、牲畜等。查讫后，货物由各主管典官派船随时取去，但每次均需查明注簿；成趸粗重货物查验后装放汉西门码头，由各典官派人搬取。提下关设于七里洲河内，主查验镇江、瓜洲等处来船。查验情形与提头关相同。据清方记载："如票货不符，仍有多余，轻则将押船逆目重责，如查有私藏金银，即将其捆送入城"④，严加处分。足见太平军对查验制度是和维护纪律联在一起考虑的。这一查验船货的措施，太平天国在上游占领区曾广为推行。据《金陵杂记》记载，太平、芜湖、安庆、九江、

① 参见谢介鹤：《金陵癸甲纪事略》，见《太平天国》丛刊，第 4 册，654 页。

② 参见滁浮道人：《金陵杂记》，见《太平天国》丛刊，第 4 册，636～637 页。

③ 《汇纂》卷三《伪官制》，见《太平天国》丛刊，第 3 册，105 页。

④ 《太平天国》丛刊，第 4 册，636～637 页。

武穴、武昌等处，每隔二三十里设卡查验，以致长江江面关卡林立，层层查核，执行得极为认真。太平军这种设卡查验制度，在中国农民战争史中是少见的，可以说是一种创造。

戍守的职责在于保持天京和镇江间水道畅行无阻；防备江北清军渡江与江南大营向荣部会合。

防区下自瓜洲，上至浦口，水营都派有船只来往梭巡。向荣奏称："闻该逆舣舟江北，亦无定所，瓜洲以上，随在皆有；江中贼船，大小不一，离合聚散，甚为诡密。"①足见戍守是经常而且认真的。水营的大量小船，集中在夹江口内。"上至双闸下至上新河、北河口、下关等处"都做了防卫措施。"用浮桥断路，复于江中沙洲安营设炮，以护浮桥；于南岸近船之处，环以木城，连营固守；夹江口外，厚集木牌，通连两岸，横截大江"②；同时在浦口一带分派大队船只，防备清军自东面上击。这样的布防，对缺乏水师的清军江南、江北大营来说，自是严密妥帖。敌人供认要攻南京，必"先从水上去其船只，使江宁、镇江、扬州三城"，"首尾不能兼顾"③。为达此目的，向荣竭力拼凑水师，甚至企图借洋船助剿。1854 年 8 月，几经周折，调来广东游击吴全美所部红单船 50 艘，由向荣、琦善分提，并以此为基础，另配拖罟、舢板等船组成水师，多次与太平军水营作战，对天京安全造成相当威胁。1855 年后，曾一度控制镇江至天京及浦口附近的江面。由于太平军水营船多人众，敌水师不仅无法突破天京太平军江防体系，而且也常常遭到太平军船队自镇江、瓜洲的两面袭击。敌人称："贼常出其整暇之势，以挠我围攻之军。故得突出以燔我，设备以诱我，乘城以戏我。即或一栅为我破，数舰为我沉，而援众霆激风驰，已犄我之

---

① 《向荣奏稿》卷二《在太平芜湖等处添造炮船片》，见《太平天国》丛刊，第 7 册，81 页。

② 《向荣奏稿》卷二《绘呈江中形势图说片》，见《太平天国》丛刊，第 7 册，91～92 页。

③ 《向荣奏稿》卷二《通筹全局先必清江面折》，见《太平天国》丛刊，第 7 册，95 页。

后。故……卒无尺寸之效。”[①]直到 1857 年 12 月底镇江、瓜洲失守后，形势才真正趋于紧张，浦口江面也被敌控制。次年 9、10 月间太平军李秀成、陈玉成部获得浦口战役胜利，打通京、浦江面，才转危为安。1860 年太平军再解京围，“京外长城妖穴扫荡一空，而九服(洑)洲妖艇亦于其时相率潜遁，南北两岸通行，京围立解”[②]。天京虽安危数度，江南大营清军始终未能攻克。究其原因，这与清军水师无能有关。曾国藩就说过：“侧闻红单师船，体质笨重，非大江狂风不能起椗，又不能接应陆战，不能巡哨汊河，金陵所以久而无功，亦由水师一面始终不得丝毫之助。”[③]这一讥评，确非全属攻讦之谈。

水营的多种职能，虽自有侧重，但不可或缺。把水营单纯归为运输一项职能，似不全面；若因水营是太平军的水上作战部队，所以强指其职能仅是作战，忽视运输一项对革命事业的重要性，称太平天国领导集团对加强水营作战能力极为重视云云，也是不得要领之谈。事实上，终水营始末，作战与运输一直是它的两项主要职能。但自 1856 年后水营的运输职能日见突出，作战功能则逐渐减退。

四、水营作战得失检讨

水营在战争中的表现，集中体现在太平天国革命的前期。时间虽不长，但对战争全局的影响甚大。

自武汉建营之日起，即为太平军开创了水上优势的局面，保证了进军南京的战略方针胜利实现。敌人供认：“贼仗船多惊我，所向无前，乘风急驶，飘忽靡常，一日行数十里，处处使我猝不及防，所欲城池，不战即得……我无船只，不能追剿，是比年贼之蹂躏沿江，几

---

① 陈庆年：《镇江剿平粤匪记》，见太平天国历史博物馆编：《太平天国史料丛编简辑》第 1 册，187～188 页，北京，中华书局，1961。

② 《李秀成致张洛行书》，见《太平天国》丛刊，第 2 册，722 页。

③ 《预筹三支水师折》，见《曾文正公全集·奏稿》第 2 册，336 页。

无御之之法，皆船多为害也。”①西征初期，太平军利用清军在皖、赣、鄂、湘沿江省份缺乏强大水师的弱点，连占安庆、桐城、庐州、田家镇、汉口、汉阳、湘潭等战略要地，敌人惊呼，“千舸百艘，游奕往来，长江千里，任其横行”②，牢牢控制了长江江面的制水权。

太平军水上优势的形成，对全军在速度、声势和机动等方面产生了极大好处。速度是作战的要诀。《孙子兵法》上所谓“兵贵胜，不贵久”③，“兵之情主速，乘人之不及，由不虞之道，攻其所不戒也”④，强调的就是速度问题。太平军因建立了水营，所以自武汉东下到兵临南京，千里之遥，只用了 28 天时间，创造了中国农民战争史上空前的进军速度。声势是战争中力量的表现。“胜者之战民也，若决积水于千仞之溪者，形也”⑤，就是指胜利者指挥军队作战，像决堤之水般冲向对方，显示出无限的声威。太平军利用船多人众的优势沿江作战，所向披靡，敌军望风奔溃，这和得益于声势是有极大关系的。机动就能审察形势，灵活自裕，“见可而进，知难而退”。水军船队飘忽无常，使太平军在水网地带作战如虎添翼。敌人深为惧怕，千方百计企图攻破太平军水营。自武汉东下时，清朝政府中就有人提出“宜用火攻”；咸丰帝也多次谕令向荣“趁风纵火，烧毁贼船，或募水摸，凿沉贼船”⑥；曾国藩自办团练之日起即花大力设厂造船，训练水师。在湘军水师未练成前，甚至不服从君命，拒不出战；及至军成出师，又把摧毁太平军水营作为重要的战略目标。在湘军对太平军作战的初期，表现出水战为主、陆战为辅的特点，全力争夺水上优势。1857 年，曾国藩丁父忧时，还诩称自己历年所办，“以水师为一大端”⑦，足见反革命方面十分重视水军在沿江作战中所处的重要地位。水上优势对敌我

---

① 《汇纂》卷五《伪军制》下，“水营”，见《太平天国》丛刊，第 3 册，142 页。

② 《暂缓赴鄂并请筹备战船折》，见《曾文正公全集·奏稿》第 2 册，28 页。

③ 《孙子兵法·作战篇》。

④ 《孙子兵法·九地篇》。

⑤ 《孙子兵法·形篇》。

⑥ 《向荣奏稿》卷一《武昌贼匪被击下窜率军追击折》，见《太平天国》丛刊，第 7 册，36 页。

⑦ 《报丁父忧折》，见《曾文正公全集·奏稿》第 2 册，275 页。

双方战略全局上的得失是具有严重影响的。

必须指出，太平军水上优势既非经激烈战斗、摧毁清军水上作战能力而形成，也非因训练水军、加强装备后巩固，而是在清军缺乏江防水师情况下，依靠征集大量民船后轻易取得。这就使太平军的水上优势具有明显的脆弱性。敌军缺船问题一旦解决，所募水勇稍加训练，即可对太平军水营造成威胁；太平军失船过多，无法补充，就可使水营逐步衰弱。如果主客两方面因素同时作用，太平军水上优势即将丧失。不幸，太平军水营正是在这种情况下，逐渐失去其控制江面的能力。这在西征中表现最为典型。

1854 年 3 月，湘军出师，与太平军甫经接触，即在湘阴西湖口对太平军水营小战获胜。紧接着，在 1854 年 4 月至 1855 年年初，连续与太平军四次大战。结果，太平军累计损失船只不下万艘。大量战船被焚，无法得到补充，太平军水营逐渐衰弱、敌我双方的水上优势渐趋逆转，西征军处于被动、失利紧张状态。造成这一严重后果的原因，一是湘军的反革命凶狠性，二是太平军自身在战略战术上的弱点。

1854 年 4 月底至 5 月初的湘潭靖港战役，是湘军与太平军之间第一个关键性战役。虽然曾国藩对这一战役的战略重点认识不足①，错误地把攻击点选在进攻靖港上，但他的着眼处则是企图消灭太平军水营船队。为此，他亲统湘军水师五营，表现出极大的冒险性和疯狂性。同年 7、8 月间的岳州城陵矶战役，曾国藩认为太平军舟船“累万盈千，非舟师莫能制其死命”②，决定以水师为主、陆营配合、水陆并进的作战方针。同年十月间的武汉战役，他又定三路并举之策，以罗泽南等陆营攻东岸花园太平军营地；魁玉、杨昌泗等陆营攻西岸虾蟆矶太平军大营；水师从大江中路冲击，三路中以水面一路为主力③；同年年

---

① 曾国藩在战役前对属下先攻湘潭还是先攻靖港的主张无法抉择，后接乡勇错误不实的情报，“忧湘潭久踞，思牵之”，表明他并不了解战役的关键所在，决策带有极大盲目性。事见王闿运：《湘军志·水师篇第六》。

② 《水师克复岳州南省已无贼踪折》，见《曾文正公全集·奏稿》第 2 册，52 页。

③ 参见《官军水陆大胜武汉两城同日克复折》，见《曾文正公全集·奏稿》第 2 册，76 页。

底至1855年年初田家镇战役时，曾国藩在陆营攻占半壁山后，即发起三路进攻，旨在摧毁田家镇太平军水上防御体系。① 曾国藩的这些作战方针，在实施过程中并非全部正确，也非每战必胜；但因为他能抓住决定战略全局的水军，认清水上优势在战略上的重要性，所以能在不利中争取有利，从失中求得。靖港之战，湘军水师大败，他察知水勇不可恃，立即重加整顿，不及三月蔚然成军；城陵矶一战，湘军水师损失惨重，他坚持从陆战中弥补水战损失。这些都表明曾国藩确是一个具有战略眼光，善于体察战争中得失关系的凶恶的反革命战略家。

对比之下，太平军西征战场上的领兵主帅就显得略逊一筹了。从战略上考察，太平军没有把力争水上优势作为全局性问题考虑，未能将消灭湘军水师作为主要战役目标，以致在重创湘军水师后，不能利用战机、积极扩张战果，反而使敌人获得喘息之机，重振水军，造成太平军大患；从战术上考察，太平军由于缺乏熟练指挥水陆联合作战的方面大将，作战中水陆协调、有机配合均呈呆滞刻板，基至出现水陆脱节的现象，以致造成水战全胜而无补于挽回陆战失败；水战失利而导致全局皆输的局面。

湘潭靖港战役是太平军上述弱点暴露的开端。战役开始前，太平军水陆主力均集结靖港；湘潭虽有2000余艘船只，但多系小划、民船。这在布局上已经主次倒置，缺乏战略眼光。因为湘潭得失是关系西征太平军西路军争夺湖南、南下两广的战略全局。西路军主帅石祥贞又不考虑湘潭、靖港间的协调作战，使战役一开始就形成互不关联各自为战的格局，将一个战役整体处理成两个截然分离的战斗。结果，水营虽在靖港大败曾国藩亲统的湘军水师五营，敌人一日内“战舰失去三分之一，炮械失去四分之一”②，但战略要地湘潭却告失守。靖港水营大胜成了孤立于战役全局的不起决定作用的一着；而湘潭被敌攻占，则迫使西路军收缩兵力于湘、鄂交界之处，进军两广的战略计划化为

---

① 参见《官军攻破田家镇逆贼烧尽复收蕲州折》，见《曾文正公全集·奏稿》第2册，98～99页。

② 《靖港败溃自请治罪折》，见《曾文正公全集·奏稿》第2册，48页。

泡影。两相比较，得不偿失。当4月28日，靖港太平军大败湘军水师时，湘潭战斗正在进行，石祥贞既未及时分军增援湘潭，又不乘胜追击曾国藩所统残师，坐失歼灭已严重削弱战斗力的湘军水师。战机丧失，贻误大局，更是有失无得了。

湘潭靖港之战在得失关系上的教训，太平军未能吸取。岳州城陵矶战役重蹈覆辙。这一战役大小14次战斗(据曾国藩奏稿统计)，呈现出胜负交叉、错综复杂的情况。从全局看，第一阶段岳州争夺战太平军水营胜少败多，但并未丧失战斗力。不料水营在小败之后，却撤出南津港，这就牵动岳州因无水面支援而无法坚守。7月25日，曾天养决定退出岳州，专守城陵矶。岳州一失，城陵矶成为无依托的孤城。战略上已处劣势。第二阶段城陵矶保卫战水营大胜，打死湘军水师诸汝航、夏銮和广东水师陈辉龙、沙镇邦；湘军水师二营被击溃，广东水师一营被全歼。曾国藩"伤心陨涕"①，痛不欲生。但太平军陆营却胜少败多。8月11日曾天养在战斗中牺牲。水营大胜无补于主帅阵亡所造成的损失，城陵矶随即失守。纵观这一战役的全过程，表面上水营得多失少，实际上所得胜利于全局无补；放弃南津港和退出岳州却是关碍全局的失着。若曾天养在第一阶段中不怕战船伤毁，全力和湘军水师抗争，坚守岳州不撤，那么整个战役必不致出现后来这样严重的局面。只要看太平军水营在第二阶段中大创湘军水师，即可知水营仍有作战潜力的。如调度得法，决心正确，在第一阶段未始不能打出好成绩来。可惜曾天养计不出此。他见水营一战而败，便轻率撤出岳州，企图利用城陵矶有利地形，设伏诱敌，聚而围歼。实际上，此举无疑投鼠忌器，束缚了太平军陆营的作战力，使自己陷于战略被动，不能不是失策。曾天养是太平军著名骁将，智勇双全，但在这一战役中，对水陆协同和水陆相依的关系考虑不周，造成失利败亡的惨痛结局。

1854年10月的武昌战役中，由于主帅措置不当，襄河内水营的4000艘船只竟未被投入战斗。及至武昌失陷，这些船只势成坐困。水

① 《水师失利陆军获胜折》，见《曾文正公全集·奏稿》第2册，60页。

手们虽奋力突围，但因不懂行船布阵之法，终于被敌全部焚毁。同年年底至翌年春，田家镇战役中，水营又蹈武昌战役之辙。当半壁山陆战时，秦日纲只顾将水营船只投入田镇江面防御，不发挥水面作战机动灵活的特长，以为只要江面设防牢固，田镇即可无虞。其实，半壁山是田镇的天然屏障。屏障一失，田镇即无藩可恃；水营船只按兵不动，无疑舍长就短，这种战略措置明显缺乏全局眼光。结果，湘军攻占半壁山后，以三路水师猛攻田镇江防，太平军陆营无法援救。虽自“牛肝矶炮台以下直至吴王庙尽锐抗拒，千炮环轰，子落如雨”①，但未能阻遏敌水师攻击。水面防御体系即遭破坏，水营船队被敌水师冲乱、焚毁，水营大败，田家镇随之失守。

以上四次水战表明，太平军无论在战略上、战术上对水陆联合作战均处幼稚阶段。主帅对战略全局胸无成竹，布置调度很不得法，对协同作战中水陆军间的相互依存、相互配合往往顾此失彼。得失间的考虑过于呆板，每战之后又不及时总结教训，造成了一误再误的被动态势。

此外，水营本身也暴露了不少弱点。一是作战素养太差。“水战诸法，茫然不解”②，遇战全队皆出，一处失利则全队奔溃，这与湘军水师经过训练确有不同。二是水营士兵之间存在矛盾。水营士兵以两湖人为基干，后来各方面船户水手都有加入，成分复杂，地域不一，带来了不少矛盾。这与湘军来源比较单一，讲求乡土情谊、便于统一步调也有所不同。更严重的是太平军领导集团间的矛盾影响到军队内部的团结。1854 年 3 月北殿承宣张子朋在湘潭激变水营事件，实际上就是杨、韦之间矛盾的一种反映，它发生在湘潭靖港战役前夕，对湘潭水营战斗力的影响是可以想象的，这些弱点和矛盾纵横交叉削弱了水营的战斗力。所以，当四次水战失船万艘之后，太平军水上优势遭到

---

① 《官军攻田家镇逆贼烧尽复收蕲州折》，见《曾文正公全集·奏稿》第 2 册，99 页。

② 《汇纂》卷四《伪军制》上，见《太平天国》丛刊，第 3 册，117 页。

了重大破坏，而反革命湘军也就得以吹嘘“水师名天下”①了。

在太平军领导集团中，洞察水营利弊，力图挽回水上优势，比较注意水战特点的当是翼王石达开。他根据敌之所长在于水师的情况，采取整顿太平军水营的措施，大胆改变多用民船、不加训练的弊病。自 1854 年 11 月起，“在安徽修造炮船，操习水战”②，以大小战船为基干，用民船、小划相配合，组成了一支有作战能力的水军。石达开又根据敌因胜而骄的状况，采取以逸待劳的战略，注意利用地形地物，讲究战术，终于在 1855 年 2 月湖口战役中，设计将湘军水师萧捷三所部三营锁入鄱阳湖内，肢解了湘军水师及其船队，挽回了西征军不利局面。湖口之战是太平军反败为胜具有战略意义的一次战役。战役的胜利，主要是依靠水战取得的；敌军之败，也败在水师受挫上。从每个战役局部来看，太平军自湘潭靖港战役起到田家镇战役止，连战皆败，完全是失着；湘军则连战皆捷，处处俱得。这种得失关系，虽有陆战的功劳，但关键在于水而不在于陆。从争夺天京上游的战略全局考虑，敌我双方的战略着眼处，理应紧抓水上优势。石达开正是从全局着眼，从加强水军作战能力入手，一战而挽回战役失利造成的颓势，争得全局皆活的良好效果；曾国藩在战役数胜后骄横自恃，湘军水师将领更忘乎所以，轻率盲动，终于一战而丧失战略主动权。湘军水师既遭肢解，东进南京的计划暂时已难实现，曾国藩只得率外江水师灰溜溜地退回九江。他瞻前顾后，“如坐针毡……不知回至上游，果尚足以御贼否?”③，几乎已经丧失信心了。毛泽东同志在《中国革命战争的战略问题》一文中曾指出过：“战争历史中有在连战皆捷之后吃了一个败仗以至全功尽弃的，有在吃了许多败仗之后打了一个胜仗因而开展新局面的。”④太平军和湘军的湖口之战，是中国近代军事史上，提供

① 王闿运：《湘军志・水师篇第六》，7 页。

② 《水师近日接仗情形折》，见《曾文正公全集・奏稿》第 2 册，143 页。

③ 《致诸弟(至江西整顿战船)》(咸丰年五年正月十八日)，见《曾文正公全集・家书》第 4 册，128 页。

④ 《毛泽东选集》(合订本)，160 页。

上述论断的一个极为典型的战例。它的得失关系决不是一场单纯的战斗所能计较的。

湖口之战后，太平军水营复振。紧接着又在九江击败曾国藩所统外江水师。曾国藩坐船被俘，逃至南昌，惊呼："自九江以上之隆平、武穴、田家镇直至蕲州，处处有贼船。"①太平军挥师西进，攻占汉阳、武昌。湖北巡抚胡林翼退屯金口。敌人称："当是时，长江汉河寇氛充斥，巡抚号令不出三十里。"②太平军水上优势趋于顶峰。

但是，这一优势保持不久，因天京变乱和石达开负气出走而发生根本性逆转。东线，由于镇江、两浦相继被敌占领，天京自九洑州以下江面失去控制；西线，由于九江失陷，湘军陷入鄱阳湖的内江水师冲出湖口，与外江水师会合而湘军水师重振。太平军西战场缺乏纵观全局的方面军统帅，战事屡告失利；水营因失船过多而无法补充，渐趋衰竭。自1858年起，两军间的战斗，已从水战为主转变为陆战为主。太平军水营虽多次和湘军水师作战，但战斗力大不如前，几乎每战均以失利告终。敌人对水营已毫无恐惊之心。1860年年底，曾国藩多次向清廷奏称太平军军威在陆而不在水："长江二千余里，上游安庆、芜湖等处有杨载福、彭玉麟之水师；下游扬州、镇江等处有吴全美、李德麟之水师，臣现又在长沙吴城等处添造师船，为明年驶走淮扬之用。是皖吴官军之单薄，在陆而不在水；金陵发逆之横行，亦在陆而不在水。"③到1861年下半年，长江江面基本上已被湘军控制，西线太平军已到了"江面实鲜炮船"④的严重困境，水上优势丧失殆尽。

东战场上，李秀成所部虽领有水营，并曾多次在杭、嘉、湖地区水面进行战斗，但水军实力不强，只能起到保卫水道，与各地清军、团练小规模接触的有限作用。至于收编的"枪船"，几乎从归顺之日起

① 《予诸弟(水师陷入内湖)》(咸丰五年正月初二日)，见《曾文正公全集·家书》第4册，127页。

② 王定安：《规复湖北篇》，见《湘军记》卷三，16页。

③ 《覆陈洋人助剿及采米运津折》，见《曾文正公全集·奏稿》第2册，369页。

④ 《覆陈购买外洋船炮折》，见《曾文正公全集·奏稿》第2册，417页。

就隐伏叛心，后来发展到企图阴谋叛乱的程度，被李秀成及时粉碎。在李秀成军中，还有英人呤唎组织、统带的一支小型船队，曾在无锡等地和清军水师战斗，呤唎等人还在1863年参加过九洑洲保卫战。战事失利后，他负伤回到了上海，这支船队也随之解体。

上述太平军水营在战争中的消长变化，说明水军对战争全局的得失有着重要影响。当太平军保持强大的水上优势时，水军配合陆军，灵活机动，战场的态势呈现生气勃勃的状况；一旦水上优势逆转，陆营失去水军护持、配合，无力控制江面，陆战的胜利也就受到局限，全局的趋势呈现被动、消极的态势。太平天国领导集团未能正确处理水陆依存的辩证关系，没有大力经营水军，无异自残一臂，在强敌面前吃了大亏。这不能不说是前人留给我们的一个惨痛教训。

原载中华书局近代史编辑室编《太平天国史学术讨论会论文选集》第2册，中华书局，1981年

太平军二破江南大营战役研究

在太平天国后期战史上，1860 年 2—5 月的二破江南大营，是一次策略巧妙、指挥卓越的战役。它解除了清军对天京的长期围困，同时也带来了某些不利于太平军战略全局的因素。以往不少研究者曾指出这次战役胜利的积极意义，但往往忽视它的消极方面。下面论述这次战役，侧重于从战略全局上衡量其得失、影响，期望得到大家指正。

一、太平军后期的战场形势与二破江南大营战役方针的确定

太平天国自 1856 年天京变乱后，战场形势渐趋恶化。西线，湘军乘机攻占天京上游屏障——武昌、九江及江西重镇吉安等处，向天京步步进逼，致使拱卫天京的战略要地安庆暴露在敌人军锋之下。东线，清江南大营挖掘长壕，对天京坚兵围困，并攻占镇江、瓜洲等下游屏障，江北大营则占夺浦口，威胁京浦粮道。太平军前期徜徉驰骋、往来裕如的局面，已成“明日黄花”。

1858 年，太平军发动浦口、三河战役，摧毁江北大营，歼灭湘军李续宾部，分别给东西两线敌军以重大打击，战场颓势基本扭转，但战略防御态势并未改变。

1859 年起，东线形势复趋恶化。首先是江南大营长壕掘成，对天京三面包围，致使天京“仅通浦口一线之路，车运北岸粮米以济京

用”①。紧接着，太平军叛将李昭寿引军东下，策反江浦守将答天豫薛之元，江浦、浦口沦于敌手，太平天国粮道中断，京内人心惶恐。李秀成在黄山闻变，率军星夜回救；正在安徽中部作战的陈玉成，接两浦危殆军报，也不得不移军东趋，与李秀成联合指挥两浦争夺战。战事旷日持久，从3月初旬打到年底，始告得手。京浦粮道虽通，江南大营对天京围困依旧。

西线形势虽不如东线险恶，但隐伏着严重危机。湘军自三河之战后，凶锋受挫，曾国藩却并未放弃进取安庆计划。1859年年底，他在湘军元气复苏之后，利用陈玉成主力离皖趋苏之机，会同胡林冀楚军分四路进军安庆，对桐城、舒城、庐州作廓清外围之战，安庆日益呈现险象。

在这种战场形势下，总理朝政的干王洪仁玕与副掌率忠王李秀成，自1859年12月下旬至翌年1月中旬，经多次讨论后，制定了力解京围的二破江南大营作战方针。其内容就是《洪仁玕自述》中所说的：“此时京围难以力攻，必向湖杭虚处力围其背，彼必返救湖杭，俟其撤兵远去，即行返旆自救，必获捷报也。”这个方针应该怎样评价？它的性质应该如何确定？

作为一个战役的指导方针来说，从它效法“围魏救赵”的故事，运用“诡诈”的策略思想②，采取攻其必救的战术手段，以达到解除京围的战役目标等项作战要点看，这是一个构想巧妙的卓越方针。从战役实施的效果看，太平军在这一方针指导下，做到了欲近而示敌以远，攻其无备，出其不意，分合变幻，夺取战役预定的作战成果，证明是一个成功的指导方针。但是，若把这个方针放在战略全局上衡量，可以看出它既非战略进攻的决策，也不是完全顾及战争全局的方针。

---

① 《洪仁玕自述》，见《太平天国》丛刊，第2册，851页。

② “诡诈”是中外军事理论中向为重视的策略要诀。《孙子兵法·计篇》称：“兵者，诡道也。故能而示之不能，用而示之不用，近而示之远，远而示之近……攻其无备，出其不意，此兵家之胜，不可先传也。”《孙子兵法·军争篇》说：“故兵以诈立，以利动，以分合为变者也。”克劳塞维茨所著《战争论》中，专有《诡诈》一章，并将它列为战略的一个内容。

首先，当时太平军在东西两线处处受制于清军。除李秀成一军屯于浦口外，陈玉成在安徽与楚军抗衡，杨辅清与湘军在池州殷家汇胶着，李世贤则被清军拖于南陵湾沚一带；天京因被江南大营围困，“朝内积谷无多”。无论从兵力上、物资上还是战机上，太平军都缺乏转入战略反攻的条件，二破江南大营战役只能属于积极防御性质，把它说成是“进入反攻阶段的战略方针”，显然是脱离战场总形势的乐观估量。

其次，尽管江南大营的继续存在是对天京的重大威胁，但大营7万余额兵军纪败坏，“将骄兵惰，终日酣嬉”①，能战者仅张国梁一军。只要天京粮道保持畅通，天京即使被围，于全局并不造成大患。当1860年2月李秀成离浦口去芜湖组织二破江南大营战役时，张国梁乘机攻占浦口外紧靠大江的防区和九袱洲一带，把天京“困如铁桶一般”②。胡林翼对此曾评论说：“东南成功尚早，我辈自行其志，不睬他人。”这虽说是敌方内部钩心斗角之词，但道出了东线在战略全局上的轻重位置。如果联系1853年以来江南大营对天京劳而无功的围困历史，胡林翼的上述说法并非纯属讥评。从战场形势的全局衡量，太平军真正的凶恶对手主要不是江南大营，而是正在围攻安庆的湘楚军。太平军最高统帅部把注意力集中在江南大营上，实际上是天京变乱后保守思想在军事上的反映。如果说，自从1853年攻下南京之后，以洪秀全为代表的太平天国领导集团，在思想上的进取性逐渐减退，保守性逐步上升。那么，天京变乱后清军屡次围攻天京的东线形势，就严重搅乱了洪秀全“爷哥朕幼，一统江山万万年”的帝王梦。于是，保住天京、解救京围，就成了洪秀全乃至李秀成等人的主导思想。从1853年11月的三汊河之战起，到1859年的两浦争夺战，太平军的东线战争几乎都是天京解围战。其中规模较大的，据李秀成在《自述》中的追忆就有五次。可见保守思想确实已经日益严重地制约和影响着军事斗争。天京作为太平天国的象征，当它被围时，当然必须解救。但是，

---

① 胡林翼：《饬各统带查办各营》，见《胡林翼全集·批札》卷三，49页，上海，大东书局，1936。

② 《李秀成自述》，见《太平天国》丛刊，第2册，807页。

从指导全局的角度看，应该有一个战略重点，绝不应该为保守天京而不顾全局疲于奔命。所以后来李秀成在《自述》中总结“天朝十误”时，沉痛地指出：“误不应专保天京，扯动各处兵马。”这确是从失败的痛苦中总结出的可贵教训，反映了军事上保守思想的危害。洪仁玕原是一介书生，军事非其所长，总理朝政不久，缺乏驾驭全局的魄力；李秀成虽属后起之秀，但既不具有统帅全局的权限，也缺少统帅全局的经验。他们把着眼点放在解救京围上，既合逻辑，也可理解。所以这个战役方针，正是保守思想指导下的产物。由此看来，说“消灭江南大营的决策，从战略思想言是完全正确的”，似乎只注意到天京被围必须解救的一面，忽视了太平天国领导集团中日益滋长的保守主义倾向，过高估计了统帅部的战略思想。

据上所述，我认为二破江南大营作为一个战役，具有攻势作战的积极防御性质，但作为战略整体的一部分，仍然没有超出消极防御的制约。

二、战役实施和战术特点

二破江南大营战役的实施，包括兵力部署、战斗发动和战役会战三个有机序列。

兵力部署，因现存资料缺乏，很难厘清，大体说采取统帅部和战役主帅两线并进的结构。约在 1860 年 2 月初，天京统帅部即行文通知太平军主力陈玉成、杨辅清、刘官芳、赖文鸿、古隆贤等部，令由池州进攻徽、宁、浙境清军，“为围魏救赵之计，俟大军空虚，即俟隙进兵”①，参加战役会战。同时，李秀成奔赴芜湖，组织李世贤部为佯攻兵力。这样，打破了通常先完成兵力集结再实施战役行动的惯例，争取了时间。

战斗发动，从 1860 年 2 月初李秀成、李世贤离芜湖执行作战计

① 赵烈文：《能静居士日记》卷四，见太平天国历史博物馆编：《太平天国史料丛编简辑》第 3 册，137～138 页，北京，中华书局，1962。

划，到 4 月 29 日各路主力进入会战地点，历时 80 余天。前后组成“虚攻湖杭”与“返旆自救”两个阶段。

第一阶段自李秀成、李世贤师出芜湖到 3 月 19 日攻占杭州，是为奔袭作战、占领佯攻目标，执行“向湖杭虚处力围其背”的战役要点。其战术特点是示敌以形、诱敌出穴。

这一阶段中，太平军的作战意图因敌军截获天京统帅部的调兵情报而有所察觉①，和春则因攻克九袱洲而专意围攻天京②，对李秀成用兵湖杭并不在意。但清廷却对太平军东下湖杭颇为恐慌。当李秀成军次宁国时，清廷即谕令和春于金陵南北各营抽拨精锐增援。③ 和春不得不派兵 2000 名进至高淳以观动静，大营兵力开始牵动。2 月 24 日，李秀成攻占广德，和春在清廷谕令催逼下，只得命高淳援军南下，另调 4000 人驻屯高淳。3 月 3 日，太平军攻克泗安，清廷又急令和春派兵“驰赴应援”，和春被迫派提督张玉良、总兵熊天喜、副将向奎统兵 6500 余名陆续赴浙，并命副将曾秉忠等率水陆军 3000 余名、战船六十号，“由苏、常驰往湖州堵剿”④。两江总督何桂清也派兵千余、长龙百号助攻。⑤ 可见敌人方面对是否增援浙省，态度有所不同：咸丰帝着眼于保全浙江，要和春分兵速援；和春则着眼于围困天京，对增援并不热心。太平军东进湖杭示敌以形，牵住了清朝中央的鼻子，一步步将江南大营有生力量引出巢穴。到太平军攻占泗安时，清军已有 2 万余人外调，致使“大营兵势不及四万，非桀骜即疲弱”⑥，诱敌出穴的目的基本实现。

第二阶段自 3 月 24 日太平军撤出杭州开始，到 4 月 29 日各路主

---

① 参见赵烈文：《能静居士日记》卷四，咸丰十年闰三月二十一日条。

② 陈乃乾《赵惠甫年谱》中对此事有所评论：“时方复九袱洲，绝其水道，官兵雄盛，视敌蔑如也”，颇能切中和春专意围攻天京、急于求成的心理。

③ 参见王先谦：《东华续录(咸丰朝)》卷九〇，光绪二十六年陶氏籀三仓室刻本。

④ 王先谦：《东华续录(咸丰朝)》卷九〇，45、49 页。

⑤ 参见《东南纪略》，见《太平天国》丛刊，第 5 册，231 页。

⑥ 谢绥之：《燐血丛钞》，见《中华文史论丛》增刊：《太平天国史料专辑》，399 页，上海，上海古籍出版社，1979。

力进入会战地点止，是为伺机撤退、主力集结、建平会师、拔除大营外围，以执行“返旆自救”的战役要点。从建平出师到各路主力进入会战地点，太平军的战术行动有下列几个特点。

第一，集中优势兵力。太平军统帅部调动了各路精锐10余万人；战役主帅又采取多路并进、分道攻取的作战方法，使战役进程声势雄壮、呼应有序。清政府从中央到地方，都在太平军“围魏救赵”策略下晕头转向，举措失宜。

第二，拔除敌之外围据点，缩紧包围圈。太平军各路主力按建平会议决定的进攻计划，从东、西、南三个方向同时推进，步步进逼大营。中路军杨辅清、刘官芳部于4月11日攻占东坝，揭开外围战序幕。接着，连克高淳、溧水，破坏大营第一道防线。4月23日攻下秣陵关，然后兵分两路，以杨辅清、黄文金为中路左翼；刘官芳、陈坤书为中路右翼，于29日攻占雨花台及高桥门，切断了江南大营的南路。右路军李秀成、李世贤部于4月13日攻占溧阳，然后也分兵两路，李世贤为右路右翼南下常州，攻占句容，“句容既失，大营后路已断”①；李秀成为右路左翼直逼淳化。28日，合李世贤、杨辅清部大败张国梁清军，占领淳化，扎营荆山山尾。大营自高资至石桥埠一线据点尽失，东北退路被切断。左路军陈玉成部自接会战指令后，于3月6日移军，经庐州、全椒、滁州于4月29日自西梁山渡过长江，经东梁山北趋当涂、板桥、头关，开至善桥，堵死了大营清军西窜渡江的可能。至此，太平军完全拔除大营外围据点，包抄合围战术胜利实现。

第三，虚实相间、分合变幻。太平军外围攻坚战的攻击方向时虚时实，三路主力时合时分，变幻莫测，出奇制胜。李世贤南下常州并向宜兴、丹阳示师是为虚，何桂清判断失误急调清军赴常增援，致使句容空虚，为太平军所攻取。李秀成乘何桂清抽调部队之机，自溧阳直趋赤山湖、直扑淳化是为实。及至何桂清发觉李世贤部仅是掩护之师时，李秀成已经向淳化部署攻击了。中路军杨辅清、刘官芳部始为

① 《粤匪纪略》，见太平天国历史博物馆编：《太平天国史料丛编简辑》第1册，53页。

合军进攻秣陵关，继而分军猛扑雨花台、高桥门，后又与右路军合军围攻淳化、马鞍山，使清军将领不知所措。太平军这种奇军制胜的战术，敌人称之为“诱敌则故示以弱而设伏以合围，冲坚则别出奇师而牵制以分势”①，深表叹服。

战役会战，自5月2日发动到6日结束战斗，基本上是速战速决。在天京守军配合下，太平军三路主力分十道向大营发动总攻。大营左翼首先被太平军左路军陈玉成部突破。5日夜间，和春、张国梁率溃军自马巷口向镇江方向逃窜。6日，江南大营被彻底摧毁，战役目标胜利实现。

纵观二破江南大营战役的全过程，其规模之大、历时之久、战术手段之多样变化，不仅在太平天国战史上，而且在中国近代军事史上，都是杰出的战例，显示了太平军能征善战的良好素质和战役主帅卓越的指挥才能。

三、二破江南大营战役在太平军战略全局上的得失及其影响

二破江南大营，对后期太平军的战略全局有重大意义。战役胜利的结果，粉碎了东线清军的战略据点，彻底拔除了自1853年3月起牢牢钉在天京郊外的钉子，天京长期被围的局面基本解除。江南大营的溃灭，使清王朝原定“上下夹攻，南北合击”②的方针遭到挫败，迫使清军在东线由战略进攻转入战略防御，敌军最高统帅部因此一度陷入指挥失宜、举措无当的状态，不得不倚重曾国藩及其湘军，从而对清军军事体制和政治权力结构产生了深远影响。太平军经此一战，“军威大振”③，不仅两线作战的不利态势完全改观，而且得到了集中兵力对

① 徐日襄：《庚申江阴东南常熟西北乡日记》，见《太平天国》丛刊，第5册，435页。

② 这是首任江南大营统帅向荣在临终遗折中提出的，为清政府所接受。参见《向荣奏稿》，见《太平天国》丛刊，第8册，672～674页。

③ 《李秀成自述》，见《太平天国》丛刊，第2册，809页。

付西线湘、楚军，由消极防御转入积极防御的可能性。

如同世界上一切事物无不具有两重性一样，二破江南大营战役也有弱点和缺陷。由于太平军最高统帅部对江南大营清军的作战能力估计过高，这次战役在集中兵力的问题上忽视了东西两线的有机配置。天京统帅部把主力陈玉成部东调参加会战，不适当地收缩西战场上的兵力，致使西线兵力过分薄弱，严重影响了太平军的战斗力。这是极为失策的战略部署。反观敌人方面，曾国藩颇能纵观全局，狡猾地利用东西两线清军战略协同造成的有利战机，及时决策。还在陈玉成会同李秀成进行两浦争夺战之时，他就向清廷提出经略全局的作战方针：

> 臣以为欲廓清诸路，必先攻破金陵……欲攻破金陵，必先驻重兵于滁、和，而后可以去金陵之外屏，断芜湖之粮路。欲驻兵滁、和，必先围安庆，以破陈逆之老巢，兼捣庐州，以攻陈逆之所必救。诚能围攻两处，略取旁县，该逆备多力分，不特不敢悉力北窜齐豫，并不敢一意东顾江浦六合。①

接着，湘军与楚军分四路东进。1860 年 2 月，湘、楚军开始对太湖、潜山、舒城等地发动攻势作战，安庆险象渐现。但天京统帅部对此竟置之不顾，下令陈玉成主力撤出安徽，参加会战。陈玉成只得率主力吴如孝、刘沧琳部东下。曾国藩遂乘机调湘军曾国荃部进逼安庆。安庆太平军守将叶芸来只能孤军坚守，处境险恶。可见集中兵力大有学问。太平军统帅部在二破江南大营战役的兵力部署上，存在着顾此失彼的缺点，其结果，种下了安庆失守的祸根。

由于太平军最高指挥部的战略思想在于力保天京，因此，这次战役规定的作战目的过于拘谨，只图解围，不图歼敌，致使二破江南大营的战役会战缺乏追击阶段，成了击溃战而不是歼灭战。一般来说，一个进攻性的战役会战，其“胜利的主要果实要在追击中才能得到，因此，追击在进攻会战中自然要比在防御会战中更是整个行动的不可缺

---

① 《遵旨悉心筹酌折》，见《曾文正公全集·奏稿》第 2 册，325 页。

少的部分”①。当5月5日太平军在正面和侧翼取得大胜，和春、张国梁在马巷口突围向镇江方向逃窜时，李秀成没有下达追击令。次日，战役即告结束。这次经过精心组织的战役，仅使“和、张军死者三五千，散者多也”②，未能彻底歼灭敌人。大营溃兵流窜镇江，转从东南，不能不说是太平军统帅部失策的表现。

上述有利与不利的两种因素对当时战局的影响同时存在。太平军统帅部如能扬长避短，充分利用战役胜利所造成的有利条件——东线敌人处于防御态势，无力组织强力攻击——克服消极因素，后期的战场形势必将朝着有利于太平军的方向发展。但是，太平天国领导集团不能善以自处，在战役胜利的冲击下，做出了错误的判断和决策，致使战役胜利带来的有利因素被抵消，不利因素和消极方面却恶性发展。

在一片庆贺声中，天京最高统帅部召开军事会议，讨论下一步“进取良策”。会上，围绕着太平军基本打击方向应确定在哪里的问题产生了分歧。洪仁玕在李秀成支持下，提出了经营江浙、西取武昌的战略构想：

> 为今之计，自天京而论，北距川、陕，西距长城，南距云、贵、两粤，俱有五六千里之遥，惟东距苏、杭、上海，不及千里之远。厚薄之势既殊，而乘胜下取，其功易成。一俟下路既得，即取百万买置小火轮二十个，沿长江上取，另发兵一枝，由南进江西；发兵一枝，由北进蕲黄，合取湖北，则长江两岸俱为我有，则根本可久大矣。③

大多数研究者把这个构想称为“完全正确的战略方针”。其实，只要深入分析就可看出，这是一条错误的方针。

---

① ［德］克劳塞维茨：《战争论》第3卷，中国人民解放军军事科学院译，788页。

② 《李秀成自述》，见《太平天国》丛刊，第2册，809页。

③ 《洪仁玕自述》，见《太平天国》丛刊，第2册，852页。

第一，按照这个战略构想，太平军最高统帅部是把夺取苏杭作为第一战略目的，把西征湖北作为第二战略目的。如果说西征是为了解救安庆之危，那么从当时的战略全局看，这一构想显然是主次颠倒、轻重失宜的。苏、杭、上海虽在天京下游，腹地辽阔，物产富饶，得之可以解决太平军粮饷和后勤供应，使天京有一个战略支撑点。但一则此处为中外反革命重要据点，水陆交通极为发达，从战略上说是敌所必争之地，从战术上看是易得不易固守之区。二则此处与太平军主要占领区安徽腹地不相连接，即使得之，势必重新形成两条战线，造成分兵的不利态势。得失相衡，弊多利少。尤其从当时太平军的主要战略任务看，至关重要者不在另辟根据地，而在集中全力解救天京上游仅存的屏障安庆之危。安庆“实为天京之锁钥而保障其安全者，一落在妖手，即可为攻我之基础。……安庆一日无恙，则天京一日无险”①。既然洪仁玕对安庆的重要性并非不知，那么置解围安庆于次要地位，从战略全局衡量，不能说是正确的。

第二，按照这个构想设计的战役部署，要在东取苏、杭、上海之后再实行西征，无论从时间上、策略上说，都无法达到解围的安庆目的。从时间上说，东取苏、杭、上海，规定一月成事，然后立即西征，似乎并不碍事。不少研究者也以此认为，若李秀成坚决执行统帅部规定，一月之后回师西征，必能使湘、楚军分兵回救武昌，安庆之围当可不战自解。其实这是主观推论，它忽视了两个基本事实：一是东征根本不可能在一个月内实现战役目的。东征是从 5 月 15 日开始的。若按统帅部一月回军的命令，应在 6 月 15 日结束战事。当时，李秀成部正攻占昆山，距上海尚远，更毋论杭州了。显然，天王洪秀全规定一个月内拿下苏、杭、上海，是不切实际的急躁冒进的决定。这样，东征的作战目标和实现目标所限定的时间发生了尖锐的矛盾：要实现战役目标，势必违反一月回军的命令；要执行一月回军的命令，势必放弃或部分放弃统帅部规定的战役目标。李秀成在两难之间选择了前者。6 月 15 日占领昆山之后，坚持向上海进军，虽说自有打算，但也并非

① 《洪仁玕自述》，见《太平天国》丛刊，第 2 册，853 页。

完全自作主张。① 二是西征武昌所需的时间和急待解救的安庆形势也有矛盾。假设李秀成严格执行一月回军的命令，在6月15日从昆山回师进行西征，按后来陈玉成西征进军的速度计算，至少也要3个月的时间②，即在1860年9月下旬才能打到武昌。可是这时的安庆已经十分危险了。不仅外围尽失，湘军军锋已及集贤关；而且曾国藩已实授两江总督，统筹大江南北水陆各军。在这种态势下，太平军能否攻克安庆外围、击退敌军，已经很难预料。可知，把东征作为第一战略目标，把西取武昌为安庆解危作为第二战略目标，在时间上是丧失战机的。

从策略上说，曾国藩早已认定安庆是他的战略目标，志在必得，任何情况都不能使他自动撤围。江南大营溃灭后，清廷担忧太平军挥师东进，江南不保，饷源被切断，曾屡次谕令曾国藩分军往援苏、常。曾国藩却婉拒君命，既不愿分兵，更不愿撤围。苏、常未失前，他以兵力单薄，“此刻安庆贼势尚强”为由，不肯分兵东救；苏、常既失后，他更以“安庆一军目前关系淮南之全局，将来即为克复金陵之张本”，声称安庆之围“不可遽撤”。③ 即使当后来李秀成在二次西征中军次黟县，祁门湘军大营一片慌乱时，有人劝正在安庆前线的曾国荃“辍安庆围”，回救祁门。但曾国荃力排众议，指出：“贼正欲牵我耳，奈何为所误?”④一如乃兄，绝不撤围。所以太平军设计的二次西征以解安庆之危的策略，曾国藩尽管可以承认“此次贼救安庆，取势乃在千里之外……贼之善于用兵，似较前年更悍”，表示钦佩。但他不为所动，仍抱定“力求破安庆一门，此外皆不遽之争得失”。⑤ 太平军企图袭用“围魏救赵”的老谱以诱湘军撤围安庆西救武昌，对于老谋深算而又痛闻和春、张国梁军败身死的曾国藩，是很难奏效的。

---

① 李秀成不执行一月回军的命令，除上举矛盾外，和他企图经营江浙有关。

② 陈玉成自1860年9月13日离天京进行第二次西征，到次年3月18日进占黄州府，历时半年。若除去因二次西征贻误了三个月的时间，使陈玉成西进受到不应受的阻碍，那么要到达湖北，也需三个月左右。

③ 《统筹全局并办理大概情形折》，见《曾文正公全集·奏稿》第2册，331页。

④ 王定安：《规复安徽篇》，见《湘军记》卷六。

⑤ 《谕曾纪泽》，见《曾文正公全集·家训》第4册，20页。

战略方针和策略方针的关系是极为复杂的一对矛盾，要处理好这对矛盾很不容易。“有时候策略的胜利可以促进战略任务的执行”，“也有这样的时候，策略胜利的直接效果十分辉煌，但是这种胜利和战略的可能性不相适应，因而造成了对整个战局有致命危险的‘意外’局势”。① 因此，一个战役指挥员可以组织局部地区的有声有色的战斗，但未必能真正体察战略全局的关系。事实表明，尽管东征苏杭使太平军获得了江南富庶的根据地，一时成果辉煌；尽管西征武昌一度军锋直指胡林翼的老巢，引起过敌军的一度惶恐；但是，这些对太平军后期的战略全局并无根本补益，太平军终于未能在开辟苏杭根据地后实现攻下武昌、取得江南半壁的战略目标，也未能实现解除安庆之危的策略方针。相反，安庆一失，湘军立即压江而下，以令洪仁玕等意料不及的速度进攻天京。太平军对此“毫无预备”②，天京再度陷入敌之包围。苏浙根据地得之仓促，政权建设收效甚微，潜伏着严重的动乱因素。中外反动派不仅阻挠太平军东进上海，西取浙江，而且不断进犯苏福省和浙东地区，造成太平军两线作战的不利态势。在此情况下，苏福省很难成为天京的巩固后方，终于在三年之后完全失去；太平军最高指挥部原定“长江两岸俱为我有”的战略目标化为泡影。由此可见，上述战略方针和它所设计的战役步骤、策略方针，由于主次颠倒，轻重失宜，而贻误战机，丢失了二破江南大营后形成的有利条件，扩大了这一战役原有的不利因素和消极方面，从而对全局产生了“致命危险的意外局势”。范文澜曾指出：“江浙的军事胜利，反加速南京的陷落”③，这个论断是极有见地的。

值得深思的是，为什么太平军二破江南大营后，在安庆已遭敌军严重攻击的情况下，洪秀全、洪仁玕、李秀成等全都一致主张首先东征？根本原因在于二破江南大营胜利后，君臣们都被战役胜利冲昏了头脑，滋长了轻敌麻痹思想和急躁冒进情绪，把“开疆拓土”作为战略

---

① 《斯大林全集》第5卷，137页。

② 《洪仁玕自述》，见《太平天国》丛刊，第2册，854页。

③ 范文澜：《中国近代史(上编第一分册)》，139页。

目标，从消极防御的军事保守主义，转化为不顾全局的军事冒险主义。

首先，二破江南大营战役胜利，使洪秀全“信天不信人”的宗教迷信思想恶性发展。本来是一场依靠无数血肉之躯进行拼死斗争夺得的胜利，被洪秀全看作冥冥之中的上帝安排、扶持的结果。李秀成事后曾不无抱怨地回顾说：“自六解京围之后，我主格外不由人奏，俱信天灵，诏言有天不有人也。”因而，对有功人员，“未降诏奖励战臣，并未令外战臣见驾，朝臣亦是未见。我主不问政事，只是教人认实天情，自有升平之局”。① 宗教迷信使他日益丧失对战场全局的正确判断力，而一心想望“天父上帝降凡间，暨爷哥带朕坐江山”的皇权思想，又生发出“普天大下通是爷哥朕土，通要收复取回”的自大情绪。② 他之所以会发出一月内实现东征苏杭上海的诏令，就是要李秀成尽快夺下苏杭富庶之区后，再攻占长江两岸，以应验他梦见上帝助他“收得城池地土”的预兆。宗教迷信伴和着帝王思想所煽起的急躁冒险情绪，不但脱离了当时的战场形势，而且违背了力量对比的客观实际，那是无法用“重点还是在西路”的溢美之词所能够掩饰的。

其次，二破江南大营的胜利，也使洪仁玕、李秀成忘掉了西线的严重战局。洪仁玕在制定二破江南大营战役方针时，还能意识到西线的敌情严重，规定实施战役时应注意“此刻重在解京，不重在得地”③。但是战役胜利后却产生了“其时天朝内因太平安静，绝无忧患可虞”④的轻敌麻痹思想，竟然致力于如何夺取“长江两岸”，并把此事看作“根本可久大”的头等大事。

李秀成的思想脉络既有与洪仁玕相一致的表现，又有自己的盘算之处。他在二破江南大营胜利后写给征北主将、捻军首领张洛行的信中说：“窃思京都地临大江南北，原有金城汤池之固，然必铲平南方妖

---

① 《李秀成自述》，见《太平天国》丛刊，第 2 册，810 页。

② 《收得城池地土梦兆诏》，见太平天国历史博物馆编：《太平天国文书汇编》，50 页，北京，中华书局，1979。

③ 《洪仁玕自述》，见《太平天国》丛刊，第 2 册，852 页。

④ 《洪仁玕自述》，见《太平天国》丛刊，第 2 册，853 页。

穴，可奠盘石之安。故今拟定指日率师下扫苏、杭、常、镇，冀图开疆拓土，而寰宇肃清。”①把进军苏、杭视为开疆拓土，以巩固天国的社稷，这与洪仁玕“根本可久大”的思想是相同的。所以他在天京军事会议上不支持陈玉成“意在救安省、侍王意取闽浙”的意见，独从干王洪仁玕所议。但是，李秀成对江浙富庶之区也有个人打算。当时，太平天国内轻外重之势已经形成，太平军方面大将都有自己的地区。李秀成长期在安徽南北征战，与陈玉成的防区犬牙交错。1859年年底夺回两浦后，他屯军浦口，无形中离开了安徽地盘；他的堂弟侍王李世贤又在江西活动。这样，进军江浙对李秀成获取新的地盘是有吸引力的。迨至他取得苏、常，便视之为自己的领地，恋栈之意溢于言表，以致对西征武昌极为勉强，甚至军次武昌县后，竟私自退兵，返军浙江。这种行为，连李世贤也深为不满，曾指出：“我军不守安徽省而走入浙江，是第一失着。”②这是对李秀成的责难，也是对二破江南大营后太平军战略得失关系入木三分的自我反省。

以上情况说明，军事上的冒险主义和保守主义，在农民战争中实际上共同源于农民领袖的皇权主义思想。在中国农民战争史上，不少农民起义军在建立政权后，往往改初起时积极进攻为保守防御的战略；而在防御中取得若干重大胜利后，又缺乏坚韧不拔的精神进行顽强的持久战，直到敌人在进攻中被逐步消耗有生力量时才不失时机转入战略反攻。他们往往企图速胜，采取冒险主义的方针，组织对长远目标不利的进攻或决战，这也是农民战争往往陷于失败的军事斗争上的原因。太平天国在二破江南大营前后的表现，提供了这一常见现象的明显例证。

二破江南大营战役的胜利，是太平天国后期军事形势的巅峰。它的消极方面本来是可以在认真体察战略全局的主次缓急关系后予以消除解决的。可惜的是，太平军最高统帅部做出了错误处置，致使战役

---

① 太平天国历史博物馆编：《太平天国文书汇编》，246～247页。

② 《侍王李世贤密札》，见王崇武、黎世清辑译：《太平天国史料译丛》第1辑，33页，上海，神州国光社，1954。

胜利后未能进入更高的峰巅，而使大好局面付之东流，战场形势每况愈下。二次西征的流产和安庆的失守，标志着太平军走向失败阶段的开始。作为东征苏杭、西取武昌战略方针提出者的洪仁玕，也因此而受到革职除爵的处分。当他接到安庆失守的军报时，才清醒地意识到这是太平军一个“最大的损失”；而当陈玉成牺牲的消息传来，他更预感“英王一去，军势军威同时堕落，全部瓦解”。苏浙根据地的夺取与拓土开疆既无助于全局形势的发展，那么天京军事会议研究“进取良策”时，他没有重视“英王意在救安省”的意见，确实铸下了大错。但是，这岂止是他个人的错误？这是一个历史注定不能领导中国革命到达胜利的阶级，在军事斗争中经不起胜利冲击的表现。

应该谨慎地对待战役胜利，应该把战役胜利放在战略全局上衡量以保持清醒的头脑。这就是研究二破江南大营战役获得的历史借鉴。

原载《历史研究》1982 年第 3 期

上海城市民众和上海小刀会起义

在太平天国农民起义影响下，1853—1855年的上海小刀会起义，是由秘密结社领导下的一次城市反清武装起义。这次起义，既折射出中国近代开端时期城市民众运动的历史特点，又反映了上海城市近代化初期的若干社会、经济、文化特征。下面侧重于对这些特点进行历史考察，以求教于方家。

一、开埠前上海港口贸易和城市民众的职业、阶层结构

上海早在被迫开埠前的百余年间，已经从一个默默无闻的小镇逐步演变为中国东南沿海商品经济发达的港口城市。乾隆年间的上海港，已经呈现出繁盛的景象，“城东门外，舳舻相接，帆墙比栉”①，“往来海舶，皆入黄浦编号，海外百货俱集”②。至嘉庆、道光年间，“闽、广、辽、沈之货，鳞萃羽集，远及西洋暹逻之舟，岁亦间至，地大物博，号称繁剧，诚江海之通津、东南之都会也”③。

作为港口城市，航运业一直是上海经济发展的支柱。江南的棉花、土布、生丝、茶叶、食糖，北方的豆、麦、豆饼、油、枣、土产，都依靠沙船、卫船、估船、乌船、蜑船等北往南来，内运外联。其中，

---

① 《上海县志·序言》，乾隆朝刻本。

② 叶梦珠：《阅世篇》卷三，来新夏点校，82页，上海，上海古籍出版社，1981。

③ 《上海县志·风俗》，嘉庆朝刻本。

尤以上海的沙船业最为重要。[①] 嘉道年间，“沙船聚于上海约三千五六百号，其船大者载官斛三千石，小者千五六百石。船主皆崇明、通州、海门、南汇、宝山、上海土著之富民。每造一船须银七八千两，其多者至一主有船四五十号，故名曰船商”[②]。道光初，沙船数量一度减少。但自海运南漕之后，商人为图利又添造大船，数量回升到三千艘左右。其载货量以关东一石合江南通用石约 2.5 石计，又按 20 石以一吨计，则大号 375 吨；小号为 180 余吨。若平均每船为 250 吨，三千艘的一次货运总量可达 70 万吨左右。[③] 一般情况下，沙船一年中南北往返为三至四次[④]，则三千艘沙船的全年运货总量当在 210 万吨至 280 万吨。这对上海的经济发展，确实起了巨大的推动作用。

随着港口贸易的发展，上海县城的商业也日渐繁荣。生丝、茶叶、棉花、布匹、豆麦、南北干货及钱庄、票号等行业，都已经成为开埠前上海的重要商业门类。各类业主纷纷以同乡为依托，以同业为基础，组成各种会馆、公所，维系本乡来沪移民，维护本行商业利益。据统计，上海开埠前已建立的各省或地区性的同乡性团体——会馆，有 11 个；同业性的团体——公所，有 16 个。[⑤]

会馆虽以同乡相结合，但仍兼具业帮的性质，即所谓“以敦乡谊，以辑同帮”；而公所则主要是工商业主的行帮组织。在名称上，两者有互用的现象，如应是同乡性质的浙绍公所就不称会馆；应是同业性质商船会馆却不称公所。但无论是会馆或是公所，都是开埠前上海社会

---

① 沙船之名，始于明代嘉靖初，属平底船系统，以其船底平阔，沙面可行可泊，稍搁无碍，是故成为江南行驶北洋航线的主要船只。

② 包世臣：《海运南漕议》，见《安吴四种》卷一。

③ 关于上海沙船的一年载货量，本文据许涤新、吴承明主编《中国资本主义发展史》第 1 卷第 655 页的换算标准计算。本文则据包世臣《海运南漕议》估算为二千石，即二百吨。

④ 参见齐学裘：《见闻续笔》卷三，光绪二年天空海阔之居刻本；钱泳：《履园丛话》卷四，北京，中华书局，1979。

⑤ 参见徐鼎新：《旧上海工商会馆、公所、同业公会的历史考察》及文内附表，见上海市地方志办公室编：《上海研究论丛》第 5 辑，上海，上海社会科学院出版社，1990。

经济和社会生活的重要团体。以经济而论，既有以行业区分的会馆公所，如钱业公所、布业公所、商船会馆、豆业公所等，又有以乡籍组成的包括不同行业商人在内的会馆公所，如潮州会馆、浙绍公所、泉漳会馆、江西会馆等。即使在商业行会性的同业公所中，除大量由牙行商人组成外，也有少量的私商组成的行会，如青蓝大布业商人的布业公所，闽籍桂圆、黑枣业商人的桂圆公所；还有手工业者组成的行会，如成衣业的成衣公所。各行各业都在各自的行会中统一步调，展开对行外的竞争；同行同业间的内部矛盾，可以通过行会进行协调解决；封建官府的无厌勒索，可以通过行会进行集体抵制。① 作为封建社会晚期的商人行会组织，成了社会经济生活中的重要杠杆。

以社会运作而论，同乡团体的会馆，是消纳城市游民，维护社会安定的重要组织。上海的同乡会馆中，粤闽籍占多数，次为浙、皖、鲁、赣、晋各籍。各籍会馆都把办理善举如救济、安置来沪同乡，设置义冢、义地殡葬客死上海的同乡人等作为重要事务，这就在事实上使会馆成为上海城市社会生活中的稳定因素，而封建官府也常常通过会馆对社会上的游民进行约束和管理。可以说，会馆起了社会秩序正常运作的调节机制的作用。会馆、公所的董事，也就凭借乡帮的声势、行帮的实力，以邑绅的面目，上可勾通官府，下可和辑同乡、约束同业，成了当时上海城市居民中颇有地位的人物。

随着商业的发展，上海的人口也有了迅速增长。据统计，上海县在雍正年间约有人口 40 余万。嘉庆十五年(1810)，上升到 52 万余人。② 到鸦片战争前夕，已经达到 60 余万人③，其中居住在县城及其附近者约 20 余万人④。

---

① 据《上海碑刻资料选辑》第 46 号碑文所记："乃布行之名立，而衙胥虎视，辄借官买，以恣婪索"，致使"庄户标商，徙业罢市"。康熙十二年，上海县、华亭县布牙 27 户，联合布商具禀上控，反对胥吏勒索，起到了保护同行利益的作用。

② 参见《松江府续志》卷一四《天赋志·户口》，光绪十年修刊本。

③ 参见赵文林、谢淑君：《中国人口史》，386 页，北京，人民出版社，1988。

④ 参见张仲礼主编：《东南沿海城市与中国近代化》，663 页，上海，上海人民出版社，1996。

这20余万人中，绝大部分应是上海县城内居住的城市民众，或称作市民。他们中有相当数量是客籍移民。时人称："上邑濒海之区，南通闽粤，北达辽左，商贾云集，帆墙如织，素号五方杂处。"①可见上海早在开埠前就是一个"五方杂处"的移民城市。虽然，现有史料很难说明土客居民的人数与比例，更难说明开埠前上海城市民众的职业、阶层结构，但是，通过对现有资料的分析，大体上尚能看出若干端倪。

第一，从开埠前上海会馆、公所反映的上海工商业主籍贯及行业构成看，客籍工商业主地域广泛、实力强大；但土客相比，土著工商业行会数量仍占优势。

上海的客籍商民，就地域言：广东籍会馆二个，即潮州会馆和揭普丰会馆，代表潮州府属三县(后为八县)及揭阳、普宁、丰顺三县商民；福建籍会馆二个，即泉漳会馆、建汀会馆，代表福州、泉州、漳州、汀州、建宁商民；浙江籍会馆三个，即浙绍会馆、四明公所、浙宁会馆，代表绍兴、宁波二府商民；此外，山东、山西、安徽、江西四省各有会馆一个。其中泉漳会馆，"在上海商界具有举足轻重的地位"②；广东帮商人则"长期控制鸦片、烟草、砂糖、洋布、洋杂货等重要行业"③；而票号业则几乎完全被山西帮垄断。

从上海开埠前已有的16个同业公所看，可以确定由土著商民组建的有：崇明籍的商船会馆，上海籍的布业公所④、猪业公所香雪堂、药业公所即药王庙(也称和义堂)、钱庄商人的钱业总公所、油豆饼业公所萃秀堂、北货行公所(亦称南阜公墅)、京货帽业公所、南市花业

---

① 毛祥麟：《三略汇编》，见上海社会科学院研究所编：《上海小刀会起义史料汇编》，982页，上海，上海人民出版社，1980。以下简称《汇编》。

② 徐鼎新：《旧上海工商会馆、公所、同业公会的历史考察》，见洪泽主编：《上海研究论丛》第5辑，83页。

③ 徐鼎新：《旧上海工商会馆、公所、同业公会的历史考察》，见洪泽主编：《上海研究论丛》第5辑，84页。

④ 布业公所在邑庙豫园得月楼。清人王萃和称："国朝康熙年，园归邑庙，庙后得月楼，属之布业。"见上海博物馆图书资料室编：《上海碑刻资料选辑》，第94号碑文，上海，上海人民出版社，1980。

公所清芬堂、裁缝的成衣公所轩辕殿。[①] 可见在16个同业行会中，土著商人的行会组织共10个占了大多数。据此，似可推论出上海市民中的商人，土著比客籍人多。无论是客籍或是土著商人，在封建社会中都没有特权，列为“士、农、工、商”的四民之末，社会地位很低。但由于他们有一定的经济实力，在资本主义萌芽相对发达的上海，仍然可算作市民中的中等阶层。至于会馆、公所的董事，则大多被视为“邑绅”，属于市民中的上层分子。

第二，随着上海商业的繁荣，各行各业商号、店铺中的雇员、帮工、学徒等数量不少，他们也是上海市民构成中的一个重要组成部分。同样由于缺乏资料，这一群体在开埠前的确切数字无从得知，但若从情理推论，当数倍于业主。据我估算，上海开埠前约有店铺2000余家，店员包括学徒在8000～10000人。[②] 这些店员则是属于被雇佣的劳动者，是市民中的下层。

第三，伴随着城市航运业的发展，上海还有数量众多的船员和码头苦力，他们中的大多数人流寓上海，成为上海开埠前的城市居民。

船员主要来自上海的沙船业。通常，每艘沙船都雇有舵工(老大)、水手和管船(耆民)。大号沙船有这类船员30余人，小号则十五六人不等[③]；也有史料称：“船上工人多则二十余人，少则十余

---

① 以上各行会，均据姚文枬等纂《上海县续志》卷三《建置》下《会馆公所》所记内容，确定为上海土著商人所建。

② 若以一业有二店计，上海11个会馆则共有店铺1200个，店员2400名。此外，上海16个同业团体，以一业50个店铺计，共有店800个，店员1600名。这样估计，我认为店铺总数虽有过高之嫌，但与20余万市民总数的比例保持在1%左右，大体上还说得过去，可是店员的估计显然偏低。因为较大的店铺如银楼业、海货业、参药业、钱业、票号业、布业等雇员决不止一人；更何况还有作为廉价乃至不支付工资的学徒。所以若以一店平均四名店员(包括学徒)计，2000个店铺，应有店员8000名。考虑到若干大型店铺及重要行业如沙船业，雇员更多，故概算在8000～10000人。上述估算如果合理，那么开埠前上海的土客籍工商业主当在2000人左右，占上海城市居民的比例为1%。

③ 参见唐振常主编：《上海史》，102页，上海，上海人民出版社，1989。

人”①。以每船平均 20 人计算，三千艘沙船的船员 6 万人左右。他们与船主(老板)的关系是雇佣关系，实行按技术等级进行分红的工资制度②，是自由身份的劳动者。由于上海是沙船的聚泊地，为生计所需，他们中的多数人很可能寄居上海县城。考虑到他们职业的流动性较大，作为上海城市民众，大部分人可能没有编氓入册，成了市民中无籍但有职业的特殊群体，称他们为流民是可以成立的，但他们决非游民。

码头苦力是指依靠港口转运维生的挑夫(杠夫)和箩工。这批人来自上海县城附近农村，是一批脱离了农业生产、专靠装卸货物为职业的苦力群体。其内部往往以行业或地域分界，由夫头带领装卸，一般都不准无业游民随意插入，以确保自己的工作机会。人数估计在一二万左右。③ 由于他们来自农村，估计大部分人不居住在县城里。但从上海港货物转运的繁忙程度分析，从他们的职业特点和内部分行分界的组织状况看，这批码头苦力经常乃至每天都在上海港口劳动，成了不是市民的市民。直到上海开埠、租界设立并不断扩张时，他们才成为真正意义上的上海市民。从他们的职业说，他们应是近代码头工人的前身。

第四，像其他商品经济比较发达的城市一样，开埠前的上海，因港口贸易的繁荣，县城内还潴留着数量可观的无业游民。这一群体，从籍贯说，以闽、粤籍居多。这与上海客籍移民中，以闽粤籍地域最广泛的状况是一致的。他们利用同乡关系，纷纷来上海求业觅食；及至无职业可就，便依托同乡会馆，在上海潴留不去，形成既无固定居所，又无职业的游民群。从原有身份说，除一部分原是在籍农民、城镇贫民外，不少人是失业的海船水手，也有一部分是私盐贩子和鸦片

---

① 据沙船老大薛金林回忆，转引自萧国亮：《清代上海沙船业资本主义萌芽的历史考察》，见南京大学历史系明清史研究室编：《中国资本主义萌芽问题论文集》，433 页，南京，江苏人民出版社，1983。

② 据沙船老大薛金林回忆，转引自萧国亮：《清代上海沙船业资本主义萌芽的历史考察》，见南京大学历史系明清史研究室编：《中国资本主义萌芽问题论文集》，434 页。

③ 参见唐振常主编：《上海史》，150 页。

走私者。他们在上海潴留后，或以偷盗、赌博为谋生手段，或以勾串当地恶势力从事贩运鸦片、私盐等非法活动为糊口之资。这部分人，往往逞勇好斗，聚众寻衅乃至杀人越货，成了城市发展中的赘疣，社会的不安定因素。

除上述四类群体之外，还有其他人群如家庭佣工、妓女、不入行会的小商人和小手工业者等。由于他们与本文需要侧重研究的问题关系不大，故暂不详论。

必需指出，流寓上海的客籍人，他们都以同籍同乡为纽带，只有原籍贯的乡情认同，没有对上海这块居留地的“公共空间”的认同；同样，土著居民对客籍移民，也没有发生乡土亲情的认同，双方在人脉关系的深层意识中，都把对方视作外地人。换言之，虽然上海在开埠前已经是个移民城市，但上海市民还远未形成文化社会学意义上的“上海人”这一整合形象。所谓上海城市民众，仅仅是“五方杂处”于上海县城内的不同省籍的庞杂人群。除土著居民外，清政府并没有认为他们是上海人。指出这一历史特点和梳理出上述四类民众群体，不仅有助于理解以下各节的论述主旨，而且对了解近代前中国其他移民城市的市民状况和形象，有借鉴意义。

二、开埠后上海社会结构的变动与转型

1843 年上海开埠后十年间，得益于优越的地理位置和中外相安的政治局面①，经济发展进入了一个新的阶段。

首先是在港口贸易方面，由一个主要是与沿海各省及内地转口贸易的内向型埠际贸易港，一跃而取代广州对外贸易的传统地位，成为

① 所谓“中外相安”的政治局面，是指《南京条约》规定的五个口岸相继开埠后与外国的关系。上海开埠后没有类似广州那样反对洋人入城的问题，而是执行了“于俯顺夷情之中示以限制”的富有弹性的对外方针；并在 1845 年制定有关外人居留地的上海第一个《土地章程》，奠定了“中外相安”的基本格局。有关这一问题，可参见我的论文《1843—1847 年广州与上海对外关系的探讨》，载《现代与传统》(广州)，1994 年第 2 辑。

中国最大的外向型港口。统计资料表明，作为中国传统出口商品的生丝茶叶两大项中，丝的出口量在1846年超过广州，以后就一直保持着绝对优势①；茶叶出口量在1852年开始超过广州，以后除个别年份略低于广州外，也一直居领先地位。上海的出口在整个中国的出口比重中，由1846年的1/7增长到1851年的1/3，“而在紧接的以后几年中就大大超过全国出口的半数以上”②。上海作为全国最重要的对外贸易口岸的地位，在19世纪50年代中期已经不可移易地确立了下来。

其次是上海的商业无论在行业或营销方式方面，在外国资本主义冲击下都发生了结构性变化，标志着上海的经济发展开始脱出自己原有的轨道，被纳入外国经济附庸的体系之中。

早在开埠前，上海就被外国侵略者认为是“东亚的主要商业中心”。开埠后，外国商人纷纷抢滩上海。1844年，来到上海的外国商船有44艘，1849年为133艘，到1852年9月底已达182艘；与此同时，随着租界的开辟和最初扩张，外国洋行也不断增加，到19世纪50年代，上海已有洋行120多家。③ 怡和、宝顺、仁记、泰来、泰和等洋行相继设立。1848年，英国的丽如银行也在上海开设分行，成为外国资本主义金融业楔入上海的标志。

上海开埠后的最初十年中，外国输入的商品主要是机制棉纺织品。外商通过“以货易货”的方式，换回中国的丝、茶和布；也有采取现银交易和期票方式进行，“而以物物交易最普遍，现银交易最少”④。随着洋布销路的渐次拓展，从1850年起，上海陆续出现了几家专营洋布的内庄批发和零售的清洋布店。它们虽从原有经营日用百货、棉布、西药及国产手工业品的京广杂货业分离出来，但性质完全不同，是依

---

① 参见姚贤镐编：《中国近代对外贸易史资料(1840—1895)》第1册，527页，北京，中华书局，1962。

② “个别年份”是指1854年，该年广州出口茶叶共59025100磅，上海共50344000磅。

③ 参见[美]马士：《中华帝国对外关系史》第1卷，张汇文、章巽、倪徵噢等合译，403页，北京，生活·读书·新知三联书店，1957。

④ 姚贤镐编：《中国近代对外贸易史资料(1840—1895)》第1册，402页。

靠销售外来洋布为专业的，与外国机制棉纺织品的输入攸切相关。由于洋布销势日益看好，各地商人竞相在上海采购转运，上海因此成了洋布分销的中心。

清洋布业以外，新的洋杂货业于1850年起也在上海出现。这类被称为“广货店”的商号，最多是由广东来的粤商开设的，主要经营外国的工业制品如肥皂、毛毯、围巾、自鸣钟、玻璃制品、洋钉、洋针等。① 这一行业，可说是近代百货业的雏形。

随着丝茶的大量出口，上海自开埠之初起就有经营丝茶出口贸易的茶号、茶栈，经营者以浙、闽产茶区的茶商为多。经营出口丝的丝栈、丝号，在19世纪50年代时，往往与茶栈、茶号结合在一起，苏州帮丝商因“辑里丝”备受外国青睐而具实力。

可见，上海在开埠后的最初十年里，经济发展的总趋势是日益和外国资本主义的商品输出相联结，社会经济生活开始与资本主义世界相联系了。

鸦片走私日见猖獗是上海开埠后出现的又一个新局面。早在开埠前，上海就是中国沿海鸦片走私的重要口岸，但鸦片走私的基地在广州。随着上海开埠后取代广州成为对外贸易中心地位的确立，鸦片走私基地也由广州转移到了上海。设在外滩的各家外国洋行，几乎每家都从事鸦片贩卖，有的如英国的怡和洋行、宝顺洋行等都把贩运鸦片作为主要业务。驶进黄浦的每一条外国商船，没有一条不夹带鸦片，甚至公然以鸦片交换丝、茶。据统计，1847年输入上海的鸦片共16500箱，1849年即增至22981箱。这一年输入的鸦片总值超过了各国在上海的合法贸易总值一倍以上。② 从吴淞口转销各地的鸦片，吸引着无数国内外的鸦片贩子，使上海成了毒品贩运的罪恶渊薮。

---

① 参见许涤新、吴承明主编：《中国资本主义发展史·第二卷：旧民主主义革命时期的中国资本主义》，207～210页，北京，人民出版社，1990。

② 据英国驻沪领事阿礼国在1850年4月向驻华公使文翰的报告称：1849年各国在上海合法输入品共值1209322镑，而同年鸦片输入共值2960059镑。见姚贤镐编：《中国近代对外贸易史资料(1840—1895)》，第1册，523页。

开埠后最初十年间上海经济发展的上述新格局，对上海城市的近代化和城市民众的群体结构，产生了重要影响。就城市近代化言，由于外国殖民势力的经营，租界特别是濒临黄浦江的外滩地段，开始出现不少西洋建筑，外国洋行都忙着为自己建造巍峨的楼宇；租界的主要道路也按照西方的马路样式修筑了起来；公共设施如跑马场、图书馆、学校、教堂等也相继建立。① 一个曾在开埠之初到过上海的英国学者，在1852年旧地重游时看到上海的新景象后说："更使我惊异的是江岸的外观。我曾听说上海已经建造了许多英、美的洋行，我上次离开中国时，的确有一二家洋行正在建筑；但是现在，在破烂的中国小屋地区，在棉田及坟地上，已经建起一座规模巨大的新的城市了。"②问题是这块被称为"新的城市"的地段，不是处于县城内而是在租界中。上海县城本身并没有因开埠而走出旧式城市的格局，它管理无序，街巷交叉，垃圾成堆，道路狭窄。所以严格地说，上海城市的近代化，主要是租界的近代化。当然，租界的存在和发展，是上海县城居民认识西方的窗口，对市民意识的萌发在客观上是有促进意义的。③ 租界先于华界近代化的现象，在所有的开埠口岸城市中都是普遍存在的，上海只是起步得更早、更快，从而表现得更明显、更充分而已。

就居民结构而言，随着外国资本主义势力在上海的登陆，上海出现了令人注目的外籍移民。1843年年底只有26人，到1851年达到了265人。④ 这些外侨，除英、法、美的领事馆官员以及为他们服务的仆役外，主要是商人；此外还有少量的传教士。他们都住在租界内，

---

① 参见刘惠吾编：《上海近代史(上)》，79～81页，上海，华东师范大学出版社，1985。

② Robert Fortune, *A Journey to the Tea Countries of China*, pp. 12-13, 1852，译文转引自唐振常主编：《上海史》，154页。

③ 参见熊月之：《上海租界与上海社会思想变迁》，见上海市地方志办公室编：《上海研究论丛》第2辑，124～145页，上海，上海社会科学院出版社，1989。

④ 参见邹依仁：《旧上海人口变迁的研究》，141页，上海，上海人民出版社，1980；唐振常主编：《上海史》，148页。

而当时租界是采取华洋分居的原则，不准华人定居的，因此他们与县城居民的生活没有直接关联。

此外，适应着外国资本主义进行商业活动的需要，上海出现了一批为外商服务的买办。这批人的具体数目至今未见统计，但若以19世纪50年代上海已有洋行120家作为统计参数，考虑到一家洋行不止有一个买办，而有的买办一人又兼为几家洋行服务的复杂情况，估计至少应在百人左右。他们中的大多数人原是广东十三洋行的买办和通事，上海开埠后转而来上海重操旧业；也有少量来自浙江、福建而略懂外语的人，被雇为买办者。他们周旋于华商与洋商之间，获取佣金与回扣，收益可观，生活富裕，成为有钱、有地位、有势力的一群。这种经济地位和社会关系，决定了他们在小刀会起义中不可能对起义者予以支持和同情。乡土亲情在这一群体中已经被经济利益所淡化，现存史料中，也找不出买办参与起义的记载。

除上述两种新出现的城市民众群体外，原有民众群体中受冲击最大的是沙船业主与耆舵水手。由于开埠后日见增加的外国商船对旧式航运业构成严重威胁，沙船业大受影响，“轮船畅行，华船利为外夺，以致沿海商船寥寥，船主生计顿蹙”①，大批船工水手因之失业。直到1847年清政府再次试行南漕海运之后，沙船被雇为代运漕粮，才摆脱困境，得以复苏，耆舵水手也因此重获就业机会，不致颠沛流离成为无业游民。② 在上海小刀会起义中，他们不是参与者。

其次是由于上海成为外贸中心，使内地及沿海省份不少商人到上海经商定居，加入城市居民的队伍。这都使上海城市居民中客籍商民的比重有所增长。商人的增加，对社会秩序的安定是个有利因素。一般情况下，他们反对动乱，有渴望身家财产安全的强烈要求；只有在特殊原因支配下，他们中的一些人才会卷入动乱之中。

---

① 中国科学院历史研究所编：《刘坤一遗集》第2册，682页，北京，中华书局，1959。

② 参见戴鞍钢：《上海与晚清漕运变革》，见上海市地方志办公室编：《上海研究论丛》第2辑，54页。

最后，也是最值得注意的是游民群体膨胀与扩大。开埠后上海游民的新来源和新成分，一是因丝、茶传统出口路线改变而遭致失业的闽、广沿线挑夫；二是因灾荒逃难来沪的邻近地区和上海四郊的灾民；三是闽、广、浙省因航运业衰落而流入上海的海船水手；还有一批为外国人服务的车夫、马伙、家庭仆役，一旦去职便成为无业可就的游民。1853 年小刀会起义前，一批原拟投奔清军江南大营的闽、广籍破产农民和手工业者，在被清军拒收或遣散后，也加入了上海的游民队伍。①

在日形膨胀的游民群中，以原有职业言，则以失业的海船水手、船民为最多；从籍贯看，仍以闽、广籍为多数，据美国传教士晏玛大(M. T. Yates)估计："上海约有广东帮八万人，福建帮六万人。"②其中属于无业游民者，保守地估计，"也在二三万之间"③。这两三万闽广无业游民，加上本地无业无籍的土著和客籍流民以及江湖流丐等，形成了一个庞大的失业群体。他们"游手好闲，各分党翼"④。原先周恤、吸纳他们的各个同乡组织会馆，已经无力消化、安抚，失去了作为社会秩序调节器的作用；封建官府更难以有效控制和管理，"当事无敢严诘"⑤，成了一股严重失控的社会力量。

综上所述，开埠初期的上海，已经开始了社会结构的变动和转型。伴随着上海对外贸易中心地位的确立，上海的经济结构逐步朝着外国资本主义经济附庸的方向发展；社会阶层结构突破了传统士、农、工、商的分野；大量游民群的形成，说明了上海和东南沿海口岸城市中，农民、手工业者与独立劳动者是外国资本主义侵蚀最直接的受害者，他们被挤压到了社会最底层。当客籍游民大量流入上海，而上海的社会生活又无法容纳他们时，便成了社会现存秩序的冲击力量。

---

① 参见袁祖志：《随园琐记》，见《汇编》，1019 页；胡人凤：《法华乡志》，见《汇编》，96 页。

② ［英］兰宁(G. Lanning)、［英］柯林(S. Couling)：《上海史》，见《汇编》，759 页。

③ 周育民：《开埠初期上海游民阶层研究》，载《近代史研究》，1992(5)。

④ 《上海县志》卷一一，11 页，同治朝刻本。

⑤ 毛祥麟：《三略汇编》，见《汇编》，983 页。

事实上，游民对上海社会秩序的冲击，早已有所表现。1842 年当英军攻陷吴淞炮台时，上海就发生了游民“毁官署，肆行抢掠，城中大乱”①的暴动。事后，清方奏报中认定参加暴动的主要是闽广游民。②开埠后，1848 年的“青浦教案”中，也有闽广水手参与其中。1851 年上海发生反对英国侵略者强占土地、修筑跑马厅的大规模市民反抗斗争，闽广帮商人和闽帮水手成了斗争的主力，外国侵略者惊呼：“造成了不只一次的暴动事件”③。1853 年太平军占领南京后，上海震动。上海道吴健彰为了防止太平军南下，企图利用势成失控的游民办在沪各籍团练，后因经费无着又宣布解散。“团练既罢，游民无所归”④，使本已严重的游民问题，雪上加霜。他们一方面因受外国资本主义的挤压而失业，颠沛流离，对侵略者怀着深深的怨愤，另一方面因无业可就而生计困难，温饱无着，对贫富不匀的社会现实积蓄着满腔怒火。朦胧的反抗意识，伴和着求生本能，常使他们铤而走险，成了秘密会社得以滋生的温床。上海小刀会就是在各籍游民，特别是闽广游民中迅速发展、成长壮大起来的。

三、城市武装起义的特点和社会各阶层的表现

作为城市反清武装起义，上海小刀会起义有如下几个不同于农民起义的特点。

第一，参加者地域广泛，但仍以乡帮结合为不同地域集团。太平天国农民起义的成员虽也来自五湖四海，具有广泛地域性；内部虽也有两广老弟兄和其他省份新弟兄、“老长毛”和“新长毛”的区分，但同乡亲情的认同远不如上海小刀会强烈。史料记载，上海小刀会内部有

---

① 《上海县志》卷一一，31 页，同治朝刻本。

② 参见《上海县志》卷一一，5 页，同治朝刻本。

③ [英]兰宁、[英]柯林：《上海史》第 5 章，转引自方诗铭、刘修明：《上海小刀会起义的社会基础和历史特点》，载《历史学》，1979(3)。

④ 《上海小刀会起事本末》，见《汇编》，36 页。

七帮或七党之说：如《上海小刀会起事本末》称："小刀会有七党，闽、广有五党，宁波、上海各为一党"①；外国人办的《遐迩贯珍》报道说："会中复判七党：闽则曰建，曰兴化；粤则曰广，曰潮，曰嘉应；浙则曰宁波，而土著则上海也。"②也有史料称："初六日，贼匪榜示县堂，有七帮，首广州，次潮州，次嘉应，次南京，次安徽，次宁波，次庙帮，而福建不与焉。其实福建亦自有一帮，为首者李姓，与广首刘姓不合，故榜示不书建帮。"③这条史料中的"庙帮"，即是上海本地帮派。虽然上述史料对七帮的说法稍有歧异，但对参加县城起义的成员都以乡帮为判别是明确的，各帮中以闽、广籍为多数也是相同的。这种情况反映了移民城市的居民文化心态上缺乏共同的认同，近代市民意识滞后于城市近代化的特点。移民在城市里为了生存需要，往往都以同乡又同业的会馆为依托，互为奥援、互助互济，会馆和行会成了城市的主要社会组织。所以七党或七帮之说，实际上反映的是县城内存在的"闽、广、宁、上等七会馆"④。所以在起义前，代表这四个地域乡帮的会馆、公所董事，成为与官府交结的各帮代言人，而天地会、小刀会及各帮会也在会馆掩护下发展组织，扩张势力；起义后，各籍会馆董事则在起义政权机构里担任要职，成为起义军的重要领导成员。

第二，参加者阶层广泛，但仍以游民和城市贫民为主体、主力。不同的乡帮中，包含着广泛的城市民众群体。其中有工商业主，如福建小刀会首领之一"闽党之谋主"李仙云，即是泉漳会馆董事，另一首领李咸池，曾为糖业掮客，又经营棉花行贸易，"其先世在沪贸易起家"⑤。天地会主要骨干、小刀会起义之初"攻掠多出其谋"⑥的广东人李绍熙，既是开设茶栈的茶商，又是嘉应公所董事，并捐得候补县丞；

① 《上海小刀会起事本末》，见《汇编》，36 页。

② 《遐迩贯珍》，见《汇编》，128 页。

③ 姚际唐：《避氛后集》，见《汇编》，1040 页。

④ 王崇武：《清方文告辑录》，见《汇编》，192 页。

⑤ 毛祥麟：《三略汇编》，见《汇编》，987 页。

⑥ 王韬：《瓮牖余谈》卷七《记李少卿事》，见《汇编》，1024 页。

沪董徐渭仁为本地邑绅，祖母曾贩卖过玉器珠宝；上海沙船业巨商郁松年虽未参加起义，但在起义之初先后捐赠 18 万两银子。① 除这些头面人物外，小刀会起义时，“闽、广商人从乱如归”②，成了起义的拥护者。

有曾受雇于外国人的通事、工人、马夫等下层劳动者。如小刀会起义的第一领袖刘丽川，“尝为夷商通事”③；起义时以副元帅名义发布告示的陈阿林，“以前曾做过英国领事和其他本地居民的马夫”④；起义后封为元帅的潘起亮，“始为洋人服役”⑤。所以外国人在谈到上海小刀会起义时大多指出：“他们的领袖大部分都曾充当过外国人的经纪人或替外国人服务过”⑥。

有闽、广水手和船户。据《北华捷报》报道：“其时有一、二百艘福建沙船上的船夫，几乎都是秘密会党的徒众。”⑦英国人斯嘉兹《在华十二年》也说：“策动和进行叛乱的是广东、福建两帮，而福建沙船上的船夫，却是叛党的主体。”⑧清方禀报称：“闽、广无业游民，撑驾马蹄杉板小船，在于黄浦摇摆……此次闽、广匪徒滋事，船户弃舟从逆。”⑨

有鸦片走私者。清方奏报称：“城中贼首，又皆向日贩卖烟土，与该夷多旧相识。”⑩袁祖志《随园琐记》说：“闽广之奸民流落江南者，以

① 参见《上海小刀会起事本末》，见《汇编》，36 页。

② 太平天国历史博物馆编：《吴煦档案选编》第 4 辑，83 页，南京，江苏人民出版社，1983。

③ 黄本铨：《枭林小史》，见《汇编》，973 页。

④ [葡]特瑞修(C. A. Montalto de Jesus)：《上海史》，见《汇编》，733 页。

⑤ 吴绍箕：《四梦汇谈》，见《汇编》，1017 页。

⑥ 王崇武辑译：《上海怡和洋行致香港总行的信》，见《汇编》，503 页。

⑦ 《北华捷报(选译)》，见《汇编》，53 页。

⑧ [英]约翰·斯嘉兹(John Scarth)：《在华十二年》，见《汇编》，545 页。

⑨ 太平天国历史博物馆编：《吴煦档案选编》第 4 辑，83 页。

⑩ 《江苏巡抚许乃钊奏》[咸丰四年六月十三日(1854 年 7 月 7 日)]，见《汇编》，249 页。

护送鸦片烟土为业。”[①]小刀会不少领袖如陈阿林、林阿福、陈阿六、李仙云、李绍熙、李爽轩等，“平素皆卖烟聚赌”[②]。李绍熙在起义前夕，曾“贩烟土至吴淞被抢”，通过青浦抗粮农民领袖周立春出面调解，“周令还货”，才免受损失。为此，李绍熙发展了周立春加入刘丽川的天地会。[③] 至于刘丽川，现有材料未见他参与鸦片走私，但不少史料说他吸食鸦片。

此外，还有个别以训蒙为业的塾师[④]、少量华侨和若干逃亡的外国水手或水兵[⑤]。

上述城市民众群体，除闽广商人及会馆董事可划为类似西方的中产阶层外，绝大多数人属于既无恒业、又未编氓入户的游民无产者和城市贫民阶层，他们是小刀会起义的主体和主力军。这与以农民为主体、主力的太平天国起义，明显不同。商人之所以在小刀会起义中“从乱如归”，除有同乡的地域认同因素外，还反映了洋货大量入侵对他们造成的压力和危机感。“洋货”对他们，不啻是“洋害”，迫使他们脱出希望有个安定的商业环境的常轨。游民和贫民则从身历的困厄中，体察到现存秩序的不公和腐败：“有钱生，无钱死，衙门竟同市肆；朘民膏，剥民脂，官府直如盗贼”，“贪官污吏，布满市朝”。[⑥] 这种反叛情绪一遇机会就会释放和发泄，于是求生的需要变为造反起义的政治对抗。所以上述两种社会阶层参加起义的事实，反映了开埠初期上海经济近代化的背后，隐藏着深刻的阶级矛盾和社会危机。

---

① 袁祖志：《随园琐记》，见《汇编》，1022 页。

② 毛祥麟：《三略汇编》，见《汇编》，985 页。

③ 参见《松江府续志》，见《汇编》，968 页。

④ 如起义后任参谋的本地人吴兰台，“向训蒙童以糊口”。参见《上海小刀会起事本末》，见《汇编》，45～46 页。

⑤ 据梅朋(C. B. Maybon)、弗莱台(J. Fredet)《上海法租界史》称：“他们的群众构成分子是当时停泊本埠的广东和福建帆船上的水手，新加坡的华侨……也有英、法、丹、美等国商船或兵船上的逃亡水手或水兵，以及马来亚、马尼剌、澳门等地的游民”，见《汇编》，788 页。

⑥ 《平胡大都督李示》，见《汇编》，5 页；《大明国统理政教天下招讨大元帅刘示》，见《汇编》，4 页。

第三，起义军采取了正确的城市政策，受到市民，尤其是商民的拥护与同情。在城市中，商业和商人是社会生活的主体。城市武装起义要在夺得城市后站稳脚跟，必须有正确的城市政策，尤其需要有正确的商业政策。在上海这样一个开埠通商的口岸城市中，还包含着如何对待租界和外国侨民的内容。应该说，上海小刀会起义在城市政策上，处理得比太平天国好。早在起义之初，起义政权就宣布："军令如山，秋毫无犯"，"不得取民间一物，不得奸民间一女，违者重究"，"不听号令者斩，奸淫妇女者斩，掳掠财物者斩，偷盗猪狗者斩"。① 这些纪律作为维持城市正常秩序的运作，既是约束义军的需要，也是城市政策的一部分，具有双重意义。小刀会起义军在夺取县城后，纪律是良好的。外国人称赞他们"纪律严明，并不随便乱杀老百姓"②。斯嘉兹说："我不知道，如果在其他国家，同一类型的人们起来反抗官方的统治，会不会具有上海叛党相同的崇高行为，采取与上海叛党相同的方式来维持秩序呢?"③地主文人的记载中也说："并不扰害居民"④；"不掳财物，不淫妇女"⑤；"号令极严，如有抢夺，随即正法示众"⑥。良好的纪律，获得了市民的支持和拥护，四乡农民也纷纷涌入县城参军，起义军队伍扩展到了两三万人。

对于城市管理，起义政权宣布："城厢内外，勿用惊迁，士农工商，各安常业。"⑦他们不仅不像太平天国在城市中取缔商业，而且还鸣锣通告各店照常开帐营业，派人维持市面秩序；没有像太平天国那样将城市居民分为男行、女行，将百工统一编制，而是一切照旧，还"收留江湖一切流丐人等，陆续收罗民人"，参加义军者给予工资，"每

---

① 《平胡大都督李示》，见《汇编》，5页；《大明国统理政教天下招讨大元帅刘示》，见《汇编》，4页。

② 王崇武辑译：《上海怡和洋行致香港总行的信》，见《汇编》，503页。

③ [英]约翰·斯嘉兹：《在华十二年》，见《汇编》，569～570页。

④ 姚济：《苟全近录》，见《汇编》，1131页。

⑤ 《上海小刀会起事本末》，见《汇编》，43页。

⑥ 佚名：《忆昭楼洪杨奏稿》，见《汇编》，148页。

⑦ 《大明国统理政教天下招讨大元帅刘示》，见《汇编》，4页。

名工食钱五百文”，并差人“采办米石”。[①] 这些措施，保证了城内正常商业的进行，某些行业如清洋布店，在1853—1854年还开设了协丰、恒兴等11家字号，投资人除两店为上海绅董外，其余都是浙江籍人氏。[②] 这些商号虽不一定设在城内，但即使如此，也可说明起义军并不破坏商业和干涉商业活动。

对租界和外国侨民，起义政权采取不干涉政策。所以在起义后的相当时间内，确保了上海作为进出口贸易港的地位。中外贸易虽因战争而有所缩减，但仍在上海港进行集散。外国商人虽感到生意难做，但在“中立”旗号下仍与起义军及清军进行着公开或秘密的军火买卖。而起义政权也利用外人的“中立”，通过租界与外界有着粮食及生活必需品的贸易往来。只是到1854年年底外国侵略者放弃“中立”，进行武装干涉并修筑界墙以堵死起义军的补给通道时，起义军才被迫与侵略者做坚决斗争。一度相安的局面不复存在，城内的商业活动深受影响，居民的粮食供应日益艰难。可以说，侵略者的封锁政策和武装干涉，是上海小刀会起义失败的重要原因。

以上三个特点，都与城市这个特定空间有密切关系，更与开埠后上海县城土客杂居，客籍多于当地的移民城市紧密相连。作为城市武装起义，它不同于农民起义首先在农村发动后夺取城市，而是在中心城市起义并取得城市控制权后再向农村扩张。城市是起义者最基本的居点，不可能产生流寇主义。而要确保城市，就必须容纳不同职业、不同籍贯，乃至不同利益的城市民众和帮派集团，所以上海小刀会起义的领导集团中，包含了各个帮派的领袖，很像是个联合政府。至于对待租界与外人的政策，对于小刀会起义的城市政策是极为重要的一环。事实证明当双方关系没有破裂前，即使起义政权失去周边各县，清军大兵压境，小刀会起义军仍能孤城困守，上海县城仍屹然而立，清军奈何不得；关系破裂、县城被堵死与外界的通道后，孤城困守便

① 佚名：《忆昭楼洪杨奏稿》，见《汇编》，146页。

② 参见许涤新、吴承明主编的《中国资本主义发展史》(第二卷)第184页所列《上海的清洋布店(1850—1858)》一表。

很快支持不住了。所以，上海小刀会起义是在无可奈何之下被迫反抗外国干涉者的，反侵略并不是它的初衷。

随着斗争的激化，参加起义的中产阶层开始摇摆妥协。1853 年 9 月，距起义不足 20 天，上海小刀会第二号领袖，“首先倡乱”的福建帮代表人物、棉花行商人李咸池，在得知清军将大举攻城后，便“席卷而去”①。12 月底，嘉应公所董事、茶栈号商、天地会骨干、掌一切军机的李绍熙，也叛变投奔清军。② 1854 年年底，城中缺粮严重，身为参谋、总理财政的上海绅董徐渭仁，在征得刘丽川同意后，打开城门放出饥民的同时，自己也乘机逃走。③ 只有泉漳会馆董事、福建小刀会首领李仙云，坚持到最后，城破被俘。④ 至于沙船巨商郁松年，在资助起义军的同时，也暗中捐款给清军。起义失败后，被清政府勒令捐银 20 万两，作为修复被战争破坏的学宫、衙署等善后之用。⑤ 这批中产阶层的代表人物，在尚未蜕变为新的社会阶级时，已经在政治斗争中表现了妥协、软弱的特性。

一般工商业主，在起义爆发后已陆续逃出城外，但作为客籍商人主体闽、广籍商人，大多留在城内。直到外国侵略者修筑界墙、封锁县城时，才逃入租界和县城郊外。所以到 1855 年年初，城内已基本上没有正常的商业可言。

游民阶层是一个既勇敢善斗，又有很大破坏性的特殊群体。在起义过程中，积极斗争的一面是主要的，但其劣根性也不可忽视。事实上，起义军掌握政权后，原有的地域帮派之间的矛盾就已产生。如在起义当天搜出了道署库银 40 万两，如何处置这份财富，广东帮希望留存充作军饷，福建帮则要求和广东帮平分。两派始而争论，继而动武，福建帮为此一度退出城外。又如怎样处置被活捉的上海道吴健彰，两

① 毛祥麟：《三略汇编》，见《汇编》，987 页。

② 参见毛祥麟：《三略汇编》，见《汇编》，988 页。

③ 参见黄本铨：《枭林小史》，见《汇编》，980 页。

④ 参见毛祥麟：《三略汇编》，见《汇编》，993 页。

⑤ 参见毛祥麟：《三略汇编》，见《汇编》，994 页。

派分歧很大，后来吴健彰被洋人救出，实际上是广东帮出于同乡感情睁一眼、闭一眼的结果。① 再如福建帮沙船水手起义后不久，就将掠夺的银子装船而去，广东帮对此深为不满。

清军包围上海，外国侵略者切断县城通往外界的供应渠道后，起义军领导层中，由悲观失望发展到投敌叛变者时有出现。如闽帮首领之一、被封为右(副)元帅及上海县知事的林阿福，曾秘密与清方接洽过投降事宜。② 宁波帮首领谢应龙，在李绍熙投敌后与李密约，被发觉后跳下城墙，投奔清军。③ 1854 年 3 月，上海土著百龙党首领、征南将军朱月峰也叛变投敌。④ 1855 年年初，城内粮尽，广东帮中有人企图叛逃，被闽党首领、左(副)元帅陈阿林发觉未成，但刘丽川的“秘书”因此而被处死。⑤ 也有史料说刘丽川本人也曾购买火轮二艘，“尽载金帛，将逃出海”，因船被清军潮勇截获而未成功，“刘闻报，将自杀，其党陈阿林劝止之”。⑥ 但从刘丽川在整个起义过程中的表现看，这一说法，很可怀疑，至少也是缺乏旁证的孤证。

应该说上述动摇、妥协乃至投敌的行为，毕竟是少数；而且在激烈的对敌斗争中，任何派别、集团出现这种少数人的叛变行为都是普遍存在的。从整体上看，起义军绝大多数在艰苦环境中仍然坚持顽强战斗，表现了宁死不屈的崇高精神。他们那种与敌人战斗到底的英雄主义行为，永远值得后人尊敬和发扬光大。

四、小刀会起义与上海城市近代化走向

发生于上海开埠初期的这次城市武装起义，虽然在中外反动派联合镇压下失败了，但是它对上海城市近代化的走向，产生了极为深刻

① 袁祖志：《随园琐记》，见《汇编》，1020 页。
② 参见佚名：《忆昭楼洪杨奏稿》，见《汇编》，181～182 页。
③ 参见黄本铨：《枭林小史》，见《汇编》，978 页。
④ 参见黄本铨：《枭林小史》，见《汇编》，976 页。
⑤ 参见《上海小刀会起义新史料》，见《汇编》，514 页。
⑥ 黄本铨：《枭林小史》，见《汇编》，975 页。

的影响。

首先，上海小刀会起义打破了开埠后“华洋分居”的格局，使上海租界从此奠定了“华洋杂居”的局面。

小刀会起义前，租界作为外人租借的居留地，原则上是不允许华人居住的；清政府为了避免引起民夷纠纷造成的麻烦，也不希望租界内华洋杂居。所以自租界开辟和英租界第一次扩张后，租界内的中国居民只有500人，他们大都是原有土地的业主。小刀会起义时，县城居民为避战乱，“如潮水般地涌入英法两租界”。据租界当局的一份报告称，租界内华人“激增到二万人以上”①。对此，租界里的外国人曾发生过是否“容纳”华人的争论，最后用土地或房屋租给中国人以赚钱的意见占了上风，华洋杂居的局面被默认了下来。1854年英法美三国单方面通过的所谓第二次《土地章程》中，取消了第一个土地章程中有关华洋分居的规定，并在工部局第二次董事会上决定向中国居民征税。华洋杂居的局面就此固定。

华洋杂居，加速了租界的人口增长速度。小刀会起义之后，特别是1862年太平军进军上海前后，上海公共租界和法租界人口合计净增达11万人之多。② 由于租界成了避乱的“绿洲”，大量人口流入上海，从而使上海地区发生了近代史上第一次人口“大爆炸”。据统计，1865年，上海人口总数达到691919人，其中公共租界人口92884人，法租界55925人，华界人口543110人。③ 这个近70万人数比1852年净增了近15万人。人口增长和人口总数，历来是作为城市发展和城市规模、地位的“硬件”指标参数的。到19世纪60年代末，拥有近70万人口的上海，无疑是中国大城市行列中的一员了！

其次，由于中外反动派对县城大肆破坏，使上海城市发展的趋向和重心，由南市移向北市，即由华界移向租界。

开埠前后，作为上海繁荣的象征，主要在县城而不是租界，尤其

---

① [法]梅朋、[法]弗莱台：《上海法租界史》，见《汇编》，529页。

② 参见邹依仁：《旧上海人口变迁的研究》，3页。

③ 参见邹依仁：《旧上海人口变迁的研究》，90页。

是县城东南部分最为繁荣，民宅店铺连绵不断，南北客商摩肩接踵。小刀会起义时，这一精华之区没有受到破坏。但是清军在屡攻县城不下之后，1853 年 11 月 10 日，吴健彰为了扫除清军进攻障碍，切断城内外商业联系，率清军在小东门外羊毛弄、福建街一带放火焚烧民房，大火连烧四天才熄灭。这次放火，使东门到法租界南端的大片地方化为灰烬。一个外国记者报道说："东城郊区，不到一星期前，商业繁荣，现在是一片惨状，居民都逃走了，三百万元的财产被可耻地毁灭掉了。"①12 月 7 日，吴健彰命清军再次在大小东门至小南门一带放火，把两千多间民房付之一炬，致使"百年富庶精华，席卷殆尽"②。1855 年 2 月 17 日，小刀会起义军残部在刘丽川、陈阿林等率领下从县城突围后，清军进入城内立即到处放火，东、南、西、北各门火光熊熊，"城内各处大火联成一片"③，"当大火全部熄灭时，大家看到城内疮痍满目，异常惨重，最繁华的街道都已化为灰烬"④。城市人口在烧杀抢掠中锐减，从原来的 20 余万人降至 4 万多人。可以说，这是上海建城以来最严重的一次破坏。

伴随着上海县城残破和商民流入租界而来的是商业中心的北移，租界在人力和财力两方面获得了前所未有的条件，中国居民在租界租屋建房，开设了大量商店铺栈，商业日渐繁荣。到 19 世纪 70 年代初，北市胜于南市的局面已不可逆转。于是，上海的近代化，成了以租界为标志的特殊形态；县城在经济、文化、城市建设和管理体制等方面则日见滞后。一个城市分成了两个发展极不平衡的区域，这种格局不仅严重影响着上海近百年城市发展史的走向，使它日益加重着半殖民地的性质和色彩，而且对其他通商口岸城市的近代化，也产生了深刻影响。

最后，小刀会起义失败后，清政府对上海的客籍移民特别是闽广移民进行了严格清理，从而使闽广商民在上海移民中的传统地位和经

---

① ［法］梅朋、［法］弗莱台：《上海法租界史》，见《汇编》，793 页。

② 姚际唐：《避氛后集》，见《汇编》，1037 页。

③ ［英］雒魏林（William Lockhart）：《在华医学传道记事》，见《汇编》，650 页。

④ ［英］雒魏林：《在华医学传道记事》，见《汇编》，653 页。

济势力急速下降，江浙商民的地位逐步上升。

上海小刀会起义失败后，清政府为巩固上海的统治秩序，采取了一系列所谓“善后”措施。善后的方针是“以清厘闽、广游民为第一要义”，清厘的方法是“未来者严其防范，已至者分别递回；慎选会馆董事以清其源，稽查夷行雇佣以截其流”。① 具体措施共 18 条，其中对上海城市发展影响至大者，有以下几条。

一是“毁巢穴，清逆产，以绝根株”。清方认为县城小东门外羊毛街、福建街一带“为闽广游匪窝藏出没之所，此次刘逆酿乱，即由该二处起事，业将贼巢烧毁净尽，所有基地，概行入官，勒碑永禁，不准再造民房。其贼匪所置房产店铺货物，逐细清理，藉〔籍〕没入官”。

二是“永禁闽广人入城居住”，“所有城内从前建造会馆公产，并私置房铺，一概入官，变抵充公，旧址冢地，勒碑圈禁”。

三是“口外泊船，以消祸萌”。清方认为向泊黄浦的闽、广蜑船、乌船，在小刀会起义中“从乱如归，非帮同拒敌，即设法接济”。为此规定“嗣后闽、广船只，准在吴淞口外停泊，不许驶入黄浦，货物用内地船只驳运，并倍征关税”。

四是“严逐舢板进浦渡载，杜绝后患”。针对小刀会起义中闽、广舢板船户“弃舟从逆”的情况，善后条款规定“先将在浦船只锯断，江干示众，并于吴淞口勒碑永禁，不准此等小船进口渡载，如敢抗违，即行轰击”。

五是“编查保甲，以戢奸宄”。条款称：“自古保甲一法，最为良善。目下沪城新复，尚须搜捕余匪，并不准闽、广人在城居住”。②

上述主要措施都是针对闽、广籍移民的，这不仅说明了小刀会起义中，闽广商民对起义政权的积极支持为清政府所痛恨，而且反映了

---

① 《两江总督何桂清等奏酌定上海善后章程并捐修各工完竣折》(咸丰七年十二月二十七日)，见上海师范大学历史系中国近代史研究室、中国第一历史档案馆编辑部编：《福建·上海小刀会档案史料汇编》，501 页，福州，福建人民出版社，1993。

② 《吴煦上吉尔杭阿禀·附善后请奏条款》(1855 年 4 月 10 日)，见《吴煦档案选编》第 4 辑，81～88 页。又：本文所引各款，并不按原文次序排列，特此说明。

会馆在小刀会起义前和起义过程中，成为掩护会党势力，提供义军活动场所的事实。

经过这场“清厘”，与上海有着悠久经济联系的闽广地区，从此逐步失去了它在上海商业中的位势，而与同属于长江三角洲的苏南及上海毗邻的浙东两地的经济联系因此逐年上升。可以说，以上海为中心向苏南、浙东辐射的经济、文化圈，就是小刀会起义失败之后逐步形成的。与之相应的是江、浙移民在上海客籍移民中的比重也在逐渐增长，这可以从作为同乡组织的会馆设置中反映出来：自 1863 年至 1911 年，上海新设会馆约 21 个，其中闽籍仅 2 个，粤籍 3 个，苏籍 7 个，浙籍 4 个①，江浙两省占了 52.4%。从人数看，小刀会起义失败后江浙籍移民的人数也有很大增长。据上海公共租界 1885 年的统计，该年公共租界内江苏籍人口为 39604 人，浙江籍为 41304 人，广东籍为 21013 人，福建籍为 708 人②，仅此一例，即可说明小刀会起义前广东籍有 8 万人、福建籍 6 万人的盛况，已经不复存在了。

上述上海市民人口籍贯构成的变化，对市民职业结构的变化也产生了不小影响，最明显的是买办群体从起义前“半皆粤人为之”到起义后逐步变成江、浙人居多。如怡和洋行买办杨坊，旗昌洋行买办陈竹坪、顾春池、顾寿乔，汇丰银行买办王槐山，道胜银行买办虞洽卿等，都是浙江人；江苏籍买办出现稍迟，著名的如苏州洞庭山席氏祖孙三代共 11 人都是汇丰等外国银行的买办。到 20 世纪 20 年代，上海 90 名著名买办中，浙江籍 43 人，江苏籍 31 人，广东籍只有 7 人。③ 出现这种变化，追本溯源与清政府在小刀会被镇压后采取“慎选会馆董事以清其源，稽查夷行雇佣以截其流”的善后措施有直接关系。

此外，工商业主的中产阶层，也由以闽广客商为主要构成演变为

---

① 参见《上海碑刻资料选辑》(上海博物馆编)、《上海研究资料续集》(上海通社编)等书。

② 邹依仁：《旧上海人口变迁的研究》，114 页。

③ [美]郝延平：《十九世纪的中国买办——东西间桥梁》，李荣昌、沈祖炜、杜恂诚译，64 页，上海，上海社会科学院出版社，1988。

以上海当地居民、江浙籍商人为主体的结构了。19世纪70年代以后投资于近代新式工业者，更为明显。所以上海的资本家，以江、浙籍，尤其是浙江籍最多。1904年中国近代第一个商会——上海商务总会——成立时，总理严信厚为浙江人，协理徐润是广东人，坐办周晋镳是浙江人；议董11人中，浙江籍6人，江苏籍4人，上海籍1人。1924年上海总商会35名议董中，浙籍25人，江苏籍5人，上海籍4人，广东籍1人。①

如果说上海城市的近代化是历史的进步过程，那么上海小刀会起义对这个过程的影响和作用，也就不难看出了。

原载《复旦学报(社会科学版)》1997年第4期

① 参见张仲礼主编：《近代上海城市研究》，721页，上海，上海人民出版社，1990。

论同盟会中部总会的成立

对同盟会中部总会的研究，是辛亥革命史中一个重要的专题。赵宗颇先生在 1963 年 2 月号《江海学刊》上发表了有关中部总会的文章，谈了自己的看法，这对于开展这一问题的研究，无疑是有益的。但赵文中有一些论点，我持有不同的看法。现专就有关中部总会的成立问题，谈谈自己的看法，就教于赵宗颇先生和读者。

赵先生在文章最后一部分对中部总会评价说："我认为中部同盟会的出现，虽然内部含有分裂的因素，但这不是主要的。主要的是当时长江流域的革命形势迅速发展，亟待同盟会把分散的革命团体组织起来，去和清政府进行一场殊死的斗争。然而同盟会东京总部自从一九〇八年以来就日趋涣散，这种不良的现象，到了广州三月廿九日起义失败后，更是每况愈下，显然难以挑起这副沉重的担子。中部同盟会就是在这种情况下成立起来的。"①把这一段话概括地说来，就是中部同盟会的成立不是一个分裂行动，而是为了在总会无法继续领导时来挑起领导革命的重担的。我的看法恰恰和赵先生的这个观点相反：我认为中部总会的成立，是同盟会自身分裂过程的一个必然产物，是对同盟会的一个分裂行为，不过在客观上却适应了形势发展的需要。下面便是我对这个看法的申述。

1906—1908 年，同盟会在中国的南部各省先后发动了浏醴萍、黄岗、惠州七女湖、钦廉防城、镇南关等数次武装起义，但都因纯系军事冒险，未取得广大群众的配合，事先又缺乏周密准备而失败。每次

---

① 赵宗颇：《试论同盟会中部总会》，载《江海学刊》，1963(2)。下文所引赵先生论点，均出自该处。

失败，都使革命方面付出了很大的代价。因之，一部分资产阶级革命党人在革命一再受挫的局面下，逐渐滋长了悲观失望情绪，暗杀行动也因之而逐渐趋向炽热化。

1907年，党人刘思复、张谷山在广州旧仓巷设立暗杀清督李准的秘密机关“凤翔书院”，后因失慎案发，思复被捕，谷山逃港。

1909年，光复会会员熊成基在安庆军败后，于是年12月潜至哈尔滨，谋刺清贝勒载涛，不遂，被捕杀。

1909年，在历次革命失败后，“汪精卫颇为失望，遂约数人入北京与虏酋拼命”。12月在京设“守真照相馆”，图谋炸毙清廷要员，后因事泄，汪等被捕入狱。

1910年，刘思复、朱述堂、陈炯明等10人，在香港专组“志在暗杀满清权要为宗旨的‘香港支那暗杀团’”。先后设立机关，派员分途活动，炸伤李准，炸毙清将凤山。

北方的革命团体“共和会”，亦专设暗杀一股。至于同盟会领导人黄兴，也在广州新军之役失败后，灰心悲观，坚持主张“革命与暗杀二者相辅而行”①。

这一系列的暗杀行动，反映了革命党人思想上不愿做细致、踏实的组织工作，把希望寄托在暗杀几个清朝权要身上的冒险急躁情绪，也反映了部分革命不坚定分子对革命前途丧失信心，沽名钓誉，投机取巧的卑劣品格(汪精卫、陈璧君即为典型)。这种情绪对于保存革命实力，积蓄力量，统一步调，统一行动恰恰是最不利的。

与党内日益滋长着的冒险、急躁、悲观情绪相适应，同盟会内部开始了分裂。同盟会本来就是一个松懈的阶级联盟，在其成立之初，就酝酿着分裂的因素。例如，在成立大会上，有人主张不称同盟会而称对满同盟会；也有人对平均地权一条，表示责难。这种认识上的分歧，随着革命的一再受挫，志士的一再牺牲而潜在地发展着，渐渐地由不满到相互攻击，最后则进到公开的分裂。1908年，以陶成章、李燮和为首的原光复会，在攻击同盟会总部领导人之后，在南洋重新恢

① 《黄克强先生荣哀录》，13页，民国六年(1917)印行。

复了光复会组织，与同盟会相分裂。

> 陶成章于丁未年冬，由日赴南洋，欲筹款在浙江发难，同盟会干部以时方经营粤、桂、滇三省军务，无法应其需求。成章不慊，乃在荷属各岛倡议恢复旧光复会，遥戴章炳麟为首领……潮州、黄岗败将许雪秋、陈兰生亦向干部索款不得，相率和之；更得文岛教员湘人李桂中①及旧光复会会员王文庆、沈钧兴之助，颇为得势。是年四月，汪兆铭、邓子瑜等同游文岛，筹饷接济云南、河口革命军，被光复会会员强烈反对，无功而回。②

同年，以焦达峰等为首的一批原华兴会骨干，也以同盟会总部只在中国南部举行起义，不重视长江流域革命，另组“共进会”，并把同盟会的“平均地权”改为“平均人权”。尽管共进会的成立是否可以称为分裂尚可讨论，但共进会中部分领导人对总部领导长期不满，思想上存在“独立”情绪却是事实。例如，焦达峰等“闻孙公设南部同盟会，专力广东，经略不远，皆不悦……归湘延设共进会与孙公分”；“达峰则与四川张百祥、江西邓文恢、湖北孙武等集共进会，和者数十人，多山泽豪帅、手臂技击之士，期就腹地以勇气振之。而达峰游学未返，占名同盟会当如故。时兴（黄兴）自交趾来，问达峰何故立异？答言同盟会举趾舒缓，故以是赴急，非好异也。兴曰：如是革命有二统，二统将谁为正？达峰笑曰：兵未起，何急也。异日公功盛，我则附公；我功盛，公亦当附我。兴爽然无以难也”。③

这一系列的暗杀、分裂行为，大大地削弱了革命力量，暴露了革命组织，分散了革命斗争的主要方向，而且，这些行为发生在人民革命斗争日益高涨的时期，后果更为严重。当时全国革命形势十分高涨，

---

① 即李燮和。——引者注

② 冯自由：《中国革命运动二十六年组织史》，上海，商务印书馆，1948。

③ 章炳麟：《焦达峰传》，见张难先：《湖北革命知之录》，232页，上海，商务印书馆，1945。

在1907—1910年三年中，长江中、下游和两湖一带所发生的抢米风潮达八九十次之多，而人民反对清政府伪立宪的“自治风潮”和反对出卖国权的铁路风潮也此起彼伏。这种情况，正需要革命派团结一致，积极领导；然而革命营垒内部却分崩离析，号令不行，相互猜忌，悲观失望。这样，实际上就使立宪派有了可乘之机。他们在革命阵营陷于危险而无暇他顾日益高涨的民众运动时，企图争取时机，把革命的群众运动纳入反动的改良立宪的轨道上去。1908—1910年，以张謇为首的立宪派领导和组织了一系列的大规模的请求清政府立宪的所谓“请愿运动”。这些活动的目的，都是为了抵制革命。梁启超在1910年就说过，如果不即开国会，组织责任内阁，“不及三年，国必大乱，以至于亡，而宣统八年召集国会，为将来历史上所必无之事也”。[①] 至于群众自发的反帝爱国的保路风潮，完全在立宪派的控制之下。这种形势，标志了革命正处在紧要关头。特别是在广州1910年新军之役失败后，同盟会领导集团中，弥漫着悲观失望情绪。“时各人以新败之余，破坏最良好之机关，失却最利便之地盘，加以新军亡命南来，实繁有徒，招待安插为力已穷，而吾人食住行动将虞不济，举目前途，众有忧色，询及将来之计划，莫不噫嘘太息，相视无言。”[②]这种状况，与当时高涨而又急待革命派领导的群众运动，形成了一个尖锐的对照；与广大下层同盟会会员热烈要求的革命情绪，也形成了一个明显的对照。

这种形势，对于每一个资产阶级革命者来说，是一个很好的考验。你的行为是为了维护和加强革命组织的统一和力量呢，还是乘机搞小集团，搞派系活动而去削弱这个组织的力量，破坏这个组织的统一？在这个问题上，同盟会中有两种不同态度。一种是借口某种原因积极扩充自己的实力，一心想搞派别活动；另一种是见到当时党内悲观失望情绪，决心挽救革命大局。前者的代表人物是宋教仁、谭人凤、陈

---

① 沧江(梁启超)：《论政府阻挠国会之非》，载《国风报》，第1年，第17期，宣统二年六月二十一日。

② 曹亚伯：《广州三月廿九日之役》，见《武昌革命真史·编前》，257～258页，上海，中华书局，1930。

其美以及后来成为“西山会议派”的居正；后者的代表人，就是民主革命的先行者孙中山先生。

广东新军起义失败后不久，宋、谭、居等人，先后聚于日本，“研讨革命前途”问题。谈次间，宋教仁提出了要成立一个专主长江流域革命的机关，企图和同盟会相分裂。谭人凤等极力赞成，结果发起了在日本的十一省区的同盟会分会长会议，共同研讨此事。会上，散布了对总部领导人(主要是指中山先生)的许多不满言辞；并讨论了宋教仁提出的革命三策，决定采取中策即在长江流域进行。这次会议不但商定了具体的革命策略，还制定了革命的战略原则：发难宜中，不宜偏僻；战期宜短，不宜延长；战区宜小，不宜扩大。而且，还讨论了具体进行的办法。宋教仁提出分几步做法，“从长江结合，以次推行河北，为严密之组织。期以三年养丰羽毛，然后实行，庶几一举而成”①。这个做法后遭“主急派”反对，改为“事权统一，责任分担”办法。所以，这次虽为酝酿会议，实质上对于中部总会的成立，以及以后的行动都起了极大的影响。

与宋、谭等人企图分裂同盟会的做法相反，以孙中山等为首的左派却采取了维护统一、继续斗争的态度。孙中山先生见党员悲观、涣散，十分难过，一再鼓励干部“一败何足馁？吾曩之失败，几为举世所弃，比之今日，其困难百倍，今日我辈虽穷，而革命之风潮则已甚盛，华侨之思想已开。从今以后，只虑吾人之无计划，无勇气耳”②。为了挽救革命危机、镇定党人情绪，同时也为了坚决打击反革命，孙中山、赵声等决定筹划一次大规模的武装起义，这就是后来的三月廿九日广州起义。当时总会倾全力以赴，成立机关部，分派交通员，动员海外华侨捐款，设法购置枪械弹药。于是会内重又形成了紧张活跃的革命生气。但是由于仍然脱不了旧时起义的窠臼，筹备一年的广州地义在匆忙中发动，各省也未能响应，结果又以失败告终。

可见，在1910年到1911年4月间，总会领导仍然存在，总会组

---

① 居正：《辛亥札记》，上海文管会藏本，1929年6月。

② 曹亚伯：《广州三月廿九日之役》，见《武昌革命真史·编前》，258页。

织仍然健全，对革命仍有指挥组织的作用，并不像赵先生所说的“同盟会总部完全处于组织涣散状态”。而中部总会的酝酿、准备的东京会议，又恰恰在这样一个尚有总部组织存在、且能有力地策划大规模的广州起义的情况下召开的。这除了说明他们早就有心分裂，与同盟会总部相对立的企图以外，还能说明什么呢？因之，东京预备会上的那种“要自己商筹一个办法”①的意见正是这种企图的反映。

广州起义失败后，对于孙中山等革命家来说，确是一个很大的打击，许多人因之丧失了对革命胜利的信心。总部领导人中，胡汉民退避三舍，深居不出；赵声气愤呕血而亡；黄兴“决意欲行个人主义，狙击张(鸣岐)李(准)二凶以报同志”；孙中山也孤掌难鸣，只好出海到南洋，图东山再起。同盟会总部处于涣散状态中。这种形势，更加要求革命内部团结一致，以对敌斗争为重，消除殄域之见，领导革命。但是，宋、谭等人的行为恰恰相反，他们乘机独树一帜，以实现其“早自为计”②的主张。1911 年 7 月间，在上海，正式成立了“同盟会中部总会”的组织，并发表了宣言。因之，中部总会的成立，正是一个缺乏必要的共同纲领和严格的组织纪律，轻视群众力量的资产阶级革命党，在反革命打击下，不能坚持团结统一，走向分裂的必然结果。

但是，中部总会的成立，不仅是同盟会这样一个统一战线分裂过程中的必然结果，同时也是分裂同盟会的一种恶劣行为。不看到这一点也是不应该的。

同盟会自光复会分裂之后，只存下了两个革命小团体，元气大丧。共进会在两湖成立，又使这个统一战线受到损害，也为华兴会部分领导人分离同盟会创造先例。1911 年的中部总会，实际上是部分原华兴会领导人在新的情况下分裂同盟会的表现。华兴会最终与兴中会相分离是有其历史原因的。据宋教仁日记所记，在距同盟会 8 月 20 日成立大会前 21 天，即 1905 年 7 月 29 日前，宋教仁、黄兴、陈天华等华兴会主要领导人，连日会晤加盟之事。7 月 29 日，宋教仁“至陈星台(陈

---

① 邹永成：《回忆录》，载《近代史资料》，总第 10 号，1956。着重号系引者所加。

② 宋教仁：《我之历史》第 6 册，12 页，桃源三育乙种农校石印线装本，1920。

天华)寓，邀星台同至黄庆午(黄兴)寓，商议对于孙逸仙之问题。先是孙逸仙已晤庆午，欲联络湖南团体中人，庆午已应之；而同人中有不欲者，故约于今日集议。既至，庆午先提议，星台则主以吾团体与之联合之说，庆午则主形式上入孙逸仙会，而精神上仍存吾团体之说，刘林生则主张不入孙会之说，余则言入会不入会者之别，则当研究将来入会者之关系如何。其余亦各有所说，终莫能定谁是，遂以个人自由一言了结而罢"①。可见华兴会在与兴中会合并前，主要领导者思想极不统一，宋教仁在未入之前早有二心，就是黄兴也主张形式入会。这种分歧，随着革命的深入和起义一再失利的情况，非但没有消除，反而得到了发展。如居正"见总会全力俱集中于南部，而本部精神惰懈不堪，实足使大多数省份同志日趋消极，乃时与谭人凤、宋教仁、林时爽、张兰亭等讨论此事。谭、宋亦以为忧"②。谭人凤则"不甚喜海外学人，尤厌清谈，与孙黄好尚异，独重桃源宋教仁，以为隽才"③。宋教仁与孙中山早有分歧，对总部做法也有不满，思想上存有"独立"的"志向"，虽担任同盟会总部要职，但始终没有安心过；陈其美根本不受孙中山指挥，一味追随黄兴，称黄兴为革命实行家，讥孙中山为"理想家"。这些都是资产阶级内部派系、地域、认识水平之间的分歧的反映。这些分歧就是中部同盟会成立的因素，它在一定的条件下，即总部组织的起义屡次失败，党人悲观失望，急躁冒险情绪滋长，分裂活动发展的情况下，终于造成了分裂的结果。中部同盟会就是这种分歧所结成的恶果。

此外，1910年东京会议之后，谭人凤的活动也可以说明他们是在搞分裂同盟会的活动。辛亥正月，谭人凤以香港统筹部特派员身份到达湖北汉口，"与居正、杨时杰、孙武、刘英、查光佛等会于旅舍。谭人凤曰：'余奉黄先生命，督率长江革命进行。南京、九江，已有联

---

① 宋教仁：《宋渔父日记》，见中国史学会编：《中国近代史资料丛刊·辛亥革命》，第2册，210～211页。

② 张难先：《湖北革命知之录》，209页。

③ 张难先：《湖北革命知之录》，213页。

络，两湖尤关重要。因黄先生与胡展堂(即胡汉民)、赵伯先诸兄均在香港，各省同志毕集，决在广州起事。谋既定，款亦有着，最短期间当能实现，两湖宜急起响应。'并出八百元交居正当作运动费，复谓：中部总会将发宣言，现在结合力渐次弥漫，南京主任郑赞丞、章木良等，九江新军自南京开来五十三标，亦由南京主任通声气，各视其时机而响应之先后，武昌宜加紧努力，均韪其言"①。"谭人凤来武汉的目的，主要是广州起义，武汉必须响应。同时说明宋教仁、陈其美在上海组织了中部同盟会②，其目的是借此联络长江上、下游，其性质与东京同盟会一样。谭并说：'因为孙、黄都已离开东京，会内无人主持，形同虚设，上海交通便利，组织这个机关，等于把东京同盟会撤到上海，希望武汉地区的革命同志加入中部同盟会，以便联成一气，一致响应广州。'"③这两件材料都说明了谭人凤在执行总部广州起义计划时，贩卖了中部总会的私货。在这里谭人凤充当了一个不光彩的角色。

再次，就中部总会的宣言来看，也可看出中部总会是由于对总部不满而搞的分裂行动。宣言共分三部分。其第一部分专为指责总部在以往革命活动中的缺点及其后果。宣言指出：以往革命活动的缺点是"有共同之宗旨而无共同之计划；有切实之人才而无切实之组织"。前一缺点在于"酿历史之分争"，后一缺点是致"党员之寥落"。宣言还强烈地斥责了总部领导"惟挟金钱主义，临时召集乌合之众，杂于党中，冀侥幸以成事，岂可必之数哉"。这里充满了埋怨和指责的情绪。第二部分是说明为什么要组织中部总会。宣言说广州起义失败后，总部领导人"一则以气郁身死，一则以事败心灰，一则燕处深居，不能谋一面"。而自己则"何以对死友于地下？"所以"迫于情之不能自已，于是乎有中部总会之组织"。第三部分阐述中部总会的体制及其与总部、分部的关系。宣言指出："中部总会奉东京本会为主体，认南部分会为友邦，而以中部别之，名义上自可无冲突也。……机关制取合议，救偏

① 张难先：《湖北革命知之录》，235 页。

② 其时尚未成立。——引者注

③ 李春萱：《辛亥首义纪事本末》，见中国人民政治协商会议湖北委员会编：《辛亥首义回忆录》第 2 辑，116 页，武汉，湖北人民出版社，1957。

僻，防专制也。总理暂不虚设，留以待贤豪，收物望，有大人物[①]出，当适如其分，不致鄙夷不屑就也。”[②]从这两部分，又可看出中部总会的成立，是其急于和同盟会相分离的“独立”情绪的反映。所以吴玉章老人在论述中部总会时说：“这个组织虽号称是同盟会的一个分支机构，但是从它们所发表的宣言来看，实际上是因为对同盟会领导有些不满而采取的独立行动。”[③]

至于说中部总会没有发表新的政纲，这是事实。但并不是所有的分裂行为都一定要有一个新的政纲出现以后才能称其为分裂的。事实上中部总会从酝酿到成立，直至无形瓦解，前后不到三年，这时期正是革命形势十分紧张、胜利又忙于攫取实权的时候，形势不允许他们发表一个政纲是可以理解的。但说他们没有一个完整的纲领公诸人世，并不等于说他们没有有自己的宗旨。他们的宗旨在其章程中已写得很明确。他们“以推翻清政府，建设民主的立宪政体为主义”[④]。赵先生认为这里的民主的立宪政体和同盟会的“颠覆现今恶劣政府、建立共和政体”的精神是一致的，这是对的，但问题也在于它只是与同盟会所有的宗旨中的这一点相符，这点不知赵先生有否注意到？大家都知道，同盟会四句话所构成的政纲，是一个完整的不可分割的整体。总会的宗旨：“推翻清政府，建设民主的立宪政体”只是包括民族、民权两个内容，而平均地权一项根本没有得到反映，恰恰把这一个统一整体给分割了。赵先生为了证实自己的设想，又以孙中山先生在 1906 年 12 月 21 日《民报》创刊周年纪念会上所作的《三民主义与中国前途》的讲演词中的一段话作为佐证，证明中部总会的宗旨与同盟会宗旨相符。他说：“孙中山先生在《民报》发刊一周年纪念大会上说：‘讲到那政治革命的结果，是建立民主立宪政体。……中国革命之后，这种政体最为相宜，这也是人人晓得的’。不言而喻，民主立宪政体和共和政体的意

① 指黄兴。——引者注

② 上述引文均见张难先《湖北革命知之录》“同盟会中部总会与武昌首义”篇。

③ 吴玉章：《辛亥革命》，15 页，北京，人民出版社，1961。

④ 见《建国月刊》3 卷 4 期逸卢《中国同盟会中部总会记事》中所载《同盟会中部总会章程》。

义是一样的。”其实，这个征引是断章取义的。孙先生的这篇讲演词主要是逐条论述他自己所建立的三民主义的体系，即论述了包括民族、民权、民生主义在内的全部的完整的哲学体系。而赵先生只是在孙先生演词的民权主义部分寻章摘句，来证明中部总会是“以同盟会的宗旨为自己的奋斗目标”，证明中部总会的民主立宪政体和同盟会的共和政体相符。这是站不住脚的。可以肯定地说：中部总会的“推翻清政府，建设民主的立宪政体为主义”的主旨，与同盟会的宗旨是不同的。如果要说政纲的话，这就是他们的政纲。事实上，在当时，同盟会的政纲中，“平均地权”一条是很多人不接受的。孙先生也因此而经常受到别人的非难攻击，其中就有宋教仁、陈其美、谭人凤、黄兴等人。因之，宋、谭等人趁同盟会分裂的时候，努力搞中部总会，绝对不是偶然的现象。它是一部分革命党人不依靠人民力量，看不清日益发展的革命形势，在表面上似乎强大的反革命打击下，产生的悲观失望的思想潮流的必然发展，同时也是当时资产阶级革命党人在不利的情况下，不能更加团结一致领导革命，而各自闹独立、搞派别、进行分裂活动的必然趋势。它的成立，构成了当时同盟会一系列分裂活动中的重要一环——标志着同盟会的分裂达到了这样一个程度：在新的条件下，同盟会内部不仅在宗旨很少相同的一部分人中产生了分裂，而且在宗旨较多相同的一部分人中也发生了分裂。这种分裂明显地标志了资产阶级革命党人在革命前已处在分崩离析的状态之中，显示了辛亥革命一定要失败的历史必然性。因此在同盟会中部总会的成立原因中，多分裂的因素是主要的。

说中部总会的成立原因中，分裂是主要的，是否排斥中部总会对辛亥革命所起的历史作用呢？不是的。这是两类问题。前者是就主观方面来说的。从这一方面看，我们必须如实地指出它的成立是对同盟会的一种分裂。后者是就客观方面来说的。从这一方面看，中部总会的成立，在客观上是对辛亥革命的胜利起了一定的促进和领导作用的。不能因为看到了前者而低估了后者，但也不能因为它有一定的历史作用而把他们的主观上坚持分裂的行为轻轻地放了过去。

原载《江海学刊》1963 年第 8 期

1894年孙中山谒见李鸿章一事的新资料

孙中山在1894年偕陆皓东北上，于同年6月上书李鸿章。为实现求见李鸿章的目的，他曾通过种种关系，托人介绍。此事，辛亥革命资料均有记载，但说法不同。陈少白《兴中会革命史要》称：

> 孙中山到了上海。找着了一个香山人，就是著《盛世危言》的郑观应(字陶斋)，托他想方法见李鸿章。有一天，在陶斋家里碰到一位太平天国的状元王韬(号紫诠，别号天南遁叟)……
>
> 这时候，王韬有一个朋友在李鸿章幕下当文案。王韬就写了信，介绍孙先生到天津，见这位李鸿章幕下的老夫子，同老夫子商量商量，或者可以见李鸿章。孙先生快乐极了，就到天津去见老夫子。……老夫子把孙先生的大文章①送到李鸿章那边去，李鸿章是否看过，就不得而知了。不过后来李鸿章说："打完仗了以后再见吧。"孙先生……闷闷不乐的回到上海。陶斋见了，就替他想方法，到江海关去领了一张护照，请他出国去设法，孙先生也就乘轮(船)到檀香山去了。②

按陈少白所记，孙中山在上海找到郑观应，巧遇王韬，由王韬作书给李鸿章幕僚某；及至上书落空，孙中山回上海，由郑观应设法弄

---

① 即《上李鸿章书》。——引者注

② 《陈少白先生哀思录》，1936年广州铅印本，见中国史学会主编：《中国近代史资料丛刊·辛亥革命》第1册，28页。笔者有订正。

得出国护照。

邹鲁《中国国民党史稿》第一章“兴中会”云：孙中山“乃由清总理各国事务衙门委员徐秋畦介绍，上书李”①。同章注四：“介绍人一说为罗丰禄”；注五：“盖其游天津时，系有徐秋畦介绍见李而上书。……李予以农学会筹款之护照”。② 邹鲁明指孙中山在天津时得徐秋畦介绍见李鸿章，以罗丰禄为存疑。

冯自由《中华民国开国前革命史》上编第一章“中国革命之动机”：

> 时值甲午中东战役，清军连败，全国震惊，孙乃偕陆皓东赴上海，谒王韬与商时政。王为介绍于李鸿章幕府洋务文案罗丰禄。孙至天津，携其改革时政意见书求谒，李拒绝不见。孙于是失望而有檀香山之行。③

冯自由不提郑观应，单提王韬而明指王韬所介绍者为李幕府文案罗丰禄。

就上述三种资料所记，可细别为五说：

(1)孙中山在上海遇见了郑观应、王韬。(陈少白说)

(2)王韬作书与罗丰禄，介绍孙中山见李鸿章。(冯自由、陈少白说)

(3)孙中山在天津得徐秋畦介绍见李鸿章。(邹鲁说)

(4)上书失败后，孙中山得李鸿章所予农学会筹款护照，持之出国。(邹鲁说)

(5)上书失败后，孙中山在上海，由郑观应代为设法弄得出国护照。(陈少白说)

由于陈、邹、冯著，所据未列出原始材料作证，其抵牾处长期以来

---

① 邹鲁：《中国国民党史稿》第一章“兴中会”，第1册，2页，商务印书馆，1944。

② 邹鲁：《中国国民党史稿》第一章“兴中会”，第1册，27页。

③ 冯自由：《中华民国开国前革命史》上编第一章“中国革命之动机”，4页，良友印刷公司，1928。

无法考核，是故学者作史，述及此事时，每有难以下笔、无所适从之感。

今见上海图书馆馆藏盛宣怀文书档案中三份函件，可以对此问题提供旁证和补充。兹介绍于下，并略加分析，供辛亥革命史研究者参考。

第一件，魏恒致盛宙怀函。原函内容及格式如下：

荔孙世丈大人赐览：久违
集训，驰系实深。侄卸前山篆回省，值
台旌已先期遄发，未获面别，殊甚怅仄。兹恳者香山县医士孙生名文号逸仙，人极纯谨，精熟欧洲掌故，政治、语言、文学均皆精通，并善中西医术，知者甚多，妒者亦复不少。现拟远游京师，然后仍作欧洲之游。久仰　令兄观察公德望，欲求一见。知侄与世丈交既有年，谊(复)世好，又蒙青照有素，特属函恳赏赐书函于　令兄观察公前先容，感激云情，不啻身受矣。侄赋闲省寓，毫无善状，幸上下人口平安，堪以告慰。省中新政，谅已早有风闻，兹不多赘。匆匆泐布，敬请
崇安，惟
照不庄　　　　兴里侄恒顿首　廿八日

此信三页，连史纸信笺，每页六行，原无标点；毛笔行书，书法平平，且有漏字、夺字，不合荐信每页八行，楷书工整的通例。

信封格式如下：

内函烦
逸仙兄面呈
盛荔孙世丈大人赐
叔平手函

第二件，盛宙怀致盛宣怀函：

敬禀者：顷有沪堂教习唐心存兄之同窗孙逸仙兄，系广东香山县人，精熟欧洲医理；并由广东前山同知魏直牧函托转求吾
哥俯赐吹植，附呈原信，祈
詧阅，特此禀达。恭叩
福安　　　　　　　　　　　　弟宙怀谨禀　初十日

信封格式如下：

内要言敬求　光绪二十年五月廿三日
孙逸仙仁兄大人福便携津　饬送
盛　大　人　　　　　　　安
孙医士事
宙怀拜托

此信单页，为盛宙怀手书，楷书。信封年月日系朱文宋体长方印。“廿三”两字及“孙医士事”四字均盛宣怀手书。魏恒信连同信封均装入此信内。

第三件，郑观应致盛宣怀函：

杏翁仁兄方伯大人阁下敬肃者：敝邑有孙逸仙者，少年英俊，曩在香港考取英国医士，留心西学，有志农桑生殖之要术，欲游历法国讲求养蚕之法，及游西北省履勘荒旷之区，招人开垦，免致华工受困于外洋。其志不可谓不高；其说亦颇切近，而非若狂士之大言欺世者比。兹欲北游津门，上书　傅相，一白其胸中之素蕴。弟特敢以尺函为其介，俾其叩谒台端，尚祈进而教之，则同深纫佩矣。专肃敬请
勋绥　惟祈
钧鉴不备　　　　　　　　　教小弟制郑观应顿首

再肃者，孙逸仙医士拟自备资斧，先游泰西各国，学习农务，艺成而后返中国，与同志集资设书院教人；并拟游历新疆、琼州、台湾，招人开垦，嘱弟恳我

公代求　傅相，转请　总署给予游历泰西各国护照一纸，俾到外国向该国外部发给游学执照，以利遄行。想我

公有心世道，必俯如所请也。肃此再叩

勋绥不备　　　　　　　　　　　　　　教小弟名心又肃

信封格式如下：

孙医士事
盛　大　人　台　启
陶斋　光绪二十年五月　日

郑信共三页，洋江连史纸，每页八行，楷书极工，前一内容占二页；后一内容一页，均不署月日。信封上之“孙医士事”及“陶斋”均为盛宣怀手书墨迹。年月日仍为朱色印，其字体及格式与第二件盛宙怀致盛宣怀函相同。可知两信封面的年月日印均为盛宣怀收到后所盖。

这三封函件，视内容可分两组，第一、二函为一组；第三函为一组。从第一组魏恒致盛宙怀函、盛宙怀致盛宣怀函看，可知孙中山为求见李鸿章，曾通过已卸任的澳门海防同知魏恒作书于盛宣怀堂弟盛宙怀，请盛宣怀设法介绍给李鸿章。这是辛亥革命资料中的新发现。

盛宙怀(1853—1903)，盛赓长子，字荔孙，又字澹庵，号次昉。当时捐官广东候补知府，寓居上海。

魏恒其人，经历不详。观其有“卸前山篆”一语，知曾任澳门海防同知。按，澳门自明嘉靖三十二年(1553)为葡萄牙强租后，逐渐成为来华贸易的外舶收舶处所。清初属香山县治。乾隆九年(1744)，为整饬海防，加强对外人管理，设立海防同知署，与香山县同属广州府。海防同知署驻前山寨。孙中山家乡香山县，与澳门毗连，魏恒亦可算

作父母官。孙中山托其介绍，当近情理。魏恒对孙中山情况似亦比较了解，其信云“并善中西医术，知者甚多，妒者亦复不少”，即可概见，按，孙中山于 1892 年秋自雅丽氏医校毕业后，即悬壶澳门，行医问世。“声名鹊起、几乎没有一个人不闻其名，极端钦佩的，就诊者户限为穿”①；“毕业后悬壶于澳门，声名鹊起，然为葡医所忌，乃迁至广州，设东西药房”②。魏恒所说正是实情。

魏恒此信，虽不署月份，但从其“卸前山篆回省”，“赋闲省寓”两处文字看，可以断定作信时人在广州。确定了这点，月份就大致可以推见。按，孙中山在 1894 年 1 月份时，仍在广州与陈少白商量修改上李鸿章书文稿，2 月始偕陆皓东赴上海。则魏信所署日“廿八日”，决不会迟至 2 月以后。孙中山在澳门行医一年，1893 年春因受澳门葡医的排挤，改赴广州。这一年“冬初”，他与尢烈等人“开会议于城内广雅书局内南园之抗风轩”③，有组织团体的设想。12 月回翠亨村关门写上李鸿章书，1894 年 1 月份回广州和陈少白修改上书稿。所以魏信所署“廿八日”的月份大约在光绪十九年(1893)冬到光绪二十年(1894)一月之间。很可能是在光绪二十年一月廿八日。

根据第一组信件及有关史料，可撮述孙中山上书李鸿章的经过如下：

孙中山在 1893 年 12 月由广州回到翠亨村撰写上李鸿章书，1894 年 1 月写成初稿回广州，和陈少白商量修改。这时孙中山对行医已无兴趣，所考虑的是“到上海去要把这封信上给李鸿章”④。他知道住在广州赋闲的魏恒与盛宣怀的堂弟宙怀交往“有年”，故请他作书介绍给盛宙怀。因为当时盛宙怀人在上海，所以孙中山才会偕陆皓东有上海之行。这是孙中山设法北上天津，托人介绍见李鸿章的第一步计划。

---

① 陈少白：《兴中会革命史要》，见中国史学会主编：《中国近代史资料丛刊·辛亥革命》第 1 册，27 页。

② 国民党中央执行委员会宣传部印：《宣传丛刊·孙中山先生年谱》，9 页。

③ 冯自由：《革命逸史·第五集》，9 页，北京，中华书局，1981。

④ 陈少白：《兴中会革命史要》，见中国史学会主编：《中国近代史资料丛刊·辛亥革命》第 1 册，28 页。

陆皓东，名中柱，号皓东，香山人①，原是上海电报局的领班生②，孙中山在雅丽氏结识的挚友。他陪同孙中山到上海，除了他熟悉上海情况外，很重要一条因为他是上海电报局的职员，而盛宣怀正是上海电报局的总办。

魏恒对孙中山在澳门、广州行医的医道、医名均较了解，又由于此人对洋务有所注意(魏信中有“省中新政，谅已早有风闻”云云)，而当时盛氏兄弟正热衷于洋务活动。1893 年盛宣怀在上海督办华盛总厂，并控制了名为商办的大纯、裕源、裕晋等纱厂，一手抓了电报、轮船、纺织的主要企业，成为洋务活动的干将。所以魏恒对孙中山“熟悉欧洲掌故，政治、语言、文字均皆精通，并善中西医术”，“拟远游京师，然后作欧洲之游”，表示赏识和赞许。在他看来，孙中山的这种经历和计划，与盛宣怀办洋务不是相悖的，所以他敢于作书介绍给盛宙怀，替孙中山谋求见盛宣怀的途径。统观魏信行文，他是以父母官身份，做提携后进的姿态。一八九四年正月二十八日魏信写就，同年 2 月孙中山偕陆皓东北上。陆皓东相伴，目的仍在打通请盛宣怀介绍见李鸿章的路径。

孙中山持魏恒信，于 2 月到达上海见到了盛宙怀。

盛宙怀因魏恒手书，才勉强同意向堂兄盛宣怀推荐。他的介绍信，强调了魏恒函托一事，并将魏信附上，即可表明由于情面关系，态度并不积极。同时信中提到“沪堂教习唐心存兄之同窗孙逸仙兄”一语，可知孙中山在见到盛宙怀时，还把他的同学唐心存搬了出来，作为一种关系，求盛宙怀介绍。

唐心存何许人，目前尚不清楚。但盛宙怀既以此人作为向盛宣怀推荐的理由之一，可知他与盛氏家族有较密切的关系。

第二组郑观应致盛宣怀信，也是一件新资料。

---

① 参见《陆皓东供词》，见《中国国民党史稿》第三篇第一章，转引自中国史学会主编：《中国近代史资料丛刊·辛亥革命》第 1 册，229 页。

② 参见陈少白：《兴中会革命史要》，见中国史学会主编：《中国近代史资料丛刊·辛亥革命》第 1 册，26 页。

陈少白在《兴中会革命史要》中说到孙中山在上海遇到郑观应，这是正确的。这次发现的郑观应致盛宣怀信即是明证。但陈少白并没有提及郑观应为孙中山作书介绍给盛宣怀一事，而是横插王韬为之介绍给李鸿章的幕僚某，此人据冯自由所说是罗丰禄，邹鲁则说是徐秋畦。冯、邹二说是否实有其事，目前尚无文献证实，可以存疑。陈少白避而不谈郑观应作书一事，却是别有用意。

按，陈少白参与孙中山上李鸿章书的修改，确知孙中山北上天津的路径，明指孙、陆二人赴上海时得遇郑观应，但却不提孙中山在广州时通过魏恒介绍给盛宙怀，也不提郑观应作书给盛宣怀，显然是故意抹去孙中山与盛宣怀这一层关系。这是因为盛宣怀在辛亥革命前由于搞“铁路国有”，已成为众矢之的；辛亥以后，盛更身败名裂。陈少白为了“为尊者隐”，故意散布历史迷雾，制造假象。这就提醒学人，在阅读资料时，必须细加考核，去伪存真。

郑观应致盛宣怀函件以及魏恒致盛宙怀函，都证明了孙中山在上书李鸿章前已有作欧洲之游的计划，并不是上书受挫之后才产生欧洲之游的想法，纠正了国民党某些出版物在这一问题上的错误。例如：冯自由《中华民国开国前革命史》上编：“李拒不见，孙于是失望而有檀香山之行。”邹鲁《中国国民党史稿》：“李不能纳……值清军叠败于日，内外威信扫地。总理以时机可乘，乃赴檀香山。”①

1894 年 2 月，孙中山持盛宙怀、郑观应两信由上海北行，6 月间到达天津。当时盛宣怀正在津筹办东征转运。6 月 26 日(五月廿三日)盛宣怀收到其堂弟盛宙怀信，并在信封上手书“孙医士事”；郑信的信封虽未写收到日期，但从盖上同样的朱色年月日长方印及手书“孙医士事”看，当于同日收到。盛宣怀见信后，是否为之写信介绍给李鸿章，目前尚无确凿旁证。但从两信所提孙中山有欧游的打算看，其中某些方面后来是实现了的。郑信提到孙中山“拟自备资斧，先游泰西各国学习农务”，后来李鸿章曾给孙中山“以农学会筹款之护照”，孙中山即持

① 邹鲁：《中国国民党史稿》第 1 册，12 页。

此赴檀①；郑信称："恳我公代求傅相转请总署给予游历泰西各国护照一纸"，后孙中山在上海果由郑观应设法领得出国护照②。这些要求的实现、是否由于盛宣怀从中斡旋的结果，或者如邹鲁所说，在天津由徐秋畦介绍李鸿章所起的作用？因无明证，存疑待考。

1978. 2. 23

关于唐心存其人，笔者向上海图书馆葛正慧先生请教，蒙葛先生惠赐考证，兹照录文后，供学者研究：

甲午年盛宙怀函中所称"沪堂教习唐心存"，疑即为唐元湛，看法如下：

(1)盛函原称："沪堂教习唐心存兄"，既尊称之为兄，则必不直书其名，故"心存"必为其字或号。

(2)称"沪堂"而不详写堂名，则必因此堂名为盛宣怀所熟知，只提"沪堂"已足。此"沪堂"当为在上海之学堂(教堂无教习职务)。按甲午年间及其前已设堂而为盛宣怀所熟知者，当为继 1880 年秋开办天津电报学堂后在上海分设的电报学堂。(此年盛奏设津沪电线、训练人才，次年即任电报局总办。)

甲午年上海尚未设立南洋公学(1896 年奏请，1898 年始由盛宣怀办理开堂，堂内附设译书院则更在其后)。尚贤堂于 1897 年设立。约翰学校(又名白郝而学堂)虽早于 1897 年开设上海虹口，但教习皆为洋牧师，亦非盛所熟知。故"沪堂"之称当分别于"津堂"而言，亦即电报学堂在沪分班之简称，为盛宣怀所开办，故不必全称也。

(3)盛宙怀原任两广总电报局(广州)委员，熟知电报系统人事，包括唐心存，故不必向盛宣怀详介，略一提之已足，显然唐心存亦为电报局人员。

(4)据陈少白曾记陆皓东曾在上海电报局任领班生，估计陆皓东亦认识唐心存，在沪参加发动写信。唐心存之托魏恒写介绍信给盛宙怀，

---

① 邹鲁：《中国国民党史稿》第 1 册，26 页注五。

② 《兴中会革命史要》，见中国史学会主编：《中国近代史资料丛刊・辛亥革命》第 1 册，28 页。

可能是认为唐之于盛交情不如魏深，故请魏进言而提及唐。

(5)“唐元湛”据日本旧版《“支那”人名鉴》(89 页)载，系广东香山县人(孙中山同乡)，1862 年生，长孙中山 4 岁。以少年选送到美国留学，光绪七年(1881 年，19 岁)回国。据李鸿章奏稿(光绪十一年三月初三奏)“该学生等先后赴美国肄业……均于光绪七年分作三批回华，头批学生二十一名均送电局学传电报”，奏附名单中，唐元湛、罗丰禄均在内。唐元湛回国学习电报，后为教习，最后升为电报局提调、上海电报局总办，长期在上海活动。(辛亥后依附袁世凯，反对二次革命，为抗拒讨袁军接收沪电报局而辞职。)

唐元湛究竟与孙中山在何处“同窗”，现未考明，然必不在大学，可能是在香山县故乡私塾(?)(但孙中山于光绪二年入私塾，唐元湛时正出国)亦可能“同窗”一词作为同塾先后校友而含糊提之。

(6)需再考明者，即现知唐元湛字露园，是否有“心存”之号，尚未查得。然函中“心存兄”之“心存”绝非名字。(存、湛，广东人读音相近)

事冗不暇细究，以上仅供参考，未必得当也，

1978.2.25

葛正慧先生疑唐心存即唐元湛，所考至为详当。惟第(4)点云：“唐心存托魏写介绍信给盛宣怀”云云，自魏信看，似无法看出此点。据笔者分析，魏信纯系孙中山所请而写，论据见前。不知葛先生以为如何?

1978.6.29

原载《辛亥革命史丛刊》编辑组编《辛亥革命史丛刊》第 1 辑，中华书局，1980 年

上海商团与辛亥革命

上海商团是中国资产阶级组织的一个较早的政治性的武装团体。它的主要领导成分是活跃于十里洋场的上海商业资产阶级。在辛亥革命的准备时期，包括商团主要领导人在内的上海商业资产阶级上层人物，既积极地参与立宪活动，又热衷于清政府的地方自治；在辛亥革命的爆发阶段，商团及其主要领导者，不仅参与了上海的起义，而且还选派一批人员支援江苏地区的革命战争，成为全国各地仅有的几个参加革命阵营的商团之一。因此，研究辛亥革命时期上海商团的历史，对我们深入探讨民族资产阶级，特别是上层商业资产阶级的性格，不无助益。

一、上海商团的形成及其性质

上海商团正式成立于1911年3月，是由20余个行业性和区域性商团组合而成。它的第一次联合是在1907年，而肇始的基础则可溯至1905年上海几个商学研究机构所附设的体操会。

20世纪初年，是近代中国两大基本矛盾日趋尖锐的时期，上海是矛盾的集合点。1903年的《苏报》案，1901—1905年的拒俄抗法斗争，1905年反美爱国运动，都从上海爆发而波及全国。“俄约不废，中国必亡”，“不受美雇，不购美货”，“以伸国权而保商利”等政治口号，成为上海资产阶级反帝爱国的呼声。在民族危亡的感召下，尤其在美国虐待华工与旅美华人事件的刺激下，一部分资产阶级及其知识分子，既“愤国势之不振，学问之欠缺”，又“鉴于国民躯体羸弱，致蒙‘东亚病夫'之垢〔诟〕，欲图强国必先强种”，纷纷组织学会、成立体育团体。从1905年起，先后成立了上海沪学会体育部、商余学会、商业体操会、商学补习会、沪西士商体操会五个组织，吸收资产阶级知识分子、工商店东、部分职员参加。这些组织名为体育团体，但其活动内容却不限于体育。它除了经常进行徒手操、柔软体操、木枪、杠子、田径运动、兵式操练等体育训练外，还组织学习外文知识，“敦请社会名流演说各种致富图强之要旨”，鼓吹“非振作尚武精神，无以自卫而谋富强”。从这些组织的宗旨及其活动的主要内容看，它是资产阶级自发组织的带有一定政治性的业余文化体育机构。它的活动尽管与革命二字沾不上边，却能引导人们了解西方社会，启发他们关心祖国的存亡，思考致富图强之道。在当时清政府视民主为猛兽，爱国有罪，冤狱遍于国中的高压政策下，是有其进步作用的。

1907年，资产阶级革命派连续在两广、安徽发动反清武装起义，清廷震动。江苏巡抚陈夔龙惊呼：“长江一带，各帮匪徒本众，孙汶(按：即孙文)逆党亦多，不独联络勾给，固属滋漫难图，即使各不相谋，而闻风响应，为患何可胜道?”①指令所属各地严加防范。上海道即以“禁绝烟馆”“深恐烟民暴动”为名，命上海地方自治机构——城厢内外总工程局——领袖总董李钟珏(字平书)、办事总董曾铸(字少卿)，商请五体操会出任保卫地方治安。“五会会长遂组织临时商团，设司令部，分区驻扎，出队梭巡”②。不久，为求事权集中、指挥裕如，五体操会组成“南市商团公会”，由李平书任会长，归总工程局领导，请政府拨给枪支、弹药，“上海商团之基础于焉奠定”③。

南市商团公会成立后，上海各行业也纷纷效法，组成商团。“至辛亥春，已达一千余人，皆各业领袖，遴选同业有志之士，训练成

① 《光绪三十三年六月初三日江苏巡抚陈夔龙致军机处电》，见中国史学会主编：《中国近代史资料丛刊・辛亥革命》第7册，91页。

② 《上海县续志》卷十三《商团》。

③ 《上海商团小史》，见中国史学会主编：《中国近代史资料丛刊・辛亥革命》第7册，86页。

团"①，保卫地方，"以补警力的不足"②。这样，民间的团体就涂上了官方的色彩，业余文化教育机构也就逐渐朝着"武化"的方向发展。

1910 年后，革命形势日益发展，长江中下游一带连续发生抢米风潮和抗捐抗税斗争，上海银根浮动、米价腾贵，社会秩序十分混乱。为加强治安，1911 年 2 月，有些商人向地方自治机构提议组织"国民军"。经城自治公所研究，认为"刻下教育尚未普及，此事若果实行，恐有弊端，不如先将已经开办、薄著成效之商团公会极力推广，以作日后国民军之准备"③；决定"由上海发函各处，劝导组织商团会，俟各处商团成立，再行组织义勇队，以达人自为兵之目的"④。1911 年 3 月 22 日，在上海政府当局的同意下，南北商团公会假斜桥西园举行大会，发起成立"全国商团公会"，会上推李平书为全国商团联合会正会长，南市信成银行经理沈缦云、杂货业商团团长叶惠钧为副会长，荷兰银行买办虞洽卿为名誉会长。后来，全国商团联合会虽没有成立，但这个会议却促成了上海各行业商团的联合。上海商团由此正式诞生。

从上海商团的酝酿、联合过程可以看出，商团最初是一部分资产阶级及其知识分子，在爱国感情驱使下，为实现民强国富而组织的民间文化体育机构。随着国内政治形势的发展变化，在清政府支持和扶植下，它逐渐演变为半官方的武装团体，并由原先分散的行帮性武装，变成上海地方自治机构控制的联合性组织。

上海商团的组成情况，据 1912 年 2 月 18 日调查，列表如下⑤。

---

① 李平书：《且顽老人七十岁自叙》卷三，286 页，中华书局(聚珍仿宋版)，1922。

② 《清真商团纪略》，见中国史学会主编：《中国近代史资料丛刊·辛亥革命》第 7 册，91 页。

③ 《时报》，1911-02-16。

④ 《时报》，1911-03-13。

⑤ 材料来源《上海市自治志》之《公牍》丙编，70 页。根据此项调查资料，商团总人数共 2490 人。《上海商团小史》称"团员都五千以上"，似有夸大之嫌。

表 2 上海商团组成一览表

名　称	团　长	人数(人)	名　称	团　长	人数(人)
商团公会	李平书	600	沪西商团	朱鉴堂	100
商余学会	郁屏翰	300	书业商团	陈润夫	100
商学补习会	苏筠尚	320	参药业商团	苏筠尚	100
救火联合会体育部	毛子坚	80	中区商团	莫子经	60
闸北商团	钱贵三	120	志成(杂货业)商团	叶惠钧	40
清真商团	沙善余	70	集益商团	张乐君	60
韫怀(珠玉业)商团	杨栋生	80	四铺商团	毛子坚	40
洋布商团	郁葆青	100	十铺商团	龚子范	40
水果商团	江荣侪	40	十五铺商团	凌伯华	40
豆米业商团	张乐君	120	商务印书馆体育部	张廷桂	80

注：共 20 个单位 2490 人。

由上表可知：第一，上海商团的 20 个组成单位中，以(南市)商团公会、商余学会、商学补习会为最大组织。三会人数约占总人数之半。三会会长在商团中具有举足轻重的地位。第二，上述 20 个组成单位中，除各铺商团及两处体育会的行业性质不明外，其余都是商业性质的团体。可以肯定，《上海商团小史》中所谓“名曰商团，实兼工商士界”的说法中，“商”是主要成分。上海商团主要应是上海商业资产阶级组织的政治性的武装团体。

上海商团的基本性质虽是商业资产阶级的政治性的武装团体，但它的内部结构却是十分复杂的。

首先，参加的成员相当复杂。商团成员既有一般中小商人及其子弟，又有亦官亦商人物，更有普通职员、店员；此外还有宗教界、文化界、教育界人士。他们的政治背景和社会地位都很不相同。例如：

商团公会会长李平书(名钟珏，字平书，晚号且顽老人)，曾任广东陆丰、新宁、遂溪知县，担任过张之洞幕僚。1902—1911 年，是江南机器制造局的提调。同时，他也从事工商企业的管理和投资活动，担任南市商务分会议董。1905 年由盛宣怀委为通商银行总董，1906 年任华成保险公司经理，并与朱晓籁合办崑新垦牧公司，1907年任轮船招商局总局董事，上海自来水厂商股总董，1909年创办闸北水电公司①，是一个标准的亦官亦商人物。

商余学会会长郁屏翰(名怀智，字屏翰，自号素痴)，“幼肄业广方言馆，嗣以家贫，弃学就商……中年以后，营业渐顺，因以起家”②，是一个经商致富的商业资本家。当时，他担任上海商务总会的议董。

商学补习会会长苏筠尚(名本炎，字筠尚)，年轻时即从曾铸习商，“铸器之，妻以女”。像他的岳父一样，苏本炎“提倡实业，踊跃投资”③，是一个积极向近代工业渗透的商业资本家。从他担任参药业商团团长来看，他的经商方向很可能着重在这一行业。

清真商团是一个非行帮性的回民商人组织，参加者多是回民商人子弟，但担任正副会长的沙善余、伍特公却不是商人。沙善余是教育家，伍特公是报界人物。

店员加入商团的情况，目前未见文献记载。根据商团老人回忆，至少在商余学会、书业商团中都有店员、职员参加。④ 其余行业商团中可能也有，限于资料，现在还不很清楚。

其次，伴随着成员的复杂化，商团内部的思想状况和政治态度很不一致。商团的参加者多半是年轻的资产阶级子弟。他们中不少人感于时事，具有爱国热情，渴望民强国富，也有一些青年加入商团是为了好胜，好运动，羡慕时尚。把这些人说成已经具有革命思想，甚至“且料革命终必有日实现”⑤，似不符合实际。但会中经常演说时事形

---

① 参见李平书：《且顽老人七十岁自叙》卷三。

② 《民国上海县志》卷十五《人物》下，10～12页。

③ 《民国上海县志》卷十五《人物》下，29页。

④ 据尹村夫先生回忆，商余学会会员“多工商店东，店员亦有”；据书业商团成员陈佩苏、胡宝坤先生回忆，他们都是店员出身。陈佩苏是绸缎业职员，胡宝坤是百货店店员(二人回忆录均未刊)。另据原民主建国会中央委员张子槎先生称，他也是店员，后来参加上海商团。张子槎回忆，藏上海市工商业联合会档案史料室。

⑤ 参见《上海商团小史》一文，该文成于1947年，内对商团的思想倾向，估计多有偏高之处。

势，宣传救亡图强，使会员身心有所寄托，积极向上，确是事实。这一方面无疑有利于商团成员思想觉悟的提高。在辛亥革命爆发后，商团成员纷纷投入革命斗争，与此不无关系。

商团上层的情况有所不同。20个组成单位中，有不少人的思想还只是热衷地方自治，主张君主立宪，参加并担任了上海地方自治机构的领导职务。例如，商团公会会长李平书，是上海重要的立宪分子，与张謇、姚文枏、雷奋、赵凤昌等立宪派头面人物过从甚密。据当时人回忆，以张謇为首的江苏立宪派人物，平日常在《时报》馆的"息楼"聚会。赵凤昌、李平书、沈恩孚、狄平子、袁希涛、雷奋、史量才、龚子英等"都是息楼里面的人物"①。李平书在1905—1911年连续担任上海地方自治机构——城厢内外总工程局和城自治公所——的领袖总董。商余学会会长郁怀智、中区商团团长莫子经(锡纶)任总工程局办事总董和城自治公所的办事总董及议事会议董。商学补习会会长苏本炎、豆米业商团团长张乐君、救火联合会体操部兼四铺商团团长毛子坚等，都曾在地方自治机构中担任名誉董事或议事会议董。②

地方自治是清政府"预备立宪"骗局中的重要组成部分。在清政府言，地方自治的目的，"所以助官治之不足也"，地方自治的章程，"不得牴牾国家之法律"；地方自治的权力，"不得违抗政府之监督"，完全是维护封建统治。③ 但它多少向资产阶级开放了一些权力，使热衷于立宪运动的上层资产阶级及其政治代表大受鼓舞。在立宪派看来，举办地方自治是他们的政治要求之一，是"立宪国家之基础"④，是从政

① 《辛亥上海光复前后》(座谈会纪录)，见中国人民政治协商会议全国委员会文史资料委员会编：《辛亥革命回忆录》第4册，3页，北京，中华书局，1962。

② 参见《上海市自治志》之《职员表》。上海资产阶级地方自治机构分为城厢内外总工程局(1905—1909)和城自治公所(1909—1911)两个相互衔接的阶段。两阶段名称不同，实质完全一致。

③ 《宪政编查馆奏核议城镇乡地方自治章程，并另拟选举章程折》，见故宫博物院明清档案部编：《清末筹备立宪档案史料》下册，725页。

④ 伧父：《立宪运动之进行》，见中国史学会主编：《中国近代史资料丛刊·辛亥革命》第4册，3页。

治上“减杀君权之一部分而公诸民也”的一种“政治机关”。[①] 因此，他们竭力谋求扩大地方自治的范围，吁请清政府“不能以厅、州、县为最高之地方自治团体”，应扩大到“各省之自治”。[②] 这在资产阶级向封建专制政府争民权的斗争中，具有争取舆论、扩大影响、孤立反动势力的进步作用，对于资产阶级革命运动的发展，客观上也是有利的。但它毕竟是回避与反动势力正面冲突的一种软弱手段，同革命方法有很大差异。商团上层领导积极参与地方自治活动，正是当时上海资产阶级上层特别是商业资产阶级上层，在同封建势力斗争中怯懦软弱的表现。

再次，组成单位与商团总部的关系很复杂。商团不是一个统一的一元化组织，而是由各个不同行业的行帮性商团和区域性商团联合组成的。行帮性的特点中，明显地表露出封建家长制的色彩。在各行帮性、区域性商团内部，少数头头各自控制着本团的活动，彼此间保持着一定独立性；作为许多单位联合体的商团总部，家长制的寡头政治倾向也十分明显。在组织上，它只有会长，其下没有总部机构，更没有派出机构或派出代表；在议事决策上，一切大事表面上都由各团团长联席会议讨论决定，实际上完全为商团少数几个上层领导所左右。但是，商团所在的行业，作为商业组织，它是上海商务总会的组成部分，各行业都需商务总会领导，而商务总会的头面人物又是地方自治机构的成员，这就使商团上层领导具有复杂的身份：既是半官方的自治机构董事，又是民间商业组织的领袖。这种复杂性使商团直接接受的是地方自治机构的指令，间接接受的是清政府的旨意，同时又要考虑商业资本家自身的利益。

商团的成员构成、思想政治立场与组织机构上的复杂性，使它具有下列两个特点：第一，商团成员虽以一般中小商人及其子弟为大多数，但实权操在各团领导的手中，各团领导又以少数与封建官府、帝

---

① 《政闻社宣言》，见中国史学会主编：《中国近代史资料丛刊・辛亥革命》第 4 册，106 页。

② 梁启超：《立宪九年筹备案恭跋》，见中国史学会主编：《中国近代史资料丛刊・辛亥革命》第 4 册，第 146 页。

国主义有较多联系的商业资产阶级上层的意志为转移。他们的意向往往决定着商团的政治倾向与政治立场。第二，在上层分子控制下的商团，既维护商业资产阶级行帮性利益，具有行帮武装的性质；又协助清政府维护上海统治秩序，具有地方政治武装的色彩。从前者说，它反映的是资产阶级的利益和要求，具有资产阶级准军队的性质，不同于旧式的团练；从后者说，它在一定程度上又不能不执行清政府的意志和命令，带有旧式团练所特有的"保卫乡里，镇压盗贼"的性质，因之，清政府称它为"民团"①，并非没有根据。

到辛亥革命前夕，尽管人民抗捐抗税斗争此起彼伏，全国革命形势飞速发展，但上海商团这支队伍仍在原地踏步。当时，上海中下层资产阶级在革命形势影响下，不满清王朝统治，力图自强的爱国热忱日趋高涨，其中一部分也倾向革命。这种情绪无疑会反映到商团的一般成员中来，可是控制商团的商业资产阶级上层人物并没有革命化，他们热衷的仍然是立宪政治。在"皇族内阁"成立，"预备立宪"草草收场之后，他们中的一些人虽然已开始寻求新的政治出路，但是并未最终抛弃在清政府预备立宪中获取权力与地位的幻想。因此，他们控制下的商团，直至辛亥革命前夕，不是作为清政府的对立物出现，而是清政府地方治安的一种补充力量。

二、商团领导人在武昌起义后的政治活动

1911年10月10日，湖北革命党人打响了推翻清王朝的第一枪，猝然而起却又在人们意料之中的革命，立即形成席卷全国的强大的反清浪潮。从10月20日到31日，湖南、陕西、山西、云南、江西五省相继发动起义，当地巡抚、将军或死或逃，起义迅即成功，五省军政府先后成立。

---

① 上海起义后，江南机器制造局总办张士珩电文中，称商团为"民团"。《江苏起义清方档案》，见中国史学会主编：《中国近代史资料丛刊·辛亥革命》第7册，93页。

上海地处长江出海口，为东南大埠。武昌起义前，上海的社会经济已呈紧张。米价自 2 月起一日数涨，至 9 月每石售价高达 12 元。当时一般工人工资日仅二角左右，月计不及 7 元。① 贫苦小民无不数米而炊，抢米风潮已见发生。② 武昌起义切断了长江水运，上海商业大受影响。沪南各花行因市面呆滞，现洋缺乏，暂缓收花，全埠纺织业 40 余家“颇难支持”③；“又因武汉各处纸币不能通用，商家交易，均用现银”④，以致钞票贬值、银价陡涨，居民纷至华洋各银行兑换纸币，提取现银，造成金融混乱、社会动荡的局面，严重冲击着清政府在上海的统治秩序。

武昌起义后，资产阶级革命派即因势利导，积极从舆论和组织两方面进行起义准备工作，以配合武昌起义后迅猛高涨的革命形势，推动辛亥革命向前发展。

舆论方面，革命党人不仅在自己主办的《民立报》上放言革命，而且“联络各报悉力鼓吹”⑤，号召上海人民奋起斗争。他们明确指出，清政府腐败黑暗的统治引起了人民的反抗，“革命党之起也，因政府之恶劣”⑥；热情歌颂革命是“二十世纪中之壮事”⑦。他们满怀信心地宣称：“以数万万同胞与不满千万之满人竞，以方兴之民国与运尽之政府争，此而虑其不胜也，吾固未之前闻。”⑧同时，又进一步揭露清政府的立宪骗局，号召人民起来推翻清政府的统治。在政治形势推动与舆论攻势的压力下，过去政治态度保守的《时报》《申报》也一反故态，不

---

① 参见汪敬虞编：《中国近代工业史资料》第 2 辑，下册，1232 页，北京，科学出版社，1957。

② 参见《申报》(1911-09-07)报道：“沪上迩来米价奇昂，每石涨至十二元有奇，民心惶惶，致贫苦小民无不数米而炊。浦东烂泥渡地方，已见抢米风潮……”

③ 《申报》，1911-10-24。

④ 《时报》，1911-10-24。

⑤ 钱基博：《辛亥江南光复实录》，见中国史学会主编：《中国近代史资料丛刊·辛亥革命》第 7 册，43 页。

⑥ 《湖北形势地理说》(二)，载《民立报》，1911-10-16。

⑦ 《民立报》，1911-10-31。

⑧ 《荆州满人惨杀汉人之感言》，载《民立报》，1911-11-01。

仅连续报道革命消息，而且多次附和革命舆论。① 激烈的宣传和武昌起义形成的反清革命势头，加速了上海人民革命化的进程。群众纷纷拥向报社探询武汉情况，“各报馆门前恒有数百十人围裹不散”，报馆每有所闻，即印发传单以补不及排印，“聚而观者，肩摩足骈，塞衢为断”。②

组织方面，集中在发动军警、商团的策反上。当时，资产阶级革命派在上海有两个组织，一是同盟会中部总会，二是光复会上海支部。前者专主长江流域革命，武昌起义后，会务由宋教仁、陈其美负责；后者是光复会骨干李燮和在 1910 年设立的机关，对外称“锐进学社”。武昌起义后，李燮和认为“淞沪东南门户，而天下财货之所委焉，得之，则长江以南，可无血刃而定也”③。他主张联络吴淞、闸北两地军警，就地发动。陈其美则认为上海城内守军不多，道、县两署均在其间，在城内发动，便于得手。他除联络沪军营、炮队营外，还积极运动商团加入革命行列。

上海清政府为阻止革命爆发，一面采用欺骗手段，迭下告示，企图安定人心，以挽危局④；一面加强布防，除闸北、江南制造局迭令

① 关于《时报》与《申报》政治态度的转变，是一个重要的研究课题，我们将有专文探讨。大体上说，这两家不同背景、不同立场的资产阶级中派偏右的报刊，在武昌起义后不久(十月中旬)，政治态度开始变化，发表了不少指摘清政府腐败的文章，以含糊的词句拥护革命。承认“革命实由今日之政府造成”(《时报》，1911-10-16)，称“此次鄂省之乱，纯然为政治之革命”，不同于历史上教案、发、捻、拳“匪”之乱，指摘帝国主义报刊对革命的诬蔑(《时报》，1911-10-23)，认为“革命军有见信于天下之能力，天下之人，无一非议之者”(《申报》，1911-10-17，《评论》)。两报相较，《申报》态度远较《时报》平和，在纯客观报道的手法中稍稍偏向革命派。《时报》态度比较激烈。

② 《申报》(1911-10-24)；另见袁庙祝鮀(张篁溪)辑：《辛亥革命征信录》，见中国史学会主编：《中国近代史资料丛刊·辛亥革命》第 5 册，204 页。

③ 钱基博：《辛亥江南光复实录》，见中国史学会主编：《中国近代史资料丛刊·辛亥革命》第 7 册，40 页。

④ 上海道刘燕翼(襄荪)在武昌起义后发布告示，称：武昌指日可平，各省安静如常。“本埠华洋各界，又经本道饬营警暨照会领袖总领事、法总领事，分谕捕房，一律认真防范，可保无虞”(《申报》，1911-10-15)；又伪称：“金陵造币厂有新铸一两重之国币一百万元，即日运至沪上，存储通商银行，随后尚有三百万元陆续运来”，企图稳定金融混乱的局面。

军警严加防范外，城内的治安，主要依靠地方自治机构统辖的巡警武装。但这支警察力量很弱，仅418人，于是利用拥有数千人的商团，就成为上海清政府进行垂死挣扎的重要一环。

革命、反革命都是想利用商团达到各自的政治目的。面对着双方伸出来的手，商团上层领导颇为犹豫。虽然他们有“急起响应”、不守闭关主义的倾向，但大局未定，他们仍需“审察情势以为进止”。

革命派方面担任联络商团的人物是同盟会会员、信成银行经理沈缦云。沈是上海著名金融资本家，1910年曾作为上海商务总会代表进京谒见庆亲王奕劻，“请从速召开国会”①，同年被选为城自治公所议事会议员。他与上海商业资产阶级上层人物、买办和地方士绅，如曾铸、顾履桂、虞洽卿、王一亭、姚文枬、陆文麓等都有接触，又与商团领导人李平书、苏本炎、莫子经、郁屏翰等都是地方自治机构的同事，并担任商团副会长。李平书与他是“莫逆交”，但不知他是革命党。武昌起义后，沈缦云受陈其美指令，即向李平书试探。此事，李平书曾有详细记述：

> 缦云之致力于革命盖有年矣，而余于辛亥之后始知之。方余承乏上海自治总董，又充南市商团公会会长、救火联合会会长及他团体。凡余所从事者，缦云莫不赞助其间，然第知其热心社会一切之事，初未知其有革命之大志也。武昌起义，沪上一日数电，闻者兴会飚举，而缦云窃忧之。一日语余曰：“顷得私电，汉阳有难保之信，万一失守，武昌亦危，若此次失败，我汉人尚有噍类耶?”言次唏嘘不置。余曰：“某亦知报纸捷电之不尽可凭，盖筹之熟矣！此时非东南急起响应，无以救武汉之危……”言未已，缦云跃然起曰：“先生有此意耶?！日来沪上党人正谋此举，非特先生赞同不可。今欲介同志于先生，可一见乎?”余曰：“可。”乃于是晚

① 《沈缦云先生年谱》(选录)，见上海社会科学院历史研究所编：《辛亥革命在上海史料选辑》，982页，上海，上海人民出版社，1966。

偕陈君英士来余家密晤谈，一见如故……①

沈缦云与李平书接触后，即回《民立报》馆向陈其美汇报，革命派当即举行会议讨论部署。此事沈缦云之子沈焕唐有文回忆称：

一九一一年十月二十四日(辛亥九月初三日)，余随先君缦云公至民立报馆，步入一密室，则见三四人已在。先君与之作耳语，未几即于袖底出一密柬，命余乘马车送至鄉嬛里某号(其后始知为中国国民总会秘密地址)楼上，面交陈英士先生。陈得柬后，即匆促同车返民立报馆出席会议。与会者有宋教仁、范鸿仙、叶惠钧、叶楚伧等若干人，即席决议以联络商团，媾通士绅为上海起义工作之重心，并利用《民立报》宣传革命消息，以激励民气。②

李平书与沈缦云接触后，在会见陈其美之先，立即与地方自治公所及商团部分领导人进行密商，讨论对策：

南市信成银行主任沈缦云与陈君同志，与余为莫逆交，介绍陈君定期相见。余约沈君信卿(即沈恩孚，自治公所前任议长，立宪分子)、吴君怀疚(即吴馨，自治公所现任议长，立宪分子)、莫君子经(即莫锡纶，中区商团团长)，相与密商，佥谓时势至此，不能守闭关主义，当审察情势，以为进止。乃约陈君于贞吉里寓楼，相见之下，乃一恂恂儒者，咸出意外。③

李平书等商团领导人在这个时候转向，与江苏立宪派首领张謇的活动，有着微妙关系。张謇在武昌起义后，对清政府仍抱有幻想。10

① 李平书：《哀文》，见《沈缦云先生年谱》附言，未刊稿本。

② 沈焕唐：《上海光复前夕的一次重要会议》，见中国人民政治协商会议全国委员会文史资料研究委员会编：《辛亥革命回忆录》第4册，48页。

③ 李平书：《且顽老人七十岁自叙》卷三，287页。

月 14 到 15 日，张謇在南京劝两江总督张人骏及江宁将军铁良出兵武汉，镇压革命。他在上海的立宪密友赵凤昌也在 15 日和上海的一些立宪分子商讨前途及应付方法，“定了一些策划”①。16 日张謇到苏州，与江苏巡抚程德全密商，接受了代程起草吁请清政府速开国会奏稿的任务。当天上海的立宪分子沈恩孚、雷奋、杨廷栋等赶到苏州，“在阊门外惟盈旅馆见面”②，当夜协助张謇草拟奏稿。17 日和 22 日，张謇两次到上海。22 日这天，他没有参加谘议局会议，不知干了些什么。次日回南通，从此沉默，但却很关心革命消息。值得注意的是李平书与沈缦云的接触，恰恰发生在张謇自沪返南通的第二天(10 月 24 日)，而且李平书接触沈缦云后，立即与沈恩孚等人密议办法，并决定不取闭关主义，会见陈其美。张謇则从不露脸，在南通观望形势，直到上海起义成功，大局已定，才由南通抵沪，政治态度也发生明显变化。③李平书对革命派的试探性接触，虽不能完全断定是出于张謇的策划④，但从李平书与预备立宪公会、与张謇之间的亲密关系，从沈恩孚参与李

① 黄炎培：《我亲身经历的辛亥革命事实》，见中国人民政治协商会议全国委员会文史资料研究委员会编：《辛亥革命回忆录》第 1 册，63 页。

② 黄炎培：《我亲身经历的辛亥革命事实》，见中国人民政治协商会议全国委员会文史资料研究委员会编：《辛亥革命回忆录》第 1 册，63 页。

③ 参见张謇：《啬翁自订年谱》卷下，上海，商务印书馆，1925。

④ 有的文章根据《啬翁自订年谱》，断定李平书等人对革命派的试探，是出自张謇的策划。如说：“张謇十月十七日赶到上海，与立宪派马相伯、姚文枏、李平书等密议后，十八日又赶回南京。”查《年谱》称：“二十六日(10 月 17 日)至沪，二十七日(18 日)旅宁。”并没有与马相伯、姚文枏、李平书等接触的记载。又如说：张謇“没有参加十月二十二日江苏谘议局会议，却到上海参加商会会议，决定成立地方协防团。与此同时，沈恩孚、李平书等通过沈缦云向革命派进行秘密联系。”查《年谱》称：“九月一日(10 月 22 日)以厂事去沪，未预谘议局开会行礼。二日(10 月 23 日)回通，闻长沙、宜昌失矣。五日(10 月 26 日)商会会议，设地方协防团。”很明显，张謇已于 10 月 23 日回南通，10 月 26 日仍在南通，所谓商会会议，设地方协防团，不应理解为参加上海的商会会次，筹设上海地方协防团。因此，我们认为张謇有策划李平书等人与革命派接触的可能性，但据《啬翁自订年谱》所记，也应实事求是指出：还不能断定是张謇的策划，只能说李平书的活动与张謇之间存在着微妙关系，有可疑之处。

平书、陈其美接触等情况来看，似乎也不是孤立的行动。可以说，不论是张謇还是李平书，或者湖北的汤化龙、湖南的谭延闿，他们的政治活动虽然都有各自的特点，但都表现出一个共同的趋向——向革命靠拢。

问题很清楚，武昌起义使中国的政治形势发生了巨大变动。原先各政治派别间的结构已被冲破，需要重新组合，建立新的力量对比结构。在这过程中，民族资产阶级两翼有着共同的利害关系。从资产阶级革命派来说，他们在武昌起义前，由于对形势的错误估计，没有做好坚实的群众工作，因此在武昌起义爆发后显得手足无措。各地革命党大体都不能以强大而有组织的革命力量，迅速做出响应起义的反应，以跟上空前高涨的革命形势。他们不得不转而向与上层社会有深厚关系的立宪派寻求奥援，企图利用他们的地位、声望与力量，作为扩张革命势力的砝码。这就表现出廉价革命的特点。从资产阶级立宪派来说，由于他们在清政府预备立宪的过程中，一次又一次地受到愚弄，因此，同清廷原有的矛盾加深了，裂口扩大了。他们已经开始寻求新的政治出路。武昌起义后，他们发现革命形势将燎原，抛掉君主立宪的口号，穿上民主共和的外衣，与革命派合作，已是大势所趋，“成则共图勋名，败则生灵涂炭”①。在形势逼迫下，胆怯懦弱的立宪派也敢于做最后抉择了，虽然这确实多少带有孤注一掷的投机性质。李平书等商团领导人在武昌起义后观望了十多天，眼见“时势至此”，继续采取关门态度，已经不合时宜，在经过秘密商讨后，决定向革命派靠拢。但是他们向前迈出了左脚，却没有把右脚也跟着跨出去。如果说商人的特性是唯利是图，那么李平书等上层商业资产阶级的代表人物，在进行政治抉择时所持的“审察情势，以为进止”的态度，正是这一阶层特具的投机性在政治交易中的反映，典型地勾画出资产阶级立宪派的阶级品格。

自 10 月 24 日革命党人与商团负责人接触后，直至上海光复前夕，

---

① 湖北立宪派首领汤化龙，在被推为湖北都督府总参议时所发表的就职演说中的两句话。剑农：《武汉革命始末记》，见中国史学会主编：《中国近代史资料丛刊・辛亥革命》第 5 册，176 页。

陈其美、沈缦云、李平书、叶惠钧等，“日必举行会议”①，研究响应武昌起义的部署，讨论中最初决定“上海视南京举动”②。

革命派在武昌起义后不久，即派党人范鸿仙、柏文蔚主持南京新军第九镇的起义工作。第九镇统制徐绍祯是同盟会会员，“中上级官佐多系革命党徒，主张反正甚力”③。但因两江总督张人骏、江防军统制张勋收缴了第九镇弹药，并下令移营城外，南京先期发动的计划受阻。这样，上海先动便推到议事日程上。11 月 1 日(九月十一日)陈其美决定上海首先发动，当夜与商团领导人进行了秘密讨论。李平书在《且顽老人七十岁自叙》中称：

> 初议上海视南京举动，既而第九镇退出城外，而汉阳有失守之信。九月十一日夜，陈君改议上海先动，苏杭应之，南京庶指日可下。吴君怀疚难之，时钮君惕生、叶君惠钧在座，咸主上海先动，钮君谓即往松江响应，遂从多数决议。④

可见，在上海先动的问题上，商团领导人是有过异议的，最后以服从多数的原则始得以决定。自此，商团领导才真正把右脚伸了出去。

11 月 1 日，李平书等商团领导人在南市九亩地举行盛大的商团检阅典礼，并推举日本士官学校毕业生、商团教练李显谟(英石)任商团临时总司令，“联合救火会员编配分防地段”⑤，为起义进行了组织上的准备。

11 月 2 日，陈其美接到谍报，得知清军军舰五艘自汉口下驶泊于吴淞口，准备运江南制造局械弹以济进攻汉阳的清军冯国璋部。他立

---

① 《上海光复前夕的一次重要会议》，见中国人民政治协商会议全国委员会文史资料研究委员会编：《辛亥革命回忆录》第 4 册，48 页。

② 李平书：《且顽老人七十岁自叙》卷三，287 页。

③ 杨啸天：《参加第九镇南京起义》，见中国史学会主编：《中国近代史资料丛刊·辛亥革命》第 7 册，77 页。

④ 李平书：《且顽老人七十岁自叙》卷三，287 页。

⑤ 《民国上海县志》卷一。

即约会李燮和在《民立报》馆讨论对策①，决定11月3日(九月十三日)午后四时发动上海起义，“警察、商团同时发难”②。李燮和连夜赶回住所，对闸北、吴淞方面进行起义的布置，“散布光复军白旗于军警，约届时举火为号，军士则袖缀白布条为标识”③。陈其美也在当夜与李平书会于城自治公所，布置次日举义部署。李平书即与地方自治机构所属警务长穆抒斋“商议保卫地方事宜”④；接着又举行各商团团长临时联席会议，宣布“时局日见紧张，愿各商团竭力保卫桑梓，如闻南市救火会钟楼鸣钟九响，继以十三响，即派团员分段出防，以安闾阎”⑤。商团终于从清政府地方治安的补充力量，转变为它的对立物，成为上海辛亥革命中反清武装的一部分。

三、商团在辛亥革命战争中的表现

1911年11月3日(九月十三日)，上海继湖南、四川、山西、陕西、云南、江西等省之后，发动反清武装起义，第二天顺利结束战斗，起义成功。上海商团参加了起义，并在其中发挥了一定的作用。

上海反清起义分闸北与县城两地进行。闸北方面的主持者是光复会李燮和。起义前，李燮和利用同乡关系策反了吴淞巡官黄汉湘，又通过黄汉湘联络了闸北巡警总局巡逻队队官陈汉钦。然后以陈、黄为主，分别对吴淞、闸北军警两界的一些负责人进行活动，基本上控制了军警。县城方面的主持者是中部总会陈其美。他通过李平书控制了商团和自治公所属下的地方警察。并通过同盟会会员、中国公学学生

① 参见《辛亥江南光复实录》，见中国史学会主编：《中国近代史资料丛刊·辛亥革命》第7册，43页。

② 黄一欧：《辛亥沪宁光复的片断回忆》，见中国人民政治协商会议全国委员会文史资料研究委员会编：《辛亥革命回忆录》第4册，20页。

③ 龚翼星：《光复军志(三)：上海下篇》，转引自《辛亥革命在上海史料选辑》，203页。

④ 李平书：《且顽老人七十岁自叙》卷三，287页。

⑤ 《上海商团小史》，见中国史学会主编：《中国近代史资料丛刊·辛亥革命》第7册，87页。

张承槱组织了有手工业工人和城市贫民参加的敢死队。①

这样，起义前有关的清政府军事力量都为革命派暗中掌握，解除了起义时可能遭到的阻力。只有江南制造局在总办张士珩主持下抗拒革命。

11月2日，陈其美与李燮和秘密会议后即做了具体部署。根据现有史料与回忆录相互参证，并以起义过程中的实况加以校核，陈、李二日会议上所定的具体方案似有以下要点：

第一，约定11月3日下午4时，分闸北与县城同时发难；得手后再取吴淞。

第二，闸北以巡警为主力，由陈汉钦任总指挥；商团接管沪宁车站，防止清军南下。

第三，城内由商团保卫地方治安，并派队接管道、县两署。

第四，集中力量攻打江南制造局。

11月3日中午，闸北方面由于负责传达起义消息的陈汉钦被警方发觉，在侦探队队官汪景龙的逼迫下双方发生争执。汪景龙发枪击陈汉钦不中，局中警士大哗。恰巧隔壁民居不慎失火，局长等误以为革命党起义，仓皇逃走。陈汉钦"乘势集合警士，发令起事"②，闸北起

---

① 参见《革命军敢死队队长张承槱之自述》，见冯自由：《革命逸史·第五集》，270页。

② 钱基博：《辛亥江南光复实录》。关于闸北起义情况，现有资料说法不一。《申报》(1911-11-04)报道："昨日午后一时，先有新招预防队四十余人守候姚捷勋(按即闸北巡警总局局长)，未几姚乘马车莅局，甫下车，预防队即要求发给子弹，并称革命军今日四点钟必到，不发子弹何以抵御？姚一味敷衍。时有侦察员汪景龙一味以官势压制，突有一人将汪批颊三下，又有人连发空枪两响，姚、汪均乘机逃避。"同天另一报道与此大体相同，但多了"时适贴邻某民居火起，局长姚捷勋以为革命军起事，即逃出后门而去"的情节。两篇报道均反映出起事出于巡警哄闹的偶然原因。11月5日《申报》刊登陈汉钦咨会各巡警分局一文，内有"今日(三日)总局纷乱，实由汪景龙妄开手枪击汉所致"，则4日报道中称预防队哄闹时有人打了汪景龙耳光，又有人连放空枪等，均与事实不合。闸北起义应与陈汉钦与汪景龙冲突有直接关系。11月6日光汉学社出版的石印小册子《中华民国光复上海记》称：十三日晨，闸北巡警局各区官集会，局长姚捷勋单独会见陈汉钦，陈汉钦即向姚捷勋宣传革命，劝其起事，姚捷勋不允，陈汉钦拔枪向上击，警士闻声亦向空中乱放枪，姚捷勋仓皇逃窜。这一说法似不合情理，而且与陈汉钦自撰咨文也不同。对比之下，我们认为钱基博在《辛亥江南光复实录》一文中所说较为可信。但此文称此事发生于3日清晨亦有误，时间可能以《申报》所说的"午后一时"为接近。

义因此提前。巡警、商团均臂绕白布，出队梭巡；各军营地也易帜反清。闸北没有经过战斗即告得手。

闸北光复后，闸北商团迅速派出队伍接管沪宁车站。当时车务总管濮兰德在英国驻沪领事同意下，已请租界殖民武装万国商团控制车站；英国驻华公使朱尔典训令"尽力勒令将该路全照商业办理"①，不准交战双方运送兵队及军火。闸北商团据理力争，"请先将沪宁铁路移交民军管理"②，4 日终于进驻车站，万国商团当场撤离。闸北商团这一行动，使上海与外界联络的重要陆上通道为革命方面掌握。英帝国主义虽曾打算"复行占领"③，但因整个形势不利于清政府，英国伪装"中立"，这一企图没有实行。上海道刘襄荪得知闸北起事消息，即携带关防、库银清册，逃避租界洋务局，请求帝国主义保护。

县城方面，3 日上午，革命派在斜桥西园召开会议。"凡与革命党有关重要人物皆到"④，决定于下午 4 时在九亩地举行誓师大会。届时，九亩地"聚有数千人之多，吴怀疚、李平书、徐寄尘、杨谱笙、沈缦云、郑师道、陈英士等数十人均在。最整齐者为商团之数百人，武装整齐，枪械精良"⑤。会上陈其美、李平书、沈缦云等都登台演说，宣布反清独立，当即"收下龙旗，换上白旗"⑥。

---

① 《英使朱尔典致英外部葛垒电》第 33 号(11 月 4 日发)，参见陈国权：《新译英国政府刊布中国革命蓝皮书》，见中国史学会主编：《中国近代史资料丛刊·辛亥革命》第 8 册，298 页。

② 郭孝成：《江苏光复记》第一篇《上海吴淞光复之役》，见中国史学会主编：《中国近代史资料丛刊·辛亥革命》第 7 册，2 页。

③ 《英使朱尔典致英外部葛垒电》第 40 号，见中国史学会主编：《中国近代史资料丛刊·辛亥革命》第 8 册，301 页。

④ 《革命军敢死队队长张承槱之自述》，见冯自由：《革命逸史·第五集》，284 页。

⑤ 冯自由：《革命逸史·第五集》，285～286 页。

⑥ 《许奇松先生回忆录》未刊稿本；另见王子骞《攻占江南制造局亲历记》，见中国人民政治协商会议全国委员会文史资料研究委员会编：《辛亥革命回忆录》第 4 册，28 页。但王子骞的回忆，将宣布独立一事说成在上午的西园会议，又将下午的九亩地大会说成是下午在西园发枪，在时间、地点、内容上恰与张承槱所说相反。

会后，商团受命分段出防，维持地方治安。李平书等领导人在城自治公所指挥①，陈其美则率教死队百余人进攻江南制造局②。5 时许，抵达局前即发起冲击。局内守军闭门开枪抵拒，敢死队无法攻入，阵势大乱，陈其美在慌乱中被局内守军俘执③，进攻失败。

李平书闻讯后，偕商团临时总司令李显谟赶至江南制造局见总办张士珩，探询消息，“察其念不能即释”，既而又偕同王一亭赴局，“以市公所、县商会名义”作保，被拒绝。④ 李、王二人回到城自治公所，“归告制造局节节设防，殊难袭取，深以为忧”，表现出沮丧情绪。王一亭表示“进或亦死，退则必死”，与其引颈待戮，不如拼死一搏⑤，但李平书仍犹豫不决。当时在自治公所的部分商团团员“群起鼓噪，大呼：‘若不发动，我等今日愿洒血阶前，誓不归散。’”⑥在商团团员革命热情鼓舞下，李平书等人遂下决心，发令反攻。团员闻讯赶来参加者约六七百人，编为两队，由朱少沂担任司令。出发前，沈缦云、叶惠钧等都“痛哭誓师，愿众于此千钧一发之际，抱破釜沉舟之志，即夕奏功，则城中无数之生灵，团员数千之家室均得保全”，气氛颇为悲

① 参见李平书：《且顽老人七十岁自叙》。

② 九亩地誓师后，商团有否参加进攻制造局战斗？现有资料有两种相反记载：凡与光复会有关系的资料，都认为商团参加了初攻制造局，如《辛亥江南光复实录》《光复军志》《辛壬春秋》等；凡与同盟会有关系的资料都说没有参加，如张承槱自述、《上海商团小史》及商团老人回忆等。我们查阅了《申报》，最早报道是 11 月 5 日《沪南制造局之战》和《占领制造局详情》两文。前一篇称：“十三日(11 月 3 日)午后四点半时，革命军进攻制造局，初以之太易，不能得手，致伤数人，死数人，被获数人。”只提“革命军”，不提“商团”；后一篇是第二次进攻制造局的报道，文中提到参加者有“敢死队”“沪军营”“商团”，可知前篇报道初攻时不提商团，决非漏笔。据此，我们认为商团没有参加初攻制造局的史料，比较可信。

③ 有些材料说陈其美不是在战斗中被俘，是自动进局劝说张士珩放下武器而被张俘执的。我们认为不合情理，故不取此说。

④ 参见李平书：《且顽老人七十岁自叙》卷三。

⑤ 参见《上海商团小史》，见中国史学会主编：《中国近代史资料丛刊・辛亥革命》第 7 册，88～89 页。

⑥ 伍特公：《上海商团光复上海记略》，见上海社会科学院历史研究所编：《辛亥革命在上海史料选辑》，151 页。

壮；在反攻途中，“团员奋勇前进，不稍反顾”①。

与陈其美初攻江南制造局失利的情况相反，由商团组成的接管道、县两署的队伍，未遇抵抗即达到目的。10时左右，商团火烧道、县衙署，县令田宝荣跳墙逃走。“各城门上先后树白旗及革命军旗”，“城中通衢满贴告示”。② 商团把守县监狱，并派人“在城内大小街巷劝慰商民不必惊慌”③，迅速安定了社会秩序。

李燮和得到陈其美被俘消息后，即召陈汉钦等至“锐进学社”，“议悉起诸营会师以赴援”；张承槱所部敢死队在巡警学堂稍事休息后，得到不少市民支持和参加，也决心反攻。

11月4日凌晨3时左右，李燮和率巡防营、沪军营、闸北警士、水师营会同商团及张承槱所部敢死队发动第二次进攻江南制造局的战斗。在攻打头门的过程中，战事激烈，攻至二门，双方胶着，无法冲入。这时，参加进攻的原制造局工人觉得局后可以一试，带领队伍绕到局后④，“折入海军栅门，潜由船坞转至南面拥扑”，被守军火力压住；而“外来革党率营兵由枪厂折厂冲进，自后面开枪”，守军四面受敌。新调护局巡防营因早为革命派款通，在战斗中“观望不前”；局内炮队营也早与革命派有联系而“屡调不出”。⑤ 攻入局内的起义队伍，乘机打开军火库，火烧办公楼，声势大振。总办张士珩见势不支，带了亲信，乘小火轮潜逃租界，局内守军纷纷躲藏或向起义队伍缴械。

---

① 《上海商团小史》，见中国史学会主编：《中国近代史资料丛刊·辛亥革命》第7册，88～89页。

② 伍特公：《上海商团光复上海记略》，见上海社会科学院历史研究所编：《辛亥革命在上海史料选辑》，151页。

③ 《民军焚烧衙署情形》，载《申报》，1911-11-05。

④ 这些工人都是制造局总办张士珩害怕工人与革命党里应外合，以放工为名，将他们放出局外的各厂工匠，后来参加了第二次攻打制造局的战斗。参见张承槱自述，见冯自由：《革命逸史·第五集》，288页。

⑤ 《宣统三年九月十六日上海制造局总办张士珩由青岛发电》，见中国史学会主编：《中国近代史资料丛刊·辛亥革命》第7册，93页。另见《辛亥革命在上海史料选辑》所辑录的江南机器制造局工人回忆。

上午9时，制造局全部被占领。至此，上海完全光复。从攻打制造局的全过程看，制造局得以攻克，依靠了商团与其他会攻参加者的协同作战，其中制造局工人的协助配合，为攻进局内创造了有利战机。把这次战斗的胜利归功于商团固属偏执，归功于同盟会或光复会的说法也是片面的。进攻制造局过程中，广大商团团员表现了反清革命的积极性，而上层领导在初攻失利后却一度有沮丧、犹豫的情绪，反映了商团内部不同阶层的不同认识。在斗争的关键时刻，正是广大商团团员的革命积极性，坚定了上层领导的信心，并为商团在辛亥革命史中争得了一席地位。

商团在起义中的贡献，还表现于对上海地方治安的维持上。上海本是冒险家的乐园，五方杂处，鱼龙相混。上海起义时，“事起仓猝，居民伏匿不出；而地痞流氓，则以其间拦路抢劫”①。商团会同起义的巡防队等武装，负起了维持革命秩序的重任。“城厢内外各要地以及衙署监狱赖商团同志彻夜驻守，乃得闾阎安堵，匕鬯无惊”②。《商团小史》这段话虽有夸张之嫌，但商团在上海起义后曾经对稳定上海社会秩序起过良好作用，则毋庸置疑。上海是国内外有影响的大城市，它迅速建立革命秩序，对革命斗争的发展，无疑是有利的。

上海起义胜利后，革命派立即组织力量支援苏州、杭州、南京等地的光复和独立。商团领导人李平书曾到苏州劝江苏巡抚程德全宣布独立。程德全在上海起义和全国形势所迫下，只得应命。苏州“兵不刃血”于5日独立，革命派又得了一次廉价胜利。上海商团的广大团员，情绪高涨，纷纷参加商团义勇队和“战地干事团”，支援江苏地区的革命战争。商团义勇队由书业商团教练刘舜卿为队长，初驻龙华火药局

① 钱基博：《辛亥江南光复实录》，见中国史学会主编：《中国近代史资料丛刊·辛亥革命》第7册，44页。

② 《上海商团小史》，见中国史学会主编：《中国近代史资料丛刊·辛亥革命》第7册，88页。

担任防卫，后编入沪军先锋队，开往苏州46标进行短期军事训练。①不久，苏、浙两省组成攻宁联军，沪军参加攻宁战役。商团义勇队选拔60人随同沪军出发，在攻取乌龙山炮台和幕府山炮台的战斗中，表现了较好的战斗勇气。在进攻天堡城的战斗时，商团教练张玉发从上海及时赶运一批大炮、枪支，对胜利攻克这一战略要地发挥了积极作用。南京攻克后，一部分商团成员在下关担任兵站工作，并曾随北伐军进至徐州。②“战地干事团”则在上海负责运输枪炮支援攻宁战役，此外，还积极筹募饷糈，协助解往南京。

上海光复和南京的攻克，在辛亥革命史上有着重要地位。它加速了长江流域各省的革命进程，形成了以上海为中心的江浙革命区域。而江浙革命区域的出现，不仅在财政、经济上打击了清政府，牵制了武汉的清军，减轻了对武汉革命的压力，而且进一步打乱了正在酝酿的帝国主义干涉的阴谋，为建立统一的革命政府奠定了政治、军事方面的良好基础。可以说具有辛亥革命转折点的作用，而上海商团则在其中留下了光荣的一页。

四、商团领导人的争权活动及商团的解体

上海光复后，商团领导人在谋取上海革命政权的权力问题上，曾经进行过一番幕后、幕前的活动。

早在起义的当天清晨，陈其美就以上海军政府名义照会李平书，劝他担任民政总长。③ 当天下午，李平书即以“中华民国上海民政总

---

① 参见陈佩苏：《辛亥革命回忆简录》，未刊稿本。另见钱化佛述、郑逸梅记：《攻宁记》，见中国史学会主编：《中国近代史资料丛刊·辛亥革命》第7册，81页；黄一欧：《辛亥沪宁光复的片断回忆》，见中国人民政治协商会议全国委员会文史资料研究委员会编：《辛亥革命回忆录》第4册，20页。

② 参见《清真商团纪略》，见中国史学会主编：《中国近代史资料丛刊·辛亥革命》第7册，92页。

③ 参见李平书：《且顽老人七十岁自叙》卷三，287页。

长”的身份，发布了维持治安的“六言告示”。其中有“今奉军政府命，组织各界输诚”①等语，打出了上海军政府的旗号。从 11 月 4 日至 6 日，上海发布的一切告示、宣言、檄文，都以上海军政府名义出面，但从未署都督姓名，所有民政、军务均由李平书出面维持。显然，在建立上海新政权的问题上，陈其美与李平书之间已有默契：陈利用李在上海绅商间的声望、地位，维持上海光复后的局面，自己则居幕后操纵；李平书因陈其美任命，从清末上海地方自治首领一跃而为革命政权的要人，由君主立宪骨干变成民主共和头儿。这样，就排除了光复会李燮和在上海军政府中的地位。

李燮和在攻下制造局后，被驻沪各军推为临时总司令，驻局办公。他对谋取领导职位也早有个人打算。据光复会成员、当时担任李燮和参谋长的杨镇毅回忆，11 月 4 日晚，他奉李燮和之命准备“用沪军都督名义布告安民”，但 5 日早晨有人告知“陈其美已经自称沪军都督，到处张贴布告了”。② 杨镇毅的回忆在时间上可能过早(因沪军都督人选在 6 日才正式发布)，但反映了李燮和也想做都督的隐图。③ 陈其美联合上海绅商抢先一步，打出军政府旗号，俨然以都督自居，加深了同盟会和光复会之间原有的矛盾。

接着，在组织新政权前夕，商团上层领导又会同上海立宪分子与上层商业资产阶级代表人物举行秘密会议。据目击者事后回忆，11 月 4 日，“地方自治机关商会、商团、救火会在海防厅署开会……李平书、顾馨一、姚文枏、李英石、穆恕斋都在场。……先举出李平书为

① 《中华民国军光复上海记》，光汉学社，1911 年 11 月 6 日版。转引自上海社会科学院历史研究所编：《辛亥革命在上海史料选辑》，141 页。

② 杨镇毅遗稿：《光复军攻克上海江南制造局及陈其美篡取沪军都督的真相》，见中国人民政治协商会议全国委员会文史资料研究委员会编：《辛亥革命回忆录》第 4 册，33 页。

③ 据辛亥老人张斯麐回忆，李燮和确实想做上海的都督。见《辛亥上海光复前后》(座谈会记录)，见中国人民政治协商会议全国委员会文史资料研究委员会编：《辛亥革命回忆录》第 4 册，8 页。

民政总长，举穆恕斋管警察，王一亭管财政，葛尚聪做审判厅长，吴怀玖〔疚〕做民政长。接着就选军事方面的人。有人提出要成立军政府，大家赞成。于是举陈其美为军政长……快要散会时，忽然又出来一个不速之客。他站在会议室当中，摸出手枪在桌子上一拍，说：'上海与中国全局有关，武昌起义，选出鄂军都督，声望不小。陈其美昨天吃过大苦头①，现在给他一个军政长，太不公平，不足以响应起义。'大家听了都不响。这人又说，他看应该组织都督府，要陈其美做都督。没有人反对。大家一拍手，事情就停当了"②。据说，当时李平书并不愿陈其美当都督，拟推同盟会会员钮永建为沪军都督；也有人想推商团司令李显谟(英石)为都督。③ 可以看出，商团领导人与地方立宪派一方面力图将自己的代表人物塞进即将成立的上海新政权；另一方面他们虽拥护陈其美，但不一定就甘心陈其美担任革命政权的首脑；而陈其美尽管事先已和李平书有所默契；但为了夺得都督职位；仍然使用了讹诈手段。这表明商团领导人不仅利用了革命派中不同派系间的原有矛盾，而且也与自己相结纳的一派势力存在着矛盾。这虽与陈其美的品格有关，但更重要的是反映出他们力图夺取最大权力的意向。这种情况，和全国已独立省份中普遍出现的立宪派和地方绅商利用革命派急于求成的心情，以夺取实权的行动是一致的。

11 月 6 日，经过紧张策划后，沪军都督府宣告成立，陈其美任都督。从都督府的组织机构及下属地方组织——闸北民政总局、上海县政府及市政厅——的主要负责人看，这是一个包括革命派、立宪派、

---

① 指陈其美在初攻制造局时被俘执。——引者注

② 据当时任敬业中学教员的贾粟香回忆，参见《辛亥上海光复前后》(座谈会记录)，见中国人民政治协商会议全国委员会文史资料研究委员会编：《辛亥革命回忆录》第 4 册，7～8 页。笔者有订正。

③ 据曾在沪军都督府总务处工作的余芷江回忆，参见《辛亥上海光复前后》(座谈会记录)，见《辛亥革命回忆录》第 4 册，8 页。另据商团老人林孟鸣回忆："当推选沪军都督府时，实以李英石(显谟)的呼声最高。"(未刊稿本)可以参证。

上层商业资产阶级、买办等代表人物在内的混合体。① 革命派中，以同盟会中部总会占绝对优势，他们囊括了都督以下包括司令部、参谋部、军务部、财政部的正职部长，如果把依附于同盟会的势力计算进去，那么一切重要部门都被他们控制；光复会系统连同李燮和在内，仅有四人参加都督府，而且不掌实权，仅备咨询和顾问。这表明沪军都督府是同盟会和光复会争权斗争中，排挤光复会的产物。

李燮和争权失败后，光复会大哗。李平书从幕后走到幕前，对李燮和安抚说："今日之事，大局为重，愿公一言！"②李燮和知事不可为，只得交出兵权，跑到吴淞，当了吴淞军警黄汉湘、朱廷燎、杨承溥在 11 月 4 日成立的吴淞军政分府的首脑③，并在复旦公学设立光复

---

① 根据《民立报》1911 年 11 月 7 日、9 日及《申报》1911 年 11 月 19 日登载的沪军都督府组织机构与地方机构的报道，现将主要部门的负责人整理如下。括号中文字系本文作者所加，目的便于读者进行分析。

沪军都督府都督：陈其美；参谋：李燮和、陈汉钦（以上光复会系统）、钮永建、章梓、黄郛、杨兆崟（以上同盟会系统）、李显谟、叶惠钧（以上商团）、王熙普（10 月 15 日辞职，缺额未补上）、俞凤韶（待查）、沈翔云（原自立会成员，曾任《国民报》编者，后长期闲居上海）；顾问官：虞洽卿（买办）、沈恩孚（立宪派，士绅，原城自治公所议事会议长）、曹雪庚、温朝诒、许葆英、许继祥（待查）、姜国梁、梁敦悼（吴淞驻军统领，光复会系统）。司令部：部长：陈其美，副部长：盛典型（待查）。参谋部：部长：黄郛（同盟会），副部长：刘基炎（待查）。军务部部长：钮永建（同盟会），副部长：李显谟（商团），外交总长：伍廷芳（社会名流），民政部部长：李平书（商团），财政部部长：沈缦云（同盟会、商团），交通部部长：王一亭（买办、县商务总会负责人），海军部长：毛仲芳（待查）。

闸北民政总局民政长：虞洽卿。

上海县政府民政长：吴怀疚（原城自治公所议事会副议长），司法长：吴涵之（原城厢内外总工程局议事会议员），警务长：穆恕斋（原城自治公所警察长）。

上海市政厅市长：莫锡纶（原城自治公所办事总董、南市商团公会副会长）。

② 《辛亥江南光复实录》，见中国史学会主编：《中国近代史资料丛刊·辛亥革命》第 7 册，48 页。

③ 吴淞军政分府的办事人员及组成机构，据《民立报》（1911-11-11）《吴淞军政分府的办事人员表》刊录如下：

总司令：黄汉湘；军事参谋：朱廷燎；民政总长：杨承溥；水陆军统领：黎天才；陆军标统：徐占魁；水军统领：龚先跃；炮台、巡防两营统领：姜国梁；海军统领：叶安涛；轮船管带：彭定华。

军北伐司令部，自任总司令。为了不示弱于陈其美，他主动把吴淞军政分府隶在江苏都督府属下，不惜接受一个由清政府旧官僚摇身变为"革命党"的江苏都督程德全的指挥。陈其美与李燮和的争权斗争，与其说是"立宪派挑起了同盟会和光复会的矛盾"，不如说陈其美利用了李平书等绅商和立宪派依附革命造成的优势地位，排挤光复会，从而激化了原有的两派之间的矛盾。钱基博在《辛亥江南光复实录》一文中指出"陈其美亦因李平书联络上海城内外各段商团，而张其翼"①，应该说基本上是切中要害之谈。

鹬蚌相争，渔翁得利。商团领导人李平书、叶惠钧、莫锡纶、李显谟等分别担任了民政总长、参谋、市政厅长、军务部次长的要职；李平书还于 11 月中旬被委为江苏都督府民政司长，管理上海县民政事务及附近各州县的紧急要事②，加上江南制造局总理，一身三任，成为仅次于都督的显赫人物。上海著名的立宪分子、张謇政治密友之一的沈恩孚，当了都督府顾问官；买办虞洽卿对职位几经选择后担任领衔的顾问官和闸北民政长③；而上海县政府则是热衷于立宪的清末上海地方自治机构原班人马。不仅如此，陈其美在取得都督之后，于 11 月 12 日发布告示，申明"此后有关地方绥靖事宜，着向民政处报告，听候民政总长李办理"④，把管理地方的行政权全盘交给了李平书。12 月 3 日，在张园召开庆祝上海光复一周月的千人大会上，革命派沈缦云的财政部部长一职，让给了著名买办朱葆三。⑤ 一个号称革命的政权中，挤进了这样多的与帝国主义、封建势力有深厚关系的人物，反

① 《辛亥江南光复实录》，见中国史学会主编：《中国近代史资料丛刊·辛亥革命》第 7 册，43 页。

② 《民立报》，1911-11-04。

③ 对于虞洽卿的职务，革命派一度因"本地绅商以虞为商界领袖，且与各国银行融洽"，"欲以虞为交涉使，不从；欲为上海道，亦不从"，说明是经过几度劝进的。参见《申报》，1911-11-04。

④ 《民立报》，1911-11-12。

⑤ 《时报》，1911-12-04。又，当天产生的财政部副部长是张静江和郁屏翰，郁系商余学会会长、上海商务总会议董。

映了陈其美力图通过权力转让，以换取上层商业资产阶级和买办势力支持的资产阶级政客作风。

值得注意的是，在沪军都督府及其下层机构中，上海工业资产阶级代表人物，如纺织资本家严信厚的儿子严子钧，纺织、面粉业资本家荣宗敬、荣德生兄弟，碾米、缫丝业的投资者祝大椿，烟草业资本家、南洋兄弟烟草公司股东之一的劳敬修，印刷业资本家、商务印书馆创办人之一的夏粹芳等，都没有担任职务。这表明，在中国资产阶级中，上层商业资产阶级比工业资产阶级具有更大的政治能量，在政治风云的变幻中，他们是这一阶级的测向器。

商团领导人在新生的政权中的争权活动，并未给下层成员带来多少利益。商团作为上层商业资产阶级的政治武装团体，直到 1912 年 4 月 28 日才由沪军都督批准立案。① 广大商团团员的基本任务仍是维持治安，分段出防。他们所得到的唯一奖励是由沪军都督府颁发的一块镌有“急公好义”的奖牌②，如此而已。

上层商业资产阶级、买办和立宪分子在沪军都督府中占有重要地位；领导这些机构的最高负责人陈其美，又积极联合这些动摇不定而且对革命保持距离的社会势力，这就使这个名曰革命的政府，不可避免地带上了严重的妥协色彩。早在 11 月 6 日上海军政府致各国领事的照会中，就声明保护租界；11 月 29 日又发布告示，要人们“敬礼外人，以睦邦交”③，对帝国主义在沪势力表现出诚惶诚恐的敬畏；对封

---

① 沪军都督批准商团立案一文，载《民立报》(1912-04-28)，题作《上海商团之考成》。其中有：“沪上商团平时则保卫，有事则出防；轻国家之负担，补军警之不及，公益之事，有济于地方者，莫过是矣。……循诵章程，纲举目张，有条不紊，而尤于自治规约致意再三，殊堪嘉尚。所请立案之处，应即照准。”所称商团章程，目前尚未发现。

② 《申报》(1912-04-29)报道，陈其美在北上就职前，为“酬报”商团在上海光复中出力之处，“饬本府人事科科员雇匠制就金奖牌若干。上书‘急公好义’四字，旁摹序文，分送商团公会、商余学会、洋布商团、西区保安商团、水果业商团、书业商团、参药业商团、豆米业商团、商学补习会、闸北总商团，以示奖励”。

③ 《民立报》，1911-11-29。

建势力的新代表袁世凯，更寄于莫大希望。立宪派沈恩孚经常在《时报》的“息楼”与赵凤昌家的“惜阴堂”等处，和张謇策划拥袁以收拾大局的部署。据曾任南北议和南方代表团秘书的余芷江回忆，江浙士绅要求清帝退位的电报稿，就是由沈恩孚起草，由张謇、汤寿潜领衔发出的。① 在南北议和、清室优待等幕后活动中，李平书也是一个重要人物。② 革命派也对袁世凯表现了令人难以置信的幼稚。陈其美一贯追随黄兴，而黄兴则早有请袁“出而建拿破仑、华盛顿之功”的思想；《民立报》一面发表文章，揭露袁世凯玩弄停战、以愚革命，另一面又敦促袁世凯诚意和平，说：“和局出于袁氏之要求”，“袁氏正宜利用此机以遂其要求之初愿”。③ 袁世凯正是在立宪派抛弃革命党，革命党内部滋长着早日共和、统一全国的妥协思想交相作用的形势下，以售其奸，攫取革命胜利果实的。

袁世凯上台后，一步步对革命派发动政治进攻。在上海，陈其美于1912年7月被撤去沪军都督，交出兵权；李平书接着也失去一切职务，在上海设立大观书画古董铺，并在与人合办的女子法政学校教授国文。1913年宋教仁案发生后，国民党被迫举行“二次革命”讨伐袁世凯。陈其美在上海组织讨袁军，企图再次联络商团，取得李平书支持。但时过境迁，这时的李平书已不愿再与革命派合作。7月间，陈其美两次过访，李平书“均未晤谈”④。7月16日，县商会、商团公会、教育总会、救火联合会四团体设立“保卫局”，举李平书为局长，决定采取“但卫地方，不与军事”的方针。⑤ 上海讨袁军进攻制造局前夕，李

---

① 参见《辛亥上海光复前后》(座谈会记录)，见中国人民政治协商会议全国委员会文史资料研究委员会编：《辛亥革命回忆录》第4册，3页。

② 据上海制造局同人在给李平书祝六十寿辰的《颂辞》中称：“南北两方遂遣媾和之使，皇室之经费上进奉养，冲人慈闱之谕旨下颁，愿辞尊号，未逾半载，克集大勋，而溯厥转机，实由沪始，实由先生始。”(见李平书：《且顽老人七十岁自叙》卷首影印件)可见李平书是曾参与过这些活动的幕后策划的。

③ 《和局之破裂观》，载《民立报》，1912-11-04。

④ 李平书：《且顽老人七十岁自叙》卷四，219页。

⑤ 李平书：《且顽老人七十岁自叙》卷四，219页。

平书会同王一亭在内地自来水公司设茶会，邀请袁军海军总司令李鼎新、肇和兵舰舰长及上海镇守使郑汝成参加，吁请他们退出制造局，避免与讨袁军接触。部分资产阶级人士甚至请求制造局中立，由地方绅商负责管理。当讨袁军进攻制造局时，“商团、商会和地方上的人都不参加”①。这一切表明，上层商业资产阶级在形势不利于革命派时，他们更加看风使舵，妥协退让，甚至屈从于反革命势力的压力。但是妥协软弱不能挽救商团的灾难。“二次革命”失败后，袁世凯命令郑汝成对商团采取行动。1913 年 8 月，郑汝成勒令商团解散，并将商团全部缴械。李平书被通缉而逃亡日本，叶惠钧则流亡大连。至此，上海商团宣告解体，结束了自己的存在史。

考察上海商团的历史及其与辛亥革命的关系，可以得到如下结论：

第一，以李平书等人为代表的商团上层领导，就其阶级属性说，他们都是上海商业资产阶级的上层，每个人都代表着一个行业的利益；就其政治态度说，他们是立宪派宣扬的君主立宪论的拥护者，其中大多数人是这一政治派别的中坚力量，与社会上层势力保持着广泛联系。他们在武昌起义前后的活动表明：当着清王朝统治在强大的革命潮流冲击下，处于崩溃边缘时，立宪派就会分化，其中许多人就会转而同情、赞助革命，甚至加入革命阵营。“其必趋于共和者，盖势使然矣”②。形势的无情，是促使他们转化的重要条件，而转化之所以可能，是由于立宪派与革命派本来就属于同一个阶级。尽管在变革中国现状上，两者存在着缓进与急进、改良与革命的严重分歧，但在救亡图存、实现本阶级专政这一根本点上，两者有着共同的利害关系。革命派并没有把他们看作不可救药的敌人，而是作为可以争取的对象。从这一意义上说，两者没有一条不可逾越的鸿沟。武昌起义前夕，资

① 《辛亥上海光复前后》(座谈会记录)，见中国人民政治协商会议全国委员会文史资料研究委员会编：《辛亥革命回忆录》第 4 册，18 页。

② 张謇：《九月二十三日拟会程德全属杨廷栋进说袁世凯函》，见《张謇函稿》第 27 册，引自上海社会科学院历史研究所编：《辛亥革命在上海史料选辑》，991 页。

产阶级两翼联合斗争的事实也证明了这一点。自1905年以来，立宪派就不断领导或参加群众性的收回利权运动。这个运动影响了广大人民群众，而人民群众在斗争中的情绪和行动又反过来推动着立宪派前进。1911年夏，立宪派对清政府原先的想望，终因“皇族内阁”成立和铁路收归国有政策的颁布而幻灭。于是在随后兴起的铁路风潮中，立宪派和革命派开始了逐步联合的趋向。但在联合中仍有摩擦、斗争，在又联合又斗争的过程中，日渐结合起来，共同打击清朝政府。资产阶级两翼在铁路风潮中对清朝政府的联合斗争，不仅导致武昌起义爆发前夜的强大革命形势的形成，而且也为尔后两翼的合作打下了基础。

第二，由于大多数立宪派与封建官府有较多联系，他们在参加革命时态度是游移的，步伐是不坚定的，因而同革命派的合作是若即若离的。但不同情况、不同人物之间的表现却是不一致的。商团的上层领导人如李平书等，若与湖南的谭延闿、湖北的汤化龙相比，就表现出较多的主动性。他们不像汤化龙那样是在革命发生后被推上台，也不像谭延闿那样借手他人，诛杀革命，实现取而代之的政治野心。他们是在革命形势推动和革命派的争取下，经过短期的观望、试探，最后决定参加起义的准备和发动，并在其中充当了颇有影响的角色。如果说他们的观望、试探过程中，带上了他们那个阶层所特有的投机性，那么这种投机，正是他们和革命保持一段距离、留有余地的反映。

第三，立宪派倒向革命，给革命阵营带来了政治上的复杂性，但从亟须响应武昌起义，以改变敌我力量对比结构来说，毕竟利大于弊。商团领导参加革命，客观上为上海起义减少了阻力，而且也为广大商团成员参加推翻清王朝的革命事业奠定了基础。范老在分析立宪派时说：“辛亥革命，是资产阶级革命派、立宪派共同的行动。”①这个结论是切合历史实际的。清王朝在上海的统治，正是在上海各种社会势力和政治派别的联合斗争中，主要是资产阶级两翼的联合斗争中垮台的。

第四，中国的民族资产阶级是一个具有两面性的阶级。民族资产

---

① 范文澜：《中国近代史的分期问题(一)》，见中国社会科学院近代史研究所编：《范文澜历史论文集》，139页，北京，人民出版社，1979。

阶级不仅存在着上中下不同的阶层，而且在各阶层中存在着工业资产阶级与商业资产阶级两种不同成分。商业资产阶级不仅在人数上而且在活动能量上远远超过了工业资产阶级。从上海商团的历史及其在辛亥革命中的表现看，民族资产阶级的软弱性和妥协性更多地是来自商业资产阶级上层。正是由于他们在辛亥革命时期中，对帝国主义、封建势力的退让、摇摆和软弱，才使这场革命加深了悲喜剧色彩。

与杨立强合作，原载《历史研究》1980 年第 3 期

论辛亥革命时期的会党

会党是盛行于我国南方的原始形式的民间秘密结社天地会及其支派的通称。在辛亥革命时期，会党始终是一支活跃的社会力量。层见叠出的抗捐抗税斗争，此起彼伏的反洋教活动，大大小小的抢米风潮，莫不与会党有所关联，尤其是它与资产阶级革命派的关系，更令人侧目。前赴后继的历次反清起义，武昌首义后的各省响应，都有众多的会党分子抛洒热血冲锋陷阵。可以说，辛亥革命时期的会党活动，是近代会党史上最璀璨的一章。然而，民国甫告成立，会党运动很快与革命脱钩，逐渐成为帝国主义、封建军阀、无耻政客用作反对中国革命的工具，这一风云际会、沉浮升降的变化，颇值得人们深思。有鉴于斯，下面拟从辛亥革命时期会党的性质、宗旨及其与资产阶级革命派的关系诸问题入手，探求会党史上这一重大变化的若干原因。

一

会党的分支及其分布区域，情况极为繁杂，至今还没有比较完整的统计。这里，我以陶成章《教会源流考》一文中所列出的各地支派分布情况为依据。① 据陶文称：会党分支极多，除天地会本支外，主要

① 《教会源流考》为陶成章在南洋从事革命活动时作的演讲稿，1910 年《浙案纪略》出版单行本时，作为“外纪”附入。文中所述会党分支及其分布，多为辛亥革命时期的情况，正与本文论题相合。参见中国史学会主编：《中国近代史资料丛刊·辛亥革命》第 3 册，106 页。

有三合会、三点会、哥老会、庆帮、江湖团等。其中，江湖团据我私见似不属原始性质的秘密会社，其他各主要分支的分布为：

天地会，“名称已变，其不改名称之本支，惟福建有之”。据此，可以福建作为考察天地会成员的代表性区域。

三点会，“广东最盛，福建、江西次之，广西又次之”；三合会，“广东最盛，广西次之，福建、江西又次之，湖南之邻近广江者，亦间有之”。据此，可把广东作为三点会、三合会抽样分析的代表区域。

哥老会，“湖北湖南最盛，四川、浙江、云南次之，安徽、江苏、河南、山西又次之，江西附近长江处又次之，陕西、甘肃、新疆又次之，山东、直隶亦间有之”。哥老会分布广阔，且已越出长江，北至直鲁，但既以湖南、湖北为最盛，则可以两湖地区为抽样分析的代表区域。

庆帮，“多在长江下游”①，如江苏南部、淮南、浙东、赣东北各地都有，可以长江下游作为考察区域。

福建天地会，在清初时受到极大摧残，活动渐趋寥落。中叶后稍恢复，自太平天国时期黄德美领导的闽南小刀会起义失败后，又重归沉寂。现存文献中有关辛亥革命时期福建天地会的材料不多，很难寻绎出其成员的主要构成。邹鲁在《中国国民党史稿》中称：“当时福建军队，自咸、同时代左宗棠率兵入闽以来，所有官兵，类多湘籍；且以入哥老会者为多，均富于排满扶汉思想及冒险性质。”②可知福建在清末有大量哥老会众存在，成员以现役清兵为主体。联系到黄德美领导的小刀会起义，成员多为歇业的商船水手及部分自海外归来的侨眷③，则福建天地会本支在辛亥革命时期已隐而不彰，其支派小刀会、哥老会却较为活跃，成员不是农民，而是以失业水手为主体的流民群和现役兵丁。

---

① 陶成章：《教会源流考》，见中国史学会主编：《中国近代史资料丛刊·辛亥革命》第 3 册，106 页。

② 中国史学会主编：《中国近代史资料丛刊·辛亥革命》第 7 册，277～278 页。

③ 参见魏建猷：《黄德美与闽南小刀会起义》，载《近代中国史论》（上海师范学院校庆 30 周年纪念《上海师范学院学报》专辑），1984 年内部出版。

广东的三点会、三合会成员，据遂溪知县李钟珏(平书)在 1898 年时称，“以一县计之，大约三点有四成”①。三点会成员占全县人口十分之四。粤东潮汕地区会党成员“多属地方苦力”②，潮、嘉、惠三府“人民十居八九已入反清复明之会”，“一月之内可集山林剽悍之徒三四十万”。③ 粤北韶州“素为会党渊薮，不特民间大半拜会，即衙役勇丁亦有入会者”④。可知广东三点、三合会成员有苦力、绿林、胥吏、兵丁等，但以农民为大多，不少农村“挂名会籍者甚多”⑤，“甚至有全乡被迫入会”⑥的情况，真正在会党中起作用的是游民。所以《最近支那革命运动》一文说：“三合会于广东之内地，到处跋扈……其人素无恒产，又无恒业。”如曾与资产阶级革命党人有密切联系的广东会党首领王和顺、黄明堂、李福林等人，或为绿林好汉，或为散兵游勇，都可列入游民一层。

广西是三合会次盛之区，会党成员中游勇成分比例之大，他省难以比拟。据辛亥老人林宝航的回忆，“自一八九五到一九〇四年的八九年间，在左右两江流域及云南、贵州、南北盘江流域大为活动的游勇，声势是相当浩大的”。除桂东漓江流域各县及省会桂林外，“广西全省几乎尽为游勇纵横驰骋的区域”。加入游勇行列的，有遣散的兵勇、无业游民、衙门差役，以至乡绅殷富，兼容并蓄，良莠不齐。广西著名的会党人物如关仁甫、何伍、梁亚珠、韦元卿等，全都是游勇首领。

两湖地区哥老会的主要成分，据湖南巡抚俞廉三在 1900 年的一件

---

① 中国科学院广州哲学社会科学研究所历史研究室：《广东历史资料》第 2 期，65 页，广州，广东人民出版社，1959。

② 丘权正、杜春和选编：《辛亥革命史料选辑》上册，280 页，长沙，湖南人民出版社，1981。

③ 《孙中山全集》第 1 卷，183 页。

④ 《宣统三年闰六月二十一日两广总督张鸣岐致内阁电》，见中国史学会主编：《中国近代史资料丛刊·辛亥革命》第 7 册，256 页。

⑤ 《岭东日报》，1905-12-17。

⑥ 《岭东日报》，1905-09-08。

奏折称："窃查湖北地方，素多匪类，然皆军营散勇、无业游民。"①同年，湖广总督张之洞也奏称："窃臣访闻湖南岳州文武衙署、水陆兵勇各营，多有富有票匪混迹其间"②，湖北"襄阳、枣阳、随州、应山等处，界连豫边，素多刀匪，豫省年来旱荒，饥民颇众，亦遂有会匪开堂放票之事"③。张之洞所说的"富有票匪"，实是接受唐才常自立军领导的哥老会众；所说的"刀匪"，虽不全是哥老会，但成员多为饥民则无疑。可知两湖地区自20世纪初年起，其成员中无业游民、散兵游勇和饥民等占了相当大的数量。

长江下游各省的庆帮，有所谓清帮、围帮之分。清帮讹为青帮，"半东皖徐海一带青皮光棍"；围帮俗称红帮，即哥老会众，"多两湖三江散勇在内"。无论青帮、红帮，其成员多从事私盐贩运，号称枭贩。此外，操下九流职业者也很多。早在同治年间即有人指出："及撤防益久，匪务益横，曰哥老会，曰安清道友，多脚夫、船户、肩贩、手艺及游民、游勇者流，借烟馆、赌场、茶坊、小押为巢穴，行劫为非，声气甚广……此类根底于(扬州)仙庙，枝叶于苏、沪，蔓延于京、瓜、清、淮，萌孽于金陵、芜、六。"④

综上各地区各支派的成员构成，除广东三点会、三合会，文献记载有大量农民参加外，其余如哥老会、庆帮等，是一个庞杂的游民群体。正如陈天华所说："那些走江湖的，种类很多，就中哥老会、三合会，各省游民最占多数"⑤。当然，会党分支极多，各省各地山堂、帮

① 《光绪二十六年闰八月二十一日湖南巡抚俞廉三奏折》，见中国史学会主编：《中国近代史资料丛刊·辛亥革命》第1册，271页。

② 《光绪二十六年八月三十日湖广总张之洞奏折》，见中国史学会主编：《中国近代史资料丛刊·辛亥革命》第1册，270页。

③ 《光绪二十六年八月三十日湖广总张之洞、湖北巡抚于荫霖奏折》，见中国史学会主编：《中国近代史资料丛刊·辛亥革命》第1册，268页。

④ 陈锦：《勤余文牍》，转引自李文治编：《中国近代农业史资料》，第2辑，944页，北京，生活·读书·新知三联书店，1957。

⑤ 陈天华著，刘晴波、彭国兴编校：《陈天华集》，84页，长沙，湖南人民出版社，1958。

口的成员构成不尽相同，但若就共性而言，会党主要成分并非附着于土地的农民，而是被称为“下等社会”的游民者流。

如果结合遗存的会党文献及已整理出版的清方档案进一步考察，这一结论就有更多的佐证。天地会文献中有所谓“三十六誓”“二十一则”等誓词会规。其中如“江湖之客到来，必要支留一宿两餐”；“兄弟患难之时，无银走路，必要相帮”等，明显地证明了天地会是个以江湖之客、无业之民为主的团体。① 至于文献中的手语、指诀、茶阵、入会问答、诗歌对联、隐语黑话乃至路遇盘诘、入会仪式等，无不流露出游民无产者的生活方式及相互照顾的江湖义气。所以，对会党有深切了解的孙中山曾指出：会党“固结团体，则以博爱施之，使彼手足相顾，患难相扶，此最合江湖旅客、无家游子之需要也”②。

已经出版的清方天地会档案表明，被清政府俘获的天地会成员，几乎没有一个是附着于土地的农民。如乾隆末年拿获的许阿协、赖阿边，是“以贩曲度日”的酒饭子；林阿俊及其子林阿真，“向在漳州福兴班唱戏”；涂阿番“平日趁墟卖饭”，无固定职业；林功裕“平时到漳浦、平和各县唱戏度活”；张破脸狗“向无行业，以开场窝赌为生”；严烟“向来卖布为生”，等等。③ 他们的供词，都没有说到农民入会和土地要求。这说明，早在乾隆末年时，复兴的天地会已是游民为主体的秘密结社。

游民无产者既不是一个阶级，也不是一个阶层，而是中国社会中处于底层、具有极大流动性的庞杂群体。生活方式的不稳定性和活动区域的不固定性是这一群体最基本的特点；解决温饱、改变受歧视的社会地位是他们的第一需要。他们在会党这一原始形式的秘密结社中，受到的是江湖义气、迷信思想和封建等级观念的熏染，养成了盲目服从与凶狠好斗、愤嫉世俗与谋求私利、见义勇为与卖友攀附、恪守帮

① ［日］平山周编：《中国秘密社会史》，46～52页，上海，商务印书馆，1927。

② 《孙中山选集》，195页。

③ 中国人民大学清史研究所、中国第一历史档案馆合编：《天地会》第1册，69～71页，北京，中国人民大学出版社，1980。以下简称《天地会》。

规与吃里爬外等极端矛盾的思想和扭曲分裂的性格。在特定条件下，这些特点、需求、思想和性格就会向各自相反的方向转化。所以，以流民为主要成分的会党，始终是中国社会中既具战斗力又具破坏性，既有活动力又最不安分的社会势力。辛亥革命后会党之纷纷叛革命而去，从根本上说，正是因为其主要成分本身隐伏着危险的基因。

二

学术界普遍认为，辛亥革命时期会党所以能与资产阶级革命派结合，是由于它的“反清复明”宗旨与革命党“驱逐鞑虏，恢复中华”有共同语言。

从现有天地会文献、已出版的清方天地会档案及其他史料看，我认为天地会及其支派的反清复明宗旨，自乾隆朝后期已在成员中十分模糊，到辛亥革命时期，绝大多数会党成员早已没有反清复明思想；大多数会党组织成了生活上互助互济的秘密团体。他们之与革命派结合，主要不是因为反清宗旨明确，而是革命派出于反清革命的需要，去唤醒他们的原有宗旨并加以改造的结果。

天地会创始于清初，原是个奉行“反清复明”宗旨的秘密结社，有强烈的政治色彩。随着南明抗清政权次第覆灭和东南沿海抗清斗争日趋沉寂，备受清王朝摧残的天地会本支秘密转移，分支增多而宗旨日晦。乾隆中叶，福建漳浦县僧洪二和尚复兴天地会时，虽有恢复反清复明宗旨之意，但因怕罹遭清政府高压，只得化为隐语、联缀成诗，授之党徒，以冀流传。然而，当时入会者成分滥杂，目的需求各异，久之，复兴的天地会政治色彩日薄而互助互济特色日强。乾隆五十二年被俘的天地会成员许阿协供称，他因怕被人抢劫才加入天地会。同伙告诉他，入会不仅可免抢，而且被抢的银子亦可要回，“如遇抢劫，伸出大姆指来，便是天字，要抢的人必定将小姆指伸出，就是地字，彼此照会就不抢了”。会内教了他四句诗，他说只记得其中一句是“木立斗世知天下”①。许阿协的供词说明，天地会在当时的互助互济色彩

① 《天地会》第1册，110、104页。

已很重，会中人讲江湖义气，而对诗句的意义多不理解，也不重视。同案犯赖阿恩供词也大体相同，但他记得四句诗中的三句："头一句是日月车马三千里，第二句忘了，第三句是木立斗世知天下，第四句是替天行道合和同"①。两人供出的诗句，正是复兴天地会隐含的反清复明宗旨。其头一句日月两字合起来便是"明"字，第三句木立斗世，按其隐义，代表清灭之意。"木"字由十及八两字合成，隐含顺治一朝共十八年，"立"字由六及一两字合成，隐含康熙在位六十一年，"斗"字由十及三字合成，隐含雍正一朝十三年，"世"字由卅及二字合成，隐含乾隆一朝将在三十二年寿终正寝。全诗的隐义是，清王朝将在乾隆三十二年覆灭，明朝将届时复兴，天地会就是替天行道的组织。② 很明显，这是乾隆二十六年复兴天地会煞费苦心将奉行的宗旨编成的隐诗，可悲的是到乾隆五十二年，天地会成员们对此已经不甚了然。

清王朝自嘉道年间起，阶级矛盾、民族矛盾交相迭现，社会日见动荡，但天地会各支派成员对会内原有宗旨并未完全复苏。其中一部分人，在反清起义中重新揭出了"反清复明"的旗号；另一部分却背道而驰、投靠清军，参与镇压农民起义。如太平天国时期广西的天地会员大头羊张钊、大鲤鱼田芳及张嘉祥等人都是。所以，1852 年太平天国东王杨秀清曾指出："盍思洪门歃血，实为同心同力以灭清，未闻结义拜盟而反北面于仇敌者也。"③太平天国运动失败后，各地民变中虽多有会党参与，但打出反清复明宗旨的会党起义，则并不多见。到辛亥革命时期，情况依然如此。因此，陶成章在浙东联络会党时反复晓以反清大义，在所写的《龙华会章程》中，竭力宣传会党原有的宗旨；孙中山也说："会党之宗旨本在反清复明，近日宗旨已晦，予等当然为之阐明，使恢复原状，且为改良其条数，俾尔辈学生亦得参加。"④不

① 《天地会》第 1 册，110 页。

② 以上解释"木立斗世"的含义，均按天地会传统说法。现存天地会文献中，"木立斗世清皆绝"，"天下知世清该绝"等，俱与所引隐诗含义相同。

③ 罗尔纲编注：《太平天国文选》，74 页，上海，上海人民出版社，1956。

④ 孙中山：《与旅比中国留学生的谈话》，见《孙中山全集》第 1 卷，271 页。

少革命党人抱着对会党“导之而起伏者也”的态度，积极引导会党徒众复苏原有的宗旨，使之纳入革命派反清的“民族革命”的轨道。

会党何以反清复明宗旨日晦、政治色彩日削？这与清王朝统一大业的渐次完成、政权日趋巩固，国内矛盾的转化和会党成分日见滥杂等因素有直接关系。清代前期经顺、康、雍三朝，奠定了统一大业。其对内政策也屡经调整，逐步改变入关初期采取的种族高压手段，改用怀柔、笼络汉族地主阶级及其知识阶层的方法，松弛了原先极度紧张的满汉地主阶级之间的矛盾。到乾隆中叶，清王朝国力达于鼎盛，社会经济繁荣。原先以反清争取复明为职志组织起来的秘密结社，自然日益失去它激荡人心的魅力。“复明”的大目标既有揽月之难，反清的手段便成为无可傍依的盲干。日见滥杂的党徒们既然不可能理解社会主要矛盾早已复归于阶级之间的相搏而做出自觉的反应，那么，互济互助以求得生存也就成了他们在会吃会的第一要义。近代史上，会党举行的反清斗争屡见不绝，但很难说都是宗旨明确的自觉行动。把他们与资产阶级革命派的结合归结为自觉的反清斗争的需要，似乎过高地估计了会党成员的政治意识。

在会党中，有比较明确的宗旨与种族复仇意识的，是一部分山堂首领。革命派正是通过对会党首领做艰苦的说服教育，才得以争取到会党群众集于反清“民族革命”的旗帜之下。会党是以首领为核心、以江湖义气为维系纽带的秘密团伙。首领大多是有一定文化、社会地位和家产的人，也有少数无身家财产但有血性、有一技之长、有号召力的人物。革命党人对两类人物不分彼此，专择有影响、有实力者努力争取。会党首领倒向革命或加入革命党后，徒众也就跟着附从革命。反之，若首领不愿合作，或合作后与革命党分道扬镳，徒众也就或公开抵制革命，或随首领以去。所以，革命派对会党的争取，根本上是对会党首领的争取。辛亥革命时期，从未出现过未经革命派对首领进行艰苦说服教育，因首领出于反清需要而主动倒向革命的事实；更未出现过会党群众出于反清复明宗旨而主动为革命派反清起义效命的史实。

会众何以依首领的意志为转移？这与会党所固有的特点有关。作为原始形式的民间秘密结社，会党长期来形成并凝聚着以下三个主要特点。

其一是江湖义气。会党成员多数是没有文化的下层群众，社会地位低下，生活无着，势不得不相互依靠、相互照顾。这就形成了会众之间取法刘关张桃园三结义、同生共死的心态。所以，会党分子推崇《三国演义》，以江湖义气相标榜，会内皆称兄弟，入会者一体对待，不像北方秘密结社教门那样以严格的宗法制度相维系，会党组织的结构比较松散，别开山堂也较容易。会众既以兄弟相称，首领自成大哥，会众咸属兄弟；会众既以义气相维，大哥的意志也就成了是否有义的准则。

其二是山头主义。会党成员既多为生活飘零、无固定职业的游民，为互助互济，自然需要相对稳定的聚集处以资联络，这就形成了会众取法《水浒传》中梁山泊聚义的需求。所以，会党各支派山堂林立，互不统属，互不节制，各依首领为中心，霸占一方，缺乏如教门那样一以贯之的组织系统，往往因维护小山头私利闹矛盾、搞械斗，养成了恶性的山头主义。

其三是封建帝王思想。会党在清初产生时，有强烈的政治色彩，服从于反清复明的需要，这就形成了会众取法《说唐》中瓦岗寨聚义、辅佐帝王建功立业的思想。所以，会党各支派的内部组织机构，大都效法封建王朝组织机构的名称而略加变动。如哥老会有坐堂左相大爷、盟证中堂大爷、陪堂坐相大爷、理堂东阁大爷、刑堂西阁大爷、执堂尚书大爷、京内外军帅、京外总督粮饷、三江总理粮饷军机等各级职衔。① 山堂的首领俨然如小朝廷的头头，上下之间，等级、名分层层相递，各掌职司，各有责任。

十分明显，会党的上述特点都离不开首领而存在，这就客观上、传统上赋予了首领以特殊的身份与地位。所以，绝不可能出现没有首领的山堂，而一个首领兼领几个山堂的情况则屡见不鲜。正是由于会党的这些特点，才使它在复杂的政治斗争中，既易为革命派所争取，

---

① 徐珂：《清稗类钞·会党类》第8册，北京，中华书局，1988。

也易被反动阶级所利用，成为中国社会的一股恶势力。

三

辛亥革命时期是会党运动史上的黄金时代。会党自清初开创山堂、秘密团伙的二百多年来，第一次遇到了一个比以往任何政治指导者更高明、更先进的阶级力量。在资产阶级民主革命派指导下的会党运动，摆脱了历来处于单纯自发、孤立无援的斗争困境，并面临着通过资产阶级民主革命洪流的冲刷以荡涤自身污垢的宝贵机会。

在辛亥革命准备阶段和爆发阶段，会党与资产阶级革命派保持着密切的关系。从革命派方面说，主要是利用会党这一现存的社会力量，并试图改造其落后性与痼疾，使之适合资产阶级民主革命的需要。其基本态度是利用，改造是次要的；从会党方面说，他们在一定限度上接受了革命派的部分政治主张，并积极参与了反清革命，但同时又固守着自己的特点，其基本态度是合作而不是溶化。结果，指导者只是采用实用主义态度，被指导者又嗜痂成癖。良机失去，会党走到了自己的反面。

革命派利用会党作为反清武装力量，是做过艰苦工作的。纵观辛亥革命准备阶段各地革命党人对会党的主要工作方式，有如下四种：一是走访各山堂，进行民主革命的说服动员。如陶成章、魏兰之遍访浙东哥老会诸堂口①，万武、刘道一之亲往湘潭密访马福益②，谭人凤之游说长江会党，黄申芗、居正之联络湖北会党等③，都属于这种方式的例证；二是打进去，以个人身份参加会党组织，取得党徒的信任，获取对首领进言、参谋的地位，如陈少白之参加三合会受封为“白

① 参见陶成章：《浙案纪略》第3章“进取纪事”，见中国史学会主编：《中国近代史资料丛刊·辛亥革命》第3册，21～25页。

② 参见万武：《策动马福益起义的经过》，见中国人民政治协商会议全国委员会文史资料研究委员会编：《辛亥革命回忆录》第2册，245～247页。

③ 参见谭人凤：《石叟牌词叙录》，载《近代史资料》，1956(3)。

扇”(军师)[①]，井勿幕在西安与哥老会首领歃血为盟、结成三十六弟兄[②]，秋瑾、刘复权等人之参加横滨三合会，受封为“白扇”“洪棍”(掌刑)、“草鞋”(将军)[③]，林述唐、黄兴之在湘鄂入哥老会被封为“龙头”(首领)[④]，陈其美之在上海加入青帮成为大头目等[⑤]，都是属于躬亲深入的例证；三是拉出来，使会党分子加入革命组织，进而通过作为革命党人的会党首领得以指挥其所属的山头，这是革命派争取会党最重要的一法，仅以兴中会为例，在有姓名、事迹可考的兴中会 286 名成员中，会党分子入会者共 44 人，超过了六分之一[⑥]；四是建立联络会党的秘密机关或外围组织，前者如光复会在浙江利用温台处会馆并在上海设立联络点，兴中会在广州设立咸虾栏、张公馆为秘密机关等，后者如兴中会为联络长江流域、两广地区的会党而成立兴汉会，华兴会为团聚两湖哥老会而成立同仇会等。

由于革命党人的艰苦努力，不少会党的山堂成了革命派得以依靠的重要反清起义力量。可以说，没有会党的支持、参加，辛亥革命很难迅速取得全国性的胜利。武昌起义后，长江以南绝大多数省份和地区的光复，都得益于会党的积极参加与勇敢战斗。革命派的艰苦运动取得了应有的成果，会党因此在其历史上而留下光荣的一页。

革命派在利用会党的同时，确实有过改造会党反清复明宗旨与分散主义山头主义的意图和行动。对会党原有宗旨的改造，主要通过民主主义的宣传教育。其内容，一是痛陈民族危机和清政府的腐败，以

---

① 参见陈少白：《兴中会革命史要》，见中国史学会主编：《中国近代史资料丛刊・辛亥革命》第 1 册，60 页。

② 参见朱叙五、党自新：《陕西辛亥革命回忆》，见中国人民政治协商会议全国委员会文史资料研究委员会编：《辛亥革命回忆录》第 5 册，2 页。

③ 参见王时泽：《回忆秋瑾》，见中国人民政治协商会议全国委员会文史资料研究委员会编：《辛亥革命回忆录》第 4 册，225 页。

④ 参见冯自由：《革命党人与洪门会之关系》，见《革命逸史・第六集》，42 页。

⑤ 参见莫永明：《陈其美传》，24 页，上海，上海社会科学院出版社，1985。

⑥ 据冯自由《兴中会时期之革命同志》一文列名统计，参见《革命逸史・第三集》一书。

唤醒会党首领和徒众的反清意识。二是宣传历史发展的大势，以冀改变会党原有的“复明”宗旨，使之接受革命派建立民国的主张和同盟会的民权主义思想。三是强调各山堂联合的必要，以改变各自为政互不统属的山头主义。对会党组织的改造，主要采取求同存异、协商讨论的方法，使会党在可以接受的前提下组织起来。组织的形式，因时因地制宜，即使如同盟会这样具有全国性的统一的资产阶级性质的政党，也没有对会党拟定出改造模式，所以，各地革命党各行其是，形式各别。有的是以革命团体为中心，把若干会党山堂联成大团，充作外围，如兴中会之组织兴汉会，华兴会之设立同仇会，光复会之倡建五省会党大联合的革命协会等；有的以办学方式对会党成员进行军事和组织方面的训练，使之编入革命武装，如秋瑾举办大通学堂训练浙东会党并组建光复军；有的以代为修订宗旨、章程的方式，使之接受革命党主张而不同于以往的性质，如孙中山之改订美洲致公堂章程，规定其宗旨为“驱除鞑虏、恢复中华、创建民国、平均地权”，并申明：“凡国人所立各会党，其宗旨与本堂相同者，本堂当认作益友，互相提携。其宗旨与本堂相反者，本堂当视为公敌，不得附和。”①有的则是以会党开山放票的旧形式，以革命为宗旨组织一个新的山堂，如焦达峰、张百祥之组织共进会，胡寿山之在贵州组织贞丰同济会，“想以哥老会的组织从事对清朝专制的革命”②等。

应该承认，革命派对会党的改造是有成绩的。凡经革命党人工作过的会党，大都成了反清武装起义中有战斗力的队伍；不少会党首领和骨干成了具有民主主义思想的革命者。但是，革命派工作中的弱点和缺陷也极为明显。首先，革命派对会党的根本态度只是“可以偏用，而不可视为本营”③，所以从未在思想上有过把会党组织改造为革命团

---

① 孙中山：《致公堂重订新章要义》，见《孙中山全集》第1卷，262页。

② 胡寿山：《自治学社与哥老会》，见中国人民政治协商会议全国委员会文史资料研究委员会编：《辛亥革命回忆录》第3集，467页。

③ 此为陈天华绝命书中语，见曹亚伯：《武昌革命真史·前编》第4章“陈天华投海”，29页。

体的认识和方案。其次，革命派只是为了发动反清武装起义而争取会党，对会党的江湖义气、帝王思想、山头主义的痼疾，往往采取宽容姑息的态度。即使是吸取了会党参加革命组织，也仍然让他们保持原有的旧规，如光复会对浙东会党的争取中，由陶成章主持、反复商讨后，“规定会党成员入光复会者，所有会党口号、暗号、各家各教一切仍其旧，一切照洪家、潘家的旧规”①。再次，革命派虽然在历次反清武装起义中看到了会党的弱点和劣性，但只是消极地把工作重心从会党转移到策反新军上，知难而退，没有能肩起以往自承领导“下等社会”的责任。所以，革命党对会党的改造，至多只唤醒了会党成员反清排满的意识，使之明白“复明”宗旨之不合时趋，接受了“驱除鞑虏、恢复中华”的民族主义纲领，至于民权主义、民生主义的内容，并未为会党所接受。一旦推翻清王朝，革命派对会党的兴趣日减，会党则自恃反清有功，更加独立不羁，两者关系日见疏远，终至脱钩。

从会党方面说，在革命派的宣传教育下，确也曾激发了革命热情，并接受过革命党的部分纲领，但他们不愿放弃山头，尤重江湖义气，即使在与革命党合作组成联合体后，也往往以小山头利益为转移，或不听调遣、自行其是②，或任意脱离、依然故我③，或与其他革命团体取不合作主义④。所以，经过革命派工作之后的会党，并没有像平山周所说的那样：“三合会其宗旨始不过反清复明，自孙逸仙变化其思想，至易而为近世之革命党”；“三合会化为革命党，哥老会亦复为革命党，于是全国各省之会党，悉统一而为革命党焉”。⑤ 其实，会党并没有因接受革命派的反清宗旨而融化了它固有的江湖义气、山头主义

---

① 沈瓞民：《记光复会二三事》，见中国人民政治协商会议全国委员会文史资料研究委员会编：《辛亥革命回忆录》第 4 集，135 页。

② 如苏北一带的春宝山堂堂主徐宝山，在接受革命派款通后，仍独立不羁，自行其是。

③ 如与兴中会联合组成兴汉会的长江哥老会首领杨鸿钧等，不久即参加唐才常的自立会活动。

④ 如共进会与文学社之间关系一直不洽，共进会不愿与之合作。

⑤ [日]平山周编：《中国秘密社会史》，29、80～81 页。

和帝王思想，也没有因此改变其固有的宗教色彩、礼教色彩和互助共济色彩。革命派缺乏强大的思想武器，无法真正肩起改造会党的责任；会党的特点是历史的社会的落后、消极因素长期积淀的产物，具有极大的惰性，不可能在短时期内有根本改变，特别是它的封建性所得以寄寓的组织形式没有破坏以前，要根本上把会党改造成民主主义的团体，更为困难。所以，当我们分析辛亥革命时期会党与资产阶级关系时，既不能把革命派的成绩估计过低，但也不可忽视会党固有的落后性和破坏性，革命派在呼唤会党的政治潜力，释放其活动能量时，没有也不可能对它进行真正有效的改造。当民国成立后会党在反动阶级利诱下走向自己的反面时，它固有的邪恶危险的基因随之恶性膨胀，终于变成了潘多拉盒子里释放出来的魔鬼。

原载《复旦学报(社会科学版)》1987 年第 5 期

论辛亥革命与东南地区社会结构的变迁

——兼论中国近代史的开端

长期以来，由于社会史研究的偏废，史学界对辛亥革命与近代中国社会结构变迁的整合研究是很不够的。20 世纪 80 年代以前，绝大多数的论著，丛集在政治史方面，诸如：革命派的形成、革命小团体的组建、同盟会的成立及其纲领、革命派与立宪派的论战、清末立宪运动、反清武装起义、保路运动、会党、新军、辛亥革命的胜利与失败以及若干历史人物的评价，等等。① 20 世纪 80 年代中期以来，随着社会史研究的渐趋复兴，学者们开始注意于辛亥革命时期社会思潮的转变、民族工业与资产阶级的形成及其活动、农村经济的变化、商会商团和学界社团的研究等。但是这些分属于社会史领域的各方面问题，研究成果大多是个案的，整合性研究不多。据林增平等先生主编的《辛亥革命史研究备要》一书所收《辛亥革命研究论文目录索引(1949—1990)》，在全部 25 个大类中，没有社会结构或社会转型这样的类目；整合性论文，只在“综合”类中收列了李时岳先生的《近代中国社会演变和辛亥革命》一篇。② 正是由于这方面的研究成果稀少，致使辛亥革命史研究的权威学者撰写的“研究综述”中无此评论。③

---

① 参见复旦大学历史系资料室编：《中国近代史论著目录(1949—1979)》，上海，上海人民出版社，1980；辛亥革命史研究会编：《有关辛亥革命史的文章目录索引(1949—1979)》，见《辛亥革命史论文选》下册，北京，生活·读书·新知三联书店，1981。

② 参见林增平、郭汉民、饶怀民主编：《辛亥革命史研究备要》，512 页，长沙，湖南出版社，1991。

③ 参见章开沅、刘望龄等编的《国内外辛亥革命史研究综览》(武汉，湖北教育出版社，1991)一书中《辛亥革命史研究的三十年》和《辛亥革命史研究的新十年》两文。

20 世纪 90 年代起，学者们开始从社会变革与时代中心的角度探讨辛亥革命的历史地位，对传统的以 1840 年作为中国近代史开端和以 1919 年作为中国现代史起点的观点，提出质疑。有人认为作为“半殖民地半封建社会”这样一个完整的概念，它正式形成的标志，应以辛亥革命比较合适。① 有人认为辛亥革命在中国历史上第一次以革命手段冲击了传统社会和现代社会，引进了西方政治文化模式，应该成为中国现代史的开端。② 可惜，这些质疑未能得到研究者的广泛回应。但不少研究者的视野，确实较多地转向了诸如商会史、市民社会、士绅阶层、绅商等社会群体方面的研究，并出版了一批研究成果。③ 与此同时，对于孙中山与 20 世纪中国社会变革的研究也引起了更多重视，上海、广东等地，都曾以此为主题举办过学术讨论会。④ 从已发表的会议综述看，学者较多注意于孙中山关于社会变革的理念、思想、计划、方案对社会发展的意义、影响，而对社会变革本身的考察甚少。⑤ 可以说，无论是辛亥革命史或是孙中山研究，真正从社会结构和社会转型方面研究的论著并不多。

有鉴于此，我尝试从东南地区社会结构变迁的视角，来讨论辛亥革命对中国社会转型的重大转折意义，并由此估量这场伟大革命的历史地位。

---

① 参见孔凡龄：《辛亥革命史是中国近代史的开端》，载《学术研究》，1991(5)。

② 参见杨春时：《辛亥革命与中国现代史》，载《学习与探索》，1991(5)。

③ 参见章开沅：《50 年来的辛亥革命史研究》，载《近代史研究》，1999(5)。

④ 上海方面，由上海中山学社主办的“孙中山与社会变革”学术研讨会于 2000 年 8 月 28—30 日在上海举行。广东方面，由孙中山基金会和中山市翠亨孙中山故居纪念馆联合举办的“孙中山与 20 世纪中国的社会变革”学术讨论会，于 2000 年 11 月 19—23 日在中山市翠亨举行。

⑤ 参见戴鞍钢：《“孙中山与社会变革”学术研讨会综述》，见上海中山学社编：《近代中国》第 11 辑，上海，上海社会科学院出版社，2001；王杰、张俊尤：《“孙中山与 20 世纪中国的社会变革”学术讨论会综述》，载《近代史研究》，2001(3)。

一

近代中国社会的转型，主要表现为社会结构的变迁。这是一个延续和发展的长时间运作过程。由于中国经济发展的不平衡和文化位势参差不齐，全国的变迁过程显然不同。其中，东南地区在辛亥革命后的变化最得风气之先。

所谓东南地区，习惯上指包括江苏、江西、安徽、浙江、福建在内的长江下游及钱江、闽江流域，相当晚清的两江总督、闽浙总督辖区。这个地区由于地理和历史方面的原因，早在辛亥革命前就已形成资源互补、文化相互渗透的区域联动网络。以江苏省上海县为例，早在上海开埠前，东南各省的商人就在上海从事棉花、土布、生丝、茶叶、食糖、干货等贸易，并在上海建立起同乡、同业性的会馆公所。从 1843 年上海开埠后到辛亥革命前，上海的同乡会馆约 21 个，其中属于东南五省的共 13 个；同业公所有 35 个，其中东南地区共 9 个。① 上海开埠后，浙、皖、闽、赣的茶叶，杭、嘉、湖地区的生丝与南京及江苏的土布，一改以往流向广州出口的路径而以上海为集中地；外国商品的输入，也以上海为重要口岸然后流转东南各省和其他地区。② 文化方面，开埠后由于江、浙人大量流入上海，使苏扬文化对上海产生了重要影响。浙江的方言、风尚、民俗，扬州的服饰、画风，吴中的俳优文学对海派文化的生成都产生过积极影响，而海派文化生成后又向苏浙和长江中下游地区辐射，在辛亥革命前已经形成了一个有影响力的文化圈。③ 虽说东南五省的发展也不平衡，但整体上一直是晚清经济、文化最发达的区域，以此作为社会转型的分析单元，应该说

---

① 参见徐鼎新：《旧上海工商会馆、公所、同业公会的历史考察》，见上海市地方志办公室编：《上海研究论丛》第 5 辑，79～113 页。

② 参见熊月之主编：《上海通史》第 4 卷，上海，上海人民出版社，1999。

③ 参见《上海通史》(第 6 卷)。另见拙作《海派文化散论》(《文汇报》，1990-07-25)、《海派文化生成的社会环境论纲》(《城市史研究》第 7 辑，天津，天津教育出版社，1992)。

是具有可行性的。

二

中国自中古社会向近代社会转型，是一个“推封建主义之陈，行民主主义(资本主义)之新”的漫长过程，包含着准备、转折、发展、成型的各个历史阶段。晚清自鸦片战争后中西交汇开始的自我改革，虽说在客观上为近代社会的生成做了些准备，但为维护万世一系的家天下，不仅改革力度、广度和深度不够，而且在改革中又设置了种种障碍，显得前景扑朔迷离、步履蹒跚。就全国而言，东南地区是社会转型机制准备得相对成熟地区。

从政治结构方面看，东南地区自咸同以来，一直为湘、淮系所把持，节镇权重，往往视朝廷及定章若弁髦，自司道府以下，罔不惟督抚之命是听。1881 年 3 月(光绪七年二月)，给事中张观准的奏折，痛陈了这种外重内轻的局面：

> 自粤匪构乱以来，各省督抚因时因地每有便宜陈奏，朝廷往往曲为允从，部臣亦破例议行，原以时局多艰，不得不稍通权变。今海宇乂安亦有年矣，乃各省疆吏积渐成故，各存意见，或专擅利柄，或徇庇私人，浸浸乎视定章若弁髦；而部臣亦玩愒因循，巧于避嫌，工于卸过。近年以来，疆臣建议，每每立见施行。间有廷臣条奏饬部核定之件，部臣每以情形难于遥度，仍请交督抚酌议，而督抚则积习相沿，动以窒碍难行，空言搪塞，虽有良法美意，格而不行，内外相蒙，亦何怪国计之日绌也。①

奏折说的是“各省督抚”专擅情况，但揆之以军功起家而代所赓续的东南五省，其包揽用人、行政、财税，日渐坐大，藐视定章之状，

---

① 朱寿朋编：《光绪朝东华录》第 1 册，张静庐等校点，1048 页。

当较各省有过之无不及。① 更有甚者，竟发展到与朝廷旨意相诘抗而独行其是，1900 年由两江总督刘坤一策动的“东南互保”即是明显例证。这一长期来被史家认定是“帝国主义分裂中国的产物”，如从晚清中央和地方军功集团权力消长的角度看，不就是到世纪之交时，东南督抚专擅已经松动了传统权力结构体制了吗？

迨至清末“新政”和“预备立宪”时期，一方面是东南各省要求参政议政的“地方自治”如火如荼，他们中的头面人物如江苏的张謇、雷奋、杨廷栋、孟昭常，浙江的陈黻宸、诸辅成、余镜清，江西的刘景烈、汪龙光、闵沪生，安徽的潘祖光、高炳麟、陶鎔，福建的刘崇佑、林长民等，纷纷进入省谘议局和中央资政院②；另一方面是东南地方督抚利用《谘议局章程》赋予的监督、复议等权力，既对谘议局的运作加以限制，又与那些不被传统权力体制所容纳的地方政治精英相结纳，力图控制地方自治并借此拓展向中央分权的趋向。③ 前一方面说明朝廷已守不住权力结构的传统范式，不得不做出让步，开放部分权力以维护清王朝的统治；后一方面显示了经由城市近代化和市场经济而形成的“人才资源”正在乘时流动，那些地方精英组成的“政治资源”，突破了科举入仕进入权力体系的固有流动方式。④ 这两方面，都为近代

---

① 关于督抚专擅的由来及其“上分中央的权力，下专一方的大政”，可以参看罗尔纲先生所著《湘军兵志》第 13 章专设“督抚专政的形成”一节。见中华书局，1984 年版，217～228 页。此外，杨国强著《百年嬗蜕》一书中《军功官僚的崛起和轻重之势的消长》篇，对此有精到论析。见上海三联书店，1997 年版，50～121 页。

② 名单录自张朋园：《立宪派与辛亥革命》，63 页。

③ 地方督抚与谘议局的关系，至今尚未深入研究。一般论者只着重探讨两者矛盾的一面，其实另有督抚假托民意、利用谘议局加重赋税征敛，与谘议局头面人物频繁联络，为自己树立开明形象，并向中央分权的一面。如苏抚程德全与张謇、浙抚增韫与汤寿潜私交甚笃，即为例证。

④ 关于“社会流动的方式”，是社会史研究中的重要问题，它主要研究社会个体和群体怎样沿社会阶梯向上或向下运动。有关这方面的论析，可参见[英]彼得·伯克：《历史学与社会理论》，姚朋、周玉鹏、胡秋红等译，77～81 页，上海，上海人民出版社，2001。

政治的“权力普遍化”准备了条件。

但是，无论东南地区的督抚专擅，或是地方自治都较其他地区来得严重和活跃，仍然未能突破封建国家制度和君主专制政体的根本性质。以皇权为核心的政治结构向以民权为核心的立宪政体结构转型远未到来。东南地区的地方自治势力和立宪派，有鉴于此，才会一而再，再而三地发动“国会请愿”活动，企图用“民意”和“民意代表”的双重压力，迫使清政府加速立宪，以实现他们期盼的“君民共治”的目标。就此而言，确实不可将清末“新政”和“预备立宪”评价过高。

辛亥革命推翻了清王朝，根本上结束了延续两千多年的君主专制政体，其之所以能迅速取得全国性的胜利，一个重要原因是起义各省权力结构的成功转换。以东南地区而论，革命派、立宪派和从旧政权中分离出来的地方实力派立即组成新的权力机构。其中，作为“社会精英集团”的“预备立宪公会”骨干分子和各省谘议局头面人物，大都成了各地军政府的民政长官，迅速承担起稳定社会秩序的行政运作职能；军政府都督，则“全权掌理军务、便宜行事”，总揽一切大权。① 这种新的地方权力机构，不仅和清王朝时代的地方政府督、抚、两司（布政使司、按察使司）制度中，两司不是督抚属官，而是直属中央，用以牵制督抚权力的体制完全不同，而且保证了独立各省中革命党人起支配、领导作用和作为民意代表的地方士绅、谘议局成员进入新政权的机会。于是，原先的“权力普遍化”进程不仅没有中断，反而得到延续和发展；“政治资源”因革命而在新政权中获得了更广阔的流动空间。东南地区在民国时期之所以成为全国政治民主化程度的高亢之区，根本上是与辛亥革命前后社会精英在变革传统政治制度中的活力分不开的。

如果从辛亥前后的国家构造、立法制度、司法制度的变迁做进一步分析，更可看出辛亥革命对政治结构转型的重大转折意义。

就国家构造言，如果撇开清代行政体制在运作过程中地方督抚专擅、分割中央权力的实际情况，单就制度本身的结构而言，那么中国

---

① 孙中山：《中国同盟会革命方略·军政府与各处革命军之关系》，见《孙中山全集》，298页。

封建君主专制制度到清代发展到了顶峰，清代皇帝拥有至高无上的权力，中央政府的一切机构包括内阁、军机处、六部和府、院、司、寺、监等，都只是事务机构而不是政务机构，完全承皇帝旨意办事，本身没有任何决策和独立运作的权力。地方的各级行政长官，从督抚到道府州县，名义上层层隶属，实际上都由皇帝任命，只向皇帝负责。在这样的国家构造中，既没有独立于行政体制外的司法机构和立法机构，也没有反映民意的代议机构，一切都以皇帝的意志为转移。自鸦片战争后，多少志士仁人为谋求改革君主专制而奔走呼号，甚至流血牺牲，换来的却是虚伪的“预备立宪”。尽管清政府迫于内外压力而设立了中央资政院和允许各省成立谘议局，在国家构造形式上多少有了点调整，但本质上并没有改变君主独裁的体制。

辛亥革命后成立的中华民国临时政府，不仅宣告了中国历史上前所未有的共和国的成立，而且彻底改变了原有的国家制度和国家构造形式。按照《临时政府组织大纲》的规定，新成立的共和国由总统、议会、司法及行政各部组成。临时大总统由各省代表选举产生，集国家元首和行政首脑于一身。立法机构由各省都督选派的参议员组成为参议院。参议院职责为议决宣战、媾和、缔约等国家大事，议决政府预算、币制、税法、发行公债等国计民生事宜，并通过各部部长任命。司法机构虽在《组织大纲》中未立专章，但规定以临时中央审判所执行司法。临时大总统如不同意参议院议决事项，可于10天内交参议院复议。复议中若2/3以上议员仍持前议，临时大总统得交各部执行。① 这样一个在国体和政体上有着根本性质变化的共和国，它的诞生确实具有划时代的界标意义。

以立法制度言，1908年，清王朝颁布了《钦定宪法大纲》23条，表面上看，似乎按照日本宪法模式实行君主立宪制度，实际上不仅删去了日本宪法中限制天皇权力的条文，规定“大清皇帝统治大清帝国，万世一系，永永尊戴”，“君上神圣尊严，不可侵犯”；而且拒绝采用西方“三权分立”体制，规定“凡立法、行政、司法，皆归皇帝总揽”，“法律

① 《临时政府组织大纲》，见《南京临时政府公报》，第1号。

为君上实行司法权之用，命令为君上实行行政权之用”。[①] 如此宪法，正如后世史家所指出：“只可算为保障君权的宪法，对国民没有什么好处。”[②]

武昌起义后，一度代行中央政府职责的湖北军政府，颁布了由宋教仁起草的《中华民国鄂州临时约法》共 7 章 60 条，彻底废除了清王朝的法统，规定鄂州政府以“都督及其任命之政务委员与议会、法司构成之”。都督由人民公举，议会由人民选举之议员组成，法司以都督任命之法官组成；人民依法享有平等权利，享有言论、著作刊行及集会结社自由，享有自由通讯、自由信教、自由迁徙、自由保有财产、自由营业等权利，人民有选举和被选举的权利，有依法纳税及当兵的义务。[③] 虽然《鄂州约法》因沪、汉争权和起义各省代表会议召开而未能实行，但它第一次确立了“三权分立”的法制体系和规定了共和政体下的人民权利和义务。后来的民国第一个根本大法《中华民国临时约法》，就是三权分立法制的继续和发展。[④] 虽然，袁世凯为搞独裁而颁布《中华民国约法》[⑤]；蒋介石为实行“训政”而颁行《训政时期约法》[⑥]，为推

---

① 故宫博物院明清档案部编：《清末筹备立宪档案史料》上册，57～58 页。

② 李剑农：《戊戌以后三十年中国政治史》，77 页，北京，中华书局，1965。

③ 《鄂州约法》约在 1911 年 10 月 28 日至 11 月 13 日由宋教仁草定，发表于 1911 年 12 月 2—6 日的《民立报》。发表时题名《中华民国鄂州约法及官制草案》，内容包括：一、临时约法；二、政务省官职令；三、政务省管辖各官署官职令；四、各部官职令通则；五、军谋府官职令；六、参谋府官职令；七、都督府附属员官职令；八、地方官职令。是研究辛亥革命后各地军政府及后来成立的南京临时政府法制及官制结构的重要文献，也是研究宋教仁法律思想和政治思想的第一手资料。这一文本，已收入陈旭麓先生主编的《宋教仁集》上册，350～364 页，北京，中华书局，1981。

④ 《临时约法》的进步性与不足，孙中山在事后对此有不少评论。徐矛教授所著《中华民国政治制度史》（上海，上海人民出版社，1992）一书已有简要介绍，可以参见该书 47～48 页。

⑤ 《中华民国约法》共 10 章 68 条，1914 年 3 月由袁世凯御用的约法会议制定，5 月 1 日正式公布。

⑥ 《训政时期约法》由南京国民政府于 1931 年 5 月召开的国民会议根据国民党的《训政纲领》制定，共 8 章 89 条，5 月 5 日通过，6 月 1 日公布。

行一党专政而制定“五五宪草”①，为搞所谓“宪政”而颁行《中华民国宪法》②，对人民的民主权利恣意践踏，极力扩张总统和政府首脑的个人权力，削弱立法、司法的职能和地位，但三权分立的结构、资产阶级性质的民族国家依旧断续相承；由《临时约法》开创的宪法、国会、总统三大支柱构成的政治制度，延续了下来。

可以肯定地说，近代中国的政治构架、政体规范和政治运作程序的转型，就是从辛亥革命否定了以君主专制政体为核心的“朝代国家”形态开始的。如果历史学家不去追寻社会政治和国家形态的过去和现在、行动与结构的交融渗透、延续和变迁，而以简单的“廉价胜利”去估量辛亥革命的胜利与失败，那就很难说明这场伟大革命对中国政治转型的意义和深远影响。

三

从社会群体结构方面看，晚清社会按职业不同、地位尊卑，分成士、农、工、商四大群体。虽说每一个群体在社会经济、文化和观念的进步、变易中都有所变化，如士群已不单由科举应试的读书人构成，而是掺入了大量各级各类新式学堂培养的知识分子和留学生，据清学部统计，截至1909年，各省新式学堂在校学生达1626720人③；农民特别是城市近郊的农村村民，因城市近代化而发生分化，有的流入城

① “五五宪草”是《中华民国宪法草案》习称，因在1936年5月5日公布，所以称“五五宪草”。

② 《中华民国宪法》是1946年11月国民党政府召开的所谓“国民大会”，根据国民政府提交的《中华民国宪法草案》进行审定并通过的，这是中华民国第二部也是最后一部正式宪法。对于这部宪法，张国福的《中华民国法制简史》、张晋藩的《中国宪法史略》、徐矛的《中华民国政治制度史》等著作，都有较为深入的评论。相比之下，以后出的徐矛教授著作尤为具体，也更觉客观，见该书341～348页。

③ 据学部三次奏报，从1907—1909年三年中，每年学堂和学生数为：1907年全国各省学校数为37888所，学生1024988人；1908年全国各省学校数为47995所，学生1300739人；1909年全国各省学校数缺，学生1626720人。见丁致聘：《中国近七十年来教育记事》，29、31、34页。

市成为苦力，有的改变经营方式而成为商贩；工界中一部分手工业者因破产而变为城市贫民，一部分则成为从事工业生产的工人。晚清上海的产业工人虽来自农民、无业游民和破产的手工业者等庞杂社会成员，但由手工业者转化而来的这部分，却构成了早期技术工人的主体①；商人群体中，出现了为洋行服务的买办，一部分人则因投资近代工业而转化为工厂主。由于商业在城市近代化过程中的作用日见重要，晚清社会至迟在 19 世纪 80 年代出现了"绅"与商结合的新型群体——"绅商"。上述四民群体的变化，在东南地区都有明显的反应。

必须指出，这种变化在辛亥革命以前还没有达到群体易位、尊卑有序破裂的程度。即使像"绅商"这个复合型的群体，"绅"仍列于"商"前，反映了经济实力雄厚的商人，不得不托庇于民间社会最高层的士绅而获得"体面商人"地位的事实。以 1902 年成立的"上海商业会议公所"为例，总理严厚信、副总理周晋镳、毛祖模等，都以经商起家而成为实力雄厚的资本家，但同时又有清政府赐予的花翎顶戴和虚衔，"上传官府之德意，下达商贾之隐情"，周旋于官场、商界之间。② 江苏的张謇，人称"状元资本家"，可谓"绅商"典型。但他却申明自己是"言商仍向儒"，无怪后人为他作传时会说他"自士林出发，经过商贾又回到士林"。③ 在顶礼膜拜"皇帝爷"的时代，作为四民之首的"士"，虽因科举废除而在社会价值观上有所异化，但传统力量依旧"像梦魇一样拖累着近代中国社会迈进的步伐"。④

辛亥革命扫落了皇冠，赶走了皇帝，也就冲破了传统的社会群体

---

① 参见熊月之主编：《上海通史》第 5 卷，322 页有关内容。

② 上海商业会议公所总理严厚信为花翎二品顶戴直隶待用道，副总理周晋镳为花翎二品顶戴指分江苏试用道，5 名董事中除唐杰臣不详外，其余 4 名俱有二品或三品候选道、补用道的官衔；13 名议员中，已知 5 名有官衔，其余均不详待考。见徐鼎新、钱小明：《上海总商会史（1902—1929）》，43～47、50 页，上海，上海社会科学院出版社，1991。

③ 章开沅：《开拓者的足迹——张謇传稿》，54 页，北京，中华书局，1986。

④ 王先明：《近代绅士——一个封建阶层的历史命运》，210 页，天津，天津人民出版社，1997。

结构。一个最明显的事实是商人地位由四民之末急遽上升。原先的“绅商”，随着民国临时政府“振兴实业”的政策倾斜和“实业救国”思潮的发展，随着旧朝覆灭和“重农抑商”传统政策的破解，“绅”的一面逐渐淡化，“商”的独立一面渐趋增强，终于在20世纪20年代，以企业家或资本家的身份，获得了社会尊荣。仍以上海为例，1912年2月，由上海商务总会(其前身即上举1902年成立的上海商业会议公所)改名的上海总商会，其主要领导人虽然仍属“绅商”型人物①，但因清帝逊位而解除了束缚，便开始争取商界代言机构的地位。他们既要求在名分上施行官商平等行文，又在行动上倡建全国商会联合会，以民间商会代替前清时代以官控商的体制，反对政府苛捐杂税，为商民请命。1920年，上海总商会领导机构换届，一批受过新式教育、年轻的资本家、企业家进入领导层②，“绅商”型人物占据领导地位的历史终告结束，“绅商”的名称也随之退出历史舞台。从“四民之末”到托庇于士绅而被视为“绅商”，这是社会进步中商人地位的异化；从“绅商”淡出历史舞台到新型资本家和企业家成为商的主体，这是社会大转折后商人地位的飙升。这就是辛亥革命前后社会群体结构变迁，在一个阶层上经历准备与转折、延续和发展的历史见证。

社会群体的结构性变化，在东南沿海城市中尤为明显。由近代工商业者形成的资产阶级，从事机器生产的产业工人和出卖劳动力的城市贫民，组成了新型的市民社会，人们再也不以“士农工商”作为社会群体分野的界别。即使在市民社会中，各个群体的构成，也与晚清时代有了明显的变动。

民国时代的商人，已经不再是由经营传统商业的行帮、业帮各商为主体，而是以经营洋布、洋百货、洋五金、西药、颜料等进口商品

① 以1918年上海总商会的领导层为例，35名会董中属于绅商型的人物27名，占77.1%，见徐鼎新、钱小明:《上海总商会史(1902—1929)》，245页。

② 1920年上海总商会董事会改组，工业资本家和银行家人数共14名，占25名会董总数的40%，见徐鼎新、钱小明:《上海总商会史(1902—1929)》，246页。

的新式商号为主体。[①] 20世纪二三十年代，福建厦门的城市商业已形成品种较为齐全的规模，船头行业、寿板业、洋洗业、汽车业等都是从业人数颇多、资本额占优势的行业。[②] 与新式商业及新式商人地位上升相适应，商人组织也从传统的行帮迅速向同业公会方向转化。

商人中，原附丽于商界的近代工业企业和金融业的投资者，逐渐以工业资本家和金融资本家的身份脱颖而出，成为资本家阶级的主体。而从晚清时代出现的买办，到民国时代已经成了资本家阶级中令人注目的人物。买办商人在工商业的投资大都属于华资企业。[③] 他们以雄厚的经济实力和广泛的中外商业交往网络，组成了资本家中一个新的社会阶层。这在晚清是难以想象的。

晚清时代士群，到民国时代，不仅"士"的名称已逐渐消失，代之以"知识分子"这个新的称呼[④]，而且他们也已丧失了传统意义上的作为一个独立群体的地位，成了依附于资产阶级和小资产阶级的一个阶层。

晚清时代的"工"，主要由从事各行业的手工业主和受雇于行东的雇员所构成。但民国时代的"工界"，习惯上多指出卖劳动力的产业工人、码头工人和各业雇员。其中，尤以产业工人构成了"工界"主体。他们因受资本家剥削，既无恒产又生活艰难而处于社会底层，被指称为无产阶级。为要求提高工资和改善劳动条件，他们经常以多种方式与资本家斗争。这种斗争，成为市民社会中常见的紧张、动乱的因素之一。如果说，中国两千多年的封建社会缺乏如同西方那样的阶级意识和等级分野，那么，从辛亥革命后的民国时期开始，中国社会已经无可争辩地有了阶级和阶层的事实。由此，社会矛盾也由传统的地主与农民的斗争转化为资产阶级与无产阶级的对抗占主导地位了。

值得注意的另一个变化，是由"臣"而"官"。由于君主政体被共和

---

① 熊月之主编：《上海通史》第9卷，74页。

② 张仲礼主编：《东南沿海城市与中国近代化》，189页，上海，上海人民出版社，1996。

③ 熊月之主编：《上海通史》第9卷，74页。

④ 拙著：《孙中山与辛亥革命》，145页注释①，上海，上海人民出版社，1993。

政体所取代，“臣”连同君臣观念丧失了存在基础。作为君主专制政治运作工具的“臣”，本是一群非专业化的士子科举入仕后所组成，而辛亥革命后的共和政府，则越来越依靠专业化人才担任各类职司实施运作。这样，“政治资源”的储备与流动，冲破了传统科举取士的狭窄途径，从新型的社会群体乃至阶级阶层中获得了充分来源与流动活力。官员的出身成分多元化了、职业化了，阶级归属也比传统的“士”群显得明确清晰了。如果说“朝代国家”形态中的“臣”，是士的一个特殊类别，那么，服务于“民族国家”形态里的政府官员，真正构成了一个专业化的职业性的官僚阶层。所以，由“臣”而“官”，既是传统的延续，又是辛亥革命后社会群体结构变迁的产物。

四

从社会经济结构方面看，晚清时期，东南地区自然经济的分解过程和资本主义近代工业的发生发展，较其他地区在时间上要早，速度上更快，规模上大得多。虽说自辛亥革命起直至1949年中华人民共和国成立前，中国社会经济结构的根本性变动尚未到来，自然经济在全国仍占主要地位，但不能因此低估辛亥革命对中国经济结构变迁的积极意义。

首先，辛亥革命加速了社会重商主张向社会思潮转化的趋向，从而有力促进了民族工业的发展。中国早在19世纪六七十年代已有重商主张的呼吁，中经洋务运动和甲午战争后的办厂实践，重商始终未能形成社会思潮。清末“新政”虽有奖励工商实业之举，民族工业亦有初步发展之象，但清王朝重农抑商政策和观念仍未根本改变。据统计，自1858—1911年，全国历年设立资本额在1万元以上的民用工矿企业共953家，资本总额约2.04亿元。① 辛亥革命后，南京临时政府颁布了一系列有利于工商实业发展的政策、法令，并在中央设立实业部，

---

① 参见杜恂诚：《民族资本主义与旧中国政府(1840—1937)》，29～31页，上海，上海社会科学院出版社，1991。

要求各省成立实业司，确立以“振兴实业”为民国建设急务的治国方针，极大鼓舞了国人发展实业的思想。民间兴起了许多实业团体，如1912年1月，在上海成立了“中华工学会”，在南京成立了“中华民国实业学会”。2月，上海成立“中华民国商学会”等组织，更有“以振兴实业、扩张商务、扶持工商上之建设为宗旨”的“工商勇进党”的成立。① 类似的实业团体，在东南地区沿海城市和内地都有，重商主张终于在推翻清王朝后汇成了“实业救国”的社会思潮，推动着国人的投资办厂热情。仅1912—1914年三年中，全国创办资本额在1万元以上的民用工矿企业就达266家，资本总计约3884万元。② 其中，东南地区尤其是上海的增长最快：1911年上海新设工厂仅9家，1913年新设29家，超过2倍以上。③ 其后，由于实业思潮的进一步发展，民族工业在第一次世界大战外国资本无暇东顾的有利环境下，迎来了发展的“黄金时代”。东南地区也正是在这个“黄金时代”才真正形成了以长江三角洲为中心、以近代工商业为主体、以外贸内联为纽带的经济区，显示出强大的辐射力。

辛亥革命后社会经济结构的变化，在东南地区沿海城市表现得尤为明显。据现有的研究成果，上海在开埠前，作为一个埠际贸易的县级港口城市，一直以沙船航运、土布贸易、钱庄汇兑为三大产业支柱，其中沙船业尤执牛耳。开埠后，上海迅速崛起，以外贸为中心，近代航运业取代了传统沙船业；近代工商业化解了传统手工业和扩大了商业经营范围；房地产业、城市公共事业等发展迅速，虽说百业兴旺，但产业结构序列尚未成型。辛亥革命后，经历届政府治理，到抗日战争爆发前，上海形成了以商业、金融、工业为序列的三大产业支柱，显示了号称“东方巴黎”的大都会风姿与雄厚的经济实力。

---

① “工商勇进党”成立日期不详，其《宣言》《简章》首发于《民立报》(1912-02-26)。见上海社会科学院历史研究所编：《辛亥革命在上海史料选辑》，866～879页。

② 参见杜恂诚：《民族资本主义与旧中国政府(1840—1937)》，107页。

③ 参见罗志如：《统计表中之上海》，63页，南京，国立中央研究院社会科学研究所，1932。

宁波在开埠前还是一个以小农经济为基本特征的城市。1844 年开埠后，到 19、20 世纪之交，宁波的城市经济结构中，商业比重远远超过近代工业。据统计，当时宁波已拥有 80 多种商业行业，从业人员达二三十万人，而工业直至 1914 年时，全市还不到 20 家企业。但自第一次世界大战后到 1930 年，宁波已拥有新式企业不下 150 家，成为社会经济发展的主要部门。①

福州在晚清以轮船制造闻名，由此带动了闽江航运业的发展。但是，在民国时期，福州华资商办实业的主导却是电力工业。1911 年商人刘崇伟成立“福州电气股份有限公司”，到 1912 年 3 月，已获利颇丰。从此投资不断增加，生产规模不断扩大。1917—1926 年，“每年纯益额大体保持在 15 万元左右”。电力工业的发展，为福州的木材加工业、机器修造业、碾米业、制冰业、动力印刷业、机器染织业和造纸业等创造了发展的条件。②

素以丝绸名扬天下的杭州，辛亥以后丝绸业有了较大的增长。从 1912—1920 年共增加织机 1060 台。③ 湖州、嘉兴、绍兴、宁波、温州等地的丝绸业，在此期间也有较大发展，如湖州所产“湖绉”自 1914—1919 年，年产增至 90 万匹，产值达三四千万元，不仅销售全国，还远销国外。④ 辛亥革命后，浙江急剧兴起了新的工业部门——针织业。据统计，1915 年全省从事针织品生产的大小企业共 2745 家，年产值达 874865 元，厂家数名列全国第 4 位，工人数名列第 2 位。⑤

其次，辛亥革命为加速农村经济的变化和促进城乡经济的联动，创造了有利条件。随着东南地区城市近代化的发展，作为城市腹地的东南农村，在辛亥革命后借助商品交换、扩展的有利环境，普遍出现

① 参见张仲礼主编：《东南沿海城市与中国近代化》，16～17、98 页。

② 参见张仲礼主编：《东南沿海城市与中国近代化》，152、150 页。

③ 参见彭泽益编：《中国近代手工业史资料(1840—1949)》第 2 卷，640 页，北京，生活·读书·新知三联书店，1957。

④ 参见徐和雍、郑云山、赵世培：《浙江近代史》，295 页，杭州，浙江人民出版社，1982。

⑤ 参见彭泽益编：《中国近代手工业史资料(1840—1949)》第 2 卷，664～665 页。

了经济作物种植面积不断扩大的趋势。20 世纪 30 年代前后，东南五省大种棉花、茶叶、烟草、蚕桑、瓜果、蔬菜、花卉等经济作物。有的形成了一个乡以棉花种植为主而稻次之的局面，如江苏宝山的月浦。有的更以一县的农作物以棉花为大宗，如江苏上海县。1936 年，江苏一省的棉产量占全国 6/10。浙江素以产茶著名，1933 年全省有 63 个县市植茶约 57 万亩。江西瑞金、广丰、黎川、广昌、会昌等县，抗战前遍植烟草，"多由粤闽两省商人购运南洋等处推销"。① 至于安徽之药材、苏浙之蚕桑、上海近郊之花卉果蔬，更是极一时之盛。可以说，东南地区城市经济的发展，带动了农业的商品化；而农村经济日益依赖市场，则为城乡经济的联动体制拓展创造了广阔的空间和生命活力。这种互为依存、互相促进的城乡联动结构越强固越发展，自然经济的分解也就越深入越加速。

东南地区农业经济的变化，还反映在资本主义经营方式的农垦公司发展这一侧面上。南京临时政府在"振兴实业"的同时，也鼓励垦殖荒地。1914 年，北京政府更颁布了《国有荒地承垦条例》，对开垦的地域范围、类别均做了明确规定，对呈请开垦的个人或法人、提前垦竣年限者，均分别给予地价优惠。② 在政府奖掖下，辛亥以后的十余年间，全国农垦公司从晚清时的 90 余个迅速增至 300 多个，其中东南五省共有 130 个③，占了 1/3 以上。

五

除以上三个方面的结构变迁外，若再把社会生活方式（包括习俗、服饰、称谓、剪辫、放足等）、社会意识和价值判断等的变化估计进

---

① 戴鞍钢、黄苇主编：《中国地方志经济资料汇编》，89、97、128、145 页，上海，汉语大辞典出版社，1999。

② 参见沈家五：《张謇农商总长任期经济资料选编》，305～309 页，南京，南京大学出版社，1987。

③ 其中上海 16 个、江苏 76 个、福建 19 个、浙江 12 个、安徽 7 个。参见黄逸平：《近代中国经济变迁》，463～464 页，上海，上海人民出版社，1992。

去，就更能看出辛亥革命对中国社会转型的重大转折意义和深远影响。可以说，辛亥革命推翻了清王朝，建立了共和国，既扫除了封建君主专制制度强加于社会进步的种种障碍，又确定了政体共和化、政治运作民主化、经济发展资本主义化、社会平等化的发展方向，中国在完全意义上开始了民主主义(资本主义)的社会转型。虽然，尔后的袁世凯政府乃至蒋介石的国民政府都实行过倒行逆施的专制统治，但总体上仍无法改变由辛亥革命所确定的社会转型趋向。

近代中国社会转型的准备、转折、发展、成型的各个历史阶段中，社会结构在各个方面的变迁既有相互渗透、互为制约的情况，也有各自对转型整体起不同作用的独立地位。大体上说，经济是基础，只有资本主义近代工业在国民经济各部门中上升为主导的决定的地位，才能说近代社会转型已基本实现。就此而言，辛亥革命后的民国时代，社会转型还远未成型。但是，政治又是经济的集中反映。政治及其上层建筑的结构变迁若领先转变，对经济和社会构造的变化就会产生重大的推动和影响。辛亥革命的历史作用和深远影响正在于此。它的社会结构变迁和社会转型的界标意义，远远超过 1840 年鸦片战争的影响和作用力。“从社会转型的角度上说，1911 年的辛亥革命才是中国近代史的真实起点。因为随着辛亥革命，中国社会才发生真正的结构上的变化”。这是我在 1981 年复旦大学主办的“清末民初的中国社会”国际学术讨论会上提出的看法。当时，参加这次讨论会的美国学者柯文，闻之惊喜。后来他撰写的《在中国发现历史——中国中心观在美国的兴起》一书，在第 4 章第 70 个注释里特地记下了这个看法。但他把时间误记为 1979、1980 年之交。①

重温辛亥革命与中国社会转型的历史，我觉得这个问题有值得提出来讨论的必要。关于中国近代史的开端，学术界早有不同意见。20 世纪 30 年代以前出版的近代史或近百年史著作，大多以明末清初中西交往作为开端。著名近代史专家郭廷以教授所编著的《近代中国史》也

---

① 参见[美]柯文：《在中国发现历史——中国中心观在美国的兴起》，林同奇译，218 页，北京，中华书局，1989。

"始于 16 世纪葡人东航"。[①] 后来他撰著的《近代中国史纲》，第一章为"世变前的中国与西方"，作为全书的大背景；第二章"西力冲击(上)"起讫年代为 1830—1850 年，第三章"西力冲击(下)"为 1850—1860 年，显然不以鸦片战争为近代史开端。[②] 新中国成立以来，大陆方面的历史学家比较早公开发表不同意见的是中国人民大学尚钺教授。他认为 1644 年清军入关是中国近代史的开端，而把 1840 年作为近代史的开端，有割断中国历史的危险。开端问题本身是个学术问题，可以有不同意见。可是尚钺教授的学术观点却被当作政治问题，当作修正主义进行批判。从此，再也没有人敢于吱声。

把 1840 年作为中国近代史开端，大约始于在 20 世纪 30 年代。当时，有些学者鉴于日本帝国主义的侵略，民族危亡的紧迫感促使他们反思历史，所以一反以往研究视野，把鸦片战争作为近代史的开端。例如 1938 年出版的蒋廷黻所著《中国近代史》就是如此。[③]

客观地问一下：1840 年作为近代史的开端，到底是否具备社会转型的重大界标意义？历史地看，鸦片战争后的中国，政治上仍然是清王朝的统治，君主专制制度没有发生根本性的变化。经济上依然是小农经济汪洋大海，虽然东南沿海某些地区由于外国洋纱洋布等的输入，土纱土布等业受到程度不一的影响，但在全国不具有普遍意义。在社会心态上，除少数先进分子外，绝大多数人并未感到学习西方、改革社会的必要和紧迫，魏源等人主张"师夷长技以制夷"的命题，在社会影响甚小。这样看来，1840 年鸦片战争无非标志着外国资本主义切入到中国社会，中国被迫签订了一系列不平等条约，开始被卷入世界资本主义的漩涡。从政治史的视角观察，鸦片战争应该可以作为界标，从社会史角度说，这仅仅是近代社会转型的些微准备，并不具有重大

---

① 郭廷以：《近代中国史》第 1 册，"例言"，1 页，上海，商务印书馆，1947。

② 郭廷以：《近代中国史纲》上册，香港，香港中文大学出版社，1980。

③ 关于蒋廷黻写作《中国近代史》的动机，可见拙作《蒋廷黻撰〈中国近代史〉导读》，见蒋廷黻撰，沈渭滨导读：《中国近代史》前言，27～28 页，上海，上海古籍出版社，1999。

界标意义。否则，战后的中国怎么能又昏昏睡了20年而没有什么社会改革的回应呢？

从19世纪80年代的洋务运动开始，先进的中国人逐渐意识到“师夷”的重要。李鸿章等洋务派扛起了魏源“师夷长技”的大旗，从军事工业兴办到民用工业创建，进行了一系列的洋务活动。对此，应该给予一定的积极评价。但洋务运动主要停留在技术层面，而且成效不大、范围不广，不足以使中国社会发生根本性变化。

洋务运动是清政府“自改革”迈出的第一步。20世纪初年开始的清末“新政”和“预备立宪”，则是自改革的继续和扩大。清末“新政”中不少改革对社会发展确实有利；“预备立宪”其本意虽是为了达到“皇位永固”“外患渐轻”“内乱可弥”的目的①，但客观上为政治机制的转型准备了条件。无论是19世纪60—90年代的洋务运动，还是20世纪初年的“新政”和“预备立宪”，从社会史的角度看，都还未能掀动社会固有的结构体系，它们只是社会转型征途中的量变，辛亥革命才是质变的开始。如果没有辛亥革命，清王朝没有倒台，那么就不会有民国以后的政治、经济、文化、社会思潮方面的重大变化。从社会结构变迁和社会转型这一社会史角度看，辛亥革命才是近代史的真实起点，它在中国历史上的界标意义，应该比1840年鸦片战争更高大、更重要。

从教学实践方面说，把1840年后的中国历史作为近代史划成单独的学科体系，结果是使清代史一截为二。教古代史的只讲到清代中期，嘉道二朝讲得很少甚至匆匆带过；教近代史的也不讲典章制度、社会经济和思想文化的承袭发展，只以“战前的西方与中国”为题，做历史背景式的简略介绍，客观上确实有割断历史联系的弊病。如果以辛亥革命作为划代界标，那么前是清代史，后为民国史；前是朝代国家，后为近代国家。两种不同的社会构造，两种不同的国家形态，既易教，也易学得好。斗胆说一句：既然“半殖民地半封建社会”的定性谁也说不清、吃不准，那不如暂且搁一搁，历史研究首在弄清事实而不是首

① 载泽：《奏请宣布立宪密折》，见中国史学会主编：《中国近代史资料丛刊·辛亥革命》第4册，28～29页。

在发现规律。

关于社会转型和关于中国近代史的开端，都是极为复杂的问题，绝非一个人、一篇文章可以解决的。况且这里只涉及三种社会结构，既欠全面，也很粗疏。本意只在提出问题，希望能引起讨论。不当之处，欢迎赐正。

原载《复旦学报(社会科学版)》2002 年第 2 期，收入本书时，结构编排上有调整

论“三民主义”理论中国家与社会的关系

对国家与社会关系的历史检视，在中国近代社会转型研究中，是一个既具理论价值又有实践意义的课题。1949 年中华人民共和国成立以前，孙中山的“三民主义”以及国民政府的实践，为我们考察国家与社会的相互关系提供了文本与实践的参照。

“三民主义”研究，本是孙中山与辛亥革命研究的老课题。以往的研究主要丛集于两大类：一是分别对民族主义、民权主义和民生主义的内涵与意义作专题研究；二是对三民主义的哲学基础及其在政治思想上的地位、影响进行论析。这两大类研究成果中，几乎没有关于国家与社会关系整合研究的专文。①

为什么说“几乎没有”？因为现有成果中有的研究者已经或多或少涉及这个问题。例如姜义华教授在《论孙中山的自由平等观——近代中国政治民主化思潮透视》一文中提出：“孙中山企图以国家权力来改变一片散沙的局面，在实践中便很难避免使国家权力重新蜕变为社会的支配者。”②这是一个很有见地的观点，循着这个思路把文章做下去，

---

① 参见章开沅：《50 年来的辛亥革命史研究》，载《近代史研究》，1999(5)；王禄斌：《有关孙中山研究论著、资料目录索引(1949—1984)》，见《孙中山研究论文集(1949—1984)》附录，1331～1469 页，成都，四川人民出版社，1986；《辛亥革命史研究的三十年》《辛亥革命史研究的新十年》，见章开沅、刘望龄、严昌洪等编：《国内外辛亥革命史研究综览》，武汉，湖北教育出版社，1991。

② 姜义华：《论孙中山的自由平等观——近代中国政治民主化思潮透视》，载《复旦学报(社会科学版)》，1986(5)，收入作者所著《大道之行——孙中山思想发微》(69～88 页，广州，广东人民出版社，1996)。本段引文见该书 87 页。

就必然会对国家与社会的相互关系进行整合，可惜由于题目所限，只是点到为止，未能深入堂奥。有的研究者对孙中山的国家观、制宪思想做了专文探讨，充分肯定他设计的五院制政府和五权宪法是一种国家理论的再创造，具有先进性与时代性，却忽视了这种再创造在实践中可能产生的负面影响，更没有就国家与社会的对应互动作深入探究。①

历史研究具有存史、资治、教化的特殊功能，而任何一种研究视野和研究方法，本质上都是社会关系的产物。以往的三民主义研究，在众所周知的特定背景下，大多是从政治、哲学、思想史的层面，做正面的、积极的、充分肯定的诠释，世人对三民主义的认知与理解，正是通过这样研究的大量成果而形成共识。这无疑是正确的、必要的。但毋庸讳言，若一直沿着这条路径走下去，总有一天会产生话已说尽、再难深入的困惑；若换一种思路和视角，当会有老树新枝、海阔天空之感。

有鉴于斯，下面尝试在前有研究的基础上，用理性批评的目光，揭示三民主义理论中客观存在的矛盾，审视它在国家建设和社会发展关系中的悖论，探讨它在实践中产生的负面影响。这样做，并不是否定三民主义的杰出和光辉，反而能对全面、正确理解它有新的认知意义；对观察当前建设国家与社会良性互动的机制，也可能获得有益启示。

从理论是实践的先导这一面说，检视三民主义中关于国家与社会关系的论述，比考察实践状况更优先。从实践是检验理论的标准这一面说，缕析实践中的经验教训和获取借鉴更重要。不过后者是一项需要广泛搜集资料、调查研究的工作，非短期内可以完成。所以这里主要从文本的检视，即对三民主义理论本身做静态分析，对它在实践中产生的负面影响，只作简要提示，作为后续研究的某些预案。这是需要说明的。

---

① 参见李华兴：《中国近代国家学说的发展》，见钱伯城主编：《中华文史论丛》第53辑，上海，上海古籍出版社，1994；闾小波：《从议会主义到宪法主义——从魏源到孙中山民主诉求之检讨》，见上海中山学社编：《近代中国》第11辑；黄明同、张金超：《从“一人当皇帝”到“四万万人当皇帝”——辛亥革命与孙中山“主权在民”的探讨》，见王杰主编：《辛亥革命与中国民主进程》，北京，燕山出版社，2001。

一

简要回顾三民主义出世前国家与社会关系的状况，对理解孙中山在这个问题上的理论建构是有意义的。

传统中国虽然以君主专制为特征，强调皇权的至高无上，但从历史事实看，政府对社会的控制却极为松散。就权力结构言，实际上只有上下两个层面，即从中央到地方县级的行政系统和县级以下的乡(镇)自治系统。两者之间长期处于无为而治、约定俗成的自然状态。上层对下层的制约，下层对上层的呼应，历来通过绅士阶层作为中介进行调适，“上辅政治而下图辑和”①；而不是通过行政权力直接支配。张仲礼前辈在《中国绅士——关于其在19世纪中国社会中作用的研究》一书中描述这种关系说：

> 绅士作为地方领袖，他们与政府结成联盟，自然政府机构本身也由绅士构成。他们在本地承担许多职责，他们担任官员与当地百姓之间的中介，就地方事务为官员们出谋划策，同时在官吏面前又代表了地方利益。在正常情况下，政府和绅士的主要利益是一致的，并且为保持社会的轮子运转和维持现状，他们相互合作。但是当他们的利益相悖时，绅士则会批评、甚至反对和抵制政府的行政，不过并不对中央政府造成严重威胁。②

可见在传统中国社会上下两个层次之间，自有一套约定俗成的治理规则。乡村不是政府权力系统中的行政村，而是一个个宗法制度下的自然村。绅士作为下层社会的控制力量，在地方自治中的社会角色地位

---

① 《宪政编查馆奏核议城镇乡地方自治章程并另拟选举章程折》(光绪三十四年十二月二十七日)，载《东方杂志》，第6卷，第1期，1909。

② 张仲礼：《中国绅士——关于其在19世纪中国社会中的作用研究》，李荣昌译，73页，上海，上海社会科学院出版社，1991。

是举足轻重的。①

鸦片战争后，传统中国社会在“千年变局”激荡下，进入社会转型期。绅士阶层一方面受清初统治者“摧挫士气、抑制绅权”②的打击，一方面受欧风美雨的熏染，特别是受科举制度废除的影响，逐步边缘化；而清王朝自清初以来开始采取新的统治手段，如大力推行保甲制度，强化各级地方政府行政权力，扩张书吏功能等，挤压原有的自治规则，削弱下层社会的自治空间。下层由于过多地担负行政责任，社会的传统活力无法调适来自上层的权力渗透，国家与社会处在日见紧张的状态。

面对这种紧张的社会关系，晚清出现过两种社会改革方案：一个是龚自珍的《农宗》篇，另一个是洪秀全的《天朝田亩制度》。

《农宗》篇不署写作时间，但从今本《龚自珍全集》辑录文章的时序分析，大约成文于龚自珍32～40岁，即道光三年(1823)到道光十一年(1831)。那时，清王朝衰象日趋明显，农村破产，农民流离失所，乡村宗法社会因之出现无宗可归的破败局面，即所谓“天子有宗，卿大夫、公侯有宗，惟庶人不足有宗”③。龚自珍认为“礼莫初于宗，惟农有宗”，“农之始，仁孝悌义之极，礼之备，智之所自出，宗之为也”。既然纲常伦理都维系于农村的宗法制度，农民都是历来有宗可归的，那么要维持儒学的礼义仁智，就必须恢复以农为宗的社会结构。因此他提出以宗法血缘关系来重新组合农村社会，办法是把农村人群按照宗法关系分成大宗、小宗、群宗、闲民四等。大宗有田百亩，以闲民5人为其佃种；小宗、群宗有田25亩，以闲民一人为之佃耕，使农村形成“宗能收族，族能敬宗”的和谐机制。他希望在这种重组的社会结构下发展竞争、积累私有财产，因而不主张“限田”④，即土地可以自由买卖。显然，龚自珍的方案，本质上仍脱不了类似“三代之治”农村

① 参见王先明《近代绅士——一个封建阶层的历史命运》第二章相关论述。

② 柳诒徵：《中国文化史》下册，670页，南京，钟山书局，1932。

③ 龚自珍：《农宗》，见《龚自珍全集》，49页。

④ 龚自珍：《农宗答问》第一，见《龚自珍全集》，54页。

公社的空想，就像他自嘲的那样："何敢自矜医国手，药方只贩古时丹。"但他希望重组宗法社会以稳定朝廷与乡村社会对应发展的要求是明确的。

《天朝田亩制度》颁布于咸丰三年(1853)。那时太平军已定都南京，洪秀全为建立"地上天国"的理想社会，按"寓兵于农"的古训，将天下田平分给臣民百姓，并以军事体系组成25家为基本组织的农村社会，彻底废弃了传统宗法制度的社会结构。在这样的基层社会中，设立官治，制定职官的保举、黜陟办法；建立司法、诉讼机制；规定进行宗教宣传教育的方式；建立"国库"，实行生活资料平均分配的供给制度，以期达到天王权力直接支配基层，兵农合一、政教合一的一元化结构目的，实现其"务使天下共享天父上主皇上帝大福，有田同耕，有饭同食，有衣同穿，有钱同使，无处不均匀，无人不暖饱"的社会理想。①

上述两种文本所体现的不同社会改革方案，虽然都是中国向近代转型时期的"乌托邦"，但都从不同侧面体现了稳定社会秩序，重组社会结构，使上下层之间对应互动达到和谐一致的积极愿望。

最具时代特征的是晚清的"地方自治"运动。自从近代国家观念输入后，近代知识分子以此为思想武器，在大力呼吁民权的同时，要求建立近代国家的议院制度。其中以要求实行地方自治作为实现宪政基础的呼声甚高。②

表面上看，清末地方自治的要求似乎古已有之，实际上完全不同。传统的地方自治，是以血缘宗法制度为核心的族治和绅治相结合的"长老之治"，而不是民主政治；西方传入的地方自治是在人人平等思想主导下，以"市民阶层"为主体的民主参政。其核心，从思想方面而言是实现资产阶级民主平等原则；从政治操作层面而言是由资产阶级代表

---

① 洪秀全：《天朝田亩制度》，见《太平天国印书》上册，409～413页，南京，江苏人民出版社，1979。

② 无论是维新派还是革命派，都把实现地方自治看作实现宪政的最佳途径。有关这方面的综合论述，可参见吴雁南等主编：《中国近代社会思潮(1840—1949)》第1卷第2编第4章，428～438页，长沙，湖南教育出版社，1998。

人物掌握地方政权。

但是，转型初期的中国社会，由于资本主义发育的不充分和资产阶级力量的弱小，还没有形成如同欧美那样的市民阶层。这就使得晚清的地方自治，只能是一个在国家观念支配下反对封建专制，争取参政的政治运动，而不是一个社会改造运动，无法实现真正意义上的市民自治，从而难以在地方自治基础上调整国家与社会的紧张关系。正如杨国强教授在为拙著《孙中山与辛亥革命》一书所作的《序言》里所说：“19 世纪的中国人为救亡图改革，由民族主义凝积成一种强烈的国家观念。这种观念饱含着一腔血诚，但在这种观念里，国家的四周又是看不到社会的，因此也常常使人感到国家观念本身的浮泛悬空。”①

至于 1909 年清政府颁布的《城镇乡地方自治章程》，更是歪曲西方自治原理、阉割地方自治的民权内容，把它变成一个由“地方官监督办理”“辅助官治”的事务性机构。② 在清政府看来，“所谓民权者，不过言之权而非行之权也”；地方自治“乃与官治并行不悖之事，绝非离官治孤行不顾之词”。③ 显然，清政府设计的地方自治，有其名而无其实，仍然坚持行政权力对地方事务的挤压统驭。但它以法定形式，允许处于社会边缘的乡绅和高唱民权的近代知识分子代表进入权力操控下的议事会、董事会，客观上对那些主张以实现地方自治作为实现宪政基础的民权论者，进入行政系统提供了机会，从而使他们把地方自治机构作为施展自己参政议政的平台。于是风行一时的地方自治运动，被纳入了清政府设计的、变了质的地方自治框架，丧失了原先要求民权、立宪的本意。所以自 1909 年以来，尽管占全国百分之六七十的州、厅、县都设立了乡镇自治公所，但仍然无法达到民权论者所希望的“自治其县，自治其乡……可以追共和之郅治，臻大同之盛轨”④的

---

① 沈渭滨：《孙中山与辛亥革命》，1 页。

② 《政府官报》第 445 号(光绪三十四年十二月二十八日)，转引自熊月之主编：《上海通史》第 5 卷，459 页。

③ 故宫博物院明清档案部编：《清末筹备立宪档案史料》下册，669、725 页。

④ 黄遵宪：《南学会第一次讲义》，见郑大华、任菁编选：《强学——戊戌时论选》，246 页，沈阳，辽宁人民出版社，1994。

目的。

综上概述可知：三民主义出世前，国家行政权力对地方基层的支配操控已日趋明显，传统的乡镇自治空间已越来越小，社会结构的上下层之间已缺乏对应调适的活力。要建立以民权为基础的近代民族国家，不仅要推翻现存的封建专制的清王朝，建立民主共和政体，而且要大力发展资本主义，培育社会的中产阶级，给下层社会以充分的自治空间，才能造成真正民有、民治、民享的和谐社会。

二

孙中山正是以民有、民治、民享为目标，构作了“三民主义”理论体系。“三民主义”一词，缘自欧美的“三大主义”。从文本的源头看，最早见于1905年10月20日孙中山手撰的《〈民报〉发刊词》：

> 余维欧美之进化，凡以三大主义：曰民族，曰民权，曰民生。……是三大主义皆基本于民……
>
> 今者中国以千年专制之毒而不解，异种残之，外邦逼之，民族主义、民权主义殆不可以须臾缓。而民生主义，欧美所虑积重难返者，中国独受病未深，而去之易。是故或于人为既往之陈迹，或于我为方来之大患，要为缮吾群所有事，则不可不并时而弛〔驰〕张之。①

后来，冯自由将“三大主义”简称为“三民主义”。他说：

> 三民主义则民族、民权、民生三大主义简称之代名辞。此简称之名辞，始用于香港《中国日报》，盖《民报》出版后，南方各省由《中国日报》任总代理。余时任中国(日)报社长，以在广告上介绍《民报》总称民族、民权、民生三大主义为冗长不便，乃简略称

① 《孙中山全集》第1卷，288页。笔者有订正。

> 之曰三民主义，以资号召。数月以后，海内外各党报相率从之，遂成为一普通〔遍〕名辞……胡汉民于丁未(1907)春自日本莅香港，屡向余言，民族、民权、民生之三大主义，不当以简称之三民二字代之，且指为不通。及己酉(1909)从南洋归港，亦常以此为谈柄。然是时此名辞在世上已成确定不易，不独各种刊物通用之，即孙总理自亦以为适合而采用之焉。①

尽管胡汉民对此简称曾一度指斥不当，但从孙中山借用欧美三大主义“皆基本于民”的宗旨看，冯自由将此简称为“三民主义”，是契合孙中山本意的。

从现在已经出版的孙中山史料看，孙中山最早使用“三民主义”一词，是1907年在南洋槟榔屿对侨胞的演说，其中提道：“我们三民主义中的民族主义，就是要使中国人和外国人平等，不做外国人的奴隶。”②但此后他一直使用“三大主义”来说明同盟会与革命党的宗旨，如1911年12月29日，《在上海中国同盟会本部欢迎大会的演说》称“本会持三大主义，唱导于世”③；同年12月30日，《中国同盟会意见书》称：“国之与民因果相环，往往为常智之所忽，其端至微，毋可以语卤莽躁急者哉！则吾党所标三大主义，由民族而民权、民生者，进引之时有先后，而欲造成圆满纯固之国家，以副其始志者，则必完全贯彻此三大主义而无遗。”④1912年4月1日，《在南京同盟会会员饯别会的演说》称：“八九年前，少数同志在日本发起同盟会。定三大主义：一、民族主义，二、民权主义，三、民生主义。”⑤直到1912年4月16日，《在上海南京路同盟会机关的演说》中，才正式使用“三民主义”一词：

---

① 冯自由：《二民主义与三民主义》，见《革命逸史·第二集》，144～145页。笔者有订正。

② 孙中山：《在槟榔屿对侨胞的演说》，见陈旭麓、郝盛潮主编：《孙中山集外集》，44页，上海，上海人民出版社，1990。

③ 《孙中山全集》第1卷，574页。

④ 《孙中山全集》第1卷，578页。

⑤ 《孙中山全集》第2卷，318页。

愿诸君以推翻满洲政府之精神，聚而求以后之进步，使吾人向持之三民主义实行无遗，夫然后为吾人目的达到之日，而对于政纲所负之义务，庶几无憾矣。①

自此以后，孙中山无论在讲演、著述中，都不再使用“三大主义”，而专用“三民主义”一词来概括他所指的民族、民权、民生的内涵。

关于三民主义，孙中山把它定义为“救国主义”。他说：

什么是三民主义呢？用最简单的定义说，三民主义就是救国主义……何以说三民主义就是救国主义呢？因为三民主义系促进中国之国际地位平等、政治地位平等、经济地位平等，使中国永久适存于世界。所以说三民主义就是救国主义。②

显然，孙中山所说的“救国主义”，实质上还包涵建国和社会发展的内容。因之三民主义，本质上是一种建设近代国家和近代社会的理论。

民族主义要求在推翻清王朝后建立一个独立的近代国家，民权主义要求建立一个由人民当家做主的民主共和政体，民生主义要求建立一个以中产阶级为主体的近代社会。

所谓“中产阶级”，并非是我移用当代社会学的概念，而是孙中山自己使用的名词。他 1924 年 4 月 4 日《在广东第一女子师范学校校庆纪念会的演说》中说，美英国家“富者愈富，穷者愈穷。所以他们的社会，小康之家是很少的。没有中产阶级，只有两种绝相悬殊的阶级，一种是资本家，一种是工人。在这两种阶级中间，不穷不富的人很少。这种现象不是好现象，这就是社会上的毛病……现在是民国十三年，再过十三年，到民国二十六年，中国或者不穷，也是像英国、美国一样的富足；社会上也是像英国、美国一样，生出两种阶级的人，一级

① 《孙中山全集》第 2 卷，377 页。

② 《孙中山全集》第 9 卷，184 页。

是大富人，一级是大穷人，中国没有第三级的人民，那便是不均……总而言之，我们的民生主义，是做全国大生利的事，要中国像英国、美国一样的富足；所得富足的利益，不归少数人，有穷人、富人的大分别，要归多数人，大家都可以平均受益”①。很明显，孙中山希望中国实行民生主义后，形成一个众多“小康之家”的社会，出现一个“不穷不富”的“中产阶级”。在社会中除了资本家、工人两大阶级外，还有一个“不穷不富”的中产阶级即第三等级。这样不仅可以避免欧美那样的贫富两极对立，而且可以促使社会稳定。

按照三民主义的理论逻辑，推翻清王朝是实现民族主义的前提，对外争取平等、建立独立自主的民族国家是实现民族主义的目标；对内建立人人平等的民主共和政体是确立近代国家的根本保障；消除贫富不均、建立以中产阶级为主体的近代社会是奠定近代国家的坚实基础。这个理论的基本出发点，是孙中山对人民的终极关怀。所以他说：“我们三民主义的意思，就是民有、民治、民享。这个民有、民治、民享的意思，就是国家是人民所共有，政治是人民所共管，利益是人民所共享。”就此而言，三民主义在国家与社会的关系上，应该是一种对应发展和良性互动的关系。

三

但事实上，民生主义的目标和民权主义的实施程序，却是自相矛盾的两极。民生主义的基本内涵是“平均地权”和“节制资本”，后来又提出了“耕者有其田”的主张。

孙中山对平均地权和节制资本曾多所论述，但最具权威性的，当是由他手订讨论通过的《中国国民党第一次全国代表大会宣言》：

> 国民党之民生主义，其最要之原则不外二者：一曰平均地权；二曰节制资本。盖酿成经济组织之不平均者，莫大于土地权为少

① 《孙中山全集》第10卷，23页。着重号为引者所加。

数人所操纵。故当由国家规定土地法、土地使用法、土地征收法及地价税法。私人所有土地，由地主估价呈报政府，国家就价征税，并于必要时依报价收买之，此则平均地权之要旨也。凡本国人及外国人之企业，后有独占的性质，或规模过大为私人之力所不能办者，如银行、铁道、航路之属，由国家经营管理之，使私有资本制度不能操纵国民之生计，此则节制资本之要旨也。①

关于“耕者有其田”，孙中山很早就有此设想，如 1899 年和梁启超谈话中说：“必能耕者而后授以田，直纳若干之租于国，而无复有一层地主从中朘削之，则农民可以大苏。”②1902 年与章太炎讨论土地制度时称：“夫不稼者，不得有尺寸土。”③1912 年与袁世凯晤谈时又说：“欲求解决农民自身问题，非耕者有其田不可。”④足见孙中山对于中国革命根本问题——农民和农民的土地问题——之重视。虽然《中国国民党第一次全国代表大会宣言》没有明确提出“耕者有其田”，只是规定：“农民之缺乏田地沦为佃户者，国家当给以土地，资其耕作。”⑤但同年 8 月，孙中山在广州农民运动讲习所第一届毕业典礼的演说中再次提道：“我们解决农民的痛苦，归结是要耕者有其田。”⑥尽管这一主张后来未能实现，但它的提出，对“核定地价”“涨价归公”后的土地国有，给出了最后归宿，从而使平均地权有了新的内涵和新意义。

从孙中山关于民生主义的论述中可知：在土地所有制问题上，不主张消灭地主，主张通过平均地权和实现耕者有其田，使占全国人口

① 《孙中山全集》第 9 卷，184 页。

② 梁启超：《杂答某报(续第八十五号)》，载《新民丛报》，第 4 卷，第 14 期，1906。

③ 章太炎：《馗书》，见《章太炎全集》第 3 册，274 页，上海，上海人民出版社，1984。

④ 转引自张磊主编：《孙中山辞典》，614 页，广州，广东人民出版社，1994。

⑤ 《孙中山全集》第 9 卷，120 页。

⑥ 《孙中山全集》第 10 卷，558 页。

绝大多数的农民成为具有独立经济地位和独立人格的自耕农。办法是制定土地法、土地使用法、土地征收法及地价税法一系列法令予以保障实施。随着农村经济的发展，农民中的一部分人将成为农村中的“不贫不富”的中产阶级，在私人资本的发展上，不消灭资产者，通过节制资本避免少数人操纵国计民生，出现贫富两极分化。办法是节制私人大资本、大企业；发达国家资本；将社会富源合理分配，使工人得益；保护和鼓励中小资本。在振兴实业中培育具有一定经济地位的城市中产阶级，希望通过这两部分中产阶级组成近代国家的社会基础。所以民生主义不仅是个“社会经济史观”，而且也是个社会改造史观。从国家与社会关系上说，这是一个在发展社会经济基础上的社会改造方案。按照这个方案，未来中国社会将不同于传统中国只有地主、农民两个对立的阶级，也不同于当时西方国家只有资本家、工人两个贫富对立的阶级，而是新产生了一个“不贫不富”的中产阶级，即社会的第三等级。就此而言，民生主义的终极目标，本质上是一个培育和造就中产阶级的社会改造方案。

孙中山的这个社会改造方案，较之龚自珍企图恢复传统宗法制度为核心的“农宗社会”，具有鲜明的时代性和进步性。它不是缅怀过去而是面向未来；不是立足于自然经济结构，与小农经济相适应，而是奠基于发展社会商品经济，和资本主义相适应。在中国社会转型中，具有前瞻性。这个方案较之洪秀全设计的军、政、教合一，以25家组成一个社会单元，“统天下皆一式”的社会，具有鲜明的民主性和社会活力。洪秀全方案的本质是天主(君王)权力对社会的绝对统制：组成社会单元的每个家庭除了拥有两头母猪、五只母鸭、宅前宅后种桑植麻外，一切都由国库取结；没有发展，没有前途；没有自主权力，只有绝对服从；完全是一个僵化凝固的社会构造。

从社会史角度观察，中产阶级逐步生成和发育的过程，必然是构成这一阶级的社会精英和由他们组成的各种新型民间社团活跃的过程。他们在个人自主意识和社团集体平等意识的支配下，对民主管理、参政议政和地方自治的关怀、要求，是促使社会与国家对应互动的积极力量，也是社会健康发展和政治生态平衡的重要保证。

可是，民权主义设计的却是一个类似国家主义的“大政府小社会”模式，不仅与其本义不符，而且与社会改造目标相悖。

民权主义的本义是要给人民自由平等、当家做主的权利，即孙中山所说“政治是人民所共管”。但事实上早在同盟会时期制订的《军政府宣言》[①]里，在“兵权、民权之转捩”[②]上，就制定了以次递进的三个时期。

第一期为“军法之治”。这是“军政府督率国民扫除旧污之时代”。在此时期内，军政府总揽国务和地方行政。“军队与人民同受治于军法之下”，一切有关地方的兴利除弊、改良社会的工作，都由军政府直接领导进行。时间以三年为限，未及三年已有成效之县，解军法而布约法。

第二期为“约法之治”。这是“军政府授地方自治权于人民，而自总揽国事之时代”。在此时期内，地方自治权由人民选举产生的议会及地方官员负责。“凡军政府对于人民之权利义务，及人民对于军政府之权利义务，悉规定于约法，军政府与地方议会及人民各循守之，有违法者，负其责任”。时间“以天下平定后六年为限，始解约法，布宪法”。

第三期为“宪法之治”。这是“军政府解除权柄，宪法上国家机关分掌国事之时代”。此时期中，军政府解除兵权和行政权，国民公举大总统，选举议员以成立国会，“一国之政事，依于宪法以行之”。中国进入宪政国家行列。[③]

从国家建设的角度说，一个无民主、无法治传统的国家，在经过暴力革命夺取政权后，有一个增进国民民主意识、健全法制、改造官僚机构、摧毁专制传统的渐进过程。领导这项重大改革的新权威机构在建政过程中只能逐步放权，以适应国情，保证社会秩序的稳定。就这一意义上说，孙中山和他的同志们在《军政府宣言》中设计的三个时

---

① 《军政府宣言》是1906年秋冬间制定的《中国同盟会革命方略》的一个组成部分。见《孙中山全集》第1卷，296～298页。

② 孙中山：《与汪精卫的谈话》(1905年秋)，见《孙中山全集》第1卷，290页。

③ 孙中山：《军政府宣言》，见《孙中山全集》第1卷，297～298页。

期的程序①，符合中国“民智未开”的国情，有利于循序渐进，有利于社会稳定，不存在所谓表现了资产阶级革命家迷恋权力、不信任群众的问题。

但从国家与社会对应互动的角度审视，不能不说上述三个时期的程序论，表现了国家权力支配社会的理念，显示了民生主义和民权主义在目标和实施步骤上的背离。且不说“军法之治”时期军政府总揽国务与地方行政，兵权统制民权，即使是兵权与民权转捩关键的“约法之治”时期，军政府对地方事务仍具有支配和操控的制约力。

首先，在这一时期内成立的地方议会，是在军政府授权下组成的。它的职能不同于国家议会，即孙中山与汪精卫谈话中所说：“其议会非遽若今共和国之议会，第监督军政府之果循约法与否，是其重职。”②显然这个地方议会的自治权力是不充分的，它以监督军政督是否遵循约法为要务，不是以自主决定实行地方自治为指归。简言之，“约法之治”时期的地方议会有监督权，没有或很少有地方自主权。

其次，作为这一时期标志的约法如何产生，《军政府宣言》未做说明。但联系“军法之治”时期军政府大权独揽的规定看，约法实际上是在没有民意的参与下由军政府自行制定的。那么，以一个自己制定的约法文本作为全社会必需遵守的准则，其结果只可能是兵权对民权、政府公权对地方自治权的制约和支配。

最后，“约法之治”期限为“天下大定后”六年。形式上看，设定期限似乎递进可期，但实际上“以天下大定后”作为结束约法时期的前提条件，反而为拖延进入第三时期“宪法之治”提供了借口。后来的事实证明果然如此。前提条件的不确定性为时限可长可短的弹性埋下了伏笔。

从上述分析可以看出：兵权和民权、政府公权与地方自治权之间，并不是一种互动和谐的对应关系。程序论所体现的，恰恰是一种类似

---

① 《中国同盟会革命方略》是孙中山与黄兴、章太炎等在日本所制订。见《孙中山全集》编者为该篇所做注释。

② 孙中山：《与汪精卫的谈话》(1905 年秋)，见《孙中山全集》第 1 卷，290 页。

国家主义的“大政府小社会”的理念。这种理念和民生主义需要造就中产阶级为主体的社会改造目标，在国家与社会对应发展的关系上是矛盾的、相悖的，在实践中不仅不利于激发社会精英和民间社团自治自主的活力，而且为国家权力的恣意扩张、挤压地方自治空间，提供了理论和实践的依据。“二次革命”后，孙中山之所以把程序论改称为“军政”“训政”“宪政”，作为政权建设的三个阶段，正是这个理念的直接体现。

四

孙中山在三民主义的新阐述中，进一步强化了国家与政府的权力。1924 年 1—8 月，孙中山在广州国立师范学校对三民主义理论做了系统的讲演。① 这是后人研究他的国家与社会关系思想最完备的文本。在这个讲演中，孙中山对民权主义的阐述，发展了原有的国家主义思想。

前面说过，民权主义的本义是给人民自由平等、当家作主的权利，但他在讲演中对自由平等的见解，却与民权主义的本义存在着深刻的矛盾。

先看他的自由观。他从外国人批评中国人是“一片散沙”说起，认为中国人并不缺少自由。他说：“若外国人批评中国人不懂自由，一方面又说中国人是一片散沙，这两种批评实在是互相矛盾。中国人既是一片散沙，本是很有充分自由的。”②这纯粹是当时留学西方的知识分

---

① 孙中山于 1924 年 1 月到 8 月在广州国立师范学校讲演“三民主义”，计划对民族主义、民权主义、民生主义各作六讲。由于广州商团叛乱与准备北伐的需要，民生主义只讲了四讲，未能按计划讲完。这次演讲，是孙中山一生中关于三民主义最系统、最详尽的讲演。讲稿经孙中山亲自修改后，于同年分三册印行，年底出版合订本，书名《三民主义》，全文收入《孙中山全集》第 9 卷。1924 年是孙中山思想最成熟的阶段，即通常所说孙中山“新三民主义”形成时期。因此，这次讲演对研究他的“新三民主义”是一个重要的文献，也是探究他关于国家与社会关系思想最完备的文本。

② 《孙中山全集》第 9 卷，278 页。

子常用的“反题正做”的辩论法，由此推出中国人不是自由太少，而是自由太多。他说：

> 所以外国人说中国是一片散沙，我们是承认的；但是说中国人不懂自由，政治思想薄弱，我们便不能承认。中国人为什么是一片散沙呢？由于什么东西弄成一片散沙呢？就是因为各人的自由太多。由于中国人的自由太多，所以中国要革命……到底中国为什么要革命呢？直接了当说，是和欧洲革命的目的相反。欧洲从前因为太没自由，所以革命要去争自由。我们是因为自由太多，没有团体，没有抵抗力，成一片散沙……由此可见，一种道理在外国是适当的，在中国未必是适当。外国革命的方法是争自由，中国革命便不能说是争自由。①

既然中国人自由太多，那该怎么办？孙中山说，中国人的自由应该用到国家上去。“如果用到个人，就成一片散沙。万万不可再用到个人上去，要用到国家上去。个人不可太过自由，国家要得完全自由”。孙中山要求“大家牺牲自由”，认为“到了国家能够行动自由，中国便是强盛的国家”。② 把上述孙中山的自由观串联起来便是：中国人自由太多，成了一片散沙；必须牺牲个人自由，使国家得到充分自由，国家才能强盛。

再看孙中山的平等观。他一方面强调人民的政治地位都是平等的，所以要打破君权，人人平等；另一方面又不同意“天赋人权”，认为“平等是人为的，不是天生的：人造的平等，只有做到政治上的地位平等”。③ 所以孙中山强调民权中包含了平等，“我们革命主张民权，虽然不拿平等做标题，但在民权之中便包括得有平等。如果平等有时是好，当然是采用；如果不好，一定要除去。像这样做法，才可以发达

① 《孙中山全集》第 9 卷，281～282 页。

② 《孙中山全集》第 9 卷，282 页。

③ 《孙中山全集》第 9 卷，286 页。

民权，才是善用平等”①。按照这种平等观，就是人民是否有平等权利，要依据是否有利于民权主义的实行为转移。

在这种自由、平等观支配下，孙中山广泛考察了英、美、法、德等西方先进国家的革命和政权建设的现状，认为各国“民权发达了以后，人民便有反抗政府的态度，无论如何良善，皆不满意”②。中国拿了西方的“代议制”来实行，“发生了许多流弊”③。为了求得一个“根本解决的办法”，他提出了“权能区分论”：

“权”就是政权，就是民主政治，“在共和政体之下，就是用人民来做皇帝”④。

“能”就是治权，就是政府管理的能力，解决民权的根本办法，“便要把国家的大事付托到有本领的人”⑤。

孙中山认为中国人可分为“先知先觉”“后知后觉”和“不知不觉”三种。⑥ 大部分人都是不知不觉，次少数人是后知后觉，最少数人才是先知先觉。⑦ 他说：“照我看起来，这四万万人都是像阿斗。中国现在有四万万个阿斗，人人都是很有权的。阿斗本是无能的，但是诸葛亮有能”⑧。权能分开，就是要“不知不觉”的四万万个阿斗，把国家托付给“先知先觉”的诸葛亮来管理：“四万万人都是皇帝，就是四万万个阿斗，这些阿斗当然是应该欢迎诸葛亮来管理政治，做国家的大事业。”⑨

为了说明权能分开中的政权是民权，人民是国家的主人，孙中山除了用为人所熟知的三国时代蜀汉后主阿斗作比喻外，还提出了“全民

---

① 《孙中山全集》第 9 卷，294 页。
② 《孙中山全集》第 9 卷，322 页。
③ 《孙中山全集》第 9 卷，314 页。
④ 《孙中山全集》第 9 卷，325 页。
⑤ 《孙中山全集》第 9 卷，330 页。
⑥ 《孙中山全集》第 9 卷，323 页。
⑦ 参见《孙中山全集》第 9 卷，323～324 页。
⑧ 《孙中山全集》第 9 卷，326 页。
⑨ 《孙中山全集》第 9 卷，329 页。

政治”论。认为西方先进国家实行民权一百多年，只得到了一种代议政体，选举代议士去管理政府，人民不能直接去管理，这种民权仅仅是间接民权。只有赋予人民选举权、罢免权、创制权、复决权，“才能算是直接民权”。要人民能够直接管理政府，就要实行这四个民权：“人民能够实行四个民权，才叫做全民政治。”①

为了说明权能分开中的治权是政府权，管理政府的是诸葛亮，孙中山又提出了“五权宪法”和“五权政府”的方案。

“五权”是指西方国家立法、行政、司法三权分立制度，结合中国古代有过的考试、监察二权而成。早在1906年，孙中山在东京《民报》创刊周年庆祝大会的演说中就提出：“将来中华民国的宪法是要创一种新主义，叫做‘五权分立’。”②“这不但是各国制度上所未有，便是学说上也不多见，可谓破天荒的政体”③。1921年4月，孙中山在广东教育会的演说中说：“五权宪法，分立法、司法、行政、弹劾、考试五权，各个独立”④，“除宪法上规定五权分立外，最要的就是县治，行使直接民权……五权宪法如一部大机器，直接民权又是机器的制扣”⑤。1924年在民生主义讲演中做了进一步阐述，并认为“用五权宪法所组成的政府，才是完全政府，才是完全的政府机关”⑥。“政府有了这样的能力，有了这些做工的门径，才可以发挥出无限的威力，才是万能政府”。⑦

将上述这些阐述整合起来，就是：四万万个中国人都是民主共和政府的主人，但又是“不知不觉”、有权无能的四万万个阿斗。他们应该牺牲个人的自由，把自由交给国家，让国家得到充分的自由；他们在政治上是人人平等的，但平等地位不是天赋的，是由“先知先觉”的诸葛亮们造成并赐予的，如果不利于民权的实施就没有平等权利；阿

① 《孙中山全集》第9卷，350页。

② 《孙中山全集》第1卷，330页。

③ 《孙中山全集》第1卷，331页。

④ 《孙中山全集》第5卷，495页。

⑤ 《孙中山全集》第5卷，497页。

⑥ 《孙中山全集》第9卷，351页。

⑦ 《孙中山全集》第9卷，354页。

斗们虽然是有权的皇帝，但由于无能，应该并且必须把国家和政府交给有能的诸葛亮们去管理。作为皇帝的阿斗，享有选举权、罢免权、创制权和复决权，可以在县级行使直接民权；治理国家的诸葛亮，根据宪法组成拥有行政权、立法权、司法权、考试权和监察权的五院制政府。这个政府可以发挥无限威力，成为一个万能政府。按照这样办法实行，“政治才算是有轨道”①。

由此可见，所谓“阿斗”论，实质上是人民主权架空论；“权能区分”论，实质上是国家权力集中论；“五权分立”论，实质上是政府万能论。所有这一切，都围绕着“大政府小社会”的理念而展开。对民权主义的内涵做这样的评论，当然不是否定孙中山为建构民主共和政体所做的殚精竭虑的努力，也不否定这一建构确实是划时代的伟大创造，只是从国家与社会关系角度指出了两者难以对应和良性互动的所在而已。

在我看来，构成三民主义的民族、民权、民生三大主义，各有其不同的内涵，是建设近代国家与近代社会过程中三个不同阶段的环节。三者之间，本不是相互包容、互为侧面的关系，而是在“三大主义皆基本于民”的宗旨下，环环相扣的连环套。民权主义的建政模式，理应为民生主义的社会改造创造条件。但是上述有关国家与政府建构，势必为国家权力对社会的挤压与支配，提供理论和实践的依据，那么，作为相对独立环节的民生主义改造社会的目标，也就很难真正实现。

问题还在于孙中山一再强调“诚可举政治革命、社会革命毕其功于一役”②，把两步并成一步走。他在理念上把民族、民权和民生主义区分开来，给出了三者各不相同的内涵和目标，在实际操作上却把政治革命和社会革命结合起来，作为中国革命的两个侧面同时实现，既混淆了不同环节质的规定性，又使理论与实践形成悖论。试想在“大政府小社会”的政权模式下，怎能培育出一个以中产阶级为主体的社会呢？

中产阶级不仅是一个经济学上的概念，同时也是个社会学和政治

① 《孙中山全集》第 9 卷，352 页。

② 孙中山：《〈民报〉发刊词》，见《孙中山全集》第 1 卷，289 页。

学上概念。中国的中产阶级，不可能在推翻清王朝、建立民主共和政府后就可轻易造就。诚如黄宗智所指出：“在清末民初的中国，全国性的社会整合与现代国家政权建设未能进展到同样水平。向城市工业社会的全面转型没有实现，有的只是一种农业经济和自然村落社会内卷化延续。社会整合的进展主要局限于局部的县、乡与村，而不是在全国性层面上。”①所以“毕其功于一役”的结果，只能使民生主义的社会改造目标落空，从而无法实现社会整合与现代国家政权建设的对应和同步发展。应该指出，单就民生主义这个环节来说，它在理论和实践上的先天缺陷也是明显的。

在土地所有制问题上，“平均地权”既不废除地主土地所有制，“耕者有其田”也不是将土地从实分配，这不仅不利于清除封建剥削，而且难以真正解决农民的土地问题。后来，中国农村的社会改造，走了一条不同于“核定地价”“涨价归公”的道路，道理就在于此。

在私人资本主义的发展问题上，“节制资本”实际上无形中取消了中小资本发展的空间和内驱力。一般地说，私人资本(包括中小资本)经过自由竞争阶段后，必然会出现关、停、并、转的资本重组，向集团化、规模化的康采恩、托拉斯方向发展。人为地阻断资本发展方向，固然可以节制大资本、大企业垄断国计民生，避免贫富悬殊，但同时也使中小资本因没有发展方向和发展动力而萎缩和异化。所以既要节制私人大资本，又要扶植中小资本，不符合资本发展规律，本质上是一种悖论。至于发达国家资本一说，客观上为造成国家垄断资本(或称官僚资本)以理论依据，为国家垄断资本挤压和鲸吞中小资本留下后患。国家垄断资本一旦人格化为官僚资本，其创造的富源能不能转化为社会财富与民共享，工人会不会因此得益，都是难以预料的。

正是由于理论上存在缺陷，操作上混淆了政治革命和社会革命的不同环节，加上缺乏付诸实施的条件，民生主义作为一种社会改造方

---

① 黄宗智：《中国的“公共领域”与“市民社会”？——国家与社会间的第三领域》，见邓正来、[英]J. C. 亚历山大编：《国家与市民社会——一种社会理论的研究路径》，436页，北京，中央编译出版社，1999。

案，终究无法实现。它所体现的时代性、先进性和前瞻性，也就只能是文本意义上的人文关怀了。

应该指出，孙中山的国家学说和民主共和国方案，受到国家主义思想影响是可以理解的。自 19 世纪中叶起，随着西方近代国家学说被介绍到中国的同时，国家主义也随之而来。作为西方资产阶级民族主义的一个流派，它一传到中国，立即为关心国家和民族命运的先进知识分子所注意。到 20 世纪初，无论是立宪派或是革命派，都纷纷介绍国家主义中有关抵御外国侵略、实现民族统一、建立民族国家的内容。其中，梁启超译介德国伯伦知理的国家学说①，流传甚广，而伯伦知理的学说中，恰恰有着浓厚的国家主义思想。革命派中，留日学生刊物《江苏》《浙江潮》等，也常常发表带有国家主义色彩的民族主义文章。1907 年创刊的《神州日报》在发刊词中，公然揭出了“神州国家主义”②的主张。到民国初年，共和党和进步党都把国家主义写入自己的党纲。诚如蔡锷所言：“默察世界潮流，国家主义之膨胀发达，已有一日千里之势。”③可以说，在 20 世纪最初 20 年内，国家主义是作为一种进步思想在中国流布的。④ 孙中山本是个极富世界眼光的革命家，他对世界各国革命和政权建设，既有广泛的认知，又有融会贯通的心得。处在革命阵营前沿的他，受到当时属于进步思想的国家主义影响，是合情合理的。

从国家与社会关系方面说，当时西方先进国家还没有真正形成以中产阶级为主体的社会结构，社会中的贫富两极分化极其明显，国家

---

① 参见梁启超：《国家思想变迁异同论》，见张枬、王忍之编：《辛亥革命前十年间时论选集》第 1 卷上册，26～34 页。

② 于右任：《〈神州日报〉发刊词》，见刘永平编：《于右任集》，309 页，西安，陕西人民出版社，1989。

③ 蔡锷：《在统一共和党云南支部成立会上的演说词》，见曾业英编：《蔡松坡集》，457 页。

④ 一般说来，国家主义到 1919 年五四运动后才成为对抗马克思主义的一个流派。国家主义的重要代表人物曾琦、陈启天等参与“少年中国学会”的活动，仍然是进步的。

与社会对立，关系紧张。孙中山从防止社会动乱，关怀劳苦大众出发，希望建立一个强有力的万能政府，臻国家于富强之境。在没有成功先例可以借鉴之下，创造性地提出了“权”与“能”分开和建立“五权政府”的模式，确实令人钦佩。指出它的理念上的缺陷和可能产生的负面影响，不是对前人的苛求，而是为了全面正确的理解。

五

南京国民政府成立后，依照三民主义理论施政，进一步扩张国家权利，挤压和管制民间社会，结果弊病丛生：原有的自然村落逐步成为政府的行政村，农民不仅负担沉重的赋税和徭役，而且丝毫没有政治权利。农村的生存状态日见恶化。在城镇，民间社团受到管制和挤压，连一贯具有活力的工商社团、舆论媒体，都在政府的操控支配之下。市民社会和公共领域无法生成。只有少数经济、文化比较发达的大都市如上海、广州等略具雏形。国家垄断资本蜕化为官僚资本，操纵国计民生。抗战胜利后，国家与社会失序的紧张状态，已到了崩溃的边缘。国家极权造成的种种弊端和后果，延缓了近代社会转型的进程。这种状况，确实值得人们思考和总结，这将是下一篇文章讨论的问题。

原载《复旦学报(社会科学版)》2005 年第 5 期

“民生主义”研究的历史回顾

——孙中山“民生主义”再研究之一

“民生主义”是孙中山“三民主义”理论中最具光辉的思想，也是学术界在解读中最多争议的部分。通过20世纪中国革命和中国现代化建设实践的认知，特别是中国共产党十一届三中全会以来思想解放潮流的洗礼，如何客观、正确地评价孙中山的民生主义，实有再研究的必要。下面概述民生主义研究的历史演变，与通常意义上的学术综述不同，聊充民生主义再研究的绪论，这是需要予以说明的。

一

百余年来的民生主义研究，可粗分为晚清、民国、新中国三个历史阶段。

自1905年孙中山在《〈民报〉发刊词》中提出民族、民权、民生三大主义后，民生主义立即引起世人的关注与议论。《民报》和《新民丛报》对此进行了激烈的论战，从而使民生主义的内涵与操作步骤广为人知。

所谓世人的关注和议论，首先是革命营垒内有人对民生主义的重要内涵“平均地权”有疑义，甚至要求取消。虽经孙中山解释，才“众始无言”①。但“无言”不等于疑义消除。后来有人把“平均地权”改为“平均人权”②，证明革命党人中确实有一部分人对此耿耿于怀；其次是革

---

① 冯自由：《二民主义与三民主义》，见《革命逸史·第二集》，132页。

② 辛亥革命时期的革命团体“共进会”，其入会誓约为“驱除鞑虏，恢复中华，创立民国，平均人权”。

命阵营外的君宪派，对以平均地权为核心的民生主义，大肆非议，甚至斥为“冀赌徒光棍大盗小偷乞丐流氓狱囚之悉为我用”①。在这样情势下，阐述孙中山民生主义的义旨以告同志，与君宪派进行论战以正视听，就成为同盟会成立后《民报》的重要任务之一。所以民生主义研究的第一阶段即晚清阶段，一开始就具有强烈的政治宣传色彩，与纯学术研究不同。

绝大多数的辛亥革命史研究论著，都只注意到了《民报》与《新民丛报》的论战，把《民报》第 12 号刊发的民意（胡汉民）所撰《告非难民生主义者》一文，作为革命派与君宪派论战的开端，忽略了《民报》还有对革命党人阐述民生主义义旨以作宣传教育的一面。所以若就民生主义研究的历史回顾而言，应该上溯到论战开始前《民报》对民生主义关注的文章。据我统计，《民报》从第 3 号刊登与《新民丛报》辩驳纲领起，连同两造间的论战文章，共有 19 篇。兹录其号数、作者、篇名如下。

表 3 《民报》相关民生主义文章情况一览表

号数	出版时间	作者	篇名
第 3 号	1906-04-18	编辑部	民报与新民丛报辩驳之纲领
		汉民	民报之六大主义
第 4 号	1906-05-01	县解	从社会主义论铁道国有及中国铁道之官办私办
		自由	录中国日报民生主义与中国政治革命之前途
		县解	北美合众国之相续税
		［日］巡耕稿，社员译	欧美社会革命运动之种类及评论
第 5 号	1906-06-30	县解	论社会革命当与政治革命并行
		辨奸	斥新民丛报之谬妄
		强斋	万国社会党大会略史
第 6 号	1907-01-10	太炎	演说录②

① 饮冰（梁启超）：《开明专制论》，载《新民丛报》，第 4 年，第 3 号（1906-02-23），45 页。

② 本期发行日期有误，此处仍按《民报》合订本（影印本）所列。

续表

号数	出版时间	作者	篇名
第 7 号	1906-09-05	梦蝶生	无政府党与革命党之说明
		渊实	社会主义史大纲
第 8 号	1906-10-08	渊实	无政府主义之二派
第 9 号	1906-12-01	渊实	无政府主义与社会主义
第 10 号	1906-12-23	民意	纪十二月二日本报纪元节庆祝大会事及演说辞
第 12 号	1907-03-06	民意	告非难民生主义者(驳新民丛报第十四号社会主义论)
第 15 号	1907-07-05	县解	土地国有与财政(再驳新民丛报之非难土地国有政策)
		韦裔	悲佃篇
第 16 号	1907-09-25	县解	土地国有与财政(续第十五号)
第 17 号	1907-10-25	太邱	斥新民丛报驳土地国有之谬论①

注：据科学出版社 1957 年影印《民报》合订本编制。

《新民丛报》方面，有关诋毁和质疑民生主义的文章，主要在《开明专制论》《杂答某报》及《再驳某报之土地国有论》三大长文中。这三篇文章均发表于 1906 年，由梁启超一人所撰。

这些文章，既是民生主义研究史的开端，又是晚清阶段民生主义研究的主要内容。其中，《民报》第 3 号汉民所撰《民报之六大主义》与第 4 号自由所撰《录中国日报民生主义与中国政治革命之前途》两文，祖述孙中山民生主义的义旨最为详实。前一篇即《民报之六大主义》其第三项，主要阐述了土地国有思想。指出“土地为生产要素而非人为造成，同于日光空气”，因之土地不得私有；土地价值随社会进步而增值，在土地私有制度下，增价由地主坐收其利，所以共和政权建立后，

① 本文在《民报》第 17 号中只刊出第一节：《吾人之土地国有政策与土地单税论之差异》，全文其他各节未见在《民报》续完。

必当实行土地国有。[①] 后一篇即《录中国日报民生主义与中国政治革命之前途》，则较为具体地阐述了孙中山的平均地权主张。文章指出，民生主义就是社会主义。国家民生主义(state socialism)，日本人译作国家社会主义，“其要旨，首在勿使关于公益之权利为一二私人所垄断而次第干涉之。邮政也、土地也、电线也、铁道也、银行也、轮船也、糖酒也，凡一切关于公益之权利，皆宜归国家所有”。其纲领，“则土地问题是也，括而言之，则平均地权也”。文章称，平均地权学说，英人轩氏佐治(今通译亨利・乔治)“鼓吹最力”。文章在介绍了亨利・乔治生平及著作之后，认为实行土地国有政策刻不容缓。各国社会党关于土地国有之宣言，意见大都一致，税法以亨利・乔治的单税论最为切实易行，也最为切合于中国。中国若实行单税法，可以调和社会贫富不均之弊害、维持财产之增殖力、课税之简单易行、收入之确实等四大利益。[②] 虽然文章并未涉及土地定价、涨价归公，但就主张实行单一税制而言，实际上已经隐含着孙中山在土地问题上的平均地权主张，是服膺于亨利・乔治单税社会主义理论的。可以说，这两篇文章是直接诠释孙中山平均地权学理的最初力作。

值得注意的是：无论汉民的《民报之六大主义》、自由的《录中国日报民生主义与中国革命的前途》，还是县解所撰《土地国有与财政》，都一致集中在阐释土地国有问题上，这与孙中山主张核定地价、涨价归公、与民共享的平均地权操作方法似有不同。其实，孙中山在思考土地问题的最初理念中，原本就有土地国有及耕者有其田的思想，只是为了缓解党内同志对平均地权纲领的疑义，后来才以亨利・乔治的单税社会主义作为实现平均地权的操作步骤，但他对土地国有及耕者有其田的思想始终没有放弃。民国时期，他在阐述土地问题时曾多次提到了核定地价后有必要实行照价收买，并在晚年的多次演讲中，主张

---

① 参见汉民(胡汉民)：《民报之六大主义》，见《民报》第 1 册，12～13 页，合订影印本，北京，科学出版社，1957。

② 参见自由(冯自由)：《录中国日报民生主义与中国政治革命之前途》，见《民报》第 1 册，109、110、119 页，合订影印本。

耕者有其田。[①] 所以胡汉民等人在《民报》上的文章，正是孙中山关于土地问题真实思想的反映。

既然民生主义就是社会主义，或曰国家社会主义，那么了解社会主义、认知其不同流派，区分其与无政府主义思潮的异同，就成为宣传和教育革命党人接受孙中山平均地权革命纲领，从而自觉肩起社会革命重任的题中之意。《民报》自第5号起刊登的不少文章，正是服从这一主旨，形成了民生主义宣传总链的重要环节。其间，第5号刊出的《斥新民丛报之谬妄》，实际上已开始对《新民丛报》诋毁民生主义为"夺富人所有以均诸贫民""煽动家利用以煽下流者也"[②]等论调进行批判，但因作者辨奸(胡汉民)在文成之后一度回国，故未能充分展开，直到第12号又以民意为笔名，刊发了《告非难民生主义者》长文，才开始了与《新民丛报》针锋相对的论战。有关两造间的论战，台北"中研院"近代史所亓冰峰著《清末革命与君宪的论争》一书有较为详实的分析，此处不赘。[③]

需要补充的是《民报》对民生主义的宣传以及有关论战的影响。由于资料匮乏，很多研究著述均不及于此，但若从《民报》的"代派所"分析，则多少可以得知些资讯。所谓"代派所"，就是时下所说的报刊发行站或曰销售点。《民报》每期在版权页都标有代派所的国别、城市及代派处所，从中可以了解每一期的销售网络。其间虽略有增减，但基本稳定。如果从第3号发布《民报与新民丛报辩驳之纲领》算起，到第17号刊出最后一篇民生主义问题的论战文章《斥新民丛报驳土地国有之谬论》，前后15期的代派所，涉及的国家和地区有：东北亚的日本东京；东南亚的越南河内、西贡，新加坡，小吕宋，马六甲，吉隆坡；南洋群岛的坤甸，芙蓉，庇能，槟榔屿以及香港、澳门；北美洲的英

---

① 关于孙中山土地国有思想，笔者将在《"平均地权"本义的由来与演变——孙中山"民生主义"再研究之二》中有详实阐述。

② 辨奸(胡汉民)：《斥新民丛报之谬妄》，见《民报》第5号，第1册，67、69页，合订影印本。

③ 参见亓冰峰：《清末革命与君宪的论争》，208～225页，台北，"中央研究院"近代史研究所，1966。

属加拿大，美国纽约、旧金山、檀香山；欧洲的德国柏林等；都是有同盟会海外分会和支部的地区。代售点有日本东京的中国留日学生会馆、富山房、三省堂、同文书店、大华书店、古今图书局、启文书局；香港的《中国日报》馆、开智社；美国旧金山的《大同日报》馆，檀香山的《隆记日报》；德国柏林的留德学生会馆以及新加坡的陈楚楠和有关城市的字号(如西贡堤岸的和昌楼、澳门的时兴号)、商铺(如小吕宋打士马尼拿街的广泰昌、日本东京三崎町的谭发洋服店)，乃至当地名人(如庇能的黄金庆、吉隆坡祥兴号的阮兴舫)。其代派所之广、代售点之多，在革命派报刊中无与伦比。虽然，目前缺乏各代派所和代售点《民报》销售数量的资料，但从上述处所大多是各地报馆、知名字号和当地有影响力的人物看，其受众和读者当不在少数。那么，论定《民报》有关民生主义的宣传和对《新民丛报》的论战，“使孙中山民生主义的内涵与操作步骤广为人知”，是可以成立的。

在宣传、论战中，以“汉民”“辨奸”“民意”为笔名的胡汉民，以“自由”署名的冯自由和以“县解”为笔名的朱执信，对诠释孙中山的土地国有思想和平均地权纲领，起了重要作用。此外，章太炎对土地问题上的“均田”主张，如《定版籍》及所附《均田法》①《代议然否论》②《东京留学生欢迎会演说辞》③，乃至1907年发表的《五无论》④等著述，也可视为晚清阶段研究民生问题的一方面代表作。尽管他没有使用孙中山的民生主义话语，自成系统地阐发关于土地制度改革的思想，但仍然值得后人注意。

二

民国时期是民生主义研究的第二阶段。这一阶段总的特点是：基

---

① 参见《章太炎全集》第3册，273～274页。

② 参见《章太炎全集》第4册，300～311页，上海，上海人民出版社，1985。

③ 参见汤志钧编：《章太炎政论选集》上册，278页，北京，中华书局，1977。

④ 参见《章太炎全集》第4册，429～443页。

本上脱出了晚清阶段祖述孙中山民生主义义旨和服从于论战需要的实用主义阐述方法，开始进入学理性探讨的层面。

孙中山作为民生主义的倡导者，同时也是民生主义研究家。他在辞去临时大总统后，除了致力于发展全国铁路建设计划和提倡实业救国思想外，仍然在孜孜不懈地思考与完善民生主义的学理体系。如果说，他在晚清阶段较多地受到亨利·乔治单税社会主义理论的影响，在土地问题上主张核定地价、涨价归公的平均地权思想，显得比较温和与单一，那么，在民国时期，他的思索理路更多是从中国社会的实际状况出发，并综合数家之长而“有所斟酌去取”①，使民生主义的内涵突破了晚清阶段只有“平均地权”一个义项，增加了“节制资本”的内容，从而形成了既包含土地问题，又包含资本问题的完整的学理建构。正是由于孙中山对民生主义与时俱进的探索与拓展，才使民国阶段的民生主义研究，具备了从学理层面探讨的基础。

这类研究性著作，可区分为两种类型。一种是以三民主义整体研究的形式，把民生主义作为其中的一个义项进行阐述。如杨幼炯《三民主义概论》、胡汉民等《三民主义论丛》、戴季陶讲演《三民主义国家观》、何干之著《三民主义研究》等，都是从三民主义的组成、思想基础、哲学基础等方面，探讨了民生主义的重要性、必要性及其与民族主义、民权主义的关系。② 这种整合研究，有利于解读民生主义在三民主义体系中的地位和意义，也有助于理解孙中山所倡导的社会革命与政治革命的关系。这既是孙中山自1924年系统讲演三民主义后，中国学术界掀起的第一个研究三民主义理论的热潮，也是继晚清阶段民生主义宣传与论战之后，第一次对土地问题和资本问题的系统完整的

① 民意(胡汉民)：《告非难民生主义者》，见《民报》第12号，第1册，145页，合订影印本。

② 参见杨幼炯：《三民主义概论》，上海，民智书局，1928；胡汉民著，吴曼君编选：《三民主义论丛》，南昌，江西省三民主义运动委员会，1941；戴季陶：《三民主义讲演集》，南昌，江西省文化运动委员会，1941；何干之：《三民主义研究》，上海，新中出版社，1940。

阐述。从1931—1960年，这类著述出版了100多种。①

另一种类型是把民生主义从三民主义体系中独立出来，进行单项研究，如黄旭初的《民生主义概要》、吴曼君《民生史观研究》等。② 前一种书，以问答形式解析了民生主义中平均地权和节制资本的内容，并将民生主义和资本主义、社会主义做了比较，认为它既不同于欧美的资本主义，也和马克思主义的社会主义有别，可以称之为国家资本主义；后一种书，专就民生史观立论，从孙中山民生史观的思想渊源、哲学基础、理论体系、历史法则、具体形态等方面做了阐述。只是这类单项性研究著作数量很少。三民主义体系的整合研究是民国时期的研究主流。

国民党的一些政要如邓演达、戴季陶、陈公博、周佛海以及被称为"托派"的叶青等，从各自的政治立场和政治需要出发，在对三民主义解读时，由于对民生主义的不同看法或曰各取所需，形成了三民主义研判的不同政治流派。如邓演达的"平民阶级的三民主义"；戴季陶的"纯正的三民主义"；周佛海、陈公博等人的"科学的三民主义"；以及叶青的"心物综合的三民主义"等。这些不同流派的三民主义解读，除邓演达在政治上标榜"第三党"外，大都从自己依附的国民党不同政治派别的利益出发，以研究三民主义，尤其以研判民生主义为名，行反共反马列之实，理所当然受到了共产党人李大钊、陈独秀、瞿秋白等人的批判。

坦率地说，无论是国民党政要的论著，还是共产党人的文论，都蕴含着浓重的党派意识形态色彩。但他们对孙中山三民主义，尤其对民生主义的解析，不仅构成了民国时期孙中山思想研究的重要一翼，比之学界的研究更引人注目；而且对民生主义的若干见解，也值得后

① 据中山大学图书馆、历史系资料室、孙中山研究室合编《孙中山著作及研究书目资料索引》第三部分《研究孙中山的著作和参考资料》—"综合研究"(图书部分)所载书目统计(未刊本)。

② 参见黄旭初：《民生主义概要》，上海，世界书局，1929；吴曼君：《民生史观研究》，时代思潮社，1941。

人注意。例如，一度作为国民党头号理论家的戴季陶，认为孙中山所说的“民生”，就是人民的生活、社会的生存、国民的生计、群众的生命，三民主义原理“全部包含在民生主义之内”①。这种从民生主义本体意义上的解读，符合孙中山的原意，比之过分地引申，显得比较真切。他把孙中山思想的哲学基础，概括为“仁爱”，称“民生为宇宙大德之表现，仁爱即是民生哲学之基础，其他一切道德，皆不外由此派生，完成仁爱之用而已”②。如果撇开以往对此作为唯心史观的评判，戴季陶此说，实际上揭示了民生主义所隐含的孙中山博爱精神具有普适性，这不能不说有相当见地。

又如，作为国民党改组派健将的陈公博，在《目前怎样建设国家资本》一文中，对民生主义提出了四点认识：民生主义绝不是自由的政策，而是国家的干涉政策；民生主义绝不止消极的节制资本和平均地权，积极方面还有建设国家资本；民生主义绝不是解决个人伦理问题，而是解决社会经济问题；民生主义绝不是从形而上来建设，而是从形而下来建设。③ 如果结合当时国民党内部的派系之争，就可理解陈公博这四点认识的矛头指向，进而读出他的真意。他所指陈的国家干涉、建设国家资本和解决社会经济等积极的方面，确实有利于理解孙中山民生主义的学理意义。所以，若不再重复历史上“因人废言”“因言废人”的斗争哲学，国民党理论家们关于孙中山民生主义的解读，尽管有其政治目的，因而不能算作严肃的科学研究，但其中某些见解和理路，仍然值得人们深思。在历史回顾中，应该有他们的一席之地。

至于共产党人对国民党理论家们的批判，中山大学林家有教授已在《孙中山民生史观研究的回顾与思考》一文中有所介绍，此处不赘。

---

① 戴季陶：《民生哲学系统表说明》，见彭明主编：《中国现代史资料选辑》第2册，245页，北京，中国人民大学出版社，1988。

② 戴季陶：《孙文主义之哲学的基础》，见季甄馥、徐顺教、曾乐山主编：《中国近代哲学史资料选编》第4卷，670页，上海，上海社会科学院出版社，1989。

③ 参见陈公博：《目前怎样建设国家资本》，见中国人民大学中共党史系中国近现代政治思想史教研室编：《国民党改组派资料选辑》，281页，中国人民大学中共党史系内部发行，1984。

他指出国民党理论家们“对三民主义的核心内容是什么？民生主义的根本精神是什么？各说各的，莫衷一是”①。这一结论，符合实际，但要补充一句：共产党人的批判文论，除了在史观上坚持唯物主义外，对民生主义的理解不也是各不相同的吗？其实，家有兄这一结论，完全可以从评论国民党各派学说的框架中超越出来，变为对民国阶段民生主义研究状况的总体评判。

三

中华人民共和国成立后，民生主义作为三民主义理论体系的一环，受到了国内学术界的深切关注。不仅先后出版了王学华、张磊、萧万源、韦杰廷等学者以三民主义为主要分析对象，研究孙中山思想和哲学基础的多部学术专著，而且出现了将民生主义从三民主义体系中独立出来，进行专门研究的景况。虽说民国时期已开其端，但在深度和广度方面都远远超过了前一阶段，成了研究主流。

就三民主义整合研究言，已出的专著中，张磊的《孙中山思想研究》因其篇幅较大、资料翔实、论证充分而引起学术界的重视，成为中华人民共和国成立后研究孙中山思想有影响的学术专著，其中第四章专门讨论了孙中山的民生主义思想。作者不仅叙述了民生主义在中国民主革命两个不同历史阶段内的发展变化，而且对之做了分析评论。认为旧民主革命时期，孙中山的民生主义，扬弃了农民的平均主义和改良派的“普鲁士式”道路，为中国资本主义化规划了建设蓝图；在新民主主义革命时期，“耕者有其田”成为土地纲领的中心，“节制资本”和“发达国家资本”则构成工业化课题的基本内核。② 作者把民生主义认定为孙中山企求发展资本主义的纲领，这种见解和褒中寓贬的分析

① 林家有：《孙中山民生史观研究的回顾与思考——从同盟会对孙中山民生主义分歧谈起》，见上海中山学社编：《近代中国》第16辑，5页，上海，上海社会科学院出版社，2006。

② 张磊：《孙中山思想研究》，159页，北京，中华书局，1981。

方法，不仅代表了当时学术界的共识，也符合特定历史条件下，评论孙中山思想，尤其是民生主义思想的时代要求。

就专题研究而言，最早以民生主义为题发表的论文，是李时岳在《光明日报》1955 年 10 月 27 日刊载的《孙中山“平均地权”政纲的产生与发展》。翌年，他又在《史学集刊》第 1 期发表《论民生主义——近代中国民主革命派对资本主义的批判及其预防资本主义祸害的主观社会主义》一文，拉开了新中国史学界对民生主义做专门研究的序幕。由于当时学术界对孙中山思想，特别是民生主义思想研究正处于起步阶段，这两篇文章，以其视野新颖、观点鲜明而独步史坛，李时岳因之声名鹊起，令人瞩目。此后，著名学者胡绳、陈锡祺、李泽厚以及夏东元、谢刚、赵金钰、夏良才、黄彦、林家有、邱捷等，都发表了各自的研究成果。① 据我不完全统计，各种学术刊物发表有关民生主义以及由此引发关于孙中山社会主义讨论的文章，约在 80 篇上下。② 如果把中

① 参见胡绳：《论孙中山的社会主义思想》、陈锡祺：《孙中山对民生主义与共产主义关系的论述》，均见中国孙中山研究学会编：《孙中山和他的时代》上、中册，58、1125 页，北京，中华书局，1989；李泽厚：《论孙中山的“民生主义”思想》，载《历史研究》，1956(11)；夏东元：《论“平均地权”》，载《华东师大学报(人文科学)》，1959(1)；谢刚：《论孙中山的“平均地权”》，载《历史研究》，1980(4)；赵金钰：《论孙中山先生早期的平均地权思想》，见《辛亥革命史丛刊》编辑组编：《辛亥革命史丛刊》第 4 辑，北京，中华书局，1982；夏良才：《孙中山的民生主义与摩里斯·威廉的〈社会史观〉》，载《历史研究》，1988(1)；黄彦：《社会主义现实与孙中山的社会主义思想》，载《广东社会科学》，1993(3)；林家有：《中国国民党“一大”宣言与孙中山的三民主义讲演》，见广东中山市孙中山研究会编：《孙中山研究文集》，广州，广东人民出版社，1996；邱捷：《试论孙中山辛亥革命前后的平均地权思想》，载《中山大学研究生学刊》，1980 年创刊号。

② 据四川人民出版社《孙中山研究论文集(1949—1984)》附录《有关孙中山研究论著、资料目录索引(1949—1984)》，以及林增平、郭汉民、饶怀民主编《辛亥革命史研究备要》五《论文目录索引(1949—1990)》(长沙，湖南人民出版社，1991)统计。有关新中国成立后至 20 世纪 80 年代，孙中山社会史观的研究述评，可参见韦杰廷：《孙中山社会历史观述评》，见孙中山研究学会编：《回顾与展望——国内外研究述评》，北京，中华书局，1986；另见张海鹏：《孙中山社会主义思想研究评说》，载《历史研究》，1991(5)。90 年代以后，因目录索引付阙，无法统计。

国香港地区、中国台湾地区和外国学者的有关成果加上，数量还会更多。一项专题研究，有这么多的研究成果，足见学术界对民生主义重视的程度了。

综合学术专著和专题研究论文，有关孙中山民生主义研究，整体上看，对其主要内涵，即土地问题和资本问题的认识是基本一致的，只是在土地问题的性质和实施范围上小有分歧；在资本问题和"民生主义即社会主义"的理解上却大相径庭。换言之，对民生主义"形而下"的操作部分，没有太大的分歧；对"形而上"的学理部分，看法很不相同。

具体地说，在土地问题上：关于"平均地权"的性质，一种意见认为它"还不是彻底的土地革命纲领"①；另一种意见则认为它是"中国历史上第一次见到的能够动摇全部封建制度基础的土地纲领"②。关于平均地权的实施范围，一种意见认为是包括了全国所有私人土地都要由地主报价，涨价归公③；另一种意见则认为主要是指城市土地和宅地，所以它和迫切需要解决土地问题的农民关系不大④。

土地问题上的另一个分歧是：平均地权是不是消灭绝对地租，使相当部分的级差地租归于国家？李时岳对此做了肯定回答⑤；夏东元则认为：近代中国的地租，从根本上说，不是价值超过价格的余额，而是全部剩余劳动生产物，因而不存在绝对地租。平均地权中的原租的一部分留给地主，只是租地事业的管理费用，不是什么绝对地租，它是级差地租的分予⑥。

在资本问题上，无论是对节制私人大资本还是对发达国家资本，

---

① 这种看法在20世纪80年代很流行。此处引文见张磊：《孙中山思想研究》，146页。

② 谢刚：《论孙中山的"平均地权"》。

③ 这种意见是在解释"土地国有"时的一种说法，最早见之于冯自由前揭文，见《民报》第4号，114页。

④ 参见李泽厚：《论孙中山的"民生主义"思想》。

⑤ 参见李时岳：《论民生主义——近代中国民主革命派对资本主义的批判及其预防资本主义祸害的主观社会主义》，载《史学集刊》，1956(1)。

⑥ 参见夏东元：《论"平均地权"》。

论者的认识是一致的：认为它反映了孙中山想使中国避免资本主义祸害，但照此实施的结果，却是最大程度上发展资本主义。这一看法，长期来几乎成为定论。

自从李时岳在1956年最早提出孙中山的社会主义“是资产阶级主观社会主义”一说以来，这一看法由于源自列宁的论述①，长期以来被学术界奉为圭臬。李泽厚更把它称为“空想”。他指出：“孙中山既要求发展资本主义近代大企业，又坚持谴责和反对资本主义的剥削压迫，要求避免资本主义，这种社会主义只能是空想。”②

十一届三中全会后，特别是思想解放潮流兴起后，学术界对孙中山社会主义的理解，出现了与以往主流观点不同的看法。得风气之先的广东，本是孙中山研究的重镇，出现新见解，自在情理之中。1991年，广东省社科院黄明同研究员发表《孙中山民生主义性质的再探究》一文，提出了“民生主义多维性”之说。她根据孙中山本人对民生主义的多种解释，认为孙中山的社会主义是“集诸种社会制度之所长而构想出来的理想社会”。孙中山对民生主义的多种界定，概括起来，主要有如下几种情况：

第一种：民生主义就是社会主义、共产主义，但不是马克思的社会主义。

第二种：民生主义就是德国俾斯麦式的“国家社会主义”，也即“集产社会主义”。

第三种：民生主义就是苏俄的新经济政策。

第四种：民生主义也是英、德、美战时国家资本主义。

黄明同用等式将上述四种串联起来，最后归结为：“＝孔子的大同主义(即‘天下为公’的大同社会)≠马克思主义的社会主义。”她指出，正因为孙中山给民生主义做了多种界定，赋予它多种属性，所以只能说具有多维性；而民生主义多维性决定于所有制的非单一性。“它既不是单一的公有制，又不是单一的私有制，它是在‘国有’(孙中山也称之

---

① 参见列宁：《中国的民主主义和民粹主义》，见《列宁选集》第2卷，426页。

② 李泽厚：《论孙中山的“民生主义”思想》。

为'公有')的主导下，允许私有经济成分存在的非单一的所有制形式"①。尽管黄明同没有确定孙中山社会主义的根本属性，但可以明显看出她不同意把它归之为"资本主义"和"资产阶级主观社会主义"之类的说法。

同年，中国社科院近代史所张海鹏研究员在《历史研究》第5期发表《孙中山社会主义思想研究评说》，详细分析和介绍了20世纪80年代国内学者关于孙中山社会主义研究的各种成果：如关于孙中山社会主义的思想来源、孙中山与科学社会主义思想的关系、孙中山与美国摩里斯・威廉的《社会史观》的关系以及胡绳、陈锡祺、杨天石、韦杰廷等各家关于孙中山社会主义论析后，指出："我们分析孙中山社会主义思想的全部逻辑，可以看出，他要在中国建立的不是无产阶级领导的社会主义国家，而是资产阶级领导的国家社会主义，即资本主义。"他转引胡绳在《论孙中山的社会主义思想》一文中的观点："如果说孙中山的民生主义就是社会主义，那么这是避免社会主义革命的社会主义"，认为胡绳的这一说法，"真是透彻极了。把谋求避免社会主义革命的社会主义说成是资产阶级的社会主义，是很贴切的"②。显然，张氏的观点仍然认为孙中山的社会主义是资产阶级的社会主义。

迨至本世纪初，长期致力于孙中山全集编纂与研究的广东省社科院黄彦研究员，发表了《试论孙中山的社会主义理想》一文，提出了与主流观点不同的看法。他分析了传统观点产生的历史背景以及当代中国社会主义建设与孙中山学说的关系后，指出："这就提出了一个问题：孙中山学说中有价值的见解，从性质上说，仅仅是属于和社会主义相敌对的资产阶级思想体系中可资利用的合理因素呢，还是和社会主义确有相通之处呢?"

文章认为："就确切的意义说，社会主义乃是资本主义的对立物。"

---

① 黄明同：《孙中山民生主义性质的再研究——论民生主义的多维性》，载广东社会科学院孙中山研究所编：《辛亥革命与孙中山》，215、221、222页，广州，广东人民出版社，1991。

② 张海鹏：《孙中山社会主义思想研究评说》，载《历史研究》，1991(5)。

尽管社会主义曾出现过多种流派，但都是“以批判资本主义、否定生产资料私有制和主张建立公有制(即令表现程度和表现方式有所不同)为其共同的主要特征”。孙中山的思想主张，“虽然有别于科学社会主义，也应属于社会主义的思想范畴”。

黄彦根据孙中山自己的论说，具体分析了孙中山社会主义思想表现的四个相互联系的方面：一是严厉批判资本主义制度；二是解决贫富不均的问题，反对资本家专制；三是实行国家社会主义，发达国家资本；四是建立社会主义国家和造成共产世界的理想。由上述分析出发，黄彦论定：“孙中山属于中国早期社会主义者。其社会主义思想的成就与不足，都带有近代中国的历史烙印。”他认为：“把孙中山的社会主义思想评价为‘主观社会主义’或‘空想社会主义’是错误的。”他也不同意“给孙中山的社会主义思想冠以‘资产阶级社会主义’之类的头衔”①。但他同时承认“孙中山社会主义思想也包含不少非社会主义成分”。他在分析上述四个相互联系的各个方面时，都具体论述了“非社会主义”的表现。

从 1991 年黄明同提出多维性之说，到 2001 年黄彦论定孙中山属于中国早期社会主义者，并且观点鲜明地表示不同意把孙中山的社会主义判定为“资产阶级社会主义”“主观社会主义”等说法，前后整整十年。当我回顾这段研究历程时，对学术界的不懈追求、学术研究的无所底止，感慨不已。当然，人们可以对他们的新观点、新见解表达自己的看法，但无论如何，他们的研究思路、研究视野，有利于孙中山社会主义思想研究的深入展开。如果要对新中国成立后孙中山民生主义研究作简要概括，那么可以说，学者们都在努力地试图以马克思主义为指导，对民生主义做实事求是的探讨，研究的侧重点在“民生主义即社会主义”的学理层面，见解容或不同，讨论有待深入。

当前，我们正处在建设中国特色社会主义、建立和谐社会伟大实践的新时代，如何汲取孙中山思想的有益养料，尤其是如何客观、全

---

① 黄彦：《试论孙中山的社会主义思想》，见王杰主编：《辛亥革命与中国民主进程》，239、240、241、278、281 页，北京，燕山出版社，2001。

面地评价孙中山的民生主义，已经引起学术界的重视。2001年在武汉召开的"纪念辛亥革命九十周年国际学术讨论会"，2005年在上海、南京召开的"纪念中国同盟会成立一百周年学术讨论会"，与2006年在上海和广东中山市分别召开的"纪念孙中山诞辰一百四十周年国际学术讨论会"上，都有学者提交了有关孙中山民生主义的研究论文。① 今年11月，广东省中山市与孙中山基金会将联合召开"孙中山思想与和谐社会"学术研讨会，相信孙中山民生主义研究应是重要话题。民生主义研究在新时代必将有新的深入与发展。

综上所述，关于孙中山民生主义和由此引出的"民生主义即社会主义"研究，百年来，在不同历史阶段有不同的侧重与特点，其间既有扬弃，又相承袭，取得了不小成绩，但仍有再研究的广阔空间。再研究的过程，既是汲取以往研究成果的养料，又是发现问题、提出问题和解析问题的过程。唯其如此，历史研究才会生生不息、永无止境，一步步、一代代接近真相和真理。

原载《江海学刊》2007年第4期

① 参见刘学照：《重议孙中山的民生史观》，见中国史学会编：《辛亥革命与二十世纪的中国》上，477页，北京，中央文献出版社，2002；沈渭滨：《孙中山"民生主义"再研究》、王培智：《孙中山民本思想与和谐社会》、王敦琴：《孙中山的民生主义与张謇的民生关怀——孙中山、张謇民生思想比较研究》，均见蒋永敬《纪念同盟会一百周年学术讨论会在上海和南京》，刊于台北《近代中国》季刊，第162期；林家有：《孙中山民生史观的回顾与思考——从同盟会对孙中山民生主义分歧谈起》，见上海中山学社编：《近代中国》第16辑。

“平均地权”本义的由来与演变

——孙中山“民生主义”再研究之二

按照孙中山关于民生主义的阐述，其内容主要是指“平均地权”和“节制资本”两个方面，即通常所说的土地问题和资本问题。

在土地问题上，“平均地权”是核心主张。学术界一谈到“平均地权”，都以孙中山所说核定地价、涨价归公作为研究和评判根据，很少探究孙中山土地问题的最初理路是什么，后来发生了怎样的演变，为什么会演变以及“平均地权”的人文关怀与社会改造的关系怎样？这些问题对研究孙中山的土地问题思想至关重要。兹略做梳理与分析，聊充“民生主义”系列研究之二，就教于方家。

一

“平均地权”之说，最早见诸1903年孙中山制定的东京青山革命军事学校的入校誓词：“驱除鞑虏，恢复中华，创立民国，平均地权。”①1905年成立中国同盟会时，又作为同盟会的政治纲领。据说，当孙中山提出这四句话十六字为誓约时，“在座会员有数人对于‘平均地权’有疑义要求取消”，经孙中山“剀切解释至一小时之久，众始无言”②。

为什么有人会对“平均地权”有疑义乃至要求取消？这个问题，以往的研究都没有做过说明。其实，这件事关系到孙中山当时的“平均地权”理念，有必要予以解析。由于目前已出版的各种孙中山著述，都没

① 《孙中山全集》第1卷，224页。

② 冯自由：《二民主义与三民主义》，见《革命逸史·第二集》，132页。

有收录1903—1905年孙中山关于“平均地权”的任何言论，致使这个问题的考察缺乏第一手资料佐证。所以，只能从已知孙中山与他人谈话的零星口碑资料中，寻绎和做出梳理。

土地问题是和农民的生计联在一起的。孙中山对民生问题的思考，早在1891年前后写作《农功》篇时就已开始。他说自己“日鳃鳃然忧贫患寡，奚为哉?”为的是思考何以能使国家富强。根据他对中外历史的考察，认为“以农为经，以商为纬，本末备具，巨细毕赅，是即强兵富国之先声、治国平天下之枢纽也”①。1894年《上李鸿章书》中，又进而提出人尽其才，地尽其利，物尽其用，货畅其流，“此四事者，富强之大经，治国之大本也”②。民生问题关乎国家根本，思考的理路前后是一贯的。

1895年广州起义失败留居英国伦敦时，孙中山耳闻目睹了号称富强的欧美各国，由于贫富悬殊正面临着社会革命的阵痛，可谓感触良深。他希望能寻找出一种在中国政治革命成功后，避免贫富两极分化的社会改造方案，以防止社会革命在中国重演。他阅读了当时盛行的各种社会学说，最服膺亨利·乔治的单税论③，开始从土地问题入手，思考中国社会改造的方案。

1899年孙中山在日本横滨和关心西学的梁启超讨论过土地国有的问题。孙中山说：“今日耕者，率贡其所获之半于租主而未有已，农之所以困也。土地国有后，必能耕者而后授其田，直纳若干之租于国，而无复有一层地主从中朘削之，则农民可以大苏。”他甚至还有“夺田”的想法，说：“大乱之后人民离散，田荒不治，举而夺之。”④

1901—1902年，他又和精熟中国历史与典章制度的章太炎及秦力山等多次聚谈“我国古今之社会问题及土地问题”，举凡三代之井田，

① 孙中山：《农功》，见《孙中山全集》第1卷，8页。

② 孙中山：《上李鸿章书》，见《孙中山全集》第1卷，8页。

③ 夏良才：《论孙中山与亨利·乔治》，载《近代史研究》，1986(6)。

④ 梁启超：《社会革命果为今日之中国所必要乎?》，载《新民丛报》，第86号。

王莽之王田，王安石之青苗，洪秀全之公仓，“均在讨论之列”①。章太炎认为：“后王视生民之版，与九洲地域广轮之数，而衰赋税，大臧则充。”②意思是说：革命成功后的治国者，可以根据地主拥有土地的多寡与全国土地总数的比例关系来确定征收赋税的额度，则国库就可充裕。他以可耕的熟田（露田）为标准，将土地分成几等来制定赋税征收的等级，认为“赋税所获，视今日孰若？”③

孙中山不同意章太炎所说，指出：“兼并不塞而言定赋，则治其末已。”在他看来，不杜绝土地兼并而谈定赋，那是舍本治末，不能从根本上解决土地问题。因为土地兼并是造成贫富悬殊的根源，而“贫富斗绝者，革命之媒”，社会革命就难以避免。孙中山指出：“方土者，自然者也。”土地是自然的产物。解决土地问题，只能是“不躬耕者，无得有露田……夫不稼者，不得有尺寸耕土，故贡徹不设。不劳收受，而田自均”④。很明显，孙中山是以“不躬耕者”不能拥有土地的办法来根绝土地兼并；消除因为兼并造成的“贫富斗绝”，达到“均田”的目的。这一说法，与他在1899年对梁启超说的“必能耕者而后授其田”是一致的。

章太炎同意孙中山的观点：“善哉！田不均，虽衰定赋税，民不乐其生，终之发难。有帑廪而不足以养民也。”⑤后来，章太炎写的《均田法》中，规定“凡土：民有者无得旷。其非岁月所能就者，程以三年。岁输其税什二，视其物色而衰征之”⑥。有研究者认为《均田法》是“根据他们的讨论”⑦，由章太炎草拟而成的。其实细读这条规定，我认为并不符合孙中山“兼并不塞而言定赋”的原意，只有“岁输其赋什二”，

---

① 冯自由：《同盟会四大纲领及三民主义溯源》，见《革命逸史·第三集》，206页。

② 章太炎：《定版籍第四十二》，见《章太炎全集》第3册，273页。

③ 章太炎：《定版籍第四十二》，见《章太炎全集》第3册，274页。

④ 章太炎：《定版籍第四十二》，见《章太炎全集》第3册，274页。

⑤ 章太炎：《定版籍第四十二》，见《章太炎全集》第3册，275页。

⑥ 章太炎：《定版籍第四十二》，见《章太炎全集》第3册，275页。

⑦ 李新主编：《中华民国史》第一编，326页，北京，中华书局，1981。

以及“凡诸坑治：非躬能开浚哲采者，其多寡阔陋，得恣有之，不以露田园池为比”①，算是采纳了孙中山的意见。

根据与梁启超、章太炎谈话的资料，可知 1902 年时，孙中山关于土地问题的理念，一是主张“土地国有”以防止“兼并”；二是主张“必能耕者而后授以田”，借以达到“均田”目的，防止社会革命发生；三是可以在大乱后田荒不治的情况下“举而夺之”，四是主张赋税之“取于佣耕者，率参而二”。② 其核心思想就是通过上述手段，达到地权平均的社会改造原旨，避免“贫富斗绝”的社会革命在中国重现。正是本着这些理念，他在 1903 年将此概括为“平均地权”的思想主张，并在东京青山革命军事学校的入校誓词和 1904 年改订美洲致公堂章程中正式提出，将原来檀香山兴中会的“驱除鞑虏，恢复中国，创立合众政府”，拓展为“驱除鞑虏，恢复中华，创立民国，平均地权”的完整纲领。

二

理清了孙中山“平均地权”的最初理路，就可以理解他在 1905 年 5 月访问第二国际执行局时的谈话。5 月 20 日布鲁塞尔《人民报》称：

> 孙同志首先扼要地解释了中国社会主义者的目标……他们的纲领：第一，驱除篡权的外来人，从而使中国成为中国人的中国。第二，土地全部或大部分为公共所有，就是说很少或没有大的地主，但是土地由公社按一定章程租给农民。而且中国有一种十分简单的财政制度：每人按其财产付税，而不是象欧洲那样，把负担放在大多数没有财产的群众身上。
>
> 我们黄种的同志希望改进这种制度，使之同我们党的原则更趋一致，防止往往一个阶级剥夺另一个阶级，如象所有欧洲国家

---

① 章太炎：《定版籍第四十二》，见《章太炎全集》第 3 册，275～276 页。

② 章太炎：《定版籍第四十二》，见《章太炎全集》第 3 册，274 页。

> 都曾发生过的那样……①

该报道还援引孙中山的话："孙同志说：'几年内我们将实现我们梦寐以求的理想，因为届时我们所有的行会②都是社会主义的了。那时，当你们还在为实现你们的计划而努力的时候，我们将已生活在最纯正的集体主义制度之中了'。"③

报道所概述孙中山纲领的第二点，即关于土地问题的谈话内容，与我在前面梳理出来四点理念是基本一致的。报道称"我们黄种的同志希望改进这种制度"以及援引孙中山所说的那些话，与我所说"平均地权"核心思想是达到社会改造原旨，避免社会革命之重现于中国，也是吻合的。

两相对证，说明1905年8月中国同盟会成立时，孙中山提出"平均地权"作为同盟会政纲之一，有人表示疑义要求取消者，就是前述的四项要旨。孙中山做了一小时之久的解释，其内容既有对四项要旨的说明，又着重于防止社会革命之必要。冯自由记此事称：

> 孙总理乃起而演讲世界各国社会革命之历史及其趋势。谓："现代文明国家最难解决者，即为社会问题，实较种族政治二大问题同一重要。我国虽因工商业尚未发达，而社会纠纷不多，但为未雨绸缪计，不可不杜渐防微，以谋人民全体之福利。欲解决社会问题，则平均地权之方法，乃实行之第一步。本会系世界最新之革命党，应立志远大，必须将种族政治社会三大革命，毕其功于一役"等语。剀切解释，至一小时之久，众始无言。④

---

① 《孙中山全集》第1卷，273页。

② "会"恐"为"之误。——引者注

③ 孙中山：《访问国际社会党执行局的谈话报导》，见《孙中山全集》第1卷，273页。

④ 冯自由：《二民主义与三民主义》，见《革命逸史·第二集》，132页。

“众始无言”不等于众始赞同。因为孙中山当时的“平均地权”理念在某些人看来太激进了：既要实行“土地国有”，又要直接纳租税于国家，取消“地主从中朘削之”；既要实行“能耕者而后授其田”，又要规定“不稼者不得有尺寸耕土”。革命革到自己头上了，能不反对吗？只是听了孙中山关于防社会革命于未然以及“毕其功于一役”的解释之后，才“众始无言”，没话可说了。但是，疑义还在，没有消除。后来有人将“均地权”改为“平均人权”①，也就可以理解了。

一个值得注意的现象是，从文本爬梳看，孙中山对“平均地权”第一次做出解释，是在1906年秋冬间与黄兴、章太炎等制定的《中国同盟会革命方略·军政府宣言》。宣言在逐项阐明同盟会十六字纲领时，对“平均地权”做了如下说明：

> 平均地权　文明之福祉，国民平等以享之。当改良社会经济组织，核定天下地价。其现有之地价，仍归原主所有；其革命后社会改良进步之增价，则归国家，为国民所共享。肇造社会的国家，俾家给人足，四海之内无一夫不获其所。敢有垄断以制国民之生命者，与众弃之②。

这一解释，显然与孙中山“平均地权”的最初理念不完全相同。原来持有的“能耕者而后授其田”“不稼者不得有尺寸耕土”“直纳若干之租于国”等说法都不见了，变成了“核定天下地价，现价仍归原主，涨价归国家，为国民所共享”。两相比较，前者激烈，后者温和。而后者竟与亨利·乔治的“单一税社会主义”完全一致。据此，我认为孙中山“平均地权”思想，从1903年最初提出到1906年《军政府宣言》正式表述，其间经历着一个由激进到温和的变化过程。促成变化的动因之一，很可能是为了消除前述同盟会部分成员对“平均地权”初旨的疑忌和反对，以求得会员对十六字政纲的共识和拥护。

---

① 冯自由：《二民主义与三民主义》，见《革命逸史·第二集》，134～135页。
② 《孙中山全集》第1卷，297页。

还有一个为研究者所忽视的问题，即孙中山在何时将“平均地权”纳入“民生主义”？

有趣的是，尽管孙中山很早在思考民生国计的大事，并于1903年形成了“平均地权”的理念，但却一直找不到合适的简洁正确的用语，把它与自己一贯主张的“民族革命”“民权革命”统合起来。直到中国同盟会成立后，为了受众人之请撰写《民报》发刊词时，才接受党人邓慕韩的建议，第一次使用“民生主义”一词，以与“民族主义”“民权主义”相对应，构成“三大主义”的理论体系。有关此事的经过，邓慕韩著文追忆称：“一日，请国父撰一发刊词以冠篇首。国父慨然允诺，爰命汉民纪录其意，曰：‘吾国定名民国，党曰民党，权曰民权；现欲将吾平日所提倡之种族革命、政治革命、社会(亦名经济)革命，以一民字贯之。种族则拟为民族，政治则拟为民权，社会则尚未能定。’当时座中各有献议，均未能当。余无意中提出吾国常用国计民生，可否定名民生？众均曰善。遂以社会革命定名民生。由是，民族、民权、民生三大主义之名词，于《民报》发刊词确定之。”①

必须指出：《〈民报〉发刊词》中，孙中山虽使用了民生主义一词，以与民族、民权合成“三大主义”，但对“民生主义”的内涵并没有作具体说明，只是论述了中国实行民生主义之必需和政治革命、社会革命“毕其功于一役”之可行。换言之，《发刊词》尚未将平均地权作为民生主义的内容予以解释。联系前述平均地权遭到部分同盟会会员的疑忌和反对，孙中山需要改变初衷、重新定义的事实和分析，《发刊词》这样处理也就可以理解了。

三

那么孙中山何时将“平均地权”作为“民生主义”的内容做出解释？从文本爬梳看，应是1906年12月2日在《在东京〈民报〉创刊周年庆祝

---

① 邓慕韩：《追随国父之回忆》，载《三民主义半月刊》，第10卷，第3期；陈锡祺主编：《孙中山年谱长编》上册，363页，北京，中华书局，1991。

大会的演说》。孙中山说：

> 闻得有人说民生主义是要杀四万万之半，夺富人之田为己有；这是他未知其中道理，随口说去，那不必去管他。解决的法子，社会学者所见不一，兄弟最信的是定地价的法。比方地主有价值一千元，可定价为一千，或多至二千；就算那地将来因交通发达价涨至一万，地主应得二千，已属有益无损；赢利八千，当归国家。这于国计民生，皆有大益。少数富人把持垄断的弊窦自然永绝，这是最简便易行之法……中国行了社会革命之后，私人永远不用纳税，但收地租一项，已成地球上最富的国。这社会的国家，决非他国所能及的。①

这一解释，明眼人一看便知就是亨利·乔治的单一税论。显然，孙中山至迟在1906年12月初，就已把同年秋冬间制定的“平均地权”内涵，即核定地价、涨价归公、与民共享，称作“民生主义”了。

为什么说“至迟在1906年12月初”？因为事实上而非文本溯源的意义上，大约在该年的4、5月间已经有人把“平均地权”称之为“民生主义”了。证据之一是1906年4月18日出刊的《民报》第3号上，刊发了胡汉民按孙中山原意而写成的《〈民报〉之六大主义》一文。其中第三点即为“土地国有”。文曰：“原大土地国有之论，以反对私有者而起。以言其理由，则土地为生产要素而非人为造成，同于日光空气，本不当有私有者……故且土地价值因时代而异，社会文明则其进率益大，此进率者非地主毫末之功而独坐收其利，是不啻驱社会之人而悉为之仆也。”②显然，文章所论，即为孙中山服膺的亨利·乔治之“土地国有”论。

证据之二，是同年5月1日发行的《民报》第4号所刊冯自由《录

---

① 《孙中山全集》第1卷，328～329页。

② 汉民(胡汉民)：《民报之六大主义》，见《民报》第3号(1906年4月18日发行)，第1册，12页，合订影印本。

〈中国日报〉民生主义与中国政治革命之前途》。如果说上引胡汉民文章还没有把“土地国有”称为“民生主义”，仅作为《民报》六大主义之一，那么冯自由此文明确称：“所谓国家民生主义之纲领为何？则土地问题是也。括而言之，则平均地权也。此学说于英人轩氏佐治（Henry George）鼓吹之为最力。”①可见，早在孙中山将“平均地权”作为“民生主义”含义之前，党人中之笔杆子已经根据孙中山的原意在做阐述了。他们笔下的“平均地权”，与同盟会成立会上孙中山所持的激烈内容显然不同，而是核定地价、涨价归公的单税论，也就是《军政府宣言》所解释平均地权的内容。据此，可以大体上断定：孙中山“平均地权”的主张，由最初的激进手段演变到完全采纳亨利·乔治的单税社会主义，应在 1905 年 8 月同盟会成立后至 1906 年上半年；而孙中山本人将此种变化了的、温和的“平均地权”主张，作为“民生主义”内容，从文本追溯看，则在 1906 年 12 月《民报》周年纪念会的演说中，第一次做了公开的解释。自此，核定地价、涨价归公，成了“民生主义”在土地问题上“平均地权”的本义。尽管“平均地权”的操作手段和初旨相比变得温和，但两者的基本主旨，即反对土地兼并，防止社会贫富两极分化，“肇造社会的国家，俾家给人足”的社会改造目标，则始终如一。

这一论断，还可以从梁启超在《新民丛报》上对“平均地权”之责难得到外证。如前所述，孙中山曾于 1899 年在日本横滨和梁启超讨论过土地国有问题，梁启超对孙中山关于以土地问题为核心的社会革命理念是了解的。当 1903 年孙中山将此理念概括为“平均地权”并在 1905 年提出民族、民权、民生三大主义揭之于《民报》创刊号后，梁启超即在《新民丛报》上刊文指责孙中山的社会革命是“博一般下等社会之同情，冀赌徒光棍大盗小偷乞丐流氓狱囚之悉为我用”②。“行土地国有

① 自由（冯自由）：《录中国日报民生主义与中国政治革命之前途》，见《民报》第 4 号（1906 年 5 月 1 日发行），第 1 册，110 页，合订影印本。

② 梁启超：《开明专制论》第八章，载《新民丛报》，第 4 年，第 3 号（1906 年 2 月 23 日），45 页。

于政治革命时，同于攘夺”；富人为保其财产，必成政治革命之阻力。① 这些措辞尖刻的指责，显然是针对孙中山“平均地权”初旨时的激进主张而发的。及至孙中山采纳亨利·乔治的单税论后，梁启超即未复有上述指斥，表示：“行社会主义学说，其属于改良主义者，吾固绝对表同情，其关于革命主义者，则吾未始不赞美之，而谓其必不可行，即行亦在千数百年之后。”②在梁启超看来，“夺富人之财产以散诸平民”是激进的社会主义，而核定地价、涨价归公、与民共享的单税论，则是社会主义中的“改良主义”，他非但不反对，而且“绝对表同情”。所以在尔后的论战中，他仅就奖励本国资本家与外资的关系，生产与分配的关系，地价涨落原因，核定地价后是否收买，仅以涨价归公是否能使财政充裕等问题驳诘；少谩骂而多理性。对此，我曾在拙著《孙中山与辛亥革命》一书中有过叙析③，可以参见，此处不赘。梁启超在 1906 年上半年以后对平均地权态度的变化，恰好印证了孙中山关于平均地权主张有一个从激烈到温和的变化过程。

四

“平均地权”本义的第二次变化，是在“核定地价，涨价归公，与民共享”之外，增加了“定价收买”的内容。这在民国初期孙中山不少讲演中已见端倪。最早提到此意的，应是 1912 年 4 月 1 日《在南京同盟会会员饯别会的演说》。孙中山说：“本会从前主义，有平均地权一层。若能将平均地权做到，那么社会革命已成七八分了……求平均之法，有主张土地国有的。但由国家收买全国土地，恐无此等力量，最善者

---

① 县解（朱执信）所写《论社会革命当与政治革命并行》一文中摘录《新民丛报》责难社会主义言论。见《民报》第 5 号（1906 年 6 月 30 日发行），第 1 册，44 页，合订影印本。

② 汉民（胡汉民）所写出《告非难民生主义者》一文中征引梁启超《新民丛报》第 14 号上非难民生主义之原文。见《民报》第 12 号（1907 年 1 月 6 日发行），第 2 册，47 页，合订影印本。

③ 参见拙著：《孙中山与辛亥革命》，315～317 页。

莫如完地价税一法。……然只此一条件，不过使富人多纳数元租税而已。必须有第二条件，国家在地契之中，应批明国家当须(需)地时，随时可照地契之价收买，方能无弊。……有此两法互相表里，则不必定价而价自定矣。”①之后，《在广州报界欢迎会的演说》(1912 年 5 月 4 日)、《在广州对报界公会主任的谈话》(1912 年 5 月 13 日)、《在广州行辕对议员记者的演说》(1912 年 6 月 9 日)、《在山西同盟会欢迎会的演说》(1912 年 9 月 19 日)、《在上海报界公会欢迎会的演说》(1912 年 10 月 12 日)、《在上海中国社会党的演说》(1912 年 10 月 14—16 日)等②讲演中都谈到了国家在必要时可按核定的地价照价收买一法。

“定价收买”一说，既是对两报大论战时期梁启超责难的回应，又是孙中山对“平均地权”学说的完善。后来，他始终坚持，直到 1924 年由他手订经讨论通过的《中国国民党第一次全国代表大会宣言》，对“平均地权”的要旨，做了最具权威性的阐述：

> 国民党之民生主义，其最要之原则不外二者：一曰平均地权；二曰节制资本。盖酿成经济组织之不平均者，莫大于土地权为少数人所操纵。故当由国家规定土地法、土地使用法、土地征收法及地价税法。私人所有土地，由地主估价呈报政府，国家就价征税，并于必要时依报价收买之，此则平均地权之要旨也。③

根据上述口碑资料和孙中山著述的文本爬梳，可以看到“平均地权”作为“民生主义”的内容之一，其本义从同盟会成立前的激进的初旨到同盟会成立后演变成“核定地价、涨价归公”的温和的单一税论，再由亨利·乔治的单税论到民国时期加入“定价收买”，形成“核定地价，定价收买，涨价归公，与民共享”的完整学说，从而使“平均地权”论具有了不同于乔治之说的内容。亨利·乔治虽也反对土地因私有而形成

---

① 《孙中山全集》第 2 卷，320～321 页。

② 以上各篇，均见《孙中山全集》第 2 卷。

③ 《孙中山全集》第 9 卷，184 页。

的贫富差距，但他不主张收买土地，更反对把私人的地产归公，这与孙中山主张国家在必要时可以按地主报价实行收买是有所不同的。"定价收买"之法，得于英国古典经济学家约翰·穆勒的理论①；而且"平均地权"中规定"以现有之地价，仍属原主所有"，比起乔治所主张为了给予地主替国家征收地租以一定的报酬，而将地租的一小部分给予地主，在数量上也不尽相同。所以尽管亨利·乔治的理论对孙中山平均地权思想的形成以重要影响，尽管平均地权的主要内容曾一度来自乔治的理论，但最终的定义仍杂糅了西方其他经济学家的学说。这一点，孙中山自己也说过他的民生主义是综合数家之长，"有所斟酌去取"②。

以定价收买之法实现土地国有：以核定地价、涨价归公之法限止地主的剥削并逐步达到消灭地主，"使国家为唯一的地主，而国内人人皆为租地者"③；以只向土地的价值征税的方法，废除所有的税收，达到消除"少数富人把持垄断的弊窦"④，并使国库充裕，人民富足，最终达到社会改造的目的。这些都表明孙中山的平均地权思想，既包容了中国历史上土地国家论者某些朴素的经济平等观念，又扬弃了小农的绝对平均主义；既要均社会的贫富，又否定了暴力剥夺方式。把温和的改良主义引进激进的民主主义土地纲领，这正是体现了孙中山作为"中国式的革命家，究不过抱温和主义"⑤的特点。

孙中山在晚年，曾有过把"耕者有其田"的思想重新注入"平均地权"学说的设想。1924 年 1 至 8 月，他在广州国立高等师范学校作"三

① 参见赵全钰：《论孙中山早期的平均地权思想》，见《辛亥革命史丛刊》编辑组编：《辛亥革命史丛刊》第 4 辑，1～12 页。

② 汉民（胡汉民）所写《告非难民生主义者》文中称：孙中山曾对斯宾塞、亨利·乔治、约翰·弥勒诸家学说"将有所斟酌去取"。见《民报》第 2 册，145 页，合订影印本。

③ 汉民（胡汉民）：《告非难民生主义者》，见《民报》第 2 册，145 页，合订影印本。

④ 孙中山：《在东京〈民报〉创刊周年庆祝大会的演说》，见《孙中山全集》第 1 卷，329 页。

⑤ 孙中山：《在香港大学的演说》，见《孙中山全集》，第 7 卷，116 页。

民主义”系列演讲，讲到“民生主义”时说：“至于将来民生主义真是达到目的，农民问题真是完全解决，是要‘耕者有其田’，那才算是我们对于农民问题的最终结果。”①同年8月，孙中山在广州农民运动讲习所第一届毕业典礼的演说中，再次提道：“我们解决农民的痛苦，归结是要耕者有其田。”②虽然，作为权威文献的《中国国民党第一次全国代表大会宣言》在阐述“平均地权之要旨”时，没有明确提出“耕者有其田”，只是规定：“农民之缺乏田地沦为佃户者，国家当给以土地，资其耕作。”③这一规定后来也未能实现，但孙中山这个设想的提出，对“核定地价”“涨价归公”“定价收买”后的土地国有给出了最后归宿，从而使“平均地权”有了新的内涵和新的意义。

1924年4月，孙中山在广东第一女子师范学校校庆纪念会上，发表了有关“三民主义”的长篇演说。其中谈到实行“民生主义”的目的时说：英美国家“富者愈富，穷者愈穷。所以他们的社会，小康之家是很少的。没有中产阶级，只有两种绝相悬殊的阶级，一种是资本家，一种是穷人。在这两种阶级的中间，不穷不富的人很少。这种现象，不是好现象，这就是社会上的毛病。……现在是民国十三年，再过十三年，到民国二十六年，中国或者不穷，也是象英国、美国一样的富足；社会上也是象英国、美国一样，生出两种阶级的人，一级是大富人，一级是大穷人，中间没有第三级的人民，那便是不均。……我们的民生主义，是做全国大生利的事，要中国象英国、美国一样的富足；所得富足的利益，不归少数人，有穷人、富人的大分别，要归多数人，大家都可以平均受益”④。显然，孙中山希望在中国实行民生主义后，形成一个众多“小康之家”的社会，出现一个不穷不富的“中产阶级”，这样不仅可以避免欧美那样的贫富两极对立，而且可以促使社会和谐与稳定。因此，民生主义本质上是一种社会改造方案，目的在于培育

① 《孙中山全集》第9卷，399页。

② 《孙中山全集》第10卷，558页。

③ 《孙中山全集》第9卷，120页。

④ 《孙中山全集》，第10卷，23页。着重号为引者所加。

和造就社会的中产阶级。

"平均地权"作为孙中山民生主义的重要内容之一，从最初的理路到后来的演变，都以社会改造为原旨。在土地所有制问题上，不主张消灭地主，主张通过地主报价，将原租的一部分给予地主，涨价部分归公，与民共享；必要时照定价收买，实现土地国有，最终采取"耕者有其田"，使占全国人口绝大多数的农民，具有独立经济地位和独立人格的自耕农；在赋税问题上，实行照价纳税，利归国家，用之于民，以消除贫富悬殊的社会矛盾。实行上述地权平均的办法，是制定土地法、土地使用法、土地征收法及地价税法等一系列法令，以国家干预手段，保障实施。随着城市工商实业和农村经济的发展，农民中的一部分人，将成为农村中的中产阶级，"不贫不富"的"小康之家"将日益增多，社会结构也就出现新的变化。

原载《安徽史学》2007 年第 5 期

龚自珍与汤鹏

1839年6月初，一条消息在京师士大夫中不胫而走：礼部主事龚自珍要辞官离京，回仁和(今属杭州市)老家去了！知情者无不扼腕叹息，知交者更是彻夜难眠。一个七品小京官的去留，在京师本属平常而又平常之事，除了家属，谁也不会介意。何以龚自珍的辞官竟如此牵动人心？事情得从其人其文说起。

龚自珍，字璱人，号定庵，1792年(乾隆五十七年)生于浙江仁和一户世代书香的官宦之家。祖父龚禔身，官至内阁中书、军机处行走，有《吟臞山房诗》传世。父亲龚丽正，官至苏松太兵备道、署江苏按察使，攻古文经学，著有《国语注补》《三礼图考》《两汉书质疑》《楚辞名物考》诸书。母亲段驯，是著名文字学家段玉裁之女，工诗能文，著有《绿华吟榭诗草》。龚自珍自小受母亲文学熏陶，七岁时已熟读吴梅村诗、方百川遗文、宋左彝《学古集》，尤对吴梅村诗心不能舍。吴梅村，名伟业，字骏公，梅村是他的号，江苏太仓人。他是明末遗民，参加过复社，以诗文名于世。因与权臣马士英、阮大铖政见不合，辞官归隐。清初，在顺治帝福临的胁迫利诱下，降清出仕，授秘书院(翰林院前身之一)侍讲，充任太祖(努尔哈赤)、太宗(皇太极)《圣训》纂修官。两年后，他借口母病还乡，就此不再回京，终老故里。降清的经历虽非出于自愿，时间也不长，但他始终深以为耻，痛恨自己改易初衷，曾在诗作中不无痛悔地写道："误尽平生是一官，弃家容易变名难"；又道："我本淮王归鸡犬，不随仙去落人间"。充满了艾怨和怀旧的凄凉郁结。他的诗，取法盛唐诸大家及稍后的元稹、白居易，号称"娄东派"。诗作中常反映民生疾苦、吏治昏暗，具有强烈的现实感。龚自珍的母亲以吴梅村诗，作为儿子的文学启蒙，一首首口授，一句句讲解，使童年的龚自珍在学习平仄音韵之余，渐渐懂得诗与生活的相互关联，对他长成后关心民瘼、讽刺时政，影响至大。他一生耿直豪迈，不忌时讳，或许就是儿时对吴梅村那种痛悔失节的怨愤之情，从相反方面悟性的结果。

从12岁起，他在外祖父段玉裁的亲自教授下，学习《说文解字》，开始了"以经说字，以字说经"①的古文经学训练。他一面研习八股制艺，以备科举仕进；一面孜孜于目录、校雠、掌故、金石之学。暇时，常吟诗填词，寄情于诗文之间。他的诗，在20岁左右时已渐渐形成奇倔傲岸、负志慷慨的风格。段玉裁评为"风发云逝，有不可一世之概"，尤其对他的词赞誉颇高，称其"造意造言，几如韩、李之于文章，银碗盛雪，明月藏鹭，中有异境，此事东涂西抹者多，到此者少也"②。中国的文人，在评说同调的诗文时，往往有溢美过誉之词，这或许是儒者宽大为仁、明乎中庸的不自觉流露，但若联系到段玉裁自视甚高、轻易不赞人语的性格和龚自珍诗文的特色，那么，这位老儒的评论，不单是对于外孙的爱怜奖掖，而且是确切地看出了龚自珍诗文中闪烁着耀眼的光点。

28岁那年，龚自珍应恩科会试未能中式，但却有幸从师于礼部主事、著名今文学家刘逢禄。刘逢禄，字申受，江苏常州人，那年44岁，比龚自珍大16岁，正是学问和人生经验成熟的时期。和龚自珍一样，他自小也受到外祖父、清代今文学开创者庄存与的熏陶。刘逢禄治经以东汉学者何休所著《春秋公羊解诂》为本，创通条例，贯串群经，被目为常州学派的奠基人。与古文经学派对儒学经典注重训诂、考订不同，复兴的今文经学派注重于阐发儒学经典中的"微言大义"。他们认定孔子是托古改制的政治家，《六经》寄托着孔子的政治理想和致治之道。其微言大义实是万世治国的准则，所谓"循之则治，违之则乱"，

---

① 吴昌绶：《定庵先生年谱》，见《龚自珍全集》，594页。

② 段玉裁：《怀人馆词序》，见孙文光、王世芸编：《龚自珍研究资料集》，4页，合肥，黄山书社，1984。

义正如此。对此，惟有汉代儒者才真正体察孔子维世立教之义，尊信《六经》为治世之学。是故，汉武帝崇尊儒术，罢黜百家，朝廷议礼议政，无不引经为据；公卿士夫无不通一艺以上。自汉以后，其道不彰，以致尊孔子为虚名，视经学为故事，不知孔学真谛之所在。经学因之不明，孔教由此不尊，更有甚者以至于疑经非圣，罪莫大焉。① 所以，清代复兴的今文经学派，以西汉博士的裔孙自居，以能遵循西汉今文经学的开创者伏生、董仲舒之家法为准的，以着力阐发《六经》的微言大义、求治国救世之道为己任。今文经学家的上述看法、做法，与古文经学家把孔子视为述而不作的祖师，把《六经》看作经过孔子删改整理的古代史料书，把治经的精力放在“名物训诂”上致力于考订，大相径庭。由于两派对儒学经典性质见解不同，治经的方法不同，价值取向不同，形成了门户森严的学术派别。

龚自珍师从刘逢禄，就学派的师承说，固属于今文经学的营垒，但因自小受古文经学的熏风，所以，他治经虽主今文，以《公羊》经义发挥政见，但不坚守门户而时时杂以古文家说，是一个不纯粹的今文家。② 学术上的兼容并包、互取所长，不仅使他既免了古文家的繁琐，又不具今文家的狂诞，而且使他规锲六籍，笼罩百家，明达时务，深得儒学“明道救世”的真谛。所以，他的文章善于以经经世，以史为鉴，在汪洋恣肆中别具渊懿朴茂的风格，显得深窈简核，犀利凝重，一时成为都门士大夫仰羡追慕的风范。在他周围，团聚了当时京师中一批最优秀的人才，如黄爵滋(树斋)、徐宝善(廉峰)、潘曾莹(星斋)、潘德舆、汤鹏(海秋)、魏源(默深)等，多达十四五人。③ 他们中有研究理学的，有研究汉学的，有主张今文经学的，有擅长训诂文字的，但全都不囿家法束缚而以经世为务。共同的目标和宗旨把他们联系在一

---

① 参见皮锡瑞：《经学历史》，周予同注释，26～27 页，北京，中华书局，1959。

② 关于龚自珍经学学派归属以及学术源说的看法，学术界至今仍有歧义。笔者采用周予同先生的见解。见周先生注释的《经学历史》一书序文及该书第 40 页注释之九。

③ 龚自珍与友人集会于花之寺，多在道光十年前，姓名及人数可参见吴昌绶编《定庵先生年谱》(《龚自珍全集》，618～619 页)。

起，使得他们在公务之余、闲暇之时，常以文诗会友，谈论政情文艺；或集会于沂水三官庙中花之寺幽径，在欣赏那布满“之”字形路径旁的铁梗海棠之余，讨论历代兴亡治乱的得失，研求典章制度的沿革兴废，嗟叹国运民生之维艰。在这半是闲情、半是学术的活动中，龚自珍不仅常常作为发起人和召集者，而且往往是“自由论坛”的健将，“与同志纵谈天下事，风发泉涌，有不可一世之意”①，他那愤世嫉俗的情绪与振聋发聩的言论，每每使同游者为之倾倒。

尽管龚自珍学问精深，才思过人，但在八股取士的束缚下，在道光以来科举只重字体是否端正、墨色是否浓重的馆阁体的陋习下，他的科场很不顺遂，仕途尤为坎坷。他 19 岁应顺天乡试，中副榜贡生，27 岁应浙江乡试中举后，直到 38 岁才会试中式，殿试列三甲第 19 名，赐同进士出身，前后几近 20 年。科场耗去了大半生岁月，而官场则磨白了两鬓青丝，自 21 岁以副榜贡生考充武英殿校录后，到 29 岁任内阁中书，此后 10 余年不得升迁，直到 1837 年(道光十七年)46 岁时才任礼部主事，20 多年来依旧是一个小京官。

仕途的坎坷，世道的不公，给他以深深的刺激。他的青年时代正当清王朝由盛转衰的嘉道年间，政局日见败坏，官场弊端显露，社会贫富不均，士习贱恶可憎，这一切使青年龚自珍产生了严重的失落感和强烈的参与意识。失落导向追求，参与出自“明道救世”的使命感。这两条正是中国士大夫的本色。于是，他将胸中的郁结和朝思夕虑的救国方案凝聚为一篇篇犀利尖刻的政论散文，以惊世骇俗的姿态，向封建衰世和种种不合理的社会现实进行了无情的揭露和批判。

1814 年(嘉庆十九年)，23 岁的龚自珍开始抨击弊政，呼唤改革，写出了一组文章，总题《明良论》，从吏治、士习、资历、重权四个方面援古论今，讽咏时病。

《明良论》的第一篇，专论吏治清明和官吏收入的关系。他认为现在朝内大员们聚在一起，不谈政事文艺，朝外官吏宴游时，不谈地方设施利弊，大家都在谈论自家的土地是否肥瘠，家具置办够不够，讨

① 张祖廉纂：《定庵先生年谱外纪》，见《龚自珍全集》，632 页。

债鬼上门如何不体面等，内外大小臣工“俱思全躯保室家而不复有所作为”，原因不在于他们对朝廷无知遇之心，而在于贫累之故。造成贫累的原因则是官吏的俸给太微薄，于是便产生了官员贪贿黩货的不法行为，有的则沦为市井之流。他援引史书记载，指出春秋时代的贤相周公“未尝不富”；唐、宋之俸制，“皆数倍于近世”，而目下连资历很深的尚书、侍郎也“无千金之产”，其下的僚属更可想而知。由此，他提出：“诚使内而部院大臣、百执事，外而督抚司道守令，皆不必自顾其身与家，则虽有庸下小人，当饱食之暇，亦必以其余知筹及法度、民之疾苦。”①一句话，他主张提高俸给以免除官员的身家之忧，才能谈得上发挥他们忧国忧民的才智。

清代文官的俸给确实并不丰厚。按《大清会典》所载，文官实行一年支俸制度，称为“岁俸”。俸由银、米两项构成，俸银按官员品级支给，俸米则以正俸银一两支米一斛计算。每岁正俸银是：一品岁俸银180两，二品155两，三品130两，四品105两，五品80两，六品60两，七品45两，八品40两，正九品35两，从九品及“未入流”31两。凡京官，例支双俸；若大学士、六部尚书、侍郎，则加倍支给俸米。按这一制度，一个位至大学士的一品文职官员，其正俸银按京官支双俸的规定，每岁得银360两；其俸米按加倍支给的规定，每岁得米360斛。以区区之数要在一年内供自己花销、打点已属不易，再要养家糊口就更形困难了。所以，不少大员或依靠手中的权力，或利用消息灵通的条件，收受门生、故旧、属下的各种例敬，作为经常性的补充收入；卑下者则勒索贪贿，不一而足；那些小京官们，例敬不丰，收入不厚，常常靠亲朋资助，或借债度日。明乎此，对于清代官场的种种黑暗也就可以理解了。龚自珍有感于斯，才会提出厚薪养廉的改革主张，发出了“孟子曰：‘无恒产而有恒心，惟士为能。’虽然，此士大夫所以自律则然，非君上所以律士大夫之言也”的责难。诚然，用厚薪养廉的办法能否改良吏风、清明政治，大可疑问，但他看到了弊端，

---

① 以上均见《龚自珍全集》，29～30页。以下所引《明良论》各篇原文均见该书，不另注明。

积极寻求医治之方，则是难能可贵的。

第二篇是针砭士风之作。小京官的仕宦生涯，使他对士大夫们食禄贪位、阿谀苟且的心态看得很透，并进而思考士习好恶与国家命运的关系。他从士风是世风的映照这一观念出发，认为士不知耻是国之大耻，而历观当代的士大夫，自其入世之日、始进之年起能知耻的已经极少了。“官愈久，则气愈媮；望愈崇，则谄愈固；地愈近，则媚亦益工”。官做得愈久，锐气愈减；资望愈崇隆，任职愈接近皇上，马屁功夫愈巧妙，要他们像古之大臣那样巍然岸然以师傅自处，则“非但目未睹，耳未闻，梦寐亦未及之”。朝廷中的政务官员们，只知车马服饰、言辞捷给，它非所知；平时又不读书，自以为早晚办公已经够贤、够辛苦了，哪儿有时间去读书？没有实职的闲官们，只知写字作诗，虽读了些书，但不知书中大义，认为只要一天在任便有一天的尊荣，即使因病退休，也只把希望寄托在子孙的功名上，只要他们成为遇事退缩畏葸的老成，不要他们关心国家的前途。这两种人，惟知揣摩皇帝的意图，如蒙皇上色笑，得赐食，便扬扬自得地向家眷、门生夸耀；一旦遇皇上不高兴，便扣头抢地而出，别求可以获宠的办法。这种人难道是真心敬畏吗？万一国家有缓急，他们必然会像鸠燕那样纷纷飞跑了。朝廷上下的士大夫们都处于无耻的水火之中，还像什么国家？究其原因，在于他们无以作朝廷之气的缘故。他认为要使士大夫能作朝廷之气，必先教育他们“知耻”。他列举了《礼记·中庸》篇的内容和郭槐说燕王、贾谊谏汉文帝、朱元璋训诫臣下的典故，说明君主对臣下的态度是个关键。“主上之遇大臣如犬马，彼将犬马自为也；知遇官徒，彼将官徒自为也”，只有礼遇而不是役使，才能使臣下报之以高尚的节操。“厉之以礼出乎上，报之以节出乎下。非礼无以劝节，非礼非节无以全耻”。很明显，龚自珍不仅尖锐地揭露了当时都门士大夫的种种无耻行径，而且率直地抨击了君臣关系上的不合理制度，以此作为改变士习贱恶的方法。

《明良论》之三，批评用人制度中的论资排辈陋规。他认为“用人论资格”不但扼杀了英才，而且也使官吏不图进取、贪位保荣，变得“奄然而无有生气”。他说，一个读书人的进身之日，按中等速度计算约在

30岁。然后需要花35年才能做官至一品，最快也得30年。这样，自30岁进身做到宰辅、一品大员时，人已老矣，精力衰矣，再有德望也因岁月消磨而变的退葸尸位，“仕久而恋其籍，年高而顾其子孙，傫然终日，不肯自请去”。那些资历未深者，虽辛苦勤勉也没有位置安排他们。这种论资排辈，要鼓励勇往者，惩戒玩恋者，绝平庸者侥幸之心，解智勇者束缚之怨，岂不难哉？至于要想得到能建大业、陈大计的英才更困难了。想当初那些刚入仕做官的人，自不免有过慷慨激昂，谁都想有所表现，但一限资格，便一个个丧失了初时的生气，变得苟且因循了。“当今之弊，亦或出于此，此不可不为变通者也”。

《明良论》之四，主张朝廷给臣下以“重权”，才能使君臣共图千秋大业。他认为皇帝管臣子应问其治理的效果，而不必计较他们用什么方法治理，即乾纲独断，“总其大端而已”；内外大臣有了必要的权力才能保障有效的管理。“权不重则气不振，气不振则偷，偷则敝；权不重则民不畏，不畏则狎，狎则变”。为此，他建议朝廷应仿效古代之法，改变以往“一切琐碎牵制之术”。应该“删弃文法，捐除科条，裁损吏议，亲总其大纲大纪，以进退一世，而又命大臣以所当为，端群臣以所当从”，才能“救今日束缚之病”。他指出：用古法矫枉而不过正，没有弊端，“奈之何不思变法，琐琐焉，屑屑焉，惟此之是而不虞其侈也”？一言以蔽之，他把清明良好政治的出现，寄希望于“变法”，认为改革不合理的制度，“则万世屹立不败之谋，实定于此”。

《明良论》作为龚自珍以经世家姿态援古论今的最初尝试，奠定了他从传统文化中寻求改革之方的基本思路。自此，他一发不可收拾，到1833年(道光十三年)42岁以前，接连写下《乙丙之际箸议》《壬癸之际胎观》《古史钩沉论》《西域置行省议》《五经大义终始答问》《大誓答问》《农宗》及《农宗答问》等数十篇散文，有的直接议论政情、政局，揭露封建衰世和抨击社会贫富不齐，批判官僚制度等弊病；有的以论学形式论政，倡言更法，阐发“一代之治，即一代之学”的思想。其中《农宗》篇则表达了他对未来社会的设计方案，成为中国社会向近代转型时期中的第一个乌托邦方案。

《农宗》篇阐述的主张，是以宗法血缘关系来重新组合一个新的社会结构。其办法是把全社会的人群按宗法制度分为大宗、小宗、群宗、闲民四个等级。大宗有田百亩，以闲民五人为大宗佃种土地；小宗、群宗有田 25 亩，以闲民一人为佃耕，使之形成"宗能收族，族能敬宗"的和谐社会机制。① 他希望在这种社会体制下发展竞争，积累私有财产，因而不主张限田。他说："天且不得而限之，王者乌得而限之？""三代之季，化家为国之主，由广田以起也。"②有人问：既立农宗，又不限田，如此天下将乱，则如何？他回答说："此亡国之所惧也，兴王之所资也。"并援引孟子所说"为政不难，不得罪于巨室。巨室之所慕，一国慕之，一国之所慕，天下慕之。沛然德教，溢于四海"③来证明不限田之可行。意思是说，不限田所引起的分化和天下大乱，不须害怕。只有亡国之君才怕天下大乱。企图有所作为的君主正好利用它达到天下大治的目的。因为孟子说过，为政之道只要不得罪巨室(他设计的大宗)，凡是有势力的家族所追求的，必然会使一国之人学习而追求，一国所追求的，天下也会跟着追求，这是一种真正有影响的德化教育。

显然，龚自珍的社会改造方案仍脱不了类似三代之治农村公社的空想，但他主张在这个未来社会中，既按规定分配一定数额的土地，又放手让各宗之间展开竞争，不怕土地发生再分配，不怕引起分化而出现乱世。这种貌似矛盾实质已包含着要求发展私有财富的思辨，正是当时社会商品经济的发展在他思想中的反映。因为大家过着统一模式的经济生活，必然会丧失进去和缺乏生机。鼓励追求，人人追求，不一定会引起大乱，财富的总量也不会减少，只会增加。这种辩证的看法，一定程度上触及了社会发展的脉搏。中国社会不是需要田园牧歌式的经济体制，而是需要通过竞争发展资本主义。生活在资本主义萌芽历时两百多年之久而无法形成参天大树的清代中期的龚自珍，不能不为之触动和思考，正如他在《农宗》篇开首所说，这是他"渊渊夜思"的结果。说他讴歌资本主义，那么他的思想明显是为补封建制度的

① 龚自珍：《农宗》，见《龚自珍全集》，49～51 页。

② 龚自珍：《农宗答问第一》，见《龚自珍全集》，54 页。

③ 龚自珍：《农宗答问第四》，见《龚自珍全集》，55 页。

缺陷，他是个补天派；说他是维护封建制度，那么他的社会设计方案中流露了要求自由竞争发家致富的思想。这就是新旧交替时代，处在两种社会制度交叉点上的一个地主阶级改革家的矛盾惶遽的心态。他是带着时代特征赋予那时的思想家所特有的两重性出现在历史舞台上的。

对旧事物的无情批判和对新事物的朦胧希望，使龚自珍的思想在当时都门士大夫和后来的中国思想家引起了巨大反响。他那尖锐深刻的政论性散文，连同充满激情、关注民生的大量诗词，一反乾隆以来流行于文坛中脱离现实、追求格律神韵的文诗风格，把时人的视野引向探究时弊和关注政治的方面，开了风气之先，影响了19世纪后半叶的中国思想界，并为尔后的中国资产阶级维新改良思潮的生成，尽了前驱的作用。

尽管龚自珍有报国之心，所提的改革主张都渊源于古已有之的典章制度，然而人微言轻，在因循苟且的衰世，根本不受朝廷的注意，更谈不上采纳。30岁那年，他向房师、时任吐鲁番领队大臣的觉罗宝兴上书，详论天山南路的地理形势及加强屯戍的重要，主张善待当地回族人民，加强汉回亲睦，并将所撰《西域置行省议》的抄本附呈，结果这些建议都被搁置。1829年(道光九年)38岁时，他又上书大学士，“言内阁故事当循者有六事，寝不行”。41岁时，大学士富俊五度拜访，向他求教兴革之策，他“手陈当世急务八条”。当富俊读到其中汰冗滥一条时，便面有难色，认为难以实行，建议终不得用。1838年47岁时，他向自己的顶头上司、礼部堂官上书言事，详论礼部四司政体何者宜沿，何者宜革，洋洋三千言，结果又未被采纳。真是总有满腹古方，无权无势复无用；空怀一腔热血，有情有义竟难洒。

在一个不思变革、因循守旧、粉饰太平、金玉败絮的腐化社会里，先知先觉者总是与悲剧命运联在一起的。强大的习惯势力伴随着种种不合理的制度，扼杀着改革的生机。于是，对腐败的旧制度的争斗，不得不冲破传统道德规范的束缚，以人性的自我异化曲折地变现出来。从38岁中进士以后，龚自珍的诗人气质变得更加浪漫，更加放荡不羁，性格和为人处世显得愈发与众不同，愈益不合时宜。他身材不高，更谈不上魁伟，长得“广额巉颐，戟须炬目”，加之不修边幅，穿着随便，“故衣残履，十年不更”①，在常人眼里，完全是一副落拓不羁的怪相。据说某次去七井胡同访同乡故友，时当深秋，友人宅第门丁在秋风中冷得瑟瑟发抖，他却穿着夏季的纱衫，不戴帽子，站在肃杀的秋风中，怡然自得。

他不择交游，宗室、贵人、名士、缁流、僧人、博徒无不交往。出门则日夜不归，到寓则宾朋满座，挥金如土，囊空则又告贷。② 34岁那年，在京师见汉宫赵飞燕凤纽白玉印一枚，以五百金购得，后又以阮囊羞乏而质之于他人之手。③ 某次，他独自一人乘着驴车往游京郊丰台，拉着一个素不相知的游客在芍药丛中席地对饮，自始至终不问对方姓名，宛若故交，边饮边歌，手舞足蹈，完全沉浸在自我陶醉的境界中。

他待人接物不拘小节，与人论事，每到兴酣，往往情不自禁拍掌击腕。凡后学有所请教，则历数源流，侃侃而谈，全不管对方是否愿听，一旦发现对方面有倦色，则凄然而止，深为痛惜。对于不学无术而又假充风雅之徒，心最痛恨，常以幽默尖刻的话语当面讽刺，虽贵为王孙亦不留情面。

他痛恨当时科举中以字取士的陋习。在礼部主事任上时，叔父龚守正为吏部尚书。某日他去尚书宅，恰巧有个新进翰林来访尚书，便暂避耳室，但仍可听得出堂上主客对话。主问客近来做何事，客答称写白折以备考差。主人教导说凡考差，字迹宜端秀，墨迹宜浓厚，点划宜平整，则考时未有不及格者。客人正唯唯受教之际，龚自珍忽然在耳室拍掌大笑说：翰林学问，原来如此！主客之间极为难堪，客人因之惶遽羞愧而去。传说龚自珍家中的女性，包括婢女在内，悉工书法，尤善当世风靡科场的馆阁书体。凡有客谈及某某翰林学问如何如

---

① 张祖廉：《定庵先生年谱外记》，见《龚自珍全集》，632页。

② 参见《记羽琌山民二十二则》，见《清朝野史大观》卷十，60页，上海，上海书店，1981。

③ 参见《定庵先生年谱》，见《龚自珍全集》，607页。

何时，龚自珍必笑对说：今日之翰林不过尔尔，我家妇人无一不可入翰林者！其尖刻辛辣竟如此！

浪漫气息混合着愤世嫉俗的心态，既是诗人天性的率直流露，也是弱者对抗强者的一种表现方式。在传统规范看来，这便是疯癫、痴狂。人们把他称为龚疯子、龚呆子，对此，他毫不在意，我行我素。其实，那里面不知包含了一个有志改革、无力回天的先觉者几多辛酸！他曾有一首为好友沈虹桥小像所题的《金缕曲》词，道尽了胸中久积着的块垒：

> 老矣东阳沈！算平生征歌说剑，十分疏俊。太华秋高攀云上，百首淋浪诗兴。有多少唐愁汉恨？忽地须弥藏芥里，取一痕瘦石摩挲认。癫岂敢，痴差近。
>
> 伊余顽质君休问！笑年来光芒万丈，被他磨尽。愧煞平原佳公子，骏马名姝投赠。只是东抹西涂还肯。两载云屏交谊在，更十行斜墨匆匆印。他日晨，寄芳讯。①

读了这首词，谁都会对这个充满着忧患救世意识的诗人一掬同情之泪！

尽管他自 1831 年 40 岁起，已经很少议论时政，主要精力花在研求学术、阐发经义上，把青年时代的一腔热忱深深地埋藏在心里。何如他那豪迈的性格、愤世的感情仍不时迸发，无法掩饰，如狂似癫，屡遭物议。1839 年 48 岁时又因“才高触动时忌”，借叔父龚守正官礼部尚书，按例引避之机，便决意辞官南还。消息传出，京师士大夫们奔走相告。6 月 4 日，龚自珍不携眷属仆从，只雇了两辆驴车，以一车自载，一车载书夷然傲然地离京南下，踏上了回仁和老家的归途。好友们纷纷赠诗送行，同僚暨同年至友吴虹生在距京师七里之地，设茶挥泪送别。此情此景，使龚自珍深深感动，想到从此即将与同志好友分离，与生活了二十多年的京师告别，真是愁绪万千，感慨不已，不由得吟出了两首惜别诗来。

① 龚自珍：《金缕曲》，见《龚自珍全集》，560 页。

（一）

此去东山又西山，镜中强半尚红颜。
白云出处从无例，独往人间竟独还。

（二）

浩荡离愁白日斜，吟鞭东指即天涯，
落红不是无情物，化作春泥更护花。①

吟罢即与虹生挥泪而别，驱车赶路，但依依之情仍不能平静。一路上，有感而发，作了不少七言律诗。6 月下旬，行抵扬州，与已退休的大学士、著名经学家阮元及在京时的好友魏源等人畅叙别后，“跌宕文酒，凭吊古今，多哀艳之作”②。8 月 17 日，他行抵杭州老家，与阔别多年的老父团聚。由于家眷仍在京师，龚自珍稍事休息后，又于 10 月下旬北上迎接眷属。11 月间到达任丘县，便遣一仆人入都迎眷属来会。儿子龚橙深知父亲心情不好，不愿入都，就作书请他稍稍北进。他勉强行至雄县。再请，进于固安，坚持不再北行。夫人何吉云对丈夫的脾气也很了解，只好在过了冬至之后，携二子一女出都与他相会。次年 1 月底，一家五口终于回到故里。

到家以后，除与友人宴游应酬外，他把两次往返途中所作的绝句加以整理，共得 315 首，题名《已亥杂诗》，于 1840 年春编定，由他的女弟子新安程金凤用楷书缮就。这是他留给世人的最后一份文化遗产。这部诗集不仅“途中杂记行程，兼述旧事……平生出处、著述、交游，藉以考见”③，而且涉及政情民生、风俗世态，凝聚了他忧国忧民、呼唤改革的一往情深。那里面有欢乐、有忧愁，有批判、有呐喊，也有自我解剖，是一个抱“不世之奇才与不世之奇情”④的士大夫认识自我、超越自我的忠实记录，也是一部反映封建衰世时代社会生活的绚丽

① 龚自珍：《乙亥杂诗》，见《龚自珍全集》，509 页。
② 龚自珍：《定庵先生年谱》，见《龚自珍全集》，623 页。
③ 龚自珍：《定庵先生年谱》，见《龚自珍全集》，625 页。
④ 龚自珍：《〈乙亥杂诗〉程金凤书后》，见《龚自珍全集》，538 页。

图卷。

1841 年 9 月 26 日(道光二十一年八月十二日)，这位旷世奇才，清代著名的思想家暴卒于江苏丹阳书院，终年 50 岁。

自此，主张改革、通经致用的都门士大夫少了一根主心骨。当时，与龚自珍齐名、世人并称龚魏的湖南邵阳人魏源，早已离开京师，在两江总督陶澍的幕府；熟稔朝章典故的长乐梁章钜，也在 1836 年陛辞出都，到广西做巡抚去了；与龚自珍同样治今文经学，以挽回世运为宗旨的山阴潘德舆，则在 1839 年病故。留在京师，主张明道救世的士大夫中，惟有汤鹏和黄爵滋差堪座主。两人中，尤以汤鹏在才气和性格方面与龚自珍相近。

汤鹏字海秋，湖南益阳人，小龚自珍 9 岁，1822 年(道光二年)进士。年方 20 岁时已豪于文诗，负气自喜，下笔震铄奇特，被目为奇才。他以礼部主事入值军机处任章京，得以历览天下奏章。旋官户部主事，转员外郎，又得以明习吏事，后擢为山东道监察御史，尤敢直言无隐，一个月内竟三上奏章。曾因弹劾宗室尚书叱辱满司员，被罢御史之职，回户部转任郎中。他最初研习文学，尤好诗歌，自上古歌谣至《诗经》三百篇，汉、魏之赋，六朝之文，唐代之诗，无不精研探求，“形规而神契之”，深得此中三昧。著有诗三千首，多感慨抑郁、悲愤沉痛之作。后转治经书，著有《七经补疏》，以明经义。他为人落拓不羁，议论恣肆纵横，常称惟唐之李德裕、明之张居正是所钦佩；而对自己所著《浮邱子》一书，尤为自喜，每遇人辄问：“能过我一阅《浮邱子》乎?”此书确实针砭时弊，主张改革，每一问题都层层分析，枝干相演，不失为当时佳构，所以魏源曾评论说“此书可传也”①。在京时，他最喜欢和龚自珍交游，花之寺雅集，他是主要成员；每次重要宴游总有他在。但是，他不像龚自珍那样外狂内静，外痴内醒，而是狂痴得近乎滑稽。他是 1844 年(道光二十四年)患腹泻而死的，传说病因即起于他戏服大黄所致。某日在家和友人集会闲聊，有人说大黄性猛，不可轻尝。他却说有何害可言？我向来无疾常服，若不信，请

① 转引自李伯荣：《魏源师友记》，50 页，长沙，岳麓书社，1983。

面试。随即命仆人速购大黄二两，准备当场试验。友人见此，苦劝不可。他一意孤行，取大黄六七钱当众吞服。这时，一位友人起而夺之，他反而攫取一块吞服下肚，到黄昏时便开始腹泻不止，半夜即不治而死①，年仅 44 岁。

综观嘉道年间的都门士大夫，大都委靡文饰、正气殆尽，只有那些良知未泯、力图救世除弊的少数人，才真正称得上是忧国忧民之士。但是即使是龚自珍、汤鹏这样所谓的改革家们，也只能从古文化中去寻找救国的方案。诚如龚自珍所自嘲的那样："何敢自矜医国手，药方只贩古时丹。"传统的知识结构限制了他们迈向现代化的脚步。他们看到了衰世王朝的命运，体察到贫富悬殊的结果将导致"山中之民"的蜂起，从而告诫当权者："一祖之法无不敝，千夫之议无不靡，与其赠来者以劲改革，孰若自改革"，呼吁清王朝改革自救。但他们却没有看到正在对中国古老王朝构成威胁的西方资本主义，不但对中国以外的世界缺乏起码的了解，而且往往囿于所见，"皆以侈谈异域为戒"。所以他们的诗文中有对衰世抨击，有对三代之治的向望，有对民众疾苦的同情，有对王朝弊政的革新主张，唯独没有对世界时势的理解和认识。他们的视野在内而不在外，传统的夷夏之防观念深植心中。既然连当时最优秀的士大夫在世变将临时还处在对世界混沌朦胧、睡眼未开的状态，那么中国被轰出封建社会的历史命运也就无可避免的了。事实上，促使中国历史发生大转折的契机，正是在上自朝廷，下至公卿士夫们毫无感知、毫无思想准备的情况下悄悄然地到来的。

原载《道光十九年：从禁烟到战争》，华东师范大学出版社，2014 年，收入时有所增减

① 参见《清朝艺苑》，见《清朝野史大观》卷十，65 页。

洪秀全与基督教论纲

我认为在洪秀全与基督教的关系问题中，有以下几个问题需要进一步研究和讨论：一是洪秀全获得基督教神学知识的最初来源及其影响；二是洪秀全是否创立了名叫“拜上帝教”的“新宗教”？三是洪秀全是否利用宗教进行反清革命活动？以上三题，乍看似乎都是太平天国史乃至中国近代史教学和研究中的常识，早已有了现存答案。但若认真研读已经刊布的有关史料，就会对目前的共识产生困惑，感到仍有再讨论的必要。兹就管见所及，略做申论，用意主要在于提出问题，以期抛砖引玉。

一

洪秀全获得基督教神学知识的最初来源，无疑是梁发编撰的《劝世良言》。《劝世良言》是一部蹩脚的布道书。它对基督教神学知识的宣传是零散而不完整的；撰述上是杂乱而缺乏条理的；《圣经》引文取自马礼逊用晦涩费解的古文翻译的译本，而且不按《圣经》原有的顺序排列；在大段引文中间又插入了梁发用半文半白文字所写的注释和议论，强调并渲染天父耶和华的全能，耶稣救世和复活，反对偶像崇拜与独尊天父以求免入地狱及灵魂得救。①

可见，洪秀全在 1843 年阅读《劝世良言》后，尽管从中获得了宗教

① 参见梁发：《劝世良言》，载《近代史资料》，总第 39 号，1979(2)。

感悟①，但他的基督教神学知识既不完整，又不系统，除了天父全能、耶稣救赎外，对不拜邪神偶像、独尊天父上帝印象尤深。从此他皈依了上帝，成了一个自认的基督徒，并且立志要把上帝的"真道"传布给世人。这就可以解释为什么洪秀全约同冯云山等于 1844 年到广西活动的主要内容是打毁神像和题诗斥妖。

在研究洪秀全与《劝世良言》的关系中，很多论著没有说及梁发对《圣经》引文的注释和议论怎样影响了洪秀全对基督教圣经的认知定势。按基督教教义，《圣经》是至尊和不可改易的，但洪秀全所看到的《劝世良言》，却有占全书五分之四篇幅是梁发个人的说教，其中包括对经文的注释，对《圣经》篇章全旨的阐发，对宗教神话的描述和意义引申。②对于一个从未读过《圣经》译本、不知基督教为何物的受宣者，《劝世良言》作为他最初获得神学知识的唯一来源，势必会产生可以用自己的认识和感知来解释经文的错觉。心理学有第一印象对人的认知形成至关重要的说法，那么洪秀全从《劝世良言》中得到的这种第一印象必定十分深刻，以致他于 1846 年在罗孝全处学道并读到新的《圣经》全译本

① 洪秀全在 1843 年阅读《劝世良言》前，根据现已刊布的史料，只有在 1836 年第二次赴广州应试时于龙藏街听过两个基督教传教士的布道，并得到了一套《劝世良言》。他听布道多久、什么内容、有何感悟，史无明文，很难揣测。据史料记载，他得到《劝世良言》后，只是稍作浏览便将书搁置。直到 1843 年经表兄李敬芳推荐，"乃潜心读之，遂大觉大悟"。可知洪秀全的神学知识主要来自《劝世良言》，不可能有其他源头。但龙藏街听道一事对他可能发生过潜意识的影响，否则不可能在 1837 年大病中出现有关上帝等宗教神话的幻觉。进一步设想，他在得到《劝世良言》后，可能不仅止于随意浏览，或者说这随意浏览曾在意识潜层中留下过印象，否则很难解释他那异梦的内容。总之，洪秀全在 1843 年阅读《劝世良言》前后没有受到过任何宗教神学的训练。

② 《劝世良言》共 9 卷，其中由梁发阐述《圣经》经文的篇章，计有卷一《真传救世文》中 2 篇；卷二《崇真辟邪论》中 4 篇；卷三《真经圣理》中 4 篇；卷四《圣经杂解》共 5 篇，除每篇起首各引一段经文为《圣经》原文译文外，其余内容都是梁发作的注释与对经文的阐发；卷五《圣经杂论》共 19 篇，性质如卷四，均是梁发对经文的注释阐述；卷六《熟学真理论》中 2 篇；卷七《安危获福篇》中 5 篇；卷八《真经格言》中 3 篇；卷九《古经辑要》中 3 篇，以上共 47 篇，占《劝世良言》全书篇幅五分之四左右。

后，仍时时用自己病中的幻象来阐释基督教教义，使得罗孝全“莫明其妙”，弄不明白“其究从何处而得此中意见”①。明白了《劝世良言》对洪秀全的这一层影响，就能解释他缘何会在《二训一歌》中既用儒学知识解释基督教教义、宣扬独尊皇上帝，又以传说中的阎罗妖作为邪神偶像、妖魔鬼卒的总代表②；更可理解他之所以在《旧约》和《钦定前遗诏圣书》中对《圣经》做大量眉批的原因③。

这样看来，《劝世良言》对洪秀全的影响有二：一是确立了宗教信仰，皈依了上帝；二是使他产生了可以用自己的理解解释《圣经》的错觉，并日益形成思维定势。④ 前者原是梁发写作《劝世良言》的本意，基督教多了一名信徒；后者虽为梁发始料不及，但却是他的蹩脚作品产生蹩脚效应的实例。

二

洪秀全在1843年阅读《劝世良言》之后，是否创立了一个名叫“拜上帝教”或“上帝教”的新宗教?

对此，我仍然坚持17年前的看法。1980年我曾在《北方论丛》第4期上发表过《洪秀全创立“上帝教”质疑》一文。在那篇短文中我指出：现存太平天国钦定颁布的印书，现存太平天国领导人的自述和口供，洪仁玕口述、外国人整理或外国人根据洪仁玕谈话所写的报告，以及

---

① 罗孝全：《洪秀全革命之真相》，见中国史学会主编：《中国近代史资料丛刊·太平天国》第6册，824页。

② 参见《太平诏书》，见《太平天国印书》上册，9～22页。

③ 据上引《太平天国印书》编者在《旧遗诏圣书》文后的跋语称：“在《钦定旧遗诏圣书》第一卷第十四章末段有洪秀全批，《钦定前遗诏圣书》内洪秀全眉批更多。”《太平天国印书》上册，386页。

④ 洪秀全在阅读《劝世良言》之后，认为自己病时梦中所历与书中所言皆合，“有此相符之故，遂令其确信梦象与全书均为真理，而彼自己确为上帝特派以拯救天下——即是中国——使回到敬拜真神上帝之路者”。参见《太平天国起义记》，见中国史学会主编：《中国近代史资料丛刊·太平天国》第6册，848页。明乎此种洪秀全的感悟，再去阅读《二训一歌》，就能理解他的写作动机和作品主旨。

洪仁玕自己写的《洪秀全来历》，全都没有记载洪秀全创立了“拜上帝教”或“上帝教”一事。于是我说了自己的想法：“应该说，太平天国自己方面的记述、著录，是考察洪秀全革命活动的权威文献。如果洪秀全确于1843年阅读《劝世良言》后创立了‘上帝教’，那就无需加以隐瞒、避讳，而势必有所记述，大事张扬。但情况恰恰不是如此，查遍这方面的史料，没有任何有关洪秀全创教的记载，甚至连‘上帝教’的名称也未出现。”

在那篇短文中我也就现在刊印出版的清方记载做了考察，认为敌人方面也没有创立“拜上帝教”或“上帝教”的记述，比较多的提法是“上帝会”，如张德坚《贼情汇纂》称洪秀全等“结盟之始曰上帝会，复更名天帝会，亦名添弟会……虽屡更其名，其实即天主教略变其格也”①。湖广总督官文监修的《平定粤匪纪略》，则称朱九涛倡上帝会，“亦名三点会，秀全及同邑之冯云山师之，旋以秀全为教主”②。经罗尔纲先生考证，朱九涛并未倡立“上帝会”，洪、冯二人也未师事朱九涛。③ 于是我提出了疑问：“如果说洪秀全创立了‘上帝教’，在金田起义前为了避免清军注意，采取秘密活动的隐蔽方式而不为人所详知，那么金田起义后，早已无须保密，理应为敌方所获悉。但是，专门收集太平军情报的张德坚、官文等人竟对此毫无所知，妄加猜测，这难道不可以从侧面反映出洪秀全并没有创立过什么‘上帝教’的事实吗?”

我在那篇短文中指出：从现存太平天国领导人写的文章和供词看，在叙述洪秀全早期活动时，都说洪“劝世人敬拜上帝”，如果洪秀全确实创立了“上帝教”，那么无论洪仁玕还是李秀成应该写明自己参加了上帝教，而不应只写“拜上帝”。两人身处异地，写出的却完全一致，“这只能说明洪秀全在1843年阅读《劝世良言》后，只是信仰上发生了

---

① 张德坚：《贼情汇纂》卷九《贼教》，见中国史学会主编：《中国近代史资料丛刊·太平天国》第3册，249页。

② 杜文澜撰：《平定粤匪纪略》卷一，2页，同治八年群玉斋刊行。

③ 参见罗尔纲：《朱九涛考》，见《太平天国史记载订谬集》，61页，北京，生活·读书·新知三联书店，1955。

变化，并把自己对上帝的信仰传播他人而已”。

综合上述考察后我在那篇短文中得出了下列结论：“洪秀全尽管根据自己的理解，从中国实际情况出发，解说了西方的上帝，但他并没有创立什么新宗教，更不是教主。他最初的宗教活动是以一个上帝的信徒、热心的传道者身份出现的。”“说他在 1843 年 6 月创立了‘上帝教’，是缺乏史料根据的。退一步说，后人因洪秀全信仰的上帝已与西方的上帝不同，认为在这个意义上可以称洪秀全创立了一个有别于西方宗教的新宗教，并将它命名为‘上帝教’，但那是为了解释历史的需要，而不是历史事实的本身。解释历史与历史事实两者是不能混淆的。”①

17 年后的今天，当我再次审视洪秀全是否创教时，我认为上述观点还是站得住脚的。因为太平天国和清方记载的书刊俱在，人人都可索检查验；又因为这不是一个理论问题，可以任人理解和解释而具有弹性，它基本上是个有或没有的刚性问题。

那么太平天国是否有一个宗教实体性的团体？有，这就是 1845—1847 年由冯云山在广西紫荆山区以教人敬拜上帝而团聚了数千信徒的“上帝会”，或称“拜上帝会”。② 从《太平天国起义记》描述“上帝会”的宗教信仰看，它仍是“勿事偶像，独拜真神上帝，信仰耶稣藉得天堂永久快乐”③；它的宗教仪式由唱赞美诗，“宣讲上帝之仁慈，或耶稣之救赎大恩，及劝诫人悔改罪恶，勿拜偶像，真心崇事上帝”；洗礼等，基本上仿效西方基督教礼拜的形式。只是冯云山与洪秀全一样对耶教知识无多，在仪式中掺杂了“在神台上置明灯二盏，清茶三杯”，求洗者需写一纸忏悔状，上写各求洗礼者之姓名，至行礼时由各人朗声诵读，“乃以火焚化使达上帝神鉴”等“中国古老拜神方式”。④ 这些都是

---

① 以上均见拙作：《洪秀全创立“上帝教”质疑》，载《北方论丛》，1980(4)。

② 关于“上帝会”的记载，太平天国方面的文献，见之于《太平天国起义记》；清方记载则以《贼情汇纂》最为明确提及。

③ 《太平天国起义记》，见中国史学会主编：《中国近代史资料丛刊·太平天国》第 6 册，852～853 页。

④ 《太平天国起义记》，见中国史学会主编：《中国近代史资料丛刊·太平天国》第 6 册，858 页。

因无知或少知而起，不是因创立新教而标新立异。所以“上帝会”虽是一个具有宗教实体性的团体，但无论从它的宗旨还是主其事者的本意说，它并不是一个不同于基督教的新宗教，也不是寓有反叛现存统治秩序、以宗教为掩护的政治团体。“上帝会”的名称，不管是自称或他称，都没有谁认为它是一个新创的宗教或教派，所以李秀成、洪仁玕等只称“拜上帝”不称“拜上帝教”①；清方则认为它是“天主邪教”②“奉天主教”③，“其实即天主教略变其格也”。外国传教士直到太平天国起义后，也不因它掺杂中国民间拜神方式而否认它的基督教性质，并对此寄予期望。④ 既然当时情况与社会反应都如此，也就没有必要非得把它说成一个出于政治目的而对基督教进行有意识改造的新宗教。

三

说洪秀全利用宗教发动反清起义，总的来说，是可以成立的。具体说，太笼统且缺乏界定。自从1843年洪秀全阅读《劝世良言》起，到1847年二次入桂与冯云山会合，他只是个上帝的信徒、热心的传道

---

① 《洪仁玕自述》，见中国史学会主编：《中国近代史资料丛刊·太平天国》第2册，850页；《李秀成自述》，中国史学会主编：《中国近代史资料丛刊·太平天国》第2册，787、788、789页均多处提及。

② 谢介鹤：《金陵癸甲记事略》，见中国史学会主编：《中国近代史资料丛刊·太平天国》第4册，666页。

③ 解涟：《遭乱记略》，见中国史学会主编：《中国近代史资料丛刊·太平天国》第4册，612页。

④ 如罗孝全称：“余乃诚恳希望及祷告其结果将为扫除偶像，而为一般人民准备着亲聆在基督福音中静而细之声音”(《中国近代史资料丛刊·太平天国》第6册，826页)；如香港维多利亚主教斯密斯公开赞扬“洪秀全的文学才能、道德修养、行政才干、情神智力、领导气魄，为众人所拥戴”，“他使叛乱成为伟大的宗教运动，而并没有使基督教团体变质成政治的叛乱。”(见[英]呤唎：《太平天国革命亲历记》上册，王维周译，39页。)

者。这一看法包含两层意思：一层是指他在这几年里基本上没有“反清革命思想”；另一层是指他所写的宗教作品既非为另立新教，也非为尔后造反起义构作“革命理论”。

就第一层意思说，我和不少研究者一样，曾认为 1837 年洪秀全在大病中说的话、吟的诗，说明他已有革命思想，1844 年入桂是以宗教为掩护宣传革命。现在看来这样的论证十分牵强。洪秀全在病中的作为只是精神病患者的病呓①，与正常人的言行完全不同，不能以此认定就是洪秀全有反清革命的表现。作为一种“梦醒状态”的精神错乱所反映的潜意识，无论从洪在此以前的经历，还是病中所吟诗的内容看，都仅止于应试不第的刺激和对社会腐败的不满而已，不满情绪不等于革命思想。况且洪在病好后仍循规蹈矩②，应考如故③。明乎此，那么入桂宣传革命之说就难成立。

就第二层意思说，洪秀全在 1845—1847 年写的《二训一歌》宗教作品，从原文的主旨看，这些作品纯粹是一个对基督教神学知识知之甚少的人，试图用自己的认知去解释阐发基督教义。例如，在《原道救世歌》中，洪秀全就用传统道德规范和中国历史故事④，阐发《劝世良言》

---

① 简又文先生也认为洪秀全得的是“精神错乱”。他根据香港精神病院院长叶宝明医生对洪秀全精神病的诊断与解释，断定洪秀全患的是“急性的精神病”。在精神病学的术语中称之为“梦醒状态”之一的“神经昏乱”性质(见简又文：《太平天国典制通考》下册，第 18 篇《宗教考》，1614～1630 页，香港，简氏猛进书屋，1958)。

② 据洪仁玕称：洪秀全病好之后，“其人格与外貌均日渐改变。彼之品行谨慎、行为和蔼而坦白”。(《中国近代史资料丛刊·太平天国》第 6 册，843 页；另见《中国近代史资料丛刊·太平天国》第 6 册，862 页。)

③ 洪秀全于 1843 年又参加科举考试，仍名落孙山。

④ 《原道救世歌》又名《百正歌》。是以传统道德伦理规范结合基督教“天道”观来劝导世人要做正人，同拜上帝。至于歌末所引中国历史故事如尧舜化日光天，禹稷身显后狂，孔丘服教三千，楚汉项灭刘兴等，都作为“正”与“不正”的例子，说明对国家治乱兴亡、家庭福禄祸积，个人升天堂入地狱关系至要。

卷二《论富人难得天堂永远之福》篇中“神天上帝之诫”①。可是有的研究者不顾《救世歌》的这一宗教宣道主旨，只抽引原文中“天人一气理无二，何得君王私自专”，说反映了洪反对封建君主专制的革命思想。其实歌词中有大量颂扬中国历史上圣君贤相的内容，他们不也是君主专制的代表者吗？

再如《原道醒世训》中有“天下多男人，尽是兄弟之辈，天下多女子，尽是姊妹之群”句，有的研究者据此认为洪秀全有朴素的平等思想，有的则说洪有反对封建压迫，主张人人平等。其实《醒世训》一文在宣讲皇上帝是“天下凡间大共之父”，天下人不分男女皆从其所出，本为一家，天生天养，因此不该“陵夺斗杀”，存此疆彼界，起尔吞我并的私念，应该“跳出邪魔之鬼门，循行上帝之真道”，改变世道“一出于私”的乱治，“行见天下一家，共享太平”的“大道”。如果说那是洪秀全主张人人平等，不如说主张天父面前人人平等；说他有农民阶级朴素的平等思想，不如说是基督教的平等思想更合原文旨意。

值得注意的反倒是他引用《礼记·礼用》篇中儒学理想的“大同”世界那段文字。基督教的太平世界在天国，虚无缥缈，难以捉摸。洪秀全以行之于地上的大同理想作为天国永福的对应物加以比拟，使“太平”的“天国”变为可以捉摸的地上天国。后来的国号、军队名称，其原始出典即源于此文。

有的著述把《原道觉世训》说成反清或反封建的战斗檄文，说它把农民和封建统治者的对立幻化为宗教上的神妖对立；有的则说他创造

---

① 《原道救世歌》中的六不正，即淫、忤父母、行杀害、为盗贼、为巫觋、赌博，既与传统伦理道德规范的要求相符又与西方宗教中的“上帝之诫”相一致。《劝世良言》卷二《论富人难得天堂永远之福》篇中称：“神天上帝之诫者，即是勿行杀害之事，勿行奸邪淫乱之恶，勿偷窃别人之物，勿作虚妄假供干证之事，乃要孝敬父母，而仁爱怜舍之人，如似爱自己也。凡能守之、常生之永福亦在其中矣。”[《近代史资料》，1979(2)，21页]。这种宗教伦理与中国传统伦理规范相一致的状况，给予洪秀全以无限的联想。在救世歌中他要宣传的，无非说明做“正人”、不学邪，是天道的根本，天下人既然都是天父上帝所造成，那么就是“天下一家”；学正去邪既是人人必需奉行的天道，那么就不应只是君王所专有的特权。

出一个与皇上帝对立的阎罗妖，把它作为妖徒走卒的总代表，而阎罗妖指的就是清朝皇帝，妖徒走卒就是各级官吏；有的以文中有“皇上帝乃是帝也，虽世间之主称王足矣……耶稣尚不得称帝，他是何人，敢腼称帝者乎？只见其妄自尊大，自干永远地狱之灾也”一段话，就断定这是洪秀全反对封建清王朝的明显佐证，并且把原文中要天下凡间兄弟姊妹击灭阎罗妖的那段文字，说成是战斗号召或进攻的号角。

如果不是以倒果为因的方法去看《原道觉世训》，那么谁都可以看出这篇宣道作品比之前二篇更富有宗教气息。它的主旨是在宣扬皇上帝是独一真神，世人当拜皇上帝，不应拜邪神和木石泥团做成的偶像。但世人不谙此真道，而被阎罗妖“注生死”所迷惑，“颠颠倒倒，自惹蛇魔阎罗妖缠捉者也”。要独尊天父上帝，必需击灭阎罗妖，“惟恐不速者也”。文义明白，怎能望文生义呢？

只要认真读一下《劝世良言》，就会感知《觉世训》正是受其影响的产物①；只要想到民间关于阎罗王注生死及阴曹地府的迷信故事，就可理解洪秀全为何要把阎罗视作妖魔鬼卒的总代表，怎能把它赋予清朝皇帝的政治寓意呢？只要理解基督教是一神教，就会懂得洪何以会排斥凡间的帝号。把洪秀全的宗教狂热彻底政治化，并由此解释他的宗教作品构成了宣传政治平等、经济平等、社会地位平等的革命理论，怎么能令人信服呢？我认为以往研究中出现这种望文生义的情况，可以理解，个中原因无须深论，但事至今日，应该返朴归真了。

---

① 梁发在《劝世良言》中把反对偶像崇拜、独尊神天上帝作为一项主要内容加以阐发。其中卷一《论世人迷惑于各神佛菩萨之类》篇中，以“蛇魔”“邪神”“魔鬼”“地狱”等词描述了偶像崇拜的后果并作为各类偶像的代名词。《觉世训》中许多指称邪神的名词均由此而来。梁发在此篇中宣称：“倘有仁爱之人，知真经圣理之旨，将其意义，编辑小书，分送劝戒世上之人，不可拜人手随意所作弄神佛菩萨之像，乃要独敬崇拜原造化天地万物之大主，才合正经之道理。”[《近代史资料》，1979(2)，7页]洪秀全之所以会撰写《二训一歌》，正是受到梁发的这一启示。

四

自1847年二次入桂到1850年金田团营，是洪秀全被逼上梁山的转折期。但在王作新诬陷上帝会一案之前，他在紫荆山区的活动仍是宣教布道为内容的宗教性行为。案发后在营救冯云山、卢六的过程中才开始萌发造反起义的计划，此时的宗教活动才带有掩护起义的性质。

我说“王案”发生前洪仍以宣教布道的宗教活动为主，没有造反的政治意图，是有根据的。阐述洪秀全早期活动最详的《太平天国起义记》，在说到“王案”一事发生前洪、冯二人的活动时，只说了他们集会礼拜的仪式和打毁神庙偶像、题诗斥妖的内容，丝毫没有政治上意图造反的记述。“王案”发生后，洪秀全为救冯云山、卢六而去广州向两广总督递禀，理由是“请求释放因信教而入狱之两友”；广西的会众在营救二人时也“入禀为其所传之真理声辩，附呈所信之十戒”；而县官也“渐信拜上帝会教徒原非叛逆，有意释放两人”；冯云山在狱中呈求伸雪之诗三首，“其一，述出王绅之凶恶谋害之意；其二，申辩自己之冤枉；其三，证明人人当拜上帝”①。以上记述，都说明他们确因纯正的传教意图而敢于营救和自辩。

人称太平天国信史的《李秀成自述》，说到当时情况时也称“教世人敬拜上帝，将此之蛇虎咬人除灾病惑教人世。是以一传十，十传百，百传千，千传万，数县之人，十家之中，或有三五家肯从，或十家八家肯从，亦有读书明白之士子不从，从者俱是农夫之家，积多结成聚众”②。但是不少研究者把李秀成紧接上文的一段话：“所知事者，欲立国者，深远图为者，皆东王杨秀清、西王萧朝贵、南王冯云山、北

---

① 以上均参见《太平天国起义记》，见中国史学会主编：《中国近代史资料丛刊·太平天国》第6册，861页。又，关于冯云山的诉呈，李滨的《中兴别记》有较详记载，可参阅。

② 《李秀成自述》，见中国史学会主编：《中国近代史资料丛刊·太平天国》第2册，787～788页。

王韦昌辉、翼王石达开、天官丞相秦日纲六人深知。除此六人外，并未有人知道天王欲立江山之事，其各不知，其各实因食而随，此是真实言也”①，作为洪秀全入桂以传道为名，行暗中起义造反的证据，然后附会洪早有反清革命思想。其实这段话中最重要一句“其各实因食而随”说出了天王欲立江山和六人深知的时间。众所周知，在1850年金田团营以前，上帝会信徒虽有数千之众，但都散居各处，依家耕作，并无“因食而随”的需要和可能；冯云山一介穷汉，也无力救济众人；韦昌辉、石达开虽属殷富，现存史料中从未有他们于1847年前后散食上帝会信徒的记载。所以李秀成这段话只可能是金田团营时的情况，不能作为“王案”发生前以证明冯、洪组织上帝会寓有反清目的和革命思想的有力证据。

《洪仁玕自述》说到洪秀全在广西活动时，也只有打庙、题诗等事，“而众人心目中见我主能驱鬼逐怪，无不叹为天下奇人，故闻风信从，且能令哑者开口，疯瘫怪疾，信而即愈，尤足令人来归。故于癸卯、甲辰、戊申、己酉等年，与南王往返粤西数次，俱有树立”②。这段话中的癸卯是1843年，甲辰为1844年，戊申为1848年，己酉为1849年。很明显，直到1850年前，洪仁玕认为洪秀全、冯云山在广西还只是传教，没有政治上的反清活动。

我说“王案”以后洪秀全才有利用宗教进行造反的思想和计划，前提是逼上梁山，不如此不足以求生存，也不足以达到传道救世的目的。

所谓逼上梁山，是指当时广西阶级斗争形势尖锐化，迫使上帝会众采取自我保护的办法免于被地主团练、封建官府各个消灭。其中有两股政治势力对上帝会冲击最大，一是地主团练及土豪劣绅对拜上帝

① 《李秀成自述》，见中国史学会主编：《中国近代史资料丛刊·太平天国》第2册，788页。

② 《洪仁玕自述》，见中国史学会主编：《中国近代史资料丛刊·太平天国》第2册，849～850页。

会众的仇视、诬陷[1]；二是天地会散股投奔或归附上帝会[2]。这两股势力的冲击，客观上把上帝会推向阶级对抗的前沿。既要生存又要面临叛逆朝廷的现实；既想合法传道又面对被诬陷取缔的威胁。洪秀全在两难中毅然抉择：以造反求生存，以打出一个新天地传播上帝的真道[3]，从1849年起他开始与上帝会的骨干密谋共图大业了。所以洪秀全的造反既有世俗的又有宗教的双重目的。从他当时和以后的表现来分析，与其说世俗的政治目标起支配地位，不如说世俗目标从属于宗教的拯救世人更符合实际。[4] 从1847年洪秀全第二次入桂后，他已经被上帝会众奉为精神领袖了；他自己也以精神的而非世俗的领袖自居。很多研究者因他发动了反清起义而只强调洪的革命思想及作为世俗领袖的才具，忽视了他思想深处宗教狂热的事实。

应该指出，迫使洪秀全从传道的宗教活动向造反起义的政治斗争转变的因素中，除了上述形势的逼迫外，上帝会骨干的促进也是重要的。其中起主谋作用的应是冯云山、杨秀清、萧朝贵三人，附义者则有韦昌辉、石达开、秦日纲等。冯云山是“王案”中的受难者，1848年出狱后又与洪秀全在广东面晤过。李秀成说“谋立创国者出南王之谋，前做事者皆南王也”，谅非虚语。杨秀清以天父附身，萧朝贵以天兄附

---

① 地主团练对上帝会众的仇视迫害不仅止于1847年冯云山、卢六一案。1849年王作新诬陷黄为政、吉能胜入狱，黄瘐死狱中；1850年2月初贵县地主团练头子周凤鸣竟率部公然抢劫上帝会周凤善家，挑起与紫荆山区上帝会众的冲突。

② 据洪仁玕说，约在1850年秋，被清军击溃的天地会散伙，“均视拜上帝会为逋逃薮”(《中国近代史资料丛刊·太平天国》第6册，868页)。

③ 1850年洪秀全在一首诗中道出了他的志向。诗云：“近世烟氛大不同，知天有意启英雄。神州被陷从难陷，上帝当崇毕竟崇。明主敲诗曾咏菊，汉皇置酒尚歌风。古来事业由人做，黑雾收残一鉴中。”对于这首诗，《太平天国起义记》只做了典故的解释，即朱元璋菊花诗和刘邦大风歌，说明洪秀全的政治抱负。但诗中的宗教使命未有阐发。联系到后来洪秀全建国号曰太平天国，称金陵为小天堂，以及在太平军中、在天京地区的宗教宣传、刻印宗教书籍等活动看，他的宗教使命从未忘情过。

④ 洪秀全在金田起义后，特别是建都天京后，在世俗事务(包括军事、政务、行政管理)中所起的领袖作用，远不如杨秀清。他主要是以精神领袖的地位驾驭于诸王之上。因之，清方一度认为他早已不在人世。

身，主要不是攘夺洪秀全精神领袖的地位，而是借天父、天兄挟制洪秀全作符合他们意愿的决策。两人的附身把戏发生在形势紧迫的当口，不得不使人怀疑对洪的政治目的产生过影响。从起义后两人的作为看，他们虽拥有代天父、天兄传言的特权，但很少干涉洪的宗教事业，他们事实上取得了领导太平军和管理太平天国政务的世俗领袖地位。只是冯云山与萧朝贵死得过早，世俗权力便集于杨秀清一身了。

还要指出的是上帝会骨干的造反要求若没有紫荆山区会众的共识，也是不可能的。正如李秀成所说："自道光二十七、八年上下，广西盗贼四起，扰乱城镇，各居户多有团练。团练和拜上帝之人两有分别。拜上帝人与拜上帝人一夥，团练与团练一夥，各自争气，各自逞强，因而逼起。"团练协同官府一心想消灭上帝会，会众要求结集聚众以武力保护自己，正是势所必然之事。"王案"后紫荆山区的上帝会众逐渐滋漫铤而走险的情绪，催化了杨、萧、韦等人共图大业的密谋，而他们又是洪秀全两难择一的触媒。

内外形势逼使洪秀全不得不反，而即使造反他也不能忘情于拯救世人、替天父上帝行道的宗教使命。于是有赋诗明志，有金田团营之举，有花洲扶主之战。1851 年 1 月金田起义、宣布国号前，他已经领导着上帝会众、投奔入伙的天地会散股及饥民，和清军、地主团练对着干了。

宗教掩护政治，政治利用了宗教。洪秀全从此与近代中国的历史联在一起。

五

综上所述，我对洪秀全早期活动中与基督教关系的意见，可以归结如下：

洪秀全是个屡试不第的农村失意士子，在 1843 年以前经历简单，没有任何反清思想和行为的记录，充其量只是对异族统治腐败黑暗的不满和科场失意的刺激。1836 年在广州聆听外国传道师的布道及浏览所得的《劝世良言》后，曾在意识深层中留下过印象，才会在次年的大病中出现幻象和宗教呓语。斩邪留正诗等是精神病态的产物，不能作为已有反清思想的根据。把精神错乱者的狂语作为正常人的思想进行分析是不可取的。

1843 年洪在阅读《劝世良言》后，受到感悟，成了基督教的信徒。但他的基督教神学知识既不完整又不系统，却从梁发对《圣经》的注释阐发方式中得到启示，又与病中幻象堪合，自认为负有传播真道、拯救世人的使命。

1844 年他约同冯云山等去广西传道。1845 年写了《二训一歌》，用儒学伦理和历史故事阐发基督教独尊上帝、不拜邪神等若干教义，主旨和内容都在使受宣者更容易接受，不是在构作所谓“拜上帝教”教义，更不是为造反起义构作革命理论。这些作品都是宗教的而非世俗政治性的。说洪秀全改造了基督教，创立了不同于基督教的新宗教——“拜上帝教”，既于史无征，又在逻辑上讲不通：一个对基督教所知无多的人，怎么能有创造或改造基督教的能力呢？如果说洪秀全笔下的上帝已和基督教原型不同，那只能归结为他的无知与浅薄，或者客气一点说，是他力图使基督教中国化。就《二训一歌》的内容看，洪秀全确实用他所具有的儒家学说及传统道德规范解释和阐发《圣经》经文。这样做，完全是从《劝世良言》的作者那里学来的，本意在于真诚的宣教，效果却是亵渎了《圣经》。站在基督教立场上，可以指斥它为异端；站在洪秀全、冯云山的立场，完全可以说它获得了数以千计的信徒。

1847—1848 年发生的王作新诬陷上帝会冯云山、卢六一案，是洪秀全由宗教活动转向政治斗争的转折点，也是上帝会由宗教组织转变为政治斗争凭借或曰工具的转折点。广西地区阶级斗争的形势，上帝会内迷漫着铤而走险的情绪，上帝会主要骨干的造反要求，把洪秀全逼上梁山。即使如此，他仍不忘情于宗教救世的目的。他以宗教的精神领袖地位和身份，作了造反队伍的首领，但是世俗政务与军事指挥的权力则主要集中于杨秀清一身。

上帝会作为一个宗教实体性的团体，原是冯云山在 1845 年于紫荆山区传道时上帝信徒的结集，没有世俗的政治目的和政治寓意。不管是自称或他称，它既不是有别于基督教的标新立异的新教团体，也不是为了造反而以宗教行为掩护的反清革命组织。但是在1847年以后复杂的社会矛盾和激烈的阶级斗争形势下，它被地主团练、土豪劣绅乃至封建官府视为异己的社会势力，必欲去之而后快。这种对立一旦发展到政治迫害时，求生反抗、以牙还牙，也就势所必然。杨秀清、萧朝贵的降僮巫术变为代天父、天兄传言的把戏，正是世俗要求借助宗教语言的反映。洪秀全虽明其意但仍予以默认，证明他在思想深处已经有了超越宗教的政治目的。1849年以后的一切活动，也就成了利用宗教信仰以图大业的有计划行动了。

以上看法，是我在教学和研究中逐步认识所得的结果，其中既有对自己以往研究的新知，也有对太平天国史研究进一步发展的期望。是否有当，还望方家不吝赐教。

原载《学术月刊》1998年第1期

从《翁同龢日记》看同治帝病情及死因

同治帝载淳死于何病？历来说法不一。官书说死于天花，稗史笔记则称死于梅毒。其实《翁同龢日记》(以下简称《日记》)对同治帝得病到死亡，逐日都有记载。他是同治帝的汉文师傅之一，《日记》所记都是亲历之事，比之传闻，具有第一手史料价值。兹按《日记》结合有关说法，就同治帝病情及死因略做论析于下。

据《日记》所记，同治帝于 1874 年 11 月 29 日(同治十三年十月二十一日)在西苑怡游时着凉①，连日圣体违和，预备召见者皆撤。10 天后即 12 月 8 日(十月三十日)，开始"发疹"。② 次日经御医李德立、庄守和诊断后，确定是天花。③ 12 月 10 日(十一月初二日)，翁同龢与其他汉文师傅，清早到内务府大臣坐处，即按皇帝出天花时大臣都得换穿花衣，悬红绢于胸的规矩易服，"托案上人请安，送天喜"，上午约 9 时，会见请脉后回来的御医李德立、庄守和，得皇帝自患天花 3 天来"脉沉细，口渴腰疼，懊恼，四日不得大便，项颈稠密，色紫滞干艳，证属重险云云。不思食咽痛作呕"。他察看了昨、今两日的处方，都用芦根、元参、蝉衣、金银花等，吉更〔桔梗〕、牛蒡、紫草、葛根、酒军等药，皆"凉润之品"。④

① 参见陈义杰整理：《翁同龢日记》，同治十三年十月三十日，1073 页，北京，中华书局，1989。

② 参见陈义杰整理：《翁同龢日记》，同治十三年十月三十日，1073 页。

③ 参见陈义杰整理：《翁同龢日记》，同治十三年十一月初二日，1074 页。

④ 参见陈义杰整理：《翁同龢日记》，同治十三年十一月初二日，1074 页。

从12月9日到10日，同治帝病症确诊以来，翁同龢自太医处得到的信息、看到的药方，确实是天花。而且传出自确诊天花后12天中，“奏折用黄面红里，穿花衣补褂，供娘娘，递如意”。翁同龢为此还特地到市肆购买如意二柄，加上已有一柄，“预备如意三柄，明日呈递”。①

12月11日(十一月初三)，《日记》称：“天明后同人始集，先至案上请安，知昨日申初(作者注：约下午三时)大便已通，进鸭粥二次，得眠，咽痛亦减。见昨晚方，有渐见光润之语，不胜喜跃。”下午4时请脉。翁同龢抄得药方：“脉案言大便已通，胃口渐开，诸症皆减，惟顶陷板实(翁小注：又有攒簇字)，色带紫滞，毒尚未清，阴分不足，故皮根未能松绽云云。方大致如昨(翁小注：芦根、牛蒡、酒军二钱，吉更〔桔梗〕、元参，余不记，引用蚯蚓)。遂出。”②

此后，翁同龢每天进宫问安，回寓后必在日记中详述脉案和药方。皇帝病情似有起色，天花渐见放白行浆。到12月15日(十一月初七日)，脉案言：“阴分尚能布液，毒化浆行，化险为平。现在天花八朝，浆未苍老，咽痛音哑，呛颏胸堵，腰酸等尚未骤减，若得肾精不动，胸次宽通，即为顺象云云。又言阴分未足，当滋阴化毒，大致如此，凡二百许字。”《日记》当天记皇帝起居：“昨天大外行一次，进稀饭多半盂，元宝汤(翁小注：即馄饨)多半盂(小注：似两次)而已。”③看来天花已在逐渐发出，但皇帝体质仍然虚弱。

12月16日(十一月初八日)传下圣旨令翁同龢与军机大臣、御前大臣等同起进见。这是自同治帝得病以来，翁同龢第一次被召见，也是军机、御前大臣第一次被召见。他和诸臣先至养心殿东暖阁，见两宫太后正坐于御榻，手持蜡烛在察看皇帝天花病况。太后命诸臣上前瞻仰，同治帝舒臂令观，“微语曰：谁来此伏见？天颜温莃，偃卧向外，花极稠密，目光微露。瞻仰毕，略奏数语皆退”④。

---

① 陈义杰整理：《翁同龢日记》，同治十三年十一月初二日，1074页。

② 陈义杰整理：《翁同龢日记》，同治十三年十一月初二日，1074页。

③ 陈义杰整理：《翁同龢日记》，同治十三年十一月初七日，1075页。

④ 陈义杰整理：《翁同龢日记》，同治十三年十一月初八日，1075～1076页。

如果说，在此之前，翁同龢只是从御医的脉案和处方中了解皇帝的病情，那么，这次是他亲眼所见病中的皇帝。他看到了“花极稠密”的真相，看到了皇帝“天颜温蔼”“目光微露”的虚弱憔悴样子，看到了两宫太后秉烛观察的焦虑神态。这一切在他心头抹上了一层挥之不去的阴影，以致当天“彻夜不得寐”。

翁同龢与诸大臣退出东暖阁后，又被传入觐。这次是两宫太后召见，讨论皇帝天花期间政事如何运作。因为慈安向来不大过问朝政，召见臣工向例由慈禧主持料断。她说：“数日来圣心焦虑，论及奏章等事，裁决披览，上既未能恭亲，尔等当思办法，当有公论。”显然，慈禧要借臣工之口说出自己想要的办法。大家心领神会，提出“一切奏章及必应请旨之事，拟请两宫太后权时训谕，俾有遵循”。慈禧命诸臣“具折奏请”，即作为“公论”，向皇帝建议。召见中，慈禧又提出：“上体向安，必寻娱乐，若偶以丝竹陶写，诸臣谅无议论?”这是个君臣之间极为敏感的问题。因为朝野早已私议纷纷，哄传皇帝在内监和宠臣导引下常微服私行，寻花问柳，只是碍于君臣名分，不敢公然直说而已。估计太后也有所风闻，想用丝竹音乐取代，转移皇帝兴趣。既然太后已婉转提到此事，要求臣工体谅，于是“诸王跪向前，有语宫闱琐事”。其中惇亲王奕誴因“奏对失体，颇蒙诘责”。大概是他如实反映了皇帝私生活的放浪，遭到太后诘问训斥。问题实在太敏感，直白会使双方难堪，最后便不了了之。翁同龢在《日记》中描述慈禧当时的状态说：“皇太后调护过勤，焦忧过甚，不免流涕。”①

召对结束后，翁同龢与诸臣退至枢廷拟稿，恭请两宫在皇帝天花期间“权时训谕”，代行摄政，俟来年天花期满皇帝病好后“再照常办理”。奏折拟完正要散时，又传再见。大家便齐至西暖阁叩见太后。慈禧说：“此事体大，尔等当先奏明皇帝，不可径请。”估计是她怕皇帝对此有看法，决定再召见廷臣，叮嘱他们见机行事，不可渎请。②

第二天17日（初九日），皇帝与太后又在东暖阁召见翁同龢与军

① 陈义杰整理：《翁同龢日记》，同治十三年十一月初八日，1075～1076页。

② 陈义杰整理：《翁同龢日记》，同治十三年十一月初八日，1075～1076页。

机、御前大臣。《日记》写道："上起坐，气色皆盛，头面皆灌浆饱满，声音有力。皇太后亦同在御榻。上首谕恭亲王：'吾语无多，天下事不可一日稍懈，拟求太后代阅折报一切折件，挨百日之喜余即照常好生办事。'并谕恭亲王当敬事如一，不得蹈去年故习，语简而厉。太后谕略如昨，并言西暖阁一起乃出臣工之请，本恐烦皇帝心虑，故未告知，今当诸王大臣即告皇帝勿烦急，已允诸臣所请矣。上举臂以示，颗料极足，不胜喜悦而退。"①这段文字，值得注意之处有三点：一是同治帝的天花，灌浆饱满，"颗料极足"，正在全面出痘，而且精神也较前为好，说话"声音有力"；二是慈禧顺利获得皇帝认可，代阅一切折件，但她还是再次强调系出自"臣工之请"。本来是件正常的事，何必一再隐瞒己意非要托信臣工请求？联系到皇帝在太后垂帘听政时已对傀儡地位有所反感，看来母子之间已在权力归属问题上存在芥蒂；三是对恭亲王奕䜣，同治帝仍无好感，说话时声色俱厉。自从奕䜣不同意同治帝修葺圆明园，并揭出皇帝微服私行之后，同治帝对他一直心怀怨恨。正因为如此，他不愿意恭亲王在自己患天花时代理朝政。按清代习惯，皇帝有事出京如御驾亲征、巡察民情等，都有指定首揆代理政务的先例。奕䜣当时是首席军机，同治不愿他代理政务，说明对奕䜣成见已深。而慈禧尽管说过："十年以来，无恭王何以有今日？"②但她也不愿劝导儿子让恭王暂摄政务，表明她和儿子识见相同，对奕䜣只可用其长而不可托付大政。皇帝、太后、恭王之间在当时的错综复杂关系，通过对《日记》的解读，可以悟出其中的微妙。

其实，这天的皇帝病情并不昭示真在好转，天花未能顺利发出，而是因皇帝身体虚弱逐渐向着毒热内扰方向转化。到28日(二十日)皇帝的脉案已是："头眩发热，均惟余毒乘虚袭入筋络，腰间肿痛作痛流脓，顶脖臂膝皆有溃症烂处。"③三天后，据御医李德立、庄守和称，

---

① 陈义杰整理：《翁同龢日记》，同治十三年十一月初九日，1076～1077页。

② 转引自贾熟村：《同治帝载淳》，见左步青主编：《清代皇帝传略》，362页，北京，紫禁城出版社，1991。

③ 陈义杰整理：《翁同龢日记》，同治十三年十一月二十日，1080页。

“脉息皆弱而无力，腰间肿处两孔皆流脓，亦流腥水，而根盘甚大，渐流向脊。外溃则口甚大，内溃则不可言”，病症十分凶险。①

1875 年 1 月 6 日(同治十三年十一月二十九日)，翁同龢与军机大臣、御前大臣及内务府大臣同时被传召见，入养心殿东暖阁，见皇帝倚于病榻，面容憔悴，痂一半未落，自诉“胸中觉热”。视毕，诸臣与两宫太后同至东暖阁明间。慈禧说皇帝现在流汁过多，精神委顿，问大家有何良法？边说边哭，涕泗交下。大家认为“择医为上”。荣禄推荐一位 89 岁专治外症的名医祁仲，太后同意传来诊治。稍顷传诸人皆入。翁同龢见皇帝侧卧于榻，御医揭药膏挤脓，“脓已半盅，色白，稠而气腥，漫肿一片，腰以下皆平，色微紫，视之可骇”。想必病情严重，致使这位素以笔墨谨慎的帝师不自觉地写出“视之可骇”的真切感受。退至明间，慈禧悲伤得涕泪直流，泣不成声，“群臣皆莫能仰视”。约在 11 时，祁仲到达，与御医李德立等入内诊治，半小时视毕，命云西暖阁问状，两太后与恭王、醇王入，其他人不得与闻而退。事后，翁向荣禄打听，据告祁仲言：“此痘痈发处尚非肾俞穴，冀可治，药用十全大补汤。”但结果祁仲的处方未用，“存案而已”。②

捱至 1 月 12 日(十二月初五日)同治帝载淳终于无药可救，下午 6 时，一命呜呼，年仅 19 岁。③

同治帝之死，《清史稿》及其他官书都说死于天花。当代研究清史的学者，更具体地说他由于痘毒内陷，导致“走马牙疳”而死。中国第一历史档案馆将档案中发现的《万岁爷进药用底簿》送中医研究院和北京医院鉴定，“专家们一致认为同治帝系天花而死”。④

但是，当时私议盛传同治帝死于梅毒。“太后不知恶疾，强以天花治之，愈治愈重”，结果误了时间，送掉性命。产生这类私议的原因，可能与同治帝生活放浪、微服纵淫有关。有一则野史记此事的因果关系称：

---

① 陈义杰整理：《翁同龢日记》，同治十三年十一月二十三日，1081 页。

② 陈义杰整理：《翁同龢日记》，同治十三年十一月二十九日，1083～1084 页。

③ 陈义杰整理：《翁同龢日记》，同治十三年十二月初五日，1086 页。

④ 转引自贾熟村：《同治帝载淳》，见左步青主编：《清代皇帝传略》，367 页。

> 孝哲后，崇绮之女，端庄贞静，美而有德，帝甚爱之，以格于慈禧之威，不能相款洽。慈禧又强其爱所不爱之妃①，帝遂于家庭无乐趣矣，乃出而纵淫。又不敢至外城著名之妓寮，恐为臣所见，遂专觅内城之私卖淫者取乐焉。从行者，亦惟一二小内监而已。人初不知为帝，后亦知之，佯作不知耳。久之毒发，始犹不觉，继而见于面，盎于背，传太医院治之。太医院一见大惊，知为淫毒而不敢言，反请命慈禧是何病症，慈禧传旨曰：恐天花耳！遂以治痘药治之，不效。帝躁怒骂曰：我非患天花，何得以天花治？太医奏曰：太后命也。帝乃不言，恨恨而已。将死之前数日，下部溃烂，臭不可闻，至洞见腰肾而死。②

说同治帝无家庭之乐，出而纵淫，验之慈禧对同治帝不喜欢由她看中的凤秀之女而选了崇绮之女为皇后的事实，参照有关慈禧经常干涉帝、后亲热乃至夫妻生活的传闻，此说并不过分。传说慈禧经常告诫儿子“毋辄至宫中，致妨政务，且阴使内监时时监视之”③，搞得皇帝极为反感，“于是终岁独宿乾清宫”④。

说同治帝微服私行，纵淫取乐，既符事实，也合情理。试想一个十八九岁的青年，精力旺盛又无处发泄，于是别寻他途，逍遥取乐，事在情理之中，他不敢去著名的青楼妓院，怕撞着狎妓取乐的臣工，有损天颜，只得找暗娼或下三滥的去处寻欢作乐，因为这些地方是有身份的大臣们不屑一顾之处，可以不被发觉而得保密。事实上，同治帝的放浪早为人知，参与其事的，也不止一、二小太监，还有恭亲王奕訢的儿子载澂。所以当奕訢劝阻修圆明园，君臣发生争执，皇帝坚持要他说出指责自己微服私行有何证据时，奕訢以“臣子载澂”对，并

① 即慈禧相中的侍郎凤秀之女慧妃。——引者注

② 《皇帝患淫疮》，见《清朝野史大观》卷一，82页。

③ 《穆宗立后之暗潮》，见《清朝野史大观》卷一，80页。

④ 《穆宗立后之暗潮》，见《清朝野史大观》卷一，80页。

指出了时间、地点，皇帝为之语塞。[①] 这就是为什么他一怒之下革去奕䜣亲王世袭罔替，降为郡王时，会一并把载澂也革去贝勒郡王衔了；为什么他在病中召见军机、御前大臣时，仍对奕䜣声色俱厉，没有丝毫好感了。

其实，知道皇帝微服纵欲的，何止奕䜣？前面所说太后召见诸臣征询能否让皇帝"偶以丝竹陶写"寻求娱乐时，惇亲王奕誴被斥为"奏对失体"受到诘斥，奕誴奏对的就是这类不堪入耳之事。即便翁同龢，也曾看到过这位天子门生带小太监骑马、乘轿飞速奔回皇宫的事实，只是他在日记中写的比较隐晦而已。[②] 由此，也就可以解读《日记》中经常提到皇帝传旨"无书房"的事了。有时四五天"无书房"[③]，有时竟半个多月"无书房"[④]。为什么皇帝懒于读书？说白了就是经常夜间外出，弄得筋疲力尽，第二天哪有精神读书。学生放老师的假，老师无可奈何，只能干着急。

凡此，都可证明同治帝确实行为不轨，放浪纵淫。朝野乃至慈禧都心知肚明，只是碍着君臣名分，谁都不敢捅破这层窗户纸。既然如此，那么说他得了淫疮，也就不足为怪，否定这种可能性，反倒使人不可理解。

问题在于可能患了淫疮的同治帝，是不是死于淫疮？

从《日记》看，皇帝自发疹起到 12 月 28 日的 20 天内，翁同龢从太医李德立、庄守和处看到的脉案与处方，以及他被召见时亲眼所见皇帝的症状，确实都是患了天花和治疗天花的用药。说慈禧一开始就命太医以天花治淫疮，显然不符合事实。除非翁同龢事后重新改写了日

---

① 转引自贾熟村：《同治帝载淳》，见左步青主编：《清代皇帝传略》，362 页。

② 陈义杰整理：《翁同龢日记》，同治十三年九月二十二日称，"昨日有马车惊逸入神武门，至于景远门止，护军参奏该班官矣，然同坐车中者中官小李（翁注：上乘轿）照旧当差莫问也"，1069 页。

③ 陈义杰整理：《翁同龢日记》，同治十三年八月十二日记称，"传今日至十六皆无书房"，1064 页。

④ 陈义杰整理：《翁同龢日记》，同治十三年八月二十二日称，"传至今日起至九月九日皆无书书房矣"，1065 页。

记，按天花而不是淫疮逐日造假。验之于《日记》原稿影印件，不存在这种可能；质之于翁同龢秉性人品，也不存在这种可能。他的《日记》只有写得隐晦或故意不记某事的习惯，至今尚未有人指出造假的记录。

但是，《日记》自12月28日以后所记，更多的是腰、臀间的溃疡流脓日渐严重，发展到肾水不济，牙断黑肿糜烂，这种症状确实使人有淫疮毒发的怀疑。不过，翁同龢在皇帝死前3天即1875年1月9日(同治十三年十二月初二日)，被召见时曾询问过御医有关皇帝的病情，得到的回答是："所下(笔者注：同治帝昨夜大便一昼夜8次)尽是余毒，口糜又虑成走马疳。"①同治帝临死时"两腮红肿，硬处揭破伤皮，不能成脓，仅流血水，势将穿腮，牙齿糜黑，口气作臭，毒热内攻"，最后，牙关紧闭，连汤药都灌不进②，确实是毒热内陷，导致走马疳而死。说他死于淫疮，既无文献依据，又与实际不合，纯属是一种猜测、怀疑。

不过，同治帝之死与他放浪纵淫不无关系。若不是他在夜间常微服私行，寻花问柳，把身子掏空了，那么一个19岁的青年，以其旺盛的生命力，加上良好的医疗条件，是决不会被天花击倒的。从《日记》看，他患天花后之所以行浆不足，毒热内陷导致腰、臀溃烂，根本上是因为"阴分不足"，气虚肾亏所致。因此，纵情淫乐送了同治帝的性命。

再做深一层的分析，若不是慈禧太后经常干预儿子与儿媳的私生活，同治帝大婚后也不至于时时得宿乾清宫，欲爱而无所可爱者。那么，说她害了儿子，当不属过苛。尤其是当她明知儿子行为不端，有失帝德而不加劝阻，甚至不准臣工议论此事，那么，说她过分溺爱儿子，不是一个好母亲，也属公允平实之论。这个堪称中国历史上罕见的政治女强人，在家庭问题上如此地专横和失落理性，难怪会受到时人和后人的谴责了。

原载《探索与争鸣》2006年第1期

---

① 陈义杰整理：《翁同龢日记》，同治十三年十二月初二日，1085页。

② 参见陈义杰整理：《翁同龢日记》，同治十三年十二月初五日，1086页。

论陈宝琛与“前清流”

晚清清流作为权力争斗的调节器和社会矛盾的平衡器，具有准集团化倾向。他们追求“内圣外王”之道，议论朝政、针砭时弊，以张民意、忠君上自居。陈宝琛在其一生的“立言”阶段，作为清流健将与张之洞、张佩纶关系最为密切。他既有不媚时俗、不畏权贵、敢于直谏等清流人物共有的风骨，更有学西学、新内政的鲜明个性。他主张以知外情教育皇上，改总理衙门为“通商院”。他熟悉边疆形势，在外交上善于从全局出发思考问题。在中法战争中他与清流同仁力主抗战，并积极参与南洋事务。但清流作为“言官”，手中既无实权，自身又长于言而短于实践，一当权力争斗调节器作用消失，清流党的消失也就不言而喻了。①

一

陈宝琛的一生，可以粗分为三个阶段：1885 年 37 岁以前，是修业儒学、科举入仕，任职翰林院、授内阁学士兼衔礼部侍郎，“以直谏有声，天下想望风采，号为清流”②的阶段。1885—1909 年 37 岁至 62 岁，是被参降级、蛰居乡里，以乡绅身份积极从事地方教育事业、筹

---

① 本段原为发表时“内容摘要”，先生将该文收入论文集《困厄中的近代化》时，将其作为“引语”，这里照《困厄中的近代化》处理。——编者注

② 陈三立：《赠太师陈文忠公墓志铭》，见汪兆镛纂辑：《碑传集·三编》卷八，第 2 册，390 页，台北，文海出版社，1980。

设福建铁路公司、募款修筑漳厦铁路等嘉惠桑梓的阶段。1909—1935年62岁至88岁，是重获大用、荣任帝师，旋遭清亡帝废之变而长居北京，虽身为清室遗臣、心忧故国旧君，但坚决反对溥仪在日本卵翼下做儿皇帝，至死不仕伪满小朝廷，以坚持民族大义而终其天年的阶段。

这三个阶段，若以人生历程言，恰好与他的青年、壮年、老年三个时期相契合；若以立身处世而论，则以青年时期立言，壮年时期立功，老年时期立德为各自特色。

所谓“立言”，是指他在翰苑供职期间，以讲臣的身份、清流的姿态，自觉维护儒学那套伦理价值标准，动仗名义，以代圣贤立言为职志。他在吏风上抨击贪贿，弹纠因循，主张肃整纲纪；在士习上提倡学以致用，反对空谈性理、拘牵制艺，主张“知耻”，以气节为先；在论政中主张清明政治，反对宦官干政，要求改革；在对外关系中坚持国家主权，反对外来侵略。这一切，都使他在政坛上引人瞩目、锋芒毕露，成了左右朝野舆论的中坚。

所谓“立功”，是指他在福建闲赋的20余年中所从事的各项地方公益活动，不仅开了闽省近代化风气之先，而且因其成绩卓著而功于后世。举其要者，如福建第一所中等师范学堂是由他创办的；第一所省立高等大学堂(今福建师范大学前身)是由他奠定基础的；从嵩屿至江东桥间长76华里的铁路路基也是在他主持下修筑的。他虽不是洋务派但不反对洋务活动；虽主张中学为体，但并不排斥西学。他不仅主张中西学问相通，新旧文明相益①，而且在倡导西学、引进西技方面躬亲实践，殚精竭虑。可以说，在19世纪末与20世纪初，陈宝琛称得上是个站在学习西方潮流前沿的人物。无怪乎当螺江陈氏宗祠落成时，著

① 陈宝琛在晚年曾应美国哈佛大学燕京学社之请，手书“文明新旧能相益，心理东西本自同”对联一副相赠。参见复旦大学历史系陈降教授所提交“陈宝琛与中国近代社会学术讨论会”论文《陈宝琛的近代化思想与事业》。本文转引此项资料，已蒙陈教授同意。特此说明，并表谢意。

名的洋务人物李鸿章、张之洞、左宗棠等纷纷撰联题额，敬礼有加了。①

所谓“立德”，是指他晚年处于政情诡谲、风云变幻之时，仍能以爱国为重、以民族利益为先，不受威胁利诱，不失人臣之道的气节和品德。辛亥以后，他虽坚持清朝遗老的身份而不识时趋，未能随时而进为共和政体欢呼，但他既不像袁世凯那样在共和与帝制问题上翻手为云、覆手为雨；也不像郑孝胥那样同为清室遗臣而因一己私利甘心依附日本，充当伪满新贵；更不参与打着民国招牌投靠帝国主义的军阀政府，而是枯住北京，不灭其光复皇清的旧梦。所以，他虽不是个共和主义者，但与帝制自为的民贼、投机取巧的政客、卖国求荣的汉奸等相比，毕竟大节不亏，品德高尚，不失其正人君子的形象。

综观陈宝琛的主要作为，应该说，忧国忧民、功在社会，是他一生的主流，而“内圣外王”“忠君报国”，则是他的理想追求和行为准则。他是一个由传统文化孕育出来，具有良好道德修养，又有匡时济世之志，却因时运不济而无法实现其治平抱负的旧式士大夫的典型。他在晚年仍囿于忠君的窠臼而与社会发展趋势相悖，这又注定了他必然是个政治理想与历史潮流错位的悲剧型人物。

二

陈宝琛于同治七年(1868)中戊辰科进士后即入选翰林院。初为庶吉士，旋散馆授编修，擢侍讲、晋学士，在翰苑供职长达十余年。其间虽两充顺天乡试同考官，一任甘肃乡试正考官，但都是临时差使。即使在光绪八年(1882)简放江西乡试正考官后不久改任江西学政，也只有一年时间，次年即因升任内阁学士兼礼部侍郎衔而仍回翰苑。从21岁至39岁，他一生中最美好的青年时代，主要是在翰林院度过的，而这段时间也正是他在晚清政坛中崭露头角，令人瞩目的光辉期。

---

① “螺江陈氏宗祠”的匾额为左宗棠所题。正门两旁是李鸿章手书“冠带今螺渚，诗书古颍川”的对联；两道边门的对联“世系昌鸣凤，仙居相钓赢”为张之洞手撰。

陈宝琛自小受到严格的儒学训练和良好的家庭教育。父亲陈承裘在授读之余常“诲以古今忠孝故事”，又“为述祖德庭训，及道咸间所闻见士夫贤不肖行事与生平所接名士硕士之言论丰采，勖以名节”①；母亲林氏也经常督励他深宵苦读、奋发有为，以身作则、为诸弟榜样②。这些都使他在节操和品性方面得到熏染，对确立以家国天下为重的人生旨趣起了潜移默化的作用。他治学归宗程朱，学术思想上又深受清初著名思想家黄宗羲、顾炎武的影响，主张“明道救世”“通经致用”。他曾说过：“方今世变所趋，士风渐致侥倖”，“若得宗羲、炎武二人，树之风声，动其观感，使天下咸晓然于学问经济自有本源，理非空谈，功无速化，行己以有耻为质，读书以有用为程，则功名不贻气节之羞，而风俗可得师儒之益”③。所以他不但熟悉历代典章制度、政情沿革，注重“以史为鉴”，而且研究边疆地理，注意法、日、沙俄的动向；不仅了然民生经济，而且关心时务世运，有革新弊政、澄清天下之志。他 13 岁中秀才，18 岁中举人，21 岁即成进士，科场顺遂、英年早达，更使他亟亟于一展自己的经世抱负。

陈宝琛入选词苑后，即觅同声相应、同气相求的志士为友。与之交往的朝中名士有张之洞、张佩纶、宝廷、邓承修、黄体芳、李端棻、张楷、邓庆麟、邵积诚等，他们或为讲臣，或为台谏，相互砥砺，互为奥援，勇于论政，“几几乎有宋元祐之风，一时遂有清流党之目”④。因常在京师松筠庵聚议，时人有“松筠十君子”⑤之说。其实，中法战争前的清流党人，至少有二十余人，而与陈宝琛交往的，也不止上述

---

① 陈懋恒、陈懋咸：《闽螺江太傅陈公年谱》，载《福州历史与文物》，1983(1)；陈立鸥：《闽县陈公宝琛年谱》，3 页，自印本。

② 参见何艺文：《孤忠傲骨一诗翁——谨记我外公“帝师”陈宝琛事略》，载《传记文学》(台北)，第 54 卷，1989(2)。

③ 陈宝琛：《请以黄宗羲顾炎武从祀文庙折》，见《陈文忠公奏议》卷下，20 页，台北，成文出版社，1970。

④ 朱祖谋：《跋》，见张佩纶：《涧于集》，沈云龙主编：《近代中国史料丛刊》第 10 辑，台北，文海出版社，1973。

⑤ 郭嵩焘：《郭嵩焘日记》第 4 卷，207 页，长沙，湖南人民出版社，1983。

九人，还有张观准、吴大澂、刘恩溥、何金寿、吴可读等①，他们都可列入“前清流”中。

在上述清流党人中，陈宝琛尤与南皮张之洞、丰润张佩纶相交最笃。张之洞于同治二年(1863)以一甲三名入翰院，早陈宝琛四年。他“以文儒致清要，遇事敢为大言”②，一反往者词臣“雍容养望”的陋习，深得陈宝琛之心，两人“订交最早，情文相生”③，成为终生同志。张佩纶于同治十年(1871)中进士、入翰苑，晚陈宝琛三年，因而尊陈宝琛为“前辈”，而陈宝琛也极称赏他的才气，常相过从。二张之外，宗室宝廷也是与陈宝琛关系密切的一个。他是郑亲王济尔哈朗八世孙，与陈宝琛同年中进士，同时入选翰林院，同进庶常馆，同为庶吉士。他们志同道合，恒以维持名教为己任，以力挽颓风为职志，不避权贵，敢于直谏，“锋棱所向，九列辟易”，一时有“枢廷四谏”之称，成了晚清士群的人望。

比较而言，“四谏”中陈宝琛与二张的关系更为密切。他曾自述过光绪初年与二张在政论中的合作，说：“三人不分畛域，或公(指张之洞)口占而侍讲(指张佩纶)属草，或两公属草而余复奏，或余未便再言而疏草由两公具奏”④，你中有我，我中有你，配合得极为默契。二张以纠弹猛切著称于时，如张之洞疏劾使俄大臣崇厚所订《里瓦几亚条约》，“论奏其得失，请斩崇厚，毁俄约”⑤，结果，崇厚下部议处，条约作废；如张佩纶，“尤以纠弹大臣著一时，如侍郎贺寿慈，尚书万青黎、董恂，皆被劾去”⑥。两人因之在前清流中有“青牛角”之称，喻其“用以触人”⑦；宝廷才思横溢，于吏治、民生、用人、行政及中外关

---

① 参见陈勇勤：《清流党成员问题考议》，载《近代史研究》，1992(4)。

② 赵尔巽等撰：《清史稿》卷四三七，第41册，12377页。

③ 徐一士：《一士谭荟·陈宝琛》，见荣孟源、章伯锋主编：《近代稗海》第2辑，415页，成都，四川人民出版社，1985。

④ 许同莘：《张文襄公年谱》卷一，23页，上海，商务印书馆，1947。

⑤ 赵尔巽等撰：《清史稿》卷四三七，第41册，12377页。

⑥ 赵尔巽等撰：《清史稿》卷四四四，第41册，12455页。

⑦ 刘禺生撰：《世载堂杂忆》，钱实甫点校，90页，北京，中华书局，1960。

系方面多所建议，如“光绪改元，疏请选师保以崇圣德，严宦寺以杜干预，核实内务府以节縻费，训练神机营以备缓急”；“晋、豫饥，应诏陈言，请罪己，并责臣工”；“历迁侍讲学士，以六事进，曰：明黜陟，专责任，详考询，严程限，去欺蒙，慎赦宥”①。在当时的满族贵族官员中他是一个难得的人才，也是有名可稽的前清流人物中唯一属于非汉族而敢于直言论政的言官。但他太过于率性，生活也很放浪，被时人讥呼为“青牛鞭”。

与张之洞敢大言、张佩纶勇纠弹、宝廷特谠议相比，陈宝琛以“能持大体”②，成为“四谏”的中坚。他在前清流中被时人目为“青牛尾”，和号称“青牛头”的军机大臣高阳李鸿藻首尾相列，足见其地位之重要。所以，有关清流的传言中，无论是“松筠十君子”说、“十朋”说，还是“枢廷四谏”说、“四大金刚”说，尽管成员多有不同，但陈宝琛总在其中。这样看来，他虽不是前清流的挂帅人物，却是前清流的健将，当属无可疑义。

清流古已有之，不独清代为然。但像晚清政局中形成一股左右舆论的势力，并具有准集团化倾向者，似属少见。这与同光时代朝廷中出现的复杂形势大有关系。中法战争前，慈禧与恭亲王合作的政治蜜月早已结束，两人权力分配的矛盾日见表面化。为了抑制奕䜣在朝政中日趋膨胀的势力，她早在光绪改元之初即以广开言路为由，纵容翰苑的文学侍臣，中央府、寺、监等机构中的言官评议朝政、纠弹大臣。“一时台谏争以搏击相高”③，清议渐成风气。

当时，军机处内两位颇负时望的军机大臣沈桂芬与李鸿藻，各有一批文学词臣和言官聚于门下。沈桂芬因熟谙洋务而为奕䜣倚重，尤其在 1876 年 6 月满族军机大臣文祥病故后，成了恭亲王的得力助手。

① 赵尔巽等撰：《清史稿》卷四四四，第 41 册，12451 页。

② 陈三立：《赠太师陈文忠公墓志铭》，见汪兆镛纂辑：《碑传集·三编》卷八，第 2 册，390 页。

③ 王嵩儒：《掌固零拾》卷三，36 页。转引自陈勇勤《清流党成员问题考议》，载《近代史研究》，1992(2)。

李鸿藻以讲理学而负盛名，以批评弊政标格清议而获人望。沈桂芬是江苏吴江人，团聚在他周围的被目为“南党”或“南派”，以与直隶高阳李鸿藻一伙“北党”或“北派”相区别。其实，南党中有北人，北党中有南人，南北的区别纯以两派挂帅者的籍贯为指归。南党中虽也有台谏的言官和词苑的翰林，但因沈桂芬在军机处炙手可热，真正的清流怕趋炎附势而掉格，所以多归附于在军机处内不受恭亲王重视的李鸿藻。西太后正是利用了这种矛盾，以暗中纵容北派来调节她和恭亲王的微妙关系。于是晚清政局中的清流党人才能形成一种影响言路的特殊势力。

除了上述统治集团中最高层次的微妙斗争这一背景外，清流势力的活跃，也有社会现实需要的客观因素。处于同光时代的清王朝，一方面因内乱渐平而在内治上进入了相对稳定的统治期；另一方面因中外联手对付农民战争的合作局面已经过去，在外事上出现了列强觊觎边疆地区的危险形势。内治相对稳定便突出了吏治败坏的固习；边疆危机激发出要求了解外情、寻求控驭之方的呼声。这两方面都给厕身言路、欲图施展政治抱负的清流们以表现之机。所以清流既是权力争斗的调节器，又是社会矛盾的平衡器。陈宝琛正是在这种特定政情下脱颖而出，成了前清流的著名人物。

三

作为前清流的健将，陈宝琛在议政中既有不媚时俗、不畏权贵、敢于直谏等清流党人共具的风骨，又有注重学习西方、改革内政的鲜明个性。

最使陈宝琛名噪于世的是他敢于忤西太后的意旨、坚请严责阉官、宽赦护军的“庚辰午门案”①；最能反映他不避权贵的是公然纠弹军机

---

① 参见陈宝琛就此案所上的《请申明门禁折》《密请懿旨特宽午门兵丁罪名片》，均见《陈文忠公奏议》卷上，18～21页。

处和总署大臣在伊犁条约谈判中的延误失责处①；最可表现他抨击腐败吏风的是《星变陈言折》②；最为体现他以先儒学风作士习楷模的是他的《请以黄宗羲顾炎武从祀文庙折》③；而最能体现他政治革新主张的，要数光绪七年闰七月（1881 年 9 月）所上的《条陈讲求洋务六事折》了④。

陈宝琛在这份奏折中，本着洋务为"至重""至公"的大事这一基本思想，提出了六项建议和主张：第一，以了解西方的人文历史、风土政情作为教育皇上的必要内容，促使朝廷转变传统的"驭夷"观念和陈法；第二，改总理衙门为"通商院"，位于六部之下、理藩院之上，革除由枢臣兼总署所造成的弊端；第三，举熟知洋务之人充实军机处和总理衙门，收"彼此互商、内外相制，发谋出虑，慎重周详，所举庶无遗策"之效；第四，效西方议院之制，广开言路、集思广益、援臣民之言、抵制西方以修约为名而有所欲求；第五，选派翰林、部曹之德才兼备、年力强盛者出洋游历，以期"洋务永无乏才之虑"；第六，参合中西律意，制定章程，商布各国，勒为科条，改变中外词讼时因洋律畸轻而使华民受害的状况。

上述六条，从整体上说并没有超过林则徐、魏源所倡导的"师夷制夷"的范畴，仍处在了解西方、学习西方的水平上。即使是他希望借西法以改革图强的认识，与同时代的改良思想家相比，也显得步子不大、内容不宽。但若分别考察他的具体见解和主张，不能不承认他不仅在

---

① 陈宝琛因崇厚擅订《里瓦几亚条约》一事，上《请责枢臣迟延贻误折》，认为崇厚被刑部议罪，是其罪有应得，但"枢廷、总署诸臣之罪浮于崇厚矣"，请朝廷切责诸臣迟误之咎。此折矛头直指恭亲王奕䜣和军机大臣沈桂芬。见《陈文忠公奏议》卷上，3 页。

② 陈宝琛在此折中指斥军机大臣、大学士宝鋆"暮气太甚，诸事不理"，"全无至诚忧国之心"；两江总督刘坤一"嗜好过深，广蓄姬妾"，"用人之姑息，任事之苟且，必至贻误封疆"；副都御史程祖诰"性既昏庸，人亦猥琐"，"是其志节风骨，均不足表率台僚"；礼部尚书万青藜是"顽钝无耻之人，背公营私之辈"。见《陈文忠公奏议》卷上，32～36 页。

③ 此折见《陈文忠公奏议》卷下，26～28 页。

④ 参见《陈文忠公奏议》卷上，40～48 页。以下所引此折原文，均不另注明。

朝廷的台谏和言官中是个眼光敏锐、识见优长的佼佼者，而且在前清流群中也是个破中有立、着眼于大体的改革家。

陈宝琛主张以知外情教育小皇帝，是出于他对古今“夷狄之祸”的不同认识。他在奏折中指出，传统的夷狄之祸与当前所遇的西方侵略截然不同：“古者夷狄之祸，或受患在偏隅，或连兵仅数载，从未有合海外数十国蚁聚蜂起、扼喉嗌而据腹心，痛巨创深如今日者。”因此，“仅以前古驭夷之道治之，恐未尽也”。显然，鸦片战争以来西方侵略中国的历史和现实，使陈宝琛确认决不能以传统的“驭夷之道”对待今日的西洋各国，要御侮图强非得从了解对手开始。虽说这一识见前贤早有阐述，但他把了解外情作为皇上必须学习的内容，就使前辈的思想主张从一般士大夫的认知层面，导向最高决策层提供了可能性。那么，说他是林、魏二人师夷主张的推行者，并非夸张。如果联系到19世纪七八十年代“朝士皆耻言西学，有谈者诋为汉奸，不齿士类”①的心态和表现，陈宝琛有此认识，出此建议，应该说他确是个不媚时俗、富有世界眼光的清流人物。

作为清流党人，陈宝琛抨击时弊自在情理之中；作为支持办洋务的改革家，他把改革的矛头指向号称“洋务衙门”的总署，却是谁都不曾有过(包括早期改良派人物)的主张。其实，总理衙门自1861年成立到陈宝琛上折的20年中，在体制上、运作中的弊端谁都清楚。首先是“以枢臣而兼总署”的领导体制，陈宝琛抨击“其大弊有二：一则操纵之难施也；二则才力之不及也”。加上兼管的恭亲王奕䜣“又不能尽到总署”，实际上“竭力办事者始为文祥，继为沈桂芬”。诚如陈宝琛所说：“大举寰海内外重大之事，尽责之于一人，譬如东野毕之御马，其不至于颠蹶者希矣!”这个指责，虽有“清浊之争”的成见在内，但所列的严重性是谁也不能否定的。

其次是总署因其包罗所有洋务而逐渐失去了当初成立时专办对外

① 梁启超：《戊戌政变记》，21页。

交涉的本义。为了循名责实，陈宝琛提出："莫如正其名曰通商院。"① 其地位在六部之下、理藩院之上。这表明陈宝琛此项建议，不是不要这个"洋务衙门"，而是使它与军机处划清职司，更好地发挥它在外交事务中的作用。联想到在陈折以后的又一个 20 年即 1901 年，清政府搞"新政"时，果然把总理衙门改为外务部，不能不对陈宝琛这一远见表示钦佩。

再次是由于总署职官完全仿照军机处体制设置，更使它与军机处混淆不清。陈宝琛建议改成通商院后，设尚书、侍郎作为常员，以改变原总署大臣既无定额，又系特简的状况。堂官以下，改总署章京为部曹，改总署"按国分股"为"因事立司"。部曹的来源，改变原由部院保举总署章京之法，由曾经出洋的学生和曾办洋务的府县官吏中选保，经考试后担任相当章京和各国参赞以下散员。部曹按六部体例设郎中、员外郎、主事及七品小京官，以次递升。外放"均以海疆道府用，将海疆道府悉由内授"。陈宝琛认为，这样的改制，"司员既有观感之资，内外均收得人之效。一入一出，无非熟于洋务之人，又何洋务之不办哉?"

陈宝琛上述改革总理衙门的建议虽未被采纳，但却是嗣后清政府官制改革的第一个可资参考的蓝本。他在当时想做而未能做到的事，20 年后基本上实现了。

值得注意的还有第四、第六两项建议。前一项表明他已经在传统的民本思想中夹有微弱的议院民主意识；后一项显示他已经进到了反对治外法权的边缘、主张中西法律平等。这些都与他所持"洋务，至重也；办洋务，至公也。以至公之心办至重之事，非遍天下人知之，合

---

① 总理衙门在咸丰十年十二月初十日(1861 年 1 月 20 日)批准成立时，是以"总理各国通商事务衙门"的名称，着礼部颁给关防的。同年十二月十六日(1 月 26 日)，奕䜣等又奏，以各国"若见照会文移内有'通商'二字，必疑臣等专办通商，不与理事，饶舌必多，又滋疑虑"，请求不用"通商"二字，"免致该夷有所藉口"。折上，得皇帝朱批"依议"，所以后来全称为"总理各国事务衙门"，简称总署，又称译署(以上可参见《筹办夷务始末(咸丰朝)》卷七二，第 8 册，2692、2710 页，北京，中华书局，1979)。由于有这段历史，陈宝琛才会提出"正其名曰通商院"；又因系由礼部颁关防，所以陈宝琛把它列于"六部下，理藩院上"。

天下人之谋不可”的根本观点吻合的。从办洋务出发，师夷长技、开眼看世界，进而有了“合天下人之谋”、以西方议会制度为榜样的结论。这正是当时从洋务营垒走向学习西方政体的早期改良思想家所经历的心路。陈宝琛在中法战争前已经摸到了门口，可惜他不久因降级而丁忧回籍，脱离了领风气之先的京师，终于没有走完这段思想历程，未能加入他们的行列。他只能以清流的辉煌著称于时，难能以思想家的身份录入史册。

四

如果说在内治方面陈宝琛以“能持大体”的改革家姿态在清流中崭露头角，那么在外事方面他充分显示了熟悉边疆形势、善于从全局考虑问题，力争化被动为主动的才识。

19世纪七八十年代，沙俄觊觎我国西北地区，法国欲图染指西南，日本则谋吞并琉球进而窥视台湾，边疆形势日亟。朝野对此，多所议论，忧虑日滋，条陈不绝。但主持军机处和总署的恭亲王奕䜣及其得力助手文祥、沈桂芬等，虽号称熟于洋务，却对边疆危机的严重性估计不足，在外交上既乏通盘考虑，又显得软弱无力，妥协多于抗争，退让而不思进取。张之洞、张佩纶、陈宝琛等人，对朝廷的外交方面的举措，进行了严厉的批评。从光绪五年(1879)中俄伊犁交涉开始，陈宝琛或与二张联名，或单独上奏，就边疆形势和外交方略发表了不少意见，归纳起来，有如下几个方面。

第一，针对沙俄霸占我国伊犁地区、欲图据西北而东进长江流域的态势，先是坚决要求废除崇厚擅订的《里瓦几亚条约》收回伊犁；继而主张以增加赔款改变曾纪泽重订新约中允许俄人自陆路进入西安、汉口通商的条款。他在《论俄事界务商务宜并争折》中指出：“界务以伊犁全境为最重，商务以西、汉通商为最重”，不可“取一弃一”；“西、汉一条实为商民生计、形势要害之所关”，“当别筹相抵之法，或令曾纪泽商令俄人别议一款，以之相抵；或于伊犁原议偿款之数酌量加增，以之相酬。洋人唯利是图，事必可行”。①

第二，根据日本提出琉球分岛、修改《中日修好条规》的交涉方案所隐藏的侵略野心，主张“球案不宜遽结，倭约不宜轻改”；反对总理衙门所定“联日防俄”方略。认为当务之急是“专意俄事”，日本可待我自强之后“与倭相持”，即分别主次轻重，区别对待。

陈宝琛指出，琉球分岛由中日两国分管，是日本图谋吞并琉球的一种策略，我若遽结球案，势必“祸延于朝鲜，而中国之边患更亟矣”。改约是日本将以“利益均占”为名，“无非欲与欧洲诸国深入内地，蝇聚蚋嘬，以竭中国之脂膏”，隐藏着叵测之居心。他认为以俄日而论，俄强日弱，日本“畏俄如虎”；以中日俄三国而言，若中国强于俄，“则日本不招自来”；若弱于俄，“虽甘言厚赂，与立相互保护之约，一旦中俄有衅，日本之势必折而入于俄者”；若中国万一为俄所挫，日本必见有隙可乘而背盟趋利，所以“联日防俄”之说，“亦可谓懵于事理者矣”。他认为，“处俄事已不能过缓，而倭则宜缓不宜急”。一俟中俄交涉结束，中国可“拥未撤之防兵，待将成之战舰，先声后实，与倭相持，如倭人度德量力，愿复琉球，守旧约，是不战而屈人也；如其不应，则闭关绝市以困之……则彼榷税益拙”；若再不应，则“仗义进讨以创之”②。

第三，根据“俄隙虽弭，而与俄最近者莫如关东；倭患未形，而与倭患最近者莫如台湾”的地势，既主张塞防与海防并重，又强调“外侮相应，内治宜亟”，以外促内，内外兼治。为此，建议东三省改变现有官制，仿行内地制度，满汉兼用，加强治理，以防沙俄；台湾扼闽海咽喉，应设置巡抚，常年驻任，以固七省海疆之门户；新疆宜早建行省，以策久安。③

这些论断和建议，确实反映了陈宝琛具有丰富的外事知识和熟悉西方的功底，颇有外交政略家的才具。尽管其中某些主张，如对日方

---

① 《陈文忠公奏议》卷上，5 页。

② 以上均见《论球案不宜遽结，倭约不宜轻改折》，见《陈文忠公奏议》卷上，6～10 页。

③ 参见《论东三省台湾宜慎简贤能折》，见《陈文忠公奏议》卷上，21～27 页。

略中示以兵威、闭关绝市等仍带有天朝自大的色彩，但他悟出了外交应以实力为后盾，策略应以轻重主次为转移，内政与外事可以互为促进、相辅相成等关系，在当时实属有价值之见，决非书生纸上谈兵式的空论。

中法战争时期是清流论政最活跃的时刻。陈宝琛在战争爆发前就力言加强战备。1882 年 5 月，他与张佩纶上《陈越南兵事折》，详论中越“辅车相依、唇亡齿寒”的关系，并就法军攻陷河内的形势，建议派李鸿章或左宗棠以钦差大臣身份驻扎广东，督办法越之事，举荐广西布政使徐延旭带兵出关，籍以牵制法军，饬云南巡抚唐炯迅赴蒙自等处，以为后援。针对朝廷寄希望于美国调停，指出法国对越南是志在必得，“和约断不可凭”；中越唇亡齿寒，且边境犬牙交叉，“藩篱断不可撤”；“与其隐忍纵敌而致之于户庭，不如急起图功而制之于边徼”。①

1883 年 8 月，法军攻陷越南首都顺化，迫使越王订立《顺化条约》，承认并接受法国“保护”，刘永福率黑旗军孤军奋战，战场形势日益恶化。清政府对此仍举棋不定，幻想通过外交活动以遏止法军的进攻势头。陈宝琛于 8 月 31 日再上奏折，抨击朝廷“谋越太疏，御法太怯，先机屡失”，主张“乘黑旗之士气犹张，阮氏之人心未去，举义师以平其难，执条约以定其盟”。他指出当前的形势是“不患补牢之较迟，而患举棋之不定”，“越南未失，则战易而和亦易；越南若失，则和难而战更难”。②

战争爆发之后，陈宝琛更积极主战，反对求和，成了朝廷中最强硬的抵抗派人物。1884 年 1 月，中法战争爆发不久，陈宝琛即上《论越事不可中止折》，指出：“斯时舍议战外，别无自全之策”。“舍战而言守，则守不成；舍战而言和，则和亦必不久”。为了坚定朝廷的抗战决心，他在奏折中分析了法军在军费、兵力、战场上的各种困难，抗法保越在天时、地利、人和方面的有利形势，并对加强海防、筹饷实边、破格用人、陆路布置等提出了一系列建议。他说：“总之，国计之

---

① 《陈越南兵事折》，见《陈文忠公奏议》卷上，64～72 页。

② 《请急越南折》，见《陈文忠公奏议》卷下，10～12 页。

安危，洋务之关键，视此一举。宜用全力，勿持两端，偶败不足忧，小胜不足喜，敌人之恫吓不足畏，邻国之排解不足凭”，这样才能“国威可振，邦交可成”。① 他并在附片中表示，中法开战后，朝廷“或有用臣之处，艰苦盘错所不敢辞”②。

通观战前与战争初期陈宝琛及其他清流派所上的奏折，可以看出他们最担心的是朝廷下不了抗战决心而一味依靠外交活动解决越南危局，从而使中国既失主权，又受威胁。如果联系到清政府在越南问题上一贯实行依靠国际调停的政策，陈宝琛的这种担忧并非过分。受命主持外交的李鸿章抱定中国无力与法国作战，越南不必全由中国保护、只需按国际公法划定国界使中法相安的宗旨，正在积极谋求对法谈判。1884 年 5 月，李鸿章在天津与法国代表福禄诺签订了《中法简明条款》(《天津专约》)，李鸿章对此颇为得意。实际上，这个条约不仅使中国放弃了对越南的传统宗主权，而且也为法国势力自西南渗入腹地打开了大门。陈宝琛得知消息后，即于 6 月初上折弹纠，对条约五项条款逐项驳斥。认为“彼之所要于我者，无不郑重分明；我之所得于彼者，无非模糊影响”。他根据法国对越南志在必得的企图，指出条约不能保证中国边境太平无事，相反，不出三月，难保法军“不瞰我空虚，恣其要挟”，即使李鸿章再细参条约，“恐亦非笔舌之所能争”，也就是说条约是短命的。所以，他希望朝廷“勿因和局之成，遽罢边备”，云南、广西军火饷需，应“照常接济”，沿海各省，仍“加以严防”③。

事态发展不出陈宝琛所料，条约签订不及两个月，法军就在谅山附近的观音桥攻击中国守军。战火又起，李鸿章的外交“成功”化为泡影。

由于《天津专约》的内容违反了西太后的训令④，条约未被批准。

① 《论越事不可中止折》，见《陈文忠公奏议》卷下，25～30 页。

② 《附陈战事如开不辞效用片》，见《陈文忠公奏议》卷下，22 页。

③ 《论法约无利有弊折》，见《陈文忠公奏议》卷下，32～35 页。

④ 参见[美]马士：《中华帝国对外关系史·第二卷：一八六一——一八九三年屈从时期》，张汇文、姚曾廙、杨志信等合译，390 页，北京，商务印书馆，1963。

不久，朝廷改派两江总督曾国荃赴上海与法使重开谈判，并命陈宝琛会办和议。陈曾力辞，称自己“拙于辞令，不习洋情，筹防义不容辞，议和才实不逮”。虽未获批准，但他心不在和议，而系于战场。此后，陈宝琛又受命协助曾国荃筹办防务，他不辞辛劳，沿南京、江阴、吴淞、镇江回溯至江宁，一路巡视，发现了不少问题，对于水师将领玩忽职守等弊病深为不满。因此，触怒了曾国荃。马江之战后，他上奏朝廷，就“筹饷、选将、练兵、简器”等方面，提出了不少建议。可以说，直到 1885 年 3 月因“荐人失察”被降级以前，陈宝琛无时不为国事所忧，无事不以战争为虑。在主战的清流中，他是个上疏言战最积极的人物之一。

五

支撑陈宝琛在议政、论政中以家国为重、勇于直谏，不计得失，力主抗战的精神支柱是儒家一贯追求的“内圣外王”之道。陈宝琛是一个以忠君报国为职志，力图实现“修齐治平”儒学原旨的士大夫，他在自我修养方面，确是个谦谦君子，责己甚严，对事则动仗名义，具有作为清流的良好品德；在功业方面，又是个先天下之忧而忧的“明道救世”的论者，主张肃整纲纪、嫉恶如仇，有清流同具的傲然不群的风骨。

然而清流议政，全凭儒家名教。虽有“明道救世”之志，且得古大臣纠察时弊、清明官风的遗韵，却手无实权、易受权贵攻讦。一旦积怨，则谤毁俱至，不但使清流受“空言误国”之讹，所议皆难实现；而且假公济私、罗致罪名，使清流无端获咎。陈宝琛在中法战争时期尽管公忠体国，最终仍被弹劾，以“保荐失察”而被降级，即是一例。

作为言官制度的产物，清流自是制造舆论的一群。在封建专制的时代，他们可以自认为张民意、忠君上，但实际上无非是权力斗争中的砝码，自觉或不自觉地成了政争的工具。晚清时代清流势力的活跃，既然是西太后对奕䜣斗法的需要，自不免成了她的过河卒子。可悲在于清流们只知其一，不知其二。一旦触犯了太后的旨意，随之而来的是价值的丧失和自我的失落。陈宝琛在 37 岁这个年富力强的年龄段上，在事业最辉煌的时刻，突然从政坛消失，原因即在于此。当他坚持要求太后严惩太监、宽赦午门兵丁时，就种下了日后遭殃的根子，证据就是他的奏折被留中不发，而且请求被否决。此后，当恭亲王奕䜣于 1884 年被开去一切职务之后，朝政全由太后一手主持，清流们这时尚在喋喋不休，遭殃也就不可避免。陈宝琛受降级处分；张佩纶发往军台效力赎罪；作为前清流主帅的李鸿藻，则早在 1884 年随着首席军机大臣奕䜣被开缺而同时调离军机处。所以陈宝琛的悲剧，也是清流的共同悲剧。

当然，问题还有另一方面，清流大都是处于第二线的朝内言官和词臣，对实际操作所知甚少，易成空议论的书生。他们尽管论政时头头是道，批评时鞭辟入里，但一旦需要参与实际，处于一线时，往往就会手足无措，动辄受制，以至无功而返，遗恨不尽。陈宝琛在会办南洋事宜、与曾国荃共事时，即因无兵无权，又不谙军事，便处处受制，难以实现其保卫闽省即保中国的设想；同样，张佩纶会办福建海疆事务也弄得一塌糊涂。所以清流虽可作为社会良知的代表，反映民意、调节矛盾，但他们短于实践的致命弱点也十分突出。只有用其所长、避其所短，才是为政之道；若本末倒置，无异于把他们放在火上烤。明乎此，就可知道 1884 年 6 月朝廷命陈宝琛会办南洋事宜、张佩纶会办福建海疆事宜、吴大澂会办北洋事宜，均著专折奏事的上谕发布，意味着西太后即将对他们开刀，清流党人的厄运已经不可避免了。

陈宝琛以清流名于时，也因以清流自为而背于时。他在立言时期的宦海沉浮，从一个侧面映出了传统知识分子的历史命运。清流人物和清流现象，留给后人可资评议之处甚多。但无论如何，作为清流健将的陈宝琛，他的忧国忧民情操、刚正峻急的风骨、革新弊政的努力、坚持反侵略的立场，都是值得肯定和令人尊敬的。

原载《复旦学报(社会科学版)》1995 年第 1 期

慈禧在中法战争中的作为

慈禧在有清一代的作为，向来被后人斥责为卖国、顽固，其形象似乎早已钉在了历史的耻辱柱上。然而，慈禧在中国近代史上也并非一无是处，如她在中法战争中的表现，就应给予客观的评价。

一、暗助“黑旗军”援越抗法

正当慈禧命清军入朝、平定“壬午兵变”、获执大院君李昰应之时，西南边疆因法国侵略越南而造成的边疆危机形势日益严重起来。大病初愈的慈禧不得不认真考虑对策。

越南自宋代以来就是中国的藩属，两国山水相连、唇齿相依，一直保持着良好的宗藩关系。自从18世纪后期起，一心想在东方扩张殖民地的法国，对越南就有侵略野心，妄图占领越南后把势力伸入中国的西南地区。第二次鸦片战争中，法国乘清政府内外交困之际，派遣远征军入侵越南南部，于1862年(同治元年)迫使越南阮氏王朝签订了第一次《西贡条约》，割占了嘉定、边和、定祥三省及昆仑岛。1867年又占领永隆、河仙、昭笃三省。在越南南部建立了法属殖民地，并控制了湄公河三角洲。

法国原想从湄公河上溯，侵入我国云南。但后来发现湄公河上游不能通航，便改变计划，准备出兵占领越南北部的北圻(法国人称为东京)，由红河进入云南。当时，正是慈禧第一次垂帘听政，集中全力“征剿”太平军和捻军之时，既无力顾及藩属国的安危，又缺乏足够的外事交涉经验和实力，对法越冲突采取了置之不理的态度。

同治十二年正月(1873 年 2 月)，两宫太后撤帘还政，同治皇帝亲政。这年 10 月，法国驻西贡总督派海军上尉安邺统军北上进攻北圻，占领河内及附近四省。越南国王只得向驻屯于保胜(今老街市)的刘永福黑旗军求助。

刘永福是个颇具传奇色彩的人物。他原名义，字渊亭，祖籍广西博白。道光十七年(1837)生于广东钦州(今属广西壮族自治区)。自小贫穷，识字无多，爱好武术。20 岁时，在太平天国农民战争影响下，参加广西天地会反清起义，后来投入起义军吴亚忠部。在和清军战斗中，刘永福认为敌我力量悬殊，不宜孤城困守，建议突围转移，保存有生力量。吴亚忠不听，他便借筹粮之机，率 300 余人脱离吴部，独立转战。同治六年(1867)退至越南北部的中越边境，以保胜为中心实行武装割据。他采取屯垦练兵、保境安民之策，军队垦荒、自给自足；树七星黑旗，标榜忠义；重内部团结，关心官兵疾苦；平时精于训练，战时勇敢杀敌。黑旗军在艰苦环境下，被训练成一支具有很强战斗力的队伍，不少小股武装纷纷来归，到同治十二年，已经扩展到 1000 余人。越南阮氏王朝在“剿抚不能”的处境下，只得听之任之，眼睁睁地看着黑旗军势力坐大。好在黑旗军既不扰民，又不和当地政府纠葛，有时甚至还可利用来清除边境土匪、消除隐患，所以双方长期来处于暗中默契、和平共处的状态下。

刘永福在越南国王请求下，毅然应命，率军抗法。11 月，军次河内，在距城二里的纸桥设伏，诱敌出击。法军中计追击，伏兵四起，死伤数十人，安邺被阵斩。法军群龙无首，大败而回，被迫退出河内和红河三角洲地区，龟缩海防一线。这次大捷，打乱了法军企图侵占北圻的计划，推迟了法国吞并越南、觊觎中国西南边疆长达十年之久。战后，刘永福被越南国王授三宣副提督，黑旗军也从此结束了落草为寇的尴尬地位。

清政府对刘永福黑旗军一直采取敌视、镇压的态度，但因中越边境地形复杂，山高林密，不利于出境作战，所以始终未能得手。迨至纸桥大捷，黑旗军成为法国侵越的巨大障碍，对避免出现西南边疆危机起到重要缓冲作用时，精明的慈禧太后，在第二次垂帘听政之后，开始改变策略，逐渐变敌视、镇压为默认保全，以达到“保藩固边”的目的。

光绪七年十月十五日(1881 年 12 月 6 日)，大病初愈的慈禧代皇帝发布上谕称：法人谋占越南北境，并欲由红河通商云南，“计殊叵测，该国①积弱已久，若任其侵削，则滇、粤藩篱尽为他族逼处，后患不可胜言”。诏命李鸿章、左宗棠、张树声、刘坤一、刘长佑、杜瑞联等筹商妥办；同时命曾纪泽仍坚持前议，与法外部乘机辩论。② 这道上谕，改变了以往对法越争端置之不理的态度，确立了“保藩固边”的方针，采取备战和外交谈判相结合的两手策略。于是暗助黑旗军援越抗法，就成为“保藩固边”的题中之义。

慈禧心中明白，黑旗军毕竟不是皇朝手中的队伍，不能公然依靠和明目张胆地使用、调遣。她只是为了固边保藩而利用它来牵制法军，所以只能暗中资助，不能公开进行。当广西巡抚庆裕于光绪七年十二月十三日(1882 年 2 月 1 日)上奏，报告他已命提督黄桂兰以防匪为名，加派勇队驻扎越南边境，并且已经与刘永福有所接触，决定相互接应时，慈禧以上谕指出：刘永福未可深恃，且虑形迹太露转致枝节横生，尤当加意慎密。诏旨明显告诫庆裕，应着眼于一个“暗”字，不露形迹，避免节外生枝。

应该说，慈禧这样的考虑并非无因。一方面刘永福黑旗军没有接受朝廷招抚，名义上仍是清军对手；另一方面朝廷内外对法越争端助越抗法意见分歧，不少人认为中国不必过问。如署理粤海关监督裕宽，在光绪八年(1882)四月还上奏称：越南积弱已久，政令不修，人情懦怯，决不能再与法抵抗，法越交涉之事，中国不必与闻。因此，慈禧尽管有心利用黑旗军抗法，也只能在暗助上着手。

方针既定，慈禧开始为“保藩固边”做一系列人事调动。光绪八年正月，她以漕运总督周恒祺病免为由，将广西巡抚庆裕调任漕督，任命倪文蔚为广西巡抚，徐延旭为广西布政使。四月，以直隶总督李鸿

① 指越南。——引者注

② 参见朱寿朋编：《光绪朝东华录》第 1 册，张静庐等校点，1213 页。

章丁忧，调两广总督张树声暂署直督，以陕甘总督曾国荃署理两广总督。同月，命广东水师提督吴全美统带广东兵轮，克期出洋，与滇、粤防军遥为声援。

在人事调动期间，福建巡抚岑毓英于三月间上奏，吁请朝廷暗资刘永福军饷器械，使之固守以抗法。慈禧阅奏后觉得应听听身处一线的地方大吏意见，便于五月间命云贵总督刘长佑入京陛见，以岑毓英署理云贵总督。

刘长佑抵京后，向慈禧如实做了禀报。大意是：法国决不会放弃亡越图我之心，现在法人日日增兵，其主要障碍在黑旗军。法国人已悬赏万金求购刘永福首级，又悬赏10万金要法军攻取保胜，灭黑旗军老巢。刘永福曾屡次请求越南国王与法军决战，刘长佑曾亲赴谅山，与广西提督黄桂兰面商，表示同仇敌忾，并愿意分兵赴北宁助守；保胜有所部驻防，法军决不会得逞，只是自己兵力不足(当时黑旗军号称三千)，亟望得到朝廷援助。

至于法越现状，刘长佑说，目前法军以兵舰东下越南海阳，分驶广南、西贡。若山西有失，则法军西入三江口，不仅保胜无屏障可依，而且云南自红河以下都需步步设防。他认为，“非滇粤并办以图，不足以求越南之残局；非水陆并进，不足以阻法人之贪谋”①。

慈禧听了刘长佑禀报后，消除了对利用黑旗军援越抗法的疑虑，决定让刘长佑“密为布置”②。于是，七月间，道员沈寿榕统滇军出马白关，进抵越南宣光省安平府扎营；云南布政使唐炯由马白关赴保胜，察看地形，布置关外各军。八月，曾国荃命水师提督吴全美率兵船八艘巡防北海。八月十一日(9月22日)，慈禧颁发上谕，命刘长佑、岑毓英等饬令唐炯审度机宜、妥善办理，所有在防各将领一体听候唐炯调遣，与广西派出各军互为应援，并设法笼络刘永福军，预杜外人窥伺。③ 这件上谕，确立了暗助刘永福的策略，由于候补吏部主事唐景

---

① 胡寄尘编：《清季野史》，187页，长沙，岳麓出版社，1985。

② 胡寄尘编：《清季野史》，188页。

③ 参见朱寿朋编：《光绪朝东华录》第1册，张静庐等校点，1407页。

崧在光绪八年七月曾向军机大臣宝鋆、李鸿藻呈递说帖，请缨赴法以大义游说刘永福黑旗军抗法。慈禧觉得不妨一试，便于八月初，将唐景崧发往云南，交岑毓英差委。

唐景崧，字维卿，广西灌阳人。同治四年进士，选庶吉士，改吏部候补主事。他出于民族义愤，积极主张援越抗法，向军机处呈递说贴后，受到李鸿藻赏识。当时清流主战，李鸿藻本是清流之首，便约唐景崧至寓所详谈。谈次间李鸿藻鼓励唐景崧上奏言战。唐景崧在李鸿藻鼓励下于七月二十九日(9 月 11 日)奏请用刘永福抗法，并自请赴越南联络。慈禧命交岑毓英差委，唐景崧接旨后决定假道越南赴滇。他先到广州，拜谒曾国荃。曾国荃对唐景崧所言法越之事极表赞同，并资助他入越。光绪九年(1883)唐景崧抵达保胜，三月八日(4 月 14 日)，在山西会见了刘永福，向刘永福详述了法越及清廷形势，提出上、中、下三策，供刘永福选择：

上策，据北图南，事成则王，不成亦不失为捍卫华边之豪杰，功在中国，声施万世。

中策，提全师击河内，战胜则声名崛起，粮饷军装当由中国相助；不胜，则忠义之举人犹荣之，四海九州知有刘永福，谁肯不容？立名保身，无逾于此。

下策，坐视国难，则无功无名，谁重黑旗刘永福者！事败而投中国，恐不受；株守保胜，实为下策。①

刘永福认为自己“微力不足当上策”，选择了依靠朝廷、保卫北圻、抗击法军的“中策”。此后，两人在山西又再次会晤，相谈甚欢。三月十日(4 月 16 日)，刘永福、唐景崧与越南驸马、东阁大学士、督统军务大臣黄佐炎在山西上协社举行三方会谈，商讨进兵计划。

当时，法国正是狂热的殖民主义者茹费理当政。他竭力推行侵越图华的侵略方针，一方面通过外交谈判向中国施压，要中国撤兵；另一方面积极拼凑侵越队伍，任命海军上校李威利率带远征军进攻越南。

---

① 参见唐景崧：《请缨日记》，见中国史学会主编：《中国近代史资料丛刊·中法战争》第 2 册，98 页，上海，上海人民出版社，1957。

李威利于1882年5月再次攻占河内，次年3月又侵入南定，气焰嚣张。越南国王面对法军深入越北，越军无力阻其凶锋，便再次邀请黑旗军参战。黄佐炎就是在这样的情势下到山西参加三方会谈，讨论军事部署的。

刘永福在得到清廷支持下，决心抗法到底。光绪九年三月，他率三千黑旗军，会合黄佐炎所部越军，开始向法军发动反攻的军事行动。四月初三日(1883年5月9日)，刘永福进驻怀德府，致书河内法将李威利，约期决战。次日，黑旗军将士在河内城外慷慨誓师，决心为越南削平敌寇、为捍卫中国边疆而战。四月十三日(5月19日)，在越军配合下，与法军在纸桥鏖战。黑旗军将士“直前猛攻，势如波涌涛翻”，侵略军司令李威利当场被击毙，法军200余人丧命，取得了震动中外的第二次纸桥大捷。战后，刘永福被越南国王授予三宣正提督，授一等义良男爵。

第二次纸桥大捷后，黑旗军又在八、九月间与新任法军司令波滑统帅的法军战于怀德、丹凤，取得胜利。波滑因军事失利，被法海军部解职回国。

黑旗军重创法军后，清廷内外臣工对黑旗军在“保藩固边”中所起作用开始有所重视，不少人上奏请朝廷在钱粮、军械、兵力等方面予以资助，慈禧也由暗助转为公开。八月初四(9月4日)，清廷以唐景崧往来边营，联络刘永福有功，赏四品衔。一个月后，又谕令广西巡抚倪文蔚等督饬关外防军，接济黑旗军，并命唐景崧设法激励刘永福坚定抗法初衷。旋调徐延旭为广西巡抚，命其迅速出关联络刘永福黑旗军。值得注意的是，这时朝廷已改称黑旗军为“刘团”，把它作为地方团练武装了。九月二十二日，慈禧颁发谕旨，拨给刘永福10万两，以应急需；并调集军队自广西、云南进入越南北圻。从此，黑旗军成为清政府“保藩固边”军事整体的一部分。

慈禧对刘永福黑旗军从敌视镇压变成默认保全到公开资助，这一策略的演变，固然与法国侵越图华的形势有关，但也反映了她为了维护边疆安全，敢于化敌为友，毅然弃旧图新，改弦更张的识见和魄力。应该说，后来黑旗军在中法战争中成为越南战场上一支重要力量，与此大有关系。

二、“甲申易枢”

由于法国茹费理内阁坚持侵越图华的殖民政策，法越战事终于在光绪九年十一月(1883 年 12 月)演变为中法之间的战争，史称“中法战争”。

这场战争大体上分为两个阶段：从光绪九年十一月到次年三月(1883 年 12 月至 1884 年 4 月)为陆上战争阶段。战争局限于越南北部和红河三角洲地区。从光绪十年六月到十一年二月(1884 年 7 月至 1885 年 3 月)为海、陆战争阶段。战争在中国境内和越南境内进行。战争以十一年三月双方签订《中法天津条约》正式结束，前后二年一个月。

第一阶段陆上战争，主要有两大战役：光绪九年十一月的山西之战和十年二月(1884 年 3 月)的北宁之战。其中，北宁战役是第一阶段中法之间的主力决战，前后 5 天，清军全面失利，弃城而走。随之便全线奔溃，太原、谅山、郎甲等地相继失陷。法军接着进攻西线的滇军，云贵总督岑毓英不战而退，将滇军撤至中越边界的河口、保胜一带，兴化、临洮、宣光因之沦于敌手。第一阶段的陆战，以清军彻底失败告终。

败讯传来，朝野震惊。慈禧勃然大怒，以广西巡抚徐延旭株守谅山、调度乖方，致使北宁失陷，于二月十九日(3 月 16 日)下旨革职留任，并责令收集败军，尽力抵御；命湖南巡抚潘鼎新驰赴广西督办军务，以庞际云暂护湖南巡抚。二十九日(3 月 26 日)，又下谕旨，以云南巡抚唐炯率行退缩，致使军心怠散，北宁、太原相继失守，著革职拿问；徐延旭丧师辱国，交刑部治罪。命张凯嵩署云南巡抚，李用清暂理贵州巡抚，潘鼎新署广西巡抚。10 天之内，接连撤换前线将帅，足以表明她的愤怒之情。遥想当初她为“固边保藩”起用唐炯、徐延旭时，对他们寄予期望、谆谆嘱咐的情景，她确实是除了愤恨还是愤恨!

她只是怨恨徐延旭、唐炯畏敌无能、有负托付吗？非也。其实，她最恨的是首席军机大臣恭亲王奕䜣。军机处作为中法战争期间负责军事机务的最高指挥机构，在处理中法谈判和法越争端中，一直主张通过外交途径避免战争，不敢和法军正面交战，以退让换取边疆和平，致使朝廷充斥避战求和的气氛。而奕䜣正是这一主张的积极倡导者。他和李鸿章对法让步、力保和局的论调相互呼应，导致了徐延旭、唐炯等前线大员观望犹豫、军心怠散、战不出力、溃逃败退的不堪局面。

读者对此当会产生疑问，从19世纪70年代中国边疆危机以来，慈禧哪一次不是以妥协退让求保全？奕䜣所为不正是执行了她的意图吗？不错。过去是，但这次不一样。这次她不像以往明显委曲求全，而是在清流主战言论的鼓动下，逐渐趋向于主战。早在法国侵略越南、中国与法国进行外交谈判期间，以言官与台谏为主体的清流官员，如署左副都御史张佩纶、户部给事中邓承修、山西巡抚张之洞、内阁学士陈宝琛等便纷纷上奏，申述中越唇亡齿寒、辅车相依的关系，批评军机处在中法争端中只是虚应故事、毫无抗争之实，指责李鸿章拥兵自重、避战自保；主张增兵援越，积极备战。除清流们主战高论外，湘系实力派如两江总督左宗棠、兵部尚书彭玉麟、驻法公使曾纪泽等也力言援越抗法，认为针对法国军事、外交咄咄逼人的态势，仅依靠外交谈判而作口舌之争，于大局无补，必须加强边境战备，以武力为后盾才能遏其图我之心。两者遥相呼应，成了朝廷内外主战的强音；加上刘永福在第一次纸桥大战中的胜利，使慈禧原来抱有依靠外交谈判、妥协求全的心态开始发生微妙的变化，逐步转向援越抗法的方面。所以她一面指令曾纪泽在中法谈判中，坚持越南是中国的藩属，中国对法国侵越，不能不问；一面调动军队加强战备，作固边保藩之计。尽管她那时还未确立对法一战的决心，但总的趋势是赞同主战的。否则，她就不会放手让清流的主战言论无所顾忌地出笼了。

可悲的是，作为首席军机大臣、首席总理衙门大臣的奕䜣，不察慈禧太后的这种微妙变化，还在按自己的理解热衷于外交谈判，而对备战固边的指令，只做例行公事对待。这就使大病初愈的慈禧感到他故意不积极执行自己的意图，越发怀疑他藐视权威、不愿支持自己独立主政，怨恨之情油然而生。北宁败讯传来，慈禧大怒之下，杀了失守扶朗炮台的总兵陈德贵、副将党敏宣，又革职拿问了徐延旭、唐炯，明眼人心里明白，这个铁腕太后的怒火将会烧向哪里。

事有凑巧，三月八日(4 月 3 日)，一份奏折递到了太后手中，上奏者是日讲起居官右庶子盛昱。奏折以弹劾张佩纶及军机大臣、吏部尚书李鸿藻保荐唐炯、徐延旭之不当为由，指责恭亲王奕䜣、军机大臣、武英殿大学士宝鋆无知人之明，用所非人，致使前线失利；要求将张佩纶和军机大臣下部严处。奏折正中慈禧下怀，她有了可以发作的借口。于是，就在当天她召见奕䜣等全班军机，声色俱厉地面责他们迁移因循，致使边防不靖，海防粉饰，疆臣苟且，国用空虚，一句话，坏了皇朝大业。措辞之严苛，态度之专横，神色之冷峻，为历来所未见，吓得大臣们噤若寒蝉，不敢吱声。退下后，个个心中闷郁，知道将有非常之事降临了。翁同龢在当天的日记里写道："今日入对时，谕及边防不靖、疆臣因循、国用空虚、海防粉饰，不可以对祖宗。臣等惭惧，何以自容乎！退而思之，沾汗不已"①，真切地写出了军机大臣们的惶恐之态。

果然，5 天之后即三月十四日(4 月 8 日)，慈禧颁下懿旨，免去奕䜣、宝鋆、李鸿藻、景廉、翁同龢在军机处和总理衙门的一切职务。其中奕䜣开去一切差使并撤去恩加双俸，令其"家居养疾"；宝鋆原品休致；李鸿藻开去一切差使，降二级调用；翁同龢革职留任、退出军机处，仍在毓庆宫行走。不用说，奕䜣处分最重，被一撸到底，撵回恭王府，不得与闻朝政，"家居养疾"，做个闲散的王公。

同天，又以上谕任命礼亲王世铎，户部尚书额勒和布、阎敬铭，刑部尚书张之万，工部侍郎孙毓汶为军机大臣。次日，又颁布懿旨，命军机处若遇紧急要事，着会同醇亲王奕譞商办。很明显，太后把军机处的实权，交给了光绪皇帝的本生父、自己的妹夫醇亲王奕譞。

这次彻底改组军机处，发生在光绪十年(1884)，因这年的干支纪年是甲申年，所以史称"甲申易枢"。

甲申易枢，本质上是慈禧和奕䜣长期矛盾的结果。北宁败绩只是慈禧借题发挥而已，所以当翁同龢看到由军机章京送来谕旨时，不由

① 陈义杰整理：《翁同龢日记》第 4 册，1817 页。

得发出“真洞目怵心矣”①的感慨。当代历史学家郭廷以教授，则把它称之为“慈禧的第二次政变”②。

如果说，发生于咸丰十一年(1861)的“辛酉政变”，使慈禧依靠恭亲王的帮助登上了权力殿堂，同时也使奕䜣依靠两宫太后的信任坐大了自己一派的势力。20多年来，慈禧与恭王的关系由密切变得交恶。尽管她多次想摒弃这位才干过人又居功自傲的王爷，但都因当时政务棘手、条件未备而无法如愿。这次她借北宁战败、众口悠悠之机，下决心开除奕䜣一切差使，确实有点像再次发动政变，顺利地把军机大政转移到自己手里。为了避免过于露骨，她把其他军机大臣也搭了进去，让他们成了牺牲品。怪不得作为帝师的翁同龢，要“洞目怵心”了。

如果从更深一层去思考，“甲申易枢”不只是慈禧与恭王之间的个人恩怨，而且包含着她担忧光绪亲政后有被恭王挟制的可能。光绪帝当年已经14岁，按照18岁成人的惯例，再有四年她将还政撤帘，由皇帝亲政了。她深知光绪自小居于深宫，对外面的世界、官场的黑暗一无所知，既无理政经验，又不谙人情世故，加上优柔寡断、谨小慎微的性格，自己还政后，皇帝必不能对皇叔奕䜣操控驾驭。由这层忧虑出发，她决心及时除去奕䜣一派潜在的威胁。迟不如早，既可培植自己的亲信大臣，又可使新的中枢机构在皇帝亲政前得到足够时间的磨合和在自己指导下进行运作锻炼的机会。所以她才会借题发挥，彻底改组军机班子，让皇帝的生父奕譞处在实际掌控的地位，并且在上谕中加上一句，“俟皇帝亲政后再降懿旨”③，最后由自己确认奕譞的政治权力地位。假如这一层分析合理，那么“甲申易枢”除了反映慈禧排斥异己，希望拥有绝对权威地位外，还包含着为光绪亲政铺平道路的另一层深意。

表面上看，把李鸿藻搭进，开去一切差使、降二级调用，似乎不可理解。李鸿藻是前清流的首领，怎么也把他逐出军机呢？其实，这

① 陈义杰整理：《翁同龢日记》第4册，1819页。

② 郭廷以：《近代中国史纲》上，252页。

③ 朱寿朋编：《光绪朝东华录》第1册，张静庐等校点，1677页。

正表现出慈禧利用清流、操控舆论的手段。几年来，慈禧纵容清流议政参政，对平衡朝廷内外的政情起到了一定作用，但清流往往以直声相标榜，时时出现肆无忌惮甚至敢于批自己的“逆鳞”言论。不仅弄得她很不高兴，而且她深怕失控而造成类似宋代党争的祸害，所以她或者采取把清流的某些奏章留中不发，如对陈宝琛关于午门兵丁案的奏疏留中①；或者把好发议论的清流人物外放，如光绪八年把张之洞补授山西巡抚，拆散了他与陈宝琛、张佩纶三个清流健将之间的紧密联系。这些都可看出慈禧对清流既利用又防范的用心。这次把清流领袖李鸿藻也逐出军机，目的就是不让清流主导舆论，对新成立的军机处说三道四。明白了这层隐衷，就可以理解慈禧为什么会在“甲申易枢”后的一个月，即四月十四日(5 月 8 日)，下令将不懂军事的清流健将内阁学士陈宝琛、翰林院侍读学士张佩纶和通政使吴大澂，分别放到会办南洋、会办福建海疆和会办北洋事宜的位置上了。后来又借故把张佩纶、陈宝琛罢斥：张被谪戍，陈被降五级而蛰居乡里。自李鸿藻逐出军机开始，慈禧一手瓦解了被她利用来掣制奕䜣一派的“清流党”势力。喧嚣一时的清流舆论，自“甲申易枢”后便无声无息了。

“甲申易枢”是晚清政坛的一件大事，新成立的军机班子除阎敬铭外，大多是庸碌无为、才识不足，事事专仰太后鼻息之徒，尤其是醇王奕譞，既乏才情，又无理政经验，在他统驭下的军机处，除了对太后唯唯诺诺之外，毫无作为。可以说，清末政局的败坏，与这次彻底改组军机处有不可分割的重大关系。与此相应，“甲申易枢”也是慈禧政治生涯的重要转折点。甲申以前，慈禧尽管有不少失误，但仍不失为中国政治史上有作为、有魄力、有进取心的政治女强人。甲申之后，她逐步变成了独断专横、喜怒无常、追求享乐、无所进取、人见人怕的“老佛爷”。世人对其指责诟病，大多集中在甲申之后的阶段，道理

① “午门兵丁案”是指光绪六年慈禧命太监李三顺出宫送食物给胞妹醇王福晋(光绪帝生母)，因事先没有通知午门兵丁放行，双方发生争执导致互殴。李三顺回宫哭诉，慈禧大怒，著严惩午门护军。张之洞和陈宝琛得知内情后上疏谏争。结果奏折被“留中不发”。

正在于此。

三、以战促和，“乘胜即收”

中法战争中，慈禧最为后世诟病的举措，莫过于在光绪十一年二月(1885 年 3 月)当清军扭转战场颓势，取得镇南关、谅山大捷的大好形势时，突然下令停止追击，“乘胜即收”。结果，战争以双方签订《中法天津条约》而告终。后世史家纷纷指责这一举措导致了中国不败而败，法国不胜而胜，认为《中法天津条约》承认法国对越南的保护权，使越南沦为法国殖民地；允许法国在云南、广西边境各开一处口岸通商，法国可设置领事馆，是给法国深入中国西南边疆以可乘之机，是又一个丧权辱国的不平等条约。

慈禧为什么要“乘胜即收”？中国是不是不败而败？《中法天津条约》究竟应该如何评价？这些问题都是关乎慈禧前半生作为的大事，必须实事求是地做出说明。

中法战争是慈禧第二次垂帘听政时期面临的最严重的边疆危机。就她处理东北、西北、东南、西南各处边疆危机的全过程看，凡是不涉及中国本土安危的，如日本侵略琉球，她可以弃之不顾，妥协退让；凡关乎本土安危的，如日本侵略中国台湾地区、窥伺朝鲜，沙俄、英国企图分裂新疆和侵占伊犁，她都在不可轻启边衅的理念下，采取能争即争、能收回即收回，甚至能战即战，尽可能保持皇清版图的完整。总的意图是希望战火不烧到中国境内，能和平解决为好。所以备战是为了遏制法军凶锋，以战促和才是真正目的。

以战促和，不同于主和派的妥协论调，也与奕䜣主持的军机处与总理衙门以和为主、备战只是虚应故事的态度不同。战是促和的必要手段，和是战的最终目的。它是一种积极的防御战略，是综合国力不如强敌的弱国抵御外敌入侵的可行方案。慈禧敢于这样做，在很大程度上是受到了刘永福黑旗军抗法胜利的鼓舞。第一次纸桥大捷后，黑旗军确实已成为法国侵越的巨大障碍，延缓了法军侵越的进程。本着以战促和的意图，她才会由暗助黑旗军援越抗法到公开资助饷械，甚至命清军越过边境，与黑旗军及越南军队联合作战，希望在越南战场取得胜利的军事优势，作为中法外交谈判的砝码，获得体面的和平，消除边疆危机。所以当中法在越南战场激烈交战时，外交谈判从未间断，一直在或明或暗地进行着。

光绪十年四月(1884 年 5 月)，北宁、太原失守，中法战争第一阶段结束，中法之间在天津的谈判仍在进行。慈禧给中方谈判代表直隶总督李鸿章发出训令，划定了谈判底线：保持越南的藩属地位；通商仅限于越境，不得及于云南；不可将黑旗军逐出越南；不同意法国索赔军费。我们可以看出慈禧并未因军事失利而屈服，底线仍然强硬。谈判结果，双方签订了《中法简明条约》，规定：法国同意保全中越北圻边界，不索军费赔款；中国将北圻清军撤回边界，法越之间已订条约中国均不予置问，允许越南北圻边界法越货物可与中国内地通商。慈禧接阅谈判节略后，认为“与国体无伤，事可允行”，便批准了条约。

按照这个条约，中国默认了法国对越南事实上的占领，法国实现了“占领越南，通商滇粤”的第一阶段战略目标。对于慈禧这种以牺牲属国换取本国“保境安民”的自利主义，应当受到道义上的谴责外，在当时军事失利、敌强我弱的情势下，清军既无力夺回法国侵占的越南领土，又无法遏制敌军的侵越势头，那么不得已而求其次，以牺牲藩属换取保境安民，只能是现实可取的一法。

《中法简明条约》订立后，慈禧满以为战争可就此结束，所以清政府除多次表示愿“谨守条约”外，并于闰五月二十四日(7 月 16 日)下诏撤回保胜、谅山各处清军，回滇、粤关内驻扎；规定于年底前全部撤完，以示遵约诚意。

然而贪得无厌的侵略者却不愿就此罢手。光绪十年闰五月初四(6 月 26 日)当条约墨迹未干时就在拼凑侵略军，任命海军中将孤拔为舰队司令，准备从海上入侵中国。六月十五日(8 月 5 日)，法舰猛轰台湾基隆炮台，台湾守将刘铭传在炮台被毁的情况下，沉着指挥，于次日下午率军击退了向基隆市街推进的法军，侵略者仓惶逃回军舰。法军第一次进攻基隆失败后，茹费理并不甘心。他训令孤拔在福州采取行动，消灭中国水师，炮轰福州船厂，把战火烧到中国内陆。七月初三(8 月 23 日)法军舰队突袭泊于闽江口马尾的福建水师舰船，不足 40 分钟，即将水师 9 艘舰艇全部击毁，近 800 名清军将士阵亡。当天下午又炮轰马尾船厂，致使这座建于同治五年(1866)、清政府在洋务运动期间经营的规模最大的新式造船厂，遭到严重破坏。

马江惨败，使慈禧深知只有用战场胜利才能换取保境安民；只有以战止战，才可以战促和。3 天之后，她毅然降旨，对法宣战。诏书历数法军侵越行径后指出："该国专行诡计，反复无常，先启兵端。若再曲予含容，何以申公论而顺人心！"诏命沿海各口，若遇法军兵轮驶入，着即合力攻击，悉数驱除；陆路各军，有应行进兵之处，亦即迅速前进；予刘永福以提督记名简放，并赏戴花翎，"统率所部出奇制胜，将法人侵占越南各城，迅图克复"①。接着，她一面调兵遣将：令唐景崧募勇出关，与刘永福"合力犄角，赶筹饷项军火济之"②；命岑毓英、潘鼎新督率所部，"星驰前进，相机筹办"③。另一面惩办战争不力、战败有关人员：将总理衙门大臣周家楣、吴廷芬、昆冈、周德润、张荫桓、陈兰彬六人予以撤职，革福建船政大臣何如璋职，撤会办福建海防张佩纶之职，命左宗棠为钦差大臣，督办福建军务，以漕运总督杨昌濬为帮办。

慈禧对法宣战，不仅使朝内主战派深受鼓舞，而且使统兵大员和前线各军斗志高昂。八月中旬，台湾巡抚、淮军名将刘铭传，面对再度来犯的法军舰队，在激战后主动撤离基隆，并于二十日(10 月 8 日)取得沪尾(今淡水)大捷，挫败了敌军攻台气焰。光绪十一年二月(1885 年 3 月)，浙江提督、湘系骁将欧阳利见和宁绍台兵备道薛福成，击退侵犯镇海的法军舰队，轰毁敌军旗舰，海军司令孤拔负伤，取得镇海保卫战胜利。

越南战场，由广西巡抚、淮系将领潘鼎新率领的东线桂军和云贵总督岑毓英统率的西线滇军合刘永福黑旗军，以及唐景崧募勇成军后

---

① 中国史学会主编：《中国近代史资料丛刊·中法战争》第 5 册，518 页。

② 中国史学会主编：《中国近代史资料丛刊·中法战争》第 5 册，520 页。

③ 中国史学会主编：《中国近代史资料丛刊·中法战争》第 5 册，521 页。

合马盛治部组成的中路军，三路并进，在先期作战失利后，于光绪十一年二月(1885年3月)，取得扭转颓势的镇南关大捷。粤军老将冯子材身先士卒，全军奋勇攻击，伤毙法军千余人，击退法军后又乘胜追击，攻克军事重镇谅山，重伤法军司令尼格里。与此同时，西线黑旗军联合越南义军，也在临洮大败法军。

战场形势一片大好，清军摩拳擦掌准备一举攻占河内；法国得知中国取得镇南关、谅山大捷后，举国哗然，纷纷要求茹费理内阁下台。正当事态发展对中国有利之际，清廷突然于二月二十三日(4月7日)，下达停战撤兵命令。前线将士痛心疾首，不愿撤兵。冯子材等上书请战，请朝廷杀议和者以谢国人；主战派也纷纷上奏，申言："停战则可，撤兵则不可"①；"和可许，兵不可先撤"②。但慈禧主意已定，不管战将请求、朝臣议论，坚持己见，上谕称："此事关系重大，倘有违延，朝廷固必严惩。"③把再战言论压了下去。显然，上谕所指停战撤兵"关系重大"，实在是指可以借镇南关、谅山大捷的筹码，在外交谈判中压止对方讨价还价的无厌索求，实现以战止战、以战促和的战略意图。

身处第一线的清军官兵因不明了最高决策者的意图而有所不满，主战派则被前线胜利搞得有点头脑发热，这些情况都可理解，后世史家既然洞明全局，又何必对此痛加鞭笞呢？若从弱国无外交的大历史观着眼，就会明白乘胜即收、以战促和，实在是应该肯定的灵活策略。

一个明显的问题是：清军在取得镇南关、谅山大捷后，再打下去有没有取得全胜而归的可能？具体地说，在越南战场彻底击溃法军，夺回越南失地；在沿海战区尽驱法国军舰，力保海防安全，从而获得中法战争的胜利。

---

① 《两广总督张之洞电》，见中国史学会主编：《中国近代史资料丛刊·中法战争》第6册，384页。

② 《督办广东防务彭玉麟电》，见中国史学会主编：《中国近代史资料丛刊·中法战争》第6册，385页。

③ 《军机处寄两广总督张之洞电旨》，见中国史学会主编：《中国近代史资料丛刊·中法战争》第6册，388页。

镇南关、谅山大捷，实际上只是扭转了清军的战场颓势，并不等于彻底打垮了侵越法军，更不能由此推论再打下去会每战必胜。试看在此之前的船头、郎甲之战(光绪十年八月)，广西巡抚潘鼎新所率的东线桂军虽在船头一战中重创法军，但郎甲之战以伤亡700比100的代价，仍无法取胜而被法军击败，导致船头清军弃城而走，东线桂军失去船头、郎甲战略要点后，清军原定规复北宁、河内的反击计划受挫。云贵总督岑毓英率领的西线滇军，为了夺回战略要地宣光，进行了长达73天的战斗，伤亡近4000人而未能得手。以后东线桂军又丢失谅山，潘鼎新保命逃生，被清廷革职拿问。如果不是老将冯子材所部粤军力挽狂澜，取得镇南关、谅山大捷，清军的战场颓势将难以扭转。那么仅依靠冯子材一军又怎能实现规复北宁、夺取河内、克服失地的计划呢？须知清军在越南战场作战的一个致命弱点就是不能东西两线协同配合，郎甲之战即是典型。这种各自为战的状况，除了越南地形复杂的客观因素外，与清军将帅各有派系乃至贪生怕死的素质不是没有关系，潘鼎新就是一例。那么，依靠这样一支清军要在镇南关、谅山大捷后击溃法军，收复失地，谁也不敢拍胸脯保证能行。所以批评清军在中法战争中乘胜即收，导致中国不败而败的说法，是否有点不顾中法双方力量对比和清军素质的客观实际？对慈禧和她掌权的清政府评议过苛？

越南战场如此，海防情况怎样呢？先说台湾，刘铭传虽然取得沪尾大捷，但基隆仍在敌手，清军无力夺回。法军远东舰队在孤拔指挥下，从光绪十年九月初(1884年10月20日)起，对台湾实行封锁，并于光绪十一年二月攻占澎湖；再说东南沿海，法军在镇海失利后，并未停止对长江口、甬江口的巡逻游弋，不准船只运粮通航，企图切断中国南粮北运航道。当时，福建水师已全军覆灭，北洋水师尚未成军，对法国侵略军的舰队横行东海、胡作非为，只有干瞪眼，徒叹奈何。

综合陆、海两线实际，不能不说慈禧的乘胜即收，确实是一项有利有理有节的决定。她在由军机处发寄两广总督张之洞的电旨中说："现在桂(军)甫复谅(山)，法即据澎(湖)，冯(子材)、王(德榜)若不乘胜即收，不惟全局败坏，且孤军深入，战事亦无把握；纵再有进步，越地终非我有；而全台隶我版图，援断饷绝，一失难复，彼时和战两难，更将何以为计?”这些出自肺腑的话语，说明她及时把握战机、以战促和，顾及全局的隐衷。

剩下的问题是如何看待光绪十一年四月二十七日(1885年6月9日)签订的《中法天津条约》。条约共十款，其主要内容为：

(1)法国约明越南诸省及中国边界毗连处之治安，均由法国妥为设法，无论遇有何事，法兵永不得侵犯北圻与中国边界，且保他人必不犯之。中国约明亦不派兵前赴北圻。中国在越侨民受法国保护。

(2)中国约明，凡法国与越南自立之条约、章程，现时与日后均听办理。中越往来，法国言明必不致有碍威望体面，亦不致违此次之约。

(3)从条约签字起，六个月内中法两国派员勘定中国与北圻边界，设立标记。

(4)中国在云南和广西边界各指定一处通商，中国在此设关收税，法国人可在此居住，设立领事馆。

(5)中国日后若修建铁路，自与法国商办，其招募员工，法国当尽力襄助。但彼此言明，不得视此条为法国一国独受之利益。

(6)条约一经签字，法军立即退出基隆，解除海面封锁，一个月内从台湾、澎湖全行退尽。

综上可见，《中法天津条约》除了承认越南受法国保护，中国丧失了对越的宗主权，导致越南成为法国的殖民地，以及中国在西南边疆开放两个通商口岸，给法国侵略势力进入云南、广西以可乘之机外，并没有给中国造成过多的伤害。若与两次鸦片战争期间订立的《南京条约》《天津条约》和《北京条约》相比，它没有割地、赔款等严重损害领土完整、民族利益的内容，应该说是一个基本上可以称之为平等的可接受的条约。出现这种战争结局，除了法国国内反战力量促使茹费理内阁倒台，以及西方列强间相互掣肘等因素外，清军战场胜利无疑起着决定作用。那么，慈禧把握住机会，乘胜即收，使有利于中国外交谈判的因素实现最大效应，也就不应该受到苛责了。所谓“中国不败而败、法国不胜而胜”，所谓“屈辱的不平等条约”云云，除了民族义愤之外，还有多少令人信服的根据呢?

可以毫不夸张地说，《中法天津条约》是鸦片战争以来中国订立的一系列不平等条约中，损害最少的条约。慈禧在这次对外战争中的态度和举措，比之她的丈夫咸丰皇帝和她的公爹道光皇帝高明得多！如果说，在以往的边疆危机，如日本制造琉球问题、英国挑起马嘉理事件、日本在朝鲜问题上的对华讹诈等，慈禧都处置失当而以妥协退让为主，那么这一次在中法战争中的表现，总体上是以抗争为主的。不看到这一点，把她在对外战争中的举措一概以妥协投降骂倒了事，那就不是具体问题具体分析和实事求是的治史态度了。

原载《探索与争鸣》2007 年第 11 期

关于孙中山与黄埔军校的若干思考

孙中山在1924年创办黄埔军校前，早就有组建军校、建立革命军队的设想和实践。建立黄埔军校是他原有建校建军思想合乎逻辑的结果，并非纯受苏俄提示与影响后才有灵光一现式的思想。但是黄埔军校的筹建过程中存在着匆忙与仓促的事实，如筹备时间过短，校长人选的决定考虑欠周，联俄联共思想未能在党内、军校内取得普遍认同等。对于黄埔军校的历史贡献，应分阶段做出评价；在分阶段中应注意区分原生态性和派生性的特点。

一、孙中山早有组建军校的设想与实践

一般研究黄埔军校的著作，大都强调了黄埔军校的创建受苏俄的提示与影响，很少说明建立军校是孙中山一以贯之的思想。

早在1894年檀香山兴中会成立后，孙中山就着手举办军事训练班，以培训起义所需的军事人才。据马兖生《孙中山在夏威夷》一书称："兴中会成立后，会员准备有朝一日参加起义，借谛文办的学校寻真学院(Mills Institute)的操场进行军事操练……聘请一曾任中国南洋练兵教习队长的丹麦人来做教练。参加者有郑金、郑照兄弟，许直臣、陆灿、叶桂芳等人。钟工宇在自传中说：'一开始有四十人参加练兵活动，但是那个丹麦教练太严格了，人们一个个退出，后来没剩几个人。这就是中国人说的虎头蛇尾。'"①

① 马兖生：《孙中山在夏威夷》，29页，台北，近代中国出版社，2000。

这个最早的类似军校的军事训练班虽然没有坚持下去，半途而废，却显示了孙中山早在开始革命生涯时，就有训练革命军事人才的设想与实践。

1896年孙中山游历欧洲，在伦敦被诱执后，经康德黎营救脱险，自此声名大噪。在伦敦他遇见了美国人咸马里上校，从此他们建立了友谊。孙中山希望能得到咸马里的帮助，将来帮他训练军队，咸马里回答说："不必等到你当上中国总统，在那以前你就会需要我。没有军队，你既不能建立也无法维持一个政权。我确信，中国人经过适当的训练就可以组成出色的军队。"①这表明孙中山很早就懂得建立军队对革命取得成功的重要意义。咸马里后来果真为中国革命党训练军队出了力。

1903年，孙中山在日本东京时，因清政府指令驻日公使蔡钧设法禁止自费留日学生学习陆军，为了遂有志之士学习军事的需要，便在日本友人的帮助下，创办了青山革命军事学校。此事的经过，冯自由在《中华民国开国前革命史》及《革命逸史》均有文记述，尤以《革命逸史》最详：

> 先是清政府鉴于留学生多浸染革命思想，尝命驻日公使蔡钧设法禁止自费留日学生学习陆军，故自费之有志兵事者咸无从问津，总理以诸同志有愿未遂，乃商诸日友日野熊藏少佐，请其相助。……日野因与总理同研究战术，闻总理言，愿悉力相助，遂秘密组织革命军事学校于青山。日野自任校长，延其友小室健次郎大尉为助教，规定学期八个月，学科有普通兵事学及制造盒子炮、木炮各种火药等门，尤注重波亚散兵战术及以寡敌众之夜袭法。第一期报名入校者有黎勇锡（仲实）、李自重、胡毅生、桂延銮（少伟）、刘维焘、饶景华、区金钧、卢少岐、卢牟泰（可峰）、郭健霄、伍嘉杰（少魏）、李锡青、翁浩、郑宪成等十四人。入学时诸生一律宣誓服从革命军事首领及本校规则。诸生皆自费，独

① 孙中山：《我的回忆》，见《孙中山全集》第1卷，552页。

> 胡、桂二人由众供给之。是年冬，总理有檀香山之行……革命军事学校于总理离日后，不及半载，即因内部发生意见，宣告解散。①

《革命逸史》第五集中，有以《东京革命军事学校补述》为题，载录曾为该校学生的胡毅生，于 1944 年写成的文章，其中称：

> 其后由犬养毅介绍骑兵少佐小室健次郎及步兵大尉日野熊藏来任教官，小室为退职军人，素有志赞助中国革命，与总理有旧。日野则为现役军人，供职于东京兵工厂，娴英语，研究波亚战术极有心得，且精于兵器学……商定由同人等自赁一屋同寓，日间自习普通学及日语，夜间则教授战术及兵器学。初赁屋于牛达区，后以其离日野居过近，来往时易令警察注意，乃迁于青山练兵场附近，使每日得观近卫师团各种兵种之教练，夜间则轮派三人到日野家听授讲义，归而述之。如是者可六阅月。②

胡毅生文章，纠正了冯自由在初集中关于日野和小室的记载，补充了学习方法及学习内容，因为是亲身经历，所说比较冯自由更为符合实际。

值得注意的是学生入校都要宣誓。誓言据《孙中山全集》第一卷所列，为"驱除鞑虏，恢复中华，创立民国，平均地权"。但是该卷设题为《东京军事训练班誓词》，把"青山革命军事学校"（或称"东京革命军事学校"）的名称改成"东京军事训练班"，不知编者何据？冯自由在《革命逸史》第五集介绍胡毅生文章所写的"附志"中，明确称其"是为我国革命党人自设革命学校之嚆矢"，认为它是"军事学校"，而非"训练班"。则《孙中山全集》编者设题称其为"训练班"，显然不妥。

1910 年 3 月，孙中山与美国人咸马里、布思在洛杉矶长滩会议，

---

① 冯自由：《癸卯孙总理在日本状况》，见《革命逸史·初集》，133～134 页。

② 冯自由：《东京革命军事学校补述》，见《革命逸史·第五集》，36 页。

讨论中国革命的起义计划，其中决定在美国训练军官，以充实革命力量，并计划在中国沿海寻找适当的租借地，建立训练起义者的营地。这种军事训练营虽然不是正规意义上的军事学校，但在培训军事人才的根本点上是一致的。为此，孙中山在此后经常关心训练工作进行。1910 年 5 月 24 日，他在致咸马里的信上报告说："我刚收到中国来信，谓我党一些同志在获悉我们在此处提出建议之前，已采取措施从广州湾法国当局租地开垦。法国政府招人前往该处开发土地，凡申请租地者，每人可获借三英亩土地。但提出申请后需要三个月始可得到答复。"①这封信表明，在中国沿海建立训练营的计划已经在广州方面开始着手考虑。1910 年 11 月 7 日，孙中山《复咸马里函》中提到"关于中国政府注意你在美国练兵之事，我认为这支军队如仍在你的指挥之下，极可能是中国政府欲接管这些军队，将召回中国并加以消灭"，"而中国政府要保留你所训练的四个团，按照中国当前的情势实无可能。我认为，这一事件的后台是图谋私利的中国现任驻华盛顿公使张荫棠"。② 这表明在美国训练军队以充实革命力量的长滩计划，正在实施，并取得了相当的成绩。

至于在中国沿海某租借地设立训练营的计划因广州起义在即而无暇施行，向法国租借广州湾一事最后不了了之。

1912 年 3 月 31 日，南京临时政府公布《陆军军官学校暂行条例》。这是一所初级军官学校，学制为一年半，教育内容分为教授、训育二科。教授科目为战斗学、兵器学、地形学、筑城学、军制学、军人卫生学、马学、外国语学；训育科目为操练、马术、体操及剑术、军用文书及诸勤务训练。③

二次革命失败后，孙中山流亡日本，聘请日人中井佐开办"军事浩然社"，训练学生百余人，教官多为日本人。蒋介石等曾在"浩然社"学

---

① 孙中山：《致咸马里函》，见《孙中山全集》第 1 卷，459 页。

② 孙中山：《致咸马里函》，见《孙中山全集》第 1 卷，490～491 页。

③ 参见上海辞书出版社编：《中国军事史大事记》，600 页，上海，上海辞书出版社，1996。

习过军事。①

以上种种事实表明：孙中山在1924年创办黄埔军校前，早就有组建军校、建立革命军队的思想和实践，可以说建立军校是他朝思夕虑的革命事业之一。

之所以未能实现，原因是缺乏必要的条件，其中除了忙于为各次反清武装起义筹款奔走，无法他顾外，主要是缺乏一块相对稳定的根据地，缺乏经费、教官、枪支弹药等必要的资源。直到后来广州成为革命根据地，在中共的帮助下计划改组国民党，主张实行联俄、联共、扶助农工的三大政策，得到苏俄和共产国际重视后，建立军校才有了客观可能的条件。明乎此，就可以理解1921年来，当孙中山在桂林和第三国际代表马林的两次会谈时，双方的会谈纪要中，为什么有“创办军官学校建立革命军的基础”一条；也就可以理解1923年蒋介石率领“孙逸仙博士代表团”访问苏俄，双方会谈时，会进一步讨论由苏俄援助建立军校的计划。由此可知，建立黄埔军校是孙中山原有建校建军思想合乎逻辑的结果，并非纯粹受苏俄的提示与影响后，才有灵光一现式的主张。

二、孙中山建立黄埔军校之匆忙与仓促

尽管孙中山早就有建立军校、培养革命军事人才的设想和实践，但一旦决定成立黄埔军校时，仍然存在着匆忙仓促的客观事实。以往有关黄埔军校的研究，很少涉及这个方面，结果使后来的若干历史现象无法得到合理解释。建校的匆忙和仓促，主要表现在如下几点。

(一)筹备时间过短，以致使许多问题未能充分考虑成熟

虽然孙中山与马林桂林会谈和“孙逸仙博士代表团”访问苏俄，都谈到了建立军校的问题，可以作为黄埔军校创始的酝酿时期，但那仅仅是一种意向式的讨论，没有涉及具体问题，蒋介石回国后立即去了

---

① 参见史全生：《中国近代军事教育史》，209页，南京，东南大学出版社，1996。

浙江老家，后经孙中山催回，关于军校一事未能进行讨论。

黄埔军校的筹备工作大约自1923年10月中旬开始。该月15日，国民党召开党务讨论会，讨论建立陆军讲武堂于广州，“训练海外本党回国之青年子弟，俾成军事人才”①，这虽不是黄埔军校本身，但可视为国民党决定建立军校的开始。

1924年1月，国民党中央执行委员会开会，决定组织军官学校，命名为“国民军军官学校”，以测量局西路讨贼军后方病院为校址，由孙中山担任校长，这项决议虽前进了一步，但尚未进入正式筹备阶段。

根据1936年出版的《中央陆军军官学校史稿》一书所列《本校筹备之事略》一节称：约在1924年1月决定成立军事学校，定名为“中国国民党陆军军官学校”，校址定于广东黄埔岛上。1月24日，由孙中山任命蒋介石为筹备委员会委员长。2月6日，正式成立由王柏龄、李济深、沈应时、林振雄、俞飞鹏、宋荣昌、张家瑞组成的筹备委员会。筹备会分设教授、教练、管理、军需、军医五部，推定王柏龄、李济深(由邓演达代)、林振雄、俞飞鹏、宋荣昌为临时主任分部办事。这是黄埔军校筹备工作的正式启动。

从1924年2月起，到同年5月5日(一称5月9日)黄埔军校开课，历时三个月，开筹备会32次，主要讨论：(1)订定校章；(2)修理校舍；(3)任免教职员；(4)招考学生；(5)审查学员资格；(6)决定第一学期教练计划；(7)决定全校员工必须加入本党；(8)决定服装书籍之样式、种类及购置办法。②

很明显，上述八个方面是最基本的办校软硬件，但是以三个月为筹备期，毕竟时间太短，许多问题考虑并不很成熟：

1. 经费来源未做讨论

筹备军校需要经费，经费如何筹措应是题中之义，但32次筹备会

---

① 《党务讨论会通过设陆军讲武堂提案》，见广东革命历史博物馆编：《黄埔军校史料(1924—1927)》，23页，广州，广东人民出版社，1985。

② 参见《本校筹备之事略》，见广东革命历史博物馆编：《黄埔军校史料(1924—1927)》，26～27页。

议中并未讨论，大约是认为由广东革命政府财政厅厅长廖仲恺负担经费筹措即可解决。然而军校成立后，廖仲恺又作为党代表，负责国民党务。这样廖仲恺实际上一身两任，既要关心军费，又要关注党务，结果廖仲恺为军费奔忙花去绝大部分时间。正如何香凝所说：廖仲恺为了办好黄埔军校，“经常和把持广东财政的军阀杨希闵等作斗争，他常常夜里要到杨希闵吸食鸦片烟的烟床边去等杨希闵签字，然后才能领到款来，送去黄埔军校。黄埔军校几百学生的学费、宿费、伙食费，甚至连服装费、书籍文具费用，都是政府供给，而这些钱就是这样辛辛苦苦筹来的”①。张治中在《黄埔精神与国民革命》的回忆文章中也说：

> 廖先生在当时是担任本校第一任的党代表，他肩负了筹措经费的责任。那时候广东的财政和一切税收机关统统把持在军阀手里；而且这班军阀根本是反对黄埔，根本就不愿意我们黄埔成立与存在的。我们常常听到廖先生同我们讲起筹款时种种困难的时候，他几乎落下泪来。他觉得本校明天的伙食没有了，他在今天就四处奔跑设法，一直到了下午八九点钟，还没有筹着一个钱的时候，他只好跑到这一批军阀的公馆里面去。这一些军阀正靠在烟榻上抽大烟，我们廖先生本来是一个革命党员，对于这一班军阀的情形怎么能看得惯，但是为了要养活五百个革命青年，他不得不为了我们牺牲身份，而且也靠在大烟床上陪着军阀谈笑，等到军阀高兴了，他才提出某一个地方有一笔款子让他去收一收，只说有一个紧急用途，始终不敢提到是为了黄埔军校学生的伙食，然后这班军阀才答应了廖先生，然后我们这五百热血的革命青年才不至于断炊。②

---

① 何香凝：《黄埔军校之创办》，见广东革命历史博物馆编：《黄埔军校史料(1924—1927)》，57～58 页。

② 张治中：《五百师生之艰苦创校》，见广东革命历史博物馆编：《黄埔军校史料(1924—1927)》，67～68 页。

为了筹措经费，廖仲恺就只有很少的时间和精力花在党代表工作上，于是党代表一职形同虚设，蒋介石才得以校长专权。

2. 教官从何处来

军校需要军事教官。由于孙中山身边的亲信大多是文人，鲜有军事人才，所以黄埔军校的教官来源，主要由保定军官军校毕业之国民党员及共产党派出的军政干部两大部分组成。保定军校来的教官，往往利用学缘、地缘关系拉拢保定的同学与同乡。如蒋介石是保定陆军速成学堂出身，他是浙江人，便招集保定军校浙籍生来军校任职，如邵企雍、姚琮(黄埔四期教官)；邓演达、简作祯是广东人，原在粤军中任职，于是不少原来粤军中的粤籍或非粤籍的保定同学来军校任职如严重、周至柔、季方(黄埔一期教官)、刘峙(二期教官)、张治中(三期教官)；教官如此，必然影响学生分化。后来，在黄埔教官中形成了蒋介石的嫡系——黄埔系，其中核心人物如陈诚、刘峙、顾祝同、周至柔等都是。后来蒋的“八大金刚”钱大钧、刘峙、顾祝同、张治中、陈继承、陈诚等人都是黄埔军校的“保定系”教官。

共产党派出的教官有周恩来、熊雄、叶剑英等人。

3. 枪械供应问题

黄埔军校筹备时期对枪械供应未做讨论，总以为苏俄供应不成问题，到军校开学时，苏俄枪械仍未到达。不得已，孙中山批了300支粤造毛瑟枪。王柏龄回忆说：“但当时的兵工厂，并不以我们学校为重，只知道拍军阀的马屁。廖先生交涉了不少时日，开学时仅仅发了三十支，才勉强给卫兵守卫。”①到开学后两三个月，苏俄枪械才运到。

如果王柏龄回忆属实，那么按照黄埔军校第一期军事科目规定的学科与术科两大部分内容说，其中术科的“持枪教练”，至少在开学后的两三个月内无枪可持。②

---

① 王柏龄：《苏联援助军校枪械》，见广东革命历史博物馆编：《黄埔军校史料(1924—1927)》，71页。

② 参见《第一期军事教育科目》，见广东革命历史博物馆编：《黄埔军校史料(1924—1927)》，143页。

(二)校长人选的决定考虑不周

蒋介石主持军校并非最合适的人选，他当时既不是国民党中央执委，也没有在粤军中担任军职，只是于1923年任广州大本营参谋长和行营参谋长，既缺乏带兵的经验和实践，也在国民党中没有什么地位。孙中山何以选定他出任军校的校长呢？周恩来对此有过说明，概括起来主要有三点。

第一，蒋介石与孙中山的接近，首先是因为和陈其美的关系。陈其美从事政治活动以后，始终追随孙中山。例如，组织中华革命党，要求参加者在誓词上打手印，许多士家出身的，如胡汉民、汪精卫等都不干，黄克强则更是反对，而陈其美第一个宣了誓，打了手印。因此陈其美在当时得到了孙中山的信任。蒋介石是陈其美的徒弟之一，因而得与孙中山接近。

第二，蒋介石在陈炯明炮轰总统府后，在永丰舰上不离孙中山左右，取得了孙中山的信任。关于这一点，周恩来在同一文章也有说明："其次一个重要的原因，就是在永丰舰的事情上，蒋介石投了一个机。1922年陈炯明炮轰总统府，赶走了孙中山。孙中山在永丰舰上与陈炯明相持五十多天，当时蒋介石在上海交易所作生意失败了，看到这个机会可投，特意从上海跑到永丰舰，表示与孙中山共存亡。从此蒋介石与孙中山比较亲密起来。"

第三，率领"孙逸仙博士代表团"访问苏俄，直接促成了孙中山任命蒋为军校校长。周恩来说："孙中山和苏联建立关系后，因为邓铿等离不开广州，就派蒋介石去苏联参观，后来叫他当黄埔军校校长。"① 孙逸仙代表团于1923年8月在上海奉孙中山之命组成，成员有沈定一、王登云、张太雷等，蒋介石为团长。8月16日，由上海启程赴苏。9月2日，抵达莫斯科。代表团拜会了加里宁等苏联领导人，探讨了互相合作、军事援助等问题。同年11月离苏，12月5日抵达上海，蒋当日即回奉化老家。1924年1月24日，由孙中山任命蒋介石

---

① 周恩来：《关于黄埔军校》，见广东革命历史博物馆编：《黄埔军校史料(1924—1927)》，60页。

为黄埔军校筹备委员会委员长。

2月21日，蒋介石致函国民党中央委员会辞去黄埔军校校长之职，并把所有该校筹备委员会事宜交廖仲恺代为交卸。孙中山当即于2月23日致电蒋介石不准其辞职。电文为："务须任劳任怨，百折不回，从穷苦中去奋斗，故不准辞职。"①这件事，对孙中山打击颇大。廖仲恺在3月24日函促蒋介石南归的三通文电中的第二通，曾提及："择生归，告先生以介兄不归之故。深致唏嘘……请兄等即行，以免先生加受一重精神上痛苦。盼复。"②但是蒋接廖电后仍不肯从上海回粤。据叶剑英说："后来孙中山表示要另请别人，他才回到黄埔来。"③叶剑英说孙中山要请别人之事，从廖仲恺第三通促蒋南归的文电中可以得到旁证。文中说："转介石兄，归否，请即复，俾得自决。"④这"俾得自决"四字，就是叶剑英所说孙中山"将另请别人"一语的注脚。估计此事由别人透露给了蒋介石，廖仲恺也知道蒋已得到孙中山的意图，所以才有请他"自决"的文电。这等于是向蒋介石下了最后通碟。蒋介石才不得不回广州，继续担任校长，主持筹备工作。应该说，选择蒋介石作为黄埔军校校长是孙中山欠考虑的匆忙决定。当时，比蒋介石更合适的人选是有的，如邓演达。他毕业于保定学校，又长期在粤军中任职，既有军事学识，又有军事实践经验。后来又担任大元帅大本营的拱卫工作。为人正直，忠于孙中山的三民主义。1924年5月参加黄埔军校的筹备工作，任训练部副主任，学生总队长。这样的人不用，实在可惜。

(三)联俄、联共的思想，未能在党内在军校内取得普遍认同

孙中山晚年在苏俄、共产国际和中共帮助下，思想有了重大转变，

---

① 孙中山：《批蒋中正函》，见《孙中山全集》第9卷，507页。

② 《廖仲恺催促蒋介石南归文电三通》，见广东革命历史博物馆编：《黄埔军校史料(1924—1927)》，29页。

③ 叶剑英：《蒋介石辞职真相》，见广东革命历史博物馆编：《黄埔军校史料(1924—1927)》，32页。

④ 《廖仲恺催促蒋介石南归文电三通》，见广东革命历史博物馆编：《黄埔军校史料(1924—1927)》，29页。

决定改组国民党。1923 年 11 月，公布了《中国国民党改组宣言》和党纲、党章草案。1924 年的 1 月在广州召开中国国民党第一次全国代表大会，以联俄、联共、扶助农工三大政策为基础，重新解释三民主义，标志着国共合作的正式开始。可惜的是孙中山这一重大转变的思想主张，只在周围少数的同志中得到了认同，并未在广大国民党党员中进行深入细致的宣传教育。在这种情况下筹建军校，显得国共合作的思想薄弱。特别是军校校长蒋介石，一度以左派面目出现，但是经过访问苏联后，蒋介石实际上对苏联产生了恶感。这可以从他 1924 年 3 月 12 日给廖仲恺的信里得到证明：

> 欲直告于兄者，即对俄党问题是也。对此问题，应有事实与主义之别。吾人不能应其主义只可信，而乃置事实于不顾。以弟观察，俄党殊无诚意可信。即弟对兄言，俄人之言，只有三分可信……俄党对中国之唯一方针，乃在造成中国共产党为其正统，决不信吾党可与之始终合作，以互策成功者也。……所谓俄与英美法日者，以弟视之，其利于本国损害他国之心，则五十步与百步之分耳。①

这封信，是蒋介石不愿担任黄埔军校长和筹备工作，经廖仲恺和孙中山再三催归时写的，既说明他不担任校长并非因意气用事，又说明他对苏俄和中国共产党的真正看法。后来，他口头上虽然高唱拥护孙中山新三民主义，和在黄埔军校任职时的共产党友好相处，但实际上他是反对联俄、联共政策的。后来的中山舰事件、清党等一系列反共措施都是他这一思想合乎逻辑的结果。

不仅校长蒋介石如此，黄埔军校内的一些反共的国民党军事教官和学生也不断鼓吹反共言论。军校开学时，国民党右派谢持来校煽动反共。拉拢教授部主任王柏龄，学生贺衷寒、潘佑强、冷欣等鼓吹：

---

① 蒋介石：《复廖仲恺书》，见广东革命历史博物馆编：《黄埔军校史料(1924—1927)》，30 页。

“共产党名虽然与国民党合作，其实是想乘机篡夺国民党的党权，一朝得逞，所有国民党员，尤其是黄埔同学中的国民党员，将受到无情的迫害，而无立足的余地。”后来的“孙文主义学会”就是在这样的形势下成立的。①

黄埔军校是国共合作的产物。中国共产党人真心诚意地奉行了合作方针，在黄埔军校殚精竭虑，做了大量的工作。但国民党右派却对孙中山的新三民上义阳奉阴违，竭力破坏国共合作，在师生中挑起矛盾，摩擦不断。凡此都说明了黄埔军队的办校方针——国共合作思想——没有得到普遍认同。一个学校，如果思想基础不稳，要上下一致，同心协力是困难的。可以说后来的国共分裂，实际起始就是黄埔军校中以蒋为首的国民党右派反共政策恶性膨胀的结果。

三、黄埔军校的贡献

黄埔军校对中国民主革命的巨大贡献，世所公认。归纳起来以下三个方面尤可注意。

第一，在北伐战争中，黄埔师生英勇奋战，为北伐的一系列胜利做出了重要贡献。

第二，培养了大批中国现代军事人才，中共军队和国民党军队中有许多高级将领出身于黄埔军校。

第三，学习苏俄的军队政治工作经验，在军校和北伐军队中都设立了党代表制度。尽管蒋介石破坏了这一制度，形成了军权压制党权的局面，但中国共产党却坚持了这一优良传统。在毛泽东的坚持创导和努力下，在中国工农红军中坚持党支部建立在连上，并形成了“党指挥枪”的重要思想。应该说军队的党化在当时的历史条件下，是军队私有化到军队国家化过程的一个历史环节，历史地诠释这个环节，对中国军队的发展趋势就会有历史唯物主义的理解。

---

① 参见曾扩情：《谢持来校煽动反共》，见广东革命历史博物馆编：《黄埔军校史料(1924—1927)》，340～341页。

对于黄埔军校的历史贡献，我建议应分阶段做出评价，在分阶段评价中注意区分原生态性和派生性的特点。阶段仍可以蒋介石在1927年发动“四·一二”政变划分为前后两段；原生态性似应以黄埔军校为准，而各地分校(潮州分校、南宁分校、长沙分校、武汉分校)则为派生性。

原载《广东社会科学》2004年第5期

孙中山：推进中华文化近代转型的第一人

中华文化以儒学为核心，博大精深。儒学自孔子首倡，到宋明理学已趋于极致。失去了继续发展变革的内驱力，也难以应对鸦片战争后西学东渐与社会转型的需要。以儒学为核心的中华文化，面临历史转折的关口。近代志士仁人对中华文化转型所做的努力，都无力使中华文化更新，难以形成理论体系。只有孙中山的“三民主义”，才是中华文化近代转型第一个完整的理论体系。

一、中华文化面临历史性转折

中华文化是以儒学为核心，儒、释、道兼容并包，博大精深的文化体系。儒学与儒家思想，自孔子首倡以来，历两千多年发展变化，到宋明理学，已趋于极致，失去了继续发展的内驱力。这可以从两方面予以说明。

第一方面，从儒学发展的历史看。孔子儒学来自民间。其核心观念是“礼”，而礼之最大者惟“祭”。孔子根据文王、周公一脉相承之“礼”，批判贵族奢侈腐败的“非礼”行为，批判的依据是“礼”的历史真实。所以儒学的本性是批判的。孔子又根据“祭”的本义，认为祭的原始是缘于人类的孝悌本性，推而广之就是“仁”“忠恕”。这是人与人相处最重要的准则。所以儒学的原旨又是教化的。孔子把“礼”(政治制度)与“仁”(社会关系)合二而一，主张“克己复礼”，回到“三代之治”的理想社会。这种貌似倒退、实质前进的儒学原旨，是为了建立一个和谐有序的大一统国家，并使中华文化在社会道德统序上赓续久远，存亡继绝。

儒学又是发展的。儒学发展的历史背景就是百家争鸣。孔子儒学既是在对王官之学的批判中逐渐确立其自身的学术地位；又是在教育、讲学的辩难、传承下得以弘扬光大。孔子死后，继起者为墨、道两家。儒家学说既有与两家对立的一面，又有相近相通的一面。正是在相斗相通的争鸣中，儒学得以学派的繁盛。据《韩非子·显学》篇称：自孔子之死也，有子张氏之儒，有子思氏之儒，有颜氏之儒，有孟氏之儒，有漆雕氏之儒，有仲良氏之儒，有孙氏之儒，有乐正氏之儒，儒分为八。春秋战国的百家争鸣，导致孔门后学一传再传，学派繁多复杂，后世所称的思孟学派、荀子之学，即是其中脱颖而出者。

两汉时代，儒学定为一尊。既没有了百家争鸣、互补短长的学术环境，又失去了批判现存制度、学术独立的本性，儒学开始成为维护大一统君主制度的工具而逐步僵化。虽然，汉初道家兴起曾对汉儒以道释儒或以儒释道产生过一定影响，但整体而言，两汉儒学转向了内向式的注释经典的发展路径，形成了经今古文之争。当然，两汉儒学除经生的解经方法外，出现过如董仲舒、马融、郑玄等一批儒学大家。他们的儒学思想，自成格局，对后世产生过重要影响。其中，董仲舒的《春秋繁露》一书，阐发《春秋》的微言大义而运用于社会；主张成善抑恶的"性三品"说而平议孟子、荀子的性善、性恶论；承阴阳五行之说而倡"天人合一"，以阐幽发微自然界与人类社会的应对关系，被后世誉为"汉代孔子"。

魏晋时代，儒家受道家学说影响，儒士引老庄入儒，崇尚清谈，儒学因之别开生面，发生变动。其中，排击汉儒，以《易》《老》注经而自成新学的，是王弼。他和晋韩伯康所注的《周易》，保存在《十三经注疏》之中。① 调和儒老，蔑视礼法，崇尚虚无、清谈的，就是"竹林七

① 《十三经注疏》，十三部儒家经典的注疏，包括《周易》《尚书》《毛诗》《周礼》《仪礼》《礼记》《春秋左传》《春秋公羊传》《春秋穀梁传》《论语》《孝经》《尔雅》《孟子》。其中《周易》用王弼、韩伯康注，唐孔颖达等正义。南宋以后开始合刻，历明清均有刊本。清代学者阮元据宋本重刊，写有校勘记。

贤”。嵇康调和儒道。阮籍《达庄论》，阐“无为”之可贵。这种儒道奥援现象，正如梁启超《儒家哲学》所说：“儒家自身，本来有类似道家的话，两汉时代未能发挥，到了魏晋，因为发生变动，才把从前的话，另外估定一番。”①由此可知，儒学不同时代的发展变化，自有学术渊源可循；不同学术思想的影响，自是学派发展变化的内在驱动力。这种流风，一直影响到隋唐。

隋唐时代，佛教大兴。隋代儒家，调和儒、佛，颜之推、王通，是为代表。唐代纯粹儒家，均不及佛学和文学家显露头角，用梁启超的话，“不过是二、三等脚色。专就儒学而论，唐代最无光采”②。但梁氏提醒我们，华严宗佛学家宗密法师即圭峰所著《原人论》和唐末李翱所著《复性书》，却是宋学之先驱。所以唐代儒学，仍不失其启迪新知、另辟蹊径的开拓功能。

两宋时期，是儒学大放异彩的时代。一方面，长期动乱、民不堪命之后，社会趋于安定，休养生息，重文轻武，学术得以繁荣；另一方面，私家讲学渐成风气，门徒聚集，道统赓续。更重要的是儒佛融通之后，社会思想起了很大变化，要求儒家别出心裁、另创新说。于是，北宋周敦颐(世称濂溪先生)著《太极图说》，邵雍(谥康节)成“象数之学”，张载(横渠先生)著《易说》，程颢(学者称明道先生)著《定性书》，程颐(称伊川先生)著《易传》，各立学说，聚徒讲学，后世称之为“北宋五子”，奠定了宋学基础。宋学不同于汉儒治经重名物训诂，多以阐释义理性命为主，故有理学之称。传至南宋，朱熹、陆九渊集其大成，汇为朱、陆两大学派。朱学祖述伊川，讲求涵养用敬，格物致知，认定“理”先天地而存在；陆学踵武明道，讲求义利之辩，发明本心，提出“宇宙便是吾心”，与程朱一派对立。两派主张各有不同，辩难互有消长。其后，程朱之学立于官府，尤其朱熹《章句》《集注》为八股取士的张本，朱子之学得而大倡。

---

① 梁启超：《清代学术概论·儒家哲学》，134 页，天津，天津古籍出版社，2003。

② 梁启超：《清代学术概论·儒家哲学》，139 页。

明代中叶，浙江余姚王阳明，继承陆学而有所发展。力主“心外无物”“心外无理”，不同意朱熹对“格物致知”的诠释。朱熹讲格物，是教人对天下万物“莫不因其已知之理而益穷之，以求至乎其极”，即用已有知识考求万物至极之理。阳明认为，应本孟子所说“人之所不学而知者，其良知也”的良知，去“慎独”、致知。朱熹认为致知过程，先要知，然后能行。阳明认为人有良知，自能行，已有行，自有知在，主张“知行合一”。所以，“致良知”与“知行合一”，既是王学“心外无物”“心外无理”宗旨的发微，又是王学有别于朱学的两大要点。王学起于浙而盛于赣，发展到明末清初，学者空谈心性，“束书不观，游谈无根”，流于衰微末路。

宋明理学是儒学发展的极致。清初诸大儒，如孙奇逢(夏峰)、黄宗羲(梨洲)、顾炎武(亭林)、王夫之(船山)、颜元(习斋)等虽各有建树，但都围绕程朱、陆王学说发挥，跳不出宋明理学的樊篱。孙奇逢宗王学而不非难程朱；黄宗羲发扬王学而改其末流空疏置悟之弊；顾炎武敬程朱而有所修正，倡经世之学并在考证方面成就显著；王夫之学无师承，非朱非王，却自成一家。他在史学上成就卓越，学术上却接近程朱；颜习斋则无论程朱、陆王一概予以反对，斥为与孔孟之学门径相异。但他虽排斥宋明理学最力，于汉学传注考据亦表菲薄，其学卒不显于清世。至于死后谥“文正”的清初大儒陆陇其(稼书)，更以程朱为正统，斥陆王为异端而深受朝廷青睐。及至清代文字狱大兴，文士避祸惟恐不及，纷纷钻到故纸堆中，整理经籍和考据之风大盛。乾嘉考据之学兴起之后，儒学再无学术上的创新学派出现了。

我不治学术史，上述梳理亦多有拾人牙慧之处。之所以不揣冒昧，贻笑方家，是为了说明自宋明理学之后，儒学已陷入无所休止的性理之争和进到考据之学的阶段，虽日趋精微，却无整体创新。在我看来，儒学实际上已经僵滞，失去了发展变革的内驱力。

第二个方面，从学术应对社会需求的互动关系看。儒学作为自然经济时代的学术体系，他的产生、发展是和小农经济相适应的。孔子儒学是奴隶制经济转化为封建制经济的产物。秦汉以后，分封制削弱到消失，小农经济有了长足发展。文化上道教、佛教昌盛，形成多元文化格局。儒、释、道融会，奠定了以儒学为核心的中华文化体系，儒学历一千多年的发展变化，自在情理之中。两宋起，中国经济重心南移，明中叶起商品经济发展，社会繁荣、物欲增长，于是专讲天理人欲的宋明理学随之而兴。程朱理学更定为官方哲学，朱子的《章句》《集注》钦定为科举取士的解经、诠释依据。利之所趋，程朱理学历宋、元、明、清而不衰。陆王心学也因其对程朱批评辩难中，得到儒士的认同而广为流传。

鸦片战争后，外国资本主义入侵，中国自然经济开始受到冲击，社会面临两千多年来从未经历过的变局。异质文化的不断涌入，改变着人们的价值取向。晚清中国的社会形态变化，在在都要求以儒学为核心的中华文化如何应对变化了的现实。但是，大多数儒生仍热衷于琐碎饾饤的考据和经学的今古文之争，少数学者虽有糅合中西学问而有所更张，但终因西学知识的浅薄且深受传统学术的羁绊，产生不出新的理论体系。美国学者列文森曾对当时中国儒学的未来命运做过推测，他认为：儒学如果坚守他那一套传统而不去回应发展了的历史，它真有可能成为“博物馆中的陈列品了”①，确实切中了儒学的困境和要害。

儒学当然不是中华文化的全部，但儒学是中华文化的核心理论和社会道德统系。说儒学自宋明理学后趋于僵滞，当然不是说中华文化没有发展前途。但是儒学需要历史性的转型以面对变化了的中国之需求，却是中华文化在鸦片战争后共同的命运。事实上，早在鸦片战争之前，中国内部的吏治败坏、专制统治和外部的鸦片入侵、西学东渐，就已对中华文化提出了挑战。但当时的中国学术界、思想界沉闷困顿，一如龚自珍《己亥杂诗》所描述：“九州生气恃风雷，万马齐喑究可哀。我劝天公重抖擞，不拘一格降人才。”他已经看出了知识界与现实世界断裂的不堪局面，呼吁不世人才之出，冲破万马齐喑的可悲可哀状态。确实，以儒学为核心的中华文化，不能再在原地踏步，需要抓住历史

---

① ［美］列文森：《儒教中国及其现代命运》，郑大华、任菁译，374页，北京，中国社会科学出版社，2000。列文森的原意是指责共产党把孔子学说比喻为博物馆的陈列品，笔者在此处是反其意而用之。

机遇，推进近代化转型，以应对社会需求。

二、近代志士仁人推进中华文化近代转型的探索

近代志士仁人，对冲破传统文化与近代转型之间的瓶颈，曾做过努力与探索。曾国藩的“经世致用”，张之洞的“中体西用”，康有为的“托古改制”和梁启超的“新民说”，都在当时的思想界、学术界产生过重要影响。但由于他们的文化背景囿限和政治识见的制约，都难以形成近代化理论体系，也无力使中华文化更新。只有孙中山的“三民主义”，才使中华文化在应对千年变局的历史机遇中，形成一个完备的理论体系而符合中国社会的需要。

曾国藩的学术思想，根本上是程朱理学一脉。鸦片战争前夕，曾问学于当时理学大家唐鉴，做过孟子所倡“慎独”之说的“研几”功课。在“日省自身”的心性修养上，虽不如同时受学的倭仁，但在与太平军作战、保卫清王朝的实践中，却主张儒学原旨的“经世致用”，不尚空谈，倡导实学，对咸同之间的学术界有过开风气的作用。不过，整体上仍跳不出儒家原有的藩篱，自不能成为更新学派。

张之洞总结洋务派实践，在《劝学篇》中，概括出“中体西用”思想，以西学之用，辅中学之体，维护儒家的纲常名教。学术上并没有创新，道术上却为嫁接异质文化提供了一个可资参考借鉴的途径。

康有为宗《公羊》之说而立“孔子改制”之论，谓六经皆孔子所作，孔子是“托古改制”的祖师，以为其维新变法制造根据。由此，康倡言因时而变的“通三统”和“张三世”之说。“三统”者，谓夏、商、周三代不同，当随时因革；“三世”者，曰社会变革循据乱世、升平世、太平世而递进。时当据乱世，应以君主立宪之政体救弊政而改制。其另一著作《新学伪经考》，则承集阎若璩、刘逢禄等怀疑古文经典之风，谓凡东汉晚出之古文经传，皆刘歆所伪造，乃新莽一朝之学，与孔子之学无关。所以，始作伪、乱圣制者，出自刘歆；而布行伪经，篡孔统，则成于郑玄，历两千年，竟无一人敢违、敢疑者。其实，且不说《新学

伪经考》非其自创而剽窃川人廖平①，已属贪天之功。即使助康有为参与纂书之康门弟子陈千秋、梁启超，也不以此说为然，时时病其师之武断。称有为“以好博好异之故，往往不惜抹杀证据或曲解证据”。认为其所以自成家数、崛起一时者，不能立健实之基础者，缘皆在其凭主观自信，蔑视客观事实，“必欲强之以从我所致”②。弟子之评，可知其学术上牵强附会、主观武断，自难以服众，更遑论改造旧学，促成转型了。

与上述诸子的文化背景、政治识见不同，孙中山不是传统意义上的儒士，而是一个受过西式教育系统训练、立志推翻清王朝的革命家。所以当 1895 年与康有为相识时，康有为要他具门生帖，拜己为师，很瞧不起他。其实，孙中山在西学和对西方政体、社会民生方面的认知上，远比仅有声光化电浅薄知识、未在域外生活过的康有为强了百倍；中学方面，自 1893 年赴香港求学起，就一直延聘国文老师，学习中国文化，不仅研读过中西合璧的四书五经③，而且认真读过马史班书④，了解历史的兴亡因革。“于圣贤六经之旨，国家治乱之源，生民根本之计，则无时不往复于胸中”⑤。虽不比康有为旧学专精，但知识结构的中西融通却远胜康氏，称得上是当时风流人物乃至反清革命阵营内，中西学问兼备的通才。中华文化面对千年变局的转型，正是需要这样的人来抓住历史机遇。孙中山在革命实践中，既承袭了中国固有的学理，又规抚了西方学说之适用于中国实际者，创造性地提出了“三民主义”，成了推进中华文化近代转型的第一人。历史往往以诡异莫测的方式完成它的逻辑发展过程。中华文化的近代转型不是由精深儒学的儒

① 参见钱穆：《中国近三百年学术史》下册，713 页，北京，商务印书馆，1997。

② 梁启超：《清代学术概论·儒家哲学》，70 页。

③ 参见邵元冲：《总理学记》，见尚明轩、王学庄、陈崧编：《孙中山生平事业追忆录》，694 页，北京，人民出版社，1986。

④ 据 1895 年 11 月 6 日《镜海丛报》刊《是日邱言》称：孙“壮而还息乡邦，而不通汉人文，苦学年余，遂能读马、班书，撰述所学”。见黄明同等：《孙中山的儒学情节》，21 页，北京，社会科学文献出版社，2010。

⑤ 孙中山：《上李鸿章书》(1894 年 6 月)，见《孙中山全集》第 1 卷，16 页。

士来实现，而是让一个被儒士瞧不上眼的民主主义革命家充当第一推手。这不能不使人感慨系之。

三、"三民主义"是中华文化近代转型第一个完整的理论体系

关于"三民主义"的形成过程与基本内涵，笔者已在拙著《孙中山与辛亥革命》中有所叙议，此处不赘。本文拟补充两点：(1)三民主义在哪些方面对传统思想推陈出新，以应对近代中国社会需求；(2)为什么说三民主义是中华文化近代转型第一个完整的理论体系。

先说第一点：

第一，"民族主义"是孙中山利用西方关于民族问题的理论，结合中国传统的种族旧说，创造性地运用于反清革命的纲领。所谓"民族"，一般是指人们在历史上经过长期发展而形成的稳定的共同体。狭义的民族概念，是指资本主义时代形成的具有共同语言、共同地域、共同经济生活以及表现于文化上具有共同心理素质的稳定的共同体。"民族主义"是西方资本主义上升时期形成的关于处理民族关系的理论。

中国古代典籍中，没有"民族"一词，更没有"民族主义"说法，只有"夷""夏"的区隔，如"夷夏之防""华夷之辨"等。所谓"夷"，是指居于中国之外的种族，即"非我族类"之人①；所谓"夏"，就是"中国之人"②，"夏，谓中国也"③。历代儒士，一直将偏居于中国之外的种族列为"四夷"。这在社会经济生活、思想文化尤其是礼制服饰，处于不同发展阶段的民族之间，自有其识别、区隔的意义。但也铸就了"天朝自大"和"非我族类，其心必异"的文化心态。

孙中山生当清季，自小深受太平天国反满复汉斗争影响。及长，

① 《春秋左传·成公四年》。

② 臧克和、王平校订：《说文解字新订》，354页，北京，中华书局，2002。

③ 李学勤主编：《尚书正义》，见《十三经注疏》，292页，北京，北京大学出版社，1999。

对清政府内而专制腐败，外而妥协卖国，目历身受。自确立"决覆清廷"之志后，大倡反满复汉，鼓吹革命排满，以应对当时普遍存在满汉矛盾的紧张心理和民怨沸腾的社会需要。从形式上看，清朝统治两百多年了，满汉矛盾已不像清初那样尖锐，正在逐步缓和。但是异族统治，尤其是清军入关后对汉人的残暴屠杀，以及清代文字狱等，永远在汉族士大夫心灵中刻上了一道道抹不去的伤痛；异族政府对百姓的苛捐杂税和政治压榨，也在社会下层民众中激起着日益增长的怨愤与不满。孙中山就是借用反满复汉的社会心理，唤起历史记忆，揭示现实矛盾，提出了"驱除鞑虏，恢复中华"的革命纲领。可以说，反满是辛亥革命前十年间最激动人心的口号，比之民主、宪政，民众更听得懂也更能引起共鸣。既然知识阶层和普通百姓对"驱除鞑虏，恢复中华"，都从各自的文化心理和现实处境中有强烈感受，那么反满也自然成为最能动员革命激情的批判武器。不过，1905 年以前的反满复汉宣传，仍带有狭隘种族主义色彩，学理上的思考并不深沉，更多的是对清王朝异族统治专制腐败的实感。这就使他容易接受西学并较快摆脱传统的囿限而注入民主主义时代内容。1906 年，孙中山对"驱除鞑虏，恢复中华"的纲领做了明确解释，指出："民族革命是要尽灭满洲民族，这话大错。民族革命的原故，是不甘心满洲人灭我们的国，主我们的政，定要扑灭他的政府，光复我们民族的国家。这样看来，我们并不恨满洲人，是恨害汉人的满洲人。假如我们实行革命的时候，那满洲人不来阻害我们，决无寻仇之理"①，并把这八个字的纲领，倡之为"民族主义"。

经此解释，可以看出：孙中山倡导的革命排满，已经超越了传统典籍"夷夏之辨"的旧说，明确地把民族关系区分为压迫民族和被压迫民族，又把压迫民族中统治阶层与一般人民区分开来；他一心向望的"恢复中华"，也不是"光复故物"式的回归，本质上是要建立一个以汉族为主体的包括满族在内的近代民族国家。于是，"民族主义"作为民族革命的一个理论，既对旧说推陈出新，又促成了中华文化在民族问

① 孙中山：《在东京〈民报〉创刊周年庆祝大会的演说》(1906 年 12 月 2 日)，见《孙中山全集》第 1 卷，325 页。

题上的近代转型。

第二，“民权主义”主要不是来自传统儒学“民为邦本”的思想，而是直接得自西式教育中有关欧美国家制度的知识。作为政治革命的根本，民权主义的核心是要建立民主共和的国家。

两千多年的儒学和儒家思想，一个重要原旨就是重民养民。“民为贵，社稷次之，君为轻”①，“民惟邦本，本固邦宁”②一类的言论，充斥着不同历史阶段的儒家典籍中。这类言论，或作为训诫君主善待庶民，调适君民关系，以凸现儒学的教化功能；或用作对统治者残暴无道、苛虐百姓的抨击抗议，以尽儒学的批判本性。但是从来没有一个有良知的儒者或思想家，有过将君民政治地位颠复倒置的言论和主张，即使像严复直斥秦以来的君王皆为“大盗窃国者”，但在现实政治主张上，仍认为不可“弃吾君臣”。他在《辟韩》一文中称：“然则及今而弃我君臣可乎？曰是大不可。何则？其时未至，其俗未成，其民不足以自治也。”③连一个讲进化论的近代思想家如此，更遑论治旧学的硕儒了。

孙中山读过儒学经典和马史班书，当然深知“民为邦本”的儒学原旨。但在推翻清王朝后建立一个什么样的国家问题上，他的思想资源主要来自西方。他在1903年就已说过：“我们必要倾覆‘满清’政府，建设民国。革命成功之日，效法美国选举总统，废除专制，实行共和。”④1906年在对同盟会16字政纲中“创立民国”一纲的解释时说：

> 今者由平民革命以建国民政府，凡为国民皆平等以有参政权。大总统由国民公举。议会以国民公举之议员构成之。制定中华民国宪法，人人共守。敢有帝制自为者，天下共击之！⑤

---

① 《孟子·尽心下》。

② 《尚书·五子之歌》。

③ 严复：《辟韩》，见中国史学会主编：《中国近代史资料丛刊·戊戌变法》第3册，80页。

④ 孙中山：《在檀香山正埠荷梯厘街戏院的演说》(1903年12月13日)，见《孙中山全集》第1卷，226页。

⑤ 孙中山：《中国同盟会革命方略·军政府宣言》(1906年秋冬间)，见《孙中山全集》第1卷，297页。

这样，由1905年《〈民报〉发刊词》所揭出的“三大主义”之一的“民权主义”，有了一个基本的理论框架：未来的国家名称叫“中华民国”；国民平等皆有参政权利；国民公举大总统，没有了皇帝；国民公举议员组成议会，废除了一人君临天下的帝制；制定宪法人人共守，废除了君主、皇帝“朕即法律”的专制统治。简言之，从政治地位、政体建构、法律制度上保证中华民国是一个民有、民治的国家。所以“民权主义”从根本上说，是对旧学“民为邦本”的拓进，真正把儒学“重民养民”思想中君民关系，推进到“主权在民”的高度，以适应“平民革命”需要。从此，儒家思想中关于“民为邦本”的学说有了崭新的意义，而“民贵君轻”之说，也就成了历史陈迹。

第三，“民生主义”是孙中山对同盟会十六字政纲中“平均地权”的理论表述。这是孙中山三民主义理论体系中，超越同时代思想家和革命者最突出、最具光彩的部分；也是孙中山作为中华文化近代转型第一推手的最重要贡献之所在。

从孙中山对民生主义思考过程看，这个问题触发于西欧发达资本主义国家面临贫富两极分化的社会矛盾，而欲在中国“防患于未然”的解决方法，则既包含着西方庸俗社会主义者的理论资源，又有着中国传统学说中有关“均贫富”的思想主张。所以，孙中山的民生主义最初的核心思想“平均地权”，既不是亨利·乔治“单税社会主义”的翻版，也不是历史上土地改革方案的重现，而是糅合中西、自成一格的理论。

孔孟儒学在社会财富分配问题上一个重要理念，就是既承认贫富差别，又要避免差距过大而造成社会脱序，主张行“仁政”以均贫富，达到长治久安。孔子对弟子冉求说：“丘也闻有国有家者，不患贫而患不均，不患寡而患不安。盖均无贫，和无寡，安无倾。”[①]孟子告诫梁惠王治国之道曰：“明君制民之产，必使仰足以事父母，俯足以蓄妻子，乐岁终身饱，凶年免于死亡。然后驱而之善，故民之从之也轻。”[②]董仲舒在《春秋繁露·度制》篇中，对孔子均富思想有所发挥：

---

① 《论语·季氏》。

② 《孟子·梁惠王上》。

“孔子曰：‘不患贫而患不均’，故有所积重，则有所空虚矣。大富则骄，大贫则忧。忧则为盗，骄则为暴，此众人之情也。圣人则于众人之情，见乱之所以从生，故其制人之道而差上下也。使富者足以示贵而不至于骄，贫者足以养生而不至于忧。以此为度而调均之，是以财不匮而上下相安，故易治也。”①

众所周知，在封建社会里，造成贫富差距的根本原因，是土地私有制。地主占有大量土地，农民则缺田少地。地主对农民残酷剥削和土地兼并，既造成农民破产，又加竭贫富分化。土地问题成为中国农民的根本问题，也是社会安定与否的根本问题。

孙中山生于农村，自小懂得稼穑艰难，深知贫富差距源于土地私有之故。他读过四书，对孔孟的“均富”论必有所心悟；他了解历史上黄巢、李自成、洪秀全等提出的“不纳粮”“均贫富”口号和土地分配方案，并和梁启超、章太炎讨论过这方面的问题。② 正是在传统儒家思想熏染和历史启示下，孙中山结合西方社会主义土地学说，创造性地提出了“平均地权”的“民生主义”理论。平均地权作为民生主义的核心，不是采取暴力手段剥夺地主的土地，而是以核定地价、原价归地主所有，涨价归公，由国民共享的办法，来消灭贫富差距③，以“肇造社会的国家，俾家给人足”④，避免政治革命后再发生社会革命的可能。所

① 董仲舒：《春秋繁露·度制》，转引自黄明同、张冰、张树旺：《孙中山的儒学情结——中华文化的承传与超越》，144 页，北京，社会科学文献出版社，2010。着重号为引者所加。

② 参见冯自由：《同盟会四大纲领及三民主义溯源》，见《革命逸史·第二集》，206 页。

③ 孙中山关于平均地权的最初理念，一是“土地国有”以防止兼并；二是主张“必能耕者而后授以田”，借以达到均田目的；三是大乱后荒田不治时可“举而夺之”；四是主张赋税之“取于佣耕者，率参而二”。这一理念与 1906 年《中国同盟会革命方略·军政府宣言》中，关于“平均地权”的解释，即核定地价、原价归地主所有，涨价归公，由国民共享已有所不同。参见拙文：《“平均地权”本义的由来与演变——孙中山“民生主义”再研究之二》，载《安徽史学》，2007(5)。

④ 孙中山：《中国同盟会革命方略·军政府宣言》(1906 年秋冬间)，见《孙中山全集》第 1 卷，297 页。

以，民权主义既与儒家“均富”思想有内在联系之处，又在土地制度的变革上超越了儒学肯定土地私有的原意。这种不剥夺地主土地原价而把土地增值的财富进行全社会分配，以消除贫富两极分化的做法，既符合农民的利益，也顾及了地主的利益，不失为一种温和的社会主义方案。孙中山坚持用暴力革命推翻清王朝，又宣称自己终究是个温和的革命家①，原因就在于他用非暴力的社会财富分配方案，实行社会改革之故。

由上可知，“民族主义”以建立近代民族国家为指归，符合民族独立的历史需求。“民权主义”以创立民主共和的国体政体为目标，反映了政治革命的追求和社会被统治阶层的公意。“民生主义”以“平均地权”达到土地增值的财富归全民共享，应对了中华文化社会主义方向的发展趋势。后来，孙中山把民族、民权、民生三大主义的内涵，概括为“民有”“民治”“民享”，既体现了儒学“以民为本”的真髓，又推陈出新地构成了中华文化的近代转型。

综上所述，可以看出孙中山“三民主义”对儒学的推陈出新，我以为主要不是在“道”的方面，而是在“术”的部分。儒学原旨或曰儒学最高目的是“内圣外王”。格物致知，诚意正心修身，就是修己及内圣的功夫；齐家、治国、平天下，就是安人及外王的功夫。内圣的功夫可谓儒学之“道”，外王的功夫就是儒学之“术”。虽然，儒学的道、术是联为一体、相互依存的，道中有术，术中有道，但诚如梁启超所言：“道字本来可以包括术，但再分细一点，也不妨事。道是讲道之本身，术是讲如何做去，才能圆满。儒学哲学，一面讲道，一面讲术；一面教人应该做什么事，一面教人如何做去。”②孙中山的“三民主义”主要把儒学的“外王”之术，推向了适应近代需要的层面。其中，儒学“外王”的“治国”之术，被赋予近代国家和创立民国政体的内涵，实现了制度层面的新意；“平天下”的儒学原义，转变为平均地权以均贫富的民

---

① 参见孙中山：《在香港大学的演说》(1923 年 2 月 19 日)，见《孙中山全集》第 7 卷，116 页。

② 梁启超：《清代学术概论·儒家哲学》，103 页。

生主义，成为解决社会民生和避免贫富差别的社会主义理论。

明乎此，就可以划定三民主义与儒学关系的三条界线：第一条，孙中山的三民主义不包含对儒学全部的推陈出新，因而中华文化的近代转型，主要指应对社会需要的方法论层面的转变；第二条，儒学的“道”并没有因三民主义理论的出现而失去普世价值，甚至“术”的一部分内容如“齐家”“慎独”“知行”“善恶”等，也因与“道”相系而自有教化意义。因而儒学作为中华文化的核心，并没有因制度、社会层面的近代转型而可以一笔抹杀、彻底打倒，尤不应把它与三民主义等同起来。第三条，孙中山作为中华文化近代转型的第一推手，不能因此推断是儒学道统的继承者，也不是新儒学家。他毕竟是作为民主主义革命家而确立其历史地位的；他所倡立的三民主义理论，也决非新儒学派，它毕竟是一种融会中外，应对现实需要的政治、社会学理。

再说第二点：为什么说三民主义是中华文化近代转型第一个完整的理论体系？

这可以从三民主义内涵的逐步完备来说明。在社会科学和人文科学领域内，任何一种学说或理论，都有一个从提出到逐步完整的发展过程。这个过程，可以由创说者自我完善；也可以由他人予以诠释、阐发，即集众人智慧而成体系。孙中山的三民主义成为中华文化近代转型第一个完整的理论体系，同样经历着提出、发展到定型的过程。难能可贵的是，这个过程的每一步，都是孙中山亲自完善而不是依靠集体智慧。所以三民主义是孙中山的三民主义。

第一，“民族主义”在 1905 年提出到 1906 年首次阐述，它的基本内涵如前所述：是“要建立一个以汉族为主体、包括满族在内的近代民族国家”，以实现“驱除鞑虏，恢复中华”的革命纲领。1911 年武昌首义，全国响应。1912 年 1 月 1 日中华民国南京临时政府成立，“反满”革命已取得决定性胜利。孙中山不失时机，在就任临时大总统发表宣言时，明确指出：“国家之本，在于人民。合汉、满、蒙、回、藏诸地为一国，即合汉、满、蒙、回、藏诸族为一人，是曰民族之统一。”①

---

① 孙中山：《临时大总统宣言书》(1912 年 1 月 1 日)，见《孙中山全集》第 2 卷，2 页。

于是民族主义从最初的“驱除鞑虏”提升到“五族共和”的民族平等阶段，更加适合中国是个多民族国家的国情。

在对外关系上，同盟会十六字政纲中没有反帝纲领。但是孙中山的革命实践，尤其自武昌首义后，一度在欧美寻求外交支持处处碰壁的亲身经历中，深感中国独立之必要。1912 年，他在一次演说中表示：同盟会“之民族主义，为对于外人维持吾国民之独立”①，隐约寄寓着反帝立场。1919 年 11 月，在与留法学生的谈话中，把反帝作为“立国的基础”，已经明显有所表示：

> 我们中国虽然已经推翻了满清专制政体，建立了五族共和的中华民国，可是我们的立国的基础还没有巩固。……中国还是一个贫弱的国家，事事都受世界列强的干涉和压迫。我们全国同胞，尤其是知识分子，必须要大家齐心参加革命，才能使中国得到独立、自由和平等。②

1924 年，孙中山在中共帮助下，召开了中国国民党第一次全国代表大会，发表《大会宣言》，重新解释“三民主义”。称：“国民党之民族主义，有两方面之意义：一则中国民族自求解放；二则中国境内各民族一律平等。”《宣言》指出第一方面的内涵是以反帝争民族解放；第二方面是承认国内各民族之自决权，在反对帝国主义及军阀的革命胜利后，“当组织自由统一的(各民族自由联合的)中华民国”。③

于是，孙中山的“民族主义”，经由最初狭隘种族主义色彩的“反满复汉”——以汉族为主体包括满族在内的近代民族国家——五族共和——以反帝求民族独立解放与国内各民族一律平等；与时俱进，逐

---

① 孙中山：《在上海南京路同盟会机关的演说》(1912 年 4 月 16 日)，见《孙中山全集》第 2 卷，339 页。

② 孙中山：《与留法学生的谈话》(1911 年 11 月中旬)，见《孙中山全集》第 5 卷，165 页，北京，中华书局，1985。

③ 孙中山：《中国国民党第一次全国代表大会宣言》(1924 年 1 月 23 日)，见《孙中山全集》第 9 卷，116、119 页，北京，中华书局，1986。

步提升，前无古人，后资借鉴，成为中华文化在民族问题转型中第一个系统、完整的理论。

第二，“民权主义”理论构架，在1906年《中国同盟会革命方略》中已基本形成，即从人民的政治地位、国家的政体建议和法律制度上保证民国是一个“民有”“民治”的国家。但由于中国没有近代民主的传统，如何建设民主共和国，孙中山不得不殚精竭虑加以充实完备，使民权主义从最初表述，形成切合中国国情、可操作、可持续的方案。

首先，他在国民的政治地位上，强调“主权在民”的理念。指出“中华民国者，人民之国也。君政时代则大权独揽于一人，今则主权属于国民之全体，是四万万人民即今之皇帝也”①。据此理念，提出了“权能区分”说，即权在民众，能在政府。民众有如阿斗，政府有如诸葛亮。人民把一切权力交给政府，才能造成一个代表民众利益的全能政府而管好国家。政府官吏，“不过为公仆之效能者”②。权能区分，有如历史上“选贤与能”政治理想之新修正，改变了君主专制政体中的君、臣、民三者的根本关系，确立了民国政府官吏仅是人民公仆的地位。

为了防止官吏滥权和人民有效监督政府，孙中山坚决丢弃了西方现行的“一般民权”，提倡国民拥有选举、罢免、创制、复决四大权利的“直接民权”③，规定从国家最基层的县级地方自治中行施。“直接民权”作为“主权在民”“权能区分”的有效保障，根本否定了儒学传统中“劳心者治人，劳力者治于人”的旧说，推进了中华文化的近代转型。

其次，在政体建构上，孙中山接受了武昌首义后各省代表会议制定的《临时政府组织大纲》，坚决主张实行总统制。在承认立法、司法、行政三权分立的体制下，临时大总统有统治全国并统率军队之权，经议同意有宣战、媾和及缔结条约之权，有任命政府各部部长及派遣外

① 孙中山：《建国方略》(1917—1919)，见《孙中山全集》第6卷，211页，北京，中华书局，1985。

② 孙中山：《讨伐曹锟贿选总统檄文》(1924)，见《孙中山全集》第11卷，536页，北京，中华书局，1986。

③ 孙中山：《在广东省教育会的演说》(1921年4月4日)，见《孙中山全集》第5卷，499页，北京，中华书局，1985。

交使节之权①，以实现非常时期行非常之事的需要。南京临时政府的成立，标志着“民权主义”从理论倡导变成了实际政体。尽管《临时政府组织大纲》并非孙中山手订，但它符合孙中山一贯主张实行总统制以组建政府的原意。

民国初年，孙中山根据“民智未开”的国情，及时修正了原先提出的建国程序：“军法之治”—“约法之治”—“宪法之治”②，变为“军政时期”—“训政时期”—“宪政时期”③，并规定了各该时期主要任务。“军政时期”以武力统一全国，奠定民国基础为指归；“训政时期”以在县级地方自治行施“直接民权”为目的；“宪政时期”“俟地方自治完备之后，乃由国民选举代表，组织宪法委员会，创制宪法”。④

建国程序的规定，使以“创立民国”为核心的“民权主义”，成为一个可资持续发展、形成民主共和国的完整过程。这样，从临时政府到宪政政府，组成了环环相扣、依次递进的系统工程，完整体现了孙中山“主权在民”“宪政国家”的民权理论。

最后，为了最终成为宪政国家，孙中山结合西方三权分立体制，糅合中国历史上的优秀传统，独创了“五权宪法”的理论。宪法是国家的根本大法，它凝聚着统治者治理国家的理念和国民共同遵守的规则。所谓“五权宪法”，是在承认欧美立法、司法、行政三权分立的基础上，加进中国历史上行之有效的考试、纠察制度，形成五权独立、相互制衡的法制体系。这是孙中山的独创，显示了中华文化在历史转折中，中西兼容以我为主的独特魅力，也是孙中山对西方、特别是美国成文

---

① 参见《临时政府组织大纲》，见刘星楠遗稿：《辛亥各省代表会议日志》附录，见中国人民政治协商会议全国委员会文史资料研究委员会编：《辛亥革命回忆录》第6集，244～246页，北京，文史资料出版社，1981。

② 孙中山：《中国同盟会革命方略·军政府宣言》(1906年秋冬间)，见《孙中山选集》第1卷，297～298页。

③ 孙中山：《中华革命党总章》(1914年7月8日)，见《孙中山全集》第3卷，97页，北京，中华书局，1984。

④ 孙中山：《中华革命党总章》(1914年7月8日)，见《孙中山全集》第3卷，97页，北京，中华书局，1984。

法的大胆创新。“五权宪法”说的提出，使“民权主义”从“主权在民”的核心理念，到政体建构中一系列规制，有机组合成有法可依的一个整体，对后来者建设民主共和制度和法治国家，从理论与实践两方面，提供了足资参考借鉴的范式。

第三，“民生主义”内涵的逐步完备，最值得注意。如前所述，民生主义的提出，最初是以“平均地权”为核心的土地问题，以实现社会财富全民共享为指归的。民国初年，孙中山在一次演说中，把防止资本家垄断的流弊列入民生主义，并将之称为“社会主义”①，这就是后来“节制资本”的发端②。土地问题加资本问题组成了民生主义的两大基本内容。按照孙中山的阐述，“节制资本”包含节制私人资本和发展国家资本两大方面。节制私人资本是为了防止私人大资本操纵国计民生、实行垄断，但并不对中小资本加以限制，相反，予以积极扶植与鼓励；发展国家资本，则规定影响国计民生的工厂企业如银行、铁路、航运等不能私人占有，收归国家，由国家经营。经营所得利益，由全民共享，以实现“社会主义”。他认为社会主义可以分成两个阶段：“共产社会主义”属于“社会主义上乘”，是高级阶段；“国家社会主义”或“集产社会主义”则是社会主义的初级阶段，“实为今日惟一之要图”③。正因为如此，孙中山反复阐说“民生主义就是社会主义”④，“民生主义即时下底社会主义”⑤。

把包含“节制资本”在内的民生主义，作为社会主义的初级阶段，

---

① 孙中山：《在南京同盟会会员饯别会的演说》(1912年4月1日)，见《孙中山全集》第2卷，323页。

② 孙中山：《中国国民党第一次全国代表大会宣言》(1924年1月23日)，见《孙中山全集》第9卷，120页。

③ 孙中山：《在上海中国社会党的演说》(1912年10月14—16日)，见《孙中山全集》第2卷，508～509页。

④ 孙中山：《在广东省第五次教育大会上的演说》(1921年6月30日前)，见《孙中山全集》第5卷，560页。

⑤ 孙中山：《在中国国民党本部特设驻粤办事处的演说》(1921年3月6日)，见《孙中山全集》第5卷，476页。

是目前中国唯一可以实行的"要图"，表明了中华文化的近代转型，确实包含着社会主义的发展趋向。因为社会财富的全民共享，毕竟是社会主义理论中最重要的一环。至于后来国家资本演变为官僚资本，并以官僚资本的畸形发展摧残民族资本，那是承继者的不肖，不是民生主义即社会主义理论的错失。

土地问题上，孙中山以"平均地权"作为早期民生主义的核心内容。但对于农民的土地问题，一直是他思考的重心所在。早在1899年同梁启超讨论时，就已有土地国有，"必能耕者而后授以田"①的思想。1902年在与章太炎讨论土地问题时，又强调"不稼者，不得有尺寸耕土"②。不过，在提出"平均地权"作为民生主义内涵时，并没有涉及这一主张。但是，"耕者有其田"的主张，成了孙中山关于土地问题的归宿。直到晚年，在中共帮助和俄国社会主义革命影响下，孙中山才真正把"耕者有其田"作为土地问题的纲领确定下来。他说："民生主义真是达到目的，农民问题真是完全解决，是要耕者有其田"③。他甚至宣称要仿效俄国"推翻一般大地主，把全国的田地都分到一般农民，让耕者有其田"④。但是，作为一个温和的革命家，孙中山毕竟没有效法俄国强行剥夺地主土地的办法，而是通过联络农民与政府合作，"让农民可以得到利益，地主不受损失"的"和平解决"⑤。可见，在解决农民土地问题上，"耕者有其田"与"平均地权"的温和主义思想是如出一辙的。

发展经济，是解决民生的重要推动力，也是民生主义理论得以最终实现的根本保障。孙中山一贯注意把发展经济作为振兴中华的大经。从1894年上书李鸿章，提出人尽其才、地尽其利、物尽其用、货畅其

---

① 梁启超：《社会革命果为今日之中国所必要乎?》，载《新民丛报》第86号。

② 章太炎：《定版籍第四十二》，见《章太炎全集》第3册，274页。

③ 孙中山：《三民主义·民生主义》(1924年1月至8月)；《孙中山全集》第9卷，399页。

④ 孙中山：《在广州农民运动讲习所第一届毕业礼的演说》(1924年8月21日)，见《孙中山全集》第10卷，556页，北京，中华书局，1986。

⑤ 孙中山：《在广州农民运动讲习所第一届毕业礼的演说》(1924年8月21日)，见《孙中山全集》第10卷，558页。

流，作为“富强之大经，治国之大本”，批评洋务派“徒惟坚船利炮之是务，是舍本而图末”①起，到民国初期积极从事中国的铁路建设事业，一直环绕着中国经济的近代化进行思考和实践，发表了大量的言论。后来因忙于政事、军事斗争，不能旁顾，但素志未减。直到1919年稍得休整，即把历年思考，汇为成帙，著为《实业计划》②一书。书中关于港口建设、铁路系统、制造业和民生工业的布局，相互配套，互为联动，规划周详，体系完整，构成了中国社会经济近代化的宏伟蓝图，体现了中华文化面向世界的博大胸怀和中华民族自立于世界之林的雄心壮志。

通过上述简要梳理，可知孙中山的“三民主义”从最初提出，到晚年的重新解释，经历了充实、发展、定型的过程，形成一个完整的理论体系。

必须指出，“三民主义”作为近代政治、社会理论，不是儒学的一个新学派，但本质上又与儒学有着内在联系。它与同时代思想家的学说相比，在理论形态的完整性、系统性上，不仅超迈前人，而且更适应社会需要。且不说“民有”“民治”“民享”，既承袭了儒学“民贵君轻”的价值观，又将之推进到“以民为本”的高度，彻底颠复了旧说中君民的位势，已经不再是儒学原生态的学理。单就儒家关注的“礼”即政治体制而言，孙中山的“民权主义”理论，特别是其中的“五权宪法”学说，比之儒学恢复“三代之治”，是一个顺应世界潮流的历史进步。众所周知，儒家以齐家、治国、平天下作为“外王”的极致功夫。所谓“齐家”，就是家族制度的齐一问题；所谓“治国”，就是管理国家即政治体制问题；所谓“平天下”，根本上就是社会民生和风俗改良问题。“齐家”，要维护以血缘为纽带的家族制度；“治国”要维护以君主为“天子”的统治地位；“平天下”要在维护社会财富级差等级基础上，调适有度，以

① 孙中山：《上李鸿章书》(1894年6月)，见《孙中山全集》第1卷，8页。

② 《实业计划》最初发表于1919年《远东时报》六月号，1921年由上海民智书局出版英文本，10月出版中文本。后编为《建国方略之二：物质建设》，见《孙中山全集》第6卷，247～411页。

及社会风尚保持在古礼允许的规范内。儒学的外王之术，在孔孟所处时代，由于礼崩乐坏，贵族奢侈而又非礼，孔子主张“克己复礼”，回到“三代之治”，是进步的。孔子死后，历代儒士祖其法而泥其古，则有点不识时务。特别是到了千年变局的近代社会，再不因时更张，那就是倒退了。

康有为的高明，就在于看到了这一点。维新派在儒学之“礼”即政治制度上，有所更张。他们鼓吹民权，并以孔子改制为名，把孔子塑造成改革家，附会西方君主立宪，主张君民共治，怂恿光绪帝“开制度局”以议新政，根本上仍是“中体西用”，维护君主地位。无论在学理上、操作上，远逊于孙中山的民权主义理论体系，更遑论“五权宪法”对儒学礼制的近代化改造了。

在民族问题上，康梁一再吹倡满汉矛盾已经缓和，反对革命排满，并同孙中山为首的民主革命派展开大论战。尽管梁启超也搬运了西方近代民族国家的理论，但不敢如同孙中山那样区分压迫民族与被压迫民族，号召用革命暴力推翻清王朝，尤其不敢实行民族革命以创建五族共和、争取民族独立的新国家。①

在民生问题上，康梁反对孙中山平均地权和节制资本的主张，认为土地国有论是煽动流氓、乞丐的工具，而且在政治上、财政上仅靠地租收入，不足以供国家财政支出。他们早年虽曾与孙中山讨论过土地问题，但最终没有能形成像孙中山那样丰富的有关民生问题的系统理论，更不要说“耕者有其田”的主张了。

经此比较，就可明白，三民主义与五权宪法，确实比之前人和同时代思想家高出许多，是中华文化近代转型第一个完整的理论体系，孙中山作为中华文化近代转型的第一推手，是无可疑义的。著名历史学家杨国强先生，在为拙著《孙中山与辛亥革命》所作的序言里，有如下一段话，深得我心。他写道：

---

① 关于梁启超在民族问题上的观点，笔者在《孙中山与辛亥革命》(上海人民出版社，1993)中有所评议，可以参看该书341～343页。

> 近代中国以古今中西之争亘贯百年新陈代谢。这个过程产生过许多出众的思想和议论。但据我私见，具有完备形态并能影响社会意识的理论则只有两个：一个是五四前八十年里的三民主义，一个是五四后三十年里的毛泽东思想。毛泽东思想当然超越了三民主义。然而同先于孙中山的人物和思潮相比，三民主义仍然有它耐读耐想的地方。

我自己曾对广州一位研究孙中山的专家说过："就孙中山的思想和他的革命实践来说，无论怎样高的评价都不会过分。"就是因为他是推进中华文化近代转型的第一人。如果没有三民主义理论对社会意识形态产生的深刻影响，显示着以儒学为核心的中华文化不再以原生态出现，而是以近现代政治、社会理论体系的形态成为发展趋向，那么，中华文化真有可能僵持在儒学情结里，不能回应时代变局的需要了。孙中山是第一人，后来者踵武其后而有所超越。中华文化必将生生不息，光跃于世界。

原载上海市孙中山宋庆龄文物管理委员会编《孙中山宋庆龄文献与研究》第2辑，上海书店出版社，2011年

蒋廷黻与中国近代史研究

蒋廷黻(1896—1965),湖南宝庆(今邵阳市)人,早年留学美国,1923年获哥伦比亚大学哲学博士学位。归国后历任南开大学、清华大学历史教授,参与创办《独立评论》。1935年起,以书生从政,任民国政府高级外交官直至退休,不久病逝于纽约。

作为现代中国著名的历史学家,他在中国近代史和近代外交史研究领域中声名卓著。所编《近代中国外交史资料辑要》两卷,是中国第一部编审精当、卷帙浩大的近代外交文献汇编,为尔后外交史研究发展成一门历史学分支学科奠定了初基;所著《中国近代史》,虽仅5万余字,但在当时流传甚广,后来成了他的代表作,不仅奠定了他在这一领域的学术地位,而且从中可以窥见他那一代受过西方高等教育和西潮影响的学人,在思考国家前途、民族命运和关怀社会进步、主张政治改良的普遍心态。下面即以这一著作为主要分析单元,论述他的学术思想和学术成就。

一、厚积薄发的"初步报告"

蒋廷黻的《中国近代史》写于1938年春夏之交。当时,他已辞去驻苏联大使职务,又未恢复行政院政务处长职掌,正在汉口闲赋。① 《艺

① 蒋廷黻于1935年被蒋介石罗致,弃学从政,任民国政府行政院政务处长。1936年10月至1938年1月任驻苏联大使。1938年2月至5月在汉口闲赋,等待新的任命。

文丛书》编者之一的陈之迈，深知他对近代史素有研究，便约他写书。他欣然应约，按丛书每册 3 万至 6 万字的要求，用两个月时间写了这本 5 万余字的《中国近代史》。同年作为《艺文丛书》之一，由艺文研究会出版发行。

关于这本书的写作动机和性质，他在 1949 年 7 月为台湾启明书局将之改名为《中国近代史大纲》重排出版时写的《小序》中有所说明：

> 我在清华教学的时候，原想费十年功夫写部近代史。抗战以后，这种计划实现的可能似乎一天少一天。我在汉口的那几个月，身边图书虽少，但是我想不如趁机把我对我国近代史的观感作一个简略的初步报告。这是这书的性质，望读者只把它作个初步报告看待。①

这段话有两点值得注意：第一是他在清华任教时已有写作《中国近代史》的长期规划；第二是这部 5 万余字的著作，是他对中国近代史整体思考的集中体现。

蒋廷黻是从外交史研究扩及近代史的。早在哥伦比亚大学研究院时，他就对英国工党的对外政策产生了浓厚兴趣，后来便以此作为博士论文的课题。归国后在南开大学主讲中国近代外交史，并努力搜集和鉴别有关资料。在当时，这是一项全新的工作。“北方几个大学的学风，已由西方学术的介绍转变为用科学方法研究中国问题，许多方面都是新创的，廷黻对外交史的研究也是方面之一”。②

1929 年 5 月，蒋廷黻应国立清华大学校长罗家伦之聘，任该校历史学教授兼历史系主任。③ 赴任后除大力进行学科改革，把历史系建

---

① 蒋廷黻：《中国近代史·外三种》，9 页，长沙，岳麓书社，1987。

② 陈之迈：《蒋廷黼的志事与平生》(一)，载《传记文学》，第 8 卷，第 3 期，5 页。

③ 蒋廷黻于 1923 年获博士学位后，应南开大学之聘，携眷回国，出任该校历史教授，主讲中国近代外交史。1929 年 5 月，应聘出任清华大学历史系主任、历史学教授。但因南开课程尚未结束，所以应聘后仍在南开任教，直到 7 月学期结束，才北上赴任。蒋廷黻未到任前，清华历史系主任一职，暂由校长罗家伦兼任。

成全国一流的教学阵营外①，外交史研究也有很大进展。1931 年和 1934 年，由商务印书馆分别出版了《近代中国外交史资料选辑》上、中两卷。② 在对外交文献编纂研究的同时，发表了一批有独识的学术论文，如《评〈清史稿・邦交志〉》《琦善与鸦片战争》《最近三百年东北外患史》等，其中《琦善与鸦片战争》一文，在学术界引起了巨大反响。③

他从外交史研究中越来越感到许多问题不能局限于对外交往方面作观察，必须追溯到民族性、国民性、社会心态乃至经济变化、社会结构等方面。这就促使他对自鸦片战争以来近百年历史的探究与思考。他说："清华五年实在是够刺激的，可以说我是发现一个新大陆——中国近代史。"④20 世纪 30 年代初，中国近代史研究还处于起步阶段。蒋廷黻的这一悟性，激起了他对近代史的研究兴趣。他一方面尽力搜求和认真鉴别近代史资料，另一方面又对近百年来的社会及经济发生的

---

① 蒋廷黻主持清华历史系时，发现该校在人文科学和社会科学方面都缺乏能开中国自己课程的教授。为此，他在历史系对教师配备和课程设置进行了调整与改革，逐步形成了较强的教学阵营：雷海宗主讲中国通史和古代史，陈寅恪主隋唐史，姚从吾及邵循正主元史，吴晗主明史，萧一山(北大教授，兼任)主清史，刘寿明、张贵永主西洋史，王信忠主日本史，葛邦福(白俄)主俄国史，蒋廷黻自己则主讲中国近代史和近代外文史。同时规定，本系学生可兼修旁系各科。

② 《近代中国外交史资料辑要》上卷，商务印书馆 1931 年出版，该卷辑录 1822 年(道光二年)至 1861 年(咸丰十一年)间重要外交文献 259 种(篇)；中卷于 1934 年由商务出版，辑录 1861 年(咸丰十一年)至 1895 年(光绪二十一年)间重要外交文献 540 种(篇)。两卷共计 799 种(篇)，下卷未见出版，估计他在弃学从政后，已无时间与精力编完下卷。

③ 《琦善与鸦片战争》发表于《清华学报》第 6 卷第 3 期(1931)。文章用大量资料证明琦善到广东后并未撤防。文章认为，他在军事方面虽无可称赞，亦无可责备；在外交方面，他能审察中外强弱形势、权衡利害轻重，"实在是超越时人"。关于林则徐，文章认为林则徐被罢黜，是林则徐的大幸，"林不去，则必战，战则必败，败则他的名声或与叶名琛相等"；但林则徐被罢黜，对中国国运则是大不幸，"林败则中国会速和，速和则损失可减少，中国的维新或可提早二十年"。此文一出，犹如一石入水，各方面反响都很大。赞成者有之，反对者或认为他太偏向清政府，"居然冒险去批评传统上已经被承认的英雄人物"。

④ 蒋廷黻英文口述稿：《蒋廷黻回忆录》，谢钟琏译，129 页，台北，传记文学出版社，1984。

变化做深入研究，把写一部具有权威性的中国近代史作为一生最大的志愿。① 但他为什么迟迟没有动笔呢？一是当时的学界认为还没有到写中国近代史的时候，二是与他自己的治学作风有关。

二三十年代，一些像蒋廷黻那样受过西方科学方法训练的学者，特别强调史料对历史研究的重要性，尤其对处于刚刚起步阶段的中国近代史研究，更是把史料的积累编订看成为首要和先决条件。1931年，罗家伦在《研究中国近代史的意义和方法》一文中称：

> 我觉得现在动手写中国近代史，还不到时间。要有科学的中国近代史——无论起于任何时代——非先有中国近代史料丛书的编订不可。所以若是我在中国近世方面要作任何工作的话，我便认定从编订中国近代史料丛书下手。②

罗家伦的这一看法，也是当时近代史研究者的共识。如简又文、王重民等都在搜求史料上下功夫，直到1939年时郭廷以还直言不讳地宣称："历史研究，应自史料入手。以近代中国史论，现在尚为史料编订时期，而非史书写著时期。"③处在这种氛围下，蒋廷黻期以十年写成中国近代史就很自然了。

从蒋廷黻的治学作风看，他治学严谨，一生著作不多④，每有著述，都信而有征，做到持之有故、言之成理，这与他早年受到的科学方法训练大有关系。重在积累，不作急就章，成了他治史的习惯。所

---

① 参见陈之迈：《蒋廷黻的志事与平生》(六)，载《传记文学》，第9卷，第2期，31页。

② 郭廷以：《引论》，见《近代中国史》第1册，11页。

③ 郭廷以：《例言》，见《近代中国史》第1册，1页。

④ 这里所说蒋廷黻一生著作不多，是指他的学术论著不多。1965年，台北文星书店出版《蒋廷黻选集》一套6册(李敖作序)，收录蒋廷黻文论共167篇；1978年，这套选集由传记文学出版社再版，仍一套6册167篇，但李敖所作序已被删去。笔者承台师大张桓忠史学硕士(现正攻读博士学位)寄赠的《蒋廷黻选集》即此再版本，以下所引选集文论即据此版本，不另注明。

以，他在1935年离开清华去南京做官时，他的近代史研究尚在进行的过程中，还没有达到一个完整的段落。以后，更无时间精力完成这项计划，但此事一直是他魂牵梦萦之所在。他称这本5万余字的著作为“初步报告”，表明他并未放弃初衷。他原想既从政又挤出时间做学问，两者得兼。在懂得无法得兼后，又希望退休后能到台北近代史所继续研究，把中国近代史写出来。① 不幸就在这一年病魔夺去了他的生命，一生最大愿望，竟成了终身遗憾。

其实，这本被他称为“初步报告”的著作，篇幅虽小，学术含量却很大。写得深入浅出，既好读又耐看，甫经出版，便广为流传。一年后的1939年，商务即印第二版；同年，重庆青年书店又重印。1949年，台湾启明书局以《中国近代史大纲》为书名重排出版。大陆则在十一届三中全会后兴起的思想解放潮流推动下，于1987年由岳麓书社将之辑入《旧籍新刊》，同时收入《评〈清史稿·邦交志〉》《琦善与鸦片战争》《最近三百年东北外患史——从顺治到咸丰》三种论著，合成一册，以《中国近代史·外三种》书名面世。书首有该社《出版说明》和陈师旭麓教授写的《重印前言》②，书后附有蒋廷黻的女公子蒋寿仁女士写的纪念性文章《欣慰与回忆》。这是我国改革开放以来第一个《中国近代史》的重版本，也是一个新版本。但原书最后一节即第七节《蒋总裁贯彻总理的遗教》，因写的是“抗战救国”的现实，“不免囿于成见”而被删除。所以，岳麓版实际上不是全刊本而是删节本。1990年，上海书店将其按1939年商务版重印，收入《民国丛书》第二编，编为第75册。据悉上海古籍出版社将于近期把它作为《蓬莱阁丛书》的一种，重排出版。一部学术性著作，经过半个世纪以上时间的汰洗而仍备受后人垂青，足以说明它已为社会认同，成了代表一个时代的学术精品。

一个“初步报告”竟成了传世之作，这恐怕是蒋廷黻所始料不及的。

---

① 参见罗家伦：《坛坫风凄：凭吊蒋廷黻先生》，载《传记文学》，第8卷，第1期，32页。

② 陈师这篇《重印前言》先以《中古·近代化·民族惰性》为题，发表于《文汇报》(1986-06-16)。

然而，世事总是偶然中寄寓着必然。如果没有深厚的史学功底，没有近代外交史研究的长期积累，没有对近代史近十年的整体思考，怎么能在图书资料匮乏的情况下写出如此大气、如此耐读的作品呢？可见成功总是与艰辛同步的。厚积薄发，大家之道，信然！

二、以史为鉴的分析框架

蒋廷黻对现代中国史学的贡献，不仅在于他是中国少数几位近代史研究的开拓者之一，而且在于为起步不久的近代史研究建构了一个可资参考的分析框架与通史体系。

从方法论层面说，历史研究是运用一连串概念去阐述历史发展过程的内在联系，而概念的诠释功能只有在特定的建构中才能充分显示理论张力。这种由概念建构成的评价体系，往往表现为一种特殊的话语系统，体现着研究者的历史观和史学特具的训鉴功能。传统史学发展到清末，基本上只是对史料的辨伪、辑佚、考证、训诂之类的方法，主要不是思辨而是功夫论层面的研究。不少学者缺乏观念更新、架构改制一类的自觉追求，成了为版本而研究版本，为古籍而研究古籍，不能从整体上解释历史。蒋廷黻说：中国的史家，往往是“治史书而非治历史”①，指出“此种研究历史的方法在现在已经落伍，不能再继续下去”②。

蒋廷黻自己接受过西方史学的科学方法训练和进化史观影响。他在哥伦比亚大学攻读博士学位时，正是美国的“新史学”占主流地位的时代。他的导师卡尔顿·海斯(Carlton J. H. Hayes)是美国“新史学”的倡导者詹姆斯·鲁宾孙(James H. Robinson)的弟子。而哥伦比亚大学恰恰是美国“新史学”派的中心。这个学派以实证主义为思想基础，重视史学的社会功能与实用价值，主张史学革命。蒋廷黻在哥大的四年

---

① 陈之迈：《蒋廷黻的志事与平生》(一)，载《传记文学》，第8卷，第3期，6页。

② 蒋廷黻英文口述稿：《蒋廷黻回忆录》，谢钟琏译，124页。

研究中，不仅受到了“新史学”的熏染，接受了作为“新史学”基石的进化史观，注意用实证的方法探求史事之间的因果联系，强调史学的训戒功能和历史教育的普及；而且受到了导师研究的直接影响，把海斯对欧洲近代政治史研究中的“族国主义”理论，作为自己观察中国社会和历史的重要观念。他把上述的新方法与新观念，结合自己的近代外交史研究和对中国社会的实际考察，系统地凝聚在这本 5 万余字的著作中。

蒋廷黻在这本书的《总论》中，一开始就从人类文明的发展是一个整体的进化史观着眼，通过中西文明的历史对比，得出了 19 世纪的西方世界已经具备了近代文化而东方世界仍处于中古状态的结论。由此出发，他抓住东西方文化冲突的基本态势，把先进的西方近代化和落后的东方中古状态作为文明发展的两个不同阶段，进而建构他对近代中国历史的分析框架；他把中国能否实现近代化作为历史主题，把中国人能否接受科学、利用机械，能否建成近代民族国家，作为实现近代化、赶上西方世界的三项主要指标。他在《总论》里说：

> 近百年的中华民族根本只有一个问题，那就是：中国人能近代化吗？能赶上西洋人吗？能利用科学和机械吗？能废除我们家族和家乡观念而组织一个近代的民族国家吗？能的话，我们民族的前途是光明的；不能的话，我们这个民族是没有前途的。因为在世界上，一切的国家能接受近代文化者必致富强，不能者必致惨败，毫无例外。①

蒋廷黻所说的“科学”，既指科学知识本身，又含有科学精神的内蕴，是与“作八股文，讲阴阳五行”的蒙昧主义相对待的新的人文精神，属于近代文明的精神范畴；他所说的“利用机器”，是与仍保持着“唐、宋以来模样”的自然经济相对待的产业经济，属于近代文明的物质范畴；所说的“民族国家”，是与宗法制度下的家族、家长制相对待的政

① 蒋廷黻：《中国近代史·外三种》，11 页。

治体制，属近代文明的制度范畴；他把这三对范畴作为实现近代化（西方化）的价值评判体系，恰恰反映了二三十年代的中国社会仍然处在政治、经济、思想文化急剧转型之中的现实。为因转型而失衡的社会寻找价值重建的良方，正是当时像蒋廷黻那样接受过西方高等教育和西潮影响的一代学人朝思夕虑的所在。他们一方面不得不承认中国的文明已经落后于世界，只有学习西方才能救亡图存；另一方面又希望回归传统，寻回失落的富强梦，力图给困厄中的国家和民族指引出路。这种对历史中国的自豪和现实中国的自悲所构成的文化情结，不仅是自由派学人群，而且也是大多数知识分子在当时的普遍心态。蒋廷黻以这一分析框架写成的《中国近代史》在那时影响很大、流传甚广，原因即在于此。

如前所述，蒋廷黻是从外交史研究拓展到近代史的，深知“近代史上外交虽然要紧，内政究竟是决定国家强弱的根本要素”①。他的分析框架即是从内政外交的关系入手，重点分析了自鸦片战争以来中国抵抗外敌入侵和内政改革的方案，表现了寻求救亡之道的使命感。他说：“现在我们要研究我们的近代史，我们要注意帝国主义如何压迫我们。我们要仔细研究每一个时期内的抵抗方案，我们尤其要分析每一个方案的成败程度和原因。我们如果能找出我国近代史的教训，我们对于抗战救国就更能有所贡献了。”②在这种以史为鉴、以史经世的支配下，蒋廷黻把中国为摆脱外国侵略而向对手学习的过程作为近代史的基本线索，论述了自鸦片战争到抗日战争前夕近代中国历史上依次递进的四个“救国救民族”方案的内容、性质、成败和历史教训。他认为第一个救国救民族的方案是同光时期由奕䜣、文祥、曾国藩、李鸿章、左宗棠领导的“自强运动”。这个运动的方案是要学习运用及制造西洋的军器来对付西洋人；第二个救国救民族方案是康有为领导的变法运动，这个方案的主旨是要变更政治制度，最后目的是要实行君主立宪政体；义和团运动可说是近代史上“第三个救国救民族的方案”，但这个方案

---

① 蒋廷黻：《中国近代史·外三种》，36页。

② 蒋廷黻：《中国近代史·外三种》，13页。

是“反对西洋化、近代化的”①；清末民国初年孙中山的“三民主义”和《建国方略》是第四个救国救民族的方案②。他把这四个方案产生的国际国内背景，方案倡导者的事功以及推行过程所遭遇的阻力、斗争等都有机地穿插其间，形成了一个以政治史为经、事件史为纬线性式的近代通史体系。

显然，这样的通史体系完全与他建构的分析模式相契合：除第三个方案即义和团的盲目排外与近代化背道而驰外，其余的方案恰恰是中国人从器物层面到制度层面上学习西方以脱离中古状态的过程。

值得注意的是，他在分析上述救国救民族方案受阻乃至失败原因时，往往以科学的人文精神来反观近代时期中国人特别是士大夫阶层的素质与表现，从国民性乃至民族性方面得出了若干发人深思的结论：

他针对鸦片战争失败后中国仍旧不觉悟，不图改革，枉费了民族20年光阴的事实，指出“鸦片战争的军事失败还不是民族致命伤。失败后还不明白失败的理由，力图改革，那才是民族的致命伤”③。这是批评国人昧于世界大势、不思上进的麻木状态。

他在书中问：为什么中国人不在鸦片战争以后就开始维新改革呢？他回答说一是“中国人守旧性太重”；二是士大夫以传统文化为生命线，“文化的动摇，就是士大夫饭碗的动摇”，所以他们反对改革；三是中国士大夫阶级（知识阶级和官僚阶级）最缺乏独立的、大无畏的精神。④这是说出了士大夫在传统文化背景下生成的守旧性、保守性和妥协性。

同光时代的士大夫反对自强新政，那么民众是否比较开通？他说：“其实民众和士大夫阶级是同鼻孔出气的”，“严格说来，民众的迷信是我民族接受近代西洋文化大阻碍之一”。⑤ 这是我们常说的我国民众文化素质低下的另一种表述，也是更尖锐的表述。

---

① 蒋廷黻：《中国近代史·外三种》，85页。

② 参见蒋廷黻：《中国近代史·外三种》，第4节至第6节，85～96页。

③ 蒋廷黻：《中国近代史·外三种》，24页。

④ 蒋廷黻：《中国近代史·外三种》，24页。

⑤ 蒋廷黻：《中国近代史·外三种》，58页。

蒋廷黻把科学的人文精神作为近代化的重要内容，并以此评判国民性，似乎像新文化运动的话语，其实是清末留学生中一度弥漫过的文化自责思潮的遗风。翻开辛亥革命时期出版的各种留学生报刊，可以发现留学生为了唤起国民性而批判奴隶性的文章比比皆是。他们往往指责百姓甘做“亡国奴”，甘作清政府的“顺民”；说中国人的性质，“曰柔顺，曰巧滑，曰苟且偷安。喻以利则为排外之举动，逼于势则为外军之顺民，总之畏死二字，足以尽之矣”①。所不同的是，辛亥革命时期的激进知识分子，往往把自己视为教育、提挈、领导“下等社会”的先进者，蒋廷黻则不仅对下层社会，而且对“四民之首”的士大夫都做了无情解剖，把他们一概视作接受近代文化的阻力。他不像早期留学生那样只是以呐喊来惊醒民众，而是通过对史事的因果推出结论，显得格外深沉有力。他的国民性的评判虽说不无偏颇片面，但对士大夫这种文化精神上的弱点和缺失的展示，使人看到了历来被讴歌为“社会良知”的知识阶层之另外一面。他把这一面作为近百年来中国无法顺利推行近代化的重要原因，客观上起到了教育和振奋抗战时期的知识分子担起救亡责任的作用。

诚如陈旭麓师所指出：“中古——近代化——民族惰性，蒋廷黻在近代史中论述的这些环节，不是无的放矢，而是反映了近代中国某些实况及其方向的。”②中国人为了摆脱中古状态而学习西方以建成近代民族国家的历程，先是从不彻底的器物层面开始，然后进到政治体制的制度层面，但只有再进到社会改革和更深层的精神层面，才能真正实现近代化。

三、历史观与方法论评估

像一切创新学派都有不成熟的缺憾那样，蒋廷黻建构的分析框架

① 李群：《杀人篇》，原载《清议报》第 88 期，转引自张枬、王忍之编：《辛亥革命前十年间时论选集》第 1 卷上册，22 页。

② 陈旭麓：《重印前言》，见蒋廷黻：《中国近代史·外三种》，5 页。

和话语系统在历史观和方法论上都有缺陷。首先是历史观即历史本体论上，蒋廷黻是服膺进化史观的。进化史观虽然将历史看作一个不断由低级向高级发展的过程，历史是有规律可循的；但进化史观视文化沿革为史学研究的学问所在，以因果关系作为历史发展的内在规律，对历史的理解往往显得一元化，诠释也因之太线性化。蒋廷黻建构的分析框架，把近代化和中古状态作为先进与落后的文化发展阶段，以西方列强对中国的侵略作为中国接受近代化的"因"，把学习西方实现近代化作为中国脱离中古状态，"必致富强"的"果"。以这种"因果"关系构成近代历史主题，严格说既忽视了历史动因的多元性，又否定了结果多样的可能性。他的这个分析框架，可以说是后来西方盛行的"冲击—反应"模式的中国版，只是没有达到范式化而已。

其次在方法论上，蒋廷黻接受的是西方实证史学("科学史学")的训练。实证史学认为历史研究只有确定史实、构成规律，才能成为科学。所以蒋廷黻极重视对历史材料的搜求与考订。他对近代外交史的研究，就是有感于西方学者的著作中缺乏中国方面的资料而决心从资料下手的①；他对中国近代史的研究，也是首先注意收集和鉴别资料②。但当他寻求规律时由于只注重因果关系的分析而显得捉襟见肘。因为因果联系是一个无穷的循环：因前有因，果后有果，多因一果，多果一因，在甲为因，在乙为果，很难深究；更重要的是因果关系并不是历史内在规律的全部，即使正确分析出史事之间的因果联系，也难说发现了规律。所以，因果关系的分析方法，可以适用于简单的、个别史事间的内在联系的探求，很难适用于复杂的全局性的过程分析。所以当蒋廷黻在这本著作中涉及若干全局性、宏观性的史事分析时，往往有简单化、片面性、牵强附会的缺点。例如，他指出了鸦片战争前中国与西方各国没有邦交，中国对西洋各国总是以"天朝"自居，把它们视作藩属国的事实，却由此推出"在鸦片战争以前，我们不肯给外

---

① 参见蒋廷黻英文口述稿：《蒋廷黻回忆录》，谢钟琏译，95页。

② 参见蒋廷黻英文口述稿：《蒋廷黻回忆录》，谢钟琏译，127～129页。

国平等待遇；在这以后，他们不肯给我们平等待遇”①的结论。这显然是混淆了封建宗藩关系和资本主义条约制度两种不同时代、不同性质的不平等。宗藩关系的不平等，只是礼仪制度下形式上的不平等，它表现为藩属国向宗主国朝聘和宗主国对藩国的册封，是文化上的互动互应，不是统治与被统治，压迫与被压迫。朝聘不是臣服，册封不干涉内政。条约制度完全是在列强武力威胁下被迫签订不平等条约来损害中国主权、破坏中国领土完整、掠夺中国资源的实质性的不平等。两者具有不可比性，构不成逻辑上和史实上的因果联系。

再如他指出鸦片战争前中国不知有外交，只知“剿夷与抚夷”，政治家的派别划分不过是有的主剿，有的主抚。据此，他把广州反入城斗争中的徐广缙、叶名琛说成是“继承了林则徐的衣钵，他们上台就是剿夷派抬头”②。其实，林则徐的主战是在努力了解西方、睁眼看世界以后，徐、叶二人的反入城是不谙世界大势、虚骄刚愎的结果；林则徐认为“民心可用”是在认识到人民群众保家卫国的积极性后将之引导到反对侵略战争中，徐、叶二人之“民心可用”，是将之引导到盲目排外以达到道光帝“小屈必有大伸”③的虚骄目的。这是两种不同性质的对外策略，怎能牵强附会地论定两者是有继承关系的同一性呢？

他对国民性的剖析有很多鞭辟入里之词，发人之所未发或不敢发，但片面性也随处可见。例如，他认为中国士大夫守旧，缺乏独立大无畏精神，以至鸦片战争后没能立即改革内政、起始维新。其实，鸦片战争后不少士大夫确有“雨过忘雷之意，海疆之事，转喉触讳，绝口不提”④，但“志士扼腕切齿，引为大辱奇戚”⑤者也大有人在。徐继畬的

---

① 蒋廷黻：《中国近代史·外三种》，17页。

② 蒋廷黻：《中国近代史·外三种》，30页。

③ 这是道光帝在嘉奖广州反入城有功人员的上谕中说的话：“夷务之兴，将十年矣。沿海扰累，糜饷劳师，近年虽略臻静谧，而驭之之法，刚柔不得其平，流弊以渐而出。朕深恐沿海居民有蹂躏之虞，故一切隐忍待之。盖小屈必有大伸，理固然也……”见梁廷枏：《夷氛闻记》卷5，见中国史学会主编：《中国近代史资料丛刊·鸦片战争》第6册，100页。

④ 《软尘私议》，见中国史学会主编：《中国近代史资料丛刊·鸦片战争》第5册，529页。

⑤ 梁启超：《清代学术概论》，79页。

《瀛寰志略》、姚莹的《康輶纪行》、梁廷枏的《海国四说》、夏燮的《中西纪事》、魏源的《海国图志》等介绍西方及周边国家的史地书籍纷纷出刊，有的宣称“是诚喋血饮恨而为此书，冀雪中国之耻，重边海之防，免胥沦于鬼域”，有的提出“师夷之长技以制夷”，“夷之长技三，一战舰，二火器，三养兵练兵之法”，都应师法。1842 年 10 月，江南司郎中汤鹏上折筹议善后事宜 30 条，就防范英国及其与国之法，论及中国必须在军事、吏事、风俗、烟禁、人才、考试制度等方面进行改革①，这是当时京官中最具代表性的一份改革方案，也是最早把改革内政与爱国反侵略结合起来的方案。② 即使是被蒋廷黻批评为阻碍同光时期自强运动的“清流”派士大夫，也不是铁板一块，其中最著名的人物之一、被目为“青牛尾”的陈宝琛，虽非洋务派但不反对洋务活动，虽主张中学为体，但并不排斥西学。他不仅主张中西学问相通，新旧文明相益，而且在倡导西学，引进西方科技方面躬亲实践、殚精竭虑。③ 看来把士大夫一锅煮是片面的，一概骂倒虽振聋发聩，其实也属偏颇。

上述这些缺点有的是体例方面的不得已所造成。按《艺文丛书》规定，每本字数不低于 3 万，不超过 6 万，篇幅太少，自不能详加分析与展开，只能拣主要的写，片面也就难以避免；有的是历史观与方法论本身的问题。用进化史观看待历史，执着于因果关系的探求，虽然能解释历史的进步，却很难说清进步的动因；虽然能得出合理的结论，却很难系统全面的论证。

尽管存在上述缺憾与不足，但蒋廷黻在中国近代史研究中取得的成绩以及他这套架构和话语系统，对当时和以后的研究产生了深远影响。1964 年，时任台北近代史所所长的郭廷以教授，在评价蒋廷黻学术成就时说：

---

① 参见《户部进呈江南司郎中汤鹏奏为敬筹善后事宜三十条折》，见中国第一历史档案馆编：《鸦片战争档案史料》第 6 册，378～396 页，天津，天津古籍出版社，1992。

② 参见沈渭滨：《〈南京条约〉与中国士大夫散论》，载《史林》，1997(3)。

③ 参见沈渭滨：《论陈宝琛与“前清流”》，载《复旦学报(社会科学版)》，1995(1)。

> 近代中国史的研究，蒋先生是个开山的人。近四十年来，蒋先生在这方面最大的贡献，是开创新的风气，把中国近代史研究带入一个新的境界，特别是给我们新的方法与新的观念。①

其实，早在1939年，郭廷以在自己编纂的《近代中国史》第一册的“例言”中就说过：“蒋廷黻先生于近代中国史之科学研究，实与罗先生②同开其风气，直接间接，编者亦受其相当影响”。③

1965年，著名人类学家李济也说：“他为中国近代史在这一时期建立了一个科学的基础。这个基础不只是建筑在若干原始材料上，更要紧的是他发展的几个基本观念。有了这些观念的运用，他才能把这一大堆原始资料点活了。”④

郭廷以和李济既是蒋廷黻同时代人，又都是研究历史的同行，他们的评价不仅极富历史感，而且道出了蒋著《中国近代史》成为一个时代学术代表作的原因以及对起步不久的近代史研究做出了开风气、奠定科学基础的贡献。

如果对我们最近20年来的近代史研究稍加回顾，就会惊讶地发现，我们正在致力于蒋廷黻提出的近代化研究，而且大部分研究者在不同程度上重复蒋廷黻早在60年前建构的话语系统，乃至使用他那套分析框架，那么对他和他的著作给予重视，进行研究，其意义也就不言而喻了。

原载《复旦学报(社会科学版)》1999年第4期

---

① 刘凤翰：《蒋廷黻博士对中国近代史上几个问题的见解》，载《传记文学》，第7卷，第6期，27页。

② 即罗家伦。——引者注

③ 郭廷以编：《例言》，见《近代中国史》第1册，2页。

④ 李济：《回忆中的蒋廷黻先生》，载《传记文学》，第8卷，第1期，28页。

史学研究三议

当前的史学研究，成绩不斐，但可议、可改之处不少，兹举三端，与同行共商。

一、通识、通才之难见

1949年后为什么没有培养出大学者？这是近年来学术界一直思考的问题。史学界自然也不能例外，反观20世纪二三十年代，可谓大师辈出，这确实值得学界深思。

为什么？舍弃众所周知的原因，窃以为与史学教育失误，史学研究课题过于细碎不无关系。教育失误之一为分科过窄。学者往往只知中国，少知世界；只知古代近代，不知现代当代。反之亦然。失误之二，文史哲绝然隔离。治史者缺乏人文科学、社会科学知识，难以触类旁通，学问自不能相互奥援。更有甚者，学生只读教科书，很少阅读史学原典。学古代史者很少通览二十四史，习近代史者不曾看过《清实录》《筹办夷务始末》这类最平常的史料，甚至连中国史学会主编的《中国近代史资料丛刊》都没有认真读过，更遑论各种文集、日记、奏稿、笔记了。阅读面过窄，基础不扎实，造就大家自然困难。

研究课题过于细化碎化，学术期刊少有震动史坛、引起讨论之作，大多就事论事，少见促人思考文章，是当前史学研究最为突出的现象。不少同仁闲谈私议，均有同感。窃以为当前史学研究可谓死水一潭，波澜不兴。忧心所至，直如龚自珍《己亥杂诗》所咏："九州生气恃风雷，万马齐喑究可哀。我劝天公重抖擞，不拘一格降人才。"学术研究已与现实社会需求断裂，希望通识、通才尽早出现，改变史学研究呆滞局面。

我国史学，向有“究天人之际，通古今之变，成一家之言”传统。马史班书、《资治通鉴》即为古例。近代如梁启超《清代学术概论》、章太炎《訄书》，今人如钱穆《中国近三百年学术史》、陈寅恪《隋唐制度渊源略论稿》《唐代政治史述论稿》、范文澜《中国通史简编》、周予同《群经概论》等，都是融汇古今、推陈出新、启迪心智、成一家之言者。或曰：彼大师也，后学焉能望其项背？诚然，当今学者自难与大师比拟，但大师治史之道不可不学，研究门径尤不可望而却步。刘知几《史通》对史家之养成，有史德、史才、史学、史识之说。窃以为此四者即系养成通识通才之要。“德”指人品，“才”指能力，“学”谓读书，“识”即通达。四者中，德、才属人之本性本能，乃先天所自有；学、识为后天所养成，学者自可陶铸。学无止境，书不可不精读博览，积学可得深厚功底；识见得之学养、悟性，学贯古今，则胸有全局；悟人事之上下、前后、左右关联，论著必有识见之出。以此自律，成家可望，以此指导学生，栋梁之才可期。

当然，随着历史研究日趋深入，课题细化、专题性探究，诚不可避免。但若为细而细，为专而专，不能小中见大、举一反三，甚至乐此不疲，则既不利于自身思辨能力提高，又难以实现研究课题更大之社会效应。史学研究不能适应现实社会需要，大有钻入象牙塔危险。当前中国和平崛起、经济腾飞，引起世界各国关注同时，猜忌、疑虑亦随之日现。地区之间、中国与世界之间，问题日渐增加，需要史学家加强地区国别史、区域史研究，对相关问题提出历史解释。即使国内许多重大问题如中华文化的近代转型，近代中国历史进程之经验总结，三民主义与中华文化，辩证唯物主义、历史唯物主义与历史研究等，也需要深入讨论。

历史研究如果仅仅停留于大而无当的宏观论述，像改革开放以前，以观念对观念，缺乏坚实的专题研究基础，自然会走进死胡同；新时代以来，专题研究日益增多，代表了史学研究的前进方向。目前已经到了在专题研究基础上总结、升华的阶段，对一些重大问题、带有普遍性的问题进行中观、甚至宏观思考的时机已经来临。惜乎近年来课题过细、过碎之风不衰，融汇古今中外，提出新见、启人心智，引起讨论之作难见。专家当然可爱，通识、通才尤不可缺。学术研究脱离现实社会需要，无关国计民生，钻进象牙塔中，无怪社会不重视历史，史学刊物乏人问津。切望导师指导硕博时，严格把守“开题报告”关；刊物编辑编发论文时，多注意通识之作，提倡讨论切磋问题；中国史学会在关注专才同时，应不拘一格，扶植通才。上下其手，必可有慰于钱学森逝世前的“不解之问”。

二、“纪念史学”之误导

此处所指“纪念史学”，与西方史学界兴起的新文化史中，专门研究纪念活动之“纪念史学”名称截然相异。顾名思义，是指专为纪念历史名人、名事，或撰文以资启示，或聚集学者共同讨论、汇文成编，以弘扬先贤，汲取戒鉴。

这种以纪念为名的史学讨论与研究，原本好事，不失为推动史学研究深入之一法。20 世纪郭沫若的《甲申三百年祭》、中国史学会在辛亥革命五十周年及以后主办的历届学术讨论、鸦片战争一百五十周年学术讨论会，都树立了“纪念史学”推动历史研究的范例。但时下却泛滥成灾，主事者或以当地经济开发、旅游兴旺需要，行所谓“文化搭台，经济唱戏”之实；或以好大喜功、张扬政绩为目的，不惜耗费财政支出，邀约名流，借讨论集议为名，行“参观访问”之实。会后往往汇编成册，以形成舆论。故此类会议，功利性远胜于学术性，既制造不少学术垃圾，又误导史学研究主体性，是一种利少弊多的伪学术行为。“纪念史学”因之走向反面，成了讥诮不齿的贬义词。

其一，“纪念史学”之弊，主要是误导史学研究的主体本性。这表现在两个方面，一是误导史学工作者偏离自己的研究方向；二是诱使史家失去说真话的“良知”。史学研究本是史学家个人对历史事实进行研究分析，形成理性判断的一项艰苦劳动。史学家是历史研究的主体。他有自己特定的研究对象与研究方向，在长年累月的深入研究下，耗费大量时间和精力，始能有所创获，并日渐形成自己独特的研究个性。可是，目前的"纪念史学"使史学工作者为追求虚名小利，往往追随主办者设定的意向和主题，不顾自己的研究所长，湮灭自己的学术个性，尽量向被纪念的人、事靠拢；同时又为了不抹主办者的面子，不是从历史事实出发、从自己的研究心得出发，而是尽说一些歌功颂德的话，发表一些非自己研究专长的文章，甚至不惜违背或曲解历史事实，危言耸听，误导舆论，失去了史家的良知和史学本性，实在有辱斯文。这样，不仅不利于被纪念人、事研究的深入，而且也不利于史学工作者自身研究的提高。在此影响下，某些中青年学人，不甘坐冷板凳研究学问，削尖脑袋，到处钻营，以参加此类会议为成名捷径，堪称误人子弟。

其二，"纪念史学"之弊，造成学术虚假繁荣，恶化了学术空气。目前，"纪念史学"的讨论会一个接一个，会议文集一本接一本，发表的相关论文更是满坑满谷，仿佛中国史学研究进入了一个兴旺发达的"不世"局面。其实，这种"应景"的学术论文、"帮闲"的研究报告、"遵命"的作文，不少是学术垃圾，难以称得上真正的学术研究。长此以往，不仅不能带来史学研究的真正繁荣，反而对史学发展造成伤害。

窃以为"纪念史学"本有促进史学发展的功能，惜乎目前之现状完全背离了其应有的作用。故呼吁史学界及有关部门，应认真规范"纪念史学"，少一些说空话、说大话、说假话的"纪念史学"会议，多一些真正有研究深度与广度的"纪念史学"研讨。

三、史学研究辅助学科之缺失

传统史学研究，向有一系列辅助学科作为探讨历史内在联系的辅助手段，即为过去大学史学系所设版本学、目录学、训诂学、考据学四大辅助学科。

目录学起于西汉刘向、刘歆父子中秘校书，成《别录》《七略》两著，有所谓"条其目录，撮其要旨"之说，中经宋代而有所发展，演变为章学诚"考镜源流，辨章学术"，使学者得到学术渊源之流变。

版本学研究图书形态特征及流传中的递变演化，鉴别珍本、善本之可贵，校辑通行本之错讹衍脱，可使学者知版本源流及版本之真实可靠。训诂学重音韵，承乾嘉学者注经之余绪，可使学者知古代诗词之优劣。考据学以内证、外证考订史料之真伪，可使学者明辨史事之错讹。

此四者，均为治史者所必备，也是养成史家深厚功底之基础。往者史学大家，无一不是在此基础上显见其史学功底。近现代学者如罗尔纲关于太平天国文书版本之校勘辑佚，顾廷龙对于古籍目录之整理、研究，陈寅恪之有关柳如是身世、交往之考订，复旦大学已故老教授张世禄先生在音韵训诂方面的专长，都使学界叹为观止。新中国建立后，史学界倡学习苏联史学教学之风，此四大学科渐趋弱化，及至目前，大学史学系大多不开设这四大辅助学科课程，不仅丢掉了中国史学传统，而且造成目前大多史学工作者的知识缺陷。这样，在目前的所谓史学研究成果中，自然就出现了各种各样的问题。诸如因为缺乏版本学的基本知识，行文引用版本不以善本、祖本为据，难免会出现一些基本史实的偏差；因为缺乏目录学训练，以为目录学仅止书名篇名，难知学术源流变迁，得出结论以为独创，实则早已有之；因训诂学知识缺失，读不懂古典诗词，不了解诗词所反映的历史事实，造成对史事的曲解甚至误解；因不具备基本的考据学能力，使用史料随手转引，结果人讹已随，出现史料应用上的错讹，也就在所难免。

因缺乏传统史学研究四大辅助学科的训练，上述问题不仅在一般的史学著作与论文中出现，甚至在一些已成家成名者的著述也一再显现。至于某些所谓文化名人，谈及历史，自以为旁征博引，实际错误百出，被他人“咬文嚼字”，指出所据错讹，缺乏功底，贻笑方家者比比皆是。笔者谬任复旦大学史学教席时，有感于自身知识结构之缺陷，在某次学生毕业论文答辩会上，曾痛陈恢复四大辅助学科之必要，参与答辩会之著名学者王元化先生及朱维铮教授，亦多同感。可惜，系里无法改变学科设置现状，终未能更张。现在，借此机会再次建议，大学史学系应该恢复四门辅助学科，以提高史学工作者的学术素养，这也是养成通识、通才，培养大家的基本条件。

目前史学研究可议之处，自不止上述三端，诸如抄袭剽窃成风、弄虚作假不断，甚至以权侵占他人成果等，时人早有论说，恕不饶舌。以上三端，亦仅止浅说，不便铺张，只是提出问题，引起学界注意而已。

原载《安徽史学》2011年第1期

清史纂修与太平天国的历史地位[①]

——对《清史·通纪》纂修的几点意见

清史纂修是一件严肃的学术界的大事，我们要本着对历史负责的态度对待之。其中关于“太平天国”研究的问题，我这里提出三个想法供讨论：一是要允许接纳“隔行论史”的不同观点，二是洪秀全并没有创立过“拜上帝教”，三是《清史稿》最明显的缺点是修史者的史观有问题。

一

近来，在论及太平天国的评价时，大家常提到潘旭澜先生。我把潘先生的情况简要介绍如下：潘先生是复旦中文系教授。会前发下潘先生在《江汉论坛》2006 年第 3 期上刊出的《洪秀全的政治性邪教》一文，署“复旦大学历史系教授”，那是刊物编者弄错了。潘先生 1952 年考取复旦，毕业后留校任教。在那个特殊的政治岁月里，他为了坚持独立人格，竟做了 22 年助教。去年 7 月，因病不治仙逝。生前是复旦中文系资深教授、博导。他是现代文学史研究专家，曾历时 8 年，主编《新中国文学词典》；又是知名的文学评论家，代表作是杜鹏程《保卫延安》研究，将“文化大革命”时期诬指“利用小说反党”的不实之词，彻底翻了过来，在拨乱反正时期产生过很大影响。他曾说，自中学时代起就对太平天国历史有兴趣，阅读了不少有关书籍，也积累了一些资料。经过十年浩劫，思考了不少问题，趁自己还写得动，想把自己的

---

① 本文根据作者在《清史·通纪》第 6 卷学术讨论会上的发言整理而成。

认识系统地写出来。他写的关于太平天国的文章发表后，收到不少赞同他观点的来信和文章，其中有些曾以复印件形式寄给我。

我与潘先生原本不认识。2000 年复旦校庆 95 周年时，《复旦学报》编辑部就潘先生所作《关于太平军的两个问题》①举行了一次有关“太平天国研究”的小型学术沙龙，我才与潘先生相识。在沙龙上，我对潘文不称“太平天国”而称“太平军”等有不同看法，但赞同他对太平天国史研究中客观存在的问题提出批评，认为尽管潘文若干观点有待深入研究，却反映了当前史学界，特别是“太平天国”研究界迫切需要改变学术观念和研究方法的普遍呼声。“太平天国史”研究要想有大的突破，要想结束了无生气的局面，必须摆脱美化、褒扬的主流意识和主流方法。会后，学报编辑向我约稿，希望我将会上发言写成学术专论。我应约写了《太平天国研究需要坚持实事求是的科学态度》一文，在《复旦学报》2000 年第 5 期上发表，文章扼要回顾了各个历史时期“太平天国史”研究的成绩、特点与不足，指出过分强调阶级斗争、为了某种需要而歌颂农民战争、美化农民领袖，虽然在粉碎“四人帮”后新一轮的“太平天国史”研究热中有了削弱和改观，但并没有消除，仍是研究中的主流理念。“令人感慨的是，对这种现象大声说‘不’的，竟然不是同行学人，而是一位年逾花甲的文学教授潘旭澜先生”。我在文章中指出：“看来，要改变目前太史研究萧条冷寂的局面，除了研究者要耐住寂寞、研究课题要拓展、研究工作要精耕细作外，还真需要提倡‘跨学科参与’——隔行论史。”②

我向来认为，学术研究应该百家争鸣。有不同声音，就不会“万马齐喑”“众口一词”，学术才会繁荣昌盛。潘旭澜先生不是历史学家，他的文章也不是史学研究性质的学术论文，诚如他自己所标名的“杂说”而已。但是他想“求真”的态度是不能抹杀和否定的。他的文章尽管辞锋尖锐，却观点鲜明，毫不含糊，代表了不少行外人的呼声。我们只

① 潘旭澜：《关于太平军的两个问题》，载《复旦学报(社会科学版)》，2000(2)。

② 沈渭滨：《太平天国研究需坚持实事求是的科学态度》，载《复旦学报(社会科学版)》，2000(5)。

要不讳疾忌医、不故步自封，保持一种开放式态度，把学术作为求真知的“天下之公器”，那么就会对原有的成就、结论，有再思考、再研究的必要。就“太平天国史”研究而言，不必担心以往取得的成绩，但同时也应清醒地看到以往研究中确实有预设结论，美化、拔高洪秀全的倾向。自从潘先生等行外人发出不同声音后，现在不是有人也在说，“太史研究不要神化，也不要鬼化”吗？“不要神化”，此词不妥帖，确切地说应是不要美化，但承认以往研究中确实有过分美化的现象，就是一种进步；“不要鬼化”，此说更不妥，这是把潘先生和行外人的不同意见一概否定，用“鬼化”的帽子吓人。读了这类反批评文章，我总觉得在中允可掬的背后，隐含着以反对“鬼化”维护“神化”味道。

二

不少人对潘先生所称太平天国“拜上帝教”洪秀全的政治性邪教一说，口诛笔伐。我也认为潘先生指“拜上帝教”为邪教不妥，但又觉得无须多花精力去讨论是不是邪教的问题。因为，在中国历史上，邪教之说历来是一种政治性用语，它并没有神学之争的意义。邪是正的对待字。中国既不是以基督教为正教的国家，也不是以佛教、道教为正教的国家，何来神学上的异端、邪教？问题反倒是洪秀全有没有创立过“拜上帝教”(或称“上帝教”)的新宗教？这才是需要深入讨论的关键。因为这个问题涉及新纂清史通纪部分的编写，又是这次会议必须涉及的内容。会前发下的夏春涛同志新著《天国的陨落——太平天国宗教再研究》，正是谈这个问题的专著，所以我想多说几句。

我认为洪秀全并没有创立过“拜上帝教”这样的新宗教。早在20多年前的1980年，我曾在《北方论丛》第4期上发表过《洪秀全创立“上帝教”质疑》一文，指出无论检索太平天国钦定颁刻的43种印书、太平天国诸王7种供词、洪仁玕写的《洪秀全来历》以及外国人根据洪仁玕谈话写成的报告，全都没有提到洪秀全创立了“上帝教”一事，甚至连“上帝教”的名称都未出现。诸王供词中，最为研究者重视的是《洪仁玕自述》和《李秀成自述》两种。它们在叙述洪秀全早期活动时，都只说到洪秀全“劝世人敬拜上帝”，没有提到过他创立“上帝教”的片言只字。这只能说明洪秀全在1843年阅读《劝世良言》后，只是信仰上发生变化，皈依了上帝，并把自己的信仰传播给他人而已。

文章考察了张德坚的《贼情汇纂》、官文监修的《平定粤匪纪略》及今时出版的清方记载，发现在涉及洪秀全早期活动时，其说法在内涵、外延上都十分混乱，自相矛盾，出现了“上帝会”“天帝会”“添弟会”“天帝教”等名目，甚至有洪秀全、冯云山师事过朱九涛倡立的“上帝会”，后又另立天地会，“亦名三点会，以秀全为教主”之说。经罗尔纲先生考证，朱九涛并未倡立上帝会，洪、冯二人也未师事过朱九涛。

如果说创立过“上帝教”，在金田起义前为了避免清方注意而采取秘密活动的隐蔽方式，秘而不宣，使清方不能确知，那么金田揭竿而起、公然反清之后就无须保密，可以公开揭出上帝教之名。但是，专事收集太平军情报的张德坚、官文之流，竟对此毫无所知、妄加揣测，这难道不是从一个侧面说明洪秀全没有创立过什么“上帝教”吗？所以我认为：洪秀全在1843年阅读《劝世良言》后创立了“拜上帝教”或“上帝教”，是缺乏史料根据的，此说很可怀疑。退一步说，后人因洪秀全信仰的上帝已与西方的上帝不同，认为在这个意义上可以称洪秀全创立了一个有别于西方宗教的新宗教，并将它命名为“拜上帝教”，简称“上帝教”，但那是为了解释历史的需要而不是历史事实本身。解释历史和历史事实两者是不能混淆的。

文章发表后，居然没有反响。研究者仍持前说如故。1998年，我在《学术月刊》第1期发表《洪秀全与基督教论纲》一文，重申了十多年前的观点，指出：“17年后的今天，当我再次审视洪秀全是否创教时，我认为上述观点还是站得住脚的。因为太平天国和清方记载的书刊俱在，人人都可索检查验；又因为这不是一个理论问题，可以任何人理解和解释而具有弹性，它基本上是个有或没有的刚性问题。”①

研究太平天国宗教的学者都说到洪秀全与《劝世良言》的关系，但很多人没有说及梁发在《劝世良言》中，对《圣经》引文的注释和议论怎

① 沈渭滨：《洪秀全与基督教论纲》，载《学术月刊》，1998(1)。

样影响了洪秀全对《圣经》的认知定势。按基督教教义，《圣经》是至尊和不可改易的。但洪秀全看到的《劝世良言》中，却有占全书五分之四的篇幅是梁发个人的说教，其中包括对经文的注释，对《圣经》篇章全旨的阐述发挥，对《圣经》故事的描述与意义引申。对于一个没有读过《圣经》原本，不知道基督教为何物的受宣者，《劝世良言》作为他获得神学知识的唯一来源，势必会产生可以用自己的感知和认识来解释《圣经》经文的错觉。心理学中有第一印象对人的认知形成至关重要之说。明白了《劝世良言》对洪秀全的这一层影响，就能理解为什么他在1846年从罗孝全学道时，仍时时处处用自己的理解来阐释基督教教义；就能解释他缘何会在《二训一歌》中，既用儒学知识解读皇上帝，又以阎罗妖作为邪神偶像、妖魔鬼卒的总代表；更能理解他为什么要批解《旧约》以及在《钦定前遗诏圣书》中做大量眉批的做法。这个神学知识极为零碎浅薄的门外汉，自以为是负有拯救世人的使命而在做教化众生、替天行道的大业。说他亵渎了《圣经》，歪曲了基督教教义，客观效果是如此，却冤枉了他的本意；说他另创了一个新宗教，似乎很像，但总给人以牵强附会的感觉；说他在《二训一歌》中提倡反封建压迫，主张人人平等的革命理论，完全是难以令人信服的望文生义。不去指出他的无知浅薄、荒诞狂想，反而按构成宗教的四大要件硬套，说他创造了一个叫作"拜上帝教"或简称"上帝教"的新宗教，这种"反穿衣裳"的方法，出发点可以理解，无须深论，但并不是实事求是的科学解释。

那么，太平天国是否有一个宗教实体性的团体？有，这就是1845—1847年由冯云山在广西紫荆山区以教人敬拜上帝而团聚了数千信徒的"上帝会"或称"拜上帝会"。但从它的宗旨或主其事者的本意说，它并不是一个不同于基督教的新宗教，也不是寓有反叛现存统治秩序、以宗教为掩护的政治团体。"上帝会"的名称，不管是自称还是他称，当时人谁都不认为它是个新创的宗教或教派。与洪秀全一样，冯云山仅是在向众人宣传独拜真神上帝，勿拜偶像及劝诫世人悔改罪恶，信仰耶稣藉得天堂永久快乐。只是冯云山对耶教知识无多，在敬拜仪式中掺杂了中国传统的拜神方式。这些都是因无知或少知而起，不是因创立新教而标新立异。所以李秀成、洪仁玕等只称"拜上帝"，不称"拜上帝教”或“上帝教”；清方则认为它是“天主邪教”“奉天主教”，“其实即天主教略变其格也”；外国传教士直到太平天国起义后，也不因为它掺杂了中国民间拜神方式而否认它的基督教性质，并对此寄予期望。既然当时情况与社会反应都如此，后人为什么非要把它说成是出于政治目标而对基督教进行有意识改造的新宗教呢？

三

“通纪”是新纂清史中不同于以往二十四史中的创新体裁，也是无成例可按、相当难写的部分。举行这样的讨论会，听取不同意见非常必要，对于义和团乃至辛亥革命等内容的编写都是有借鉴意义的。

关于夏春涛同志的编写提纲，首先，我认为这个思路是正确的。夏春涛同志把以太平天国为中心的各地反清起义，“置于清史的框架内来写，避免写成太平天国专史，给人以游离感”，体现了新编清史不同于以往王朝史的特点，肯定了农民战争的历史地位。《清史稿》最明显的缺点是修史者的史观有问题。他们身在民国，心系清朝，奉清王朝为正统，把反清的太平天国、捻军等各地农民起义军，一概骂为“贼”“匪”。现在我们写清史通纪，承认太平天国是清代咸同时期客观存在的“与清政府相对峙的一个政权”，并作为这一历史阶段必须叙述的“核心内容之一”，让农民战争登上历史的殿堂，这就从史观上保证了新纂清史的历史唯物主义特性，避免把“通纪”写成王朝史。“通纪”就是“清代史”，既不是王朝史，其晚清部分也不是近代史。

其次，我感觉提纲从编纂体系上看，还是像中国近代史中的太平天国史部分，太平天国成了这一卷的主体，类似它的专史。太平天国是一个政权，但它不是像历史上南北朝那样对峙的政权，而是在清王朝统治下保有若干地区武装割据的政权。清王朝不仅在名分上，而且在实际上统治着中国；即使在太平天国割据地区，也客观上存在着巨大影响。整个中国的主体仍然是清王朝，所以承认太平天国是个政权，不等于这个阶段历史的主体就是太平天国，何况我们要写的是清史通纪，理所当然应以清王朝为叙述主体。

太平天国可以成为“本卷的核心内容之一”。但所谓核心内容，主要是对其他农民起义而言，甚至可以相对于第二次鸦片战争而言，在篇幅上、内容上可以写得多而深入些。但不应该因此而将清王朝的镇压、应对及统治体制的变化等诸多历史事实轻描淡写，作为非核心内容带过，使主体线索不清，史事间的赓续及因果联系失序，成了太平天国的陪衬。按照我的私见，本卷仍以清王朝为叙述主体来写农民战争。在写农民战争和各地反清起义时，可以太平天国为核心，附带捻军等反清起义。这样写法确实有难度，也无先例可循(萧一山的《清代通史》第三卷第一篇，也专写《太平天国始末》)。惟其如此，如能有一个符合“通纪”体裁的新提纲，那么，这不仅是一种可贵的创新，而且对“通纪”其他相关部分的编写也是有价值的贡献。

原载《探索与争鸣》2007年第2期

乡镇志是研究上海人文历史的重要文献

——以《蒲溪小志》为例[①]

上海人文历史研究有很多文献资料可资利用，其中地方志、特别是乡镇志就是很重要的一类。然而，长期来乡镇志往往被研究者所忽视，这对上海人文历史深入研究是一个缺憾，必须引起人们的重视。我最近研读了上海市闵行区七宝镇志——《蒲溪小志》(以下简称《小志》)，其中对上海人文历史研究具有相当价值，特撮其大要，梳理成文，以供同好。

一

《小志》全书5万余字，凡4卷29目，是晚清七宝镇人顾传金辑著的一部七宝镇志。七宝因镇中有横亘东西之蒲汇塘而别称蒲溪，辑著者以此为镇志题名。顾传金，七宝北镇白场人，嘉庆诸生，生平事迹不详。据书载推算，顾传金应生于乾隆三十七年(1772)，其卒年无考，但至少应活到75岁。

据《小志》所记，可知七宝是个历史悠久的千年古镇，因七宝寺而得名。七宝寺又称七宝教寺，初名福寿庵，为三国时东吴大将陆逊后裔陆机、陆云之家祠，原在陆宝山，故俗称“陆宝庵”。五代十国时，迁至吴淞江边。吴越王钱镠应陆氏之请，来陆宝庵进香并赐以“金字藏经”曰：“此亦一宝也”，陆宝庵遂改名“七宝寺”。后因江水啮岸，于宋

① 本文为《蒲溪小志》的“前言”，发表时有删节。该书(2003年)由上海古籍出版社出版。

初再迁于镇。镇“遂以取名焉”(卷一《名义》；卷二《寺庙》)。

历史上的七宝，建置多变，区划复杂，端赖顾传金详为考求，始得厘清沿革。大体而言，七宝镇在明代分属于华亭县、上海县、青浦县三县。清代顺治十三年(1656)分华亭县之枫径、胥浦两乡及集贤、华亭、修竹、新江四乡之半建娄县，七宝改属娄、上、青三县。七宝是个典型的江南水乡，河道纵横，桥梁林立。镇中有自西而东之蒲汇塘(亦称蒲溪)，为太湖水系之一，西受盘龙、泗泾、横泖等水，东流过沙、竹冈、横沥诸水，汇注于龙华港而入于黄浦。蒲汇塘在明代时阔14丈(约合46.2米)，深二丈，是全镇的干流，也是七宝的“母亲河”。镇左有南北向之横泺塘(一名横沥、横泾)，北接吴淞江，南连黄浦江。其余支河十余条，明时一例深通。如今，蒲汇塘虽在，但早已既狭且浅；横沥北段被填，仅存南横沥一段；支河则大多变为农田，水乡徒有其名。后人只能在展读《小志》时，才得以遥想当年七宝的生态环境了。百余年间的沧桑变迁，真令人感慨不尽！

桥梁是构成水乡的独特风景线。《小志》记嘉道以前七宝四周共有桥23座，若加上西通泗泾之沿途石桥，则有32座之多。在众多石桥中，以蒲汇塘桥最雄伟。据《小志》记载，此桥于明正德十三年(1518)由镇人徐寿、张勋捐资倡建。同治三年(1864)重修。桥共三拱，桥长29米，桥宽5.45米，两旁设石栏。以目前上海市四郊而言，有此500余年之古桥遗存者已不多见，故蒲汇塘桥于1963年被列为县级重点文物保护单位。

二

地方志向有记一方盛衰之传统，对研究该地人文历史有重要价值。以《小志》来说，虽篇幅不大，行文简赅，但记七宝兴衰却不吝笔墨，述其原因犹重事实，颇合“史家法度”。

七宝在明清两代的兴衰，全缘因于水利水运之功能。《小志》称：“吾镇居蒲汇塘、横沥之间，凡舟楫往来，商贾贸易，田间灌溉，皆于水是赖。惟水利修则商贾集，而田事举。”(卷二《水利》)清代以前，七宝河道深阔，水运便捷，成为“商贾必由之地”，商业因此繁盛。由于商业兴旺，故旧青浦志称七宝“居民繁庶，商贾骈集，文儒辈出，盖邑之巨镇云”。

纺织业是古代七宝一大经济支柱。明清两代，七宝隶松江府，为府属中重要的棉花、土布集散地。在这方面，《小志》为后人保存了不少资料。七宝所产之手工织布，有标布、扣布、稀布三种。标布又称寸布，上阔而下尖，仅七寸、九寸；扣布又称小布，密而狭；稀布则疏而阔。其中以稀布最有名，人称“七宝稀”，也称“七宝尖”。四乡农民“比户织作，昼夜不辍，乡镇皆为之。暮成疋布，易钱米以资日用”（卷一《风俗》）。中国社会之自给自足小农经济生活状况，由此可见一斑。

由于棉纺织业发展，七宝形成了一条专业制作木纺车售卖的商业街，名曰“纺车街”。街在南镇自东栅至安平桥，“长约三百余步”，较主要商业区之一的南大街犹过之，足见七宝纺织业之盛。《小志》以上内容，为后人研究松江府“衣被甲天下”的棉业和棉纺织业集散网络，提供了重要的个案资料。

商业繁荣，势必促进文化发展。古代七宝，人才辈出，人文荟萃。《小志》所记，明清两代，尤其是明代，七宝“科甲蝉联不绝”，先后出了 6 名进士、16 名举人、8 名明经、2 名武举。其中，进士及第者大多官至一省的布政使，正副按察使；明经者则多为州、县学政、训导、教谕；举人中不少在中央部院任主事、员外郎等职。故《小志》有：“吾镇在前明人材辈出，科第蝉联不绝”，“名臣大儒，布满朝野”之说（卷二《科贡》；卷一《形胜》）。至于能诗善画、名医巧匠，更代不乏人，《小志》辑录者多达 16 人。元代著名书法家、翰林学士赵孟頫（子昂），著名藏书家杨维桢（廉夫），清初曾入武英殿注唐诗、纂修词谱的学者楼俨（敬思）等人，或来七宝以诗画会友，或结庐侨寓于镇。他们的事迹与留下的众多诗文，都被顾传金搜辑于《小志》内，对后人研究元明清时代江南士大夫的文化心态、生活情趣、行止与交游，都不失为可资采择的资料。

自清代中叶起，七宝曾一度衰落。对此，顾传金既有所观察，且不无感叹。他在卷一“形胜”中写道：“七宝前临蒲汇塘，左有横沥，后有寺浜环抱，西接九峰之秀，东通大海之潮。其余支河约有十余条，在前明一例深通。故终明之世，科甲不绝，名臣大儒，布满朝野。自入国朝以来，蒲汇大塘犹且通塞无常，而一切支河，小巷间桥梁虽存，尽为平陆，不特科第乏人，即居民亦不免萧索矣。”

有此感慨，顾传金在《小志》卷一《水利》中，辑录并补撰了自南宋淳熙二年(1175)至清道光十六年(1836)共661年间先后26次疏浚蒲汇塘的史实。其中，清代以前8次，清代17次。清代中尤详于乾隆、嘉庆、道光三朝，既列次数(11次)，又详述河工情况，具体展示蒲汇塘由畅至淤的原因及经过。据此可知，乾隆朝以前，蒲汇塘虽有淤塞，但并不严重。嘉庆朝起，胥吏贪贿，主事者玩忽因循，河道随浚遂塞了。其中最留后患的是嘉庆六年(1801)署松江知府康基田疏浚蒲汇塘。康基田身为河工主官，却寄寓于七宝教寺僧舍，种竹赏景、择地葬佛，对河工不闻不问，“遂使河身浅狭。以后开挑，以为河身本如是，而旋开旋塞也”。

顾传金将七宝兴衰原因归之为水利兴废，应该说在农业社会时代，确属不刊之论。古代中国城镇，大多倚水而建，既利农事，又便于商贾往来。水利兴废，历来是城镇兴衰的直接动因。七宝在明代之所以成为松江府属中经济、文化发达之重镇，盖得益于河道畅通之利。清中叶起，水利失修，河道淤塞，农事商业俱受损害，则其衰敝是所难免。

三

《小志》虽属一镇之全史，但仍有不少资料可以小中见大，反映全国的历史脉搏。例如：

关于河工之运作情况。河工是封建王朝大政之一，关系国计民生的悠悠大事。历代史籍虽多有记载，但如何运作，往往语焉不详，常令研究者为之束手。《小志》卷一“水利”辑录旧志中康熙十七年(1678)《郡人张锡怿开河条例》、乾隆二十年(1755)《青浦知县魏永安荒图免派浚蒲汇塘碑记》，并补撰道光九年(1829)开浚中地方董事支应上级委员需费情况及道光十六年(1836)上海知县黄冕开浚蒲汇塘时廉洁奉公、辛劳勤业之事例。这些，均可为治史者研究河工各项运作环节与则例提供第一手资料，从中亦可窥见胥吏侵吞及实际用于治河经费之大概比例。此类资料，一般正史及官修方志大多付阙，唯有私家纂修之乡镇志因无忌讳而往往据实纂录，则乡镇志之“存史”功能，当不可小视。

《小志》卷一《水利》，还收录道光十六年五月二十五日(1836 年 7 月 8 日)时任江苏巡抚林则徐于该年浚毕蒲汇塘后，循镇民之请永留拦潮大坝，以防黄浦江泥沙经龙华港内灌之禀词批文。林则徐批文，体现其关心民瘼、注重河工之经世致用一贯吏风。经查，由中山大学历史系中国近现代史教研室、研究室编，1963 年中华书局出版的《林则徐集》，其中《公牍》一册，缺道光十六年各类公牍，则《小志》所录该年之林则徐批文，恰可拾遗补缺。

关于清代禁烟。《小志》卷一《风俗》称：“为地方之害，其祸更烈者，莫如吸食鸦片烟。不肖子弟食之，往往始而倾家，终为窃贼。幸道光十八年鸿胪寺卿黄爵滋题奏，奉旨严禁，此风庶可熄矣。”以七宝僻居东南海隅之农村集镇而咸知黄爵滋倡禁鸦片之折，不仅从中可见严禁鸦片疏影响之大，而且可知严禁一事并非纯属具文。在烟毒泛滥、为害剧烈时，严禁之举，正合四民之望。

关于天主教之流布。据新纂《上海县志》(王孝俭主编，上海人民出版社 1993 年出版)考证，早在清康熙年间，七宝塘湾(今七宝镇红明村顾家塘)地区已有不少会口，是江南天主教主要活动地点之一。后于塘湾设修院。道光二十七年(1847)塘湾堂与徐家汇堂合并，1850 年两堂分为两区。咸丰六年(1856)，塘湾堂改称七宝区，属松江总铎区。同治六年(1867)，七宝天主堂建成，天主教活动中心由塘湾移至七宝(见《上海县志》第 1107 页)。如果以《小志》补记镇事之最晚一年为道光二十七年计，可知当时天主教已深入七宝乡镇，而入教者中除乡镇居民外，士林中人亦复不少。顾氏称：“吾镇有最可笑而最可耻者，曰天主教。”(卷一《风俗》)对此颇多非议，足见一部分士绅排斥西方宗教之文化心态。

关于服饰之僭越。封建王朝时代，四民服饰，皆有定制。清代乾嘉以后，由于商贸发达、俗尚奢华，服饰往往逾制而不以为非。成书于道光末叶之《小志》，生动记叙了当时七宝服饰逾制情状："俗尚骄奢，婚嫁宴会率尚靡丽。殷实之家华于服御，转辗沿习，小户效之。往往有乡村农妇，簪必金珰，衣必锦绣。时当嫁娶，笙歌细乐，燕饮累日。问其职不过一生监，而于婚娶之时，鸣金开道。甚至白丁而有钱者亦如之，则奢也而近于僭也。不特可笑，抑亦可耻之甚也。"此条虽记婚娶之奢丽，但从中可见服饰变易已成时尚，或可为研究社会史者之一例。

其他如"巫固不禁""花鼓戏""赌博""斗蟋蟀""把鹌鹑"等，亦可以一镇之风俗，反映明清两代松、青地区社会生活奢靡之情状。

据我私见，《小志》在记述七宝风俗时，往往寓"资治"于"教化"之中。顾传金在训诫子弟避恶从善、辟邪祟正之余，常就世风国运微作讽叹。此一特点，在《形胜》《水利》《寺庙》《科贡》等目之破题及志文中，每有所见。窃以为《小志》并非仅是述而不作之书，而是在"存史""资治""教化"功能中，寄寓着一个普通乡绅对封建末世社会衰败的感慨和期盼"治世"的理想追求。这虽非方志固有之传统，却是私家修志常见之特色。

清代编纂之乡镇志，迫于种种原因，大多未能刊印行世；或虽有刊本，但流传甚少，给研究者带来很多不便。乡镇作为城市与农村的中介，在城市近代化过程中具有特殊意义。要说明城市经济的发展，不研究镇市的经济功能，就难以理解农村经济与市场的关系，要阐述都市文化的辐射与影响，不研究市镇文化对乡村的作用，就很难解释都市文化的效应和张力。从某种意义上说，传统农业社会的变迁史本质上就是乡镇社会的发展史。故城市史研究，不应只停留于城市市区的研究，必须拓展到作为城市和农村之中介的集镇研究，这样才能更好地阐明城市近代化的深度与广度。尤其在当代城乡一体化的建设中，发掘乡镇的历史文化特点，对加速乡镇的城市化进程、正确处理城乡关系，具有重要的现实意义。

原载《学术月刊》2002 年第 3 期

晚清村镇志纂修的成熟及其人文历史价值

——以江南名镇志《紫隄村志》为中心的分析①

地方志作为历史文献的一个重要门类，向是学者瞩目所在。其中，盛行于清代的村镇志纂修，其发展轨迹如何，其蕴含的人文历史价值表现在哪些方面？由于各地纂成的村镇志大都长期尘封，未能及时出版，即有抄本，也流传不广，致使研究者既无法利用，又很难深入探讨。近年来，我有幸接触了若干未刊村镇志稿本，深为其保存晚清基层社会鲜活具体的大量原生态资料所鼓舞。下以《紫隄村志》为中心，结合上海古籍出版社已刊的"江南名镇志"三种，就村镇志纂修的若干问题试作述论，求教于方家。

一

紫隄为诸翟之别称。《紫隄村志》(下简称《村志》)是清咸丰十六年(1856)在《紫隄村小志》(下简称《小志》)基础上增补纂成的诸翟地方志。诸翟村有千年以上的历史，是一个"东西可一里，南北约半里"②的中等规模古村落。清代时，分属苏州府嘉定县、松江府青浦县、上海县管治。民国以还，其区划屡有变动。今之诸翟，属上海市闵行区华漕镇，也是镇政府所在地，现在已是一个别墅成群、外国人学校群集、百业兴旺之地了。

---

① 本文为上海古籍出版社"江南名镇志"丛书之一种《紫隄村志》"前言"，发表时略有改动。

② 《紫隄村志》卷一《郡邑建置沿革·方里》。

诸翟历史上称名众多。据《村志》所记，诸翟本名“白鹤村”。因全村夹吴淞江支流蟠龙塘而立，故又径呼其为“蟠龙塘”“盘龙江”。相传肇居于此者为诸、翟(或曰狄)二姓，遂名“诸翟”；又因其地处于二郡三邑交界，时人讹为“诸地”。清初时，村西沿塘堤两岸遍植紫薇花，“花红树绿，景物鲜妍”①，人称“紫薇村”，又称“紫薇江”。《村志》题名“紫隄”，即缘于此。也有称其为“诸获”者，以其龙江两岸多芦苇而言也。自清乾隆三十年(1765)设置“诸翟巡检司”后，诸翟之名，相沿至今，其本名及别称，皆隐而不彰。

从诸翟称名衍变，可以概见中国古村镇之得名，既可缘水状物，又可取族姓而冠，则村镇志蕴含之人文历史底蕴，由此可见一斑。《村志》自草创到增修成书，前后历一个半世纪。这在我国村镇志纂修史上，堪称罕见。

先是，明末清初定居于诸翟的平阳汪永安(字叟否)，有鉴于该村往迹“俱在苍茫明灭间”②，若不志之，恐将泯轶。乃决意“网罗旧闻，条列体例，考之志乘，询之村耆”③，于康熙五十七年(1718)草成《小志》一书。书凡3卷23目，都10万余言，记一村之风土人情，因革变故。书成后，藏诸箧笥，未得刊布，仅在同好中稍有流传。

嘉道年间，村儒侯承庆(字云岩)、朱孔阳(字邠棠)有志于增补续修，不料搜集未富，竟于道光二十年(1840)先后赍志以殁，增补一事，不克如愿。

其后，寓居此地的东阳沈葵(字心卿)，以《小志》草成迄今已有百余年中断，“其故老之前型，乡村之遗事，已几渺不可溯”④，倘今再不续修，则后人更难求其遗绪。遂毅然以衰龄老弱之躯，独任增补续修之事。在《小志》原有基础上，“就童时所闻诸故老，且采诸各家遗编”，穷十余年之功，奔走采集，孤灯独对，终于在咸丰六年(1856)增

① 汪永安：《紫隄村赋》。
② 王晦：《紫隄村志原序》。
③ 沈葵：《增修紫隄村志自序》。
④ 沈葵：《自序》。

补纂成《村志》。全书扩为 8 卷 42 目，字数超过 20 万言。内容除增补雍、乾、嘉、道、咸五朝遗事、人物外，另就《小志》冗杂琐屑处修削润色，并调整篇目结构，成为翔实完备之一方全史。

从《小志》到《村志》，历三代人之手，前后赓续 138 年之久，前赴后继，矢志不渝。草创者汪永安，增修者沈葵，皆为流寓诸翟之外姓耆宿，在一无经费可资、二无修志机构支撑下，全凭儒者良知，毫无私利之欲，勤于公益之志，其古君子风范，令人肃然起敬。

汪氏《小志》、沈氏《村志》先后于 1961、1962 年作为《上海史料丛编》，由上海市文物保管委员会内部印行，供研究地方史志者使用。沈葵增修之《村志》杀青后一直束之高阁，没有公开出版过。光绪十七年(1888)，长浜张友棠，曾自沈葵弟立诚处得见全书并抄录一过。其后张友棠忙于教育事业，无暇他顾。迨至民国八年(1919)，脱身教职，始检出抄本，予以核校。无论原书或抄校本，均长期尘封，未得刊布流传。20 世纪 80 年代，上海县志办公室(今上海市闵行区志办公室)在主持编纂《上海县志》时，征得沈氏《村志》原本之张氏抄本，知其较汪氏《小志》尤为详备。20 世纪初，闵行区志办公室王君孝俭与上海古籍出版社张君晓敏策划辑刊“江南名镇志”丛书时，将沈氏《村志》列入。预计今年正式出版，公开发行。

二

我国村镇志纂修，始于明而盛于清。明末清初，其体例尚属草创，内容多为辑录府、县志有关记事，汇而成帙。乡镇遗事，则往往随闻随录，冗杂琐屑，编次无序。就保存原始史料言，已具乡土志之存史功能，然就编纂体例言，毕竟条例杂乱，纲目欠周。

清代乾嘉以还，志学大兴，修志成风。私家纂修之村镇志，亦随之日趋成熟。成书于康熙年间之汪氏《小志》和赓续于咸丰年间之沈氏《村志》可作为考察村镇志编纂自草创到渐趋成熟的一例个案。兹将两书之分卷设目列表于下：

表 4 《小志》与《村志》分卷设目一览表

志名	分卷	设目
《小志》	卷前	各志称名、建置沿革、方里、名义、疆界、田亩、户籍、近村、疏浚、神庙、桥梁、坟墓、旧迹、风俗、人物(共 15 目)
	卷中	国朝人物、内则、诗词、文集(共 4 目)
	卷后	人物续录、人物补传、江村杂言、古文附录(共 4 目)
《村志》	卷一	名义、称名、建置沿革、疆界、村巷、田赋(共 6 目)
	卷二	水道、疏浚、桥梁、风俗、节序、土产、灾异(共 7 目)
	卷三	官署、营汛、古迹、乡塾、祠宇、坊额(共 6 目)
	卷四	庙院、园宅、坟墓(共 3 目)
	卷五	人物(分设元、明 2 子目)
	卷六	人物(国朝)
	卷七	烈女(分设明、国朝 2 子目)、流寓(分设宋、元、明、国朝 4 子目)、方外、释(分设唐、元、明、国朝 4 子目)、道(分设元、明、国朝 3 子目)
	卷八	杂识、里绅、文集、叙录(共 4 目)

注：有“下划线”者为新设。

由表可见，草创时期之《小志》，分卷粗略，且卷目间有明显交叉：其“卷前”囊括志书中地理形胜、建置方里、田亩户籍、桥梁旧迹等掌故，却掺入人物一目；“卷中”则将人物、诗文混于一编；“卷后”又是人物续录、补传等，成为“卷中”之补编，显出随闻随录、纲目紊乱之特点。尤可注意者，《小志》“卷前”缺目甚多，诸如田赋、节序、土产、坊额等乡土志必备之掌故要素，均未涉及。凡此，均可说明草创时期之乡土志纂修，尚处于自为而非自在阶段，体例不严，史与志关系未明。因而搜罗不全，编次不得其法，去取或失其宜。故沈葵在增修《自序》中，既肯定汪氏《小志》“洵足为考镜之资备，乡邦之典故”，又指出其“第经草创，随得随录，未免有冗杂琐屑处”，评论颇称中的。

自雍正初年起，朝廷为加快《大清一统志》纂修，屡颁诏令，严谕各省限期完成省府州县方志的编修，甚至有嗣后每 60 年修志一次的规定。乾隆十一年又颁诏令，督促各地修志。自此，修志纳入政府定规，历久不衰。其间，著名学者章学诚在总结历代修志实践后，首倡方志编纂理论，提出“方志乃一方全史”“志为史裁，全书自有体例”；创立“三书”“四体”之说，详论“方志辨体”之要。志学得以大兴，修志渐有法度。有人统计，从清初至光绪年间，各地先后共修成省志、府志、州志、县志、厅志、乡志、镇志、里志、卫志、所志等共5000余种，8万多卷。其种数占历代编修方志总数一半以上，卷数达80%左右。①成书于咸丰六年之《村志》躬逢其盛，在体裁上已与章学诚之说暗合，而与草创时期之《小志》明显不同：一是分卷设目得宜，纲举目张；二是掌故、文征齐全，堪称一方史地全书。

如果将上海古籍出版社已刊布之“江南名镇志”三种，即成书于嘉庆十一年之《南翔镇志》、嘉庆十三年之《安亭志》及道光二十七年之《蒲溪小志》，与成书于咸丰六年之《村志》比照，即可发现四种村镇志在体裁体例上居然相同，而分卷设目也大体相合。四种志书，无一例外均与章学诚所创“志为史裁”“方志乃一方全史”之说无异；与章学诚所立“三书”之议相近。章学诚称：

> 凡欲经纪一方之文献，必立三家之学，而始可以通古人之遗意也。仿纪传正史之体而作志，仿律令典例之体而作掌故，仿《文选》《文苑》之体而作文征。三书相辅而行，缺一不可。②

上述四种志书，虽无“立志”之目，但在行文中，字里行间均能效正史之评骘是非得失，发挥私家修志无所顾忌之特色，寓资治于教化。至于“掌故”“文征”，各志均极尽收罗采集，以彰一地之盛衰，接续文脉之绵延，且在卷目中分列清晰，有条不紊。读其篇目，即可对当地人文、地理之大概，有所了然。我不知四种志书之纂修者是否读过章学诚志学著述，但就书论书，则其受章学诚志学影响，所纂皆可视为

---

① 参见黄苇：《方志论集》，255页，杭州，浙江人民出版社，1983。

② 章学诚：《方志立三书议》，见萧山王宗炎编次，吴兴刘承干校订：《章氏遗书》卷一四，嘉业堂1922年刊行。

"一方全史"，当无疑义。

据此，可见私家纂修之乡镇志，在嘉道咸三朝60余年间，深受章学诚志学理论影响，并在修志成风氛围中，已蜕出明末清初的草创阶段，进入成熟期。表现为体裁上已明确史与志关系，与"志为史裁"说渐趋合度；体例上已渐趋定型，与"三书"之体相类而有所变通。

此论所持论据只有上述四种志书，有以偏概全之嫌。但就历史长时段观察，似应无大错，提出来供研究史志学者参考。若此说可以成立，则村镇志纂修之历史阶段当可划分。就此而言，《村志》出版，对研究村镇志纂修史自不无意义。

三

村镇志纂修，辨其体裁体例固然重要，但就其价值言，则以"存史"为第一要义。其供府县志之采择，供后世修志参考，供学者研究地方史志之探赜索隐，均以其是否保存本乡本土鲜活具体、翔实完备的原生态史料为转移。

《村志》草创者和增补者，深知此中三昧，在"存史"方面，极下功夫。首先是考之志乘，询之村耆，详尽收罗，做到有史可证者详之，于史无证者弃之，史料不足者简之。诸翟虽有千年以上历史，但宋代以前，事属久远，渺不可闻，故记述极简。自元末迄前清，既有志乘可稽，又有村老耆宿口碑相传，故汪永安在《小志》中，记之颇详："凡水道之利，物产之宜，以及民生休戚，风俗盛衰，靡不具备。"①为后人增补续修，提供了良好、扎实之基础，"洵足为考镜之资备，乡邦之典故"。

其次，续修者沈葵能遵循汪氏所立"存真"宗旨，在增补雍、乾、嘉、道、咸五朝本村遗事时，坚持对所见、所闻、所传闻之实物、掌故，认真筛选，区别对待："于所见则详之，于所闻则略之，于所传闻

① 沈葵：《自序》。

则尤略之。”①做到从实而叙，信而可征。所以《村志》依据资料，以记述元末至晚清约500余年的村事最为翔实，具有较高的可信度。

由此可知，时下所谓地方志纂修，应以“详今略古”为原则云云，实为似是而非之论。其实，之所以略古，是因资料不足铺叙所致。详略全以资料多寡而定，不能作为预设原则，刻板奉行。否则，方志之存史功能，何以体现？

《村志》存史之处，贯于全书。兹择其著者，分类略述如次。

其一，在地理状貌中，《村志》引《大清一统志·广舆记》，略述诸翟分属二郡三邑之建置、方里、疆界等目后，对《村巷》《水道》《疏浚》叙述特详。叙诸翟之村巷，以方位为坐标，详细记述了村东北、东南、西南、西北诸村落所属县别及保、图编号，既明析三县所交之界址，又可见其犬牙交叉之处，对后人考释诸翟区划演变，提供了切实资料。

卷二《水道》则以蟠龙塘为经，翔实列出60条环村河道，不分大小，各将其流向、出入处及流经之主要村落等一一标出，既对后人研究吴淞江水系的变化极具参考对比价值，又可为研究蟠龙塘附近地区的生态环境变迁，起到按图索骥的作用。

蟠龙塘是诸翟最重要水道，系吴淞江五大浦之一。西受太湖之水，出苏州，绝俞塘，过六磊塘、泗泾，绝横塘，又过蒲汇塘，遵朱坊桥入淞江。全长80余华里，迂回曲折，状若龙蟠。其流经诸翟时，因中隔蒲汇塘而水分两股，南为南蟠龙塘，北为北蟠龙塘。诸翟村夹于两塘之间，其农田灌溉、旱涝蓄泄，端赖于斯。由于蟠龙塘入淞江一段蟠龙汇，“水道迴遏，湖波壅滞”，夏秋大雨，常有泛滥；更因吴淞江夹带泥沙，江水倒灌，潴留淤积，河道日见浅狭。自北宋乾兴(1022)以来，疏浚一事，备受重视。《村志》卷二《疏浚》一目，不仅记录了自宋迄清前后26次疏浚往事，而且征引文献，详列各次主持者姓名、职衔、河工状况等疏浚要素。从次数言，计北宋景祐以后3次，元大德十年到至正元年2次，明永乐十年至崇祯四年9次，清顺治九年至咸丰元年12次。愈往后疏浚越频繁，反映出蟠龙塘淤塞日益严重的趋

① 沈葵：《自序》。

势。从水道深阔看，根据《村志》所引资料，早在康熙初年，蟠龙塘已是阔5丈5尺，深仅3尺的浅狭水道。所以，生当明末清初的《小志》纂修者汪永安，在其所作《紫隄村赋》中有“横川委折，矗宇缠绵，岸以紫薇而荻悴，沼以芙蓉而香联，浦则飞鹤杳渺，塘则蟠龙蜿蜒”的辞句，面对蟠龙塘，半是自豪于诸翟的水乡景色，半是慨感于飞鹤早已不见踪影的滩涂湿地现状。这种鲜活的水文资料，只有在村镇志中才能得见。

桥梁是江南水乡一道独特的风景线。诸翟环村水道纵横，桥梁尤多。《村志》以不少篇幅记述了诸翟60条水道上共126座桥梁，包括名称、方位、修建年代、捐募出资者、质材、塌圮后重建者以及有关掌故、刻石、桥记等内容。记录之详，已出之《安亭志》《南翔志》及《蒲溪小志》均无过其右。

桥梁一目，为方志所例有，要在说明一地之出入往来，似无足深论。但若从桥文化史视角观察，则足资研究者采择、备考。桥文化研究，包括建代、形制、质材、建造、经济价值、交通意义、战略价值等多种层面，其中桥名亦属不可或缺之项，它反映着一定历史时期中社会的文化心态和价值取向。撇开《村志》卷二《桥梁》一目中其他有关桥文化的内容，单就百余座桥梁名称，稍加归纳，即可看出其隐含的社会学意义。其跨村东及东北蟠龙塘者，有龙蟠桥、聚龙桥、云龙桥等6座，跨村西及西南蟠龙塘者，亦有鹤龙桥、从龙桥、汇龙桥、宝龙桥、护龙桥等6座，大多以“龙”取名。可见蟠龙塘在时人心目中地位，以及“龙”作为中华民族象征，在民间的深重影响。环村各河上之跨桥，有取祥瑞意义命名的，如隆义桥、种德桥、永寿桥、万安桥、北太平桥等；有以姓氏取名的，如潘家桥、黄家桥、徐家桥、秦家桥、范家桥、周家桥等，都与附近所居之大姓、捐赀者有关；也有以村巷取名的，如沈村桥、华家宅桥、杨家厍桥等。不同桥名蕴含的社会学意义，值得研究桥文化者体察。桥文化研究在西方已成时尚，专著迭出。我国近年亦引起重视，但着眼点都在著名桥梁如长江大桥、钱塘江大桥、赵州桥、《清明上河图》之虹桥等，而对江南水乡之桥梁体系缺乏研究。《村志》及已出版的三种江南名镇志，均保存了这方面的不少素材，有志者若能利用，广为搜求，对桥文化研究必能有所推进。

其二，《村志》保存了不少诸翟社会经济、人文习俗方面的资料，对后人研究明清时期诸翟乃至苏松地区的社会生活，具有真实可靠、鲜活具体的认知意义。

如田赋，既是农民交粮纳税、遭受剥削的主要形态，也是历代封建王朝的大政之一。众所周知，中国自明中叶以后，商品经济日趋发展。原先以实物地租形式征收粮米的田赋与以徭役形式征发的丁役制度，自明万历初年实行“一条鞭法”后，逐步将田赋、徭役合并，一概征银，变为货币地租。其中赋役银由地方官直接征收。由于江南苏、松、杭、嘉、湖地区是全国重要的产米区，所以实行一条鞭法之后，田赋仍征本色(粮食)。但不久变成折色(或曰折漕)和本色并行。所以这些地区农民，既要缴纳折色的上下两忙条银，又要缴纳本色的粮米。清初，赋役制度基本承袭前明折色征银制度，但实际执行时，十分混乱繁杂。田赋按土地肥瘠分上中下三等，有本征、折征之别。本征即漕粮，折征即以银折漕。丁役有条鞭之征、丁随地派、丁随丁派之别，但主要也是征银。① 直到雍正元年(1723)实行“摊丁入亩”，赋役制度才渐成定制。

地处苏、松三邑交界的诸翟，其田赋恰好反映明中叶推行“一条鞭法”到雍正初年“摊丁入亩”之间的过渡形态。

《村志》记诸翟所属嘉定县“全邑折漕，定于明万历二十一年。国朝因之。于上下两忙条银外，冬春别征米银。其价，县令合富绅每年酌议”。康熙十一、二年，“定一亩，完纳上下两忙条银共一钱八分九厘；白粮米二升一勺”。上海县所属各村，于明万历七年申请漕米改折，明万历十四年仿嘉定例，每石折银 4 钱。明万历二十年会计折平米，纳折银 22500 两有奇。清初，定每年上下两忙，“每准熟田一亩，共完纳正银一钱四分三厘，并白粮米银亦折在内”。青浦县属各村，其 34 保，“每年准熟田一亩，上下两忙共完纳正银一钱三分四厘。比嘉定并无米

① 参见《清朝通典》卷七《食货志》，杭州，浙江古籍出版社，1988；《清朝文献通考》卷一九《户口考》，杭州，浙江古籍出版社，1988。

银一款。惟小涞港跨三十五保一区三十图，则准熟田一亩，每年完纳正银一钱四分三厘，与上海折漕图同”。

从上可知，诸翟村在康熙十一、二年所定田赋，不论其属“下区”之嘉定各村，还是其属“准熟田”之青浦、上海各村，每亩完纳正银均在一钱三、四分左右。据梁方仲教授研究，康熙二十四年江苏全省田赋，平均每亩为银 5 分 5 厘①，则诸翟嘉定、上海、青浦所属各村之赋额，高出全省平均数近三倍。如果将正额之外的“附加税”如“火耗”等加上，其赋税之重，民生之苦，可以概见。

值得注意的是，诸翟由于地瘠不宜种稻，民人均需从旁邑籴米完粮。“旁郡邑遂乘时牟利，物涌腾糶”，而漕卒催粮强悍，“故长赋者不胜其苦，中民破产，大者丽辟”②。所以村人拥护岁漕改折。明天启初年，“复漕之诏下，阖邑震恐，莫不思掘屋坏田，奔走驱窜”③。邑之士大夫纷纷奏议，请朝廷折漕永著为令。迨至清初，“吴淞江淤塞，岁歉赋重，多逋粮，邑令徵比严酷，每叱为‘顽排’”。乃于康熙十一、二年定此田赋完纳数。

虽然《村志》田赋一目，不如《安亭志》自唐迄明之田赋沿革详备而显得言简意赅，需要做历史解读。但其所附各篇文献，对后人了解“一条鞭法”之意义、作用，却是极具存史价值的原始资料；其清初所定具体赋额，更可为研究明清史者作为江南重赋的个案，予以采信。可惜至今不少历史著作，很少采用如此有说服力的资料。说村镇志是人文史地资料宝库，当可信也。

乡农以田为命，但对田地的价值观念，也随时而变，并非始终爱田如一。《村志》对此有生动记述：

长老云：自万历中年，嘉邑折漕，岁复屡稔，田价骤贵。至

① 参见梁方仲编：《中国历代户口、田地、田赋统计》，392 页乙表 71，上海，上海人民出版社，1980。

② 《田赋》附侯尧封《岁漕永改编序》。

③ 《田赋》附侯峒曾《复折奏疏序》。

崇祯大祲，甚以空契与人而不受，或遗之地，行者拾之，遂向追取粮饷。国朝顺治初年，棉花倍收，花价又昂，田之弃于人者，无不翻赎，动之结讼。及康熙初，灾祲连年，邑令比粮严酷，昔所买之田，不索值而还之，其人犹不受。至吴淞浚后，康熙四十七、八年间，钱粮连邀蠲免，花价复昂，每田一亩，遂增至数金。自后，屡贱屡贵。至道光以来，粮价渐增，田价渐减矣。钱粮从田，近上邑田不查细号，惟望户收除，故富户破家。黠者每无粮而剩田，愚者每无田而剩粮，非清丈而不能明矣。①

这段文字，把田价起伏与社会治乱、生产发展以及田赋折色等关系写得如此明白，又把田价与村民对田地的爱恶求弃写得如此生动直观，在已出之三种江南名镇志中，绝无仅有。虽得自传闻，却备感真切。

诸翟地不宜稻，村民多以植棉为业，恃布为生。《村志》记本村植棉业称："木棉，遍地种之，种有早晚之异(早者隔年白田，晚者春熟田)。色有紫、白之分，然惟白者尚，紫者间或种之。"记村民生计曰："乡民多恃布为生。往时，各省布商先发银于庄，而随收其布，故布价贵，贫民竭一日之力，赡八口而有余。今布有余积，而商无现银，价因日落，民生之计蹙矣。"②若将此与《蒲溪小志》串读，更可看出作为松江府花、布集散网络之七宝、诸翟等村镇，在晚清门户洞开、洋纱洋布冲击下，布业式微，民生日蹙之情状。

诸翟制靛业颇为兴旺。每年"五六月间，嘉、湖、苏、杭客商骈集，民资以给"。《村志》不仅记述了制靛青的工艺过程，而且记叙了村民在利益驱动下种植靛青的情况："村民好种靛青。向年种者犹少，故其利厚。今则种渐广，而利浸薄。然土靛向惟丝绸坊用之，近则布坊亦用，故利薄而无大衄。"主业(花、布)日衰，副业(制靛、植靛)代兴，自在情理之中。利虽微薄，仍趋之若鹜。

---

① 《紫隄村志》卷二《风俗》。

② 《紫隄村志》卷二《风俗》。

诸翟民风习俗，与江南其他乡镇并无大异，但由于历史原因，仍有若干地方值得注意。如好习拳勇一事，《村志》称："诸翟村民，鼎革时，市井少年好习拳勇、结党羽，是谓'打行'，遂以滋事，后经地方官严禁，风始稍息。今官命团练，又渐尚力矣。"这一风俗，如果联系明末清初清军"嘉定三屠"史实，就可知道地属嘉定一部之诸翟，其好"尚力"之习俗为何形成；再联系咸丰初年清政府为镇压太平天国而下诏命各地大办团练，则诸翟尚武传统又得张扬。诸翟团练，在近代上海颇为知名。咸丰十年(1860)近代改革思想家王韬曾任诸翟团练局董事。《村志》短短 50 余字，蕴含着诸翟尚武民风真实的历史背景。

又如诸翟村民无染习天主教而群聚念佛，"名为'进道'"。这与近在咫尺之七宝镇村民信天主教之盛大不相同，值得进一步探究。

再如《村志》记诸翟自嘉庆末年至咸丰年间吸食鸦片，开设烟馆一事称："鸦片洋烟，外夷所毒害中国。初有厉禁无赦，惩后则遍地皆是。本村于嘉庆末年，始有一二吸食，近则烟墩甚多。地方官利其规而不禁，人家子弟多有破家亡身，而痴迷不悟。"真切记述了鸦片自海禁大开后流毒遍地的一个重要原因是地方官得利自肥，不禁吸食所致。

其三，《村志》在人物传记中，存有不少诸翟地区名门望族在抗元、抗清斗争中可歌可泣的感人事迹，足为历史研究者采择。

《村志》与已出版之其他江南名镇志显著不同之一，就是特别注意历史人物的发掘。全书分两卷共立正传及附传 248 人。加上"流寓"54 人、"方外"25 人、"烈女"178 人，合计 505 人。数量之多，涉及面之广，重要人物事迹之详，堪称第一。

诸翟地区素有反抗民族压迫的历史传统。元末，村中望族钱鹤皋及子遵义参加张士诚反元起义。张士诚降元后，开府平江，鹤皋被授行省右丞。明将徐达攻苏州，"鹤皋因民不堪"，尽散家财聚众反抗，兵败被俘杀于金陵。遵义与徐达部将葛俊战于苏州郊外莲湖，亦死之。这段史事，以往研究元末群雄割据、朱元璋统一江南之专著均未见记载，则《村志》"钱鹤皋传"足可补其不足。

明末，清军经略江南，杀戮过甚，激起江南抗清烽火。《村志》侯峒曾、侯岐曾、侯玄演、侯玄洁等传，均有记之。其中，《侯峒曾传》

记载特详。虽然侯峒曾抗清斗争，明清史著作均有提及，但对其家族如弟岐曾，子玄演、玄洁，仆杨恕、龚元、刘驯等一门忠烈，则皆付阙。至于明末抗疏阉官当政、弹劾广宁失守逃臣，"直声动天下"之侯震旸；清初"不愿剃发易服"之沈芳彦；不愿仕清，弃诸生服，"偏游楚越名山水"之侯艮旸等传，其傲骨特行，均可入史。

其他如侍母至孝，"大足风世"之陈佳集；"生平砥砺，只一耻字"，宽人严己之王西雍；倡议开浚蟠龙塘，"捐米三千石、钱二万缗，不受职"之陈国效；诗文俱佳，"医卜、星相、地理诸书无不通晓"之沈复云；精研岐黄，"昼则出入医疾，夜则挑灯阅文"之徐克镕；弃举业习贾，"嗜饮耽吟"，俄顷成诵之朱绂；工篆、隶、真楷，续辑《村志》之侯承庆等传记，从不同侧面荟萃各类各色人物，既弘扬了先贤之嘉言懿行，又接续了一地之文脉传承，对后人师法乡贤、砥砺品性、关怀社会、报效国家，自有其寓资治于教化之功。人物传记在方志中之不可或缺，理正在此。

其四，最可体现《村志》存史功能之处，是增补者沈葵在《小志》原有文征基础上补录了大量诗赋、奏疏、祭文、碑记、桥记、序文等文献，并恰到好处地插入有关条目，作为本条记事的文献佐证。据我统计，全书共附录 75 篇各类文征，数量之多，为已出"江南名镇志"所不及。

其中重要者如卷一《疆界》条目下，附入汪永安《紫隄村赋》、明程嘉燧《经紫薇村诗》、咸丰四年沈葵《紫隄村十二咏》等，读后可对诸翟村自然风貌有极为具象的感知体认。同卷《田赋》录入侯尧封《岁漕永改编序》、侯震旸《新漕报功祠记》、侯峒曾《复折奏疏序》、陈瞻甫《控复荒区折漕各图贴费议单》诸件，不仅详细回顾明清两代田赋形态变化，而且对实物地租改为折漕纳银的货币地租一事深得村民拥护，有具体描述。可补以往历史著作论述"一条鞭法"实行后，江南产粮区民情心态研究之不足。

卷二《疏浚》条附入宋侯孔龄《明霞阁杂著》、宋叶清臣《祭沪渎龙王文》、汪永安《浚河策》及《青邑荒图免派碑记》等文献，历叙各次疏浚之则例、定规及具体运作情况。从中可知蟠龙塘疏浚时间，均在"农隙时捞浚”，每岁“令傍河居民开挑，在乡照傍塘田亩业主给食，佃户效力”；开挑时，免除别徭，耑供斯役。荒图内获沾蟠龙塘水利者，不能藉词规避，应一体协浚，不沾此水利者，不准胥吏牵混派扰。同卷《桥梁》中，“聚龙桥”附录清顺治丁酉年侯鼎旸《重建亭桥序》，详述聚龙桥原有桥亭圮毁后，募款重建之坎坷经历；“虹桥”附录汪之蛟等同撰的《虹桥晚眺诗》，内有“长虹烟景足芳菲，兴剧佳游肯独违”句，可见当年桥景之吸引游客雅兴；“种德桥”附沈葵《桥记》，述其二世祖沈龙溪建桥时取名“种德”之出典，并叙东阳沈氏自明末迁居诸翟之原因、经过，对了解增补《村志》的沈葵家世，自有可取之处。

同卷《风俗》叙诸翟市井少年好习拳勇、结党羽，谓之“打行”，遂以滋事，后经地方官严禁，此风稍息。附录明末《侯峒曾与万明府书》，详述此风实因官府催科过苛、狱讼假吏胥中饱所致。官府若用此“练乡兵，可不费而足矣”。朝廷计不出此，明旨严防，结果此风不但未息，反而盛行，诸翟“自四乡以至肘腋间，皆是也”。其负面，“小者呼鸡逐犬，大则借交执仇”，甚至“梃刃相杀”，故吁请官方严禁，锄而去之。由此可知“打行”之风，既与清初村民习拳自保有关，更与胥吏高压下反弹有直接联系。

其他如卷三之《古迹》《乡塾》《祠宇》，卷四之《庙院》《园宅》《坟墓》各条目中，都附有数量不等的前人诗赋、题记，生动再现了千年诸翟特有的胜迹佳景，既拉近了往迹与今人的时空距离，又引发读者的思古幽情和无限联想。

四

地方志向有资治、教化功能。汪永安草创《小志》时，就已注意于此，故王畮在其所撰之《紫隄村志原序》中指出：

> 且古之君子所为，正己以正人者，不越劝诫两端。诚即可志之言行节义，一一表而出之，使既为善者曰善，固人不吾忽也；未为善者亦曰善，乃人所共尚也。则善益勉，而不善者亦知惩。

移风易俗之功，胥于是乎。

沈葵增补纂修时，遵循《小志》扬善惩恶之遗绪，在全书相关条目中，竭尽劝诫教化之能事。除前述《人物》两卷传记中，以史家之笔，历述乡先贤抗元、抗清事迹，求潜移默化之功外，更在卷二《风俗》一目中，引前人所作《一统志》及郡、县志，勾勒两府三县民风习俗之大概，作为铺垫，然后在自述各条目中直言无隐地抒发己见，如"村小民朴，士农工贾各以类聚。然但知利己，猜忮随之，故不甚协心"。"往时风气淳厚，地多大户，传之累世而不衰，今则纵有富户，不再传而破败随之"。究其原因，在于往时率由本业(按指务农)又崇尚诗书育子孙，"今则多以盘剥苛刻为事，子弟气习有不谨，故不旋踵而败也"。

论述本村习尚奢靡时，指陈丧葬饮馔之费，杀猪宰羊以延客，"不知丧葬乃凶礼，岂容如是"；比较今昔婚嫁之俭奢，指出"有识者宜思节省之"。痛斥乡俗"信鬼喜祷"各种迷信活动，"有识者尤宜深斥之"。

追叙赌风盛行，率由"西土奸民沿村开设摇摊抽头，谓之'大台'"所致，呼吁"地方官切宜禁止"。述本村虽无习天主教，却有群聚念佛，"此亦大干禁令，宜严绝之"。

上述各条反映出在商品经济冲击和西潮影响下，诸翟民风丕变之事实，又直白表露了一个封建士夫希冀以传统礼制作克己复礼的心态。

卷三《官署》一目中，特辟《诸翟司循吏》子目，记述自乾隆三十年设置"诸翟巡检司"后，历任循吏小传。究其用意，不仅存史，而且宣扬只有为官清廉公正，才能得民心，垂青史。其对时为胥吏者，有深意在焉。

村镇志因系私家纂修，可以抒发议论，评骘是非。但作为地方志，仍以遵循只叙事实、不做褒贬的共同守则为主义。所以，村镇志之资治、教化功能只有在《风俗》一目中，才有发议论、评是非、教子弟的明显表示，其他条目往往含而不露，以春秋笔法在叙事中隐含大义。《村志》即是如此，所谓"史家法度"，在在可见。说明纂修者确实具有良好的文史功底，值得新方志学者作为提高自身学养，从事修志实践的参考。

综上所述，从《村志》及已刊的“江南名镇志”三种，可以看到晚清以来日趋成熟之村镇志纂修，具有如下共同特点：一是各志在体例上都深受章学诚志学理论影响，法度渐严，体例合理，卷目得宜，纲举目张；二是文献资料征引丰富，搜罗齐全，不失为一方史地全书，足备采择参考；三是地方志的存史、资治、教化功能俱备，修志目的明确，行文详略互见，全依所据资料为转移；四是纂修者都具有良好的文史功底，文能畅达，史有法度。既以“互戒”，无所忌讳，充分发挥私家修志特色，又能遵循只叙事实，不做褒贬的修志守则，信而可征。

村镇志作为保存中国基层社会大量鲜活翔实的原生态史地文献，具有重要的人文历史价值。因此，努力发掘、整理和出版村镇志，不仅对保存历史文化遗产有意义，而且对促进人文科学的发展有价值。希望有关研究机构的学者和出版家予以重视，共同肩起这一历史责任。

原载《史林》2007年第2期

保护古镇就是保护历史文脉

讨论现代化进程中的中国古代集镇保护问题，我认为首先要认定古镇的历史地位。古镇实际上是中国历史文脉综合性的活化石。从经济层面而言，它既是古代城乡商品交流的桥梁和中介，又是区域经济文化特性的展示场。古镇的市、墟，是市场体制中的初级市场，承担着农产品和农村家庭手工业产品的集散和城市工商业产品向广大农村传输销售的双重功能。在这种双向交流中，地区性商品的土特产性质和文化品位，都在集镇市、墟中充分展示和获得筛选认同而走向全国。例如，明清两代号称“衣被甲天下”的松江土布，都是通过郡属集镇如七宝、诸翟等集散而风行天下；海通之后大量洋布的输入，也是经由集镇的市、墟而深入农村。所以古代集镇的经济地位及其在城乡商品交流中的作用，构成了中国社会经济生活的重要一环，值得后人认真体察。

从文化层面而言，集镇往往是中国古代文化最主要的传承所在，也是中国文人荟萃之区。古代著名书院和藏书场所大都位于宁静又不失文化氛围的集镇；古代著名学者多数生长在古镇的小巷中。迨至近代，不少著名专家、学者和文化名人，几乎都与古镇结下不解之缘。尤其是江南古镇，留下他们的音容笑貌和诗书翰墨真不知凡几。所以古镇大多有深厚的文化积淀和诗书传家的文脉传统。他们从生于斯、学于斯、长于斯的故地，走向中国和世界后，又把对故乡的深情眷念作为常相忆、久相思的乡愁注入作品，撼天地，泣鬼神，使生养他们的故里成为世人亟欲瞻仰神游的胜地。

从社会结构层面而言，古镇的阶层分野既不同于单一的地主与农民的农村，又有别于人群庞杂、阶层混乱的城市，可以说士农工商判然分明，各司其职，各执其业，最为明确地构成了古代社会生活的传统状貌。直至近代，仍然有众多集镇一本其旧，四民分野基本不变。所以要了解中国古代社会的群体结构，忽视对古镇居民的阶层考察，是很难得其要领的。

从民风习俗层面而言，可以说中国民俗文化保留最多、展示最集中之地，既不在农村，也不在城市，而是在介于城乡中介地区的集镇。逢年过节的祭祀，市、墟的庙会，迎神赛灯的游行，婚丧喜事的筵宴，都在集镇的民俗传统中有绵延赓续的反映。即使近代某些民俗的嬗变，也往往从城市经由集镇再波及于农村。所以，集镇的民风习俗，不啻是中国民俗文化的主要载体。

综上所述，古镇确实是中国历史文脉的聚合地，留存至今的古镇，无论在哪个层面，都是传统文化不可多得的活化石。

明确了古镇的历史文化定位，对如何保护古镇就有了基础方向。首先，不应将保护古镇与现代化建设作为两难选择对立起来，不要片面理解城乡一体化，把古镇改造成为一个个小城市，丧失了集镇作为城乡交流中介和桥梁的特殊功能；也不应片面提倡所谓“修旧如旧”，使古镇停留于封建社会的状态而与现代化建设隔绝。这两种极端都不可取。“修旧如旧”之说，影响甚广。其实只适用于国家级、省市区级重点文物保护单位，不应泛化到古镇保护与改造。现存古镇的民居，绝大多数是清末民初甚至解放前后的建筑，与古貌相距甚远，无多大保存价值。如果要修旧如旧，也只能体现在古镇总体布局的原有格调上。

其次，保护古镇要注意保护原有的生态环境，其中原有或遗存的自然生态环境以及普通老百姓固有的生活形态尤其不要破坏。许多古镇，尤其是江南古镇，大多水道纵横、桥梁卧波、绿荫环抱、阡陌交叉，现代化进程中，决不可借口改造古镇而恣意填河，毁绿筑路；古镇居民往往睦邻而居，守望相助，保存着一种闲适和谐的生活方式，决不可借口城市化而改造成老死不相往来、千篇一律的住宅式小区。

再次，古镇改造中，既要保留原有的整体规划格局，又要在各种基础设施中注入现代生活需求的元素，如水、气、电及交通、文化教育等设施，以改善古镇居民的生活质量。

最后，不要单纯追求开发旅游功能而使古镇失去作为城乡商品交流中介的历史地位。应该大力发掘固有的历史文化遗产，真正使古镇作为历史文脉活化石的诸多层面“活”起来。

保护古镇，根本意义上就是保护文脉，保护历史遗产，让我们的子孙后代从中体认历史发展的真实境遇。这对接续文脉，培养热爱家乡的情怀和弘扬爱国主义，都是大有裨益的。

原载《探索与争鸣》2007年第10期

为近代中国革新派巨人画像

——评《康有为大传》

马洪林同志的《康有为大传》(以下简称《大传》)由辽宁人民出版社于 1988 年出版问世后，引起了国内外研究者的注意。下面就这部著作的成功与不足试做评论，不妥处望能得到大家指教。

一

自戊戌变法失败以来的 90 年间，国内出版过多种康有为传记，但这些著述或者缺乏对传主一生完整系统的描述和研究，或者失之过简，很难反映传主复杂多变的经历。而《大传》则以生动的文笔、清晰的观点、丰富的资料，描画了康有为的一生，对康有为跨越两个世纪，经历两个时代的进退沉浮、作用、影响，做了较为公允客观的评价，成为 90 年来国内第一部比较完整、系统、翔实的康有为传记。

最早为康有为作传的是梁启超。他在 1901 年发表于《清议报》第 100 期上的《南海康先生传》是康传的开山作。全传 9 章近 3 万字，从康有为所处时代、家世、幼年写到 1898 年变法失败流亡海外。传主生平极简略，只占全传三分之一，其余篇幅着重论析康有为的学术思想。此传名为传记，实为评传。梁启超为文好作危词，研究问题常多主观，但他对康有为学术思想的评论却不乏真知灼见，尤其对康有为的教育思想、哲学体系、大同理想的不少见解，至今仍对研究者有深刻影响。

由于梁著康传既不完整又疏于生平事实，康门弟子陆乃翔、陆敦骙等各就所知撰成《新镌康南海先生传》，于 1929 年由万木草堂铅印出版。是书从康有为幼年写起，把学业、修养、著述、上书、讲学、变法、流亡及立党开会等尽量罗列，编为13章，篇末附有康有为所著书目。此书叙事虽较梁著康传翔实，但也只写到1904年，所以标为上编，下编迄今未见刊印。

第一部叙述康有为一生的传记是康门另一弟子张伯桢(篁溪)所撰《南海康先生传》。此书属《沧海丛书》的一种，出版于1932年，刻本，1卷，近4万字。书中叙康有为生平详政变之前而略政变以后，详前略后有违传记体例，而且不少重要经历或未述及，或语焉不详；介绍康有为学术思想又显得支离破碎、漫无系统，远不及梁著康传简明扼要、纲举目张。书中有关戊戌变法活动多取材于《康南海自编年谱》，受其影响，叙事的隐显和人物的臧否，难免有可议之处。此外金梁、蔡冠洛、费行简、夏敬观等都作过单篇的康有为传记，内容仅略叙康有为生平著作，失之过简，不足深论。

中华人民共和国成立后，国内学界对戊戌变法和康有为思想的研究有长足进步，但康有为传记著作仍为数寥寥。1985年前总共只出过三四种数万字的小册子，其中以宋云彬所著《康有为》写得最好。此书初版于1951年，共5章，写了康有为的一生。作者对康有为的学术思想从儒学流变论到康有为的西学和进化论，追本溯源，下了一番功夫，持论也较平实，但毕竟篇幅有限，资料不够富足。

此外，香港在1959年出版过康同家著《康有为与戊戌变法》，台湾于1969年出版了沈云龙著《康有为评传》。两书都侧重于论析康有为在维新变法时期的思想和活动，所用资料也大多出自通行的康有为奏议和《康南海自编年谱》，对其中的删削改易缺乏考订和论证。

二

长期来没有一部堪称完整、系统的康有为传记，实在使人深感遗憾。惟其如此，《大传》的出版，也就使人感到欣慰。与以往的康传相比，《大传》的成功之处，举其显者有如下三点。

首先，多面地观察和完整地叙述传主的一生，是本书超越历来康传的一大特点。康有为是经历复杂，思想丰富，个性突出的重要历史人物，可以说，此公是近代史上少数几个最难为之作传的著名人物之一。以往的康传，多数只叙述了康有为的政治活动和学术思想，脱不了记言、记事的传统藩篱。即使标榜“画我须象我”的梁著康传，至多也只涉及变法失败后康有为所遭遇的困境，而且屈于师道尊严的忌讳，不能也不敢秉笔直书乃师的性格、情趣和功利主义。至于中华人民共和国成立后出版的康传，由于众所周知的原因，不但缺乏对传主内心世界、性格特征的开掘，而且疏于传主生活情趣、环境氛围的烘托，同样难以描绘出充满个性、生动活泼的历史人物形象。

《大传》融会了近年来史学研究方法论方面的积极成果，充分注意了康有为的“个人主观能动性，个人修养和品格”对康有为的进退沉浮所起的作用。书中着力刻画了康有为的心态、性格、交游、爱好、家庭生活等一般传记作品容易忽视的方面。这种多角度观察审视对象的方法和融传主道德、文章、事功、生活、社会情态于一炉的写作手法，不仅丰富了作为改革家的康有为的人格力量，展示了作为思想家的康有为的精神面貌，而且有助于读者从活生生的具象中看到近代中国一个士大夫在民族危亡刺激下，在欧风美雨飘打下，怎样超越自我而成了历史的巨人。

与以往康传详前略后不同，《大传》以三分之一的篇幅较为详实地描述了康有为在政变后的活动、思想和生活情状。在康有为跌宕复杂的一生中，政变后的半世生活确实较前半生难写，这不仅有资料方面的困难，而且更有评价方面的棘手之处。马洪林同志不避艰难，通过调查访问，获得了康有为后期不少鲜为人知的史料，并对康有为组织保皇会，三次环球之旅，参与复辟，创办《不忍》杂志，在袁世凯帝制自为过程中的表现，以及康有为晚年爱国思想的内涵与特点，康有为与徐悲鸿、刘海粟艺术交往中的情谊与心态等一系列问题，做了叙述和反思，描画出了一个叱咤风云的伟人在世纪交替、时代转换时，其理性、情感、思维、心态、价值取向等所发生的复杂变化。

其次，系统分析介绍康有为的主要著作和思想发展脉络，做到细而不繁、深而不艰、条理清晰，是本书优于以往康传的另一个特色。康有为思想庞杂，著述宏富，思辨精深，智识恢宏，是近代中国熔中西学术于一炉的第一个通才。他以学论政，又以政为学。他的著作既涉及传统经学、史学、诸子之学和文学、艺术等许多门类，又吸取了声光化电和哲学、生物学、社会学等西学知识；不仅夹杂当时译著中许多新名词、新术语，而且往往穿凿附会、攀比臆断，需要爬梳剔抉才能弄懂其中炎炎大义；即使他的政论文章号称声情并茂、流畅明快，但因前期的若干重要奏议条陈已经本人改易剔削，后期的不少文章又常被反理性的宗教色彩掩盖了合理内核，也需要考订纠谬才能得见庐山面目。

马洪林同志花了近十年苦功进行研究，又把自己的心得溶化为深入浅出的文字，在书中着重剖析了康有为18种主要著述，并结合近百篇政论、奏议，系统剖析了康有为思想的发展与演变。内容之多，阐述之详，条理之清晰，确非历来康传所可比拟。尽管全书没有对康有为思想以专章做整体评价，但读者仍不难从该书对康有为代表作的个案剖析中，理解和体察康有为的思想，由此可以知道，在中西文化的交汇碰撞中，一个先进知识分子怎样调整自己原有的思想学术主张，克服传统文化心态和价值判断的压力，自觉地肩起融汇异质文化的历史责任，进而建构符合时代需求的理论框架，以此启迪民智，改良社会。

值得注意的是马洪林同志力图把康有为作为近代革新派的整体精神形象的象征加以描绘。在马洪林同志笔下，康有为的奇崛狂诞，对西学的生吞活剥，对传统文化的大胆解释甚至不惜牵强附会，已经不单是康有为个人的品性，也是他所代表的那个阶级在救亡意识刺激下创造新理论时所特有的文化现象。他所构筑的不中不西、亦中亦西的学理体系，反映了革新派群体在中西文化交汇中特具的思维模式，成为他们共同的思想武器。康有为这个名字，也就不单是代表个人的符号，而是超越个体成为革新派整体形象的象征。

最后，资料翔实是本书又一特点。马洪林同志广泛搜求有关康有为的文献资料，包括近年间故宫博物院新发现的《杰士上书汇录》《波兰分灭记》《日本变政考》等多种康有为著述，研读了百余种前人的研究成果，包括海内外的多种有关著作，对各种异说歧见细加辨正，汲取近几年披露的新资料，纠正了《康南海自编年谱》中的窜易，从而使本书能做到征而可信。为了形象生动地描绘康的后半生，作者走访了康有为后人，获得许多不见于文献记载的史料，而且还实地考察了不少康有为生活过的居处，从中获得环境氛围的感受，引发历史联想。这一切为作者写出一个栩栩如生的康有为提供了坚实的基础。

全面、完整、系统、翔实，原是写作传记的基本要求，也是检验传记作品的客观标准。《大传》在这些方面的努力和成就，与以前的康有为传记相比，格外引人注目。

三

作为学术传记，马洪林同志对传主的评价既善于汲取他人的研究成果，又勇于提出自己的见解。《大传》对康有为的整体评价，是在辨正了几对关系的基础上提出的。

第一是革命与改良的关系。本书汲取了近几年史学界对这个问题的反思成果，肯定维新改良在中国历史发展中所起的作用。在这一基础上，马洪林同志不仅把康有为领导的维新变法运动作为先进的中国人学习西方、用资产阶级君主立宪制度救国救民的伟大尝试，而且进一步认为康有为是近代中国的伟大思想家，是共产党出世前向西方寻求救国救民真理的旧民主主义的先行者。这一观点贯串全书，成为全书的基调。所以，《大传》不仅充分肯定了政变前的康有为对历史发展的卓越贡献，而且对政变后的康有为批评分析的同时，又肯定了他的爱国思想和爱国活动。这就使马洪林同志笔下的康有为改变了“前半生进步、后半生反动”的形象，成为忧国忧民、情操高尚的伟大思想家和先进中国人。

第二是康有为思想中进化论与传统学术的关系。马洪林同志汲取了近年来学术界对西学东渐的研究成果，尤其汲取了进化论在中国传播情况的研究成果，认为康有为的托古改制是以进化论为内在灵魂的，今文经学只是外在的躯壳。马洪林同志由此指出了康有为以西学改造传统学术的贡献：“把进化论注入公羊三世说，改造传统的历史倒退论和历史循环论，则是康有为匠心独运的贡献。以近代自然科学的进化思想和资产阶级民主要求为基本内容，建立了一个完整的理论体系，是康有为建立的前无古人的历史功绩。”马洪林同志认为，《新学伪经考》还散发着今文经学的浓厚气味，而《孔子改制考》宣传的“则是资产阶级维新变法的理论”。这些观点不同于以往的研究把这两本书作为构成维新变法理论体系的同一认识系列的说法，是一种创见。

第三是戊戌政变后康有为政治上的前进与倒退的关系。马洪林同志在认真研究近年来刊印的有关保皇会史料后，对保皇会的性质、作用、影响提出了新看法。他认为保皇会是一个在海外华侨中起过重要影响的群众性爱国团体。它的前期在政治上起过很好的作用，它支持的唐才常自立军起义不仅是戊戌变法的尾声，也是武昌起义的悲壮预演。这样，马洪林同志实际上否定了康有为在政变后有所谓倒退的旧说，认为康有为的爱国思想仍一以贯之。但同时又指出康有为当时的爱国主义是把忠君和爱国联系起来，把国家兴亡和光绪帝复出联系在一起，是一种“旧式的偏狭的爱国主义，具有很大的局限性”。

第四是康有为大同理想中进步与反动的关系。马洪林同志认为，《大同书》所阐述的基本思想不是反对孙中山的民主共和，而是反对袁世凯的军阀专制，其主要原则和主要内容是社会主义性质的。大同世界的政治原则是建立真正的民主制度，“康氏在《大同书》中追求的理想社会是一个既具中国社会理想特色，又具西方空想社会主义色彩的极乐世界”。

第五是康有为晚年思想的困惑。马洪林同志不回避晚年康有为的复辟活动，但认为他不是“封建余孽”，而是时代的落伍者。他不是梦想回到封建专制时代，而是念念不忘他的“虚君共和制”。他与张勋的复辟是有区别的，与打着反复辟旗号实行封建军阀统治的段祺瑞亦有不同。但他不识历史潮流，结果被历史所戏谑。

马洪林同志对上述五个方面的辨正和由此提出的一系列观点，在某种意义上可以认为是对近十年康有为研究的总结，同时体现了作者研究康有为的新水平。

当然，马洪林同志的上述见解中也存在可以进一步讨论的问题。

例如，把康有为作为一个爱国主义思想家来界定是否真正反映了他在近代思想史上的独特地位？能否把后期康有为的政治思想和政治活动都以爱国主义来概括、分析？

爱国主义是一个历史范畴。把康有为界定为爱国主义思想家固然不错，但未能确切地表达他在思想史上的特定地位，因而失之笼统。从康有为一生活动和主要贡献说，他是近代中国历史上伟大的资产阶级改革家。他所领导的资产阶级维新运动和创立的维新变法理论，在世界近代历史上，尤其是在东方各国近代史上，都是罕见和杰出的，因此，康有为无愧为世界性的伟人。维新思想在近代中国史上虽然只是一个历史阶段的思潮主流，但它对唤醒中国人的近代民族意识和民主意识具有重要作用，贯串和影响了以后的历史时代。现代中国史上的实业救国论、教育救国论等，都与它的滋养有直接的渊源关系。因此，康有为作为资产阶级维新改革思想家和近代革新派巨人的地位，是确凿无疑的。

肯定康有为是伟大的爱国主义者，不等于他一生的活动都应该用爱国来解释，更不能因为有爱国的色彩而同情他的历史倒退行为和思想。如果说，康有为在政变前的维新思想和忠君爱国联系在一起是当时的历史需要，那么他在政变后竭力宣扬保皇，抵制已经兴起的民主革命和正在形成的民主潮流，在这个时期仍然把忠君和爱国联系在一起就是不识时务，就与爱国主义的近代内涵脱节，陷进了如马洪林同志所说的“封建主义泥潭而不能自拔”，那么怎能以所谓“旧式的偏狭的爱国主义，具有很大局限性”来肯定这种爱国主义呢？与此相应，康有为在海外华侨中鼓吹保皇，宣传忠君爱国，实质上是爱光绪帝所代表的大清帝国，这种与正在成为时代潮流的反清革命对立的爱国主义，也是应该受到批评的。又如马洪林同志分析康有为于辛亥后刊行《不忍》杂志、倡立孔教会，鼓吹“虚君共和”等，认为是反对袁世凯的假共和，作为他追求君主立宪政体的表现，称为“充满了爱国忧民的人道主义精神”。这些看法也大可讨论。对此陈旭麓先生已在为《大传》所作的序文中提出了不同意见，与作者商榷。陈先生的意见是很有见地的。

此外，马洪林同志对若干具体问题的评论也有尚可讨论之处。如

《康子内外篇》中的《阖辟篇》，其主要思想是改革还是强调对权威的崇拜？《未济篇》主张历史发展的循序渐进还是主张一切都在变易？至于《伪经考》等著作中所体现的进化论与旧学的比重究竟以何者为主，也还值得研究。这个问题涉及在从传统文化走向近代的过程中，康有为的思想中究竟是传统文化仍占主导地位还是西化思想占主导地位，即在他的维新理论中，进化论和民主要求是基本内容，还是作为指导思想？

当然，马洪林同志以上五个方面的看法可以自圆其说、自成体系，不失为一家之言，对进一步推动康有为研究是有贡献的。

四

《大传》尚存在若干不足之处，有待马洪林同志进一步研究和改进。

第一，叙述有余而分析尚嫌不足，影响了马洪林同志研究水平的发挥，这可能是因为受到传记体裁的限制所致。该书作为一部“大传”，应具有较一般传记更广博的内容，可以在记叙之外充分展示作者的研究心得，包括论、析、议乃至注疏、考释。然而在介绍康有为的主要学术作品和学术思想时，马洪林同志大多停留在叙述学术源流和内容的勾稽提要上，没能就同期思想家的作品进行分析比较，也未能就自己的看法进一步论证，显得深度和广度不够。例如，在介绍康有为《新学伪经考》时，马洪林同志指出了他受到著名经学家廖平的深刻影响，但没有指出康有为从来不提此事，更没有分析康有为之所以不提廖平的原因，这就不利于说明康有为企图自成一家而不惜隐瞒学术渊源的心态，同时，对进一步剖析康有为妄自尊大的性格也失去了一个很好的例证。又如对《大同书》的成书年代，学术界原有明显歧见，对此理应进行必要的考订，但马洪林同志只是一般地叙述了《大同书》的成书过程，并转述了朱仲玉根据《大同书》手稿及有关资料所提出的成书年代新见解，没有对新旧说法进行分析辨正。再如对《大同书》的评价，马洪林同志认为是空想社会主义而不是资本主义的，接着就以这一认识缕析了其中属于社会主义性质的五个方面内容，没有进一步展开论证。其实马洪林同志所引述的五条内容既然都是《大同书》的原文，那么何以其他学者对同样内容会做出非社会主义性质的判断呢？要使自己的结论强有力，只摘引原文是不够的，必须进一步论证才能使人信服。

同样的缺陷也反映在对康有为后期活动的介绍方面，最明显的例子是对保皇会的性质、活动缺乏应有的分析论证。康有为组织保皇会，一直在近代史研究中受到批判。马洪林同志具体分析说明了保皇会在当时历史条件下具有爱国性质和适应华侨觉悟水平的一面，却没有分析保皇与革命的论争及相互关系，叙述了保皇会团结教育海外华侨的爱国活动，却没有叙述它和革命派争夺地盘，以及革命派与之斗争的情况。这不仅不利于描述康有为在政变后没有大倒退的形象，而且也不利于说明 20 世纪初社会思潮的新陈代谢过程具有曲折性和复杂性的历史特点。

对于保皇会组织和支持自立军起义，在美国成立军事学校训练军队，在旧金山、洛杉矶、纽约等地组织体育俱乐部等，《大传》做了叙述，并以此证明维新派在特定条件下也有武装起义的要求。这当然是正确的，但马洪林同志却没有分析这种武装活动与反清革命相同还是不同？两者有何联系区别？反而贸然提出了自立军起义"也是武昌起义的悲壮预演"的结论，使人感到突然，而且难以理解接受。

应该指出，马洪林同志具有比较高的描述水平，文采飞扬，形象生动，对于康有为性格的坚毅奋进、浪漫善感、情操高尚等方面，写得栩栩如生；对康有为的著述和思想主张方面，写得条理清晰，渊源流变明确扼要；对于康有为的重大政治活动方面，写出了他摸索救国救民真理的艰难历程。但若能对康有为性格的负面诸如固执专横、妄自尊大、师道尊严等多加刻画；对康有为思想与同时代伟人评议比较；对康有为落伍于时代的若干重要活动深入分析，将会使这部传记更富于学术性，同时康有为的形象也将会更有个性更生动活泼。

第二，《大传》纵向叙述康有为一生，充分、详明，但关于时代、思潮、社会等方面对康有为影响的横向描述和论析还显得不够。

应当承认，马洪林同志在《大传》中也写了时代，写了社会思潮，并且有些论述还相当精彩，极富历史感，如对广州地区在近代史上产生过众多伟人所做的概论，对社会变革与思想文化间关系的看法，对近代中西文化交汇过程中中学和西学相互关系的论述，对康有为和光绪帝开眼看世界时表现的自省精神的分析，对中国近代三次空想社会主义思潮依次升级换代的叙述等，这些论述都很有哲理性。但从整体上说，对时代、思潮、社会等方面的横向论析，如何跳出作为历史背景处理的框框，实实在在地写出它们影响传主的思想、性格、心态、活动的内在联系，则还需要深入研究和加强。

例如，《大传》用了两页多的篇幅写了自鸦片战争后十年到19世纪80年代的历史概貌，认为“康有为的思想、学问、主张和活动无不熔铸着时代的印记。他是新时代的产儿”。但是进一步问：这样的时代为什么会对康有为发生影响？哪些方面是康与时代沟通的触发点？19世纪60年代时康有为只有十一二岁，他是如何感应阶级斗争的狂风骤雨的？如何感应民族矛盾间的生死斗争的？19世纪70年代边疆危机发生了，何以20多岁的康有为埋头于旧学的训练，没有对之做出反应？直到19世纪80年代中法战争后他才有上书言御侮图强之事？时代对人的影响是十分微妙而又细致的事，它与人的文化素养、品性、气质、人生遭遇、生活方式、社会舆论指向和偶发事件、政情政局等具体因素互相激发，如果不做具体的深入分析，只是一般地套用时代影响的说法，往往流于空泛浮浅。

时代和思潮是互为映衬的。时代制约着思潮，思潮反映着时代。19世纪80年代正是洋务思潮高涨的时期，它对康有为产生了哪些影响？康有为如何以自己的思想影响社会思潮的转移？维新思想与洋务思想是怎样论争的？最终怎样取代洋务思潮而成为风靡社会的思潮主流？19世纪末20世纪初，维新思潮又是怎样被革命思潮取代的，在这个取代过程中康有为做出了什么反应？维新派群体在民主革命思潮冲击下发生了怎样的分化等，这些重要问题在《大传》中很少有所论述，不能不说是一种疏漏。

正因为有上述欠缺之处，所以《大传》未能进入通过一个人写出一个时代、一个社会的更高境界，使人感到作者的视野还不够开阔。

第三，在写作方法上，似乎为了使叙事更有条理，《大传》采取了编年与记事本末交叉的方法，但过多的交叉不利于读者对康有为思想演变有一个完整的历史时序感。本书有不少交叉的地方，有些是不得不如此，有些则似可改进。例如，康有为晤廖平，事在1890年康长兴讲学之前，但马洪林同志为了说明康有为的维新变法理论，把此事放在1891年万木草堂之后，作为第五章的开始。联系到康有为故意隐瞒学术思想受到廖平的影响一事，马洪林同志这样处理对于指出康有为这一做法不利。又如康有为曾于1894年、1897年两次去桂林讲学，第一次在公车上书前，第二次在上书后，但作者把两次桂林讲学合为第六章，并把1897年在桂林组织圣学会、创办《广仁报》、开设广仁学堂等事都编入此章，而第七章却是《公车上书》。其实1897年的桂林之行完全可以放在公车上书之后去写。这样，一是可以使读者了解康有为组织第一个学会(强学会)，创办第一份报纸(《万国公报》，后易名《中外纪闻》)都是1895年在北京期间的事，而不至于错把1897年在桂林办报、办学会作为康有为最早的同类活动；二是可以更好地写出康有为在公车上书被拒后的心态。再如把1898年康有为和孙中山之间的两派合作谈判与梁启超在谈判中的表现分开来写，结果人们在第十章第一节“拒绝与孙中山合作”中看不到作为康有为的谈判代表梁启超的活动，而在第十三章第一节“保皇会内出现革命倾向”中才看到梁启超的思想变化。与此相似的还有把1905年开始的两派大论战分开处理。我认为这种为了考虑集中叙述方便，过分强调设章设节的系统性而打乱历史顺序的处理办法，往往容易使缺乏历史知识的读者发生误解和错觉，也不利于理清传主在特定历史条件下的思想波折。

以上几点，对一般传记体裁而言，可能要求过高，但对一部“大传”来说，似乎并不苛严。所谓大传，是在一般传记基础上形成的学术性更强的著述体裁，某种意义上更接近于评传。所以，我们期望《大传》再版时，能有进一步的提高。

原载《历史研究》1990年2期

评《上海史》

上海在近代的崛起和繁荣，引起了世人的瞩目，激发着研究者的探求欲。自19世纪后半期以来，中外人士就不断试图理解它迅速崛起的奥秘。中国的士大夫们用传统的竹枝词描摹“彝场胜境”，以稗官野史记载“夷风奇俗”，表达了他们对华洋杂处世风丕变的困惑和五方荟萃生机盎然的感慨；外国人则以奇迹的创造者自居，在他们撰写的上海历史和故事中，每每流露出浓重的殖民开拓者的心态。20世纪以后，上海史的研究开始摆脱外部景观的描摹和直感经验的抒发，转入对历史因果关系的探究。尤其是20世纪二三十年代，中外人士先后写出了一批有价值的研究性著作。其中，由柳亚子先生主持的上海通志馆，自20世纪30年代起集中了一批学者，对上海的政治、经济、社会、文化等方面的历史和现状进行了研究，他们所搜集的资料和写出的论著，为尔后的上海史研究提供了可贵的基础。由于抗战爆发，这项事业半途夭折，留下了百余万字的未竟之稿，令人嗟叹不已。综观以往的研究成果，除立论和观点偏颇外，内容上都有一定的局限：或仅为租界史，或只是某一方面的专题，一部综合的上海史一直阙如。近年出版的刘惠吾主编的《上海近代史》，也仍是一部断代史。

上海社会科学院历史研究所的几位学者，在唐振常教授主持下，历时三年，数易其稿，终于完成了一部80多万字的《上海史》，最近由上海人民出版社出版。这是一百多年来第一部由中国学者通力合作写出的自古至今的上海通史著作，不仅有筚路蓝缕之功，而且显示了目前上海史研究所达到的较高水准；它的某些不足，也可资城市史研究者借鉴。

一

作为第一部上海通史，确定整体的框架结构和划分历史发展的阶段性，是编著者们遇到的第一个难题。一般地说，地方通史写作往往容易受制于已经形成的中国通史框架和划分体系的影响，成为中国通史模式的演绎而失去自身研究对象的特殊性。《上海史》的编著者们经过反复讨论和比较，确定了《上海史》总体构思的三个原则，即一是地方性，在篇章设置、阶段划分、重点确立诸方面，均依上海的实际而定；二是综合性，将政治、经济、社会、文化诸方面进行综合研究；三是整体性，把构成近代上海城市特殊格局的华界、公共租界、法租界，作为一个既相联系又有区别的整体，并进而将这三家分为两方，研究租界对上海近代化的影响。在这三项原则指导下，《上海史》将上起上海成陆下迄 1949 年 5 月上海解放的历史，以 1842 年 6 月中英吴淞之战为界标，分为古代与近代两大部分而以近代为主要内容；近代部分则从上海实际情况出发，把 1911 年 11 月上海辛亥起义、1927 年 7 月上海特别市成立及 1949 年 5 月上海解放作为界标，划分成三个历史阶段。在写作方法上，《上海史》基本上突破了以政治事件和政治人物为主要线索的一般通史的写作模式，着力展示上海城市发展的各个侧面，并对其中带有特征性和典型性的方面，诸如城市发展中的市政问题、人口问题，以及上海在走向近代都市历程中人们的社会观念、习俗、民风的变化等，给予较充分的分析。尽管这样的结构、体系和剖析重点，可能会有不同意见，但这种从上海史研究的特殊对象去思考问题、建构整体框架的方向，不仅使全书给人以耳目一新的感觉，而且将对以后的上海史乃至城市史研究有所启发和影响。

每一个城市的发育过程中都有若干复杂而难度大的问题需要研究者进行探索。作为近代中国第一批被迫开放的口岸城市，租界问题既极为复杂，又不可回避。缕述租界的历史沿革固然重要，探求租界在城市近代化过程中的作用与影响尤为必须。《上海史》的编著者本着实事求是的科学态度，在占有大量资料和深入研究的基础上，提出了租界双重影响说的新见，并将这一见解作为近代上海崛起的一个重要原因贯串于全书有关部分。《上海史》从政治、经济、市政、文化等各个方面分析了租界对上海乃至全国存在着积极和消极的双重影响，进而论证了这种复杂影响主要是由中国与西方的矛盾所决定，即一是侵略与被侵略的矛盾；二是工业文明与农业文明的矛盾。这两方面的矛盾导致了租界对上海近代化过程同时产生着两种深刻而强烈的影响：租界的存在，便利和加强了外国资本主义对中国的侵略，使上海在近代化过程中打上了殖民地、半殖民地城市的深深烙印；与此同时，租界的存在又提供了一个近代西方资本主义政治制度、生产方式、生活方式和文化形态的"展览馆"，提供了东西方不同的政治制度、生产方式、生活方式、文化形态接触比较的场所，便于中国人从活生生的具像中对东西方文明进行比较和借鉴，迈向近代化。作者们认为，文明程度较高的一方战胜和取代较低一方的这种文明发展史上的"刚性规律"，在租界的作用和影响上同样是客观存在的。租界双重影响说提出后，引起了学术界的注目。不少学者认为本书把租界这一复杂敏感的问题放在客观的、历史的基础上进行辩证分析，避免了情绪化的简单臧否，这种勇于探索的科学态度，无论如何是应当欢迎和提倡的。

近代上海是当时全中国的经济中心。阐述上海近代经济发展的原因、状况及其特点无疑是上海史编著中的重要任务。通观《上海史》对这一问题的论述，可以发现编著者力图从中外经济关系的演变中把握和阐述上海民族经济的发展轨迹，从而既正确地说明了外国资本对上海民族经济的压抑和破坏，又较客观地论证了作为先进的资本主义生产方式的样板，外国企业如何刺激与促进了上海近代经济的发展。《上海史》认为上海经济的稳定发展始于19世纪60年代。太平天国和上海小刀会起义打破了租界建立初期华洋分居的格局，大量华人汇聚上海租界的同时，也使大量流动资金汇集。太平洋地区日本和美国实力的增强及其对外贸易的迅速发展，又使上海获得了对外贸易得天独厚的地理条件。清政府被迫开放长江，使上海西侧的市场和原料产地变得极为广阔。经济环境的改善，给上海经济发展创造了良好的基础。作者认为，上海航运业的兴起和发展促进了上海的对外贸易，而对外贸易的发展又促使各国金融业务蜂拥上海，国内外资金迅速汇集，为上海近代工业的崛起提供了雄厚的基础。贸易—金融—工业，这就是上海近代经济发展的轨迹。历来认为，中国早期民族工业的主要内容是为帝国主义掠夺中国资源而开办的土产加工工业，《上海史》的编著者通过对近代上海早期民族工业的具体考察，认为加工工业在上海的早期民族工业中恰恰不占主导地位，制造工业才是它的主要部分。这些方面的论述，不仅说明了近代上海经济的发展逻辑和自身特点，而且在研究方法上也表现了对整体和局部关系的辩证分析态度。

城市，在近代社会既是一个经济单位，又是一个文化中心。上海从近代起迅速成为中国近代化程度最高的大都市，而且它又是在近代中西文化撞击和融合的历史背景下完成了都市化的过程，因此，在中国近代文化的形成发展中，上海有着特殊的地位。它不仅是近代新文化产生的中心，而且是近代中西文化撞击和交融表现得最为激烈、复杂和充分的地区。《上海史》的编著者正是以此为立足点研究上海近代文化，从分析城市文化的最重要的传播媒介如报纸、学校、出版事业等入手，循序渐进地阐述了上海作为近代中国西学传播中心、资产阶级改良和君宪思潮中心，并以此阐明上海对全国新文化生成所起的作用及在社会层面上激起的影响。这种把握近代文化发生和传播的途径，由点及面的深入考察，使文化问题的研究既不流于空泛，又不陷于细故，把历史学和文化学有机地结合了起来。

在运用多学科手段综合研究城市生活的各有关章节中，《上海史》第二十一章“一种过渡形态的城市生活”写得颇有深度，很富特色。该章旨在对近代上海产生的新型社会阶层、新的文化倾向和道德秩序作综合考察。当研究角度从历史的叙述转向问题的探求时，直观的描述便显示了自身的不足和缺陷。编著者借助了人类学和社会学的研究方法，把史实的描绘和对社会生活特性的思辨结合了起来，使该章写得既充实，又有新意。在“知识阶层的生活”一节里，编著者主要运用了思想、文学、艺术、教育等各类具有特征性的材料，阐述了上海近代知识分子的形成过程以及在他们的生活情趣、价值观念和思想演变过程中反射出来的中西文化冲突交汇的折光，指出上海近代知识分子在19世纪三四十年代定型时期仍交杂着新旧不同的品质因素，因此也不可以一种统一的价值观念来命名。但从历史的发展来看，旧的传统的因素正在退隐，新的近代生活观念和行为正在壮大。在分析“市民阶层的生活”时，编著者主要从商业、宗教、娱乐、习俗等方面入手，论述了在都市化氛围熏染下，各个不同的市民阶层的文化特性。这样的考察，不仅给人以整体感和新颖感，更重要的是表现了编著者对社会生活都市化进程的一种新思考。

此外，本书的古代史部分比较注意吸收国内外对古代上海的研究成果，写得堪称严谨扼要，显示了编著者的深厚功力。

二

尽管《上海史》不少章节写得十分精彩，有价值的新观点时有所见，整体研究水平较之以往上了一层新的台阶，但通观全书，不足之处也很明显。最大的缺憾是全书在研究方法、学术思想、写作风格和内容的力度、厚度等方面显得很不统一。《上海史》的古代史部分主要以历史时序为纲，概述了鸦片战争前上海的历史、地理和文化的面貌，描述多于论析。近代史部分以第十九章“从军阀混战到‘四·一二政变’”为界，在深度、广度、方法、风格上形成绝然不同的两大板块：前半部分着眼于多角度、多层次地展示城市发展史的各个侧面，描述与分析并举而以议论见长；后半部分却线条单一，没有摆脱革命斗争史的研究模式，距综合性的通史要求甚远。在历史连续性的问题上，古代史描述的上海地区农业和植棉业的状况、上海资本主义萌芽的发展和上海文化的形成等，未能在近代史部分展开其兴衰变化的过程，使得近代上海经济的崛起和文化性格特征等问题的论析缺乏与传统相联系相呼应的深入考察；而近代史前半部分着重论述的城市史各个侧面，在后半部分中又多数不见其续篇，政治斗争占了主要篇幅。所以，就全书的整体结构看，古代、近代、现代三个历史时期的内容，缺乏内在联系，有断裂感，给人以三大板块拼凑而成的印象；就各部分的学术水平言，存在着明显的不平衡，缺乏史学价值观上的共识。究其原因，一是众手修史所产生的差异。这不仅仅是文字表达上的风格不同，还有治学思想和方法上的不同追求。二是新旧研究体系在转折和换型时期留下的痕迹。不少编著者在部分章节中实现了突破，但整个研究群体尚缺乏对新体系的共同认识。我们相信，随着研究的深入，整体上的建树是能够完成的。

还有一些对上海史而言比较重要的内容，本书没有足够的反映，也使人感到遗憾。例如，对于外国侨民的研究即是其一。作为曾经以“世界主义”著称的上海，研究外国侨民不仅可以丰富近代中外关系的内容，而且也是上海史研究的题中应有之义。居住在上海的外侨人数最多时达到 20 多万，来自世界几十个国家。他们当中不乏殖民主义者、冒险家，但也有一般的商人、工程技术人员、文教工作者，有许多外侨已经成为上海居民的一部分，他们对近代上海城市的开发曾起过一定作用。以前有关这方面的研究成果较少，有待于上海史研究者今后的努力。对于近代上海的科学技术家群体在促进上海科技、振兴上海经济中的作用、影响，《上海史》也阐述不够。上海是全国科学技术最发达的地区，自 19 世纪六七十年代起，上海作为科学家荟萃之地，产生和吸引着一代又一代科学家。他们在极端困难的条件下通过刻苦钻研所取得的研究成果，在近代中国科技史上产生过重要影响。研究这一群体，可以从一个侧面说明中西文化交流的规模、趋向和中国先进知识分子做出的反应。再如，本书对于在近代中国产生过很大影响的上海近代文化，虽然较为具体地考察了西学传播的途径、手段和上海近代文化生成的历史过程，但却未能就上海文化发展的系统性、连续性、特异性及其在中国近代文化史上的地位、作用、影响等问题充分展开，而就事论事、缺乏理论深度是很难说明上海近代文化的品格和特质的。

此外，书中的某些内容，尤其是从抗战爆发到 1949 年这段历史，囿于陈见，缺乏新意。作为史学家的科学责任远不在于评判道德是非，而是以实事求是的科学态度探求复杂事物的内在联系。“孤岛”时期和上海沦陷时期的内容由于较少注意对具体问题的深入研究，反而减弱了批判的深度。其中有关“孤岛”时期上海汉奸组织“黄道会”头目常玉清的结局，所用资料有误。常玉清并非于 1939 年 8 月遇刺毙命，而是在抗战胜利后的 1947 年 6 月由国民党政府以汉奸罪公判处死的。解放战争时期的内容，由于局限在上海革命群众反对国民党统治的政治斗争一个方面，致使这段丰富多彩的历史在书中显得狭窄、单一。而且，某些史料的运用也可以进一步斟酌，如为了揭露国民党的专制独裁统治，把荣德生绑票案说成是由毛森批准、国民党军警与绑匪串通以掠夺民族资本家财富的行动，恐与事实有违。

以上所举的若干不足，有的是资料不够给深入研究造成困难，有的是编写者在史识上的不同使全书产生不平衡。前者是客观方面的原因，有待研究者深入发掘。事实上，上海史的未开发资料是很丰富的，如有关租界的工部局档案，有关上海工商业组织的上海总商会资料，有关上海文化人的大量信函、手稿等都还未能充分利用。后者是主观方面的原因，有待编著者认真总结。现在看来，《上海史》原定的三项编写原则中，第一项“地方性”得到了较为充分的体现，写得味浓意醇；第二项“综合性”只能说有所体现，但不平衡。且不说书中的抗战至上海解放的部分偏重于政治斗争史，即使是近代 80 年部分虽注意了各个不同侧面的论述，但仍未能将不同侧面凝聚于一个完整的体系；第三项“整体性”显得很不够，大概是作者们对整体性较多地从“三家二方”进行考虑，较少就全书的整体风格、整体水平、整体结构做深入商讨与反复研究以取得共识。这是集体研究项目中习见的老大难问题，不独本书为然，也是不能苛求于本书编著者的。我们希望作为一个已经取得了良好成绩的合作群体，通过事后的总结和反省，能在这个方面有所创获，为深入研究和进一步协作达到更高的水平，这对于本书的修订以及推动上海史研究都是有意义的。

三

《上海史》的问世不是上海史研究的终结，而是深入研究的开端。有鉴于此，我们想从阅读这部著作后得到的若干启发中就有关城市史研究的几个问题说点不成熟的看法。

对于上海史这样一个特殊的研究对象，以城市为思考基点，以城市学为考察方法，将是很有前途的。国外城市学的研究值得我们有批判地借鉴。在欧洲，从 19 世纪开始，随着近代城市的大发展，城市学就一直为学术界所关心，其中最有影响和成就的是城市社会学的研究。19 世纪，以德国的滕尼斯、齐美尔、韦伯和法国的迪尔凯姆等人为代表，构成了古典城市学。20 世纪二三十年代，美国的“芝加哥学派”开辟了城市学特别是城市社会学的兴盛时代。第二次世界大战后，随着各国工业化程度的加剧，现代城市造成的社会危机日益急迫，使学术界对城市社会学的研究更为积极，尤其是城市病态学和城市生态学空前繁荣。我国的现代化、工业化和城市化正在蓬勃发展中，上海作为一个在近代中国较先得到充分发展的大城市，认识和理解它的发展过程及有关问题，不仅对上海自身而且对整个中国的现代化都有着极大的意义。确立城市学的考察方法，围绕这一方向去设置问题和寻求解决的答案，或许在一定程度上可以将研究群体中各人不同的学术专长比较完整地融合到一个方向中去，以达到从不同侧面构建一部城市史的目的。应该指出，一般地论述城市的产生和发展、分析城市发育过程中的政治、经济、文化、社会、人口等问题，与从城市学角度论述这些问题，转化为城市经济史、城市文化史、城市社会史的研究，在方法论上是有差异的。随着城市在现代生活中的重要性日益加强，城市学研究必将会受到重视，及早地关注并加入这一研究行列，将会使上海史研究从较为狭隘的地方史研究中走到一个更广阔的天地。

城市史研究是区域史研究的一种，有目的地扩展城市史研究内容，向区域史发展，可以使城市史中许多难以解释的问题，如文化双向对流、区域经济发展模式、民风习俗的相互渗透等得到更合理的答案。在国外，区域史研究已经成了许多国家的史学家研究的热点，并且取得了令人瞩目的成就。第二次世界大战后，法国年鉴派史学家布罗代尔所著的《地中海与腓力二世时期的地中海世界》①一书，不仅是为新史学建立卓越声誉的扛鼎之作，而且也为区域史研究开辟了新的道路。以法国为代表的新史学，在区域史研究方面取得了许多改变现代史学研究面貌的积极成果。古贝尔所著的《1600—1730年期间的博韦人和博韦地区》，勒胡瓦拉杜里所著的《蒙大犹，1294—1324年奥克西堂的村庄》等史学名著的陆续问世，建立起一套区域史研究的新的操作规范。当代史学研究的发展，不仅意味着研究对象的变化，更重要的在

---

① 又译为《菲利普二世时代的地中海和地中海世界》《地中海与菲利普二世时代的地中海世界》。因中译本于1996年出版，这里书名为作者自译，未做改动，其后两本同此处理。

于方法论上的变化。在思考上海史研究方向时，似乎应该把国际上历史学发展的趋势估计进去，以使我们的研究具备同世界对话的能力。

以时间为限，分段治史，是长期以来我们史学研究的传统方法。多人合撰的通史，更是以时间为切割，各人分段撰写的产物。这种操作模式可以发挥各人研究的长处，但很难使群体共识贯串于全书，往往会产生前后体例不一、风格各异的毛病。无数的合作项目(包括《上海史》在内)所存在的这一缺陷迫使人们考虑和寻求更好的方法去解决这一难题。我们认为适当地借助人类学和社会学的研究方法，或许可以使这个缺陷得到补救。我们知道当代历史学经过了一个力图成为社会科学的努力过程。在这个过程中，历史学深受人类学和社会学的影响。当代史学家认识到，人类的行为只有从完整的社会背景中去看才可能正确理解。于是，从社会科学的角度去理解社会的结构秩序，也就成了历史学家的工作。如果我们的研究不是着眼于具体的时间，而是将注意力放到某种社会结构的揭示上，从社会政治结构、文化结构、经济结构、地理生态结构、心态结构等方面入手，我们就或许能够把被时间、事件割裂得支离破碎的历史，重新从本质上揭示出来，完整地理解历史发展的趋向和意义。采用这种方法，在一部学术著作中，学术研究内在逻辑的需要会更多地被注意到，浑然一体的通史著作将是可以期待的。

与许敏合作，原载《历史研究》1990年第4期

附　录

为历史乐此不疲

——沈渭滨教授的学术人生

张爱华

一、偶然走上治史道路

社会观察：沈教授，您好。您在史学领域辛勤耕耘了40多年，坚持不懈，硕果累累。那么您早年为什么选择走史学研究的道路？

沈渭滨：很多学者的学术道路都是自己选择的，而我走上治史的道路却十分偶然。我不是什么文化世家出身，爸爸只读过私塾，妈妈不识字，家里亲属也没有上过大学。但是，我从小喜欢念书，我家隔壁有一个开杂货铺的，要用废纸来包东西，买了许多旧书，我就到那里翻旧书报，大概10岁前后，中国古典文学四大名著我都看过了。我还有一个特别的爱好就是喜欢画画，最早我是想当一个美术家。1953年初中毕业后我到福建军区干部文化学校作教员，即使在部队，我仍然在业余时间出去写生，喜欢速写、素描、水彩、水粉、油画。1956年，我初中一些同学已经高中毕业纷纷考取了大学，我也十分羡慕，就向部队打报告希望复员，最初部队不同意，拖了一年。到第二年，我再次向部队打报告，于是在1957年复员并参加了高考。我本来想报考中央美术学院华东分院，结果体检下来是色弱，不能考。我想我不能考画画的专业，研究美术史总可以吧。当时我参加高考的时候，没有人指导，不知道志愿表该怎么填写，我以为历史系里会有美术史，于是就报考了历史系。而且第一志愿填上海第一师范学院(现在的上海师范大学)，第二志愿填复旦大学，第三志愿填华东师范大学，结果按第一志愿录取了我。等我一进大学，发现这个历史系跟我想象中的不一样，和美术史根本不搭界。我就要求转系转学校，结果学校说转系不行，更别提转学校，只好念了历史系。在上海师范学院历史系我一直学习到1961年本科毕业，在此期间对历史产生了兴趣，并决心走历史研究的学术道路。尽管我的专业方向选择是一个历史误会，但是当我一旦选定就紧紧咬住不放了，我觉得这是我为人的一个重要的性格特征。古人云“取法其上，得乎其中；取法其中，得乎其下”，因此在大学里我就给自己定下目标——做一个优秀的历史学家，这是指导我一生的奋斗目标。

二、研究从辛亥革命史起步

社会观察： 历史学可以说是一门博大精深、内涵丰富的古老学科。每一个分支，每一条线，甚至每一个点都足以让人研究终生而不能穷尽。您是如何在历史的浩瀚海洋中寻求自己的突破点的?

沈渭滨： 在历史系一年级的时候，我本来是想研究古代史的，特别对唐代的历史非常有兴趣。到了二年级，我又开始喜欢近代史。我感觉唐代的历史固然是古代一个非常重要的断代，但是从与现实更接近的意义上说，古代史不如近代史。近代史是更接近现实生活的，现实生活的许多方面包括政治经济文化等源头直接可以追溯到近代。当然还可以更远地追溯，但最直接的是近代。已故的历史学家魏建猷先生对我影响很大，魏先生是近代史的专家。他希望我也能研究近代史，并告诉我研究近代史最有意义的一段是辛亥革命，因为它是比较正规意义上的资产阶级革命，近代史上所有发生的大事都可以在辛亥革命中得到体现和引申。这样我就尝试搞辛亥革命研究了。到了三年级快毕业时，学校派我去中国科学院上海历史研究所筹备处，在汤志钧先生的指导下，从事辛亥革命史的研究。大学四年级的时候，我就在《学术月刊》上发表了我的第一篇文章《试论辛亥革命时期的社会主要矛盾》。当自己手写的字变成铅字的时候，激动的心情可想而知。而且当时一个青年学生要发表文章，面临很多困难。《学术月刊》在当时是除了《历史研究》以外全国历史类最好的刊物，在此发表文章的基本上都是专家。这篇文章的发表对我是一个非常大的推动。从此我下定决心研究辛亥革命史，以后就没有变过。大学毕业后，我去了上海市七宝中学，教的是政治。在中学教书期间，我仍然没有放弃过研究辛亥革命史，哪怕工作再忙，我总要抽空看自己的专业书。中学里我一直担任高中班主任，每天晚上陪学生上完晚自习，安排学生关灯休息后，才回家，接着再坚持看三小时的专业书籍，做了大量笔记。这样，我在中学任教期间，1963 年发表了第二篇论文《论同盟会中部总会的成立》。我认为同盟会中部总会是一个分裂性的组织，尽管它仍然是一个革命组织，对革命有客观作用，但是不能因它有客观作用，就否定它在主观上的分裂。后来这一观点引起史学界的广泛关注，被很多人接受。我一方面做中学教师，另一方面坚持研究历史，到"文化大革命"后期，一个偶然的机会我被调到复旦大学。当时，复旦大学要编写一部近代史，但是金冲及和胡绳武两位先生已被调到北京，中国近代史教研室没有学术带头人，就把华东师范大学的陈旭麓先生借调过去，由他领衔来主编这部中国近代史。陈先生感到编写人员不够，从侧面知道我的情况，就把我借到复旦大学，先借用三个月试试看，后来觉得可以。这样，1975 年 12 月我就正式调到复旦大学历史系，一直待到我退休。陈先生是中华人民共和国成立后第一代辛亥革命研究专家。我一直向他请教，后来正式拜师入门，陈先生是我的恩师。应该说，我对辛亥革命研究的起步比较早。从 1961 年到 1993 年，30 多年里面，我一直在研究辛亥革命当中滚爬。我在进复旦大学以前就完成了《辛亥革命史稿》第一卷。后来我把其中的部分研究成果归到我的著作《孙中山与辛亥革命》当中。《孙中山与辛亥革命》的原始是我在复旦大学为研究生开课写的讲义《辛亥革命史研究》。我对写讲义非常认真，《辛亥革命史研究》讲义有 5 本、60 万字。我认为这样做，对青年教师非常有意义，一定要认真地对待你自己编写的讲义。复旦大学的老教授周谷城先生常讲：讲义越"黄"越好。不要轻易否定自己写过的东西，要有积累，再随时补充新的东西。

三、做"会通型"学者

社会观察：如何处理专与博的关系，使得自己的知识结构更加合理，是众多学者始终思考的问题，在这方面您是怎样自我设计的？

沈渭滨：尽管我着重研究辛亥革命史，但是我不把自己培养成一个专门史的专家。我进了复旦大学以后，感觉作一个专门史家非常可贵也很需要，但大学教师面对的是有许许多多疑问的学生，他的知识不应该局限在一个专业领域，所以我一开始就给自己设计一个研究的大方向，要把近代史搞得会通。我感觉我们现在有许多专门化的人才，但很缺乏会通型人才。在这样一个自我设计的目标里面，除了政治史(当时的近代史实际就是政治史)以外，我还研究文化史、军事史。应该讲，在我那个时代的教师中间，我对于自己知识结构的设计以及为这个目标所走的道路要比有些朋友同事宽一些。我为达到这个目标就在几个领域兜一圈，这样下来，我感觉对近代史有了比较好的理解。20 世纪 90 年代以后我将研究重点转向区域文化史，主要研究海派文化。我最早写的海派文化的文章是《海派文化散论》，发表在 1990 年 7 月的《文汇报》上(已收入《中华学林名家文萃》)。在当时这是除了陈旭麓先生的《也谈"海派"》外，全国第一篇写得比较详细的有关海派文化的文章。以后我重点从海派文化产生的社会环境入手，转到上海文化史研究当中，以上海文化史做基础，进而进行区域文化史的比较研究。我想和岭南文化、湖湘文化比较一下，这个研究目前还在搞。另一个方向是军事史研究。20 世纪 80 年代初我曾经与许多对军事史有兴趣的学者一起交流，大家都感觉军事史是一个重要领域，现有研究太薄弱，于是在历次学术讨论会上向学界呼吁加强军事史研究。我自己在复旦大学搞了一个近代军事史兴趣研究小组，参加者有青年教师和高年级学生。大家分头搞军事史研究，出了一些成果如《中国近代军事史论文目录索引(1910—1986)》《龙旗飘扬的舰队——中国近代海军兴衰史》等。我本来自己想写一部《中国近代军事通史》，也有相当的积累，但是要真正写成一个可以发表的著作，还有许多问题要研究解决，最主要的是近代军事史的学术构架还没有完全理顺，我想把这个问题先弄清楚。

四、青年学生要注重培养"史识"

社会观察：我们的刊物是一本社会科学普及类杂志，读者以知识公众为主，其中也包括许多青年学生，您对有志学史的青年学生有什么建议？

沈渭滨：对青年学生来说，我认为最难的就是史识的培养。一个优秀的历史学家必须有四样东西：史德、史学、史才、史识。史德，最起码要爱国，在学术上不抄袭剽窃。史学，是“活到老，学不了”的，所以不断要看书，这不是一下能解决的。史才，在我看来，搞历史不一定要上上之才，只要中才就可以了，关键是你坐得下来，能够静下心来整理分析资料。唯独难培养的是史识。没有高度的识见，别想成为优秀的历史学家。史识是怎样来的呢？就在于你的会通。司马迁说过：“究天人之际，通古今之变，成一家之言。”你不会通，胸无全局，就没有高度的识见。我始终坚持搞历史学的一定要懂一点哲学、文学、美学，这有助于对历史的理解。历史其实无非就是普遍联系的一门学问。学校里面学的中国通史和世界通史，这些不过是初步的、入门的东西，要靠你在不断研究学习中加深加强。现在的研究生大都做个案研究，踏踏实实从史料出发，但不要迷恋像西方一样过分个案化的工作，做了一定的个案研究后，要上升到中观，甚至是宏观的层面上，才能获得高度的识见。

社会观察：现在您已经退休，但仍然没有停止学术研究，能否谈谈您近期的研究工作以及治史过程中的苦与乐？

沈渭滨：退休后我出版了两部著作，发表了10多篇专题论文。目前，要做的工作一是为上海人民出版社写一本《晚清女主——细说慈禧》，二是完成一项复旦课题《道光十九年——从禁烟到战争》。在学术研究中我感觉只要喜欢自己的专业就会感到快乐，别人说你苦你也感觉乐。要说什么时候苦，就是想不出合适的语言来表达的时候，感觉很苦，一旦想出来又激动不已。40多年来我研究历史乐此不疲，一直认为是很有劲的事情。而且研究问题越深你越快乐，因为你懂得了历史与现实的联系，懂得了历史怎样发展到现在。所以我一直认为研究历史的人会很聪明。因为他懂过去，又知道现在，从过去和现在他可以预测将来，这样一种功能只有历史学才有。

原载《社会观察》2004年第6期

一生惬意是文章——沈渭滨先生学术小传

张　剑

沈渭滨先生一生跌宕起伏、丰富多彩，当过兵，务过农，绘过画，也编过话剧；在荒唐岁月中遭受磨难，但他始终在中国近代史的学术园地辛勤耕耘，不断开拓，意气风发，愈老弥坚，突破革命史研究范式，成就“近代化”研究范式志业。

一、起步辛亥革命史研究，展露学术才华

1937 年 6 月 23 日，先生生于江苏省上海县七宝镇北大街 22 号，家有沈宏兴饭馆，在七宝镇上颇有些名气。先生的父亲读过私塾，从小督练习字，成就先生书法。先生的母亲精明能干，性格豪爽，严格礼仪，养成先生谦谦君子风度。先生从小爱读书，流连于隔壁杂货铺包东西的旧书报中，10 岁前后，四大名著都已看过。先生更喜好绘画，理想是成为美术家。

先生 7 岁入读上海市立明强国民学校（今上海七宝明强小学），1950 年毕业考取七宝农校（今上海市七宝中学）初中部，1953 年毕业报考中等美术学校未取。同年 11 月参军，先后任福建军区干部学校、福州军区工程兵司令部国防工程建筑设计科教员、档案员、绘图员等。仍不能忘情于绘画，业余时间外出写生，喜欢速写、素描、水彩、水粉、油画等。其间先生展露才华，1956 年 7 月在《福建日报》发表《民间艺术的广阔前途》，曾任福州军区报社驻军区首届体育文化大会特约记者。先生听闻初中同学高中毕业纷纷考上大学，十分羡慕，希望复员。两次报告后，1957 年终得成行。

先生回到家乡参加高考，报考中央美术学院华东分院，体检结果色弱，理想彻底破灭。先生想不能专业绘画，那就研究美术史吧。先生料想历史系应该有美术史专业，于是填报历史系，考取上海第一师范学院（今上海师范大学）。当然，历史系没有美术史专业，先生要求转系转学校，自然没有可能，只得安心于历史系。慢慢地，先生发现了历史的魅力，产生了兴趣，并决心走历史研究的学术道路，一旦确

定就“紧咬不放”。

最初，先生立志研究唐史，后来又喜欢近代史。他认为近代史更接近现实，现实生活中的许多方面都可以从中探寻到源头。中国近代史是中华民族深受列强侵伐的屈辱史，也是中华民族的抗争史、从王朝专制走向民主共和的奋进史，更是中国从传统农业国向现代工业国转折的关键起步时期。因此，先生这种选择与转变，除寻找现实的历史之因外，还有从近代纷繁复杂的历史演化中寻找“治世良方”，显示了先生“以史经世”的关怀。在这个转变过程中，魏建猷先生对他影响甚大，并建议他从事辛亥革命史研究，因为“近代史上所有发生的大事都可以在辛亥革命中得到体现和引申”。从学术研究起步，先生就得到名师指导，选定了一个具有广阔发展前景，且可上溯和下延的研究领域，为他后来学术研究领域的不断拓展奠定了基础。

先生学习刻苦，勤于思考，成绩非常优秀。先生在三年级时被派往中国科学院上海历史研究所(今上海社会科学院历史研究所)实习，随汤志钧先生从事辛亥革命史研究。先生很快就有成果，在四年级时于《学术月刊》发表第一篇学术论文《试论辛亥革命时期的社会主要矛盾——与夏东元先生商榷》。《学术月刊》是当时除《历史研究》外全国最好的刊载历史论文期刊，对一个在校学生而言，在上面发表文章的难度可想而知。几十年后，先生回忆起仍有些激动：“当自己手写的字变成铅字的时候，激动的心情可想而知。”论文的发表，更坚定了先生从事历史研究的决心。

大学毕业后，先生任上海市七宝中学政治教师。教学之余，仍致力于学术研究，下“狠功夫”，每天看书做笔记到晚上 12 点。1963 年发表《论同盟会中部总会的成立》，指出同盟会中部总会虽然是一个革命性组织，对革命有客观的促进作用，但不可否认宋教仁、谭人凤等人创设该会主观上有对抗孙中山的意图，是“分裂同盟会的一种恶劣行为”。这一观点引起学界广泛关注，影响甚大，显露出先生注重思辨的史学研究特色。为了进一步提升自己的学术研究能力，当年先生曾报考陈旭麓先生研究生，惜乎未能录取。但从此与陈先生建立起深厚的师生情谊，并不断向陈先生请教学习与研究中的问题。其后，先生还与同学、同事合作，在《历史研究》等报刊发表学术论文，编撰独幕话剧《补课》等，充分展示了一个20多岁的青年知识分子的横溢才华。

“文化大革命”期间，先生仍不放弃学术追求，在隔离审查的禁闭室凭借记忆在香烟盒大小的草纸上，写就5万余字的《七宝沧桑》两卷和10万余字的《辛亥革命史稿》第一章。前者被誉为1949年后七宝人自己撰写的第一部七宝镇志，后者也为先生后来的辛亥革命研究奠立相当基础。

1973年2月，先生调至上海县华漕中学。先生仍被时代大潮所裹挟，将才华与大好的青春年华浪费在撰写法家人物小故事等上面。但他深知学术研究的生命意义，继续撰写《辛亥革命史稿》，完成第一卷，并请陈旭麓先生批评指教。适逢陈先生借调复旦大学领衔主编中国近代史。因金冲及、胡绳武已调北京，编写人员不够，陈先生深知先生才华，借调先生到复旦试用三个月，期满于1975年12月正式调入复旦大学历史系中国近代史研究室。由此，先生从一位中学政治课教员成为著名高等学府的教师，不能不说，这是先生学术生涯中的关键性转折点。

二、不断开拓研究领域，突破革命史研究范式

进入复旦以后，先生认为作为某个研究领域的精深专家自然非常可贵，而且也很必要，但作为一名大学教师，需要面对学生们的各种疑问，知识自然不能局限于一个专业领域，于是他给自己设定了成为一个“会通型”史家的道路。在不断拓展研究领域的同时，先生也积极思考中国近代史的研究范式，并突破已有藩篱，寻找新的研究范式。先生接受教育与从事历史研究初期，中国近代史研究范式正是“以阶级斗争理论为指导，以阶级分析为研究方法，以政治是经济的集中表现为基本线索”的“毛泽东—范文澜”近代史体系笼罩近代史研究时期。先生自然不满意这种简单化的以政治史为经、事件史为纬的革命史研究范式，在不断地探索过程中，成为“近代化”研究范式的拥护者与实践者。这种研究范式把近代中国置于中国近代化历程来观察，研究中国如何、怎样从传统走向近代，探寻中国走向富强之路。在蒋廷黻《中国近代史·导读》中，先生已有陈说；2001年，更将出版的精选论文集径直命名为《困厄中的近代化》，鲜明地亮出其姿态。

因此，先生不断开拓研究领域并不仅仅是为了扩展而扩展，而是将他对中国近代化道路的探寻这一历史关怀贯穿其中。在辛亥革命史研究领域，先生首先突破过去仅仅关注革命党的藩篱，注意到资产阶级和立宪派在革命中的作用。先后发表《上海商团与辛亥革命》《略论辛亥革命时期中国民族资产阶级的性格》《论资产阶级立宪派研究中的几个问题》等论文，从个案分析上海商团在辛亥革命中的进步作用出发，进而指出具有两面性的民族资产阶级在辛亥革命这个上升时期革命性是其主要方面，重新评估了民族资产阶级在辛亥革命中的重要作用。由此他上溯资产阶级的诞生、下延资产阶级的发展演化，与同事合作先后发表《论五四运动前近代中国的时代中心》《论近代中国的时代中心》《再论近代中国的时代》等论文，提出并严密论证了"民族资产阶级是近代中国的'时代中心'"的看法。这一石破惊天的论点给中国近代化历程中最为重要的力量之一——民族资产阶级——在近代中国极高的历史地位，引发了学界对中国民族资产阶级研究的新热潮，开启了中国近代史研究的新方向。

秘密会社是维系中国社会的一股非常重要的力量，在历次运动与革命中都扮演着极为重要的角色。先生也注意到会党在辛亥革命中作用，发表论文《论辛亥革命时期的会党》，认为会党在辛亥革命中是革命派联系下层社会的纽带。由此开始关注会党史研究，先后发表《国内有关天地会起源与性质研究述评》《会党与政党》等论文，辩证地指出会党与政党虽然是两种不同性质的组织，但近代中国的政党中有会党的因素与影子，会党与政党也会相互利用以达到各自目标。

同时，先生还发表《一八九四年孙中山谒见李鸿章一事新资料》《中国近代知识分子的形成及其政治觉醒》等论文，探讨了孙中山和近代知识分子的革命性转变。在全面研究了辛亥革命的各种力量之后，先生对已几易其稿、超过 60 万字的《辛亥革命史稿》进行全面整理，并聚焦于"孙中山与辛亥革命"这一主题，于 1993 年推出 36 万言的专著《孙中山与辛亥革命》，以传记史与事件史相结合，从上下、左右、前后寻求社会历史的变动与孙中山思想发展的纷繁复杂的互动关系，通过孙中山反映一个时代，通过一个时代来观照一个人的成长。正如杨国强先生所说，全书以叙事、说理、辨疑、讨论汇贯圆融见风格，并在许多地方表现出其富有个性的思考和见解。

先生认为辛亥革命是近代史上比较正规意义的资产阶级民主革命，天平天国是中国历史上规模最大的农民战争，若在研究辛亥革命的同时，在太平天国史上下点功夫，不就可以把近代史贯穿起来吗？他在中国科学院上海历史研究所实习时，深为罗尔纲先生《忠王李秀成自传原稿笺证》所吸引。1965 年，与同学合作在《历史研究》发表《论“防鬼反为先”——驳李秀成问题讨论中的几种论调》，开始涉足太平天国史研究。调到复旦大学后，先生看到太平天国研究起点虽然高，但军事史研究薄弱，特别是对太平军的研究几乎没有。于是，独辟蹊径，开始研究太平军水营，撰写《太平军水营述论》一文，详细研究水营建立、编制、职能，确切论证水营的作战得失，被誉为“研究太平天国水师得力之作”。起步就得到学界肯定，坚定了先生研究太平天国军事问题的决心。此后相继发表《太平军二破江南大营战役研究》《太平军水营“岳州成立说”质疑》《1853 年太平军南京战役研究》等，从军事史角度对太平天国运动中的一些疑难问题提出了独到的见解。在太平天国史研究中，先生勇于创新，也勇于对已有定论做出颠覆。1982 年出版的《洪仁玕》一书，虽仅有 8 万余字，却是当时最详尽的洪仁玕传记，书中对《资政新篇》的评述有独到见解，认为其仅是近代中国向西方学习的一个逐步的阶梯，构成了从地主阶级改革派到资产阶级改良派政治主张的中间环节。对洪秀全创办“上帝教”这一陈说先生也提出了疑问，先后发表《洪秀全创立“上帝教”质疑》《洪秀全与基督教论纲》等，认为洪秀全虽利用宗教组织发动起义，但并未创立“拜上帝教”。

对太平天国军事史的研究引发了先生对中国近代军事史研究的巨大兴趣与热情。他在历史系青年教师和本科生组织军事史研究兴趣小组，指导他们分别从事海军史、军制史、兵器史、后勤史等研究，组织复旦历史系与空军政治学院党史教研室、军事科学院战略研究部三室相关同仁编写《中国近代军事史论文索引》一书。自己则在总结以往研究得失的基础上，力图从总体上把握中国近代军事史的研究对象与研究方向，相继发表《中国近代军事史研究述评》《论中国近代军事史的研究对象与分期》《中国近代军事思想概论》等论文，从宏观上对中国近代军事史的未来发展方向做出前瞻，在军事史学界激起强烈反响，三篇论文相继被《新华文摘》转载，从而开创了中国近代军事史研究的新局面。先生认为近代中国新出现的各种观念形态中，军事思想的近代化是萌发最早而又发育得极不充分的一个领域。近代中国没有形成完备的军事思想体系、没有一部系统的军事学术著作，甚至没有一个代表性的军事思想家。他也有撰写《中国近代军事通史》的宏伟规划，但因近代军事史的整个学术构架还没有完全厘清，许多专题性研究有待深入，这一计划最终未能实现。

鸦片战争是中西之间第一次正面冲突，历来是史家研讨近代中国命运的起点。先生并不专长这一领域，但因上课的关系，在其中耗费不少精力，而且几乎一直延续到生命的尽头，自然也取得了令人瞩目的成就。先生主要从思想文化与知识分子角度切入研究，先后发表《论鸦片战争前后林则徐的经世思想》《睡眼方开与昏昏睡去——鸦片战争与中国士大夫散论》《〈南京条约〉与中国士大夫散论》等，对鸦片战争期间及战后中国士大夫对西方势力与西方文化的认识态度做了极为精当与细密的分析，指出在鸦片战争中官僚士大夫多经历了由自大转为自卑的过程，尚未入仕的读书人和虽入仕尚未沾染官场积习的中小官僚，战前多倡导禁烟，战时积极参战，战后则开眼看世界。中国传统文化无论是积极向上还是因循消极的各个层面，都在不尽相同的士大夫身上表现其深沉的影响。后尝试以年代学的方法，遵照陈旭麓先生1839年与1840年是“头发与头”的关系的教诲，专注于以往语焉不详的鸦片战争前中外关系及英国发动侵华战争的原因这一“头发”研究，最终成果就是2014年8月出版的《道光十九年——从禁烟到战争》。

自20世纪80年代后期，先生开始关注区域文化史研究，主要研究海派文化。1990年发表《海派文化散论》，对海派文化的渊源、特征、内涵等做出了条分缕析的论述，并指出“不同的区域文化之间没有优劣之分，只有各自不同的特点，需要取长补短”。其后，又相继发表《海派文化生成的社会环境论纲》《重视海派文化研究》等，剖析了海派文化产生的社会环境与社会机制，并与学生姜鸣合作，撰著《阿拉上海人——一种文化社会学的视察》。先生曾计划由海派文化出发，转入上海文化史研究，并以上海文化史为基础，进而进行区域文化史的比较研究，特别是海派、京派、岭南和湖湘四个文化圈的比较，找出各自特有的内在属性，显示了先生治学视野的宽广与雄心。

先生总是不满足于已有研究领域，不断地开拓进取。他认为科学技术在近代中国历史变迁中的作用被历史学界所忽视，因此组织周围学人，编撰《近代中国科学家》一书，更指导学生专门从事中国近代科学技术与社会变迁研究。

人物研究在先生超过半个世纪的学术生涯占据非常重要的地位，也取得了极为重要的成就。“作为一个学者，特别是历史学家，评价一个人与事件要放到当时的历史语境中去判断、思考，要有一种知人论世的态度”，先生常常这样说，也这样做。他总是能抓住人物的独特个性及其人物在历史变动中的社会历史因素，并辩证地看待历史人物的命运。无论是《洪仁玕》《孙中山与辛亥革命》，还是《晚清女主——细说慈禧》都在在体现了这一特质。他既反对神话孙中山，也不同意某些作者恣意贬低孙中山，而为世人正确理解孙中山提供了一个完整而丰满的形象。他以为慈禧太后“做了许多误国害民乃至妥协卖国的勾当，但也做了不少顺应潮流、有利于社会进步的好事。尽管主观上是为了清王朝的长治久安，但客观上确实有利于中国走出中古状态，面向近代化”。超过 4 万言的蒋廷黻《中国近代史·导读》，在详细分析“蒋廷黻其人”“蒋廷黻其书”后，研讨中国近代通史写作系统的新陈代谢，已经成为“人物与作品”研究典范。

三、生命不息，思考不止

1997 年 6 月，先生从复旦大学退休。退休后，先生学术热情更为发抒，笔耕不辍，思想更为成熟，并不断突破以往陈说，提出了一个又一个学术新观点。

他将辛亥革命史与区域社会史结合起来，2002 年发表《论辛亥革命与东南地区社会结构的变迁——兼论中国近代史的开端》一文，指出辛亥革命为晚清经济、文化最发达的东南地区社会转型提供了契机，开启了近代中国政治构架、政治规范和政治运作程序在这一地区的转型；传统的士农工商群体分野被冲破，新的社会阶级阶层产生；促进了民族工业的发展，加速了农村经济的变化和城乡经济的联动。因此，他联系此前对中国近代史发展演化的总体性把握，提出了辛亥革命是近代史开端的重要观点。他认为1840年作为中国近代史的开端并不具备界标意义，因为其后的中国政治上仍是王朝统治，经济上依然是小农经济的汪洋大海，社会心态上向西方学习社会影响也极小。而辛亥革命促成了中国政治结构的真正转型，冲破了传统的等级制度和尊卑有序观念，促使社会经济与社会结构产生转变。因此，辛亥革命不仅是近代中国社会转型的重大转折，而且也是中国近代史的真实起点。

他深入思考，认为孙中山"三民主义"作为一个建设近代国家和近代社会理论体系，其内部存在自我矛盾之处，2005年发表《论"三民主义"理论中国家与社会的关系》，指出民生主义的目标和民权主义的政府建构，是自相矛盾的两极——民生主义本质上是一个以培育中产阶级为目标的社会改造方案；民权主义设计的却是个"大政府小社会"模式，为国家权力挤压社会自治空间留下隐患。此后，他继续思考，先后发表《"民生主义"研究的历史回顾——孙中山"民生主义"再研究之一》《平均地权本议的由来与演变——"民生主义"再研究之二》，对"民生主义"做出了非常翔实与严密研究与阐述。他还将"三民主义"理论置于中华文化演化的历史进程中思考，以为孙中山"三民主义"是中华文化近代转型第一个完整的理论体系，因而提出"孙中山是推进中华文化转型的第一人"。2011年适逢辛亥革命百年，应出版社邀请，先生以4个月的时间对《孙中山与辛亥革命》一书进行增订，增加字数超过15万字。与以往以政治派别作为观察革命唯一动力不同，先生在书中鲜明地提出了社会合力是促成辛亥革命爆发的全新观点，被林家有先生誉为一部"跨世纪的、意蕴常新的著作"。

在太平天国研究领域，发表《上海城市民众与上海小刀会起义》，指出上海小刀会起义是在近代上海社会转型初期由秘密结社领导的城市反清武装起义，上海各阶层在其间有不同表现。作为城市反清起义，有着不同于太平天国农民起义的诸多特点，并对上海城市近代化走向产生了重大影响。更为重要的是，先生晚年发表《太平天国史研究的十大问题》《太平天国农民战争说质疑》等，对太平天国运动的农民战争性质提出质疑：太平天国和太平军基本成员不是农民，其斗争目标和宗旨是反清复汉，并没有反映和表达农民的利益，因此难以定性为农民起义和农民战争，不如称之为“太平天国反清战争”更为妥切。

晚年，先生对家乡七宝古镇的修复和修建也建言不少，为蒲汇塘桥和老街修复撰写碑文，并撰有《七宝古镇巨变》《重刊〈蒲溪小志〉前言》《保护古镇就是保护历史文脉》等，提出古镇是中国历史文脉的聚合地，保护古镇就是保护文脉，保护历史遗产。由此，他深入地方史志研究，先后发表《乡镇志是研究上海人文历史的重要文献——〈蒲溪小志〉为例》《晚清村镇志纂修的成熟及其人文历史价值——以江南名镇志〈紫隄村志〉为中心的分析》等论文，提出晚清村镇志的修撰深受章学诚志学理论影响，已经越过明末清初村镇志纂修的草创阶段而趋于成熟。

先生晚年对历史科学面临的问题也有思考，发表《历史学科必需面对现实拓展研究领域》，指出历史学家应该而且必须对现实深切关怀，注意现实与历史的关系，并不断从现实的挑战中发现新的研究课题，形成新的学科理论生长点，以发挥史学的社会功能。并提出历史学应拓展研究的三个方向，一是大力加强科学社会学的研究，尽快推进这一新兴学科分支的形成和发展；二是利用历史学的优长，整合城市规划、城市功能、城市管理、市政建设、城市生态等诸多学科，形成一门自然科学与社会科学有机结合、理论与应用兼而有之的城市史研究新学科；引进社会史研究方法，加强社会形态、社会结构、社会转型等研究。撰写《史学三议》对史学界“通识、通才之难见”“‘纪念史学’之误导”“史学研究辅助学科之缺乏”做出反思。

先生一生将学术视为生命，对他而言，没有思考与写作的生存毫无意义。先生在这样永不停息的思考中，走到了生命的尽头。先生为学术的一生，也留有不少遗憾。正如人不能抓住自己的头发离开地球一样，人也不能脱离他生活的时代。先生到复旦大学以后，立志作为一个“会通型”史家，他的最终目标是通过对整个中国近代史的整体与总体性把握，撰写一部充分反映自己思考、有自己思想理路和架构体系，像蒋廷黻《中国近代史》一样的中国近代史。随着他对近代史诸方面研究的深入，有了自己独到见解与理解后，这个愿望越来越强烈，也撰有厚厚两大本《中国近代史通论》。显然，他对自己的作品并不满意，但他更深知这个任务的难度，他晚年常常说他的话语体系已经固化，无论是思考与写作都不能突破这个体系，要更新中国近代史撰述体系，需要一种全新的话语体系。他虽然突破了革命史的近代史研究范式，但仍受制于时代局限，未能完成一生最大的愿望，这是他一生最大的遗憾。

原载《东方早报·上海书评》2015 年 5 月

沈渭滨先生主要著述目录

一、专著

1.《洪仁玕》，上海，上海人民出版社，1982。

2.《阿拉上海人——一种文化社会学的观察》(与姜鸣合著)，上海，复旦大学出版社，1993。

3.《孙中山与辛亥革命》，上海，上海人民出版社，1993。(另有2001年二版，2011年二版增订版，2016年三版)

4.《蒋廷黻〈中国近代史〉导读》，上海，上海古籍出版社，1999。[香港，三联书店(香港)有限公司，2001；上海，华东师范大学出版社，2014]

5.《曾经沧海》，上海，上海教育出版社，2001。

6.《困厄中的近代化》，上海，上海远东出版社，2001。

7.《晚清女主——细说慈禧》，上海，上海人民出版社，2007。

8.《山雨欲来：辛亥革命前的中国》(与罗志田、杨国强等合著)，上海，上海辞书出版社，2011。

9.《政治女强人慈禧》，杭州，浙江古籍出版社，2011。(华东师范大学出版社，2016)

10.《道光十九年——从禁烟到战争》，上海，华东师范大学出版社，2014。(香港，中华书局，2015)

二、编著

1.《中国近代史词典》(主要撰稿人之一)，上海，上海辞书出版社，1982。

2.《中国近代军事史论文索引》(主编)，北京，军事科学出版社，1986。

3.《张謇存稿》(与杨立强等合编)，上海，上海人民出版社，1987。

4.《近代中国科学家》(主编)，上海，上海人民出版社，1988。

5.《中国历史大事年表·近代卷》(主编)，上海，上海辞书出版社，1999。

6.《天国寻踪——太平天国一百问》(主编)，上海，上海远东出版社，2000。

7.《上海总商会组织史资料汇编》(副主编)，上海，上海古籍出版社，2004。

三、论文

1.《试论辛亥革命时期的社会主要矛盾——与夏东元先生商榷》，载《学术月刊》，1961(4)。

2.《论同盟会中部总会的成立》，载《江海学刊》，1963(8)。

3.《论"防鬼反为先"——驳李秀成问题讨论中的几种论调》，载《历史研究》，1965(5)。

4.《清代闭关政策有自卫意义吗?》，载《复旦学报(社会科学版)》，1979(6)。

5.《洪秀全创立"上帝教"质疑》，载《北方论丛》，1980(4)。

6.《一八九四年孙中山谒见李鸿章一事的新资料》，见《辛亥革命史丛刊》编辑组编:《辛亥革命史丛刊》第1辑，北京，中华书局，1980。

7.《上海商团与辛亥革命》，载《历史研究》，1980(3)。

8.《略论洪仁玕》，载《历史教学》，1981(1)。

9.《略论近代中国革命与改良的关系》，载《江苏师院学报》，1981(3)。

10.《太平军水营述论》，见中华书局近代史编辑室编:《太平天国史学术讨论会论文选集》第2册，北京，中华书局，1981。

11.《略论辛亥革命时期中国民族资产阶级的性格》，载《复旦学报(社会科学版)》，1981(5)。

12.《论五四运动前近代中国的时代中心》，载《文汇报》，1982-03-08。

13.《太平军二破江南大营战役研究》，载《历史研究》，1982(3)。

14.《中国近代知识分子群体的形成及其政治觉醒》，载《近代中国史论丛》(上海师范学院校庆 30 周年纪念《上海师范学院学报》专辑)，1984 年内部出版。

15.《呤唎所记“芦墟”地名辨(一)》，见钱伯城主编：《中华文史论丛》第 2 辑，上海，上海古籍出版社，1984。

16.《再论近代中国的时代中心》，载《复旦学报(社会科学版)》，1985(1)。

17.《太平军水营“岳州成立”说质疑》，见北京太平天国历史研究会编：《太平天国学刊》第 2 辑，北京，中华书局，1985。

18.《论鸦片战争前后林则徐的经世思想》，载《历史教学》，1985(9)。

19.《1844—1858 年外国传教士对中国内地的渗透》，载《贵州社会科学》，1985(5)。

20.《论近代中国的时代中心》，见复旦大学历史系等编：《近代中国资产阶级研究》(续辑)，上海，复旦大学出版社，1986。

21.《论中国近代军事史的研究对象与分期》，载《学术月刊》，1986(10)。

22.《论辛亥革命时期的会党》，载《复旦学报(社会科学版)》，1987(5)。

23.《论辛亥上海光复》，见上海地方志编：《上海研究论丛》第 1 辑，上海，上海社会科学院出版社，1988。

24.《中国近代军事思想概论》，载《史林》，1988(3)。

25.《略论陈旭麓先生的中国近代史新体系》，载《探索与争鸣》，1989(3)。

26.《1840 年：中国从封闭走向世界的转折点》，载《社会科学》，1990(6)。

27.《睡眼方开与昏昏睡去——鸦片战争与中国士大夫散论》，载《江海学刊》，1990(5)。

28. 《海派文化散论》，载《文汇报》，1990-07-25。

29. 《会党与政党》，见《革命史资料》第10期，上海，上海人民出版社，1991。

30. 《“交通为实业之母”——孙中山交通思想初探》，见上海中山学社主办：《近代中国》第1辑，上海，上海社会科学院出版社，1991。

31. 《海派文化生成的社会环境论纲》，见《城市史研究》第7辑，天津，天津教育出版社，1992。

32. 《1843—1847年广州与上海对外关系的探讨》，载《开放时代》专号之一《现代与传统》，1994(2)。

33. 《甲午战争与翁同龢的士大夫本色》，载《清史研究》，1994(4)。

34. 《论陈宝琛与“前清流”》，载《复旦学报(社会科学版)》，1995(1)。

35. 《朝鲜“壬午兵变”与中韩关系述论(上)》，见复旦大学韩国研究中心编：《韩国研究论丛》第2辑，上海，上海人民出版社，1996。

36. 《〈南京条约〉与中国士大夫散论》，载《史林》，1997(3)。

37. 《上海城市民众与上海小刀会起义》，载《复旦学报(社会科学版)》，1997(4)。

38. 《洪秀全与基督教论纲》，载《学术月刊》，1998(1)。

39. 《朝鲜“壬午兵变”与中韩关系述论(下)》，见《韩国研究论丛》第4辑，上海，上海人民出版社，1998。

40. 《〈新陈代谢〉与当代中国史学》，载《开放时代》，1998(7、8)。

41. 《七宝古镇巨变》，见《上海研究论丛》第12辑，上海，上海社会科学院出版社，1998。

42. 《重视海派文化研究》，载《文汇报》，1998-07-24。

43. 《蒋廷黻与中国近代史研究》，载《复旦学报(社会科学版)》，1999(4)。

44. 《太平天国研究需坚持实事求是的科学态度》，载《复旦学报(社会科学版)》，2000(5)。

45. 《太平天国史研究的十大问题》(笔谈)，载《史林》，2001(3)。

46. 《上海商业会议公所与上海商务总会》，见《上海研究论丛》第13辑，上海，上海社会科学院出版社，2001。

47.《论辛亥革命与东南地区社会结构的变迁——兼论中国近代史的开端》，载《复旦学报(社会科学版)》，2002(2)。

48.《乡镇志是研究上海人文历史的重要文献——以〈蒲溪小志〉为例》，载《学术月刊》，2002(3)。

49.《关于历史与历史剧的思考》，载《南京师范大学文学院学报》，2002(1)。

50.《清史编纂体裁之我见》，载《复旦学报(社会科学版)》，2003(4)。

51.《宋教仁的历史定位》，见《近代中国》第13辑，上海，上海社会科学院出版社，2003。

52.《对一个历史论断的反思——以光复会与浙江农村为例》，载《探索与争鸣》，2004(10)。

53.《关于孙中山与黄埔军校的若干思考》，载《广东社会科学》，2004(5)。

54.《浙江人文传统与光复会——从章太炎〈“兴浙会”序〉说起》，见李永鑫主编：《光复会与民族觉醒——纪念光复会成立一百周年学术讨论会论文集》，昆明，云南人民出版社，2005。

55.《论“三民主义”理论中国家与社会的关系》，载《复旦学报(社会科学版)》，2005(5)。

56.《从〈翁同龢日记〉看同治帝病情及死因》，载《探索与争鸣》，2006(1)。

57.《清史纂修与太平天国的历史地位——对〈清史〉通纪纂修的几点意见》，载《探索与争鸣》，2007(2)。

58.《“民生主义”研究的历史回顾——孙中山“民生主义”再研究之一》，载《江海学刊》，2007(4)。

59.《晚清村镇志纂修的成熟及其人文历史价值——以江南名镇志〈紫隄村志〉为中心的分析》，载《史林》，2007(2)。

60.《慈禧在中法战争中的作为》，载《探索与争鸣》，2007(11)。

61.《平均地权本议的由来与演变——民生主义再研究之二》，载《安徽史学》，2007(5)。

62.《孙中山与上海三题》，见《上海研究论丛》第18辑，上海，上海人民出版社，2007。

63.《清明文化中的民俗变易》，载《探索与争鸣》，2008(4)。

64.《慈禧逝世百年祭》，载《东方早报·上海书评》，2008-11-16。

65.《孙中山宋嘉树首次会晤考辨》，载《探索与争鸣》，2009(8)。

66.《蒋介石“生平未有之爱情”》，载《东方早报·上海书评》，2009-09-27。

67.《孙中山与〈中华民国临时约法〉》，见《孙中山宋庆龄文献与研究》第1辑，上海，上海书店出版社，2009。

68.《“太平天国农民战争”说质疑》，载《历史教学》，2010(6)。

69.《孙中山：推进中华文化近代转型的第一人》，见《孙中山宋庆龄文献与研究》第2辑，上海，上海书店出版社，2011。

70.《评价辛亥革命和孙中山应尊重历史事实》，载《探索与争鸣》，2011(8)。

71.《辛亥革命与晚清社会》，见上海市社会科学界联合会等编：《辛亥革命与中国近代化学术讨论会文集》，上海，上海人民出版社，2012。

72.《孙中山与临时约法论纲》，见《近代中国》第22辑，上海，上海社会科学院出版社，2013。

四、其他

1.《评〈太平天国〉(增订本)对洪秀全、李秀成的评价》，载《复旦学报(社会科学版)》，1981(1)。

2.《新世界学报》，见丁守和主编：《辛亥革命时期期刊介绍》第2册，北京，人民出版社，1982。

3.《“近代中国资产阶级研究”讨论会综述》，载《历史研究》，1983(6)。

4.《〈张季子九录校补稿〉中关于通海垦牧公司的资料》，载《中国社会经济史研究》，1983(2)。

5.《国内有关天地会起源与性质研究述评》，载《历史教学》，1984(10)。

6.《选题论——历史研究方法论之一》，见上海市历史学会年会论文集：《中国史论集》，上海，1986年内部出版。

7.《中国近代军事史论文索引·前言》，北京，军事科学出版社，1986。

8.《中国近代军事史研究述评》，载《历史研究》，1987(2)。

9.《魏建猷与会党史研究》，载《文汇报》，1987-04-07。

10.《我研究太平天国史的引路人罗尔纲先生》，见史式等编：《罗尔纲与太平天国史》，成都，四川省社会科学院出版社，1987。

11.《游民无产者是值得研究的一个群体——评蔡少卿著〈中国近代会党史研究〉》，载《书林》，1989(10)。

12.《薪尽火传——悼念恩师陈旭麓先生》，载《书林》，1989(3)。

13.《上海之崛起》(笔谈)，见《上海研究论丛》第2辑，上海，上海社会科学院出版社，1989。

14.《为近代中国革新派巨人画像——评〈康有为大传〉》，载《历史研究》，1990(2)。

15.《评〈上海史〉》(与许敏合著)，载《历史研究》，1990(4)。

16.《鸦片战争与学习西方》(笔谈)，载《探索与争鸣》，1990(4)。

17.《中国社会发展论》，见王国安主编：《世界汉语教学百科辞典·专论》，上海，汉语大词典出版社，1990。

18.《龙旗飘扬的舰队——中国近代海军兴衰史·序言》，见姜鸣：《龙旗飘扬的舰队》，上海，上海交通大学出版社，1991。

19.《辛亥上海光复记略》，见中国人民政治协商会议全国委员会文史资料委员会编：《辛亥革命在各地：纪念辛亥革命八十周年》，北京，中国文史出版社，1991。

20.《来新夏与北洋军阀史研究》，载《文汇报》，1992-03-24。

21.《中国近代军事史研究四十年》，载《历史教学》，1992(1)。

22.《读史偶记》，见《大潮》文丛第1辑，上海，复旦大学出版社，1993。

23.《军事近代化与中国革命·序言》，见[澳]冯兆基：《军事近代化与中国革命》，郭太风译，上海，上海人民出版社，1994。

24.《中国革命史论·序言》，见郭太风、杨勇刚主编：《中国革命史论》，上海，上海书店出版社，1994。

25.《〈太平天国军事史〉简评》，载《清史研究》，1996(4)。

26.《中国近代铁路史·序言》，见杨勇刚编著：《中国近代铁路史》，上海，上海书店出版社，1997。

27.《中国历史大事年表·近代卷·前言》，见《中国历史大事年表·近代卷》，上海，上海辞书出版社，1999。

28.《漫谈太平天国的龙》，载《复旦学报(社会科学版)》，2000(2)。

29.《辛亥革命与中国近代史的开端》(访谈论)，载《探索与争鸣》，2001(9)。

30.《辛亥上海光复中的李燮和与陈其美》(笔谈)，载《学术月刊》，2001(9)。

31.《吴淞开埠与城市建设》，载《档案与史学》，2001(6)。

32.《重刊〈蒲溪小志〉前言》，载《上海志鉴》，2002(2)。

33.《民国第一家——孙中山的亲属与后裔·序》，见沈飞德：《民国第一家：孙中山的亲属与后裔》，上海，上海人民出版社，2002。

34.《〈晚清财政与社会变迁〉读后》，载《上海师范大学学报(哲学社会科学版)》，2002(3)。

35.《〈中国近代军事思想史〉简评》，见《近代中国》第12辑，上海，上海社会科学院出版社，2002。

36.《新撰四种"细说"序言》，上海，上海人民出版社，2003。

37.《探索农民理想国的新著——〈太平天国职官志〉读后》，见《近代中国》第13辑，上海，上海社会科学院出版社，2003。

38.《历史科学必须面对现实拓展研究领域》，载《安徽史学》，2004(1)。

39.《清史纂修与太平天国的历史地位——在〈清史·通纪〉纂修工作会议上的发言》，载《清史编纂通讯》，2006(9)。

40.《保护古镇就是保护历史文脉》，载《探索与争鸣》，2007(10)。

41.《民间传说与历史文化——以七宝传说为中心的考察》，载《文汇报》，2010-04-23。

42.《警惕和平时代日本军国主义复燃——基于日本对外侵略必然性的分析》，载《探索与争鸣》，2010(10)。

43.《史学研究三议》，载《安徽史学》，2011(1)。

44.《简评〈九星村志〉》，载《上海地方志》，2013(5)。

45.《细说甲午战争前后的慈禧》(上、下)，载《档案春秋》，2014(4、5)。

46.《知遇之恩，永怀不忘——痛悼祁公仙逝》，见《朴学的守望者——纪念祁龙威文集》，扬州，广陵书社，2014。

47.《当代上海学研究的三点希望》，见周武主编：《上海学》第1辑，上海，上海人民出版社，2015。

后　记

先师生前曾搜罗部分论文结集为《困厄中的近代化》于2001年出版，影响颇大，后曾受北京某出版社邀约，予以增订重版，改名为《士与大变动时代》。合同签订，撰好“前言”，不意出版社出现变故，最终未能出版。本次承蒙谭徐锋兄厚意，编辑出版先师文集一部，仍用先师生前选定书名和所撰“前言”。

作为一个“会通型”史家，先师研究领域广泛，在鸦片战争、太平天国、辛亥革命、军事史、地方史志及人物传记等方面都蔚然成家，特别是数十年潜心辛亥革命研究，成就极为特出。2001年出版的《困厄中的近代化》仅收此前发表部分论文，后增订时也仅新增《孙中山：推进中华文化近代转型的第一人》一文，远远不能反映先师研究全貌。与周武兄和各位师兄姐商量，以为本文集应选取充分反映先师各研究领域的代表性论文，并展现他在史学理论、书评等其他方面的才华。以此原则，文集大致分为中国近代史总论、事件(包括鸦片战争与太平天国、辛亥革命等)、人物、史学评论与地方史志四个部分。同时，为方便读者理解先师学术与学术思想，附录张爱华女士的访谈、我发表于《东方早报·上海书评》上的一篇传记性纪念文章和先师的主要著述目录。

按照出版要求，对注释格式进行了一定的技术处理，并修改一些原初发表时因排版等原因造成的明显错漏衍字和注释错误等。感谢周武兄的大力支持与多方帮助，也感谢研究生肖大鹏、姚润泽和常芳彬对文稿的初步整理。

张　剑

2018年6月4日晚

图书在版编目（CIP）数据

士与大变动时代/沈渭滨著．—北京：北京师范大学出版社，2020.5（2021.8 重印）
（中华学人丛书）
ISBN 978-7-303-25196-4

Ⅰ．①士… Ⅱ．①沈… Ⅲ．①中国历史－研究－清后期 Ⅳ．①K252.07

中国版本图书馆 CIP 数据核字（2019）第 228243 号

营销中心电话 010-57654738 57654736
北京师范大学出版社谭徐锋工作室 http://xueda.bnup.com

SHI YU DABIANDONG SHIDAI
出版发行：北京师范大学出版社 www.bnup.com
北京市西城区新街口外大街 12-3 号
邮政编码：100088
印　　刷：北京盛通印刷股份有限公司
经　　销：全国新华书店
开　　本：730 mm ×980 mm　1/16
印　　张：33.25
字　　数：448 千字
版　　次：2020 年 5 月第 1 版
印　　次：2021 年 8 月第 2 次印刷
定　　价：99.80 元

策划编辑：谭徐锋　　责任编辑：梁宏宇　姚安峰
美术编辑：李向昕　　装帧设计：王齐云
责任校对：康　悦　　责任印制：马　洁